U0467420

本报告出版得到

国家重点文物保护专项补助经费

资助

吉林集安高句丽墓葬报告集

吉林省文物考古研究所 编著

科学出版社
北京

内 容 简 介

本书共收集 1962~2003 年吉林省内高句丽墓葬调查、发掘工作的考古报告 35 篇，动物骨骼鉴定报告 1 篇。其中不仅有三室墓，五盔坟四、五号墓，长川一、二号墓，麻线一号墓等壁画墓的发掘报告，同时也包括了上、下活龙，东大坡和集锡公路等几次规模较大的积石墓群的报告。此外，书中还收录了近年调查的几座可能的高句丽王陵报告。这些材料一向被视为高句丽墓葬研究的基础。将它们汇集在一起，可以减少研究中因这批资料发表分散而产生的查阅不便。

本书适合从事考古学、历史学，特别是东北考古学、高句丽考古研究方向的中外学者以及高校相关专业师生参考、阅读。

图书在版编目（CIP）数据

吉林集安高句丽墓葬报告集/吉林省文物考古研究所编著. —北京：科学出版社，2009
 ISBN 978-7-03-025154-1

Ⅰ. 吉… Ⅱ. 吉… Ⅲ. 高句丽（前 37~668）－墓葬（考古）－发掘报告－集安市 Ⅳ. K878.85

中国版本图书馆 CIP 数据核字（2009）第 134237 号

责任编辑：宋小军　曹明明　杨明远／责任校对：刘小梅
责任印制：赵德静／封面设计：张　放

科学出版社 出版
北京东黄城根北街16号
邮政编码：100717
http://www.sciencep.com

中国科学院印刷厂 印刷
科学出版社发行　各地新华书店经销

*

2009年8月第　一　版　　开本：889×1194　1/16
2009年8月第一次印刷　　印张：21 1/4　插页：20
印数：1—4 000　　字数：612 000

定价：268.00 元
（如有印装质量问题，我社负责调换〈科印〉）

编辑委员会

主　　编：王洪峰
副主编：崔　明
编　　委：王丽萍　赵　昕　董　峰

前　言

　　墓葬是高句丽存世遗迹的主要内容之一。作为我国东北历史的一部分，高句丽政权以集安国内城为都的时间长达400余年，迄今为止仅在鸭绿江沿岸已经调查发现了各类墓葬一万多座。1961年，洞沟墓群成为全国重点保护单位之后，吉林省文物管理委员会、吉林省博物馆组织过多次的调查、勘测，并陆续发掘了一批贵族墓。20世纪80年代以来，随着农田和公路建设的开展和墓葬保护修缮工作的推进，吉林省博物馆、集安博物馆、吉林省文物工作队和吉林省文物考古研究所又相继进行过多次发掘及重点墓葬的复查清理。这些材料先后发表于各类刊物上，成为高句丽研究的重要资料。

　　2003年，洞沟墓群开始了大规模的环境整治工作，期间复查清理了大型的积石墓葬20余座。在整理发表这批材料的过程中，我们深刻感受到以往资料的重要，同时也感觉到因所发材料太过散乱而产生的不便，于是促成了编印本集的初衷。本报告集的收录范围限于吉林省内，时间截至2003年，还包括2004年出版《集安高句丽王陵》一书时未纳入的部分篇章。

　　全书共收集已经发表的调查、发掘报告35篇，动物骨骼鉴定报告1篇。内容上可分为两大类：壁画墓方面，五盔坟四、五号，长川一、二号，麻线一号等墓的报告，对于墓葬形制和壁画内容著录详细，为后来的研究提供了相当大的便利；积石墓方面，以上活龙、下活龙、东大坡和集锡公路几次发掘规模较大，其复杂多变的墓葬形制及丰富多彩的出土遗物，在报告中也颇为详尽，至今仍然是高句丽石墓研究的基础。此外，报告集中还收录了一些形制特殊的墓葬和近年调查的一些可能的高句丽王陵。

　　本书的编集由王洪峰、王丽萍负责，图版和插图照片由赵昕制作。编辑过程中，以忠实于原作，文字上我们只对原来明显的出版错误做了一些订正，结语和作者观点均依原文，未作改动。照片尽量取用原底片，缺失的均依原报告扫描或翻拍。线图中一些扫描结果不理想者，皆由郝海波依原图做了重新清绘，之后由科学出版社进行了统一编排。此外，在资料核对及历史照片辑合时，集安博物馆周荣顺、林世贤两位同志提供了很大帮助，谨向他们致以深深的谢忱。

编　者

2008年10月

目 录

前言	(1)
1962年春季吉林集安考古调查简报	(1)
吉林集安榆林河流域高句丽古墓调查	(5)
吉林集安五盔坟四号和五号墓清理略记	(10)
吉林集安通沟第十二号高句丽壁画墓	(20)
吉林集安麻线沟一号壁画墓	(27)
吉林集安两座高句丽墓	(37)
集安县两座高句丽积石墓的清理	(48)
吉林集安洞沟三室墓清理记	(56)
集安洞沟三室墓壁画著录补正	(59)
集安长川一号壁画墓	(65)
集安万宝汀墓区242号古墓清理简报	(86)
吉林集安长川二号封土墓发掘纪要	(91)
集安洞沟两座树立石碑的高句丽古墓	(99)
集安高句丽墓葬发掘简报	(106)
集安洞沟三座壁画墓	(115)
吉林集安五盔坟四号墓	(125)
1976年集安洞沟高句丽墓清理	(140)
集安县上、下活龙村高句丽古墓清理简报	(151)
集安县老虎哨古墓	(163)
集安两座高句丽封土墓	(171)
"折天井"墓调查拾零	(176)
吉林集安东大坡高句丽墓葬发掘简报	(179)
集安洞沟古墓群禹山墓区集锡公路墓葬发掘	(190)
集安洞沟古墓群三座古墓葬清理	(233)
吉林省集安洞沟古墓群七星山墓区两座古墓的考察	(237)
维修中发现的两座高句丽积石石室壁画墓	(240)
集安麻线安子沟高句丽墓葬调查与清理	(243)

集安下解放第31号高句丽壁画墓 …………………………………………………………（248）
集安洞沟古墓群禹山墓区2112号墓 ………………………………………………………（252）
洞沟古墓群禹山墓区JYM 3319号墓发掘报告 …………………………………………（260）
集安JSZM0001号墓清理报告 ……………………………………………………………（277）
集安JSZM145号墓调查报告 ………………………………………………………………（285）
集安禹山M2112墓室清理报告 ……………………………………………………………（292）
黄泥岗大墓调查报告 ………………………………………………………………………（300）
集安禹山540号墓清理报告 ………………………………………………………………（306）
03JYM0540出土的动物骨骼遗存研究 ……………………………………………………（321）

1962年春季吉林集安考古调查简报*

李殿福

吉林省博物馆为了做好集安地区的文物保护工作和开展科学研究，组成了集安考古工作队。工作队由王承礼同志领队，并邀请了吉林师范大学历史系曹正榕、吉林省哲学社会科学研究所朱涵康等同志，会同集安县文物管理所的同志共12人，于1962年春季，开始对集安全县进行了第一期的考古调查。通过这次调查，对集安境内新石器时代遗址的分布、高句丽时期和金代的遗迹、遗物有了进一步有了解。调查工作分两个阶段：前段从4月初至5月末，后段从6月初到7月。

前段调查完霸王朝山城后，分为两组：一组调查（老）岭后，一组赴岭前。岭后组调查了大清河流域、浑江中游左岸和新开河全域；岭前组调查了鸭绿江北岸和榆林河流域。于6月初结束了上述集安城外围的调查。6月中旬转入后段工作，对集安城附近的洞沟一带进行了调查。

在岭后共发现新石器时代遗址3处、古关卡遗址3处、山城1座、高句丽时代的古墓群10处。

三处新石器时代遗址的地点是：腰营子人民公社南台村西岗、梨树沟后山及头道人民公社长岗村，均在浑江中游左岸。

三处古关卡址是头道"关马墙"、二道"关马墙"和三道"关马墙"。三处"关马墙"皆在岭后大清河流域，是高句丽时代的古关卡址。头道、二道"关马墙"位于通化通往集安的公路两侧的险要隘口，为截堵由辉发河越浑江直通丸都的重要关卡。公路为南北向，两道墙相距半公里。第三道"关马墙"位于第一、第二道"关马墙"中间，东距公路约百米的木铣头沟里。木铣头沟是大清河的小支流，沿溪谷溯流而行可到小龙爪沟，越岭东经天桥沟至黄柏，由黄柏可至洞沟。

三道"关马墙"全系不规整石块叠砌而成。头道"关马墙"之东墙保存较好。东墙之内墙上窄下宽呈梯形，东西长23、南北宽10.5、残高2.3米。第二道"关马墙"破坏较大，多已坍塌。东段已被河水冲断，残高2.3米。第三道"关马墙"保存最好，墙上窄下宽呈梯形，全长56、宽6.5~6.9、宽0.5~0.7米。在墙之正中有门，门宽4米。

山城一座，位于浑江中游左岸霸王朝村北的高山上。

在岭后调查了高句丽时代的古墓群10处，其中7处是这次调查新发现的。在财源人民公社的有马蹄沟大队10余座、报马川大队30余座、财源大队东台地上9座、泉眼沟大队母龙背岭约50座、

---

* 1965年，经国务院（国秘字第22号）批准，将辑安县更名为集安县。

泉眼沟大队火烧房子沟 15 座，在腰营子公社的有腰营子大队 5 座、金家大队村后 15 座、腰营子大队庙西 10 余座，在花甸人民公社的有花甸子屯西 7 座，在清河人民公社的有前进大队三道崴子 10 座。上述 10 处古墓群，共计 160 余座。多属石冢，有积石墓和方坛积石墓，也有较少的有封土墓和土封积石墓，此外还有小石棺墓。

清河人民公社钟家村西岗于 1961 年春曾发现 45 件金代遗物，有圈足圆腹小口双耳的茶釉罐、反库铁锹等，这次对出土地点也作了调查。并调查了县境内从浑江与新开河汇合处始，沿新开河谷溯流而上，地径板岔前往集安的古道，但未发现遗迹或遗物。

岭前组在榆林河流域和鸭绿江西岸调查了高句丽朝代的古墓群 19 处和 1 处高句丽时代的居住址。19 处古墓群是榆林人民公社的复兴大队复兴村东 10 余座、复兴大队四道沟 9 座、治安大队 20 余座、向阳大队 10 余座、大甸子大队大高力墓子 114 座及小高力墓子 20 座、朱仙沟大队朱仙沟 10 余座、迎水大队 1 座、地沟大队关门磴子 40 余座及地沟门子 60 余座、老虎哨大队 14 座，太平人民公社太平沟大队太平沟 60 余座、江口大队 10 余座，大路人民公社大阳岔大队 3 座、古马岭大队 9 座、高地大队 140 余座、大路大队 40 余座、爬宝大队 30 座、黄柏人民公社长川大队 120 多座，共计 810 多座。其中有 9 处是本次调查所发现的，并在大高力墓子墓群清理了单室、双室和三室墓各一座（详见本书曹正榕、朱涵康：《吉林集安榆林河流域高句丽古墓调查》）。上述 19 处古墓群中，保存最好的是黄柏人民公社长川古墓群。类型具全，多方坛积石墓，其中较大者，形如洞沟古墓群的将军坟。用大长方形石条逐层叠砌，共五级，墓室在第二级中央，西向，葬在小山上，边长 20.5 米。大型封土坟共发现 3 座，均在山坡台地上，呈截尖方堆形，边长 40 多米。

发现的高句丽时代的居住址，在黄柏人民公社长川大队，东临长川屯，南距鸭绿江 150 米左右。遗址面积约 1 万平方米，保存较好，四周尚存石垣痕迹。在遗址中采集到一些黄色细泥陶片和夹砂陶片。

后一阶段调查洞沟一带，在调查了集安县城西北五里的山城子山城和对洞沟古墓群进行了部分实测后，即转而进行洞沟古墓群中壁画墓的测绘、记录、拍照、临摹等工作，并对壁画墓的维修工作作了安排。

测量洞沟古墓群部分的古墓时，调查捶拓了大禹山南麓人像刻石。人像刻石刻于一坍塌仅存三层基石的方坛积石墓左前的一块较平的大石上，画像系阴刻，线条清晰（图版一，1），是目前集安地区仅存的高句丽时代石刻画像。在方坛积石墓的四周散布很多灰色砖瓦，在其中拾到一个残瓦当，边缘环刻铭文：丁巳□□□□岁□□□□□万世太岁在丁巳五月廿日（图一）。

在拍照、临摹、著录等工作进行的同时，并分出两个调查小组，一组去复查岭后热闹、东明及毋丘俭纪功碑出土地点的板岔岭，一组去复查岭前的洋岔和黄柏站。

这次拍照、临摹、测绘、著录工作，主要侧重于过去日本人黑田源次没有著录的五盔坟五号墓、洞沟第十七号墓和洞沟第十二号墓[1]等。

图一 瓦当拓片

五盔坟五号墓，南向，墓室呈横长方形。东西壁长4.37、南北壁宽3.56米。墓室低于地表，为细琢的巨型花岗岩构筑。藻井叠涩上起，第一重石在四壁之上置梁枋，前出12厘米；第二重石与室壁平，于四隅抹角叠砌，仰视呈八角形；第三重石又复抹角叠砌与第二重石平行，仰视呈菱形。其上以一巨石平铺，逐封墓顶。甬道开在南壁正中处。室内置石棺三座。

四壁分绘四神，东青龙、西白虎、北玄武（图版一，2）、南朱雀。在四神图下衬以火焰锦莲花连续图案。在四隅各画怪兽托龙顶梁。藻井第一重石画绞龙纹，第二重石绘仙人，第三重石画伎乐仙人。抹角石上亦有壁画（图版一，3、4），在第一、第二重石抹角石底，分绘莲花与蛟龙纹，盖顶绘纠缠的龙虎。

洞沟第十二号墓，墓室西向，分南北二室。南室为3.5米见方，藻井为13层平行叠涩内收的穹隆式。甬道在西壁正中处，长3.2米，在距甬道内口1.55米处，左右有二侧室。侧室宽0.8~0.9、深0.9~1.04、高1.26米。北室南北壁长2.96、东西壁长2.64米，甬道与南室甬道平行，亦在西壁正中处，长2.8米。在甬道左侧，距甬道内口1.06米的地方，有一宽0.9、深1、高1.25米的侧室。墓室顶部作四阿式。二墓室均为石造，上涂白垩，壁画漫漶不堪。其南室后壁（东壁）画一屋宇，内有夫妻对坐像。男主人头戴方冠，着合衽袍服，面南坐。女主人头着巾，身穿长服，面男主人跪坐，左右仆人侍立。南、北二壁多已剥落，仅识有一男一女手挽车辕，面东而行。西壁甬道右壁绘舞乐图，左右上角画一人翩翩起舞，双臂向前平伸，左腿单立，右腿后曲，身着黄襦肥裤。在舞人前有一人弹琴。通道左上部亦绘一人起舞，余者不辨。在四壁上端，各绘莲花六、七朵。藻井上全绘仰莲图案。其甬道两壁各画射猎图，左壁下端画骑手一，张弓射箭，马为红色，四蹄飞扬（图二）。马前有鹿，仅辨鹿足。上画山，小于人马。左壁上方画一树，树前有二人张弓射箭。余者漫漶不辨。在甬道左侧室之后壁（南壁）画站立男人，头戴方冠，身着青襦黄裤，束袖扎腰，右臂前伸，手执毛笔。右壁（东壁）画一屋舍，起脊青瓦，朱栏红柱。左壁（西壁）画炊爨器物二。右侧室后壁（北壁）画马厩一，厩舍起脊有鸱尾，上铺青瓦，朱枋红柱。舍内置黄色马槽，槽头栓有扬首站立的红、黄、青三马。厩舍还展延至右壁（东壁），画红色柱架，上置青色鞍具一。左壁（西壁）大部分剥落，仅见右下角有一人站立，不辨男女。北室后壁（东壁）绘夫妻对坐像，仅剩一夫人像，

图二 洞沟十二号墓甬道右壁壁画摹本

且模糊。南壁是争战场面，一人乘马手执长矛，人披甲胄，马披甲，挥舞长矛前战。马前漫漶不识，马后有一人，身着黄色甲胄，左臂前伸似捺跪俘，右手握刀高举，作斩俘虏状。北壁画射猎景象，有二人骑马射鹿，后者是白衣白马，前者着紧身红衣，纵马前驰，皆张弓射鹿，鹿仅识鹿角和二后足。西壁漫漶尤甚，所画不辨。在藻井上画莲叶、莲花连续图案。甬道两侧壁已漫漶莫辨。在甬道右侧室绘炊爨器物。此墓之壁画内容丰富，线条流利，对研究高句丽社会生活及艺术提供了可贵的资料。

这次仅对洞沟古墓群中的壁画墓进行了测绘等工作，至于洞沟古墓群的全面实测和遗址的调查，将在明年分区分批地进行。

注　释

[1] 此两墓均为日人黑田源次盗掘的，一编为十七号，一编为十二号，见梅原末治：《朝鲜古代の墓制》，亦见藤田亮策：《高句丽祭》，载于《辑安》。

（原刊于《考古》1962年11期，566~568页）

吉林集安榆林河流域高句丽古墓调查

曹正榕　朱涵康

1962年4月，吉林省博物馆组成的集安考古队沿榆林河流域对高句丽古墓进行了调查。

一、古墓群的分布

榆林河发源于老岭，向南蜿蜒流入鸭绿江，全长25公里。河流两岸是起伏绵亘的老岭支脉，海拔500~600米，上游山势陡峭，多激流峡谷。从距离发源地约5公里的四道沟口起，河谷逐渐开阔，形成一块比较狭长的冲积盆地，最宽处可达1公里左右，是集安县境内沿鸭绿江仅次于集安镇（又名洞沟）的一块平原。在这一带盆地边缘、山麓和山谷之间，错落地分布着一些高句丽时代的墓群。

这一地区的古墓，过去曾经有人做过一些调查，并且发表了调查报告[1]，但内容比较简略，也有一些错误。这次调查在当地群众帮助下，共发现古墓170座，分布在四道沟口、向阳、朱仙沟、大高力墓子、小高力墓子和迎水（江口）等六处（图一），其分布情况如下表（表一）。

表一　1962年调查发现墓葬分布情况

地点	数目	墓群面积
四道沟口	9	约200平方米
向阳	19	约500平方米
朱仙沟	9	约500平方米
小高力墓子	20	大部分破坏，无法测量
大高力墓子	113	约6公顷
迎水	1[2]	

根据古墓的外形，可以分为方坛积石墓（以下略称为石坟）和封土墓（以下略称为土坟）两种。石坟的基部用石条垒成方坛，内有石块垒成的墓室，上面用直径20~30厘米的自然石块堆积封冢。土坟是在墓室之外复以封土，封土内间或杂有石块，无基坛，底部亦略呈方形。石坟、土坟的墓室结构基本相同，有单室、双室和三室不等，墓道多西南向。此外，在墓群中也间杂有直径不及2米的小石棺。

在这次调查中，墓葬比较密集的为大高力墓子。

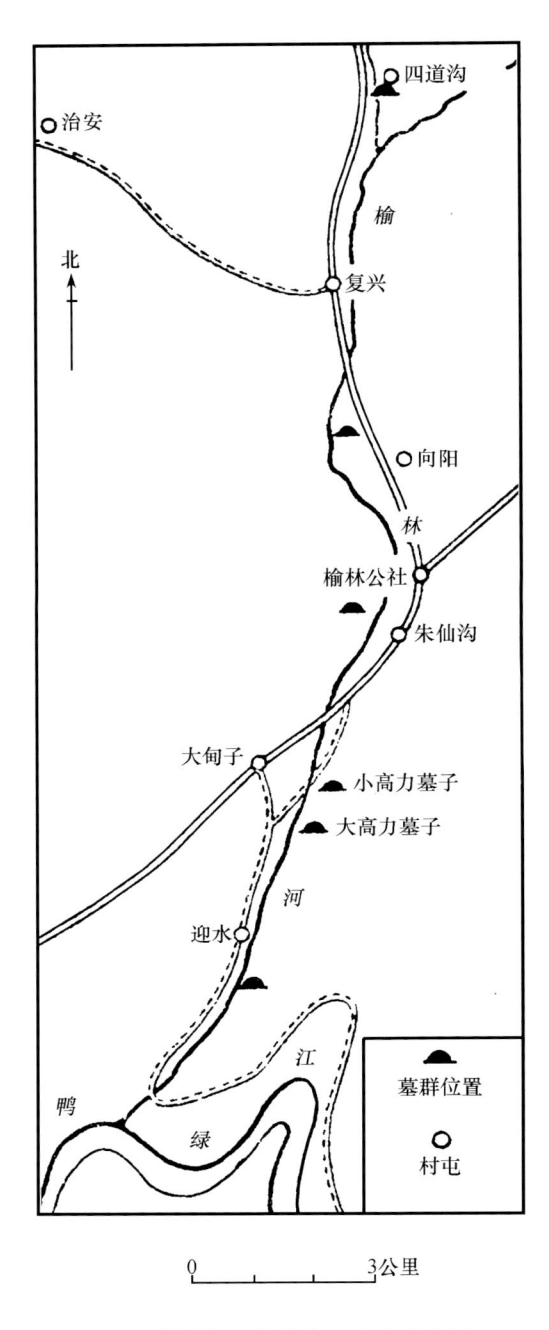

图一　榆林河流域高句丽古墓分布图

二、大高力墓子古墓群

位于榆林河左岸高力墓子山向盆地伸出的台地上。台地高出河面约5米，坡度为3°~4°。墓群分布在宽100、长600余米的狭长地带，由东南向西北延展，东南部比较密集，西北接近山坡处逐渐稀少（图二）。

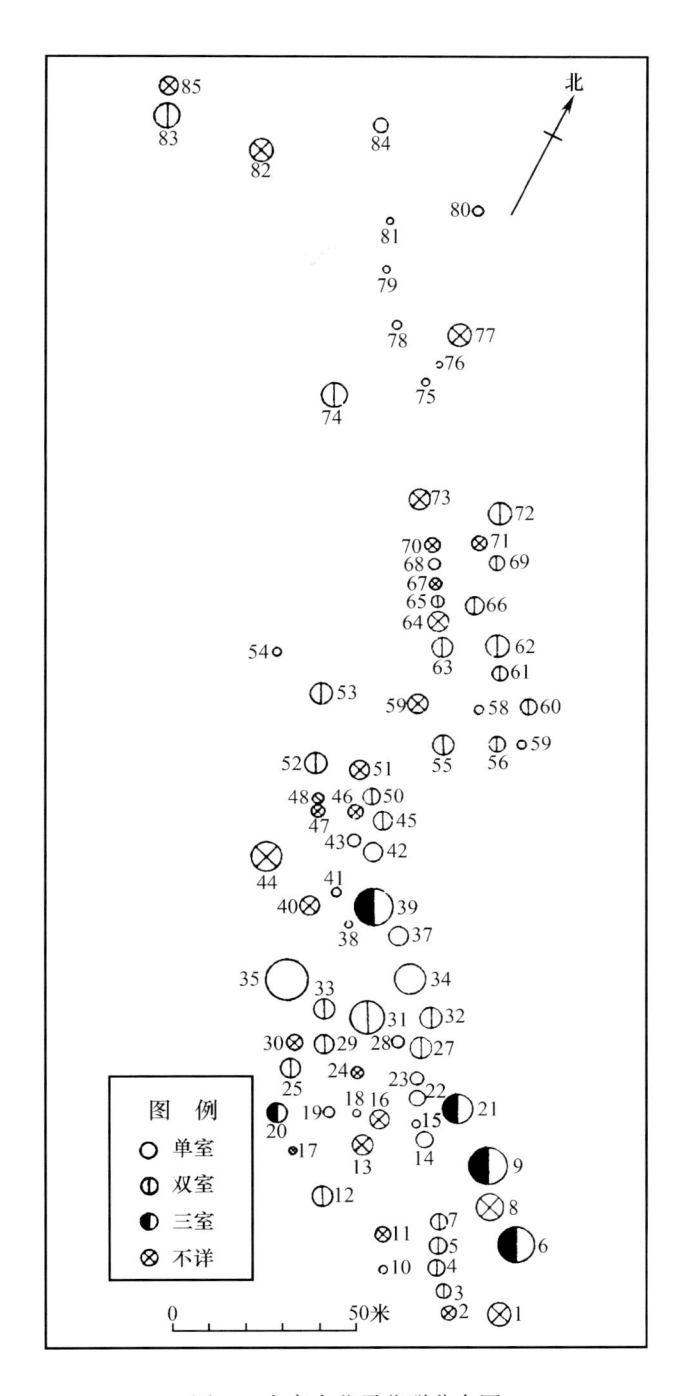

图二 大高力墓子墓群分布图

古墓群中石坟、土坟混杂在一起。石坟多分布在墓群的前部，规模较大，边长8~12米，有的塌毁破坏，有的石椁外露，可辨认的有双室、三室两种，墓道方向200°~250°，个别墓顶封石上有白灰的痕亦。土坟规模一般较小，封土大部散失，边长多在10米以下，以单室和双室居多，也有三室墓。

这次调查时除将墓葬分别编号登记外，并清理了31号和21号两座石坟和43号土坟。

1. 第 31 号墓

石坟。已被扰乱，边长 8 米，底部以长方形石条砌成方坛形墓基，逐层内收，现尚可辨认砌出三层。墓顶封石大部散失，墓室外露，有左右二室，高 1.05 米，左室长 1.65、宽 1.15 米，右室长 1.58、宽 1.15 米。墓壁用比较规则的长方形石块从地表垒砌，共三层，空隙用小石块填充，两墓室中间有一道石壁隔开。墓壁上层抹角垒砌，上以扁平巨石复顶。墓底有不规则的石棺座各一，下接地表。左右墓室各有墓道。方向 225°，左墓道在左室的右前方，长 1.65、宽 1.15 米；右墓道在右室的左前方，长 1.58、宽 1.15 米。墓室内有淤土，清理时未发现骨骸及遗物（图版一，5；图三）。

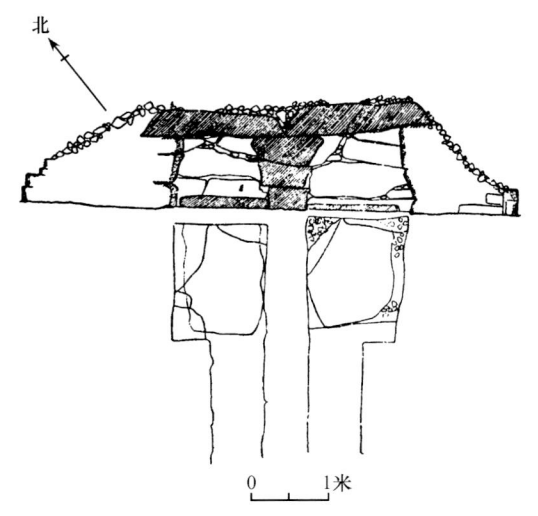

图三　第 31 号墓平、剖面图

2. 第 21 号墓

石坟。已遭破坏，下有石条砌成的方坛墓基，边长约 7 米，墓道方向 200°。中间有两道石壁隔成左、中、右三室，结构与第 31 号墓基本相同。墓室左右壁及间壁均垒石三层，后壁竖立一整块石板。墓室后半有扁平巨石覆盖作为后顶，前半部墓壁另加一层石块，再以巨石覆盖在后部顶石及前壁第四层之上，形成了前高后低的两层墓顶。墓室长 1.9~2、宽 1~1.6 米。墓内淤土很多，底部有棺座。中室、左室墓道位于右前方，右室墓道位于左前方，均已破坏，宽 0.54~0.9、深 0.7~0.3、残长 1.5 米。清理时在淤土内发现人骨碎片，已难判定原形（图四）。

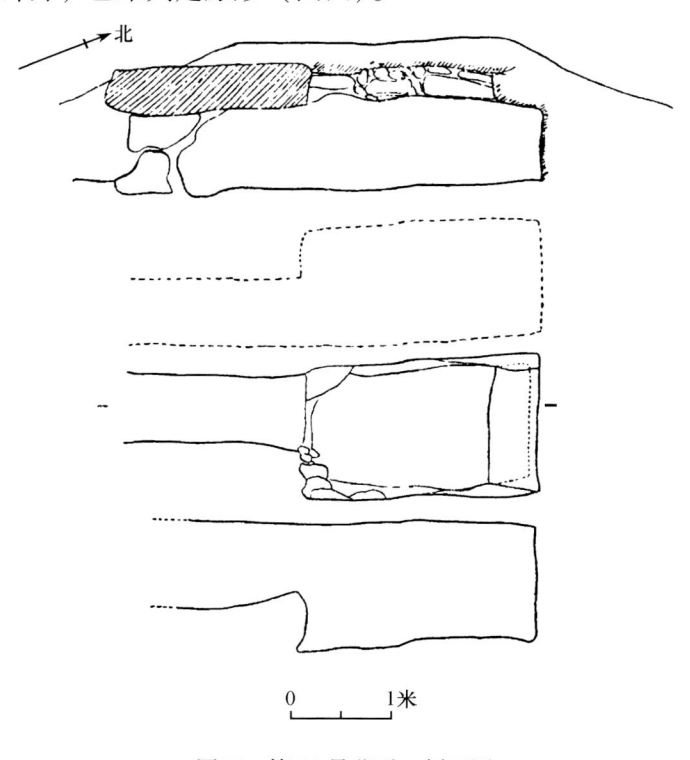

图四　第 21 号墓平、剖面图

3. 第 43 号墓

土坟。后部封土已散失，露出石壁，残存边长 5 米，单室，方向 202°。墓室高 0.6、长 1.8、宽 0.8~1 米。用不规则形石块砌成，上以两块巨石复顶，墓室后上部砌成抹角状，墓底用不规则小型石板对缝铺成，间有碎石找平，下接地表。墓道长、宽、深各约 0.6 米，葬后用石块密封（图五）。清理时发现了头骨和肢骨残骸，头北脚南，葬式不详。

三、几个问题

第一，榆林河盆地是集安县西南部的交通中心之一，西北经过大路村可通桓仁，北越老岭沿新开河渡浑江可达通化，东北经麻线沟可抵集安镇，南接鸭绿江水路，位置比较重要。根据这个地区古墓群的分布，可知在高句丽时代也比较重要。因此，除了古墓群之处，应有其他高句丽时代的遗存，有待于今后进一步调查。

第二，古墓群中石坟、土坟交杂错落，而且有的采用抹角垒砌的技术。根据高句丽的墓葬形制，土坟的时代一般较晚，采用抹角垒砌也较晚，因此这一带的墓群似应属于高句丽时代的中晚期。

第三，这次调查没有发现古代城址，古墓群的规模、数量也远不如集安镇附近的古墓群，过去有人以为这个地区是高句丽丸都城的"第一候补地点"[3]，这种推测很难成立。

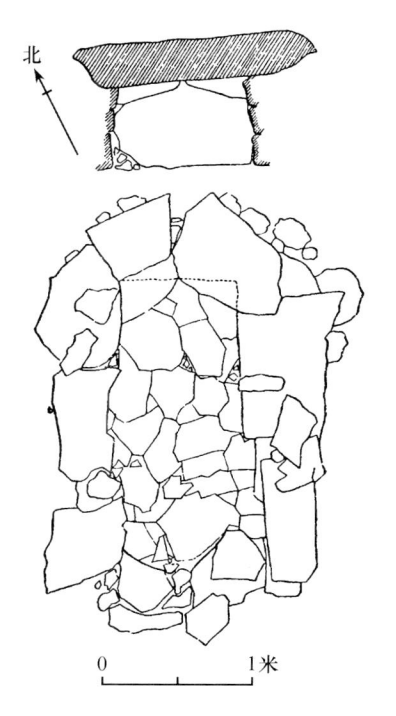

图五　第 43 号墓平、剖面图

注　释

[1]　日本人关野贞于 1917 年曾到此地进行过调查，见《大正六年度古迹调查报告》。
[2]　自伪满时在鸭绿江中游修蛭蛄哨水库后，其上游水位上涨，迎水正处于榆林河口地带，逐为水淹没。根据 [1] 引关野贞报告，榆林河口左岸丘山山麓有墓 25 座，大东山麓有墓 115 座，而今仅见残存 1 座。
[3]　见关野贞：《丸都城考》，载《大正六年度古迹调查报告》。

（原刊于《考古》1962 年 11 期，572~574 页）

吉林集安五盔坟四号和五号墓清理略记

吉林省博物馆

吉林省集安洞沟平原之中部，今集安车站北侧，有五座高大封土墓形如盔胄，当地群众称之为五盔坟[1]（图一）。我们的编号系自西向东数，四号墓即以前所谓"通沟未编号墓"[2]，五号墓即以前所谓"第十七号墓"或"四叶塚"。其中四号墓于1950年发现，五号墓在抗日战争中即被掘开过。

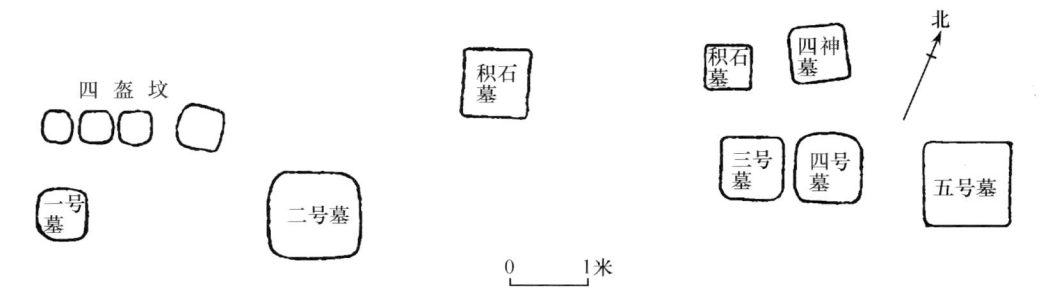

图一 五盔坟分布位置示意图

1962年春，吉林省博物馆根据省文化局的指示，会同集安县文物管理所对四、五号墓进行了清理。清理工作从6月开始，至8月基本结束，临摹还在继续进行。参加工作的有王承礼、李殿福、方起东、韩淑华、刘萱堂、林至德等同志，莫东作、郑捷、王纪栋摄影，王大维、李超雄、曲绍伯、刘萱堂临摹。为了便于学术界研究，在正式报告尚未编就以前，先将二墓的清理情况作一简略介绍，其中四号墓部分由王承礼、李殿福执笔，五号墓由方起东、李殿福执笔。

一、四 号 墓

（一）墓 室 结 构

四号墓为截尖方锥形的封土墓，封土残高8、周长160米，墓向150°。

墓分墓道、甬道和墓室三部分（图二）。

墓道在南，现存长6米，中部横一未加修整的巨石，作为挡墓石。两侧作向外伸折的挡土墙，以石条砌筑，外涂白灰。

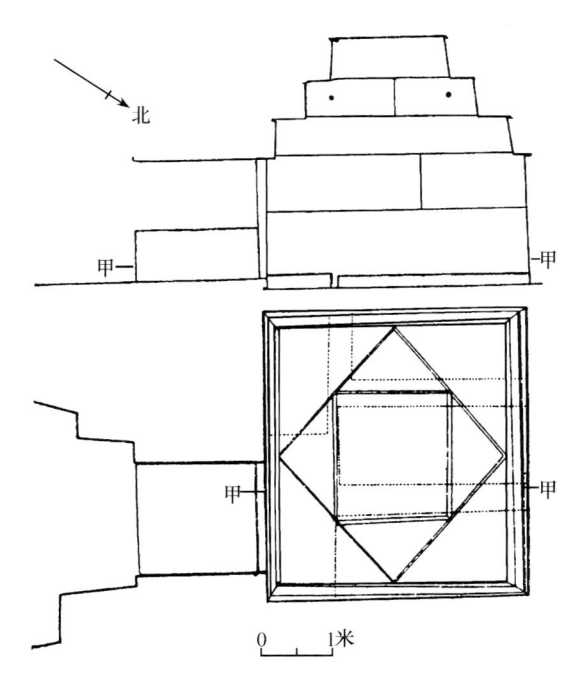

图二 四号墓墓室剖面、平面、仰视图

墓道后接甬道，甬道长1.88米。由甬道进入墓门，墓门开在墓室南壁偏东处，高、宽各1.75米。在甬道口内缘，凿有门框，底部铺以高出墓室14厘米的石板，外与墓道齐平。

墓室平面呈横长方形，东西长4.2、南北宽3.68、举高3.64米。以裁琢工细的巨型花岗岩砌筑，白灰勾缝。四壁分上下两层砌筑而成，微向内倾，高1.92米。壁上置梁枋，梁枋伸出四壁12、高54.5厘米。在梁枋之上抹角叠涩两重顶石，构成藻井。第一重顶石抹角斜置于梁枋四隅之上，仰砚呈菱形，高56厘米。第二重顶石再抹角叠涩在第一重顶石之四隅，与梁枋平行，仰视成方形，高60厘米，其上以平整大石封顶。

墓室内置三石棺床，东西平列，北端均与北壁相接，高0.16、长2.45～2.71、宽1.05～1.25米。在南壁西段，还有一东西向的石座，与西、南两壁相接，长1.78、宽0.87、高0.2米，可能是放置随葬品的。

（二）壁　画

墓室四壁及藻井上满绘壁画，甬道两壁及棺床上也绘有壁画。壁画均直接绘于花岗岩上，五彩纷披、绚烂富丽。现将壁画内容分述于下。

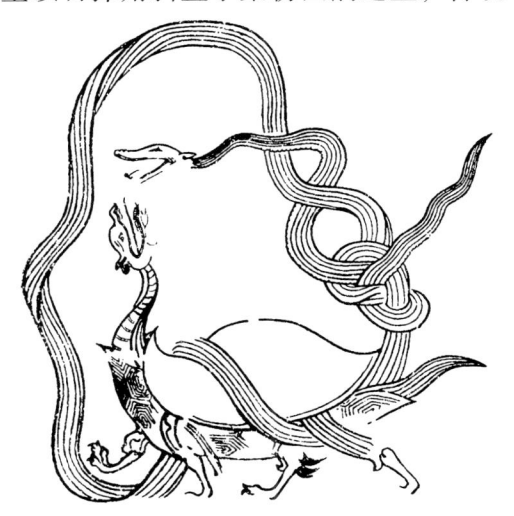

图三 四号墓北壁玄武图

甬道左右壁各绘一力士，惜已漫漶不清，难以辨识。

墓室四壁绘四神。南壁绘红色朱雀，面东，黄嘴红冠，展翅修尾，足踏莲台（图版二，1）。北壁绘玄武，向西，龟背赭色，蛇身五彩（图三）。西壁白虎（彩版一）与东壁青龙均南向，作奔腾状，青龙系赭背黄腹，身披五彩，色彩艳丽（图版二，2）。

四神壁画下以连续的莲花火焰网状图案作为衬地。网纹以红、黄、黑三色平行线条描绘，在网纹内错杂地绘有三种图案：一种中绘侧视的莲花，共11瓣，有黄、赭、绿等色，下有花托，两侧绘火焰纹，火焰上部饰有小朵莲花（图四，1）；一种是从网之底部向左右伸展出卷草叶，两叶中间生出一红色，三瓣或白色五瓣之莲花（图四，3、4）；还有一种也是从网纹底部向左右斜伸出两朵卷草叶，有绿、黄、茶三色，两叶中托出一白色复瓣莲台，台上有各种人像（图四，2）。人像共10人，姿态各异，有的头戴龙冠，面目清秀，身穿合衽袍，腰系绅带，手执团扇，足蹬墨履；有的头戴龙冠，身着长袍，腰系彩带，足蹬墨履，手执团扇，身姿优美；有的跪坐或趺坐在莲台上，着羽衣，或绘八卦，或正炼丹（？），或凝神攻读。

图四 四号墓四壁衬地网纹图案细部摹本

墓壁四隅绘怪兽托龙顶梁（图版三，1）。怪兽为兽面人身，有角，裸身，左腿屈曲，右腿后蹬，双臂伸举，力托二龙；二龙相对交缠，头向上，尾下垂，腹部托梁，后爪顶梁，一龙爪踏怪兽头。四隅怪兽形象相同，但面部色彩不一。

梁枋上绘龙纹，每壁两条，龙身盘绞在一起，组成了二龙盘缠交结的连续图案（图五）。在梁枋上下边缘，饰以连续的菱形珊瑚纹。

第一重顶石绘日月神、飞天、冶轮人等。日月神绘于北角二抹角石上，人首龙身（图版二，3）。日神居右，男相，披发，双手捧日轮于头上，日中有三足乌，着合衽羽衣；月神居左，女相，长发，双手举月轮于头上，月中有蟾蜍，着合衽红羽襦衣，腰系白带。龙身五彩，龙足前后蹬开，正相向飞翔。日月神中间及各自身后均绘有菩提树。东角二抹角石相接处绘牛头人和飞天（图五）。牛头人居左，牛首人身，着粉色合衽裙，足蹬黑履；飞天居右，披发，面有微髭，着合衽茶色长裙，左手置于脑后，右手斜向后伸，手握火把，双膝屈起，足不外露。在牛头人和飞天的中间及各自身后均绘有菩提树。南角二抹角石上绘冶铁人和制轮人（图版二，6）。冶铁人居左，束发，着黄领缘合衽茶色袍，黑鞋，坐于岩石上，右手握铁钳，钳衔红铁块置于砧上，左臂高举铁钟，正在冶锻；冶轮人居右，着黄领缘合衽黄袍，黑鞋，站立轮前，左手握黑车轮，右手举锤铆钉。二者中间有二菩提

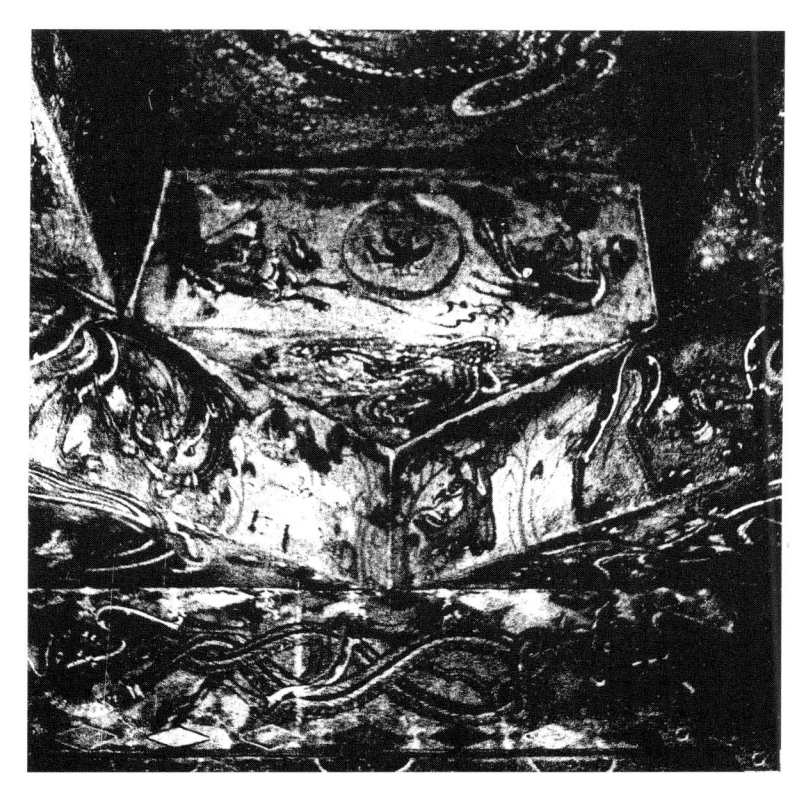

图五　四号墓东壁上的藻井壁画

树。西角之南壁抹角石绘一人，面东，着长羽袍，手握一物，伫立于黑色磨石前，似在磨物，身前身后及石旁均有大菩提树。西角北壁抹角石绘一乘龙羽人，面西，着对衽袍，身跨五色龙，衣带飘飞（图版二，5）。在四面抹角石中部均绘一龙，姿态相同（图版二，4、5），皆回首后顾，将身弓起，以身体顶托第二重顶石之抹角石，造型刚健有力。

第二重顶石，绘伎乐人和日月星宿等。北面绘三伎乐天人，间隙处绘北斗星座（图版二，3）。其中右侧一人头戴莲花冠，着赭色长袍，左腿盘坐，右腿前伸，置琴于膝上，右手拨弦，左手抚琴。中间一人，面南，着对衽黄衣，击腰鼓。左侧一人梳高髻，着长袍，右手托举一物，左手持一卷轴，两腿向后曲起，回首顾盼。东面中部绘日轮，内有三足乌。一乘龙伎乐人居左，束发髻，着茶色袍，右手执飘动的旌幡，回首转身，正吹左手所持之排箫；一驾凤伎乐人居右，束发，着合衽茶色袍，双手握笛，正在吹奏（图五）。南面中绘南斗六星。右侧一伎乐人束发，着茶色短衣，敞怀驾一孔雀，手捧一物。左侧一伎乐人吹竽，束发，着茶色袍，双腿跪起，博带飘飞，神采俊逸（图版二，4、6）。西面中绘月轮，内有蟾蜍。左边绘一伎乐人，束发，着长袍，跨龙，吹胡角；右边绘乘白鹤的仙人，头戴白帻，着赭色袍（图版二，6）。人物之间均绘有云气纹，给人一种流云飘动的感觉。

在第一、二重顶石抹角石之底部，均各绘一龙，计有八条，均作昂首盘踞状（图版二，4、5）。

藻井顶部绘一龙，昂首盘旋，形象生动有力，衬地为流云和星宿（图版三，2）。

（三）遗　　物

这次清理所发现的随葬品极少，仅见到鎏金铜扣、帽钉、薄片（图六）和铁钉等物。此外，还发现有棺木残段，上髹朱、黑两色漆。

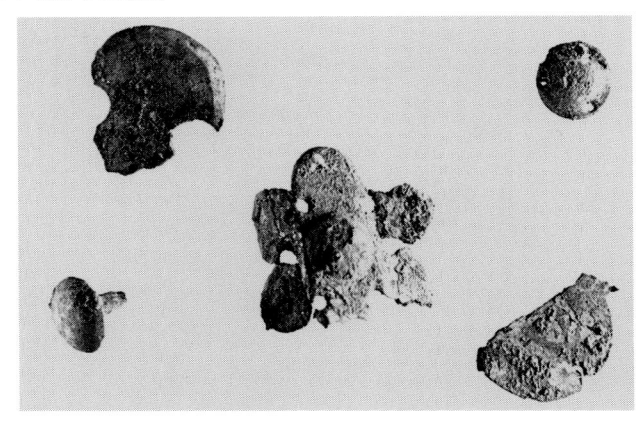

图六　四号墓出土鎏金饰件

二、五　号　墓

（一）墓室结构

五号墓结构大致与四号墓相近，根据当地群众所说，五号墓原来的封土比四号墓稍高且大，但现在仅余三分之一左右，残高3米。石造的墓室低于地面3~4米，南壁正中辟有甬道，方向158°。墓亦分墓室、甬道、墓道三部分。甬道长1.93米，南端稍稍往东开阔，北宽1.62、南宽1.87米。甬道上盖顶石（与南壁上之梁枋部分系为同一整块的巨型石材），临墓室一边修琢平整，距底高1.75米，而另一边岩面却未经修整，往上伸起，及至甬道口则高达2.86米。在甬道接墓门的内口处，左右两壁及顶部沿缘凿有稍稍凸起的门楣、门框，宽15厘米，底部则有等宽的石凿门槛，高2厘米。在甬道以南，其外部两翼连及上方有石条垒砌的挡土墙，挡土墙向东西两旁稍稍砌出便折而向南，或正形成了原来墓道的宽度，但墓道已被破坏，形制不详。在墓道之后端距甬道口约1米处，置有上下相压的两块巨型"挡门石"，高达3.35米，其内面不甚规整，挡门石之西与挡土墙之间有容得一人的罅隙。

墓室平面呈整齐的横长方形，东西长4.37、南北宽3.56米，用修琢工细的巨型花岗岩石材砌成，白灰勾缝。四壁高2.18米，稍微内倾，其上叠置梁枋。梁枋伸出四壁60~10、高55厘米。梁枋以上藻井作抹角叠涩结构，墓室举高3.94米。其第一重顶石缩回与壁面取齐，在四隅置以抹角石，仰视呈八角形，高54厘米。第二重顶石则平行叠涩于第一重抹角石之上，仰视呈菱形，高66厘米。最上覆盖一平整的封顶石。

室内置三石棺床，东西并列，各高23厘米。东西两棺座紧靠二壁，以石灰勾缝。中间棺座系一完整的石材琢成，长2.66、宽1.28、距北壁0.29米，左右去东西棺座分别为31和30厘米；东棺座距北壁35厘米，长2.62、宽1.27米，因石材稍短，南端为一小裁石所接补；西棺座距北壁0.26、长2.67、宽1.2米，北端亦接补了一小截，由于接补的石材薄而且小，其外还涂抹了较厚的一层石灰与东、中两棺座取平（图七）。

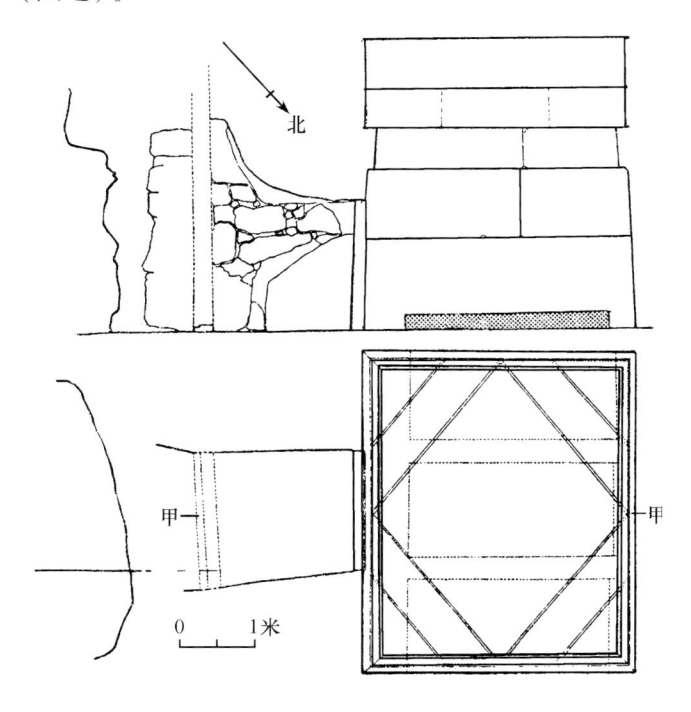

图七　五号墓剖面、平面、仰视图

在南壁紧贴梁枋之下、甬道的东西两旁，凿有三个径5、深7厘米左右的小圆洞，东边的小洞距东壁1.03米，西边的两个小洞距西壁分别为0.97和1.2米。根据所处的部位推测，这些小洞很可能是当初安钉挂物用的。另外在四壁第一重顶石的中部，也分别凿有一个直径5、深1.5～2厘米的小洞，其位置正当墙面壁画上龙的口中，原来或镶嵌有珠宝玉石之属。

（二）壁　　画

整个墓室的四壁、藻井上，似及棺床及甬道左右两壁，都绘有绚丽的壁画。壁画也是直接绘于石材平整的岩面上的，从画面上可以辨察壁画的绘制过程：先以纤细的红线或墨线起稿，而后设色，有红、褐、绿、黄、白、粉红等颜色，最后以浓重的墨线勾勒定稿。

兹将壁画内容介绍如下[4]。

甬道左右两壁每面绘一力士，面朝甬道口，今已漫漶不清，很难辨识。东壁力士头梳顶髻，张弓搭箭，蹬如意鞋，坐于一复瓣莲台上；西壁力士亦蹬复瓣莲台，手提棨戟。在甬道内口凿出的门楣、门框上，以及墓室南壁沿墓室门边缘的影作门楣、门框上，绘着二方连续忍冬花草图案，绿色的枝蔓，相间缀着红、黄、绿、白等色的花叶。

图八 五号墓南壁西侧朱雀图

墓室四壁绘巨幅四神图。青龙腾耀于东壁，头向南方，作俯冲的姿态，龙身敷以平行的黄、绿、红、褐色，其上勾描黑色斜方格鳞纹，颈、腹部则着粉红色，四肢上部色彩与龙身同，后饰有白羽，下部单以墨线勾勒，仅将每一足的三个趾爪染为红色（图版四，2）。此墓壁画中凡39条龙，体形均同，施色也大致一样。西壁白虎亦南向，作飞扑的姿势，虎身白色，上有黑线勾描长毛，腹部作粉红色，腿后饰白羽。南壁为甬道隔成东西两段，各绘一朱雀，振翅相向，长尾，立足于白色的复瓣莲座上，而今莲座已模糊难辨。西朱雀雀喙尖细，顶冠如火焰状，着褐地红线，长颈作粉红色，身红色，双翼系平涂红色而饰以绿缘，尾羽分着黄、绿、红色（图八）；东朱雀的形象与之基本相同，只是白色的圈画的很长，向外翘出如角，而雀身施平行的褐、绿、红色，腹部粉红色，顶冠作绿地红线。北壁为玄武，龟蛇纠结，龟身向西而回首向上，与下伸的蛇首相对。龟背平涂红褐色，无龟甲纹，四足均作三趾，蛇身色彩与青龙同，其上亦加黑线鳞纹。

墓室四壁除四神图像外，满布着莲花火焰网纹图案作为衬地。网纹连续排列得很有规律，均是竖向绘两组，东西二壁横列四组，南北二壁横列六组。以红、黄、黑三色的平行线条绘成网纹，其上下角点缀着粉红色的小莲花。和四号墓不同的是，这里没有人物图像，而是有规律的按照以一朵内绘莲花的网纹和一朵内绘火焰的网纹相同连续排列。莲花皆为侧视，11瓣，有绿、粉红、褐、黄（今多褪败作烟赭色）等色，下有花托，左右衬以各色小柱火焰。火焰纹皆作三柱，中间一柱较大，分别着以红、绿、黄、褐等颜色，左右也衬以小柱火焰，但彩色各异。

墓室四隅绘怪兽托龙顶梁，其形象基本同于四号墓者，东北角怪兽绘于东壁而右肢伸入北壁，血盆大口，青面獠牙，双眼圆睁，白色的长眉倒竖如犄角，上身披红绿羽衣，胸部袒裸，下系灰裤，左腿屈曲，右腿蹬开；伸举的前肢各托一龙，二龙缠结在一起直托上端梁枋。其余四隅龙的形象皆尚完整，但怪兽有的已漫漶难辨（图版四，1）。西南角怪兽仅见在西壁残留的左肢。东南角怪兽已全然不见。

梁枋上绘八条交结纠缠的龙，每面左右两端绘龙首。前面的龙缠住后面的龙，而后面的龙则张口朝上咬住前面的龙身，如此连贯地环做一圈，构成一幅谨严的图案。在梁枋的边缘，上下各饰菱形纹为主的璎珞状连续花纹，菱形作红框而填以黄、绿、黑、白等颜色，在菱形之两端各绘一红色的小圆珠，圆珠之间夹着红色珊瑚状的枝形花饰（图九）。

梁枋下叠涩伸出四壁的部位，绘着与门框上相同的优美的忍冬花草图案。

第一重顶石的东、南、西、北四面各绘一龙，立足梁枋，腹背抵着顶端，回首后顾，龙口张开，正好衔住石壁上的小洞，洞里尚见白灰痕迹，可能原来嵌饰有珠宝玉石之属。

图九　五号墓梁枋交龙纹及菱形璎珞纹摹本

藻井亦满绘壁画，现分述于下（参看《文物参考资料》1958年4期，18页，图五）：

第一重顶石四隅（抹角石两端）多有枝干扶疏的菩提树，褐色枝干，树叶分施红、黄、绿等三色；抹角石上图像的空隙处亦都填以云气纹。东南绘着向右方飞走的牛首人和飞天（图版三，3），牛首人在前，牛首人身，眼珠镶嵌有绿松石，着褐色的尖领宽袖羽衣，领缘绿色，腰扎绿色兜巾，足蹬黑履，右手执禾穗向后抬引；其后随一飞天，披发，有髭须，着黄色尖领宽袖长袍，领袖和衣裾镶红边，腰系白色兜巾，右手执一火把，两膝屈起，不露足。

东北绘人身龙尾的日月神像（图版三，4），月神居左，女相，散发，着尖领的绿色羽衣，腰系褐色兜巾，双手擎举白色圆月于头顶，月中蟾蜍已不可见；日神居右，男相，着尖领褐色羽衣，腰系绿色兜巾，双手擎褐色日头，日中有左向的三足乌。在日月神之间，夹有数株菩提树。

西北绘着两个仙人（图一〇，3），向左，前者乘龙，冕服，头带黄色冕冠，前后饰红包流苏各四，身着红领绿色长袍，袍上有红色小点作品字形组列的图案花纹，领内露白色内衣，腰系花兜巾，右手把握龙颈，左手执一绿色羽毛下缀红色圆点的麈尾，举向身后；后者驾飞簾，双耳尖耸，戴细长高冠，着褐色敞怀羽袍，胸稍袒露，腰系兜巾，其背长二绿色翅翼，着黑色大履，脸向后回顾左手拈着的一枝菡萏，右手执一旌幡，旌节上部饰二红缨，红缨间系以招摇迎风的绿幡，旌节顶上则系红色和褐色的幡带。所乘飞簾形象如鹿，有棱柱状独角，尾巴细长，身着红、黄、绿等色，腹施白色。

西南绘冶轮（图一〇，2）轮置架上，轮条16，轮左右各有一人，披发，左者着尖领绿色长羽衣，红领，腰系褐色兜巾，足蹬黑履，以左手扶轮，右手抡锤；右者站在菩提树下，穿尖领褐色长羽衣，绿领（今多剥落而显露白色底地），略躬身操作。

第一重抹角石下绘盛放的八瓣莲花，粉红花瓣，侧旁衬托草叶纹。

第二重顶石每面绘二跨龙伎乐天人，人皆不露足，空隙填云气纹。东南天人乘龙向左，前者吹横笛，束发高髻，上身裸露，臂挂披带，下系黄裙；后面乘龙天人为束发高髻，着尖领黄色长袖袍，领褐色，臂挂绿色披带。其后部背地有一褐色大日头，中绘右向的三足乌（参看《文物参考资料》1957年1期，封三上图）。东北二天人驾龙向右，前者吹箫，束发高髻，着尖领宽袖绿袍，褐领，挂红色披带；后者吹长角，束发高髻，着尖领宽袖褐色长袍，领袖及下摆镶黄缘，臂挂绿色扮带（参看《文物参考资料》1957年1期，封二下图）。西北左端为一灰白地的圆月，中绘蟾蜍。二天人乘龙向左。前者头戴莲花冠，着尖领褐色宽袖长袍，黄缘，腰系兜巾，臂挂绿色披带未持物；后者女相，操阮咸，乘红龙，天人束发高髻，着尖领黄色宽袖长袍，领袖及袍缘皆作红色，身后有褐色披带迎风飞舞（参看《文物参考资料》1957年1期，封二上图）。西南角二天人乘龙向左（图一〇，1），前者女相，束发高髻，头部朝后侧斜着倾向左肩，上身赤裸，乳部丰隆，臂挂绿色披带，下系

图一〇　五号墓藻井壁画摹本
1. 西南第二重抹角石壁画　2. 西南第一重抹角石壁画　3. 西北第一重抹角石壁画

褐色长裙，手击腰鼓；后者弹筝，亦束发高髻，上身赤露，臂挂红色披带，下系绿裙（参看《文物参考资料》1957年1期，封三下图）。

在第二重顶石衬填的底地上除有日月、云气之外，还绘有星象：北斗星座画在北部，第一、第二星绘于东北顶石，其余五星则绘在西北；南斗星座画在南面，第一星、第二星绘在东南顶石，余下四星绘在西南。各星绘作圆形，黑地红边，并以红线相系，联为星座。

第二重顶石下部，每隅各绘二龙，龙身互相环结而龙嘴皆衔咬自身，繁复虬结。

藻井的菱形盖顶石上绘龙、虎缠结相斗，虎居西，龙居东，头皆南向。另外在北部绘有二星象，一大一小，大者疑为北极星。

棺床上原绘有纵列的连环纹，现已无存，仅在侧旁残存一些斑驳的红色。

据说，此墓壁画上原来点缀有鎏金的花饰，鸟兽的眼珠则多以青玉镶嵌。而今除了牛头仙人右眼尚留一青色绿松石而外，鸟兽上所镶眼珠全已无存，只露着石材的岩面；至于鎏金花饰，也仅能找到一些痕迹了。在四壁网坟上下角小莲花的花蕊部位，残留有圆形的黑色粘黏质料痕迹，其一尚附有鎏金薄片，可见这些地方原来都缀有鎏金花饰。这种圆形粘黏质料的遗迹，在梁枋和藻井上也都有发现，但分布不十分规则，多缀在壁画的空隙处。梁枋上每面约有五、六个，第一重顶石之下缘各有两个，第二重顶石之下缘每面约有三、四个，此外在墓顶石下面及第二重顶石下部也都能找见一、二处。

三、结　语

这两座壁画墓是高句丽时代的墓葬，它们位于洞沟平野高句丽墓群的南端。洞沟地区的高句丽墓的分布，是和埋葬时代的先后有关，大致是由北而南顺序进行埋葬的[5]，五盔坟位于墓群的南端，应是高句丽晚期的墓葬。就墓室结构和壁画的内容和技法来推究，其绝对年代相当于北朝末年，约当6世纪末[6]。另外，这两座墓的形制、壁画内容、技法虽然基本相同，但五号墓的绘画技巧此四号墓高超。壁画技巧方面的这种差别，可能是画家技巧悬殊的反映，也可能四号墓稍早于五号墓。

这两座墓构筑宏伟，所用的花岗岩石材均巨重硕大、整琢工细，抹角叠砌已臻成熟，体现了高度的石造技术水平，是高句丽建筑艺术的一个范例。

高句丽时代晚期多土墓，封土隆出地表，然而纵览洞沟及大同江流域的高句丽古墓，像四号墓、五号墓这么蔚然庞大的土塚，为数也并不多，再就墓室建造规模和壁画、装饰之富丽来推断，应是当年王族的坟茔。四号墓与五号墓同是五盔坟中的一座，五盔坟东西排成一线，大小相仿，或正体现了它们是属于国家王族的。

这两座墓的壁画，是至今见到的高句丽古墓中艺术造诣最高的壁画之一，为美术史的研究提供了极其珍贵的资料。

注　释

[1] 所谓"四盔坟"和"五盔坟"，在以前的著述中所指并不相同。由于南排自西向东数之第一座与北排的四座墓葬大小相仿，距离又很近，故有人将此五墓视为一组称"五盔坟"，而将南排的另四座墓称"四盔坟"。本文所指"五盔坟"是依从了当地群众的惯称。

[2] 杨泓：《高句丽壁画石墓》，《文物参考资料》1958年4期。

[3] 伪满时此墓曾编为"第十七号墓"和"第六十二号墓"，又名为"四叶塚"，大约因此墓曾出土过所谓"金铜四叶"之故，后"四叶"又讹为"四页"，因在日文中"叶"与"页"往往通假。

[4] 《文物参考资料》1957年1期，封二、封三曾刊五号墓藻井照片四帧。又李殿福：《一九六二年春季吉林集安考古调查简报》曾对此墓作了简介，并刊有玄武图、飞仙和日月神像壁画照片共三帧。见《考古》1962年8期。

[5] 高句丽墓葬早期为石坟，晚期为土坟。洞沟墓群中，石坟多分布在北部禹山山麓，而土坟则多在南部的平野，两者之间夹有一带土坟和石坟间葬的地区；再就壁画墓而言，代表前期的舞踊塚、角抵塚多在稍稍偏北的地方，而晚期的四神塚则在南边。

[6] 关于墓葬的断代，可参考杨泓：《高句丽壁画石墓》，《文物参考资料》1958年4期。

（原刊于《考古》1964年2期，59~66页）

吉林集安通沟第十二号高句丽壁画墓

王承礼　韩淑华

集安通沟（洞沟）第十二号壁画墓又名"马槽塚"，"马槽塚"是因墓中有厩舍壁画而得名的[1]。此墓早在1937年6月被日本人黑田源次所盗掘，盗掘后仅见零星报道，材料迄未公布[2]。壁画因保护不善，已遭到严重破坏。新中国成立后集安县文化主管部门将此墓封闭保存。1962年春季，吉林省博物馆集安考古队在洞沟地区进行普查时，将此墓进行了清理、实测，并会同集安县文物管理所加以维修。兹将清理结果报道于后[3]。

墓葬位于洞沟平野中部禹山南麓平缓的坡地上，南靠铁路，越铁路距五盔坟四号、五号墓约460米，附近有不少高句丽时代的封土墓或方坛积石墓，但体积均较此墓小。北面接连有四座封土墓，与此墓正在一条直线上，北数第二座，可能即为"散莲花塚"；其东横向有小型墓三座，若拱陪此墓的样子；西方及南方各有一座方坛积石墓；西南复有一封土墓。

第十二号墓封土为黄色黏土，现高4.6、周长90余米，从外表看，原来当呈截尖方锥形。在周围封土下面，发现布列一圈石块，共9块，大小都在1米×1米×2米左右，有如"将军坟"、"太王陵"周围的"护坟石"。墓门向西南，今有石块和水泥铺砌的宽阔通道。

一、墓室结构

墓分南北二室，各有墓门和甬道（图版四，3）。甬道互相平行，方向240°。墓室均呈方形，南室规模稍大，结构亦较好，墓顶作穹隆式，甬道南北两侧各有龛室。北室比较窄小，顶部作四阿式，仅在甬道的北壁中有一龛室。南北墓室均由大小不等的石材砌筑，内涂石灰抹平，石灰表面似曾敷施一层胶状物，以求光洁耐久（图一）。

（一）南　　室

南室的后壁长3.48、左壁长3.52、右壁长3.54、前壁通长3.47米，前壁中为甬道所穿，北长1.22、南长1.24米。南壁西端上角有遭破坏的一洞。四壁高1.72米，略内倾；置叠涩梁枋，梁枋以上平行叠涩13层，最其上后以石覆盖，构成规整的穹隆式藻井，举高3.48米（图版四，4）。在藻井叠涩之上数第3、7、11层的四隅，分别置有小抹角石。墓顶藻井上抹的石灰几全剥落，可见石

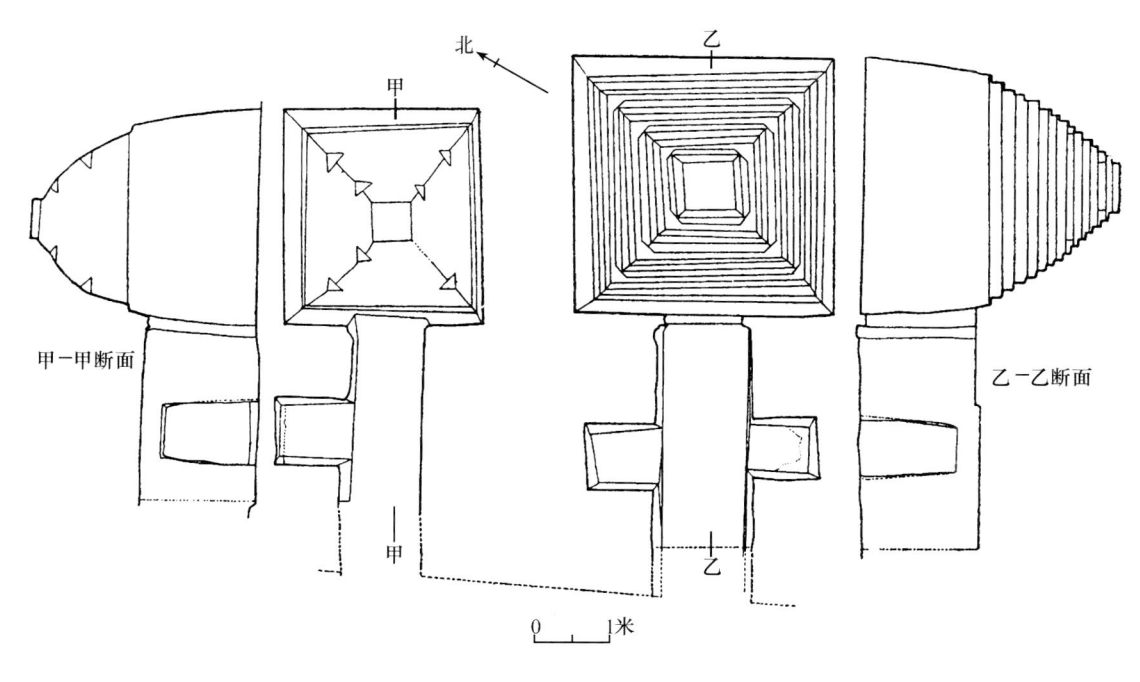

图一 十二号墓平、剖面图

材。墓底是由左右二巨石拼合而成的，对缝较紧凑，表面及缝隙皆抹石灰，厚1~2厘米，不见棺座。

甬道底略低于墓室，因伪满时在其西端另修墓门，原长已不可测，今残长3.18、宽1.3、高1.58米，顶部石灰多已掉落，可见为前后三巨石拼合而成，缝隙较疏。在甬道中部有南北相对二龛室，室三壁内倾，底部被捣毁以致与墓底略平。南龛室深1、宽0.7、高1.32米，北龛室深0.93、宽0.9、高1.35米，这里可能是原来放置随葬品的地方。

在甬道内口连接墓室的地方，横亘一石条筑的门槛，横长1、厚0.14、高出墓底0.07米。紧接往外，甬道两壁有凹下的原来安装门框的痕迹。

（二）北　　室

结构大致与南室相同。墓室后壁长2.97米，左、右两壁长2.94米，前壁通长2.66米，为甬道中穿，北段长0.98、南段长0.94米。四壁高1.72米，略内倾。其上石灰壁面砌出叠涩，然后稍带弧度倾斜内收，最后盖石封顶，遂成一四阿式藻井（图版四，5），举高3.04米。在四阿式藻井的四隅，一上一下各有二小抹角结构（仅南面西端因有一破洞，故已不见西南隅之上抹角），下层抹角距墓底2.18~2.24米，上层抹角距墓底2.7米。墓底石灰面保存的较好，其上不见棺座。

甬道也因另修了墓门而原长已不可测，今残长2.4、宽1.08、高1.54米，底部及顶部均系用大石板对缝铺平，表面则涂石灰。甬道北壁中有一龛室，宽0.98、深1.3、高1.1米，三壁内倾，原底亦高于甬道，底下铺石，上面抹灰，但与南室同样早被凿坏。

第十二号墓的结构是由地面、墙壁、叠涩顶、小抹角石及盖石构筑起来的，造型基本上为横直相交的线条，仅北室有少许斜线或曲线，因而整个建筑显得简单、有层次而又宏伟。

二、壁　　画

在十二号墓墓室、龛室以及甬道壁上，均绘有壁画。壁画以朱、赭、黄、白、黑、绿等颜色直接绘于白垩土壁上，大部分已剥落，或漫漶模糊，从仅余部分画面能辨认出有夫妻对坐、战斗、射猎、舞乐、厩舍、礼辇、作画、炊爨器物等图像，线条遒劲有力，色彩丰富，形象逼真，为集安洞沟地区目前发现的最精彩的高句丽人物风俗壁画。

（一）南室壁画

南室后壁通壁绘一屋宇，鸱尾起脊上盖青瓦（图二），屋檐下绘灰色墨线和白地红线相同的帷幔，系红色垂带，屋宇两侧向外画着左右侧面，侧面之下层各有门楼。左侧下层之左边为一门，有铺首，上承鸱尾式四坡水瓦顶；上层在朱色柱头斗栱上置黄色梁架，梁架上作驼峰，上承荷叶墩，直抵瓴脊。右侧下层门楼分三间，左右为二侧门，各有铺首，中间两朱色立柱，左者有皿板、栌斗，上承黄色饰斜方格纹的挑梁枋，以两坡水的青瓦蔽顶；上层中部绘一宽度大于二分之一墙面的朱色柱斗，并在皿板上方向左右伸出两根很细的华栱，上置雀替式散斗承梁架。

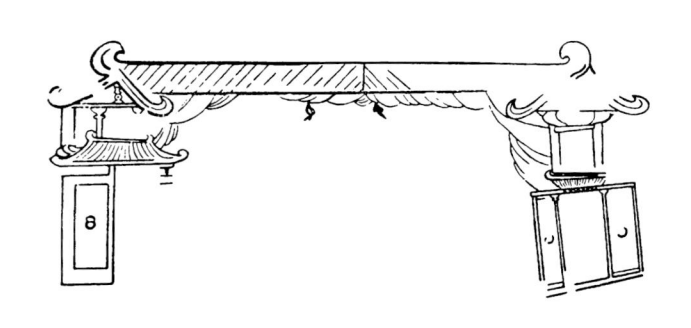

图二　南室后壁屋宇壁画摹本

屋宇内画夫妻对坐，男者居左，坐于一长方的矮榻上，左手抚榻，右手置于膝上，朱唇，有髭须，戴白色方帻，着宽领合衽的白色上衣，系有腰带，下穿灰色黑点的肥花裤，右腿曲而左腿直伸。女者居右，脸颊施有圆点胭脂，拱手跪坐，头戴白色巾帼，身着宽领大袖合衽的白色褉裙，领袖及衽缘有红黑间杂的花边，裙裾有一截较宽的打褶花边。

在男主人身后绘一奴仆，有胡髭，右手抚腰，左手执一白色毛巾，作侍奉状。在壁画左端屋宇外面有右向交臂并立的三人，皆短衣肥裤，衣袖上挽，伸露下臂。左右两人着绿色黑点花襦、黄裤；中者着黄襦、绿色黑点花裤；左者尚见面目，粗眉大眼。屋宇右侧两侧门中绘一侍女，左向，右手托一内施红色的大黑碗，梳后髻，脸颊有红色圆点胭脂，着白地红点的宽袖合衽花褉裙，裙裾有一带打褶的宽边。壁面右端屋宇外一侍女左向，捧物如欲前送状，白色巾帼，脸颊施胭脂，着绿色黑点的宽袖合衽花褉裙。

屋宇上方有红黑相间的正视莲花七朵，花蕊中有圆孔，内行铁锈痕迹。

左右两壁绘礼辇图，大部分已经剥落。右壁中部，尚能看出一车辇，红色曲盖，墨轮，车轮颇高，一着黄衣绿裤的侍童手挽车辕举步向东，车辕侧有一人身着绿衣黄裤，已经模糊，车前有三人，雁行侍立，最前者为男，着绿衣黄花裤，余者漫漶，车后仅可以辨认出一侍者的上身。在右壁左端绘一备鞍的青灰马，马前有一人。其余画面已经看不清楚。

左壁左端绘一男侍，面东，黄襦青裤，双手挽车辕，跨步向前。车辕右侧复有一绿衣黄裤的男侍。车为墨轮，橘红幔弧曲盖，盖绘红线与车厢相系。二侍女随行车后，着墨领缘对衽黄花禊裙，其后尚能辨认有女侍四人，前三人穿禊裙，为首者撑曲柄伞，第二人手捧墨色方盒（图三，1），其余莫辨。

图三　壁画摹本
1. 礼辇图　2. 战斗图　3. 作画图　4、5. 午乐图　6. 马厩图　7. 狩猎图

左右壁绘同一内容，应是男仆女侍挽辇车，向墓主人运送礼品的画面。

前壁墓室门之两侧绘舞乐图及守门犬。

墓门右侧壁上部，绘一着黄襦青裤的人正在舞蹈，两臂向前平伸，长袖下垂，身略前倾，左足踏地，右腿向后抬起，舞姿优美；一人跪坐于舞蹈者前抚琴伴奏，画面已经模糊（图三，4）。下部绘一守门犬，黑色，面向甬道，昂首竖耳，伏坐。

墓门左侧壁之上部绘一人正在舞蹈，着红襦青裤，左臂平伸，右肘抬起而右手弯至胸前，长袖下垂，双足踏地，右足稍伸向前，臀部撅起；其身右还有一着长裙者，已不能识（图三，5）。下部亦画一守门犬，黄色，面向甬道，正与黑犬对称。

甬道右侧龛室之后壁与左壁绘马厩图（图三，6）。厩舍十分精致，青瓦顶，起脊鸱尾，朱柱红枋。厩内横置黄色马槽，上拴红、黄、青三匹马，仰首并立，十分神骏。厩舍的屋檐、朱柱红枋一直由后壁延展至左壁。在左壁上还绘一青色鞍具。其右壁的壁画已残，仅能看到一着红衣人的上部，顶髻，推测可能与马厩图有关。

甬道左侧龛室之后壁绘作画图（图三，3）作画人居右，头戴黄色方帻，面目清癯，体态修长，有微髭，着对衽绿襦、黄裤，束袖扎腰，右手持毛笔伸向前方，作绘画姿势。作画人前绘一女侍，着黄色花襈裙，高髻，女侍前面有一器物置于几上，器物上放耳杯若干，已经模糊不清。右壁绘一屋宇，青瓦顶，红栏朱柱，大部分已经剥落。前壁绘两件器物，似为炊爨器。

甬道两壁绘狩猎图。右壁以青、红色勾勒绵延的高山，山下一人骑栗色马面西，身佩箭囊，张弓搭箭，骏马疾驰，四蹄飞扬，十分传神（图版四，6；图三，7）。左壁上部绘一大树，赭干绿叶，很粗率，树前有二人，着黄色衣裤，一在前，身体前倾，一腿迈向前面，一腿向前微曲，正挽弓射箭；一在后相随。

狩猎图大部分剥落，这个场面应是描绘墓主人生前驰骋田猎情形的。

第一重顶石影作梁枋上绘菱形云纹图案，朱红地，以黑、黄色勾线，多已漫漶不清；藻井上各层均绘有仰莲图，仰莲九瓣，红黑相间。在墓室四壁上部，各绘有六七朵莲花图案，主红与主黑相间，花中有黄色。

墓室四隅影木结构，绘朱柱并有柱斗，朱柱上以黑、黄线勾卷云纹；藻井四隅亦绘同样的朱柱，直抵盖顶石。

（二）北 室 壁 画

后壁绘夫妻对坐图，大部分已经剥落。在壁面南段有一妇人像，面北跪坐，着花襈裙。妇人身后有一女侍，仅能看出身着黄裙。男人已经剥落，北段下部有三男侍，面南躬立，自左至右为黄裤灰衣、灰裤黄衣、黄裤灰衣。

右壁绘狩猎图，大部分已看不清楚。在壁面中部有一人，身穿对衽红色皮甲，策红马，张弓疾驰，逐鹿山林。鹿见三头，皆东向奔遁。前两头一母一公，公鹿颈贯一矢，后一头仅见四蹄及尾部。另一人在前者身后，衣白甲，骑白马，张弓逐猎。此外有红色或黑色卷枝树木，枝栖小鸟。右壁左下角绘一妇女，着襈裙；右下角绘一男侍，牵一鞍马。

左壁绘战斗图，也已剥蚀不清。在左壁后段绘一武士，头戴兜鍪，主红色，面有髭须，神采俊武，身披鱼鳞甲，身后牵一黄马，一披甲俘虏跪伏于前，主黄色；武士左手伸向俘虏，右手将刀高高举起，正要斩杀，活现出武士的威猛（图版五，1；图三，2）。左壁中段绘一骑马武士，手持荥戟，头戴兜鍪，多饰红色，面部剥落，身穿鱼鳞甲，面右，纵马疾驰，正在战斗，一系缨球的"长旗"从鞍部飘向上方。骑马武士前还有三人，但形象莫辨。

前壁左侧下部绘门犬，面向甬道蹲伏，形象已经漫漶不清。

甬道左侧龛室的后壁和右壁绘炊爨器物图。器物很难辨识，有两件下为斗状，上盖复斗状器，上饰有鱼尾状耳，青灰色，其一下部架火，可能在蒸煮食物。

在墓室四壁上叠涩之下缘影作梁枋上绘菱形卷云纹，朱红地，墨色勾线。藻井上绘三重莲花莲叶图案（图版五，2；图四），第一重四隅为两下垂青墨色荷叶，中夹一仰莲，仰莲红色，花瓣尖瘦，中间各为中夹红色花蕾之青、墨色荷叶；第二重四隅绘中夹花蕾之荷叶，中间各绘夹一盛开仰莲之下垂青、墨色荷叶；第三重莲花莲叶图案，已经剥落不清。

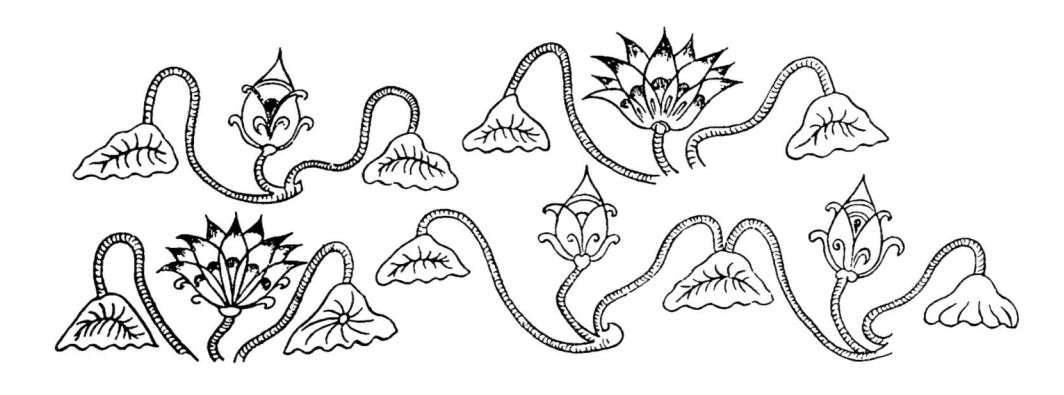

图四　藻井上之莲花莲叶图案

三、小　　结

十二号墓双室结构，各有墓门，南北二室各绘有夫妻对坐图，肯定属于两个墓主人。两个墓主人同时葬在一个封土坟内，似乎反映了一种族葬制度。

墓主人为高句丽的大贵族。结构严谨、建筑规整、壮丽的墓室和色彩丰富、形象生动的壁画，正是墓主人生前台榭楼阁，厩满马肥，歌舞礼拜，奴婢成群，凭借着劳动人民的血汗，过着穷奢极欲生活的写照。

十二号墓壁画内容取材，多来自现实生活；技法以彩色平涂，黑线勾勒，线条遒劲利落，简明细腻，正是高句丽壁画日趋成熟的表现。

从十二号墓结构和壁画内容、形象观察，与舞踊墓、角抵墓和三室墓基本相同，时间不会相距太远；我们初步看法是它晚于舞踊墓和角抵墓，早于三室墓，绝对年代约为5世纪。

十二号墓提供了高句丽社会史方面的一批资料，对高句丽的建筑、服饰、车舆、社会生活等各方面的研究将有所帮助。

注　　释

[1]　在伪满修筑通（化）集（安）铁路之前，将洞沟古墓群的一小部分进行了实测和编号，此墓曾编为第112号；所

谓第十二号墓，应是第112号墓的简称。"马槽塚"是日本人黑田源次打开以后命名的。此次清理时仍编为洞沟第十二号墓。

[2] 十二号墓片断报导有《集安古坟发掘い关すゐ调查》，《满洲史学》1卷2号，1938年9月；《集安高句丽时代の古坟调查》，《满洲史学》1卷3号，1939年1月，该期并刊登了照片两帧；《集安古坟壁画模写开始》，《满洲史学》2卷2号，1939年8月；《集安十二号坟の保存可能とする》，《满洲史学》2卷2号，1939年8月。关于十二号墓的片断记载还见藤田亮策：《高句丽祭》与《集安の高句丽古墓と其の形制》，《集安》1944年。梅原末治在《朝鲜古代の墓制》亦有片断介绍，座佑宝刊行会，1947年5月。三宅俊成在《集安县城附近の高句丽の遗迹と遗物》一文中将马槽塚列在五盔坟五号墓侧，这是错误的，载《集安》。新中国成立后，李浴有过简单报道，但文中误将墓名称作"通沟第二十号墓"，又十二号墓本为双室，李浴误为三室，见《在东北所看到的艺术史迹和感想》，《文物参考资料》1951年10期。

[3] 此次清理由刘萱堂同志绘图，莫东作、郑捷同志摄影。

[4] 池内宏等：《通沟》，日满文化协会，1938年。

（原刊于《考古》1964年2期，67~72页）

吉林集安麻线沟一号壁画墓

吉林省博物馆集安考古队

一、前 言

麻线沟是鸭绿江中游北岸的一片冲积盆地，东西 2、南北约 1.5 公里，隔江与朝鲜民主主义人民共和国相望，东去集安县城约 4 公里。麻线沟（河）由北边深谷里流来，经由盆地的中部注入鸭绿江。麻线沟盆地分布有上千座石墓、土墓，是高句丽古墓集中的著名地区之一，其数量之多，在县境内仅次于通沟。

麻线沟一号壁画墓是一座石室封土墓（图一），位于盆地北部的山谷中，南距鸭绿江 3 公里，东去麻线沟（河）约百米左右。由于封土不断流失，此墓墓室的北壁和东壁砌石早已经暴露在外面，而且在墓室藻井的北边还颓塌一洞，可容出入。今封土高约 5、周长 50 余米。在墓室、甬道和侧室内填塞着深及腰际的淤泥和浮土。

1962 年，吉林省博物馆集安考古队在县境内普查时，曾对此墓作过调查，并在秋季着手清理，后因天寒停工。1963 年 8 月，吉林省博物馆再派曹者祉、刘萱堂、方起东等同志前往清理。由清理的迹象看，此墓早在藻井被破坏前已遭盗掘。墓中所葬骨骸早已扰乱，这次只在墓室、甬道及墓道中出有一些肢骨、肋骨、锁骨等残骸。兹将清理结果整理如后。

图一 麻线沟一号墓外观（南—北）

二、墓 结 构

麻线沟一号墓可分墓道、甬道、南北侧室和墓室等几个部分（图二），用大小不等的石块垒砌石室，外培黄黏土质的封土，内面则涂抹白灰，使之光洁。墓底稍低于今地表 30~35 厘米。

墓道 今长 7、宽 1.38~1.8 米，方向 285°。在连接甬道的墓道东段，左右垒有挡土石墙。两挡

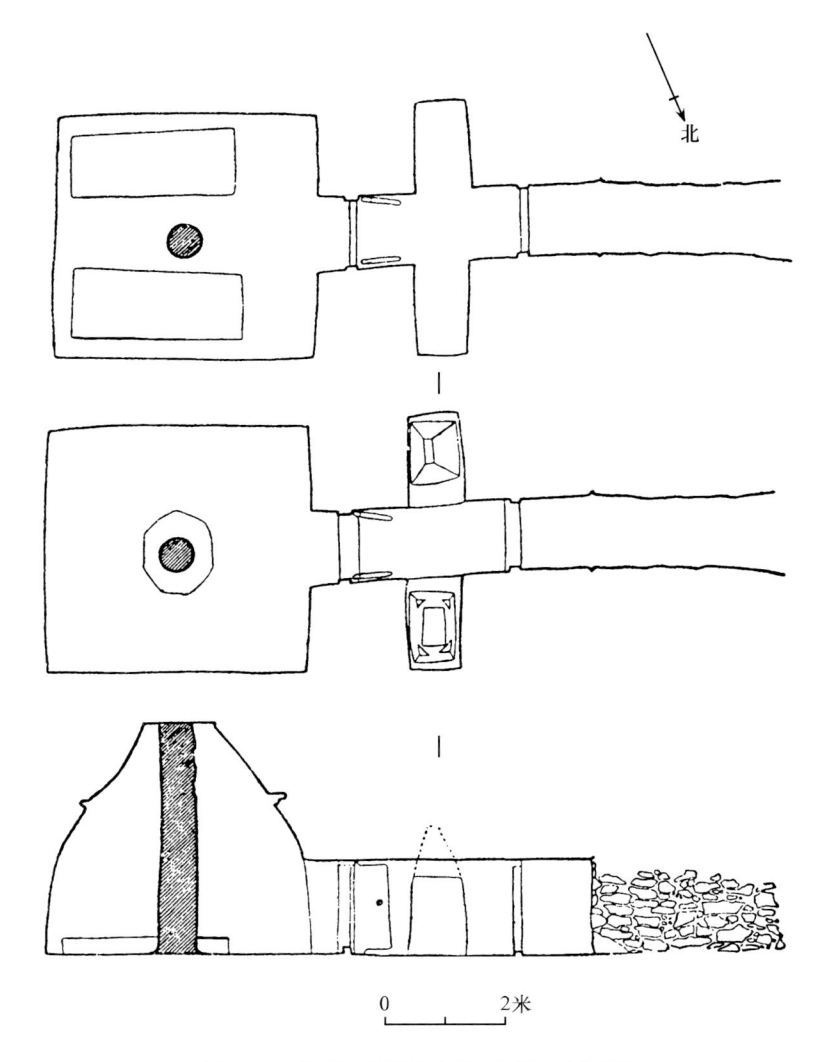

图二　麻线沟一号墓平面、仰视、剖面图

土墙间，又有用石块和白灰垒砌的石墙，用以封闭甬道，墙厚2.1米、伸进甬道0.5米，在这堵石墙之中部偏上方，发现一早年盗洞，业已堵塞。在石墙外的墓道中，堆积着大量的小块碟石，其中还夹杂有不少炭粒和炭块。

甬道　全长4.65、上宽1、下宽1.22、高1.6米。甬道北面较墓室低5厘米左右。甬道左右分置南北二侧室。在距甬道外口1.25米处，原设有木质墓门，今已朽，只见白灰抹的门框、门槛和门楣的残迹而已，在清理时，这里曾发现大量附有朽木的铁质门钉和两个铁门镣。门楣系木质，外涂灰皮，清理时仅见白灰残迹向门框的内侧加宽。由此估计，原来墓门应在门框内侧，是向里对开的两扇木扉。距离墓室0.7米处设墓室门，为向外开的两扇花岗岩石扉，中部均安有铁质的门镣。门扉之上户枢呈圆形，插在现已朽毁的木质涂白灰的门楣中。下户枢呈椭圆形，直砧地面。在石门的内侧，尚有白灰抹的门框和门槛。

南、北侧室　均作长方形。南侧室距墓门0.9米。入口经一过洞，过洞宽0.95、高1.24、深0.35米。东、南、西、三壁略内收，进深1.3、宽0.9米，其上作四阿式藻井（图版五，3），举高

2.15米。北侧室距墓门1米。过洞宽0.95、高1.27、深0.3米。侧室三壁亦略内收，进深1.25、宽0.95米，其上为抹角叠涩的藻井（图版五，4），举高2.08米。藻井的结构是：从侧室壁面继续向上斜抹，于四隅置小抹角石，然后在抹角石上错角叠涩一层与四壁平行的顶石，最终盖顶抹灰。

墓室 呈方形，举高4.05米。四壁稍内收，高1.3、南北二壁长4.28、东壁长4.15米。西壁中为甬道隔断，通长4.23米。

在四壁之上，墓顶渐渐内收，外表敷白灰，构成一近似四阿式而无脊的穹隆藻井。在灰皮脱落的藻井东南隅，可以见到间次施小抹角石的现象。穹隆藻井的四面正中偏下部，各有一小方洞，洞内石块砌作阶状，可能原安有木桩，用途不明。

墓室中央竖立一由石块砌成的圆柱，直抵盖顶石。柱表面涂抹白灰，直径0.62米。

在中心圆柱之南北两侧顺置两个棺座（图版五，5），均用石板砌成，外表以白灰抹光。南棺座长2.5、宽1.05米，北棺座长2.53、宽1.2，均高0.25米。

三、壁　　画

在墓室、左右侧室和甬道的壁面上部均绘有壁画，而在壁面之下部约30厘米，均平涂赭红色。中心圆柱和棺座的表面也有彩绘。

绘壁画时先以朱红的细线起稿，继而敷彩平涂，最后勾勒墨线定稿。起稿的朱线很流利，而定稿的墨线则较凝重，风格不同。施彩所用的颜色有赭石、深红、橘红、青灰、深绿、土黄、白等数种。

现因灰皮脱落，许多壁画已不存。又由于淤泥和污水的侵蚀，仅存的壁画中，有的只保留着起稿的细线，有的则仅仅能看到定稿线条脱失后在模糊的壁面上留着发白的影迹。

墓室壁画　墓室四隅影作木柱栌斗，着赭色，栌斗下置皿板，栌斗上承影作彩绘梁枋，系赭色勾黑线的菱形卷云纹连续图案。梁枋以上的藻井，灰皮几乎已剥落尽，仅见许多星散的莲花，皆作侧视九瓣（其中绘五瓣，后衬四瓣——以下举九瓣者同），有的以深红色、有的以黑色为主，形象亦稍异。

东壁南端绘夫妻对坐图（图三，1）。女子面北跪坐，现仅存下身，穿深红色合衽长裙，衽缘饰绿色宽边；男子面朝南，穿左衽长衣，拱手腹前。其间置一小几，几上搁一簋。男子身后，伺立一列侍仆，今仅见起稿朱线，前为一侍僮，后有四女侍。侍僮上穿橘红色短襦，下着肥筒裤。女侍皆拱手腹前，穿宽袖左衽长裙，眉头加两片披肩状物。其中第一、第二女侍头插毛羽状步摇，第三女侍脑后梳翘起的锥髻；第二、三女侍裙裾下还露着肥筒裤和靴韛；第四女侍只见胸腹以下的长裙。在女侍上方，有两朵菌菪（图三，6），一以红色、一以黑色为主。

南壁仅存东端的对舞图（图三，4）。长袖飘拂，形态生动，左者侧身朝右，头戴帻冠，上穿长袖短襦，束腰，下穿橘红地缀黑点的收口肥筒裤，足蹬靴韛（图版五，6）；右者向左，头戴红、黑色押边的帻冠，上穿翻领的长袖短襦，束腰，下穿绿色收口肥筒裤。壁上部还装饰有正视花朵图案，今仅可辨中部及西边的四朵，横向成列，其部位较东壁上方的菌菪稍高，每朵八瓣，在花冠部位有一带着铁锈痕迹的小孔，这种带铁锈痕的小孔，在其他三壁的相应部位亦有所发现，表明原来也都装饰有同样的花饰。

北壁多已剥落，唯在东端有一铠马武士（图三，2），所骑铠马只保留了前半身。武士戴兜鍪，

图三　壁画摹本

1. 墓室东壁　2. 墓室北壁东端　3. 南侧室影作梁枋　4. 墓室南壁东端　5. 北侧室西壁上部　6. 墓室东壁上部之菡萏

披甲，背插长缨，铠甲领部很高，遮挡着后颈，耳朵上方还有犄角状的装饰；马甲青色，戴面帘，两耳间插有缨穗。

中心柱上的灰皮多已剥落，仅在残留的灰皮上见有以红色或黑色为主的侧视莲花残迹。

棺座上均绘虎皮状图案（图四，3）。黄地，纹理作中轴对称，施红色，装饰的圆点有红有黑，其四缘则绘黑色的平行斜线。棺座之侧面似为波状的弧线纹。

甬道壁画　左右壁均已漫漶不清，仅见南北侧室之过洞边缘（连及过洞两壁及顶部）绘有影作的彩绘门枢和门楣，极宽，作赭色的卷云夹菱形纹连续图案。顶部中央绘正视的红色大莲花，直径达96厘米。内层花瓣较小，外层花瓣很大，皆12瓣（图版六，1）。莲花以东有卷草状的赭色云纹图案，西端灰皮已脱落。

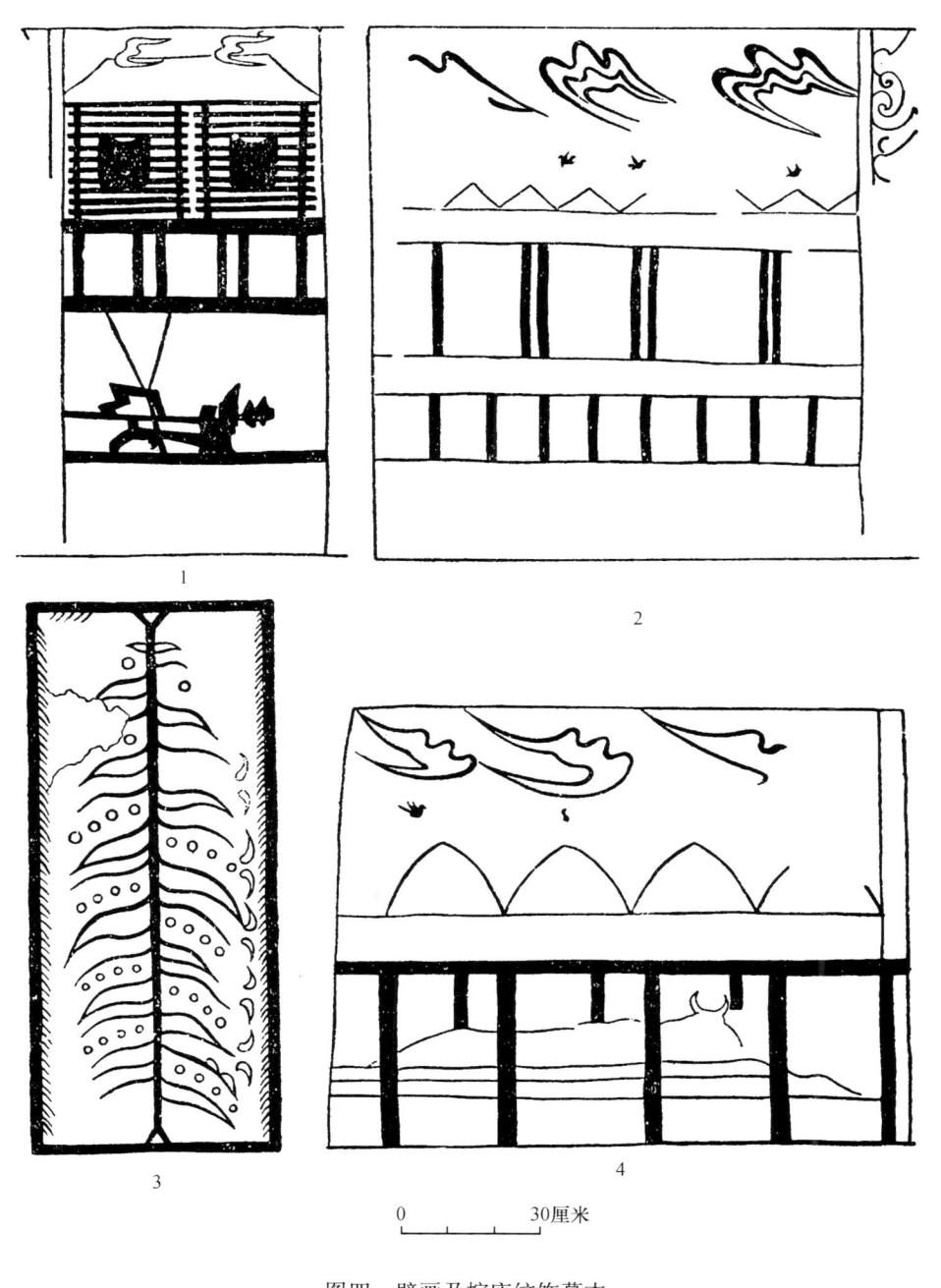

图四　壁画及棺座纹饰摹本
1. 南侧室南壁　2. 南侧室东壁　3. 墓室内南棺座　4. 南侧室西壁

南侧室壁画　其内侧两隅影作彩绘楹柱，与过洞等高，柱上影作梁枋。柱及梁枋上均绘赭色菱形卷云纹图案（图三，3）。藻井四面错间绘以散朵莲花，亦分以红或黑色为主的两种，造型稍异，但均侧视九瓣。藻井顶部为一绽放的红莲花，正视八瓣。

南壁上部绘四阿顶的仓廪，系一干栏式建筑。瓴脊有两团左向飘飞的云朵，顶下有四根赭色楹柱，其上横向交加木头，组成栅栏状，中间有两块盾牌状物，底部则由六根赭色柱子支起，离开地面（图版六，2；图四，2）。东北地区农家的仓廪亦与此相同。在仓廪下部，绘有一赭色的器械，不辨为何物。

东壁顶端绘左向飘飞的三朵云，其下为两排屋宇（图四，2），在云朵与屋宇间，有三只飞鸟。上排屋宇作黑顶，上有尖齿状的一排装饰，下边支撑一列赭色柱子，每两根并在一起，今可见其七。下排屋宇为橘红色顶，下边支八根赭色柱子。

西壁上端绘三朵向右飘飞的云朵，其下有屋宇。在云朵与屋宇间，有飞鸟，今见其二。屋宇柱子着赭色，分前后两排，今前排见五根，后排见三根，承橘红顶，其上亦有尖齿状装饰，但较东壁屋宇为大。屋内似有一牛，但形象已不可识（图四，4）。

北侧室壁画　内侧两隅影作上承梁枋的楹柱，其上均绘卷云夹菱形纹连续图案。藻井上同样装饰着以红或黑色为主的散朵莲花，顶部亦绘一红色八瓣的正视莲花。

北壁仅见上部有一骑士右向驰猎。骑士穿红色短襦，身后备箭，引弓驰射，马灰色，作疾驰状，姿态神骏。马前有一曳尾逃遁的黄色走兽。在逐猎图的下面还见一人，穿黄色短襦，束腰，但已漫漶不清（图版六，3）。

东壁上部也绘逐猎图像。左端一骑士头戴"折风"，跨黄骠马，穿白以短襦，身后备箭，引弓搭射，奋驰向右；骑士前面绘二逃鹿，牡鹿着赭色，牝鹿着黄色。鹿前另有一身跨白马的骑手，张弓驰猎，惜多脱落。东壁下部还有两人，头戴"折风"，着短襦长裤，右者左腕停立一猎鹰，左者"折风"上插有鸟羽（图五）。

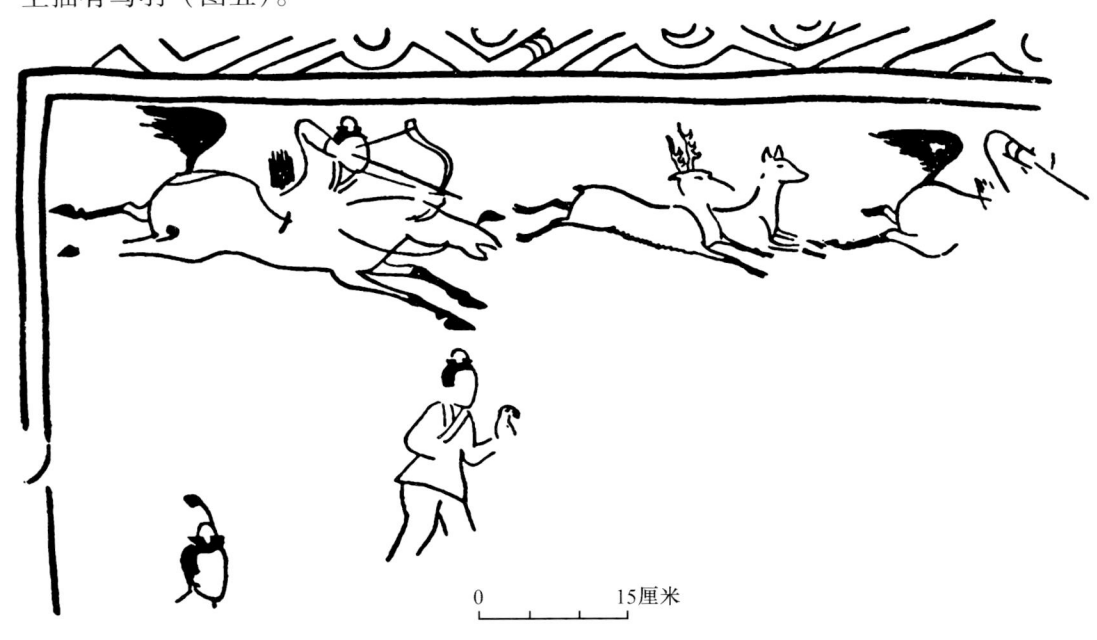

图五　北侧室东壁壁画摹本

西壁上部绘着两个梁架，皆在二赭色柱子上设三横梁，上承起脊鸱尾的青瓦顶。右梁架的展檐两端各停立一鸟，左梁架仅左边停一鸟。左梁架由上向下数第二横梁上有七个相同的图像，不辨何物，似为停立的雉鸡，第三横梁上则挂似兽腿状物五（图三，5；图版六，4）。西壁下部绘两两并列的赭柱八根，支一横梁，其上左端见黄色壶形装饰四个，右端也有别的装饰，但形象已经不辨。此或也是屋宇。

四、遗　物

出土遗物有金饰、鎏金铜器、骨饰、铁器和黄釉陶器等。唯因此墓早经盗掘，后又淤泥，残留遗物均失原位，多集中在墓门内外两侧之淤土中，有的釉陶器则被打破，残片分别出于墓道、甬道及墓室中。

（一）金　饰

耳环　1件。略呈三角形，断面方形，侧面刻有平行的斜线纹。重1.47克（图六，2）。

游环耳饰　1件。以扁圆形金管弯成环状，其上再套联一组金丝弯成的扁圆环，扁圆环上再套联一葫芦形小饰。通长3.8厘米，重24.7克（图六，1；图版六，5）。

丫形饰物　1件。呈"丫"字形，三端皆有小孔，下端已残。通长12.7厘米，重3.95克（图七，8）。

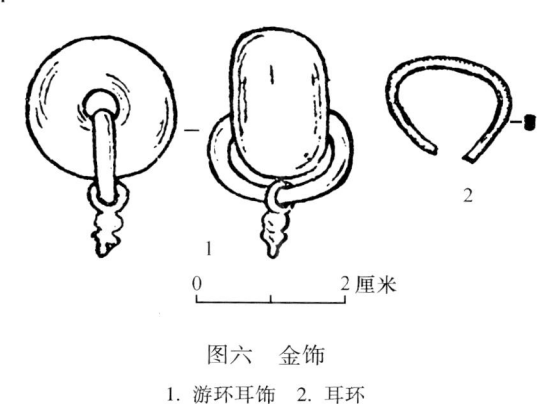

图六　金饰
1. 游环耳饰　2. 耳环

（二）鎏金铜器

鎏金较薄，表面多为绿锈遮掩。几乎全为小型配件或装饰，其中有的系用于马具，共出26件。

桃形片　1件。系用九颗铆钉叠合两层鎏金铜片和一层铁片组成，上面的一层鎏金铜片内镂空作"十"字形，片上部有一横条形罅隙，用以连缀。长10.1、宽11.3、厚0.25厘米（图七，13）。同类遗物在集安高句丽霸王朝山城中亦曾出土过，是附加于马匹尻系上的装饰，或称"杏叶"。

带扣　4件。分两式。

Ⅰ式：3件。其中一件较小。扣圈略呈矩形，扣圈和扣搭的断面则呈圆形（图七，5）。

Ⅱ式：1件。形头与Ⅰ式相同而较小，在扣圈的后部，有圆形突起的挡头（图七，12）。这种扣具或称"鞊"，是马鞍桥上的配件。

管珠　2件。一件残扁。薄壁，管状，中部稍肥。长3.1、直径0.5～0.8厘米。这种管珠在通沟第十二号墓中亦曾出土过两件[1]。

提手　4件。分二式。

Ⅰ式：2件。一件残，由双股扁铜丝串联一圆管和一半球状泡组成，其一端套联一心形小片，另一端固定在原来的器物上（图七，4）。

Ⅱ式：2件。一大一小，钉在同一残木片上。系将较粗的鎏金铜丝弯作马蹄形，箍住木片，两端打扁钻孔，贯铜丝固定在木片上。

十字形链具　2件。系由四枚铆钉叠合两"凸"字形片组成，"凸"字形片中还钻有两小孔。叠合时将凸出部分相背伸在外面，而后分别将之弯起，把端部塞进叠合的夹缝中（其一未能塞进夹缝），使成管状链孔。其一链孔内尚残留有衔连的鎏金铜片。通长3、宽2.4厘米（图七，10）。

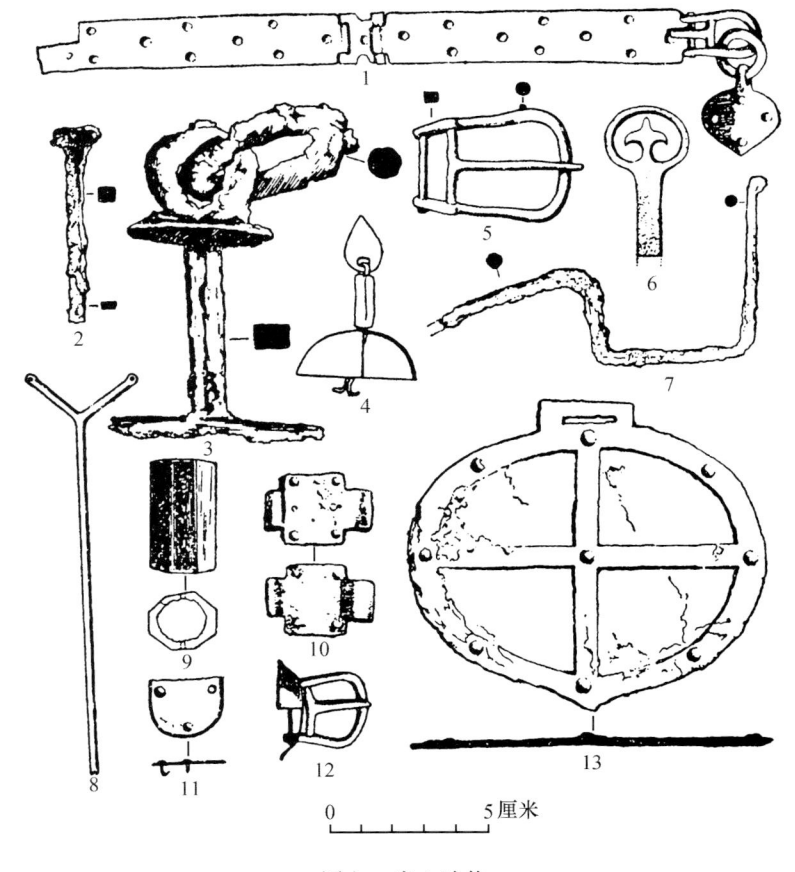

图七　出土遗物

1. 不知名器　2. 铁门钉　3. 铁门镣　4. Ⅰ式提手　5. Ⅰ式带扣　6. 环首残具　7. 铁钩　8. 丫形金饰　9. 骨饰　10. 十字形链具　11. 半圆形片　12. Ⅱ式带扣　13. 桃形片（凡未注明质料者均为鎏金铜器）

不知名器　1件。由二长条状片间用小合叶连接，片上缀着许多铆钉。其中一片端作管状链孔，衔一扣具，扣具之扣圈上还联一游环，而游环又再套联一上缀有四个铆钉的心形饰片，其背面残留有丝织物残迹（图七，1）。这种套联在扣圈上的、以游环缀连着的心形饰片，另外还出土有两件。

环首残具　1件。端部作环形，中间有一枝变形的忍冬花饰（图七，6）。

半圆形片　5件。上有三孔，长、宽均在2厘米左右（图七，11）。其中三件背面留有丝织品残片，残留的丝织物为平纹，组织非常致密，平均每平方毫米内计3.2根×4根。

瑗形片　1件。中部折断，一端有小圆孔。宽2、两端间距15.4厘米（图八，1）。

犄角形片　2件。互相对称，片中有矩形孔，缘沿稍内折。通长15、宽8.5厘米（图八，3）。

长圆形片　2件。皆残。左右两侧各伸出两小蒂（图八，2）。

长条形片　1件。两端各有小孔，出土时中部折起。长8.6、宽0.9厘米。

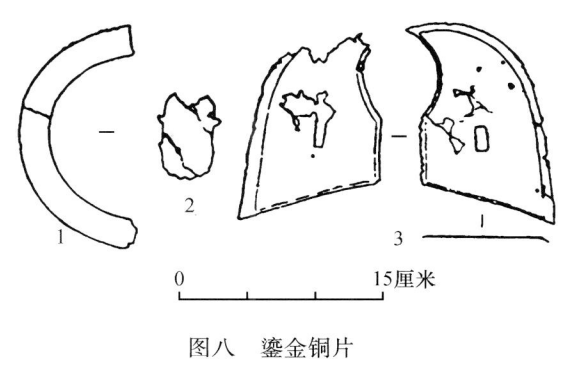

图八　鎏金铜片
1. 瑗形片　2. 长圆形片　3. 犄角形片

（三）骨　饰

2件。一件残坏。系用骨管加工成不规则的六棱柱体，身钻相对的两个小圆孔，长3.8、宽2、壁厚0.2～0.3厘米（图七，9）。

（四）铁　器

表面均蒙铁锈，但锈蚀程度不大。

门钉　34枚。方棱圆帽，钉尖多作扁体似凿刃（图七，2）。通长约6.5厘米左右，皆出自墓门口。

门镣　2枚。出自墓门口，由门鼻与游环组成，形制与墓室石门的相同（图七，3）。挡头与转脚间距5.5厘米，应即为原来墓门木门板的厚度。

铁钩　1件（图七，7）。发现于墓室之北壁下。可能原来安在四壁上方花朵中心[2]，至今花心尚有带铁锈痕迹的小孔。

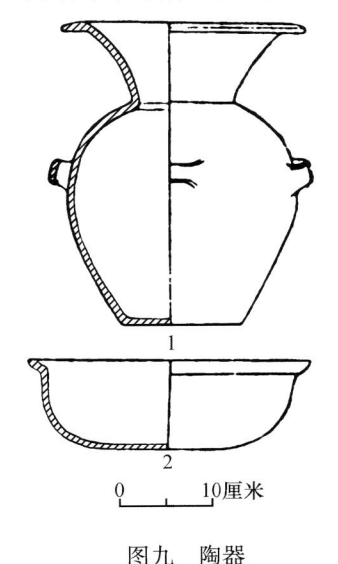

（五）黄釉陶器

陶器均细泥红陶质，烧成深红色，釉色土黄而微微显绿，釉质莹洁细腻，惜多脱落。

壶　2件，出自墓门口。侈口，沿外折，鼓腹，平底，腹中部有四个桥状横耳。高33、口径26、腹径24.5、底径13、壁厚0.6～1厘米（图九，1）。

灶　1件。釉色保存最佳。呈长方体，上有圆形的火口和椭圆形的烟突孔，灶门呈矩形，位于灶身的侧面。长55、宽31、高16、壁厚约18厘米。

盆　1件。表里施釉。圆唇，口沿外侈，直腹，平底。高8.8、口径32、厚0.4～0.8厘米（图九，2）。

图九　陶器
1. 壶　2. 盆

五、结　语

麻线沟一号壁画墓是一座重要的高句丽墓葬。以下谨提出几点初步看法，供讨论参考。

麻线沟一号壁画墓在结构上，如抹角叠涩的做法，墓室、甬道的配置和石筑抹灰等，都具有高句丽中前期壁画墓的共同特色。但其特色很显著，尤其是在墓室中央竖立中心圆柱，抬高了举架，增阔了空间的做法，是迄今高句丽古墓中仅见的一例。过去发现的高句丽墓中，虽然也有设立柱子的，但它们都不在墓室的中央，在结构上的作用是与此不同的。

麻线沟一号壁画墓以墓主人生前生活为题材，描绘的衣饰、冠带等都具有高句丽中前期壁画墓的共同特点。但其中侍女头簪步摇，及仓廪、翔云、飞鸟等图像均颇罕见。

此墓壁画虽说有工有拙，但在某些属于技巧性的处理上，如舞蹈者飘拂的长袖、射猎者的奔马等动式的表现方面，与其他高句丽中前期墓壁画相比，在技巧上有所提高。另外，由于壁画表层的脱落，有些地方可见到轮廓墨线盖着色彩的现象，有些地方更露出了起稿的朱线，这一切揭示了当时壁画绘制的程序，也增进了我们对当时绘画艺术更全面的了解。

由于高句丽壁画墓多经盗掘，遗物出土很少，因之此墓出土遗物是很重要的。从出土器物来看，当时的金饰和鎏金工艺技术是很高的。黄釉陶器质细胎坚，釉色鲜亮，也表现了制作技术和烧造的水平。出土铁器可说明当时铁的使用已很普遍。现在所知的材料中，高句丽釉陶器多出自墓葬，在集安遗址的调查中尚无发现，有可能是专以殉葬的明器。

宏敞的墓室、绚丽的壁画、大量精美的遗物以及壁画中表现的房舍毗连、侍婢成群、宴饮歌舞等，无不体现出墓主人生活的奢靡，从而反映了当时高句丽社会阶级的尖锐对立。

此墓在藻井的构筑上不只层层叠涩，而且还有加置小抹角石的做法，尤其在耳室中还出现了两重抹角叠涩，这一点显然比舞踊墓和角抵墓都更进步，而与通沟第十二号墓[3]以至稍晚的三室塚颇多相似之处。再就壁画分析，不但在题材、风格和藻井装饰方面都与通沟第十二号墓十分接近，甚至在形象上，诸如对舞图中的舞蹈人、铠骑图中的人胄马甲、驰猎图中的弓马走兽以及莲花和菱形云纹图案等，也均可以在通沟第十二号墓中找到几乎同样的表现；只是在动式的处理上，似乎稍为进步。因此，此墓年代应比舞踊、角抵为晚，而大体与通沟第十二号墓相近或稍迟，约当于公元5世纪。

执　笔：方起东

注　释

[1]　见辽宁省博物馆陈列展品。

[2]　通沟第十二号墓初打开时，在墓室壁画上方绘着的莲花中心部位，亦安有铁钩，形制与此雷同。见辽宁省博物馆李文信馆长所藏的通沟第十二号墓照片。

[3]　王承礼、韩淑华：《集安通沟第十二号高句丽壁画墓》，《考古》1964年2期。

（原刊于《考古》1964年10月，520~528页）

吉林集安两座高句丽墓

吉林省博物馆文物工作队

在1972年至1974年，吉林省博物馆和集安县文物保管所先后在集安万宝汀和禹山下各清理了一座高句丽墓，现将有关情况简报如下。

一、万宝汀78号墓

1972年秋，集安郊区公社通沟大队在立电杆时，于78号墓坟垄东南角的积石下发现不少鎏金器物，集安县文物保管所即进行了局部清理。1974年秋，又由吉林省博物馆对该墓进行全面清理和测绘。

万宝汀是县城北山谷中一片南北狭长的冲积平地，这里分布有许多高句丽古墓，是洞沟墓群中古墓最集中而稠密的地带之一。坟垄的平面轮廓皆正方形，方位一致，且都以西北—东南的方向排列成行。78号墓位于这片平地中段西边的山根下，东去通沟河约100米。其西北紧邻一方向、规模、外形几乎完全与之相同的方坛积石墓，往东南约10米还有一座封土墓，三墓恰成一列。在这列古墓东北约6米，有一列与之平行的方坛积石墓；西南约8米，则有另一列与之平行的封土墓（这列墓已经清理）。墓葬井然有序的布列，应与高句丽族葬制度有关。

78号墓是一座平面呈方形的石墓(图一；图版七，1)，每边长17米，方向22°。四周墓基由巨大而齐整的石块筑成方坛，四角各用一高达1.8米巨石。从目前保存尚好的东、北两边看，原来基坛四边的高度亦应不低于四角。基坛外侧，施有倚护加固的大石块。因上部颓圮，原来有无阶坛，已不可得知。基坛范围之内堆积大块砾

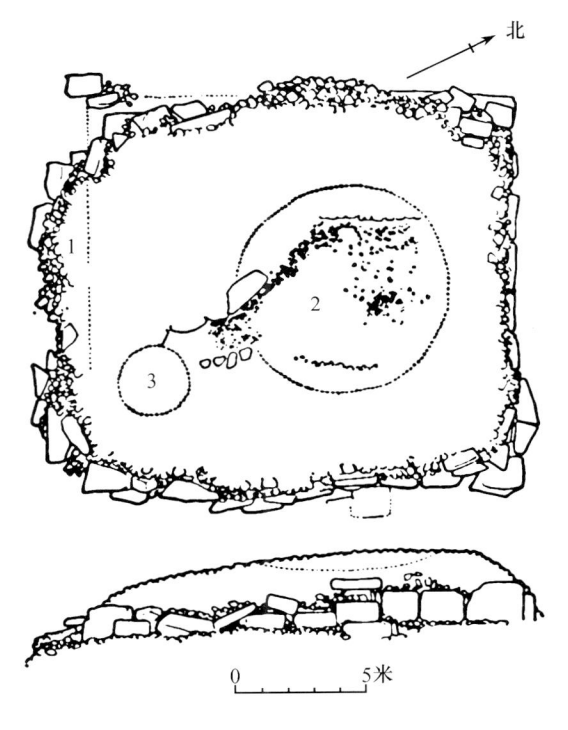

图一 78号墓平、立面图
1. 坍塌部分 2. 陷坑的范围 3. 鎏金铜器出土位置

石，一般直径为30～40厘米，形成通高约3米的坟垄。坟垄上部略平，中央现有口径7、深约0.7米的锅底形凹坑，当系早年遭盗掘而留下的迹象。

经过清理，坟垄中部残存简单的墓圹，东南角筑有墓道。因经早年盗掘扰乱，墓圹形制已经不清。仅知圹度高出地表约1.6米，与基坛高度略等，是在大块砾石的基础上铺一层直径4～5厘米的碎砾石筑成，今残存面积36平方米，呈不规则形。墓圹侧面用与封垄砾石相同的大块砾石垒成，很像是在堆积坟垄的过程中只求留一圹穴而草草垒就的，颇不齐整。现仅残存西边的一段，高0.4、残长3.6米，方向与墓的基坛一致。坟垄东南部的墓道向正南，残长约2米，其西侧上部叠以巨大石块，东侧则选用比封垄砾石稍大的砾石垒筑，间宽1.4、残高0.5米。墓道底部与圹底取平，亦有铺小砾石的迹象。墓道前端，就是县文物保管所清理过的部位，那里出土了鞍桥、镫、马衔等鎏金铜器。清理时墓圹和墓道都堆满大块砾石，没有发现施设顶盖石的任何迹象。

墓中没有发现人骨，仅在圹底部散乱有不少黄釉陶片，泥质红胎，黄釉泛绿而稍深暗，表里施釉，均无法复原，器形有灶、直壁窄沿盆、直领罐、敞口展沿壶等。陶壶与麻线沟一号墓和长川二号墓出土的相比[1]此墓出土的口沿舒展的程度较小。还有一块残片似直领罐肩腹部，上附有一长不及3厘米的桥状小横系。

在墓道前端出土的一批鎏金铜器，主要是马具，现分述于下。

马鞍桥　4件，系2副。一副作镂空的卷云花纹，花纹边缘饰有密实的椎刺小点，卷云图案既不连续也不对称，但总体上却疏密统一，匀整有致。鞍桥内沿有钉孔，外沿则镶裹在包边的鎏金铜片中，后鞍桥下部作宽大的拱形（图二，1；图版八，1）。前鞍桥铜质稍厚，中部有一带加固的铜片，上施铆钉（图版八，2）。另一副素面，下部两翼倾斜，中央有凹缺，外沿周边镶押一带铜片，上加铆钉，内沿周边有鼓起的圆棱（图版八，3）。

马镫　4件，系2副。以木镫当心，外裹鎏金铜片[2]。包裹的办法是：先在木镫的内外侧面镶以窄条的鎏金铜片，以细长的小铜钉加固，蹬脚的部位则由里向外加5颗鎏金铜铆钉。而后在两面夹镶镫形的鎏金铜片，在里沿和外沿分别用小铜钉加固，其边沿稍稍折向侧面，裹住侧面的窄条铜片。镫的上部有一横向的穿孔，可以悬系。通高24、宽18厘米（图二，2）。

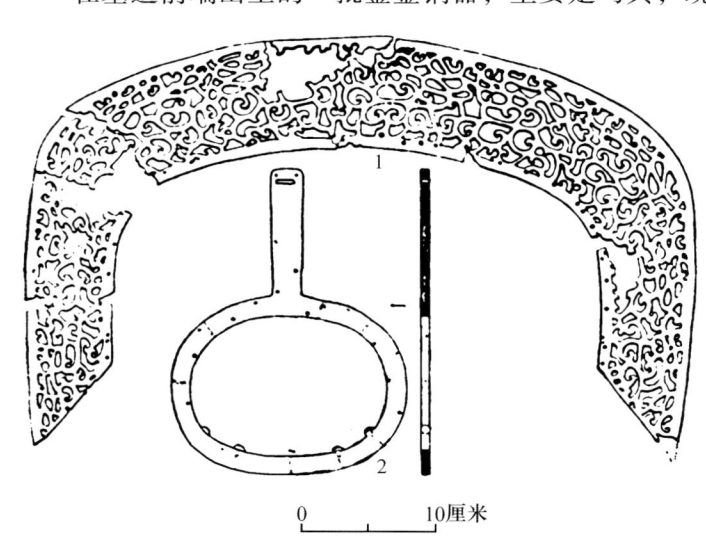

图二　78号墓出土鎏金铜器
1. 鞍桥　2. 镫（内为木蕊）

马衔　2件。均残。由铁质短杆作衔链，左右各穿一个椭圆形的鎏金铜"颊饰"，"颊饰"的作用同于马镳。"颊饰"横椭圆形，中有穿衔链的圆孔，由两片铜片铆合而成，下片素面，上片有镂花，一件镂十字形花纹（图三，8）；另一件作边沿饰椎刺小点的卷云形花纹，上侧有长方形穿孔。

桃形片　8件。形制与马衔上的"颊饰"相同，但中部无孔，上部有横长方形孔，连接裹夹革带的鎏金铜片，铜片上缀有铆钉。亦由两铜片铆合，下片素面，上片镂花，也有十字纹和边沿椎刺小点的卷云纹两种，可能分别与同样花饰的马衔配套使用（图三，9、10）。

带卡　15件。分四式。

Ⅰ式：2件。较小，后端连有裹夹革带的鎏金铜片，上加铆钉（图三，1）。

Ⅱ式：5件。其中一件稍大，卡圈后端系带的部位平直（图三，2）。

Ⅲ式：4件。卡圈后端系带的部位弧圆（图三，3）。

Ⅳ式：4件。后端连接圆形鼓起的挡头（图三，4）。

缀管叶的泡饰　34件[3]。多残损，可分三式。

Ⅰ式：22件。由扁体铜丝弯折为双股后串联一圆管和一半球状泡组成，上端弯折处呈圆孔，套入一卵形小叶，铜丝末端转脚固定（图三，5）。

Ⅱ式：11件。将一端封闭的细管的中段以下分开三瓣，再各自弯折成棱后，折聚起来串联一圆管和一半球状泡，末端转脚固定。三个折棱处均成圆孔，各套入一卵形小叶（图三，6）。

Ⅲ式：1件。与Ⅱ式基本相同，唯形体稍大，且向旁侧弯折出四个小棱（图三，7）。

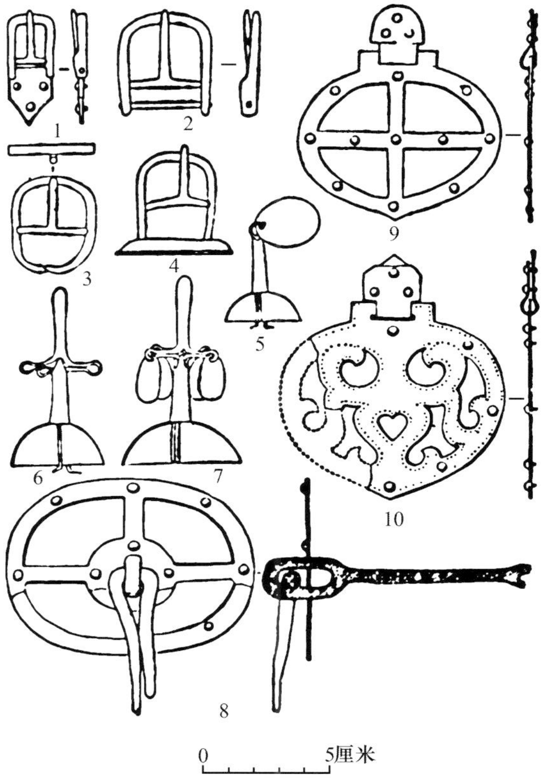

此外，还出土一些破碎的鎏金铜片，形不可识。其中有一件局部平面作卷云式，中有斜向的长方形孔，孔四周及卷云形的边沿均饰有由背面向前面椎刺成的凸起小点，应是鞍板上的花饰。

图三　78号墓出土鎏金铜器
1～4. Ⅰ～Ⅳ式带卡　5～7. Ⅰ～Ⅲ式缀管叶泡饰
8. 马衔　9、10. 桃形片

上述鎏金铜器全属马具，虽有残损，但仍可看出原随葬时应是整整两套。

二、禹山下41号墓

"文革"中，太王公社社员发现一座坍塌的高句丽石坟中有壁画，吉林省博物馆和集安县文物保管所即派人调查了解，并将坍塌的洞口封护。1974年9月，对该墓进行了清理。

41号墓位于洞沟盆地中部太王公社禹山大队第一生产队的村落中，正当禹山南麓前方缓坡边缘，坡面斜度约6°，南临大道，隔道是一片平展的农田。东边紧靠古墓的基坛有一条小溪。由古墓东望约1里许，即著名的"太王陵"。但就附近考察，除了迤北上坡有三、四座早年已遭破坏的积石墓和小型封土墓外，没有发现其他古墓的残迹。由于历年破坏严重，41号墓坟垄原状已不易辨识。墓基部分，仅在西边和南边偏西段残存一层筑造基坛的石条（图版七，2），另在东边偏北处尚存一块筑造基坛的石材。由残存的墓基和封垄砾石颓圮的情形看，原为方形基坛，边长在20米左右。修造基坛的石条曾经精细加工，形状规整，外侧面錾有垂直的凿痕，在上面的外沿还琢出一条凸棱。基坛中间堆积砾石，坟垄上部的砾石较大，体积多在 50 厘米 × 50 厘米 × 30 厘米以上。尽管中央部分今已露出墓室的顶盖石，但根据周围砾石堆积的高度，仍可推知封垄的砾石原是覆盖着墓室顶部的。现坟垄通高 2.15 米。从现场观察，此墓四周基坛上可能原筑有阶坛。墓室用巨大的石板构筑，位于基坛中央，平面呈长方形，方向 245°与基坛平行，东西长 3.15、南北宽 2、举高 2.32 米（图四；图版七，3）。墓室底部略低于地表，与基坛的底部处在同一水平高度上，推想当初墓室的底部应与地面是取平的。墓室的南、北、东三壁下各铺一单块石条，高出室底 20～25 厘米，其上支立石板作壁。由壁面灰皮剥落的地方可以看到，壁板表面有加工錾凿的平行竖棱。墓室南壁垂直，东、北二壁微向内倾，东北角下部因石材有缺隙，填补有石块。各壁上方内侧均凿出缺口，承嵌盖顶石板下面的凸入部分。盖顶石板面积约 10 平方米，厚约 50 厘米。由墓室仰视，顶石的四周边琢造平整，中部稍微弧曲隆起。盖顶石前沿（西边）上面被削作简单的坡水，下面则凿出阙口，形成直角的室檐，在外檐下部南北两侧凿有横列的细槽（图版七，4），其间隔宽不及 5 厘米。这种在顶盖石下刻细槽的做法，与"将军坟"左后方那座陪塚[4]的做法相似，可能是防止上面淌水顺盖石下檐向墓室里浸渗。

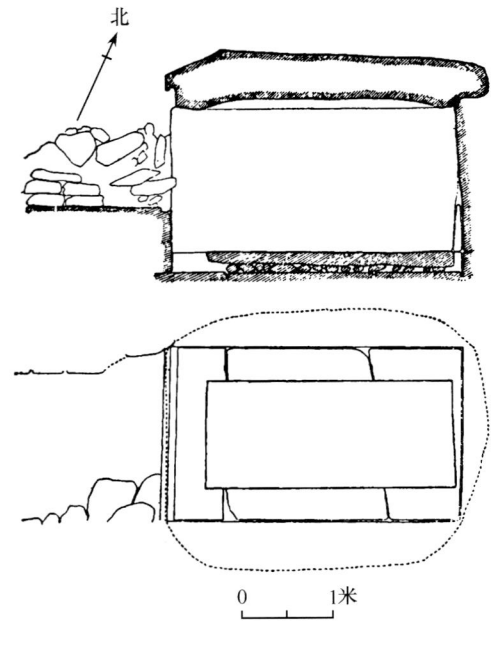

图四　41号墓平、剖面图

　　墓室底部铺三块横向的石板，上置长方形棺床。棺床由整块石板凿成，表面平整，下面则未加修琢，用小块砾石填塞垫齐，长 2.8、宽 1.24、厚 0.1～0.18、通高 0.2～0.3 米。墓室西方无壁，紧接室外墓道。墓道底部高出室底 75 厘米，是由两块平齐而方整的大石材铺叠起来的，宽与墓室相当，内端稍稍伸入墓室，长 1.6 米。墓道的左右两壁均遭严重破坏，用稍加修琢的石材垒筑，其间距离（即墓道宽度）较墓室略窄。铺垒在墓道底部的上面那块石材，伸入墓室的内端边沿上，刻有一道凹槽，与顶石外檐的细槽上下相对而略偏外，用途不明，或是借以避免墓道底部积水直接浸灌墓室的一种设施。

　　清理时墓室里积满碎炭，厚约 60 厘米。墓室西部近门口，堆积着不少粗略加工过的石料和大量由卵石、黄沙及石灰羼成的"三合土"，系当初垒砌石墙封闭墓室的残迹。

　　墓室内，包括壁面、顶部、棺座以至墓道底部的大石材内侧，都抹有白灰，厚 0.5 厘米左右。今多脱落，尤其是顶部，已丧失尽净。在壁面仅存的白灰表面以及落下来的白灰皮上，可以见到施彩的壁画。墓室南、北两壁上方，各有一排横列的小孔，间距均 35 厘米。从残存的壁画可以看到，小孔的部位各当一朵正视莲花图案的中心。这种样式的莲花图案，在北壁上犹可辨明原系八朵，但小孔却只凿于靠里边的六朵中。南壁上方白灰完全脱落，也有与北壁相对称的六个小孔。从洞沟第十二号墓和麻线沟一号墓室内对应部位的类似处理中得知，这些小孔原安有挂钩[5]。今小孔中尚有插入钩之后填充灰泥的残迹。同样的小孔在顶盖石下面中央左右也各凿有一个，或也用以插钉安钩。

墓室内的壁画绝大部分已经剥落，有的仅存用朱砂起稿的模糊痕迹，因而只能了解其残存的局部。

墓室四角影作赭红色倚柱。由东北角看，柱端可能有栌斗，上承影作的赭红色梁枋。梁枋甚窄，通贯东、南、北三壁的顶端。东壁（即向墓道的正壁）在影作梁枋下绘有青灰色屋宇，从右边尚存红线勾勒的斜脊，知为四坡顶。屋檐下垂结黄帐。帐下中部偏南有一男子，着黄地红点的合衽花衣，镶红边，面稍向南侧转，尚见细长的双眼，直折的鼻子，微微翘起的髭须和点染作鲜红色的嘴唇，脸盘宽厚，当为墓主人（图五）。勾勒形象的墨线绵密而紧劲，眉目部分运笔尤其纤细，面部施色曾加晕染。整个东壁，应是墓主人家居饮宴的图像。北壁在影作梁枋下，绘正视莲花图案（图六），一排八朵，由里向外一红一绿间杂错开，里边六朵中心有凿孔。其下在中部偏里，有平涂赭红色的鹿的后半身，或系狩猎图像的残迹。在鹿的后部偏下方，有一人里向，身稍前倾，似戴"形如弁"的"折风"，穿橘黄色裤，着赭红长筒靴。再往里靠倚柱还有一人，向外，戴方帻，穿合衽衣，结系腰带。此外，在北壁上还错综分布有状若"伸臂布指"的树枝，及画成披针形的零星绿叶（图七）。南壁灰皮脱落殆尽，只在中央偏外的下部隐约可以认出一人，向内，着黄色合衽衣。此外，在壁面上方与北壁正视莲花相应的部位，也有六个小孔，原应绘有莲花图案。在墓道中铺垫的那两块石材向墓室的侧壁，以及棺座上，都抹有白灰，且残留有斑驳的赭红色，但图像已不可窥知。顶石部分由于灰皮荡然无存，表面是否绘有壁画，已无从得知。

图五　41号墓东壁壁画配置图

图六　41号墓北壁上部残存的莲花图案

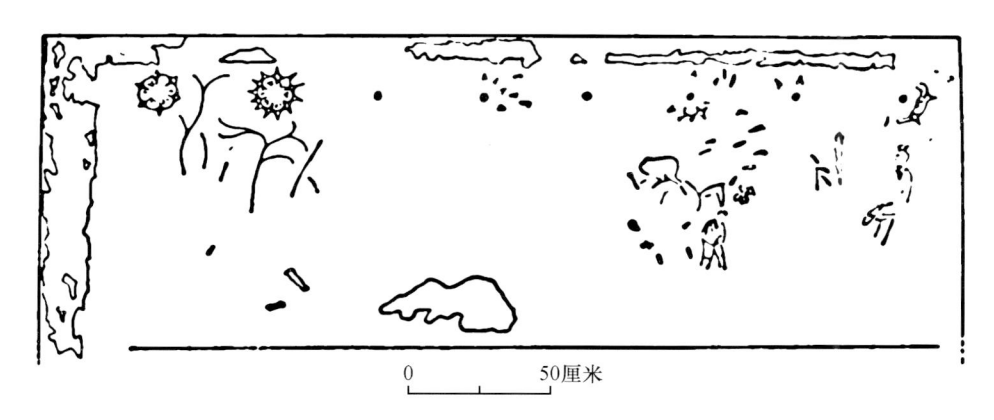

图七　41号墓北壁壁画配置图

此墓早年已经盗掘。残存的骨骸和遗物多出自堆塞在墓室前部的"三合土"中，墓道中和墓室内积炭的上层中亦偶有出土，积炭下部则不见任何遗物。骨骸仅见凌乱的跖骨、指骨、肢骨和颅骨的碎片。

出土遗物多属器具的部件，总的来看铠甲、马具之类占很大比重，此外还有不少黄釉陶片和棺椁上的部件。分述于后。

1. 铁质器物

鞍桥　1件。已锈蚀残断。用薄铁片制成，外缘另加包边铁皮，近内缘钻一排小孔。因背面锈结有朽木，知原来的鞍系木质。这种鞍桥内缘可钉固在木鞍上，外缘则与木鞍的边沿一起嵌入包边的铁皮里。鞍桥下部两端间距52、通高约36厘米，似为后鞍桥（图版八，5）。还发现有两段包边的铁皮，应是镶于前鞍桥的。

马镫　1副。已残损。木质镫芯外裹铁片，今一铁片下侧尚见一凸起的钉痕，可知原木镫和铁皮是钉连的；其间内外侧面的夹隙，则镶嵌因势弯转的窄长铁片。马镫上端有横长方形穿孔，可以悬系。在镫脚的部位，还从里侧钉入六枚厚实的方帽小钉。残高27、宽20、总厚1.4厘米（图版九，1）。

鞍板饰片　1件。平面扇形，用以蒙在马鞍板头表面，其中部有一斜向的长方孔，用以安鼻，可系绦带或垂饰（图八，6）。过去麻线沟一号墓出土的"犄角形鎏金铜片"，应也是这类器物。

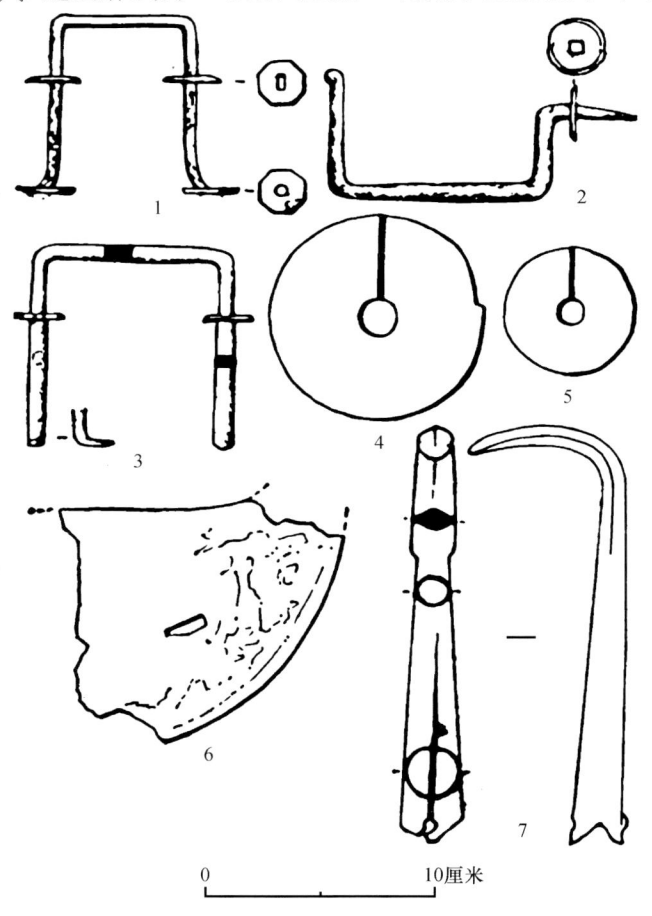

图八　41号墓出土铁器

1、3. 铜形扳手　2. 挂钩　4、5. 圆片挡头　6. 鞍板饰片　7. 矛（？）

带卡 3件。一件后部缀连有半圆形铁片，该铁片用钉铆定在另一铁片上（图九，3）。一件后部插在圆形鼓起的挡头中，或为鞯（图九，1）另一件只存带卡（图九，2）。

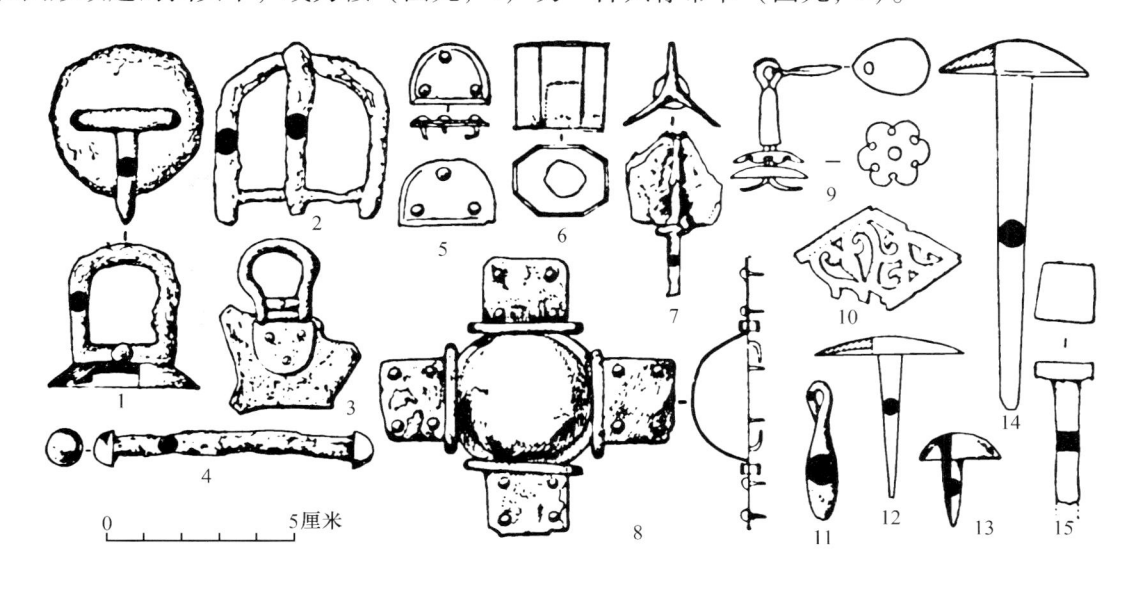

图九 41号墓出土器物

1~3. 铁带卡 4. 银帽铁穿钉 5. 鎏金铜半圆形饰片 6. 银端饰 7. 铁镞 8. 鎏金铜圆泡十字形带具 9. 鎏金铜缀管叶的花饰 10. 鎏金铜菱形饰片 11. 铁坠 12、14. 鎏金铜圆帽钉 13. 铁圆帽钉 15. 铁厚帽方钉

甲片 155片。多狭长呈舌状，缘沿略微向内倾折，上端抹角，下端漫圆，身钻有缀连的穿孔（图一〇；图版八，4）。一部分甲片稍短。有三件短甲片上端作三角形，应用于关节部位；有一件甲片很长，适用于不甚活动的躯干或臂膊部位；有少量甲片弯曲，当是根据所施部位因势制成的。还有些甲片一端狭窄、一端放宽的和整个显得很窄小的。此外，有11块锈结的残块，可以看出原来铠甲是用细麻绳穿联起来的，编作鱼鳞状（图一〇，9）；缀合时，有的甲片以左侧叠压右侧，有的则以右侧叠压左侧。有的甲片两面还附有纤细的平纹织物残痕。高句丽壁画中有人马都披有铠甲的图像，这墓出土的甲片是人铠还是马甲，尚难窥知。

矛（?） 2件。后部为卷筒状骹，骹端有相对的穿孔，端刃厚钝，前部弯折，用途不详（图八，7；图版九，3）。

镞 1件。由中轴分出扁平的三翼，一翼前端微残，镞身与铤之间有"格"，残长4.4厘米（图九，7）。

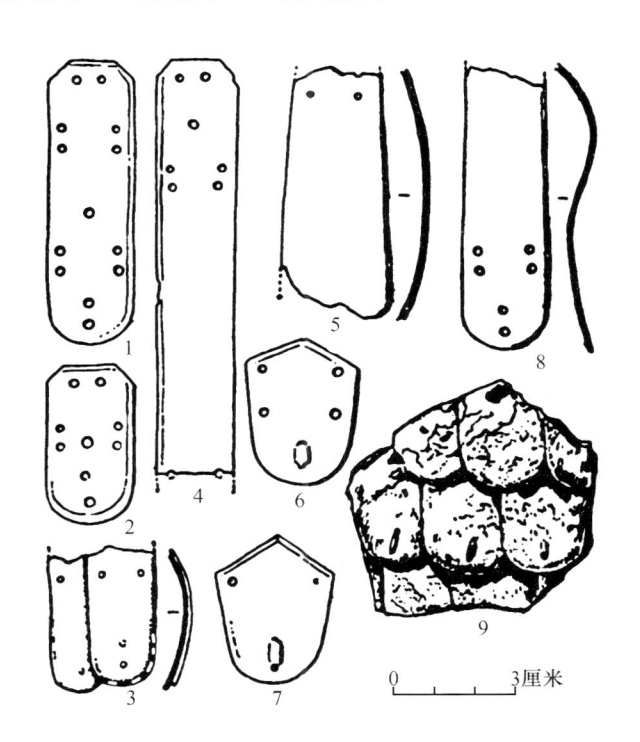

图一〇 41号墓出土铁甲片

坠　1件。棒槌形，后端减细并弯转成穿孔，似是水流中钓鱼的钓坠，通长3.8厘米，重8克（图九，11）。

锔形錾手　6件。两端钉入木质器物，铁钉部分前有挡头，后端或转脚有的也施挡头固定（图八，1、3）。由挡头与挡头（或与转脚）之间距测得，三件大的钉子厚6厘米的部位。三件小的钉于厚5厘米的部位。可能是棺椁上的錾手。

圆片挡头　2件。一大一小，用厚铁片制成，中有圆孔，像铺首的垫板（图八，4、5）。

圆帽短钉　24件。圆帽中空鼓起，钉脚甚短，长2.5厘米左右（图九，13）。

厚帽方钉　6件。均残。钉呈方柱形，下部略微减细，上带厚重的方帽，最长的残长11厘米（图九，15）。

挂钩　2件。用圆铁丝曲折成钩，后端锤成横截面作方形的长钉，带一圆形挡头（图八，2）。由洞沟第十二号墓最初的照片资料得知，这正是原来钉在墙面上部正视莲花图案中心的挂钩。

2. 鎏金铜质类

鎏金均只施于器具部件外表的一面，既防锈蚀，兼有装饰作用。

圆泡十字形带具　1件。中为半球形圆泡，上下左右各伸出一方形薄方，薄片上各有四个铆钉，从铆钉的转角看，应是钉在皮带上的；在方形薄片里端，各套有卡圈，可穿带。似是马匹鞯系上的带具（图九，8；图版九，2）。

缀管叶的花饰　3件。由扁体铜丝对折后串联一个筒形细管、一枚六瓣形花饰和一片骨制的圆形薄片组成。铜丝下端向左右转脚固定于别的器具；顶端对折处弯成圆孔，中穿一枚卵形的铜叶（图九，9）。类似的铜叶还出土有八片，唯形体稍大。

圆帽钉　4件。仅圆形鼓起的钉帽上部鎏金，两件大的通长10、两件小的通长4.5厘米（图九，12、14）。

半圆形饰形　2件。一件宽2.5、一件宽2厘米。其上各加三枚铆钉，从铆钉转脚观察，被钉的可能是厚约0.3厘米的革带（图九，5）。一饰片背面尚存麻布痕迹，可见当初钉固时还衬垫绛红色麻布。

菱形饰片　1件。已残。中间作镂空的卷草花纹，花纹边缘刺刻椎点。角上有小孔（图九，10）。

扇面形饰片　1件。似不完整，内侧有一大一小两个孔。

挡头　1件。为周沿起棱的圆形薄片，中有孔。

3. 银质类

只1件，为八棱柱状端饰，截面作扁八角形，顶面鼓起，下部微敛，顶面与侧面之间的棱角曾经锉磨修平。底下有一不甚规整的孔洞，深1.2厘米，可插在杆顶，通高2.4、宽2.5厘米，重86克（图九，6）。

此外还有一件铁穿钉，中部铁质，两端钉帽是银的，突起呈半球状，通长7.4、铁钉部分长6.4厘米（图九，4）。

4. 黄釉陶器

出土釉陶片数量颇多，均泥质浅红色内胎，内外施黄绿色釉，晶莹明亮。包括展沿四耳壶三件和少许陶灶残片。已复原的一件陶壶，侈口展沿，鼓腹，平底，腹中部有对称的四个桥状横耳，肩部刻划有一带斜方格形纹饰，下施垂帐纹。高40、口径32、底径17.5、厚0.9厘米（图一一；图版一一，6）。

5. 织物残迹

麻布残片，绛红色，线甚均匀。因经线致密纬线疏朗，故略呈直纹，其组织每平方厘米约19根×11根。除了前述垫在半圆形饰片背后的一小块标本之外，还发现一较大残片，叠合作三层，上面缀有用作挡头的铜质小圈，也是作为衬垫用的。此外，有的甲片上附有纤细的平纹织物残迹，平均每平方厘米约31根×30根，可能是一种丝织品。

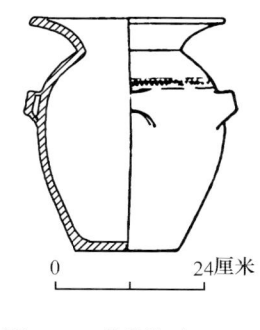

图一一　黄釉陶壶

6. 漆皮残片

多平涂朱红色，个别为熟褐色。只有一小片在熟褐的地子上又加压朱红漆，两色交接处呈平齐的直线。没有发现花纹或其他彩绘。这些漆皮残片，可能是原来棺椁上的髹漆。

三、几 个 问 题

清理万宝汀78号墓和禹山下41号墓所获得的考古资料，在研究高句丽墓制的演变等方面，有以下值得注意的问题。

（1）"积石为封"属于高句丽前期流行的墓葬形制，在我国东北的高句丽古墓中占多数。这种积石墓，新中国成立后除了在桓仁大高力墓子清理过一批之外，1964年吉林省博物馆还曾在集安良民清理了相当数量的积石墓[6]。从前述资料中发现，早期的积石墓仅在坟垄中叠筑简陋狭小的墓圹，不似后期积石墓具备墓道和顶盖石构成洞室。78号古墓没有洞室，不施顶盖石，却残存有简单的墓道，很像一种过渡的环节，意味着它的年代比具有洞室的石墓相对要早，而比那种仅有简单墓圹的石墓或要晚些。如果说像"折天井塚"盝顶的所谓"四阿塚"[7]那类墓葬大体是四、五世纪的遗存，桓仁那种仅有简单墓圹的石坟大抵是东汉末年的遗存，那么78号古墓的年代大致当属于4世纪前叶。

（2）高句丽古墓就坟垄外表来看，可以粗略地分为两大类：一类是完全用石块堆积起来的，所谓"积石为封"，称作石坟；另一类整个是由黄土培封起来的，称作土坟。过去所有发现的高句丽壁画墓，全部属于土坟，石坟中从来未曾发现过壁画。41号墓是迄今为止发现的第一座、也是唯一的一座绘有壁画的高句丽石坟，值得深入研究。

41号古墓墓室的平面结构和墙壁下施奠基石、顶石外檐凿刻细槽防止水渗的做法，都与"将军坟"左后方的陪塚相像，唯构造显得更加工巧，且墓室底部不高出地表（高句丽中前期墓葬的洞室或墓圹多高出地表，中期以后洞室多与地表取平）。一般认为"将军坟"陪塚筑造的年代大体与"将军坟"同时或稍晚，故当5世纪初。这样，从结构形制方面来看，41号墓筑造的年代大抵应不早于它。再就此墓壁画的配置、图像和风格等方面考察，都与洞沟第十二号墓和麻线沟一号墓相若。墓中出土的遗物，有许多与麻线沟一号墓也是相近的。因此，我们把这座墓葬的年代定为5世纪中叶。

41号墓作为5世纪中叶的高句丽古墓，仍取"积石为封"的传统形制（内部构造已经起了变化），反映了相当浓厚的保守性，而墓中壁画却又颇趋时尚。这种乍一看来似乎矛盾的现象，是新旧事物交替过程中的必然产物。历史上随着社会经济基础的改变而产生的新的意识形态，终将战胜并取代一切旧的意识形态；当新的埋葬习俗一经产生并日益广泛地流行起来的时候，残存的旧的葬制势必受到冲击、洗刷并终将逐步得到由量变而质变的根本改造。41号墓正鲜明地反映了这一过程的印记。

过去有一些人主观地认为洞沟地方的高句丽墓，"土（壁画坟悉在其中）石异时"，把高句丽分成"石坟时代"和"土坟时代"两个阶段[8]，这次41号墓的清理，清楚地说明上面的说法完全不符合实际情况。可见，如果不注意尊重客观事物的辩证发展过程，如果采取简单的、机械的、形而上学的方法，硬要在纷繁错综、辩证发展的长河中划什么绝对界限，硬要将高句丽墓制的整个演变，从时间上一刀划开，区分出单纯的所谓"石坟时代"和"土坟时代"，那么，都只能步入歧路，给科学造成混乱。

（3）集安地属山区，耕地面积相当有限。史籍记载高句丽"多大山深谷，无原泽……无良田，虽力佃作"，在当年的生产条件下"不足以实口腹"[9]，"蚕农不足以自给"[10]。在这样的社会背景下，高句丽统治者竟不惜侵吞大片劳动人民辛勤开垦的土地来修造陵墓，适足暴露了剥削者极端贪婪凶残的阶级本性。41号古墓在洞沟墓群中勉强才够得上一座中型墓，光坟垄直接占据的可耕土地亦达400平方米，这样规模的墓葬，当时显然只有少数靠搜刮劳动人民血汗来敛聚财富的剥削阶级才能筑造得起。洞沟墓群中规模巨大、占地广阔的古墓，往往都盘踞在沃腴的平川上，这无疑是当年高句丽统治阶级恣肆淫威、奴役百姓、阻碍社会生产力发展的罪恶例证。

（4）这两座墓虽均曾遭盗掘，但出土的一些器物对了解高句丽族的文化还是很重要的。

78号古墓出土的鎏金铜器工艺精湛，技术纯熟，与高句丽5世纪乃至6世纪古墓中出土的鎏金铜器相比，几乎难分上下。可见鎏金技术在高句丽作为一种谙习的传统工艺，曾相当广泛而久远地在这一带流传。

此墓出土的遗物以马具居多，黄釉陶片中可以认定的器形尚有展沿壶、盆和灶等，其组合状况与麻线沟一号墓及长川二号墓非常相似。这为了解四、五世纪高句丽古墓由石坟向土坟过渡的阶段，在规模大体相近（社会地位应大致相若）的墓葬中，随葬品组合关系提供了可靠的资料。

禹山下41号墓出土的遗物，也为了解当时这一带铁器制造、金银细工、纺织技术、釉陶工艺等方面的情况，以至社会生活方面的情况，提供了一批重要资料。尤其这些东西出土的环境比较清楚，有大致年代可循，对高句丽遗物断代的比较研究，不失为一批有价值的标本。

注　释

[1]　吉林省博物馆集安考古队：《吉林集安麻线沟一号壁画墓》，《考古》1964年10期。长川二号墓，见吉林省博物馆发掘资料。

[2]　镫形的鎏金铜片在麻线沟一号壁画墓中亦有出土，但因残缺难辨，在报告中被称为"瑗形器"。

[3]　麻线沟一号墓中有同类器物出土，原简报列为"Ⅰ式提手"。从这次发现的数量和组合状况来看，应是马系上的装饰。

[4] 日人池内宏等：《通沟》，日满文化协会，1938年。
[5] 通沟十二号墓和麻线沟一号墓，简报分别刊于《考古》1964年2期和10期。按：小孔上的挂钩可能是悬挂帷帐的。郑文焯《高句丽永乐太王碑文纂考》中提到，当年曾有人见到高句丽壁画墓中挂有帷帐的情况（"碑估为余言，其墓如巨阜类，凿石为之，爇火深入，乃施毡帷……墓隧四壁皆画像，镌迹精诡"）；另外，有些纯以图案装饰四壁的高句丽壁画墓，所绘图案分明像织物的纹样，应是模拟帷帐的，亦可资参证。
[6] 陈大为：《桓仁县考古调查发掘简报》，《考古》1960年1期；集安良民的材料，见吉林省博物馆发掘资料。
[7] 同［4］，上册。
[8] 同［7］。
[9] 《三国志·魏书·东夷传》。
[10] 《北史》九十四、列传八十二。

（原刊于《考古》1977年2期，123~131页）

集安县两座高句丽积石墓的清理

集安县文物保管所

1975年和1976年，我馆为了配合农业学大寨运动，先后清理了禹山墓区的68号和七星山墓区的96号两座积石墓。现将清理情况介绍如下。

一、七星山96号墓

七星山墓区，位于集安县城的西郊约1公里许，它是洞沟古墓群中墓葬分布最密集的墓区。96号墓位于七星山墓区东部，在通沟大队第九生产队的小山坡上，96号墓的周围还分布有零星的墓葬。其西边与另一积石墓紧相连接，西北面70～80米以外也是一片高句丽时期的墓地。墓地的后边是渐起的山岚，南部的小山坡下则是通沟大队社员的住宅。东边的坡下不到半里是由北向南注入鸭绿江的通沟河，向东可观览全城的景色。1976年春天，通沟大队在此修梯田，我所对此墓进行了清理。

96号墓是一方坛阶梯积石墓。顺山坡由西南向东北走向。早年曾遭破坏，发掘时从残存的情况看，墓的东北和西南部保存较好，还可看出下面的二至三层的阶梯，再往上的阶梯均遭破坏，所以层数不清楚。墓残长为22、宽17.6、高1.8米（图一）。底部是用长30～130、宽25～60、厚20～30厘米的河卵石铺成的，厚约50厘米左右。四周是用60～100厘米见方，厚20～30厘米的石灰石块砌成的。墓的顶部有三个扰乱坑，当是早年盗掘所致，从其位置看应是原来的墓室。在第一扰乱坑的顶部，发现有一长2米的大石块，是这个墓的盖顶石。二、三扰乱坑的盖顶石均已不见。在第二扰乱坑里距墓的西缘约有6米处，发现一道砌筑稍整齐的石墙，可能是第一墓室的东壁，即第二墓室的西壁（图二）。在距墓的西缘约12米处又发现了石墙的痕迹，可能为第二墓室的东壁，为第三墓室的西壁。墓室遭到破坏，结构已不清楚。另外，在第二墓室的南部有一条墓道的痕迹，因此这是一座墓室较矮的带有墓道的三室积石墓。

在墓道接近墓室的部位出土了好多遗物。有铜器、铁器、鎏金马具及黄釉陶片等。清理时据当地的群众介绍，1976年在出土遗物的地方还曾发现过一个大铜盘，净重20多斤。此外，在该墓西部外缘紧靠基石的地方，清理出了32颗马牙齿和一些残碎的马骨。

清理时出土的遗物有铜器3件、鎏金马具57件、铁器12件，还有一些陶器的残片，现分述于下：

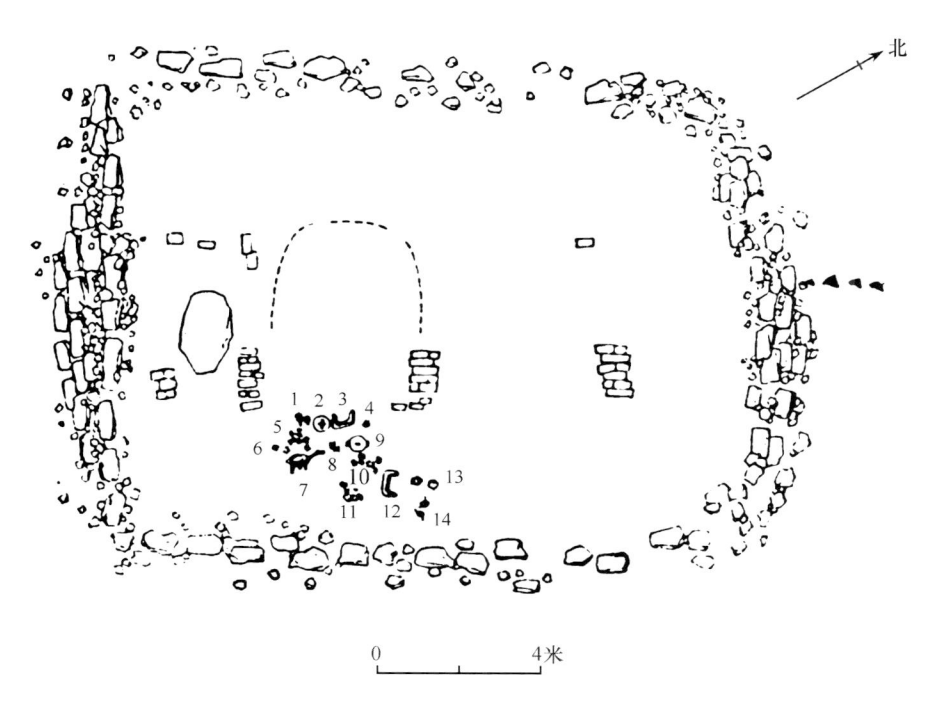

图一　96号墓平面图

1. 鎏金马镫　2. 铜盒　3. 鎏金马鞍前桥　4、8. 鎏金带卡等　5、10. 鎏金梅花饰　6、13. 鎏金桃形饰　7. 铜鐎斗　9. 铜鼎
11. 碎陶片　12. 鎏金马鞍后桥　14. 鎏金马衔

图二　96号墓一室东壁

图三 陶器

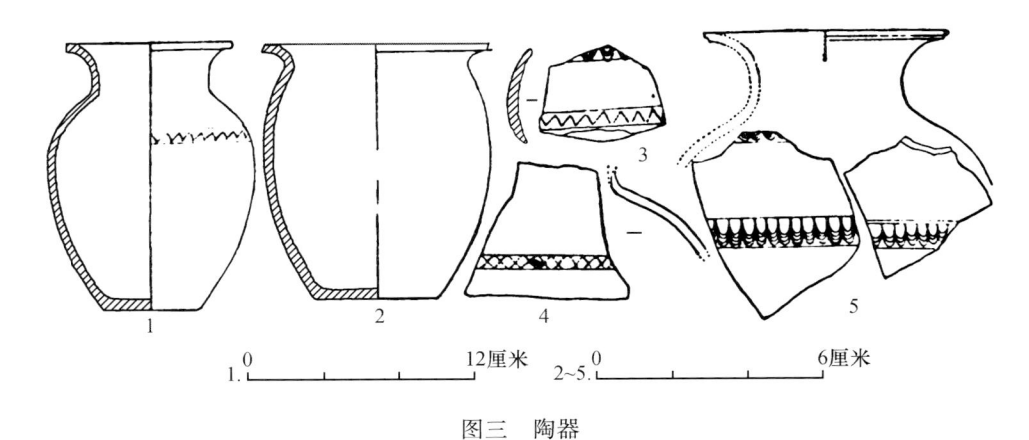

1. 灰陶壶 2. 褐陶罐 3、4. 黄釉陶壶残片 5. 黄釉陶壶

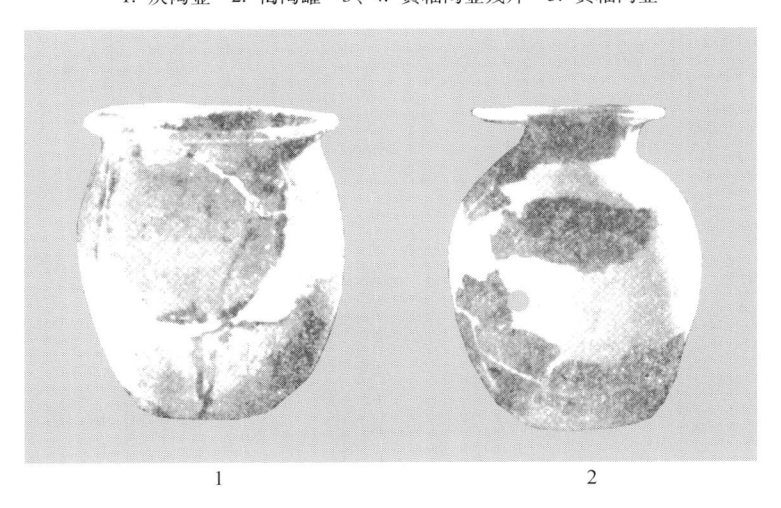

图四 陶器

1. 褐陶罐 2. 灰陶壶

1. 陶器

3件。出土时均已为残片。

陶罐 1件。已复原，褐色夹砂陶，质地较疏松，侈沿，圆腹，平底，高18、口径14.8厘米（图三，2；图四，1）。

陶壶 2件。灰陶，器形相同，一件已复原，侈口，展唇，圆腹。高37、口径22.2、底径13.4厘米。两件的陶色与纹饰上稍有不同，一件呈灰黄色，肩部在两道弦纹间饰相间的篦点交叉纹和折齿纹；另一件灰色，肩部的两道弦纹间饰篦点折齿纹（图三，1；图四，2）。

黄釉陶器 均为残片，无法复原。从残片观察可能有3个陶壶，器形与灰陶壶相同。陶胎为橘红色，里表施釉。3个陶壶在釉色与纹饰上有些差异：一为釉色黄而偏褐呈土黄色，施釉薄而不均，缺少光泽。在壶的肩部和腹部各有两周弦纹，其间饰垂帐纹（图三，5）。另两件胎质坚硬，釉色黄绿，施釉较厚，莹晶光亮。一件纹饰为两周弦纹之间有交叉的篦点纹（图三，4）；另一件肩部的下面有垂帐纹，腹部有篦点折齿纹（图三，3）。

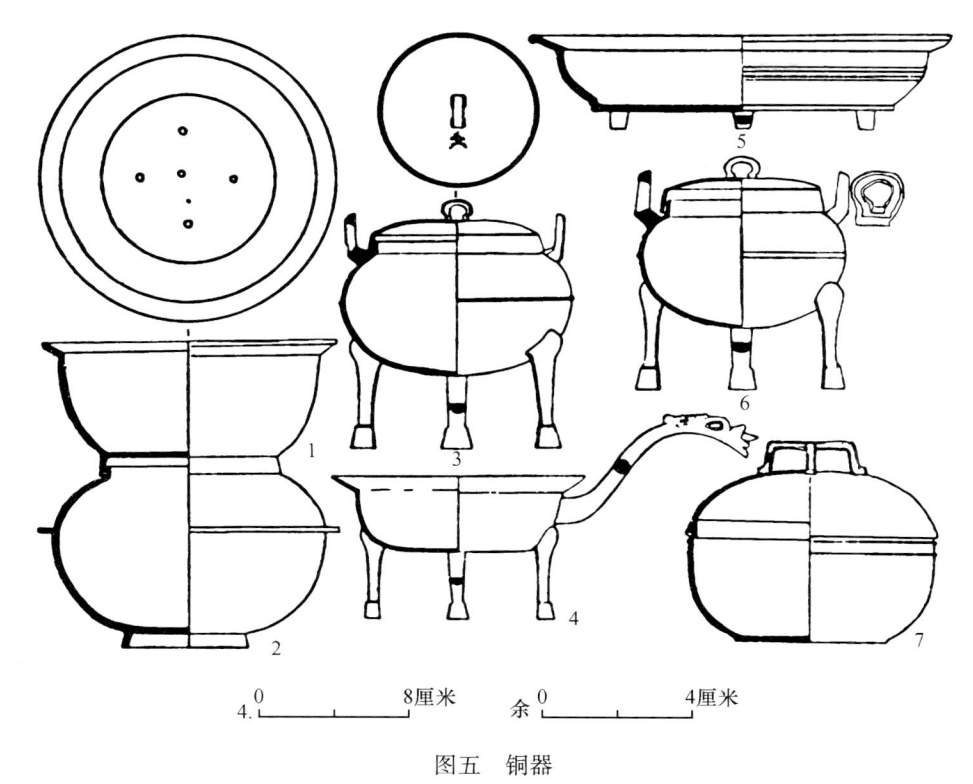

集安县两座高句丽积石墓的清理　51

图五　铜器
1. 甑　2. 釜　3、6. 鼎　4. 镡斗　5. 洗　7. 盒（1～3、5 为 68 号墓出土，余为 96 号墓出土）

2. 铜器

3 件。

鼎　1 件。有盖，盖顶有拱形纽。肩部有两个圆形竖耳，腹部饰一周凸弦纹，三足蹄状。通高 17.2、口径 10.8 厘米（图五，6；图版一一，5）。

盒　1 件。有盖，盖顶有一十字形的提手，盒下沿饰二周相距一厘米的凹弦纹。通高 13.8 厘米（图五，7；图版一〇，4）。

镡斗　1 件。斗盆侈唇，折沿，平底，兽足，带一龙首柄。通高 10、直径 13.6、龙首柄长 6.4 厘米（图五，4）。

3. 铁器

12 件。

铁矛把　1 件。已朽毁（图六，11）。

锹　2 件。铲形，通长 19.5 厘米，其中一件长 7.7、铤长 8.2、刃宽 3 厘米（图六，10；图版一〇，2）。

扒锔　3 件。长 9.8 厘米（图六，6）。

弓形铁勾　6 件。其中 3 件大的长 14 厘米，3 件小的长 5～7 厘米（图六，8、13、14）。

4. 鎏金器

57 件。

马鞍桥　一副。包括前桥与后桥，均拱形，前桥稍小。鞍桥的中心为一厚 0.05 厘米的鎏金铜片，铜片的外缘被一宽 3.2 厘米的鎏金铜条内外包裹，铜条的两端各有一铆钉。鞍桥的内缘附有 8 厘米宽的鎏金铜条，上面有 41 个长 1.4 厘米的鎏金铆钉，穿过铜片与鞍桥的其他物件起缀合作用（图六，2、4；图版九，6）。

马镫　一副 2 件。木芯，外裹鎏金铜片，以细长的铆钉加固，铆钉的长短与马镫的厚薄相宜，制作工艺精湛，很难看出铆钉的痕迹。镫上部有一横向穿孔，现孔内还留有一块干朽的皮条，可能是原用皮条穿此系于马鞍上（图六，3；图版九，4）。

马衔　1 件。衔链铁质，是用四段各长 11 厘米的铁杆套接在一起作成，链的总长为 40.6 厘米。在链端套有两个椭圆形的夹饰。夹饰上端有一长方形孔（图版一〇，1）。

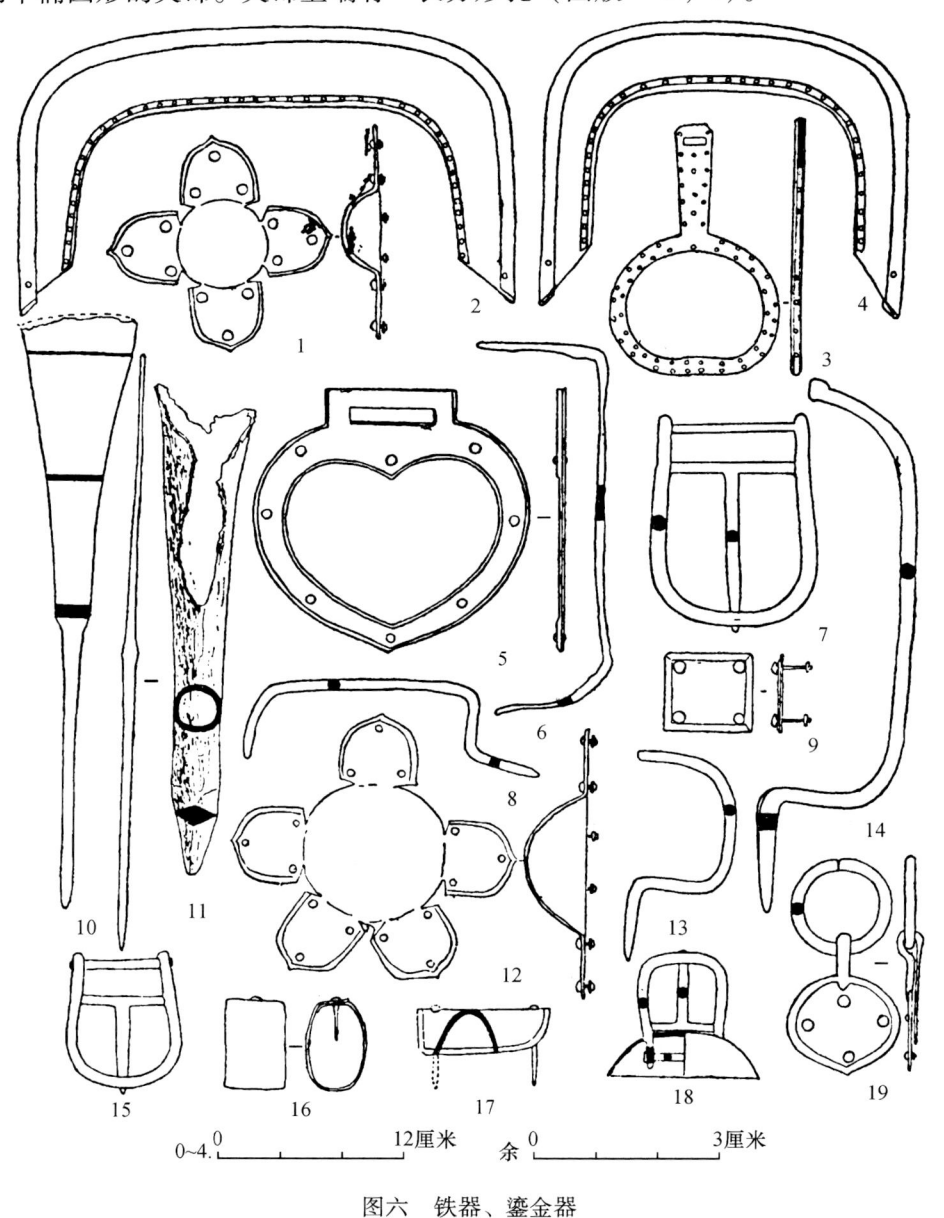

图六　铁器、鎏金器
1. 鎏金梅花马饰　2、4. 鎏金鞍桥　3. 鎏金马镫　5. 鎏金桃形马饰　6. 铁扒锔　7、15. 鎏金带卡　8、13、14. 弓形铁钩　9. 鎏金方形马饰
10. 铁镞　11. 铁矛把　12. 鎏金五瓣梅花马饰　16. 鎏金箍　17. 鎏金弧形马饰　18. 鎏金带帽带卡　19. 鎏金杏叶带饰

桃形马饰 9件。周边略凸，用八颗铆钉将凸起的铜片与底片加固，上端有方穿，似系在马尻上用的（图六，5；图版九，5）。

杏叶带饰 3件。上有一游环，下套一杏叶，叶面有四个铆钉（图六，19）。

四瓣梅花马饰 21个。中间有一凸起的圆心，外连四花瓣，每瓣上有三个铆钉以缀合于其他皮质件上（图六，1）。

五瓣梅花马饰 1件。与四瓣马饰相同，只是多一瓣（图六，12）。

方形马饰 4件。正方形，上带四个铆钉（图六，9）。

箍 1件。用鎏金铜片折成，接头处有一长1厘米的铆钉（图六，16）。

弧形马饰 1件。弧形，两端各有一2厘米长的鎏金铆钉（图六，17）。

带帽带卡 5件。上为带卡，下套一帽（图六，18）。

带卡 6件。三大三小，上端为一圆拱形，卡上有可自由转动的扣针（图六，7、15）。

二、禹山68号积石墓

禹山墓区，是集安通沟墓群北部比较集中的墓区，在集安县城东北部的禹山脚下。68号墓位于墓区的中部，太王公社禹山大队第三生产小队的大田里。此墓早被破坏。1975年8月上旬，我馆对此墓进行了清理。

68号墓的方向为336°。墓残存长23、宽17.2、高1米。墓底是经过夯打的黄土层，夯土之上是用大石条砌成的方坛。由于破坏严重，是否有阶梯已不清楚。墓室亦被破坏无存（图七）。清理时在距墓的南缘约9米处略偏东的地方，发现了4件铜器。有鼎、甑、釜、洗各1件，现分别介绍如下。

鼎 有盖，盖有一拱圆形纽。盖顶有一阴刻的"夋"字。腹部饰一道凸弦纹，肩部有两个圆形竖耳，三蹄形足。通高16、口径10厘米（图五，3）。

甑 侈沿，圈足，底有五个圆箅孔。高9.2、口径19.6厘米（图五，1）。

釜 直口，鼓腹，中上部腹外有一周宽0.08厘米的釜沿，圈足。高12.6、口径11厘米（图五，2）。

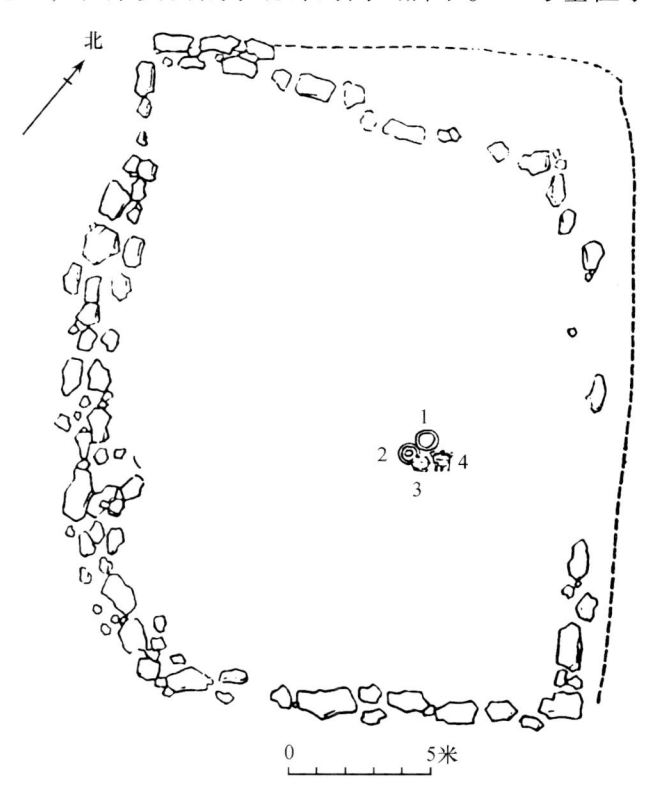

图七 68号墓平面图
1. 铜洗 2. 铜甑 3. 铜釜 4. 铜鼎

洗 侈沿，沿唇略卷，腹饰三条凸弦纹，三足。口径28、腹径24.5、高6.3厘米（图五，5）。

三、几点看法

（1）关于墓的年代问题。以往发掘的高句丽墓中出土的遗物均较少，像96号墓和68号墓出土这么多的铜容器是极少见的。集安以往出土的高句丽铜制生活用具较少，这两座墓内出土铜器的形制，与东汉至魏晋时期关内广泛使用的相同，96号墓出土的龙首鐎斗、侈沿平底下带三兽足与湖北汉阳蔡甸一号西晋墓[1]及南京登底山西晋墓[2]出土的鐎斗十分相似。68号墓出土的铜洗也与湖北蔡甸一号西晋墓出土的铜洗很相似。因此，这些铜器不是高句丽的产品。

96号墓中出土的黄釉陶壶，是高句丽制作的。黄釉陶壶的胎釉都与三室墓[3]出土的黄釉陶器十分相同，仅形制上有小的差异，三室墓出土的黄釉壶为宽唇展沿腹带四横耳。三室墓的年代一般定为5世纪初到五世纪的中叶。和三室墓年代相仿的麻线一号封土壁画墓、长川二号封土壁画墓[4]出土的黄釉陶器也与之相同。这说明四、五世纪以后，高句丽的制陶工艺有了很大的提高，其中宽唇展沿四耳壶，是高句丽黄釉陶中具有独特风格的代表。而96号墓出土的黄釉陶壶虽然也为侈唇展沿，但沿唇较窄，腹不带耳，从形制看与同墓所出的两个灰陶壶相同，具有汉代陶壶的作风，当是在汉文化影响之下的产物。在烧造的工艺上还很不成熟，有的釉薄而无光泽，一些不成形的小碎片，多是因为胎质脆弱，酥解剥离所形成的。所以在年代上当比三室墓早些。三室墓的年代为五世纪以后，故96号墓的年代可能在四世纪的中叶，上限可早到四世纪的初期。

68号墓虽然没有出土黄釉陶器，但铜器的风格与96号墓完全一样，是同时期的产品，所以在年代上也当与96号墓的年代相同。

（2）关于墓的形制问题。这两座墓是高句丽积石墓里的中型墓葬，从形制看，虽因破坏严重，但从68号墓残存的现象看是一方坛积石墓，原是否有阶梯不清楚。96号墓从残存的部位看是一方坛阶梯积石墓。墓室的结构虽不十分清楚但可看出施盖顶石，墓室较矮，砌筑粗糙，有墓道。所以我们称这种墓葬叫做"方坛阶梯洞室墓"。

在积石墓中，墓室比较高大，砌筑整齐的墓葬如折天井塚、将军坟等我们称为"方坛阶梯石室墓。"在封土墓中如角抵墓、舞踊墓、三室墓，我们称为"封土石室墓"。这主要是为了便于区别这种墓室比较低矮的"方坛阶梯洞室墓"。

这种"方坛阶梯洞室墓"是石圹积石墓[5]向方坛阶梯石室墓发展的中间环节。到四世纪的时候，方坛阶梯石室墓和封土石室墓都早已出现了，但是"方坛阶梯洞室墓"并没有消失。这说明了"方坛阶梯洞室墓"与"方坛阶梯石室墓"不是截然的交替关系。而是在"方坛阶梯石室墓"这种新的墓制产生以后，作为旧墓制的"方坛阶梯洞室墓"仍然存在，并与方坛阶梯石室墓和封土石室墓同时并存向前延续到很长时期。

（3）葬俗及其他。在已往发现的高句丽墓中，有的墓曾出土过兽骨。但是像96号墓马骨出在墓侧基石部位，还是首次发现。这是否由于盗掘所致？还是如《北史·高句丽传》所记载的高句丽的风俗"死者殡在屋内……初终哭泣，葬则鼓舞作乐以送之，埋讫取死者生时服玩车马置于墓侧，会葬者争取而去"，因仅发现这一例尚不十分清楚。

墓中出土的铁棺环与铁钩，可看出方坛阶梯洞室墓是有棺的。铁勾是钉在棺上或墓壁上的，可能是用来悬挂帷帐等物之用。由于高句丽墓葬，均筑于地表之上，棺木多朽乱无存，已看不到原貌了。

集安出土的鎏金器是高句丽所制作，鎏金器多出于积石墓。封土墓虽有零星的出土但较少，这可能是封土墓的遗物容易盗掘殆尽的缘故。在积石墓中出土的鎏金器多为马具，其他的装饰品则很少。可能是集安的高句丽地处山区，马匹多用于战争，马比较珍贵，马具也就十分讲究的缘故。

注　释

[1] 湖北省博物馆：《湖北汉阳蔡甸一号墓清理》，《考古》1966 年 4 期。
[2] 南京博物院：《南京邓府山古残墓二次至四次清理简介》，《文物参考资料》1955 年 11 期。
[3] 本馆发掘资料。
[4] 吉林省博物馆集安考古队：《吉林集安麻线沟一号壁画墓》，《考古》1964 年 10 期；《光明日报》1973 年 2 月 6 日。
[5] 陈大为：《桓仁县考古调查发掘简报》，《考古》1960 年 1 期。

（原刊于《考古》1979 年 1 期，27～32、50 页）

吉林集安洞沟三室墓清理记

集安县文物保管所　吉林省文物工作队

1975年8月，维修洞沟墓群中的壁画墓，对壁画做化学保护时，发现三室墓第一室墓底留有很厚一层淤土，虽被后人踩踏坚实，细致观察属于早年从墓室顶部塌漏下来的。我们对此淤土进行了清理。通过清理，得知此墓虽经日本人多次著录，可是从未做过科学发掘清理。今将这次清理收获报道于下。

一

三室墓位于集安洞沟平原中部，大禹山南麓，是座封土石室壁画墓。墓道西向，由大小相若的墓室构成的多室墓。平面布局成串联的曲尺状（图一）。

第一室略大，长墓道直穿此室西壁中部，室内见方，四壁微向内倾，在四壁之上作六层平行内收叠涩，然后再抹角叠涩两层，其上以两块长方形石板并缝盖顶。日本人著录此墓时，就是撬开此室之墓顶石搭梯入室的。

第二室位于第一室之北，两室间有过道相通。过道位于第一室北壁东端。第二室比第一室略小，墓室平面亦呈方形，藻井结构与第一室相同，只是平行叠涩内收四层再抹角叠涩两层，再上以巨石盖顶。

第三室位于第二室之西面，与第二室西壁有过道相连。大小与第二室相若，墓顶结构与第二室同。

三个墓室系同时营建，是一个统一的整体，均用石材相砌，然后抹以白灰，在光滑平整的白灰壁面上作画。

这次只是对第一室的淤土进行了清理，其余二室已见墓底。把第一室内的淤土清理后，在原墓底上面存有一些零碎的人骨和五种8件釉陶。墓室地面，是以白灰相抹，甚为平滑整齐。为了解墓室地面白灰层下的结构，往下作了小面积的试掘，发现白灰层下面是河光石层，河光石下为夯土层，夯土层下为生土。三室墓营建时，是先夯实地基，在夯土地基上铺以河光石，作为墓室防潮设施（因地处山麓，地下水位较高）（图二）。

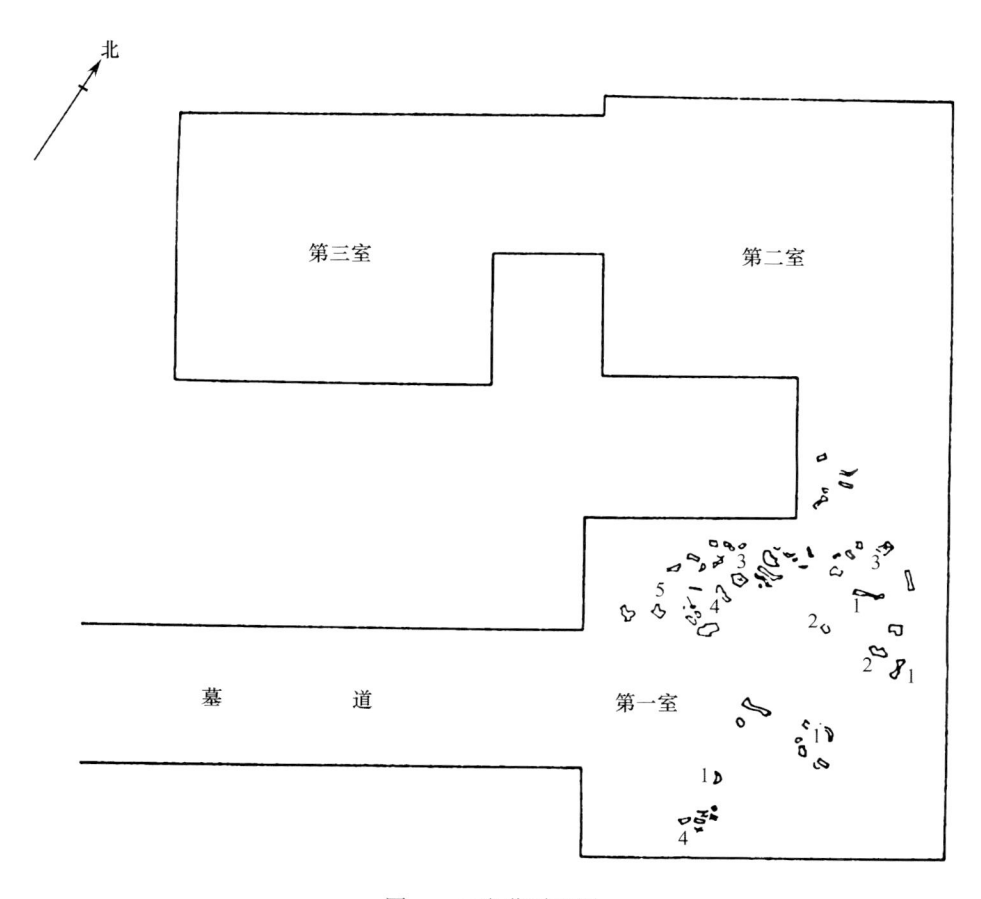

图一　三室墓平面图

1. 人骨　2、3. 釉陶残片　4. 兽骨　5. 铁钉

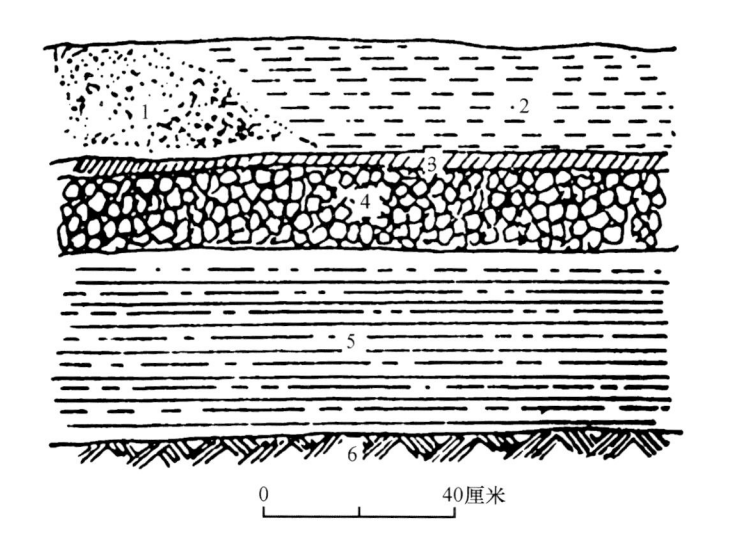

图二　第一室淤土及墓底结构图

1. 黄土　2. 黑土　3. 白灰地面　4. 河光石　5. 夯土层　6. 生土

二

这次清理三室第一室，共获 8 件釉陶。虽经踩踏破碎，但能复原成器，是难得的一批珍贵资料。分述于下：

钵　5 件，形制相同，大小有别。均平唇深腹，假圈足，在腹壁上有三周凹弦纹，里外挂茶绿釉到足底。口径 13~16.8、高 6.6~7.3 厘米（图三，3；图版一一，2）。

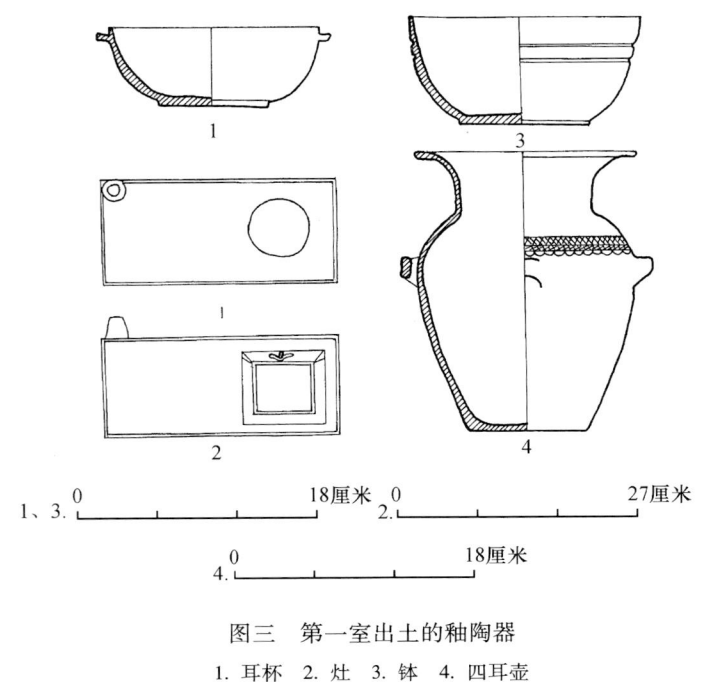

耳杯　1 件，圆口，板状耳，假圈足。里外挂茶绿釉。口径 16、高 5.7 厘米（图三，1；图版一一，1）。

四耳壶　1 件，侈口，沿外折，鼓腹，平底，腹中部有四个桥状横耳。在肩部施有水波浪纹饰。高 31.5、口径 24.3、腹径 24 厘米（图三，4；图版一一，3）。

灶　1 件，体呈长方，上有圆形的火口和圆形烟筒。灶门呈炬形，位于灶身的侧面。长 45.6、宽 24、高 22.2 厘米（图三，2；图版一〇，5）。

此外还见有一些铁钉和兽骨。

图三　第一室出土的釉陶器
1. 耳杯　2. 灶　3. 钵　4. 四耳壶

这批文物的出土，是很重要的。它为研究高句丽制陶手工艺的发展水平和研究高句丽壁画墓的断代，增加了一批十分难得的珍贵遗物，其中耳杯、陶钵，是首次发现，为高句丽釉陶增加了新的品种。其中的四耳陶壶和陶灶的形制与麻线沟一号墓出土的四耳陶壶、陶灶大体相同。

关于三室墓的壁画，日本人的著录也过于简陋，讹误之处颇多，拟另撰文，此处不赘。这里只是把这次清理所得的残存器物报道如上，供学术界研究参考。

执　笔：李殿福
绘　图：周云台
照　相：林至德

（原刊于《考古与文物》1981 年 3 月，71、72 页）

集安洞沟三室墓壁画著录补正

李殿福

集安洞沟墓群的三室墓，1914年由日人关野博士首次著录[1]。以后池内、滨田、梅原等博士又于1935、1936年两次去集安，对三室墓重新作了著录，编入《通沟》下卷。三室墓，其墓室结构或壁画内容，在高句丽建筑、绘画史上均享有一定的地位，为中外学者所重视。凡是研究高句丽建筑、绘画艺术和高句丽壁画编年的人，无不涉及三室墓的。可是以前对三室墓从未做过科学的发掘、清理。关野、池内等人只是从三室墓第一室揭开盖顶石搭梯入室，进行了简单的著录[2]。

新中国成立后，我们对三室墓和其他各壁画墓多次进行修缮，安装墓门，加盖封土。1975年为了进一步加强对洞沟墓群封土石室壁画墓中的壁画进行化学保护，清除了三室墓壁面上的污垢，遂使壁画色调清晰，恢复了壁画的原来面目。同时，对第一室墓底遗存的淤土进行了清理，发现了零碎的人骨以及残存的茶绿釉的陶耳杯、钵、四耳陶壶和灶等随葬明器，虽然被踏踩破碎，尚能黏对成器[3]。这些残存的遗物，为深入研究三室墓，进而研究高句丽墓壁画的断代以及高句丽制陶工艺的发展水平，提供了难得的对比资料。

笔者多次去三室墓观察壁画，发觉《通沟》一书对三室墓壁画著录过于简单，讹误和遗漏之处甚多。如第一室南壁上半部的出行图，是画11人面东一字长列出行郊外；而《通沟》一书著录为"每五人一组，相背而行"。在第一室东壁所画的是墓主家居情景，共画四座屋宇，而《通沟》一书著录，认为是三座。全壁共画人物七个，而《通沟》一书只记"屋中有人物，左右各一人"，与该壁所画不相符合。对第一室通向第二室及第二室通向第三室的通道两壁所画的卫士图，《通沟》一书只字未提，等等。因此，有必要重新著录以兹补正。

一

三室墓墓道、过道和三个墓室四壁藻井全部画有壁画，是一座以社会生活风俗为主题的壁画墓。

1. 第一室壁画

四壁以社会风俗画为主题，平行叠涩藻井上绘四神、卷云纹图案以象天空。墓室四隅绘影作朱红斗拱，四壁上端，绘红黄二色幔帐，南壁幔帐除结系飘带外，尚有璎珞（似流苏），使整个墓室似若屋宇。

东壁，为第一室主壁，绘男女墓主家居对坐图。全壁共画四座屋宇，大小相间，配置得当。在

《通沟》一书只记"大小屋三宇，左右者近且大"。与实际不符，实际这四座屋宇，南数第一屋宇和北数第二屋宇大小相等，样式相同，唯颜色略有区别，其余二屋宇比前二者为小，但作两层。为叙述方便，从南至北编为1～4号。1号屋宇作黄色屋顶，为两波水式，脊端配有鸱尾，檐角反翘，墨线勾勒，朱红四柱。屋内画女主人面北而坐，头戴黄色冠，着黑色合衽红服，拱手合拢置于胸前，下身剥落不清。2号屋宇处于该壁正中，为两层建筑，作红色屋顶，亦为两坡水式，脊中绘有宝顶。下层为黑色墨柱，宇内绘一女人面北跪坐，着合衽黄色裙服裰加缘，唯底部剥落。上述二女人，当为男主人的妻、妾。在跪坐女人后面有侍女站立。3号屋宇与1号屋宇不同之处是檐下有红黄二色的帷幔，挽结于朱红柱上，并在宇内后壁画有金黄色织锦图案的壁帐（织锦图案的壁帐，《通沟》一书未见著录）。宇内绘男主人面南而坐，头戴乌冠，红唇短髭，上着黄色合衽短襦，双手合握于胸前。下身剥落。4号屋宇乃是《通沟》一书遗漏者，它与2号不同之处是，无宝顶，而在脊端设有鸱尾。在下层位置绘有二仆面南侍立。前者发高束，手持长柄团扇；后者着红色衣服，双手持一物捧于胸前。在1号屋宇的前方，有男仆面北而立，发高束，着合衽黑点黄服，下身削落。全壁共画屋宇四座，人物七位，男主一人女主二人，各占一屋。在男女人之侧又绘男女仆四人。整个画面是描绘墓主家居情景（彩版二，1）。

南壁，分上下两部分，上绘出行图（彩版三，1），下绘狩猎图。

《通沟》一书对南壁上半部所绘的出行图的著录，讹误之大，令人惊讶："上见五人左向行，下见狩猎图像。上图五人中，二人特大，一男一女，似为夫妇，一人导于其前，二人随其后，服色今不逞细述……右半亦五人向右行，前二者张长柄之盖。"在这段文字中，不难看出《通沟》的作者把南壁上部的出行图一行11人一字雁行向左，而著录成10人，每五人一组，相背而行。为何出现这样的错误呢？看来作者不是当场著录，而是靠照相资料回国后补写的。一行11人向左而行的出行图分两次拍摄，在两次拍摄过程中拍掉了一人；回国后按照片著录时又把底片弄反，因而出现了两个五人一组，相背而行的错误[4]。这11个人出行图是怎样的呢？前数第一人为导引男仆，披发，上着合衽黑点黄色短襦，束腰，下穿肥裤，足蹬朱底黑履，双手握于胸前。第二人为男主人，头戴黄色折风，眉目清秀，朱唇短髭，双手合袖置于胸前，上着合衽黑边短襦，外套黑色短褂，束腰，下着肥裤，足蹬黄履。第三人为女主人，头裹黄色巾帼，身着左衽黄色裙服加裰缘，腰系长带，双手握于胸前。身后为一男孩，光头披发，上着合衽红色短襦，束腰，下穿黄色黑点肥裤，足蹬朱底黑履，双手合握于胸前。第五人为男相，头戴黄色折风，着合衽黑袖金黄色短襦，内穿圆领内衣，束腰，双手握于胸前，下穿黄色黑点肥裤，足蹬朱底黑履，面有短髭。第六人为女相，黑发披肩，着合衽裙服加裰缘，双手握于胸前，面目漫漶，第七人和第八人绘男女二仆手执曲柄伞。男者在前，光头，上着黄色合衽短襦，束腰下穿黑点黄色肥裤，足蹬朱底黑履，双手执曲柄伞。女者在后，身着合衽黑点金黄色裙服加裰缘，束腰结带于身后。第九人为女人相，身高次于前头男女主人，可能是男主人之妾，黑发结于头顶，着圆领内衣，左衽裙服加裰缘，双手握于胸前。第10和第11人，画二仆尾随长列出行之后。二人均戴黄色折风，红带结于颔下，有微髭，前者着黄色黑点短襦，束腰赭色肥裤，双手合于胸前。后者年迈，背微驼，有短髭，右臂弯折手掌向上，左手握拳置于胸侧，着合衽赭色上衣，束腰，黄色裤。总观出行图为一字雁行向左，除二持伞人物和殿后仆人外，均作双手合笼于胸前，姿态相同。虽似呆板，却正是高句丽人所特有的风俗——"行必插手"[5]的表现，说明画家极富有生活。

南壁下半部，虽然只剩东半壁画，尚能看出全幅画面是以狩猎为题材，是描绘墓主生前田猎情景。今仅存二乘骑，前者尚存上半身，乘骑已脱落，猎人头戴冠，上插二鸟羽，身着黄色紧袖襦衣，束腰，作张弓射箭状，腰佩箭囊。后者乘红色坐骑，向前驰骋，光头披发，红衽缘紧袖黄襦衣，束腰，左臂前伸，膺鹞落臂，猎骑前方有鹰追雉。画面逼真，栩栩如生。

北壁，绘攻城图。画二将乘马手持长矛激战于城前。人马均着甲胄，马为一赤一黑。城垣曲折，有门有楼，城内画有屋宇。城的左上方有二士卒滚抱搏斗，胜败未分。城内画一人扶墙胆怯地向外窥视酣战情景。

西壁，被墓道中穿，分成左右两个部分。左右二壁各画门卒一，南侧门卒，头戴莲花冠，璎带飘午，浓眉大眼，短髭，着圆领长服，束腰。北侧门卒，发高束，结带璎带。双目狰狞，面色酱紫，赤身露胸，肩披一赭石披巾，双手置于胸前，下着赭色裤。关于此壁，《通沟》只记："西壁中穿羡道，分左右各半，各画有一人，面两相对。面貌服色，已漶不可辨……"

在四壁之上藻井所绘壁画，《通沟》一书仅记"以雨漏故，顶上涂垩，剥落殆尽"一语带过。实际尚有壁画残存，在第一重梁枋侧面绘卷云穿壁四方连续图案。其上平行叠涩，各层白灰虽多已脱落，但在第二重石侧西面存二朱雀，相向而立，朱雀两侧各绘一菩提树。东壁存玄武一对。东面第四层叠涩侧面南端存一凤鸟。从藻井残存壁画来看，第二重侧面是绘双四神图，而且玄武在东面，朱雀在西面，这当与墓向或墓主葬式有关，并非作画者不辨方向，把北方神的象征玄武图置于东壁，等等。

在墓道两侧，亦绘有壁画，多已剥落，只在南壁尚存一行人物面向墓室走去。在墓道顶部绘日月星宿图。《通沟》的作者把日月当作环纹图案也是一误。

2. 第二室壁画

四壁绘托梁力士、武士图，藻井绘莲花、飞禽、异兽、祥云、仙人、星宿等。

《通沟》一书关于第二室与第三室壁画内容采用综合对比方法进行著录。如此手法，文字固然洗练，但遗漏处甚多，而且人物姿态动作和所着服饰颜色均不见著录。为了详尽描述，还是把两个墓室分开著录，以补《通沟》之不足。

在第一室通向第二室过道两侧，绘二守卫士（彩版三，2、3）。《通沟》一书，只字未提。二卫士相对侍立，面向第一室守护二室。二卫士均头戴黄色战盔，结系白色带，前后飘舞，菊黄面色，肃目短髭，双手握长矛，着红色袍服，腰束一带，双腿叉立，肩披金黄色披巾，缠绕双臂下垂，唯足部有些剥落。

室内西南角和东北角各绘墨色影作斗拱，下置黑色柱础。

南、北、东三壁各绘一力士，双腿曲蹲，双手举托梁枋，姿态相同，着衣有别。

南壁力士，黑发挽于头顶，黄面朱唇，大耳短髭，着圆领紧袖金黄色锦衣，紧袖饰以莲瓣纹饰，黄带束腰，缠绕过大腿，飘舞于身后；下着黄色紧口短裤，足部漫漶不清。

北壁力士，黑发挽于头顶，黄面大耳，短髭，上齿咬下唇，着黄色圆领紧袖羽衣，腰系红带，下穿绿色羽裤，跣足，足作爪状，且有二蛇绕于身后。

东壁力士，黑发挽结头顶，青面大耳有须，上着紧袖圆领红色锦衣，有绿色带缠身飘舞，下着黄色短裤，跣足，身后亦有二蛇互相缠绕而立。

西壁，绘一武士面北站立。头戴战盔，双目凝视前方，上着红色紧袖上衣，外披甲胄，左腕戴二黄镯，手握一环首黑鞘长刀，横置腰间；右手握一长矛拄地，下着甲裤，足蹬钉履，英姿威武。

与武士图相对的过道旁侧，绘竖向卷云纹图案。

在四壁之上，第一重梁枋侧面绘双四神图，西为朱雀相向展翅飞翔，中间绘一菡萏；南为二青龙，一前一后昂首奔腾向西；北壁画二白虎，张口獠牙，驰骋向西，与青龙恰好对称；东壁画二玄武，相向而行，蛇头相交缠绕。

第二重叠涩侧面，绘五瓣侧视莲花，东壁二朵，北壁四朵，之间还有小朵莲花；西壁三朵，中间一朵被人揭取；南壁四朵，西数第二朵尚存盗取刀痕。

东、西、南三面的第三层叠涩恰与北壁第二重叠涩相接合，侧面各绘三组卷云纹。

东、西、南面的第四层叠涩与北壁第三层相吻合。西壁为二卷云纹，南壁绘二展翅朱雀，向东飞翔，其后面有一朵卷云纹；东壁第四层叠涩画一红色朱雀，向北飞翔；北壁第四层叠涩侧画一独角兽，独角兽后面为梅花鹿，二者之间有莲朵，在鹿的后面画二朱雀，前者身披绿彩，后者身披黄彩，二朱雀皆做飞翔状。

在第一重东北抹角石侧画两个莲花仙子，为一男一女，头顶背光。

第一重东南角抹角石侧绘飞仙和弹琵琶仙人。飞仙着羽衣，跣足，琵琶仙人有背光，发高束，手抱琵琶，左腿前伸，右腿盘坐。

第一重西南角抹角石侧绘牛首人身象，着黄衽红色羽衣，黄带束腰，跣足，面向弹琵琶仙人，右手握矛拄地，左手握一物飘舞身后。身后画一莲花仙子（彩版二，2）。

在第二重抹角石侧各绘一飞仙，均着红色羽衣，姿态大体相同。

在两重抹角石底面各绘一朵五瓣侧视莲花。

盖顶石底面，绘日月和北斗七星与南斗六星座。

3. 第三室壁画

四壁绘托梁力士，藻井绘四神、莲花、飞禽，祥云、走兽、星宿等图。

从二室通向第三室的过道两侧，各绘一卫士面向第二室，守护第三室。所绘卫士与第一室通向第二室过道卫士相同，手执长矛侍卫而立（《通沟》一书未见著录）。墓室四隅亦作墨色彩作斗拱。

四壁亦绘力士图，南、北、西三壁力士图，姿态与第二室力士相同，唯东壁力士与上述三壁有异。

东壁力士作站像，昂首圆目短髭，上着左衽紧袖黄色短襦，腰系红带，下穿红色短裤，跣足。右手向上顶枋左臂后伸撑柱，双腿叉立。右臂有一蛇缠绕。裆间有一五瓣莲花。

南壁，力士图，发高束，青面短髭，上着圆领莲花紧袖红色锦衣，腰系黄带，下着金黄色朱红条格裤，跣足，背有红带飘舞，小腿上各有一蛇缠绕。右上角有二蛇交尾图。

西壁，力士图，发作高束，涂黄面短髭，大耳。着圆领莲花紧袖橘红色锦衣，黄色裤，黄带缠背绕身飘舞，双小腿有二蛇缠绕。

北壁，力士图，橘红面，合衽白色莲瓣紧袖上衣，腰系黑带黄色裤、跣足，足作五爪，有绿色缨带绕臂飘舞。

第一层梁枋侧面绘双四神图。

西壁二朱雀展翅相对站立，朱雀后配置侧视莲花。

东壁二玄武，蛇绕龟身，二蛇首相交，回首与龟首相望。二玄武间绘一菡萏，在南端玄武下方绘鹭鹚啄鱼图（《通沟》不见文字著录）（彩版四，1）。

南壁青龙，一前一后昂首奔腾张口吐舌，身披黄彩红色鳍羽，龙爪三趾。

北壁白虎二，与青龙相对，张口獠牙吐舌，奔扑向前。前虎为青色，后虎为黄色。

第二层叠涩石侧，南、西、北三壁绘五瓣侧视莲花。每壁三朵，色作朱红，黑线勾勒。

其东壁第二层叠涩与南、西、北壁三层叠涩相接，绘朱红色卷云纹图案。

东壁第三层叠涩相当于其余三壁第四层，皆作飞禽祥云图。

东壁第四层叠涩相当于其余三壁第五层，亦绘各种飞禽，东为鸽站立，鸽后为朱雀，展翅修尾。南绘长尾鸟，西为二凤，北为一凤展翅站立，凤旁又画鹭鸶啄鱼图。

在第一重抹角石底各绘以莲蓬形图案。

第一重抹角石侧绘各种走兽，东南角画独角兽（图版一二，2），东北角画一天马（图版一二，6），西南、西北角二侧面，漫漶不清。

第二重抹角石侧各绘一朵五瓣侧视莲花，莲托伸向抹角石底。盖顶石下面绘日月星宿。

二

三室墓布局新颖，配置得当，体现了高句丽石造建筑艺术的发展水平。就墓室结构来看，在平行叠涩内收多层后，采用了抹角叠涩的新作法，为以后纯属抹角叠涩奠定了一定的基础。

就壁画来讲，在本次著录补正过程中，发现三室墓壁画比洞沟墓群的角抵、舞踊、洞沟十二号、麻线沟一号等壁画墓出现了好多新的内容。如双四神、托梁力士、莲花仙子、独角异兽，出行、攻城、鹭鸶啄鱼、牛首人身像等。这些新的壁画题材，不仅丰富了高句丽壁画的内容，也为我们对三室墓的断代提出了有力的旁证。据墓室结构，结合壁画内容和第一室出土仅存的几件釉陶器物来看，三室墓的年代大体相当于北魏时期，比洞沟十二号、麻线沟一号要晚，比四神墓、五盔坟四号和五号墓要早。大体相当于五世纪或五世纪以后的墓葬。

从壁画内容来看，墓主所居住的屋宇十分华丽，幔帐悬挂，揭开后缚于横梁，布带下垂，似若流苏。墙壁又绘有织锦式图案象征着壁帐，十分讲究。这样的建筑不是高句丽一般人所居住的，而是上层统治阶级的卧室，一男二女各占一屋宇，再结合墓室结构是三室串联，以及第一室东壁出行图也是描绘一男二女主率家人、仆从出行，可以断定三室墓主人是一男一妻一妾。从第一室北壁攻城图来判断，男墓主又很有可能是一名武将。所绘的城战图，是描写墓主某个战役有功之场面。

三室墓结构严谨，布局新颖，样式殊凡。壁画题材广泛，内容丰富。就绘画技巧而言，亦有很高的造诣。在研究高句丽墓葬形制、建筑史、绘画史、文物典章制度等各个方面都有一定的价值。

附记：在著录时蒙集安县文物保管所的周云台同志提供好多方便，所内林至德同志又代为拍制照片，借此机会，深致谢意。

注　释

[1] 关野贞：《满洲集安县及平壤附近高句丽时代遗迹》，《考古学杂志》第五卷第三号，1914 年：174～177 页。
[2] 池内宏等：《通沟》下卷第四章，日满文化协会，1938 年。
[3] 集安县文物保管所、吉林省文物工作队：《吉林集安洞沟三室墓清理记》，《考古与文物》1981 年 3 期。
[4] 李浴先生：《中国美术史纲》（1957 年人民出版社）在第四章魏晋南北朝时代美术第三节关于三室墓壁画的描述，亦是沿袭《通沟》一书的错误，是以讹传讹。见该书 98～99 页。
[5] 唐　李延寿：《北史》卷九十四，中华书局，1974 年。

（原刊于《考古与文物》1981 年 3 期，123～126、118 页）

集安长川一号壁画墓

吉林省文物工作队　集安县文物保管所

　　长川是鸭绿江中上游右岸的一片冲积盆地，位于集安县城东北约45里（图一）。盆地三面环山，南濒鸭绿江，东西长3、南北宽2里。在江沿和山麓之间，是平展的一级阶地和略呈缓坡的二级阶地。阶地高差约20米。在盆地偏西端和中部，各有一条南北向的冲沟：偏西端的冲沟相当宽阔，称干沟；中部的冲沟较窄，称后林子沟。长川墓群的高句丽古墓，主要集中在干沟两岸的一级阶地上；二级阶地上古墓数量不多，分布星散，但形体巨大，引人注目。

　　长川一号墓位于二级阶地中央，是长川墓群中最高大的两座封土墓之一，其西隔后林子沟与之相峙的，是形体更大的另一座封土墓长川二号墓。这两座墓葬相距173米，均有壁画，而且在东北侧不远还各有一座小土坟。

　　1970年6月，长川一号墓由于封土流失，墓门外露，泥水开始不断浸灌墓室。为了使古墓免遭破坏，同年8月，吉林省博物馆会同集安县文物保管所对这座古墓进行了清理。现将基本情况介绍如下。

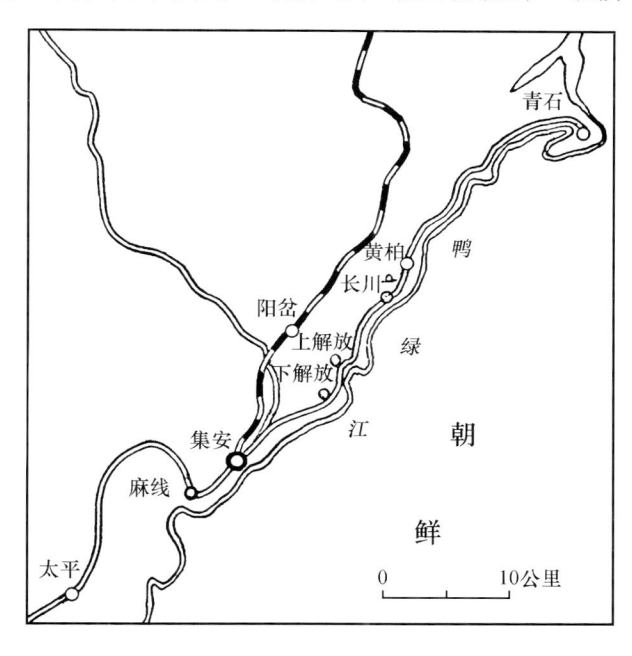

图一　长川一号壁画墓位置图

一

　　长川一号墓是一座封土的石筑双室墓，坟垄呈截尖方锥形，高约6、周长88.8米。墓葬分墓道、前室、甬道和后室等几个部分，以工整的大块石条构筑，表面（包括墓的底部）施白灰涂抹光洁。从灰皮脱落的地方可以看到，在光洁的表层下面，石壁的缝隙和石材凹缺处曾经以谷糠掺和石灰找平。后室内置棺床，甬道后端有对开的石门，墓道口则砌有封堵的石墙（图二）。

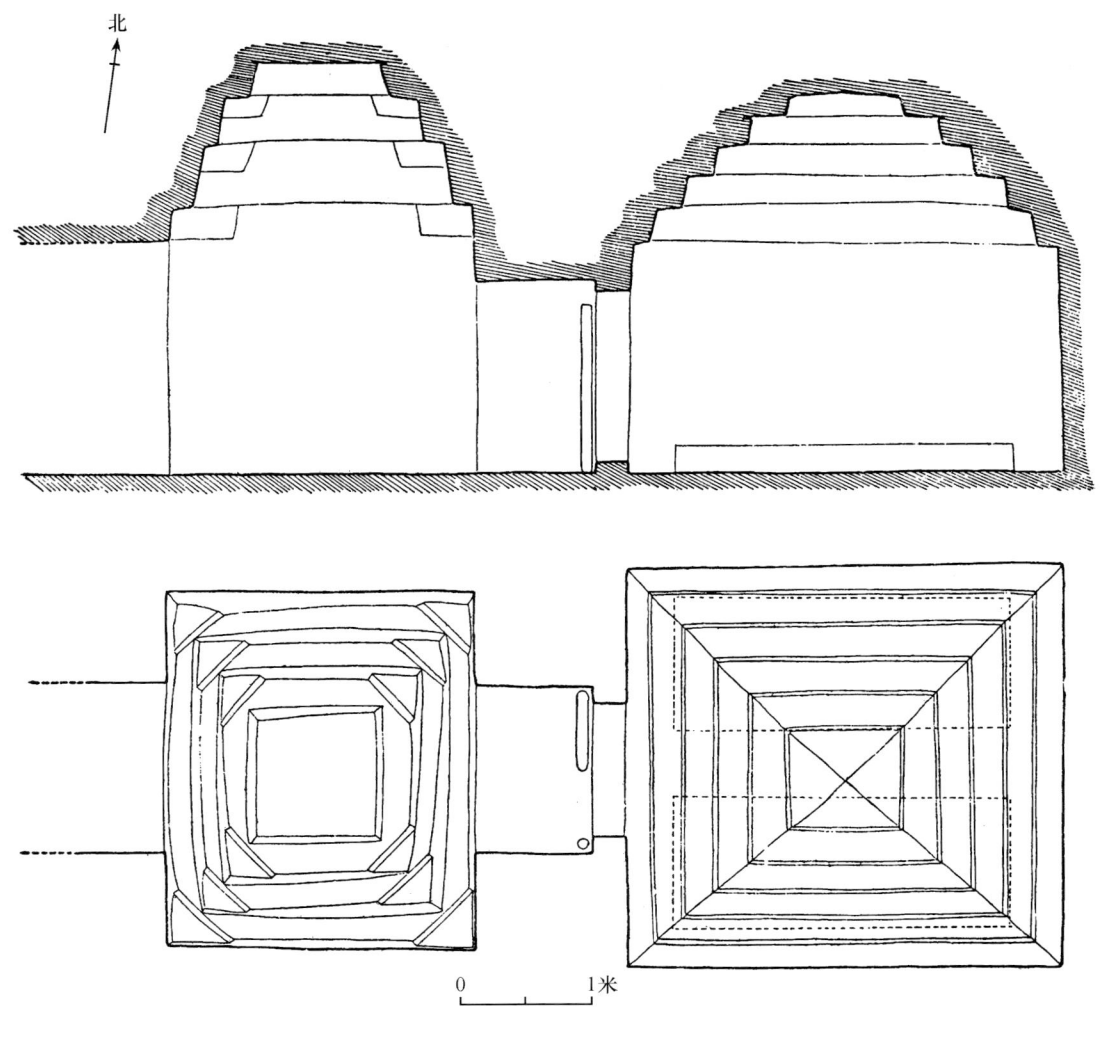

图二　长川一号墓平、剖面图

清理时发现，此墓在早年已经盗掘。盗洞在墓道口封堵石墙的上方。墓内除了在前室西南隅积土中见一股骨残段，在后室的南棺床上见一红松的棺木残段而外，所有随葬物品均被洗劫一空，连石门也被砸碎。棺木表面衬麻布，外髹黑漆，并以匀整的红漆线条勾描工致的花纹，在今存残段上尚见两行纹样，作紧凑的平行排列，是由回复勾连的缠枝组成的连续图案，中间依次间隔着填以侧视的莲花和莲叶，笔触圆健，纹样优美（图七，3）。

墓道　长1.4、宽1.53、高1.9米，方向255°。底部平铺整块石材。左右两壁原涂白灰，现已剥落，仅见叠砌的石墙。顶上盖一长方巨石。墓道口砌两重封堵石墙，其间还填充碎石和灰浆，相当坚固。墓道里端紧靠前室入口处，有长方条石筑的门槛，宽19、高出底部2厘米。门槛上方的墓道两壁还有门框残迹，原当木构，并以白灰涂抹，宽16厘米。

前室　呈横长方形，进深2.37、宽2.9、举高3.35米。四壁稍内收，上方以赭色单线画界格与顶部藻井相区分，通高1.89米。西壁正中通墓道，东壁正中则有甬道通后室。

四壁以上，是整齐而富于节奏变化的藻井。从结构上看，藻井由六重顶石筑成，是以三重小抹角石支撑的三重与前室壁面相平行的叠涩。第一重顶石沿四壁继续向上平起，并在四隅置抹角石，仰视作截角的方形。第二重顶石平行叠涩于第一重顶石之上，仰视作方形。第三重顶石沿第二重顶石继续向上平起，并在四隅作抹角叠涩，仰视又作截角的方形。第四、第五重顶石的作法，分别与第二、第三重顶石相同。第六重顶石平行叠涩于第五重顶石之上，仰视作方形，上承封顶巨石。藻井表面均施白灰抹平。由于第一、三、五重顶石都是顺势平起的，并不显露棱角，所以虽然藻井重叠的层次较多，但外形依然比较简洁。而四隅的小抹角石作为一种调节，避免了结构线条的单调，反为整个藻井增加了韵律感。另外，由于藻井顶石不断向上内收，用材高度基本上是自下而上逐层递减的，而平行叠涩所构成的各个侧面面积又依次缩小，这些作法增强了适视效果，使整个藻井扩大了纵深的空间感。

甬道　长1.12、宽1.34、高1.62米。紧靠后室一端设向外对开的石门。石条铺的门槛和就后室西壁石材的侧面凿出的门楣及门框均宽28厘米，门槛和门楣高出壁面8厘米，左右门框高出壁面12厘米。在门楣外侧的甬道顶盖石上，左右各凿一安门的枢窝，直径11.5、深10厘米。两扇石扉以青灰色的石灰岩板琢造，外表面抹白灰。南扉已被打碎，仅存底截；北扉上部略有缺损，残高1.3、宽0.62、厚0.08米，正中有一安铺首的穿孔，下角凿出圆柱形户枢，户枢下部垫有长方形铁页。

后室　近正方形，宽3.2、进深3.3、举高3.05米。构筑的石材硕大规整，琢造工细。由于平整的石面附着力小，表面抹的灰皮已大部分剥落。四壁是由四层石材砌筑的，高1.83米。西壁正中通甬道，在其余三壁上数第一层与第二层石材的砌缝中，有等距离的钉孔，东壁8个，南北两壁各7个，原安铁钩，可能是张挂帷幔的设施。四壁以上为棱角齐整的藻井，平行叠涩五重；第五重叠涩与盖顶石系同一块石材，这层叠涩是因盖顶石底面中央凿作方形凹槽而形成的。方形凹槽底部刻两道十字交叉的对角线，对角线交点为后室的最高点，由对角线隔成的四个面均略微向四外倾斜。整个藻井表面均抹白灰。

后室中顺置两铺棺床，均以整块石板修琢，外表敷白灰，各长2.6、宽1.1、厚0.2米。两棺床东端距东壁41、间距50厘米。

二

前室、后室的四壁和藻井，甬道两壁、石门正面以及棺床的表面，均施彩绘壁画。壁画多画在光洁的灰皮上。由于灰皮脱落，不少画面已受损失，但大部分壁画形象清晰，色泽鲜丽，内容新颖，是非常值得珍视的。

墓葬壁画在总体上大致是将后室和前室按照居室和厅堂的格局来设计的。后室四壁和藻井布满莲花图案，像织锦的壁衣，棺床上绘编织花纹，似铺设荐席；前室则以四隅影作楹柱，像木构建筑。在后室石门外的甬道两侧，各绘一侍女；前室东壁靠甬道口两侧，各绘一侍立的门吏；在前室西壁靠墓道口的两侧，各绘一手执武器的卫士。这些服役于死者的人物都是巨幅的通壁"肖像画"，显得十分突出。前室的南、北两壁图像较小，为视野广阔、形象众多的人物风俗画，相当细致地描绘着墓主人生前沉湎于田猎嬉游、百戏歌舞的情景。前室藻井底下画四神；其上为佛像、菩萨和男女墓主人礼佛的情形，上部则绘遨游天界的伎乐天人。后室石门正面绘大朵莲花。后室顶盖上绘日月星辰，并有朱书题记。

壁画一般均以朱红的细线起稿，而后以黑线定稿，最后平涂着色，笔墨挥洒，随意赋形，表现了纯熟的技巧和深厚的功力。主要形象均勾勒墨线，对于一些陪衬的景物，则往往单以色彩涂画，间或略施墨线单勾。敷彩所用的颜色有赭石、青绿、石黄、朱红、白、黑等数种，一般多用原色，粉纤、灰色等混合色用得比较少。后室中的莲花图案全以黑线起稿，而后用赭石、朱红、石黄等暖调颜色绘制，有的花心着赭石，有的花心着白色，均不加勾墨线，因而显得格外明丽、轻快。

应当附带申明的是，在后室灰皮剥落的地方可以发现，后室灰皮底下的石壁上原来也曾作过壁画，今尚可隐约看见四隅绘影作赭色楹柱，甬道口影作赭色门框。东壁上数第二层石材上绘有横列的莲苞图案，今见四朵，一红一黑相互间错，从间距推测原来一排当有七朵。在东、北、南三面第一重顶石侧面，还各横列有六个双人童子面带头光的莲花化生。但这些壁画显然因为效果未可人意，所以没待画完就被弃置，并在上面涂上白灰，重新绘制了。另外，在前室的南北两壁上部连同平起的第一重顶石表面画有壁画的灰皮上面，曾被蒙上另一层薄薄的灰皮，这层另外罩上的灰皮虽然剥落得很严重，但尚可发现上面也曾作过壁画：南壁似为白虎，但已很难辨识；北壁画的是一条通贯整壁、向东腾扑的青龙，从残存的龙身、前肢和龙尾来看，它的轮廓和画法大体与高句丽晚期壁画墓洞沟四神墓、四号墓和五号墓的青龙相同。只是这条青龙的趾爪作虎蹄式，尚保存着前一时期青龙形象的残迹，因而我们推断，其绘制年代当早于四神墓、四号墓和五号墓。值得注意的是这条青龙并不居东，却被画在北方。若以"左青龙、右白虎、前朱雀、后玄武"的布局来考察，它又不像四神墓、四号墓和五号墓那样以面向墓道为基准，正好相反，它是以背向墓道为基准的。由于这种配置方式与前室下层壁画的四神是一致的，我们还进而推测，上层壁画的绘制年代似乎应当与下层壁画绘制的时间相去不远。至于在什么情况下、出于什么动机要将前室原来壁画涂掉了重新绘制？重刷的白灰地子又为什么只覆盖了前室南北两壁和藻井下部的一部分壁面？对于这些问题，我们暂时还没有能够作出比较圆满的解释。

兹将现存壁画的详细情形分别介绍于下。

1. 前室壁画

四壁上方以赭色单线画界格与顶部藻井隔开。四隅影作赭色楹柱，柱头上影作举折四重的雀替。雀替上方，正当藻井第一重顶石四隅的抹角结构。甬道口以赭色宽带影作门框。四壁下部均以赭色平涂，宽28厘米。

西壁 为墓道中穿，分南、北两段，各以通壁的画幅绘一向墓道的卫士，今多剥落。南段仅存上部兽面形兜鍪和举短刀的右手，兜鍪上方为一系黑线的桃形红缨饰。北段仅见上部卫士举起的左臂，肩膀上披兽面形臂甲，手执环首长刀，刀刃下方亦有一桃形缨饰。

东壁 为甬道中穿，亦分南北两段，各以通壁的画幅绘一恭谨侍立的门吏，皆略微侧身向甬道，戴高耸的白色帻冠，着左衽束腰花襦和肥筒花裤。南门吏高1.56米，长型脸，眉眼吊梢，上唇蓄翘起的髭须，长大的下颌中央有胡须，花襦为绿地黑菱格纹，花裤为黄地黑菱格纹，挽袖露臂，双手置腹前。北门吏高1.53米，圆型脸，细眉大眼，蓄翘起的髭须，花襦为白地上饰细碎黑点和黑菱格组成的花纹，花裤为黄地黑点花纹，双手置胸前，以右手扼左手手背。

甬道口上部至东壁顶端之间，横列一排由莲花火焰和莲花化生相互间隔着重复出现的图像：莲花火焰图像凡四组，是在侧视莲花上绘升腾的火焰；莲花化生图像亦四组，是在侧视莲花上绘双人童子面，均有头光。其间空隙，还补以散朵菌苔（图三；图版一二，4）。

图三 长川一号墓前室东壁及藻井东侧壁画白描临本

南壁　画面多已剥落，仅存中部和靠两端的部分壁画。今可见通壁被三道横向的赭色界格区分为四个界栏。由上而下第一、二界栏较窄，分别绘男女歌手、侍从和群舞场面，均向后室方向；第三界栏稍宽，似为进馈图，亦向后室；第四界栏壁画已荡然无存（图四）。第一、二界栏左端，以通贯两栏的画幅绘坐在亭榭下面向歌队和群舞的男女墓主人。亭榭以青瓦覆盖，脊棱为白色，脊端上翘，亭柱上有皿板和柱斗。从身姿观察，男女墓主人当坐在高凳上，凳面铺虎皮，凳前设小几。男主人穿黑色短襦，着白地黑点花裤，右手置腹前，左手托向下颔；女主人紧靠着男主人右身，剥落严重，唯知着白色合衽长裙，肩帔和裙缘为黑色。在男女墓主人身后，有两道竖向的、以红色"工"字组成的连续花纹，似示亭榭后设有挡墙或屏风之类。左端亭榭外侍立两个侍仆，一男一女，女侍居前，仅见花襈裙的裙裾，男侍居后，仅见黄地黑点花裤。

第一栏中男女歌手雁行横列一排，今可辨识出有10人，但只有右端队列末尾的四个形象较完整（彩版四，2）。站在最前面的是两个男歌手，只见头戴白色帻冠，插以鸟羽，蓄髭须，第一人下着肥筒裤。第三人唯见短花襦。第四人完全剥落，唯见头部插的半截鸟羽斜向后方，飘曳在第五人的头顶上，知为男歌手。自此往后皆为女歌手：第五人仅见头上装饰着羽毛式步摇；第六人蓬发额上，发型齐整，插有花枝状步摇；第七、八人梳短发，亦插花枝状步摇，短发向后聚拢，并在颈后反挽向上，使发梢撅起如钩，穿白衣，上有黑色肩帔；第九人着白地黑点花襦，一绺长发潇洒地披在后背，右臂插进第八人左腋下，左手则执第10人由左腋下伸过来的右手；第10人面容姣好，短发在颈后撅起，两鬓有向前卷曲的长长鬓角，着白地黑点花襦。这支由10名男女歌手组成的歌队，连臂伫立于群舞队列的旁边，与舞踊墓群舞图中伴唱的歌队十分相像。在歌队后边离开一段距离，是双手置腹前站做一排的五个侍女，均着合衽襈裙，腰系黑带：第一人戴白色巾帼，穿白色襈裙；第二人戴白色巾帼，穿白地黑点花襈裙；第三人蓬发额上，着白地黑点花襈裙；第四、五人短发在颈后撅起，两鬓有前卷的鬓角，亦都着白地黑点花襈裙。

第二栏中绘一领舞者导引舞队表演群舞的场面，今多剥落，连同舞队后面的三个男侍，总共能辨识出11人，其中形象完整、比较清楚的才有六人。一蓄髭须的男子面向群舞队列领舞，身稍前倾，臀部撅起，右臂向侧后方平举，左臂抬起，将左手折向胸前，好像正在以扇动胳膊的方式"起法儿"，头戴白色帻冠，身着白地黑点的长袖花襦和肥筒花裤。队列中的舞人多只留残迹，今能辨识出六人：在领舞者前方，见有两袭肥筒花裤的下部，一作黄地黑点，一作绿地黑点，知有二人，根据足履方向，知与领舞者相向；其后，另有一人向后伸臂展袖；往后再离开一大段距离，复见一扬臂向后的长袖，知有一人；其后，为队列殿后的两名舞女，保存完好，舞姿和衣着相同，均着白地黑点的长袖束腰花襦和肥筒花裤，上身前倾，两臂向后伸展，左脚踏地，右腿略微抬起并以足掌点地，臀部撅起，前一舞女左腿上有由腰际坠下的带穗的佩饰，最后一舞女双眸斜乜，短发在颈后撅起。从残存的画面可以推测，原来与领舞相向的群舞队列共应有七人，群舞者鱼贯成列，婆娑举步，均以双臂向后伸举，飘垂长袖，做着与领舞不同的动作，舞容是相当整饬的。在群舞队列的后边侍立三个男侍，皆戴白色帻冠，蓄髭须，着左衽短襦和肥筒裤：第一人着白色短襦和白地黑点花裤，双手置腹前；第二人着白地黑点花襦和绿地黑点花裤，双腕交错于腹前；第三人着白襦白裤，双手置腹前，右腿上有由腰际坠下的带穗的佩饰。另外，在领舞者身后尚见一残足，足跟离地，可知原当绘有一举步向左者。

第三界栏中所绘的，可能是进馔场面，今仅能辨识出五人。画面右端为一着绿顶的屋宇，正脊上有黑色的圆形脊饰，屋宇下以赭柱承赭色梁架，屋檐下有檐椽；屋顶右侧，还有一面斜下的绿色坡水，或意味着这是一座附有"偏厦"的建筑。从画面的联系来推测，这座屋宇或是厨房。在屋宇的左侧，为一排向左进馔的队列：左端走在最前面的，是一髭须修长的男侍，戴白色帻冠，着左衽宽袖的白色短襦和白地黑点花裤，双手置腹前；其身后画面多已剥落，随之可见的是一人所着的白地饰黑竖点的肥筒花裤和他的双脚；再后，紧接着有两个一前一后捧物前行的侍者，均着左衽花襦和肥筒花裤，前者捧一带有外撇长足的小案，花襦作白地黑点，花裤为白地饰黑色十字纹，后者捧一盘，盘中盛里红外黑的杯盏，花襦作黄地黑点，花裤亦为白地饰黑色十字纹，队列最后还有一侍者，但仅见花襦前襟下边的局部。

北壁　从壁画内容区分，大致可以分成上下两个部分，上部绘百戏伎乐，下部绘山林逐猎，但在两部分之间既没有像南壁那样用界格隔开，也没有一目了然的界限，甚至连景物都彼此交错。在布局上，无论是上部的百戏伎乐或下部的山林逐猎，都各以横贯通栏的画幅安排一个主题性的中心场景，在中心场景周围空白的地方，复插入若干组与中心场景主题相关的素材，最后剩下的画面空隙，则以小朵莲花和菡萏填充，因而整个画面的密度显得相当均匀（图五）。在空白地方安插相应素材，这种处理手段丰富了表现内容；但从构图的角度看，由于整个壁面被庞杂的图像布满，主次不易分清，又不免在相当程度上减弱了主要画面的鲜明性。

上部百戏伎乐的画面，是围绕着墓主人与宾客一起在树下欣赏猴戏为中心展开的（彩版四，3）。一棵赭干的大树画在壁面的右上方，枝头缀满累累果实，树叶起初以赭色绘羽状针叶，而后又添上平涂的绿色阔叶，一只鸾鸟鸣啸着由右方振翅飞向树枝。树干上有一往下倒爬的猴，颈上有链索，身着黄色，头戴白色假面，假面形象已漫漶不清；另一猴蹲在树根上，向左作揖，身着黄色，头戴白色的熊假面。树下有两个戏猴者，其一跪在树干左侧，着绿地黑点的束腰花襦和花裤，多已剥落，另一戏猴者为女子，在树干右侧，着绿地黑点的长袖束腰花襦和黄地黑点的肥筒花裤，肩后披一绺长发，躬身伸臂，似正趋步往前照拂。墓主人画在树的左侧，今多剥落，但露黑色冠顶和安坐在黄色高凳上的腿部，着白地饰黑色十字纹的肥筒花裤，脚蹬前端翘尖的白鞋，鞋裤之间还见黑地红条纹的"胫衣"。墓主人的前侧有一小几，上置一角形大杯。在墓主人身后，侍立一男侍和一女侍：男侍居前，双手打伞，头戴"折风"，穿黄地黑点的左衽束腰花襦，着绿地黑点的肥筒花裤；女侍左臂搭白色手巾，短发在颈后撅起，穿红地黑点的左衽花襦，着黄地黑点的肥筒花裤。在墓主人下边，蹲伏一随从的黄犬，颈项套一黑圈，面向大树。黄犬后边一着白地黑点的女侍牵一匹高大白马，白马系红色缰绳，背铺花鞯，当是宾客的乘骑。在高大白马后边，绘一伸腿坐地的异族老人，蓄髭须，头戴绿色帻冠，身着白地黑点花襦和黄地黑点花裤，惊愕地回首凝望后方疾驰而来的两人，这一形象塑造得颇饶风趣，把疾驰而来的两人与右边的画面情节联系了起来，起到了连接场景的作用。骑马疾驰的两个人，前者戴白色帻冠，冠后系红缨，穿白地红点花襦，着白地饰黑色十字纹肥筒花裤，所骑白马鞍鞯俱备，高视阔步；后者戴"折风"，穿黄地黑点花襦，着绿地黑点花裤，足踏马镫，左手执缰绳，骑一四蹄飞扬的黄马。在骑马疾驰的两个人下边，还有一追随奔跑的白犬，颈项套一黑圈。至于墓主人的宾客，画在大树右侧，与墓主人相向，右手扼左腕，坐在一条白色高凳上，脸颊丰腴，蓄髭须，头戴插有两根鸟羽的"折风"，上穿白地黑点束腰花襦，朱红领缘，黑色下摆，下

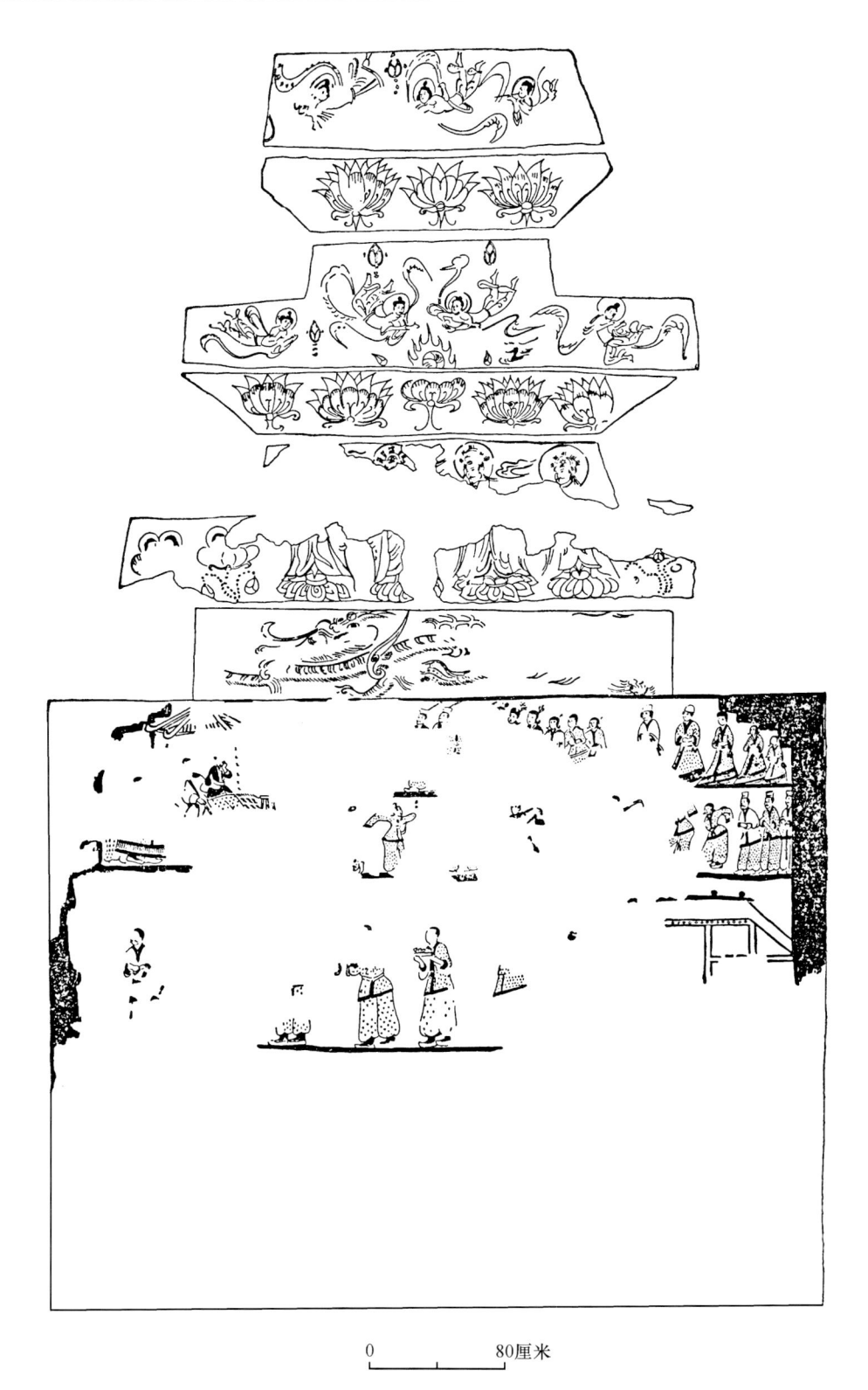

图四　长川一号墓前室南壁及藻井南侧壁画白描临本

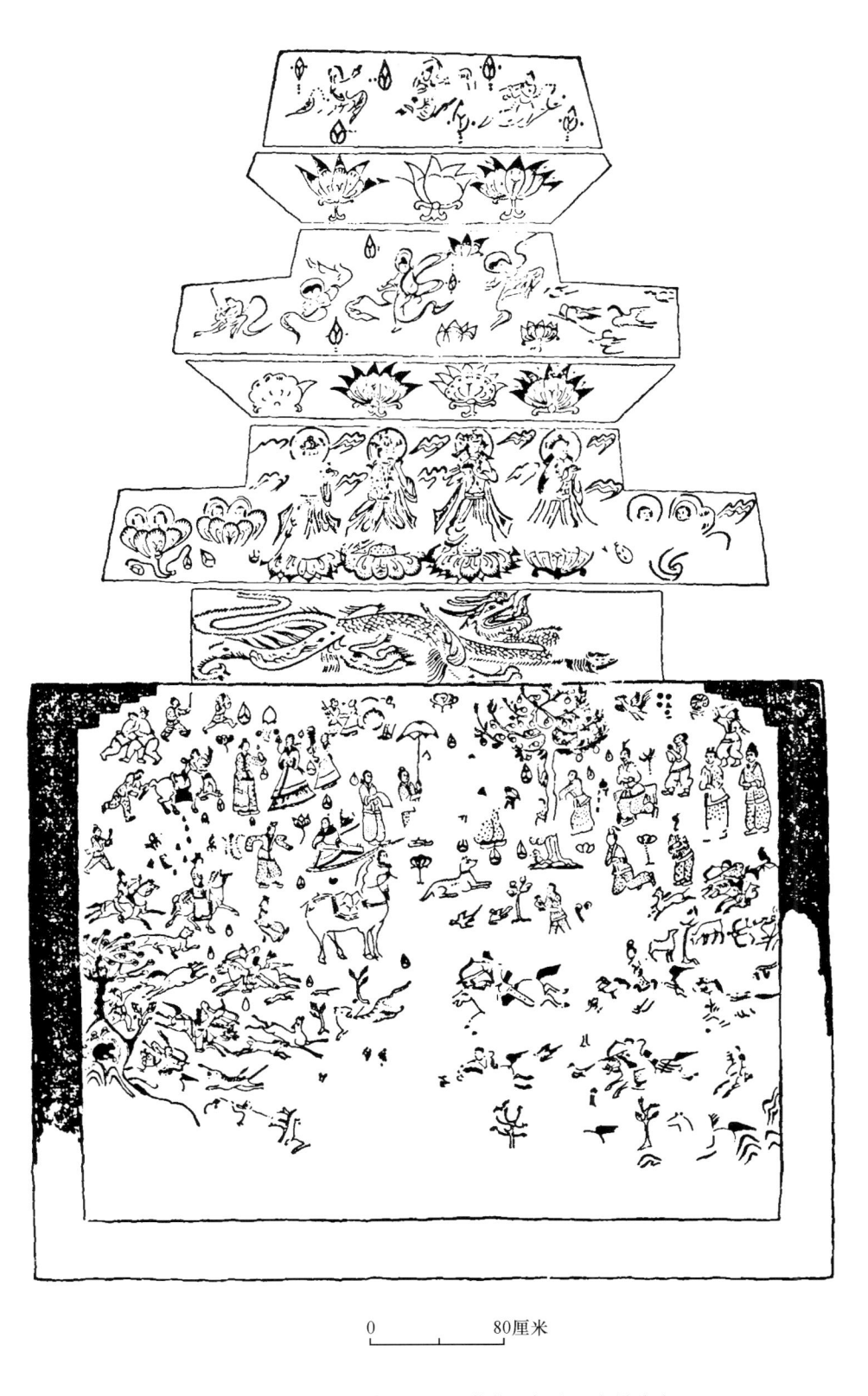

图五　长川一号墓前室北壁及藻井北侧壁画白描临本

着红地黑点肥筒花裤。宾客身边设一小几，上置一圆腹平底的黑壶。宾客身后侍立二男侍，均以右手扼左腕，戴"折风"。居前者围绿色披肩，着绿地黑点花襦和黄地黑点花裤；后者围黄色披肩，着黄地黑点花衫和绿地黑点花裤。此外，在宾客的下边还画有两个向左的男侍，亦均以右手扼左腕，戴"折风"。居前者双膝跪地，"折风"上插一黑缨，着黄地黑点花襦和绿地黑点花裤；居后者侍立，"折风"上插有两根鸟羽，着白地黑点花襦和黄地黑点花裤，腰系黑带，黑带在身前挽作花结。以上人物和场景均与墓主人与宾客欣赏猴戏的情节相关，画面占据的跨度，左右均一直延伸到壁端。

在猴戏场景左侧，正当墓主人男女侍仆的身后和坐地回顾的老人形象的上边，绘有两组与舞蹈相关的场景，表明舞蹈也是墓主人生前所喜爱的表演。下边一组为面向右方的男子独舞，独舞者头戴白色帻冠，穿白地饰红十字纹的束腰长袖花襦，着白地黑点的肥筒花裤，右腿着地，左腿略微提起，以足掌点地，右臂向侧方平伸，左臂正从侧面翻手绕腕移至胸前，身略前俯，臀部稍稍撅起。在独舞者前方与之相向的，是一个跪坐地下抚琴伴奏的女子，短发在颈后撅起，鬓角前卷，头插叶状步摇，身穿有黑色肩帔的白色合衽长裙，紧贴裙裾还绘一条向独舞者游动的花蟒。在伴奏女子身后，倘见一绿色褶裙的下裾，原当还有一伫立女子，惜已剥落。在男子独舞场景上边，另有一组画面，画三个准备登场的演员，一男二女。男子居左，面向右，右臂自然下垂，左手拈一花苞至面前，戴后面缀有红缨的白色帻冠，穿白地绿菱格的束腰长袖花襦，着白地饰红色斜方格的肥筒花裤，近裤口处还饰一道黑色的细滚边；与之相对的为一拱手腹前的化妆女子，两鬓前卷，一束短发在颈后撅起，并作鸠尾形散开，脸敷白粉，嘴施口红，眉间缀红点，面颊涂胭脂，身穿带有黑色肩帔的浅黄色束腰合衽褶裙。化妆女子头部两侧各有一朵莲苞，花茎弯曲着系向胸前，当为一种道具。这两个人，估计是一场男女双人舞的表演者。在化妆女子后边，还有一捧琴女子，当是伴奏人。伴奏人梳着颈后撅起的短发，穿白地黑点束腰花褶裙，左手托琴，右手扶持，琴上画四根弦，但上端却有五枚琴轴，知为五弦琴。

除猴戏和舞蹈之外，在北壁上部的左端、上方和右上角，还穿插有其他一些伎乐百戏和与之相关的图像。右上角画的两人均向左，分别穿插在欣赏猴戏的宾客和他身后的侍者之间，以及两个侍者之间。居前者似乎正在表演一种竿头戏，散发，穿绿色的束腰套头短衣，着朱红裤，绑绿色裹腿，右臂作提托状，但右手往上已经剥落，只在上方空开一段露一带流苏的平板，上置圆球，球上再叠一层带流苏的平板，平板上又置四个圆球，表演者抬头扬脸，错腿微蹲，好像正要将左手握着的一个圆球也抛到竿头顶端的平板上去。在竿头戏者后边，是一个散发的魔术师，穿白色的束腰套头短衣，系黄裤，绑绿色裹腿，着黑靴，他双腿略微蹲屈，头部扬起，右手挥舞着一根棍棒，正以置一方座上的圆轮为遮掩道具，表演幻术。

在猴戏场景中墓主人身后持巾女侍的上方，画一向左行进的曲盖车辇，一穿襈裙女子在前面执双辕拉车；车前为一高鼻的异族女子，梳颈后撅起的短发，着短襦和黄色瘦腿裤，手拄长棍，回首反顾拉车者；紧贴车辇后边还有一人，着红地黑点的瘦腿花裤，双腿伸直，身姿略朝后坐，似乎正在暗中拖住车辇，戏谑拉车者。

北壁左上角绘角抵。两个体格强壮的男子，均束顶髻，裸身跣足，仅系犊鼻裤，彼此将头部靠着对手的左肩，右臂伸过对手的左胁，双手捉住对手背后的裤腰，以左腿伸到对手的胯下，正在奋力竞技。

角抵图像右方，画一人正向右追逐另一人。追逐者戴黑色帻冠，蓄髭须，穿黄地黑点的束腰套头短花衣，着白地黑点肥筒花裤，左手举持鞭杆，正向前跨步追赶奔逃者；奔逃者为高鼻异族人，亦蓄髭须，着白色短衣短裤，跣足，双手捧举一物，似为某种小畜兽，一边奔跑一边反顾，似在揶揄身后的追逐者。

角抵图像下方，画一匹鞍鞯俱备的白马，后肢略蹲，左前蹄举起，似乎正焦躁地着力挣脱；一高鼻髭须的异族人穿着短衣，着黄地黑点瘦腿花裤，蹬翘尖的方头鞋，以右臂搂着马颈，左手举着马鞭，一边回顾白马后边的另一异族人，一边仰身后倚，努力使马安静下来；白马后边的异族人披长发，蓄髭须，穿黄地黑点的左衽束腰花襦，着白地黑点的瘦腿花裤，正趋步凑向前来梳理马尾。

在梳理马尾的异族人下方，还画一组高鼻的异族人，一男一女：男者居左，头戴"折风"，穿绿地黑点的束腰长袖左衽短襦，着黄地黑点瘦腿花裤，左手执马鞭，右臂甩动，衣袖飞扬，阔步向右；右面的异族女子，短发在颈后撅起，穿黄地黑点花衣，着绿地黑点瘦腿花裤，步履向右而转身向左，并伸出右臂接应身后的异族男子。

以上是北壁上部以伎乐百戏为题材的壁画的全部内容。

下面继续介绍北壁下部以山林逐猎为题材的壁画。

北壁下部以山林逐猎为题材的壁画，下边多已剥落，中部和右边的画面也多漫漶不清，但展现的情节和大部分形象尚可辨识。横贯整个北壁下部的，是一场大规模的围猎。画面左端，有一棵枝叶扶疏的赭干大树，树根下以剖视的手法画一宽敞的树洞，着黄色，洞内有一头蹲伏在绿色枝叶丛中的黑熊。画面右端，以数条曲折平行的赭色宽带描绘山峦。此外，在画面中间还间或画有几棵小树，这些景物简练而生动地展示了围猎的空间环境。围猎图在场景的组织上，可以分为三个部分，第一部分是向左驰逐的猎队，占据了画面的右半；第二部分是三个向右实行包抄的猎手，画在左端树洞的旁边；第三部分画在猎队和包抄的猎手之间的，是各种仓皇奔突的野兽。向左驰逐的猎队呈三列纵队。画在最上面的第一列，计有三名猎手：第一名居最前者，是整个猎队中画得最大的，有可能是墓主人的形象，此人头戴"折风"，身着束腰红襦，左胯佩弓囊，身后露着一束箭杆，骑在一匹白马上，正弯弓搭箭，逐猎一虎，虎的颈背已中一矢，张口回顾，惊骇逃遁；第二名猎手头戴"折风"，身着黄地黑点束腰花襦，足踏马镫，骑一白马；第三名猎手已经模糊不清，只知穿黄地黑点花衣，马着绿色。第二列亦为三名猎手，与第一列骈行：第一名猎手作张弓驰射状，穿红衣，骑黄马；第二名猎手亦作驰射状，骑绿马，绿马前面还可以看到有一猎鹰正在追逐一雉鸡；第三名猎手今已剥落，只见所骑的是一匹白马。最下面的第三列，前部已经斑驳不清，只见一棵小树的树梢，设若此列亦有三名猎手，则第一名猎手当在小树前面，位置比上面两列的第一名猎手更偏左边，小树的枝梢后边，第二猎手仅剩乘骑的马尾；其后又隔一小树，为最后一匹乘骑，猎手已剥脱，马匹着黄色。画面左端位于树洞旁边的三个向右实行包抄的猎手，最上面的骑一疾驰白马向下俯冲，头戴"折风"，上插两枚飘逸的鸟羽，穿白地黑点花襦，着瘦腿裤，右胯佩箭箙，内插一束箭，正拉弓搭箭逐猎两头狍子；一头大狍子在猎手前面昂首长鸣，扬蹄飞蹿，一头小狍子紧随在大狍子身旁，臀背已中一矢，惊骇奔逃。在逐狍的猎手下边，另一骑白马的猎手正在对付一头猖狂扑来的猛虎：猛虎张口向左腾扑，头部贯一矢，脊背中一箭；在扑来的猛虎前面，乘骑的白马惊啸着向左腾跃，而骑在马上的猎手却勇敢地转过身来又瞄准老虎引弓搭上了另一支箭，猎手头戴"折风"，上插两枚修长的雉尾，穿黄地黑点花襦。猛虎下面绘第三个包抄的猎手，已经漫漶不清，但见身穿黄襦，正举起长矛刺向右面另一只虎，这只虎也只能辨识出头部、颈部和前肢的一部分。在这个猎手身后，还可以依稀看见一只蹲坐着的白兔。——以上是围猎图像所描绘的整个内容。尚可补充者，是在被围歼的兽群上端，即一大一小两头逃遁的狍子上方，还绘有两只向左狂窜奔命的小动物：居前者着褐色，似为貂；后随者仅用黑线白描，似为鼬。这两只小动物虽然着笔不多，却生动地渲染了山林世界在这场侵扰中所经历的惊骇，巧妙地烘托了围猎的声势。

在围猎图的左上角和右上角画面空隙处，还穿插有夹击野猪、偷袭狍子、双身弋猎和纵鹰逐雉等场景。这些场景展现了当年多种狩猎技巧，为了解高句丽的狩猎方式增添了一组可贵的形象资料。

夹击野猪，绘在围猎图的左上角。一头染作绿色的膘壮野猪，黑鬃猬立，突目张口，臀中一矢，惊惶向左奔突；一驰逐猎手张弓搭箭在后紧逼，猎手头戴"折风"，上插红缨，身穿白色的短襦和肥筒裤，股腿还遮有一片带花纹的蔽膝，左胯悬一弓囊，身后露一束箭杆，所乘白马的臀背上还系有一枚缨饰；野猪前面正当围猎画面左端的赭干大树底下，有一与驰逐者配合的徒步猎手，正奋力举一长矛刺向张口的野猪，徒步猎手头戴"折风"，上插一枚飘飞的鸟羽，穿红地黑点束腰花襦，着瘦腿白裤，花襦的衣缘下边，还露着两片蔽膝。

双身弋猎，猎手绘在围猎图的右上角。猎手穿白地饰黑色十字纹的花襦，乘一白马，正弯弓驰射；白马前有一扬蹄奔遁的动物，着赭色，颈贯一矢，似为獐。

偷袭狍子，绘在双身弋猎场景的下边。一棵小树下安详地栖息着两头赭色狍子，左边的狍子仰头伸颈，右边的狍子俯首觅食；一穿白色短襦的猎手，在右侧山阜后边窥伺着拉弓搭箭，正在实行偷袭，惜形象多已漫漶。

纵鹰逐雉，绘在双身弋猎场景的左侧，正当围猎图中猎队第一列最前面一人的上边。一猎手面左站在两棵小树之间，披发后背，穿黄地黑点的套头花衣和绿地黑点的瘦腿花裤，右臂上置一黑地红条纹的臂搭，上伫一猎鹰；在其前方，另一猎鹰正在追逐一只引颈惊窜的雉鸡。

以上是北壁壁面的全部图像。

前室藻井　藻井下部的第一重顶石，除了四隅的小抹角石之外，在结构上实际是四壁向上方的延伸。在这一部分，四面分别绘四神。正如前面已经提到过的那样，若以"左青龙、右白虎、前朱雀、后玄武"的配置方位来考察，这里的四神是以背向墓道为基准的。东面画面正中是夹一朵莲花相向振翅的一对朱雀，均红冠绿翅，喙含圆珠，绿翅上缀红点；朱雀身后，各绘一麒麟，身施红色，猗角、鬣毛和尾毛均作火焰状，昂首张口，扬蹄疾驰。南面绘一向左奔驰的白虎，张口吐舌，腹着红色，后部已剥落。北面绘一右向的青龙；曲颈挺胸，眥目凝望，身着鳞片，尻部则长一带毛的细长尾巴，作虎尾状，腿上亦不着鳞，趾爪呈虎蹄式。西面几已剥落殆尽，仅偏右侧尚可以隐约辨识出一组玄武图像，估计原来当是两组相向的玄武。

第二重顶石平行叠涩于第一重顶石之上，它与向上平起的第三重顶石在四面各组成一个"凸"字形壁面。这一部分画面的主要内容是拜佛场面和菩萨形象，在叠涩伸进前室的底侧，则绘许朵侧视莲花。东面正中央画一佛拱手跌坐在束腰须弥座上。须弥座中腰绘一博山炉，左右蹲坐护法的白色狮子。狮子均张口吐舌，左侧为雄狮，侧目凝望左方，右侧为母狮，昂首竖耳。佛像面容丰腴，肉髻，蓄有髭须，额上着毫相，双目微睁，神态端庄，着白色通肩大衣；佛身背后，有尖拱形背光，内饰火焰纹；在背光上部周围，团团围一重绿色，内饰赭色条纹，似揭起的帷帐。佛像的左侧，侍立两名供养人和两名侍女。供养人均持垂边缀飘带的华盖，一男一女，男子居前，戴白色莲冠，着黑襦，穿白地饰黑色十字纹的肥筒花裤；女子居后，蓬发额上，脸颊施胭脂，着白地黑点合衽花襈裙，襈裙的肩部有黑色肩帔，臂膊还饰有黑色条带。供养人后边的两名女侍，均梳颈后撅起的短发，在左臂上搭一条长方白巾，居前者着白地绿点花襈裙，居后者着绿地黑点花襦和白地黑点花裤。在女侍后边，为一朵双人童子面莲花化生。佛像右侧，绘头手触地双膝跪拜的男女墓主人，男主人居前，梳顶髻，着黑地红点花襦，穿白地饰黑十字纹花裤；女主人居后，蓬发额上，粉面朱唇，着带有黑色肩帔的合衽白襈裙，腰系黑带，背后挽花结。在女主人身后，为面左的二女侍；均梳颈后撅起的短发；居前者着白地黑点花襦，穿黄色肥筒裤；居后者着黄色合衽襈裙。在男女墓主人的上方，画两个俯身飞翔的飞天，皆有项光，裸身着长裤；双腿弯曲，足心朝上，身姿优美，披带飞舞，居前者右手握一物，左手拊着胸前佩的璎珞；居后者女相，梳高髻。此外，在佛像与供养人、跪拜的男女墓主人之间的空隙，缀满小朵白色勾勒红线的莲苞。东面第二重顶石叠涩伸进前室的底侧，绘六朵侧视莲花，自左至右间错着分别着以黄色和红色。

南北两面第二、三重顶石组成的"凸"字形壁面上，绘跣足立在莲台上的菩萨，一面四尊，相互对称，均稍侧身向佛像，头戴一种可以加插莲苞等装饰的、多半圆形的花冠，花冠后部还有一束束呈放射状展开的装饰，有项光，着天衣，叉腿撇足。南面的剥落甚重：左起第一菩萨只见下半身裙子，足蹬黑色尖瓣覆莲台；第二菩萨只见头的上半部戴有花冠，黄色项光，足踏红色圆瓣覆莲台；第三菩萨面容清癯，蓄髭须，白色项光，着正面开衩的红长裙，伫立于黑色尖瓣覆莲台上；第四菩萨蓄髭须，黄色项光，披红带，着白色长裙，足踏圆瓣覆莲台。在四尊菩萨头部之间的空隙处，各填一朵翔云。菩萨左右两端绘双人童子面莲花化生，左端两朵，右端一朵，多已剥落（图版一二，5）。北面的四个菩萨保存得稍好：右起第一菩萨左手似托供果，右手相抚，红色项光，颈项挂长串璎珞，交叉腹前，臂膊挂绿披带，系白色腰带，着红色长裙，踏一仰瓣的红色莲台；第二菩萨绿色项光，蓄髭须，双手似捧托一物向右肩，佩璎珞，着短衣，臂膊挂白披带，系白色腰带，穿绿色长裙，踏黑色尖瓣覆莲台；第三菩萨装扮和着色与第一菩萨相同，蓄髭须，左手掌心摊开抚向左腮，足踏红色圆瓣覆莲台；第四菩萨装扮和着色与第二菩萨相同，足踏黑色尖瓣覆莲台。在四个菩萨头部和上身之间的空隙处，各填两朵祥云。菩萨左右两端绘双人童子面莲花化生，左端两朵，右端一朵（图版一二，7）。南北两面第二重顶石叠涩伸进前室的底侧，亦绘侧视莲花：南面的多已剥落，只剩一朵，着红色；北面的保存完好，共绘四朵，自左至右间错着分别着以黄色和红色。

西面第二、三重顶石组成的"凸"字形壁面破损严重，仅在中段可辨识一披甲骑士，乘一匹具装骏马向右上方疾驰，骑士只剩一臂，马头亦已不存，马的腹部左近有一尖端朝下似拖曳着的长矛；具装骏马的下方，有一朵祥云，祥云左边还露一具装马匹的前蹄。壁面右端，残留一朵双人童子面莲花化生，头光上方还缀两朵莲花。西面第二重顶石叠涩伸进前室的底侧，壁画已全然脱落。

第四重顶石平行叠涩于第三重顶石之上，它与向上平起的第五重顶石在四面又各组成一个"凸"字形壁面。这一部分画面的主要内容是婀娜多姿的飞天；在伸进前室的底侧，则绘许朵侧视莲花。东面以对称的布局绘五个飞天，正中央的飞天正面向下俯降，又复挺胸抬头，容貌端秀，束顶髻，有项光，裸上身，双手似握一物于颌下，臂膊缠披带，缭绕着在左右飘扬，红色竖条纹的长裙在头部上方如扇形散开；裙裾左右露着叉开的双足，足心朝上。左右两侧的飞天相向翱翔，左侧两个飞天居前者较大，作向下俯降状，顶髻，有项光，上身裸露，饰飘飞的红披带，腰系白带，下着长裤；居后者较小，形象已不清，仅知俯身作水平方向运动，跣足。右侧两个飞天大体与左侧对称，居前者饰披带，梳顶髻，有项光，系红裤，跣足；居后者系红裤，裤口开叉，跣足。东面第四重顶石叠涩伸进前室的底侧，可以辨识出原绘四朵侧视莲花，今多漫漶不清。

南面第四、五重顶石组成的"凸"字形壁面上绘四个飞天，左右各两个，相向飞翔；在中央偏下缘，则绘一宝珠。宝珠作绿地，饰红色曲线，四周则是升腾的火焰纹。四个飞天均顶髻，有项光，袒裸上身，臂膊挂飘舞的披带，系长裤，跣足。左侧居前者向下俯降，双腿屈曲，抬起胸脯，双手似端一物，红项光，红披带，绿裤；居后者俯身抬胸，双手似捧一物，红项光，绿披带，红裤。右侧居前者俯身向下，亦抬起胸脯，双手捧护一盒，黄披带，白裤；居后者右腿屈膝，左腿向后踢起，下身作向左飞驰状，上身却旋腰转向后方，双手似捧一物，披带着红黑两色，白腰带，红裤。画面上除了四个飞天，空隙处还填绘菡萏；另外在宝珠的右侧，还绘有一只向左浮游的绿色小鸭。南面第四重顶石叠涩伸进前室的底侧，绘有五朵侧视莲花，自左至右分别着赭红、朱红、白色、赭红和黄色；其中居中间的白色侧视莲花作圆瓣。

北面第四、五重顶石组成的"凸"字形壁面上绘四个飞天和一群飞禽。正中的飞天侧身向左，左腿微蹲，右腿作"吸腿"的舞姿，左手手掌竖起向前下推，顶髻，有项光，着长裤，披带缭绕。右边的飞天屈腿向右上方飞驰又转身俯视左下方，束高髻，白项光，裸身挂绿披带，系长裤。左边的飞天勾腿俯身向左下方，高髻向侧前方委垂，黄项光，裸身挂白披带，系黄长裤，双手似执璎珞。在最左端有一飞天，以弓箭步右驰而向后转身俯首，有顶髻，挂披带，系长裤，似执旌幡，线条已模糊。在右端下方，绘一群飞禽：一对飞翔的白鹤居中，前面的白鹤引颈回首与后面白鹤相对。在这对白鹤的左上方、右上方和下方，各有一墨线勾勒的禽鸟，向左飞翔。在飞天之间的空隙处填绘侧视莲花和菡萏图案。北面第四重顶石叠涩伸进前室的底侧，绘四朵侧视莲花，自左至右间错着黄色和红色。

西面第四、五重顶石组成的"凸"字形壁面上亦绘四个飞天和禽鸟。居中的飞天右腿屈蹲，左膝下跪，下身向左而转身向右，束高髻，白项光，两侧飘垂红披带。其左面，是一朵长茎带莲叶的双人童子面莲花化生；其右面为三只白鹤，最上面的白鹤向右上方飞翔而引颈回顾左下方，中间的白鹤向右飞而引颈顾左，下面的白鹤向左振翅飞翔。画面左端是两个相向的飞天，居右者向，左下方俯降，束高髻，黄项光，裸身，挂红披带，着绿长裤，双手似持一物；居于左端的已经模糊不清，只见俯身抬胸，伸左手迎向俯降的飞天。画面右端还有一个飞天，身姿呈水平，昂首，左腿向后高高抬起，右腿屈膝朝前。西面第四重顶石叠涩伸进前室的底侧，绘五朵侧视莲花，自左至右间错着着红色和黄色，其中两朵黄色莲花作圆瓣。

　　第六重顶石上绘伎乐天，现存东、南、北三面，每面画三个，均裸身，挂飘飞的披带。东面的三个均向左，左起第一个吹横笛，束顶髻，有项光，红披带，穿白长裤，右腿屈蹲，左膝下跪；第二个奏阮咸，束顶髻，颈后披长发，有项光，穿红色横条纹的黑长裙，左腿侧伸；第三人向左奔跑，并转身俯首弹一琴，束顶髻，有项光，黑披带，穿白长裤。东面第六重顶石叠涩伸进前室的底侧绘侧视莲花，仅剩左边一朵，着红色。

　　南面第六重顶石上的三个伎乐天亦向左，均作俯降状。左起第一人束顶髻，有项光，绿色披带，系长裙；第二人双手举花绳，束顶髻，红项光，黄色披带，穿绿色长裤；第三人束顶髻，白项光，挂披带，系长裤，右手端一细棍。南面第六重顶石叠涩伸进前室的底侧绘有三朵侧视莲花，自左至右着赭红、朱红、赭红。

　　北面第六重顶石上的三个伎乐天画得比较小，都束顶髻，形象多已不清，画面空隙还填绘菌苔图案。居中者侧身向右弹阮咸，居右者侧身向左吹竖笛，居左者向右似吹长角。北面第六重顶石叠涩伸进前室的底侧亦绘三朵侧视莲花，自左至右亦着赭红、朱红、赭红。

　　西面第六重顶石的上面，连同叠涩伸进前室的底侧，壁画已经全部剥落。

　　藻井第一、三、五重顶石四隅的抹角石上，均以占满整幅的地位绘力士，形象基本相同（图版一二，1）。力士毛发浓重，蓄髭须，袒裸上身，着绿色短裤，跣足，双腿向外屈曲叉开，臀部着地，两臂向上推举，臂膊上披带缭绕，双目圆睁，威武雄健。东南隅抹角石上的力士披带均着红色，东北和西北两隅抹角石上的力士披带则均着黄色；比较特殊的是西北隅第一重抹角石上的力士，全身还抹以黄色。西南隅所有抹角石上的画面均已漫漶或剥落。四隅各层抹角石的底侧，均绘一朵侧视莲花。

　　盖顶石上今因灰皮脱落，不见壁画。

2. 甬道壁画

　　甬道南北两壁各绘一侍女，均向后室侍立，高贯通壁。南壁的侍女头部剥落，穿白地黑点合衽花襈裙，襈裙的臂膊还饰有黑色条带，腰系红带，膝前佩有由腰际垂下的带穗的垂饰，双手执长杆团扇；北壁的侍女蓬发额上，粉面朱唇，眉目娟秀，穿橘黄地饰黑点的合衽花襈裙，襈裙的臂膊亦饰有条带，双手执一长杆，或亦为团扇（图六，1）。

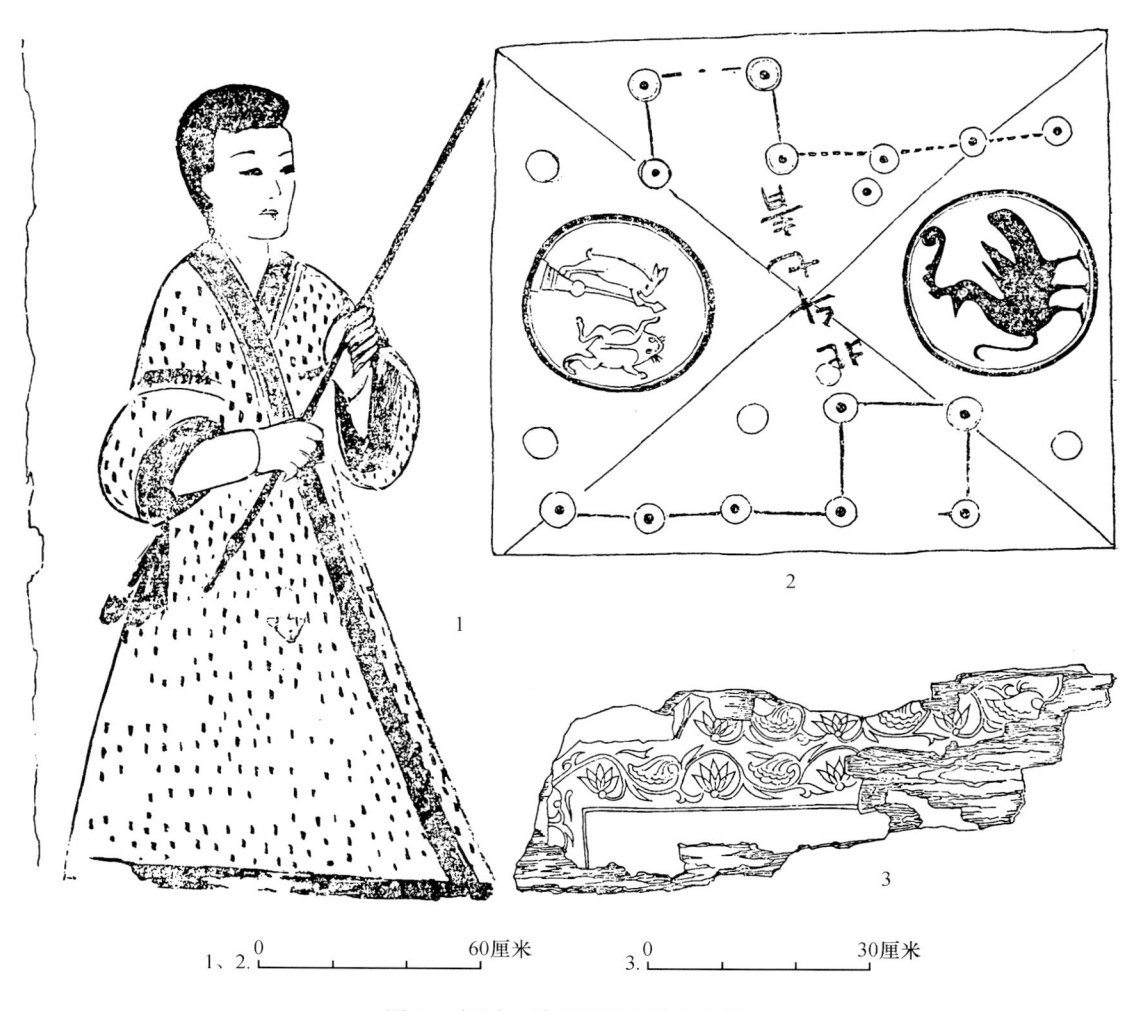

图六　长川一号墓壁画和棺木花纹
1. 甬道北壁侍女　2. 后室藻井顶部　3. 棺木残段上的花纹

3. 墓门壁画

由后室向外对开的两扇门扉，南扉已破损，北扉仅上部稍残，朝外的一面抹有白灰，上绘三朵大朵莲花，周沿则着黑色。正中一朵系正视莲花，中心正当安铺首的穿孔，黑蕊红瓣，直径约40厘米；上边一朵为侧视莲花，仅剩花萼；下边的一朵亦为侧视红莲花，花萼着黑色。

4. 后室壁画

四壁及藻井均绘正视莲花图案，盖顶石则绘日月星宿并题有朱书（图七）。

四壁　莲花图案大多剥落。据现存画面可以看出，莲花图案作等距离分行布列，横竖都可成行，安排得很有规律，若以横向计列，则每壁自上而下应各有七列。莲花均作正视八瓣，直径16～17厘米，以黑线起稿，并用赭红、土黄和白色涂染。有的花心涂红，有的花心涂白，在排列中是相互间错隔开的。东壁上数第一列应为七朵，第二列是比照着第一列的空隙布列的，应有六朵，而第三列又比照着第二列的空隙布列，当有七朵，往下可以此类推。南北两壁长度较东壁短，上数第一列应

图七　长川一号墓后室藻井（东北—西南）

有六朵，第二列则应为五朵，往下亦可以此类推。西壁因被甬道中穿，莲花图案显然要比其他三壁少。

瓣井　在平行叠涩五重的顶石上，绘着与后室四壁相同的正视八瓣莲花图案，而且排列也和后室四壁一样，是以两种着色不同的莲花相互间错的。虽然有不少莲花图案已经剥落，仍可据现存部分判明：第一重每面绘六朵，第二重每面绘五朵，第三重每面绘四朵，第四重每面绘三朵，第五重每面绘二朵。

盖顶石因刻有两道十字交叉的对角线，被划成四个等边三角形，东边的三角形内绘日象，在灰色衬地上用赭红线条画一三足鸟，立足于东，面朝北，头上着弯卷的冠；西边的三角形内绘月象，在白色衬地上画蟾蜍和玉兔，蟾蜍居北，四腿张开，玉兔居南，人立着以前肢执杵捣臼。盖顶石的南北两侧各绘一组星座，星辰多在白色圆地中心着黄点。南面是由黑色虚线把七颗星联系起来的勺形星座；在勺形星座的西侧和北侧，还各绘有一颗散星。北面是由黑色实线把七颗星联系起来的北斗星座；在北斗星座的东侧和斗柄最后一颗星的南侧，有两颗只着白色圆地的散星，此外，在北斗星座第五星的南侧和南面等腰三角形近顶端，还各绘一红色圆圈，或亦示散星。在日月图像正中，由北而南以赭色题"北斗七青"四字，字体带有隶法笔意（图六，2）。

5. 棺座壁画

棺座上的壁画几乎已全然剥落，仅在南棺的东南角保存有一小部分，可以窥知周沿涂有黑色边框，中间是以黄、白两种颜色组成的平直交织的编织纹，勾黑线。

三

　　长川一号壁画墓是一座重要的高句丽古墓。这座墓葬的壁画布局谨严，内容丰富，造型生动，图案华美，以极其广阔的视野摄取了一百多个人物形象，展现了高句丽社会生活、意识形态和审美趣味的新侧面，具有珍贵的历史科学价值和很高的绘画艺术水平。

　　从规模和格局来看，长川一号墓与洞沟墓群中的冉牟墓比较接近，可以推知其墓主人的身份地位亦应大体相若。根据冉牟墓的题记，冉牟出身显贵世家，官居"大兄"；因此，长川一号墓及其壁画应大抵反映了高句丽统治集团中相当于、或稍高于这一官秩等级的葬仪和生活排场。

　　长川一号墓占据瞩目位置的男女墓主人礼佛图，是迄今发现的高句丽古墓壁画中所仅见的，为研究佛教在高句丽流传的情况，提供了难得的资料。根据《三国史记》记载，高句丽佛教是小兽林王二年（公元372年）由前秦传入的，是年六月，"苻坚遣使及浮屠顺道"到高句丽"送佛像、经文"；四年（公元374年）"僧阿道来"；五年（公元375年）春二月，"始创肖门寺以置顺道，又创伊佛兰寺以置阿道"，这件事被认为是"海东佛法之始"的标志；至故国壤王九年（公元392年），政府正式颁令"下教崇信佛法求福"；继至广开土王二年（公元393年），还"创九寺于平壤"。由此可见，高句丽统治者对于弘布佛法，曾经过好几代的长期推行，是很下过一番力气的。但是，对于这一重大措施的实施后果，文献上却未见记录。长川一号墓壁画的浓重佛教气息表明，佛教自四世纪末经高句丽王室一再竭力推行，至少在上层社会中曾很快获得强烈反响，并出现过一个炽盛的热潮。

　　如果将长川一号墓礼佛图像中佛和菩萨的配置方式、顶礼供养的形象与中原北魏的石窟艺术进行若干比较，我们可以发现，高句丽供奉和礼拜的形式，与当时中原是很相像的。如义县万佛堂石窟大龛西壁，就是在正中雕一躯坐佛，两旁浮雕千佛像，与长川一号墓极相类似；再如大同云岗第九窟分前后两室，前室入口上作楣拱框，中央置香炉，左右各作四个飞天，内龛基石上有供养人跪拜，左右各蹲一狮子护法，后室一屋形龛中为说法坐佛，两旁持立执莲花华盖的五个供养人，亦与长川一号墓如出一辙。这些例证反映了古代中原与高句丽在文化上的密切联系，同时也为阐明高句丽佛教思想、佛教艺术的渊源问题提供了依据。

　　长川一号墓壁画中还可注意的是，男女墓主人跪拜礼佛时均以双膝着地，戏猴场面中一名戏猴者及其右下方的另一名男侍也都以双膝跪地。这种跪拜方式与文献记载以及舞踊墓墓室正壁所显示的高句丽人"跪拜曳一脚"的习惯恰相径庭。这一细节意味着佛教的传入和流行，不但势必对于高句丽的社会生活和意识形态有所冲击，而且在比较顽强的传统风俗领域里，也曾使一些流传久远的固有习俗发生变化，产生过深刻的影响。

　　高句丽壁画古墓全属统治阶级墓葬，其中前期的古墓壁画，均以墓主人生前的饮食起居和娱乐宴游生活为题材，大致属于纪念性作品，更多地显示着安逸、自信的气象；长川一号墓年代稍晚，在这座墓葬中生活图像已退居次要地位，以莲花图案装饰后室，画面上巨幅的卫士、门吏和侍女、震慑四方的四神以及乞求佛法等表明，这时的墓葬壁画已偏重于一种功利目的，希冀墓主人肉体和灵魂能得到守护和庇佑，俨然是壁画的主要旨意，显露出一种惶悚而怯弱的心理。墓葬壁画的这种变化，曲折地反映了高句丽统治阶级在社会矛盾日渐激化的形势面前愈益增张的那种惊慌不安。值得注意的是，高句丽佛教的兴盛，与墓葬壁画实现这一变化的过程几乎是同时的，这一现象使我们体察到：高句丽内部阶级矛盾日趋尖锐，统治阶层处境日益窘迫，正是外来佛教能得以大力提倡、顺利传播和普遍流行的深远根由。

长川一号墓的壁画描绘了多种多样的狩猎形式和百戏伎乐，使我们对高句丽社会的这些生活侧面增加了许多了解。另外，壁画上的亭榭、须弥座、博山炉、角杯等形象，无不都是高句丽壁画中第一次出现的，为研究高句丽的建筑类型、文物制度和日常器用，补充了新的内容。

从绘画艺术的角度看，长川一号墓的壁画有许多引人注目的特色。首先，它非常重视布局的合理性、整体感和艺术效果。例如，墓葬壁画画面的配置，显然曾以整体着眼进行过统一的编排设计，因而在总体上显示了相当严格的中轴对称，而这种布局方式无疑增浓了肃穆庄严的气氛，是完全符合墓葬绘画要求的。再如，佛像和菩萨被布置在前室藻井下部的正面中央和侧面两厢，若由墓道进入前室，这些画面既在视域之内又必须翘首仰望，而这一视角往往容易引人产生一种敬畏心理，恰好体现出当年佛教在意识形态领域里的神圣地位，有助于增强画面的感染力。又如，甬道两侧的侍女和前室前后壁上的卫士和门吏，造型高大，形象突出，都按其不同职守被安排在相应的位置上，不但有力地烘托了墓主人的显赫尊贵，而且鲜明地体现出墓葬壁画总体设计的主要意向是严密拱卫和守护墓主人的亡灵；与之相对照的是，前室南、北两壁的人物风俗图像，尽管以内容繁富而吸引后世重视，但实际上所刻画的人物形象都画得相当小，尤其是北壁的画面，在中心场景周围的空阙处还填补了一系列其他图像和散朵莲花，密度颇为均匀，使人觉得作画者似乎刻意要将这两壁处理成两片对称的"灰调子"，尽量不使这些次要画面因为过于醒目而冲淡了整个墓葬壁画的总体效果。从整体需要出发来权衡和处理每一个局部，为了体现整个壁画的旨意和气势，宁肯牺牲某些画面构图的鲜明性，正是这些地方，显示出绘制者在艺术上的恢宏气度和精深修养。

长川一号墓的壁画在形象的塑造和画面调节方面，也显示了很高的艺术造诣。壁画中佛像和菩萨都刻画得雍容端庄，侍女、门吏则都显得和顺恭谨，恰如其分地表现了人物的身份和地位，而在造型上，这些形象又面目不一，各具特点。藻井上的天人伎乐婀娜多姿，轻灵活泼，体态优美，极臻变化，反映了绘制者得心应手、挥洒自如的高强造型能力。此外，中轴对称的整体布局常常难免使人感觉板滞和缺少生气，这座墓葬的壁画却以大量流利酣畅、富于速度感的线条和轻捷活泼、富于运动感的形象，在很大程度上使这一点得到了调节；尤其是风俗图像中黑熊"蹲仓"、老人坐地回首翘望、拖住车辇戏谑拉车者等令人发噱的场景，既表现了绘制者的乐观气质和善于捕捉生活细节的艺术素养，同时也在某种程度上冲破了对称布局造成的沉闷和压抑，为画面平添了诙谐的生趣。

长川一号墓前室壁画曾多处施用界格。图像中施用界格，在中原战国至汉代十分盛行。这座墓葬壁画中对于界格的应用，像古代中原图像所反映的情况一样，也是极其灵活的。比如四壁上方处在壁面与藻井之间的界格，不但区分了壁面与藻井上的不同画面，而且由于藻井的第一重顶石是沿四壁壁面平起的，其间看不到结构界线，所以它们在实际上还起着一种区分结构的作用。至于南壁上的三道界格，其中下边两道将进馔图与上面界栏中所表现的内容分离开来，起的是区分场景的作用；而南壁三道界格中居于最上方的那道界格，由于向左不画到头，却在左端以通贯两栏的篇幅画坐在亭榭下的墓主男女，表明以之隔开的歌队和群舞与墓主人都处在同一场景之中，因而这道界格又当是作为同一场景中划分不同距离空间的一种标志。在界格的使用方面另可注意的是，在相互对称的前室南北两壁中，只在南壁表现庭院景象的壁画上施有界格，而北壁描绘的在郊外林野进行的各种百戏伎乐和狩猎活动，尽管题材相乖，场景殊异，所处的空间也很不相同，却并没有施用界格来区分画面。可见，在长川一号墓的壁画中，界格不宁还是直接丰富画面表现力的一种辅助手段，作画者仿佛希图借助平直的界格来强调这样一种印象：庭院内的格局是异常齐整的，庭院内的活动是井然有序的。

最后，我们想以集安高句丽壁画古墓的发展序列为背景，来探讨一下长川一号墓所占的地位，并进而推定其大致的年代。

截至目前，在集安县境内发现的高句丽壁画古墓约近20座。根据结构和壁画特点，这些壁画古墓大体可以分成四期：第一期以舞踊墓和角抵墓为代表，约当4世纪末至5世纪前叶，这一期的古墓除方形墓室之外，有横向扁长的、作横券顶的前室，墓室藻井为多层叠涩的穹隆顶，壁画内容主要是展现墓主人生前的生活情形，属于一种纪念性作品；第二期以洞沟第十二号墓、麻线沟一号墓和环纹墓等为代表，约当5世纪中叶，这一期古墓除有方形墓室，一般还将第一期的前室改成为耳室或龛室，墓室藻井仍作多层叠涩，虽然有的夹施小抹角石，使结构形式显得异常丰富，但总的轮廓却大致都呈四阿式，四个坡面和四隅棱脊是相当分明的，壁画内容有的仍以墓主人生前生活情景为主，但另外还出现了一种纯以花纹图案装饰墓室的作法，将墓室四壁象蒙有织锦壁衣的居室般布置起来，并在墓道中绘镇墓兽，开始显示出直接围绕墓主人亡灵来配置壁画的功利倾向；第三期以三室墓为代表，约当5世纪末至6世纪初，从年代和结构的角度分析可以归属此期的还有冉牟墓，这一期墓葬平面为双室或三室，藻井构造大致与二期相似，但在顶部出现了以较大石材错角叠涩的简洁形式，至于壁画题材方面，开始出现四神，并在壁面上以巨大的画幅描绘力士和侍卫，守卫亡灵成为绘画的主要内容，佛教色彩非常浓烈，纪念性的墓主人生活图像仅以一种残迹的形式保留下来，退居到次要地位；第四期可以四神墓、四号墓和五号墓为代表，约当6世纪中，均为单室墓，藻井层次减少，并变成纯以大块石材错角叠涩的简洁构造，壁画直接画在石壁上，生活图像完全绝迹，甬道中绘力士，四壁绘大幅四神，完全是象征维护墓主人亡灵的。

长川一号墓将四神安排在藻井下部，壁面上绘大幅的侍者和卫士，佛教气息浓厚，生活图像退居到次要地位，在形象上从莲花化生、天界伎乐到托梁力士，以及豁达率放的绘画风格，这一切都与第三期的三室墓极其接近。尽管这座墓葬在藻井结构和后室绘莲花图案等做法上与第二期壁画古墓有相当近似的迹象，然而它平面作双室，藻井结构比一般第二期的壁画古墓显得更其雄浑，壁画布局突出了维护墓主人亡灵，这些因素就非第二期所能包容；尤其以后室显露的在石壁上直接作画的尝试和前室上层壁画所展现的青龙形象而论，这座墓葬甚至还包含有某些第四期的成分。综合以上诸端情形，我们认为将长川一号墓归入第三期是比较妥当的。

如果把长川一号墓壁画中的某些图像与中原石窟作一比较，那么我们还可以看到，在中原石窟艺术中，狮子护法是 5 世纪晚期之后出现的，菩萨作褒衣博带的装束也是北魏孝文帝太和改制以后的样式，菩萨脚下的覆瓣莲座和佛像下面束成细腰的须弥座等则更是相当晚才流行的形式，这些情形也足资证明，长川一号墓的年代不会早于 5 世纪末。

清　理：陈相伟　李文奎　李云铎
　　　　宫永祥　林至德
执　笔：陈相伟　方起东
临　摹：高志武　刘萱堂　王泽庆
　　　　董长富　许孝诗　童志国
　　　　葛万明　张忠国
摄　影：莫东作　苏　楠
绘　制：刘萱堂

（原刊于《东北考古与历史》1982 年 1 期，154～173 页）

集安万宝汀墓区 242 号古墓清理简报

吉林集安县文管所

1975 年 7 月至 11 月，集安文管所对万宝汀墓区 242 号高句丽古墓做了全面清理发掘，现简报如下：

一、地 理 概 况

万宝汀位于集安县城北面的山谷中，是一片南北狭长的冲积平地。西、北、东三面环山，通沟河在万宝汀墓区的东边，由此向南流入鸭绿江；南去五里许即集安县城，是高句丽时期的国都"国内城"所在地；北去约三里许即高句丽时期的"九都山城"所在地。万宝汀是洞沟墓群中古墓较集中的地区之一。这里分布着数以千计的大、中、小型古墓葬，南北成排，井然有序。墓的形制多数是方坛积石墓和方坛阶梯积石墓，有少数封土洞室墓。此外，还有一种墓葬，从外表看是一座比较大的长方形积石墓，实际上则是由多座墓葬组成的，修筑时将坟垄连接在一起。这种墓葬，有的是一座墓挨着一座墓单独修筑的，有的则有一个共同的基坛，然后在共同的基坛上再单独修筑方坛阶梯积石墓坟垄。自北而南，依次修筑。南面墓葬的北墙都是倚靠北南墓葬的南阶墙，只在另外三面修筑阶梯墙。南墓的坟垄与北墓的坟垄连做一片，没有空隙，我们把这种墓叫做"方坛阶梯积石串墓"。这次清理的 242 号墓，就是一座方坛阶梯积石串墓（图版一三，1）。

242 号古墓，位于万宝汀平地的南部，它的南端是另一座比较大型的积石串墓，北侧是一座方坛积石墓，南北相互排成一列。在这一列墓葬的西侧是和它平行的另一列南北成行的积石墓（图一）。

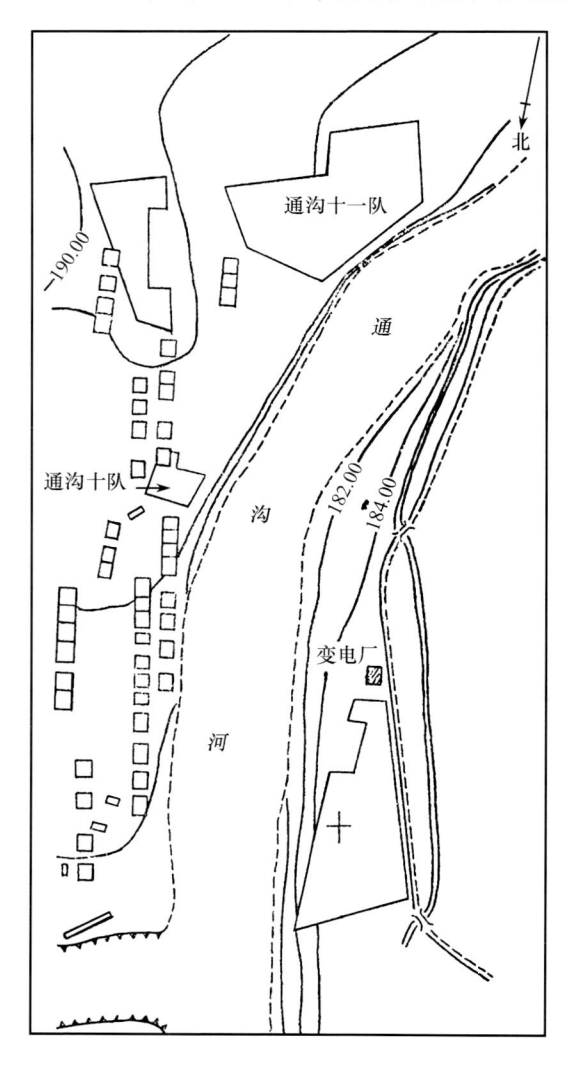

图一 万宝汀墓区、M242 分布图

二、墓 葬 形 制

242号古墓在没有清理之前，坟垄上和四周很不规则，残长50、宽13.5～20.5米，形如乱石堆（参见图版一三，1）。乱石清除后，是一座形制规整的长方形方坛阶梯积石串墓。全长45、宽17.2、残高1.4～3.5米，系由四座墓葬组成，墓室有被盗痕迹。构筑方式是先用河卵石砌好整个串墓的基坛，基石和地面平行或高出5～10厘米，然后在其上建筑起四座方坛阶梯墓，先修北墓，后修南墓，因此北墓是一座很完整的方坛阶梯积石墓，而南面的墓葬只有东、南、西三面阶梯墙。阶梯墙的外面斜撑护墙石，排列非常整齐。各墓的内部结构不尽相同，为了叙述方便，我们把墓室自北而南编为S1、S2、S3、S4（图二）。S1第一层阶坛，在基坛上东、北、西各边内收1米砌筑，顶部南北长14.5、东西宽17.2、高1.1米；第二层阶坛，在第一阶坛上各边内收0.8米砌筑，顶部南北长13.9、东西宽15.6、高0.8米；第三层阶坛在第二阶坛上各边内收0.9米砌筑。顶部南北长12.1、东西宽13.8、高0.8米。护墙撑石多数呈长方形，大小不规则，最大的长80、宽27厘米。

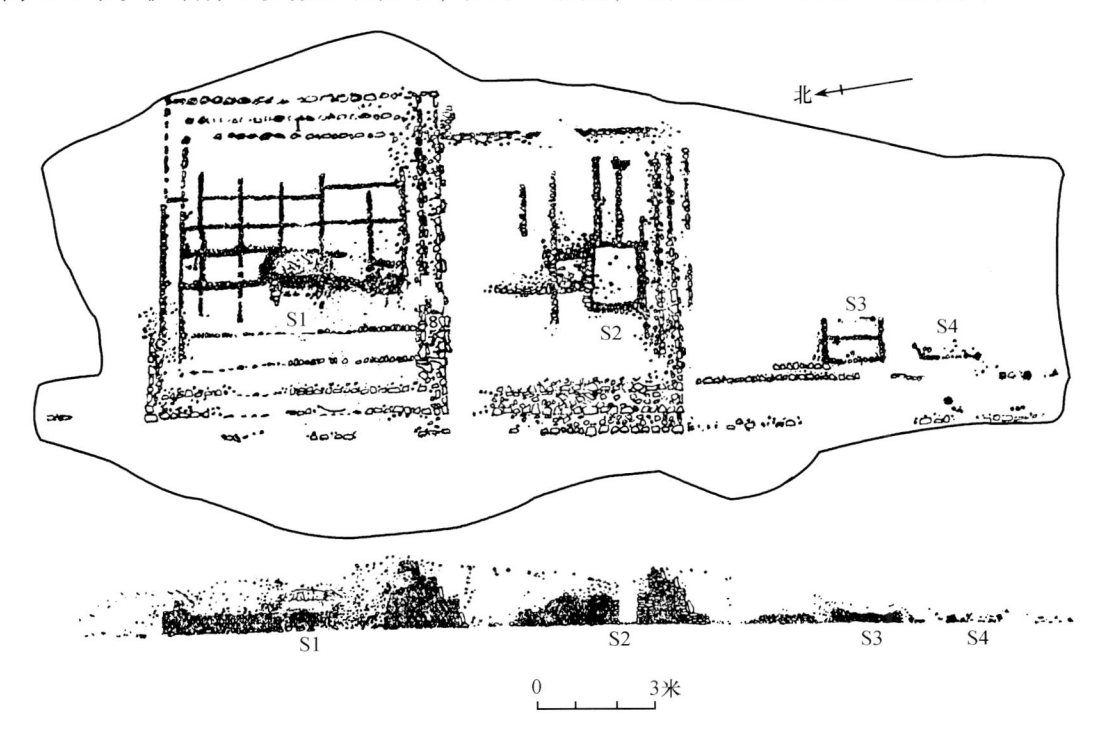

图二　集安万宝汀墓区242号墓平、剖面图

在第二阶坛的中部有河卵石墙10道，南北纵向6道，横向4道，石墙是由地表开始砌筑到顶高1.8米，墙顶部与第二层阶坛大致平齐，墙厚0.3米，石墙之间填充河卵石，其上平铺0.1米厚的碎石和河卵石。碎石和河卵石上面是一层0.4米厚的烧石熔石堆积，东西长4.1、南北宽3.5米。从烧熔程度看，火候为1800～2000℃。有的石头因烧变形，有的卵石被烧熔流淌凝结成各种形状。烧熔石层北侧清理出经火烧的人骨3块。估计墓室即在烧熔石中部，但未发现圹坑和葬具。坟垄顶部有一个圆形陷坑，正对烧石层的中心部位，似为墓室被盗后形成。墓室部位没有发现随葬品，而在阶

坛北侧的外面发现壶、罐残片，在第一层阶坛南墙的上面发现铁衔镳、鎏金铜铃和一些残陶片，这种现象是早年被盗或者与葬俗有关。

S2 的北墙是借助 S1 的南阶墙，第一层阶坛，高 1、南北长 12、东西宽 17.2 米，然后在中间部分用大小不等的河卵石填平；第二层阶坛高 0.6 米，在第一层阶坛上各边内收 1 米，中间再以卵石和砾石填平；第三层阶坛，高 0.5 米，在第二层阶坛上各边内收 0.8 米；第四层阶坛；因后期破坏，高宽不明，坟垄顶部是砾石和卵石封垄。砌筑阶坛用的石材均是山上采来的不规则扁形块石，墓中间的砌石多数是大中型河卵石，护墙石撑石数量不等，各边均有，南侧有 12 块。第一层阶坛的撑石要比第二层阶坛的略大一些，但数量相对要少一些（图三）。阶坛里面的构筑横向石墙，墙高 1.8 米，中间用乱石填平，墓室筑在第一、二层阶坛里，呈长方形竖穴，方向 90°，东西长 2.8、南北宽 2、高 1.45 米，墓室底即地表。墓道开在墓室东边，长 4.7 米。墓道四壁高与墓室相同。砌筑墓室的石材比坟垄砾石稍大一些，但也是不规则的河卵石，内壁比较规整，圹坑内没有发现人骨和任何遗物，只在墓道口处出土残陶片。此外在第一层阶坛的西北角出土很多碎陶片，器形不清（参见图二，S2）。

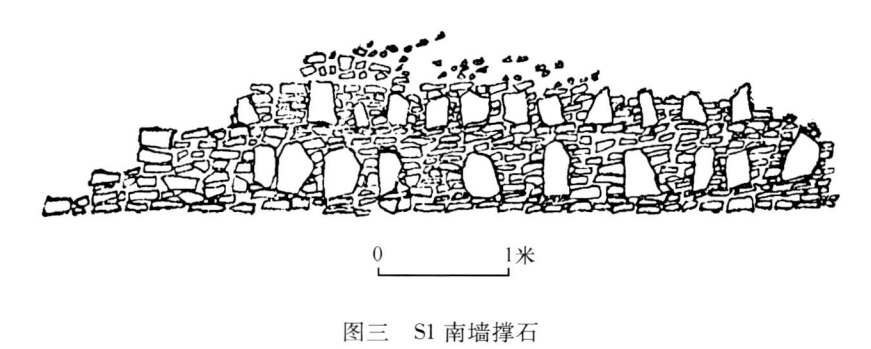

图三　S1 南墙撑石

S3 北墙倚靠 S2 的南阶坛，构筑方法与 S1、S2 相同，但由于遭到严重破坏，南面形制不清，只残存墓东西两面的两层阶坛，它的第一层阶坛是在串墓的共同基础上内收 1 米筑起来的，南北长 11、东西宽 17.2、高 0.4 米，第二层阶坛在第一层阶坛上内收 0.8 米，高 0.3 米。墓顶部破坏严重，形制不清。第一阶坛的西南部有南北向长方形墓室。以扁形块石砌筑而成，中间有一道 0.7 米宽的隔墙，使之成双室。墓室的四壁有收分，东西两个墓室宽均为 1.06、长 2.8、高 0.8 米。墓室底部用卵石和板石平铺，距地表高 0.4 米，顶部用数块大石南北排列封顶，上部堆积砾石。墓残高 1 米左右。墓室没有发现人骨，仅在西墓室出土灰陶罐 1 件，东墓室出土铁刀 1 件。墓室外面的砾石堆中出土铁镢 1 件和一些零碎的灰、红色残陶片，均属壶罐之类。从墓石的建筑结构和随葬器物看来，应是夫妻合葬墓（参见图二，S3；图版一三，2）。

S4 破坏较严重，残高 0.3～0.7 米（参见图二，S4）。

三、出 土 器 物

242 号墓共出土陶罐 2 件、鎏金铜马饰 13 件、铁器 4 件、包银铁钉 5 枚以及数十片陶片。现分述如下。

1. 陶器

陶罐 2件。一件系夹砂灰陶，直口，平沿，小平底，短颈窄肩，肩部有双系耳，腹的最大径在上部。火候较高，质地坚硬，但工艺制造水平很粗糙，表面带有轮制的弦纹痕迹。高14.2、口径11、底径8厘米（图四，1；图版一一，4）。

另一件系夹砂灰褐陶，侈口、平唇，无肩，小平底，素面，口沿下部有两个对称的桥状竖耳，腹的最大径在中部。高14.2、口径10、底径7厘米，出土于S2墓道口（图四，2）。

2. 鎏金铜器

鞍桥包边 1件。残成几段，上面残存3枚包银铁钉，残长70、宽2厘米（图版一〇，3）。

铊尾 4件。均长2.5、宽2.2厘米。用一块长条铜片折叠而成，以两枚铜铆钉固定，以夹皮革，出土于S2墓道口（图四，6）。

带卡 1件。卡子前端呈圆形，较宽大；后端平直，并连有一块裹夹皮革带的薄片，折叠后用三个铜铆钉固定；中间有一直针，出土于S1第二阶坛的东侧上面。通长5厘米（图四，7）。

铃 7枚。其中2枚残。铃身下部稍圆，中部有对称的长条镂空，中有小石子铃舌。铃身肩部平直，并有长环形鼻，穿过一圆形泡状的方孔，出土于S1第一层阶坛上面南侧（图四，5）。

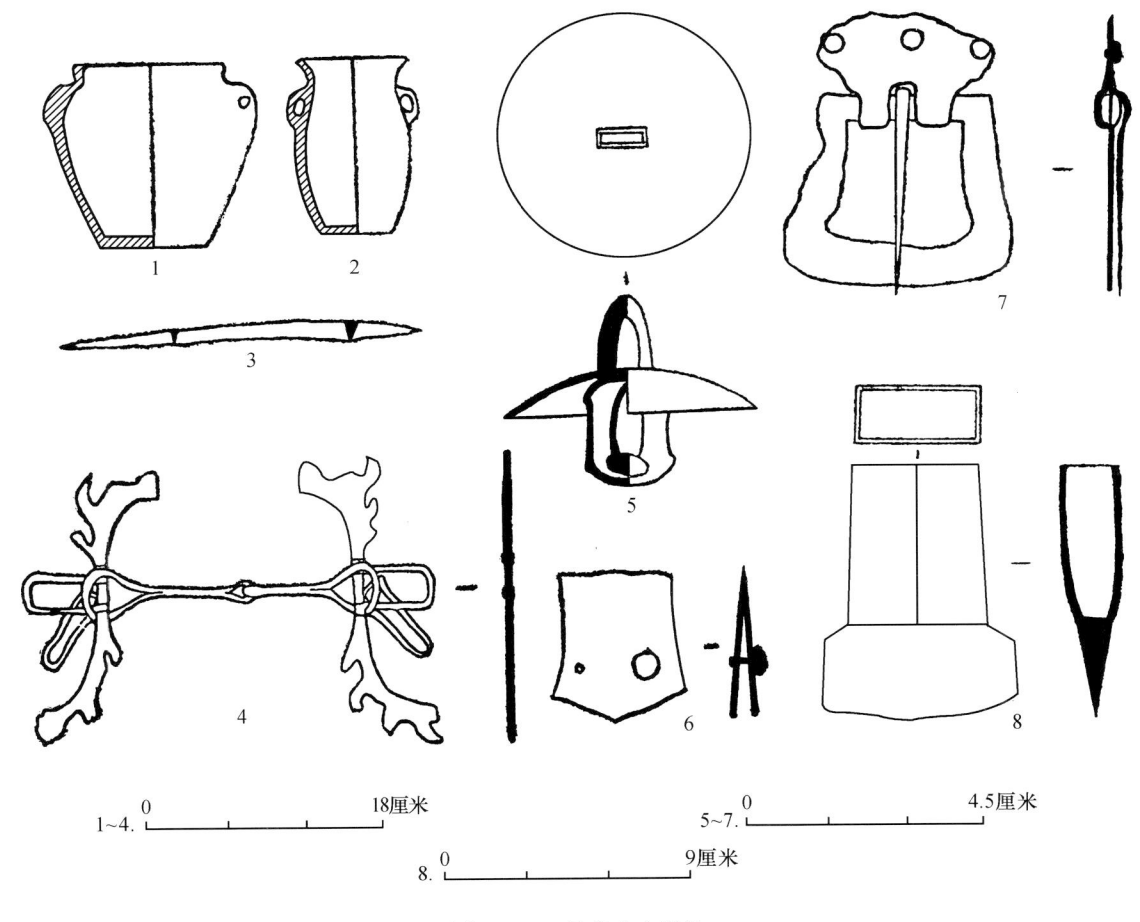

图四 242号墓出土器物
1. 灰陶罐 2. 褐陶罐 3. 铁刀 4. 铁衔镳 5. 鎏金铜铃 6. 鎏金铜铊尾 7. 鎏金铜带卡 8. 铁镢

3. 铁器

镬 1件。通长9.5、宽7.2厘米。镬身有肩，略宽于銎部；刃部宽大、刃口稍外突。制作的工艺过程是首先将铁板煅平，然后将两边对称卷成扁方筒状，最后将一端折叠煅成刃部，在镬身和銎部能见到锻造时合缝的痕迹（图四，8）。

刀 1件。通长26、身长19、柄长7厘米。背平直，刃锋利，出土于S3东墓室南部（图四，3）。

铁甲片 1件。长7.3、宽2.8厘米，中间有缀联用的小孔，尾部呈半圆形出土于S1第一阶坛上面。

衔镳 1件。镳弯曲呈S型，有镂空的花纹装饰。镳的两侧各有两个长方形环。衔由两节组成，中间连接处是锻造成两个环互相套在一起。残长19、长22厘米，出土于S1第一层阶坛上面南部（图四，4）。

铁钉 5枚。圆形钉帽，表面包裹一层很薄的银片用以装饰。钉呈柱形。出土时和鞍桥包边在一起，有的包钉还镶嵌在上边，有的零散在砾石当中。出土于S1，南第二层阶坛上面。

四、结　语

242号古墓虽然分为四座墓室，就构筑方法来看有共同点，其顺序是先有北墓后有南墓，南墓的北墙借用北墓的南墙修筑起来的，一串四座墓都是一个共同的基础。从构筑时间上看应是一次设计，一次构筑基础，各墓的年代不会相去太远。从出土器物看，有陶罐、鎏金铜器、铁器等。出土的马衔镳，它的形制和制作技术与洛阳烧沟汉墓出土Ⅱ型衔镳（632:130之一）很相似。从这几点分析，这座墓时代应属于高丽前期，即3世纪末期。

在集安的高句丽古墓葬中类似242号"串墓"数量不少，但清理发掘的不多。至于这类墓葬的报告，过去也只在桓仁县高力墓子村的墓葬发掘报告中（《桓仁县考古调查发掘简报》）有所涉及。242号古墓的清理使我们对这类墓葬增加了新的认识。这样成排的构筑方法，应反映着高句丽前期的族葬制度。另外，坟垄上面塌陷处的烧石和熔石在高句丽前期的积石墓上常常可以发现，应当是一种火葬的痕迹。这一现象对于我们考查高句丽埋葬制度的演变及研究高句丽的社会性质，提供了很好的资料。

242号墓阶坛构筑方法是一致的。阶坛外围有保护阶墙的撑石，这一点与高句丽后来的大型石坟，如将军坟、太王坟、千秋冢等都颇为相似，只不过这座古墓的护墙撑石形体略小一点，数量略多而已。由此可见，高句丽后期构筑精巧、规模巨大的方坛阶梯积石墓是有过一段发展过程的，它们所体现的正是高句丽石造建筑技术长期积累和不断完善的成果。

我们整理242号古墓清理报告过程中曾蒙吉林省考古研究所王建群、方起东二位老师的热情支持和帮助，在此表示衷心的感谢。

执　笔：赵书勤　周云台

吉林集安长川二号封土墓发掘纪要

吉林省文物工作队

长川位于集安县城东北55华里，是一个东西狭长的河谷盆地。背依重峦叠嶂的群山，南向蜿蜒西去的鸭绿江。集（安）青（石镇）公路从中穿过，隔江与朝鲜民主主义人民共和国相望。

源出深山峡谷的干沟河，流经盆地中部，向南注入鸭绿江。距长川屯东北200余米的平川上，尤其是沿干沟河两岸，密集分布有百余座高句丽古墓。长川墓群是鸭绿江中游右岸，仅次于集安洞沟墓群的重点墓群之一。这些古墓绝大多数是积石为封的墓，其间也有几座封土墓零落地散布在山麓南面的丘岗和坡地上，长川二号封土墓就是其中的一座。

长川二号封土墓坐落在盆地东部的山坡上，西距干沟河大约250米。墓正东约8米处有一残高5米，业已颓坍的方坛积石墓，其配置类似集安将军坟旁的"陪冢"；东南方向隔后林子山涧约174米，是长川一号壁画墓。

1972年4月下旬至5月中旬，吉林省博物馆会同集安县文物管理所，对该墓进行了发掘。这座墓早年盗掘，置于石棺床上的木棺被焚、铁钉烧焦，四壁及藻井上的壁画几乎全部燎黑。现将这次发掘中获得的主要材料简述如下：

一、墓葬形制

长川二号墓是一座石筑单室封土墓，外观呈截尖方锥形，底边34~41、周长143、现高9米。墓葬可分墓道、南北耳室、甬道和墓室五部分（图一）。

墓道口外铺一层精细的黄砂，宽5.5、厚0.25~0.45米，由墓道口直铺至封土坟堆的外缘，长13米。从墓道口上方的断面观察，墓的封山系由黄黏土、碎石和细砂分层混筑而成。由上而下分三层：最上是腐殖土层，灰褐色，质地松软，其间混杂微量的草根、枝叶，厚0.35~0.6米；腐殖土层下面是山石混筑层，以黄黏土为主，羼和有细砂和砾石，质地坚实，厚2.1米；贴

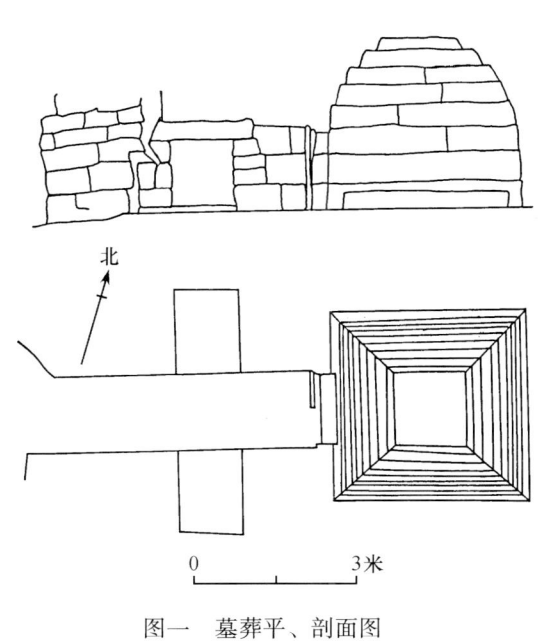

图一 墓葬平、剖面图

近墓道口上的第三层是碎石层，以碎石为主，附以大量的黄黏土，调和均匀，厚3.7~4.8米。

在墓道口外面发现一个经盗掘后遗留下来的扰乱坑，出土有铁锤、铁刀以及鎏金棺饰遗物。靠近墓道封墓石外侧，堆积有大量的炭块和白灰，厚达0.7~1.2米。

墓道方向254°。整个墓道用略经修琢的长方或方形石块封闭，墓道口上面的封墓石已被盗墓者揭去两层，残存四层，现高1.4米。墓道底墁石板，顶覆盖石，长2.7、宽1.4、高2.1米。墓道封墓石由墓道口直接修砌于耳室西壁外侧，灰浆浇灌。

墓道后端有耳室。两耳室相对，门边有用宽的墨带勾画的门楣和门框，两室均作长方形。南耳室东壁较北耳室稍深，北耳室1.52、南耳室1.58米，宽皆1.14、高均1.26米。室平顶，三壁微内倾，进口均有高出甬道12厘米的台面。室壁满涂白灰。在北耳室淤泥里发现一破碎的黄釉陶灶，南耳室出土一残破的黄釉四耳陶壶。

耳室与墓室之间为甬道，全长2.39、宽1.4、高1.6米。两壁以规整的石条砌筑四层，壁面光洁平直。顶以长方工细的巨大石板覆盖，前后两块，前块较后块高出18厘米。

甬道内口接墓室，在墓室外0.3米，甬道后端左右两壁及顶部沿缘，凿有略微凸起的门楣、门框，宽0.07米，门框外置向外对开的两扇石扉，南面的一扇已被砸碎。门楣上方留有直径0.12、深0.07米的柱窝，是原来安放门轴的地方。北面石扉较完整，是用整块石材裁琢制成，宽0.7、高1.5米。门之四边抹有白灰。

甬道后接墓室，平面略呈方形。南北两壁长3.6、东壁3.52米。西壁为甬道中穿，全长3.48米。四壁为修琢工细的石材砌筑，凡四层。每层多用两块条石相接，也有用整块石材或用三块长方石块拼接一层的，白灰勾缝。壁画上抹一薄层白灰，壁高1.56米。四壁上顶石下彩绘缠枝忍冬花边以影作梁枋，枋上置四重平行叠涩的顶石，均系整块石材砌筑，每层高0.28~0.51米，仰视呈阶梯式方形藻井。最上以平整的巨石封顶，举高3.32米。

墓室门内面之上方及左右两侧，用墨线勾勒螭云图案影作门楣和门框。

在墓室东壁南段及西壁北段，各残留一鎏金铁挂钩。在同一高度，即由底面向上1.08米的四壁上均有挂钩圆孔。计南北两壁各有5个，其间距为0.58米；东壁8个，其间距为0.36米；西壁仅发现4个。

墓室内底铺石材，上置二石棺床，距东壁0.3米。南北并列，系由整块花岗岩裁制而成，表面尚存白灰残痕，长3、宽1.22、高0.3、两棺座间距为0.5米。

二、出 土 文 物

1. 壁画

在墓室、南北耳室以及石门上彩绘壁画。

壁画绘于光洁的白灰壁上。题材以图案为主，只在北扇石扉的正、背两面，各绘一人物彩画。

南、北耳室绘摹拟织锦壁衣的"王"字图案（图二）。"王"字用赭石和深绿色轮替更换。"王"字横排计25、竖列计23 横竖都成行，很有规律，东壁总计575个"王"字，构成一井然有序的"王"字连续画面。每个"王"字上方，勾画一上缀三乳珠的弧线、线和"王"字同色。在"王"

字画面的外边，以墨线勾画翻滚的云纹花饰，云层间填以红、绿、黑色细短线条。

北扇石扉正面绘一门卒（图三，1）。男像，头戴方帻，右耳缀黄耳环。上穿黄地镶黑宽边襟袖右衽短襦，下着绿地缀黑花收口肥筒裤。系白色腰带，脚踏钉子鞋。双手拱握于胸前，躬身面左。石扉背面，即门朝墓室一面绘一侍女（图三，2）。面目模糊不清。只露红唇，存下身。着黄缀黄花合衽褉裙，衽缘饰黑宽边，裙裾有一截较宽的打褶花边，双手拱于胸前，躬身面右。

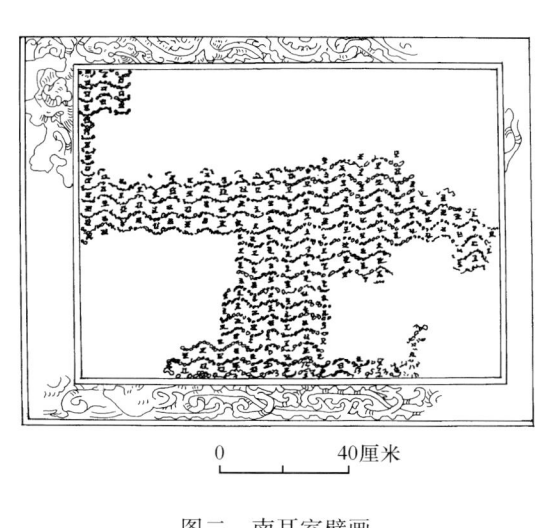

图二 南耳室壁画

图三 石扉的画
1. 门卒　2. 侍女

石门至墓室之间的两侧壁和顶部彩绘莲花，顶部四朵，全是正视八瓣红莲。两侧壁每壁四朵，两面对称，均系侧视五瓣红莲，花瓣尖瘦，下有花托。

墓室四壁及藻井上满绘图案式的彩色莲花，大都模糊不清。四壁莲花图案的布局，形制和颜色类同。莲花作等距离分行排列，上下行花朵交错，横竖自然成行，每行的数目都是九朵。东、南、北三壁每面总计是 81 朵；西壁因为甬道中穿，数目较其他三壁显少。莲花呈盛开状（图四，2），花蕊蓝色，内层花瓣以红线勾勒，瓣中点缀红丝黑斑；外层反露黑色尖瓣。花蕊及内外层花瓣均系 16 瓣，直径为 0.3 米。四层平行叠涩的顶石上，均绘侧视五瓣莲花（图四，1），红尖黑托，瓣上平涂绿、黄、白等颜色。各重顶石所绘莲花数目不一，由上而下，第一层绘四朵，第二层五朵，第三层绘八朵，第四层却是七朵。每重顶石底边，即在侧视莲托下方，饰以勾连卷云花纹。

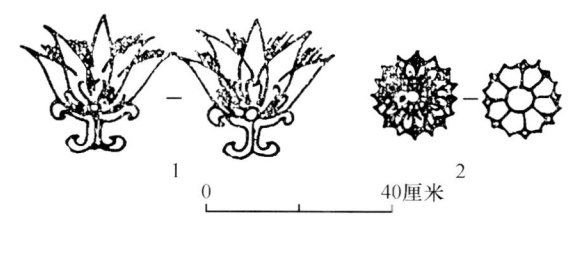

图四 莲花图案

盖顶石上的壁画，大多模糊不清，但从平整的石面上依稀可辨，是用墨线分画九个方格，正中及四角五个方格内绘正视莲花，其余四格则是菱形几何纹饰。

2. 遗物

在墓室、甬道以及南、北耳室的淤土和地面上，出土有铁器、铜质鎏金饰物、黄釉陶器、木器以及织锦残片等。

两座石棺床上均置有木棺，表面髹漆，并有四寸厚的"夹底"，铺垫于木棺的下面；可惜这些都已焚烧大半，形不可辨。在北棺床上，仅有零星的木炭碎屑及一残断的铁棺钉；南棺床上堆有积大面积的炭块，烧焦的铁棺钉，残断的木棺榜及木棺夹底等。距南棺床东端约1米的地方，发现一破碎的人的头盖骨及下颌骨残片。木棺长方形，长2.2、宽0.8米左右。头向东。此外木棺榜上尚有铜质鎏金梅花饰物。

墓中出土的遗物分述如下。

（1）铁器

共计15件，皆锻制。

锤　1件，完整。出自墓道口外的扰乱坑内。长方尖锥体，中有长方銎，由銎以下收缩成圆锥尖；锤头剖面长方形。长11、头宽5厘米（图五，17）。

刀　1件，稍残。长条形，一端卷折成圆裤，裤已残。刀尖残断。长13、宽3厘米（图五，15）。

门镣　2副，一副完整，一副稍残。由门穿、门环及圆形挡板组成。方锥体的门穿连缀着门环，一端有一圆形铁片，另一端有一圆形挡板。门穿两端的挡板和圆形铁片，原来应分别附着在门之正、背两面，用以固定门穿，出自甬道淤土中。通长21、门环直径8.5厘米（图五，14）。

箭头　5件，形制相同，一件完整。平头，圆锥铤。箭身长方形，中有一缕孔倒置三角锯齿。铤上有木屑残痕。全长14.5、刃宽3.5、铤残长3.7厘米。（图五，16）。

带卡　2件，一件完整，一件缺扣针。矩形，扣圈前端两角弧圆，圈尾有二横柱；扣针置于前根横柱上。卡圈、横柱及扣针断面均圆形。后根横柱上尚有布纹残痕。长5.2、宽4米（图五，8）。

钉　4件，三件完整，一件缺钉帽。长5、帽径3.5厘米（图五，11）。

（2）鎏金器

出土数量较多，共计25件。均系铜质，表施鎏金，出土时鎏金剥落的地方附有铜锈。

桃形甲饰物　1件，完整。系将铜片锻制成桃形，上层桃铜片镂制作十字架，用11颗铆钉将上下两层桃形铜片固定。桃形甲饰物上置一横鼻，用以连缀。全长8、宽8厘米（图五，7）。

带卡　2件，一大一小，均完整。形制和铁带卡相同。大件扣针尚能自由转动；小件后横柱上方有半圆形突起挡板，上缀三颗铆钉。大件长4、宽3.5厘米，小件长3、宽2厘米（图五，6）。

长方饰片　2件，均完整。横长方形，在横长鎏金铜片两侧扣卷成圆管，铜片上有八颗铆钉。长3、宽5厘米（图五，5）。

盅形器　2件，均完整。是由两股扁铜丝绞扭成一直棍，穿过一管之后又贯穿一泡状物的正中。上端缀连一心形铜叶，下端固定它物。通高4厘米（图五，4）。

梅花棺饰物　分大小二式，表面鎏金十分光亮，背面残存布纹的痕迹。

Ⅰ式：6件，四件完整，一件稍残，一件破损过半。用铜片锤制成八瓣梅花，中心镶一扁平铆钉，用以固定他物。直径5厘米（图五，3）。

Ⅱ式：5件，2件完整。其形制和Ⅰ式完全相同。只是器形较小。直径2.5厘米（图五，2）。

挂钩　2件，稍残。钩身插入墙壁。钩身穿一圆形挡板，用以固定壁面。插入墙壁的钩身最长10.5、贴壁面钩身长6、挡板直径4.5厘米（图五，10）。

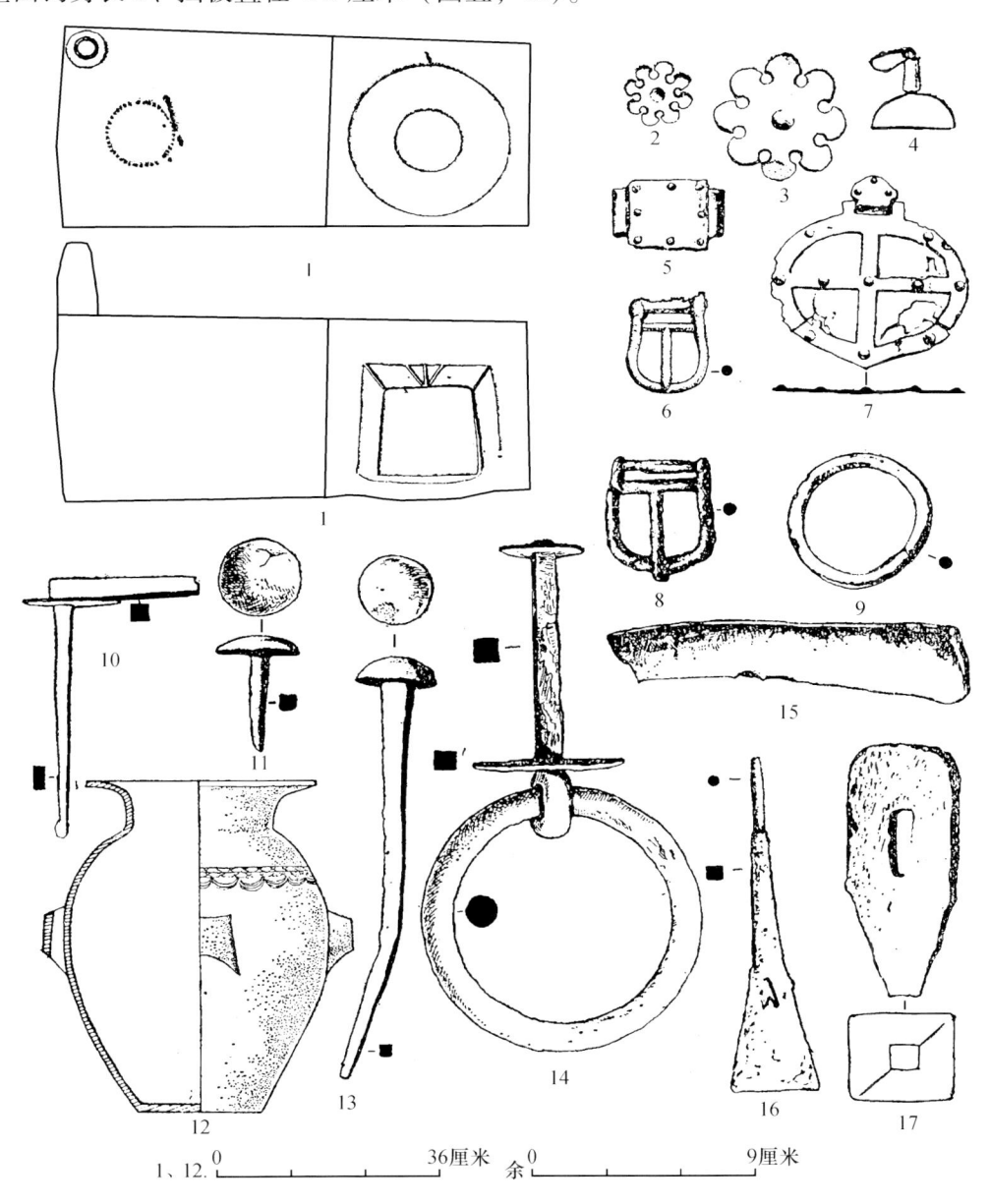

图五　出土器物

1. 陶灶　2、3. 鎏金铜梅花棺饰物　4. 鎏金铜盅形器　5. 鎏金铜饰片　6. 鎏金铜带卡　7. 鎏金桃铜环形甲饰物　8. 铁带卡　9. 鎏金铜环　10. 鎏金铜挂钩　11. 铁钉　12. 黄釉陶壶　13. 鎏金铜钉　14. 铁门镣　15. 铁刀　16. 铁箭头　17. 铁锤钉　6件，一件完整，三件钉身断折，二件仅存钉帽。形制和铁钉一样。鎏金较厚，通体晶亮。钉身上多有木质残痕，是木棺上的用钉。完整的一件全长18、帽径3厘米（图五，13）。

环　1件，完整。系一直径为1.5厘米的铜棍围作圆环，中间尚有未能吻合的对缝。直径5厘米（图五，9）。

1973年4月，我们从这批鎏金器物中选择几种碎片送交吉林省冶金研究所进行化验，其所得结果见表一。

表一　鎏金器物样品成分分析

名称	化验成分（%）								
	金	银	铜	锡	铅	锑	镍	钰	铬
梅花片	1.08	0.40	96.13	0.1	0.3	0.3	0.08	0.05	0.02
扁头钉	0.09	0.33	96.8	0.1	0.2	0.2	0.08	0.06	0.02
半圆片	0.64	0.35	94.99	0.1	0.1	0.09	0.03	0.02	0.02
碎　片	1.79	0.54	86.81	0.8	0.7	0.5	0.1	0.07	0.03
细　丝	5.58	0.87	83.40	0.1	0.2	0.3	0.07	0.05	0.05
条　片	2.72	0.68	91.35	0.5	0.7	0.7	0.1	0.05	0.03

化验揭示了这批鎏金器的金属成分和各种成分所占的百分比。为了进一步了解鎏金器物的组织结构，我们又请该所从半圆片取一段制作一金相试样，予以观察。其在显微镜鉴定的结果如下。

① 厚度：0.3~0.55厘米。

② 组成：主要为金属铜及黄金组成。金属铜约有95%左右，黄金2%左右，铜的氧化物3%，银和其他元素则呈混入物赋存黄金中和金属铜中。

③ 黄金：呈薄层状分布在金属片外表层，厚度变化为0.01~0.005毫米，黄金薄层的里外面都比较平整。

④ 氧化铜：主要分布在金属片内层面部。金属铜与黄金接触也常有很薄一层氧化铜存在，其厚度在0.005毫米以下。

为深入了解这批鎏金器铜和包金的厚度，1973年5月又将金相试样送交吉林省地质局实验室进行光片鉴定。这次鉴定和上次相比不仅数距相近，而且更为详尽、细致，其报告写道：

"金属环的成分以斑铜矿为主，金属环的外边有一微薄的黄金薄壳，壳厚度不均匀，为0.008~0.0125毫米。金壳在环的端部与铜环紧贴着，在环的弯曲部位，金壳多半翘起或有缺口，或卷起。金属环厚度不均，为0.58~0.29毫米。金属环已局部遭受氧化溶蚀，环的内边绿或其内部局部见兰铜矿的不规则的细小集合体。"

（3）黄釉陶器

灶　1件。呈长方体，前面有矩形灶门，门额上有倒置的三角纹饰，门前有一舌状底沿。上置圆形锅洞，灶底左右各有一圆形漏孔。后部左上角有一椭圆形烟囱。通体施釉，釉色橙黄微闪绿彩，光泽晶莹，长76.5、宽34、高30厘米（图五，1）。

四耳壶　1件。侈口，沿外展短颈，鼓腹，平底。腹中部饰四桥状耳，肩部阴刻菱格、垂帐纹饰。通体挂黄釉，黄中泛绿，釉色清新润泽。口径37、底柱20、高56厘米（图五，12）。

（4）其他

织锦残片　出自南棺床西北角。

这片织锦残长23厘米，制作精细，组织匀致，纬疏经密。由经线显花，在橘黄色衬地上织出绛红和深蓝的图案花纹。因其破损过重，其图案难以复原，但在锦面上依稀可辨有闪亮的碎屑。似石英晶粒，或是织锦镶嵌上的装饰品。

我们曾将这片织锦送交北京故宫博物院鉴定，确定"该织锦残片系两重三枚平纹径锦，……径密56根1厘米，纬密32根1厘米；经直径0.2～0.3毫米，纬直径0.2毫米"。并指出"在织造方面基本上沿袭汉锦织造方法"。他们根据该织锦第九根径线绘制出纵面图（图六）。

木灵牌残段　出自南棺床中部，仅存灵牌额头，呈抹角长方形，表髹漆。残长12.2、宽24.7、厚0.5厘米。

木器残段　出自墓道前扰乱坑内。系一木质圆柱，柱已破损大半。表面髹漆，有光泽。柱中腰雕作圆球状，上有锹制的凹纹。制作精细，是一木器上的构件，残长31厘米。

图六　织锦组织图

大板瓦　出自南棺床西段。较完整。瓦经火烧，上堆有炭块。细泥灰陶质，素面，背饰布纹。长45.5、宽30、厚2厘米。

三、结　语

长川二号封土墓，是长川墓群封土墓中形体最大的一座。宏伟的墓室、精致的木棺、绚丽的壁画以及大量鎏金饰品的出土，说明墓主人是一个显赫的贵族，有可能是当时王族中颇具权势的重要人物。

高句丽古墓暴露地上，完整的较少，其葬具和葬式的材料极为罕见。这次发掘不仅证实石棺床上置有木棺，而且发现了铺垫木棺的木夹底。木棺不仅采用铁棺钉，而且有鎏金铜质梅花棺饰和鎏金棺钉。鎏金铜挂钩的出土，表明壁画中常见的帷幔形象确是有实物依据的，这对研究高句丽的葬具和葬俗提供了新的实物资料。值得提出的是，大量铜质或铁质生产工具和生活用具的出土，有力地证明了铜、铁制品的广泛应用，展现出高句丽铜、铁制手工业的高度发展。这次出土的织锦，是高句丽考古工作的新发现。它进一步证明了高句丽自古以来，就和中原有着政治和文化上的紧密联系。

长川二号封土墓的壁画有鲜明的特点。如在布局上所绘壁画几乎全部集中在南、北耳室和墓室，在甬、墓道两壁截然不见壁画。在题材上既没有早期反映现实生活的人物风俗画，也没有晚期富有浓厚宗教色彩的四神图像。这座墓所绘的题材，除石门上仅存两个人物画外，其余全部是摹拟织锦壁衣的"王"字连续图案，以及反映宗教色彩的正、侧视莲花图案。尤其是"王"字图案壁画墓发现较少，这就为高句丽壁画墓增添了新的内容。这座墓在画面的处理上，有简有繁，布局谐调。表现了古代艺术家的聪明才智和创造力。

　　长川二号封土墓和通沟十二号墓有很多近似之处（见《考古》1964年2期）。在结构上两座墓均有甬道、南、北耳室，而其墓室藻井又都是层层平行叠涩；从壁画上看，长川二号封土墓石门背面的侍女，其形态，服饰同通沟第十二号墓中的侍女十分相像，在壁画的技法上，两个墓均以墨线勾画，平涂彩色；所绘制侧视莲花也都是红色莲瓣，花瓣尖瘦。从以上对比，我们初步认为长川二号封土墓，其相对年代大致和通沟第十二号墓相距不远，约当于公元5世纪中叶或稍后。通沟第十二号墓，其壁画多取材于现实生活，而长川二号封土墓则以图案为主，人物很少。两者既有联系又有区别，这或许反映着某些类型上的差异。由此看来长川二号封土墓，在高句丽壁画墓中是具有一定历史和艺术价值的。

（原刊于《考古与文物》1983年1期，22~27页）

集安洞沟两座树立石碑的高句丽古墓

方起东　林至德

在古代高句丽，"墓上立碑"是为了强化守墓制度而采取的措施，墓碑的出现在一开始只是为了铭记守墓人烟户。这一特殊现象虽然在公元414年建立的好太王碑碑文中也曾明确提到，但却一直很少为人注意。这个问题之被忽视，多少是由于树立石碑的高句丽古墓十分罕见，而有关高句丽墓碑的资料又异常缺乏。在以往所发表的材料中，除了矗立在集安洞沟太王陵近侧的著名的好太王碑之外，从来还未有报道高句丽墓碑的。

经多年调查，在高句丽古墓最集中的集安洞沟古墓群中新发现了两座树立石碑的高句丽古墓。我们感到，这两座墓葬和石碑对于了解高句丽"墓上立碑"的情况和碑刻形制都很重要，因而有必要介绍出来，供学术界共同研究。

一、山城下1411号古墓

山城下墓区南距集安县城约5华里，是洞沟古墓群中高句丽古墓比较集中而保存状况较好的墓区之一。通沟河顺着深险的峡谷自东向西在丸都山城南墙下流过，并在山城的西南角折而向南，然后经国内城（今集安县城）西注入鸭绿江。山城下墓区正处在丸都山城南墙东段与通沟河之间一片平展的谷地上。这里多大型石墓和小型封土洞室墓，较大型的封土石室墓有8座。1411号古墓位于山城下墓区的西北角，往西约百米，是通沟大队第十二生产队的饲养所，著名的兄墓、弟墓、折天墓和龟甲墓均在其东南100～150米范围之内。

1411号古墓是一座封土石室的双室墓，坟垄呈截尖方锥形，每边长13.6、高约4米。坟垄东侧北部紧靠封土基根立有一石碑，碑身略微向一侧倾斜，底部湮埋在流失下来的封土中。从方位和碑底下没有平整的基础等情形看，这座石碑显然已被挪动过位置，原来有可能是立在坟垄顶上的。石碑系花岗岩质，呈上细下粗的八角柱状，顶部则琢作钝八角锥体状收尖。柱体的八边边长不等，形状不十分规则，但看起来却棱线齐直，石面平整，显得相当规整。顶部八角锥体直径0.48、高0.14米，柱体底部直径0.85、通高1.16米。碑身无刻字痕迹（图一、图二）。

1411号古墓的两个墓室东西并列，各有墓门和通道，方向南偏东2°。东墓室甬道早被打开。据群众介绍，西墓室甬道过去也是敞开的，后因雨水冲刷，今被封土堵死。我们仅调查、测绘了东墓室；西墓室未加清理，结构不详。

图一　山城下 1411 号古墓

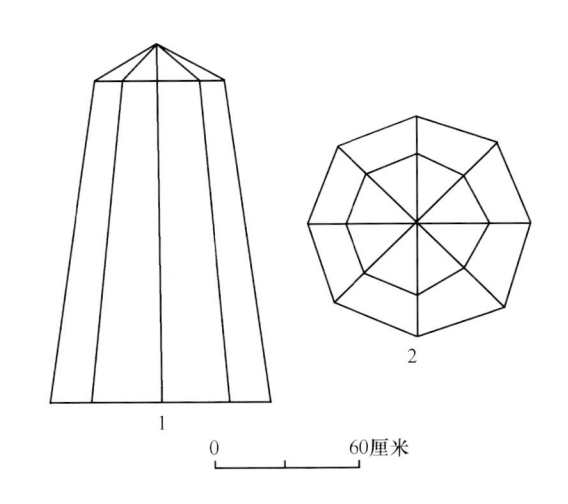

图二　1411 号古墓石碑正视俯视图
1. 正视图　2. 俯视图

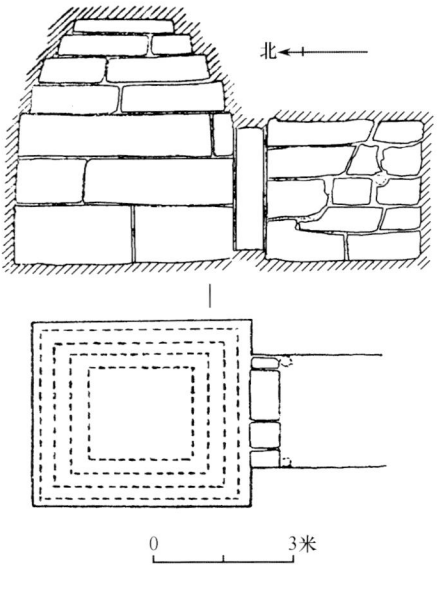

图三　山城下 1411 号古墓室平、剖面图

东墓室是由大块石材构筑起来的，石材加工粗糙，棱线不直，以略为平整的一面朝向墓室，缝隙勾抹白灰。墓室平面呈长方形，南北长 3.36、东西宽 2.02 米。墓室四壁略内倾，高 1 米，其上作四层平行叠涩藻井，而后加盖封顶石，总计举高 2.72 米。墓门设在南壁中部，以整齐的石板构筑，高 1.35、宽 0.9 米。左右门框为两块直立的石板，均宽 30、厚 15 厘米，其上横搭一石条作门楣，门槛由两块石条并砌，高 10 厘米。墓门外侧在紧贴墓门的甬道顶石和铺地石上各凿有两个圆形的门枢孔，安有向外对开的两扇石板门扉，一扇已毁，今存其一。甬道高 1.6、宽 1.2、进深 2.06 米，左右两壁以略加修琢的自然石条砌筑，顶部则以两块大石板盖封（图三）。

东墓室中未留下任何遗物。

1411 号古墓在洞沟古墓群中勉强算得上中等规模，构筑粗糙，应属高句丽中小贵族墓葬。此墓方向朝南，从已经打开的东墓室来看，顶部作平行叠涩四层的藻井，若以洞沟古墓群高句丽土坟形制演变的序列来比照，其年代约当 5 世纪中后期。

二、禹山下 1080 号古墓

1080 号古墓位于集安县城东太王公社禹山大队第一生产队村落中，西去约百米为生产队的饲养所。这里地当禹山南麓中部缓坡地带南缘，前隔大路，面临宽阔的平地。1080 号古墓及其周围的墓葬规模都比较大。在1080号古墓以西稍偏北，与之紧相毗连并排作一列的，有三座土坟；北稍偏东不远，又另有一座土坟。这些土坟在洞沟古墓群中属中上等规模。古墓北面坡地上残存有数堆砾石，为一座业已破坏了的石坟，规模亦颇不小。自古墓东去约50米，为1041号古墓，这是迄今所发现的唯一的一座绘有壁画的高句丽石坟。站在1080号古墓坟垄上眺望，西方平野上雄锯着两排高大的垄丘，即洞沟古墓群中几座最大的土坟"五盔坟"与"四盔坟"；东边岗阜状的砾石堆，则系高句丽古墓中构筑最宏伟的石坟太王陵。

1080号古墓是一座大型的封土石室墓，坟垄略呈截尖方锥形，周长约100、高约10米；唯因墓葬坐落在倾斜的坡地上，若从上坡看，坟垄并不显得如何高大。坟垄东南角保存有一块巨大而齐整的基石，表明封土的角隅曾施石材奠基，而且范围当略比今存的还要稍大一些。

此墓早年已被盗掘。盗掘坑口位于坟垄南侧中腰以上相当高的部位，盗掘坑垂直往下，在甬道口的封堵石墙上方打开一个阙口，直通甬道和墓室。当1976年7月初清理发掘的时候，盗掘坑早已堵塞；盗坑上部填土中倒置有一座石碑，碑身插在填土之中，方形底座朝天出露在外边。很明显，这座碑原来是立在坟垄顶上的，唯因被盗之后，坟垄顶上南侧的封土不断流失填入盗坑，遂致石碑向前倾覆，倒栽在盗坑之中。墓葬经清理之后，石碑被移至坟垄前的大路边。

石碑形状略如上圆下方的碣，由整块的花岗岩琢成，通高1.6米。扁矮的底座平面呈长方形，正面宽97、侧面宽73、高27厘米；碑身下部长宽与底座同，只是四角被齐整地劈去，故横截面呈截角的方形。碑身上八条棱线相当清楚，碑顶略圆收，但仍可隐约看到碑身八条棱线的延续线，而且圆收部分与碑面之间也尚可看出转折的棱线，碑顶中央刻有一阴线的八边形，其八角与碑身的八条棱线相对。由于碑身不高，而棱线和各个面又多少都向外弧曲，因此整个石碑在造型上给人一种敦实粗壮、丰隆饱满的印象。碑面风化剥蚀比较严重，淤痕甚多，然经试拓，却并未发现任何刻字的迹象（图四、图五）。

图四　禹山下1080号古墓石碑

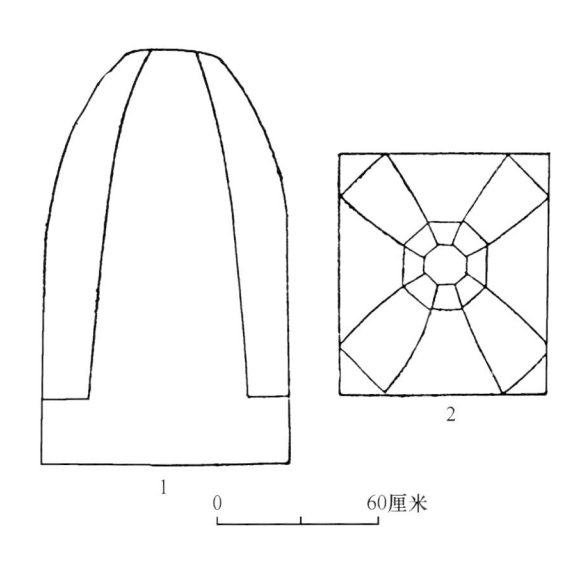

图五　1080号古墓碑正、俯视图
1. 正视图　2. 俯视图

与一般高句丽大型封土石室墓比较，1080号古墓在构筑上最鲜明的特点是，它的墓室和甬道系两个不相连接的单独部分（图六）。墓室用加工细致的巨型花岗岩石材筑造，而甬道则是作为墓室外面的附属部分加修的，其间有30厘米左右的间隙。这个间隙向上作穹形延伸，左右两翼则呈弧形伸展，团团包围着墓室建筑的前方。由于1976年清理的时候是循甬道进入墓室的，并未对这座墓葬进行全面揭露，所以，对于这个空隙是否包围着整个墓室建筑，暂时尚不清楚。

墓室宏敞而齐整，平面呈方形，方向南偏东5°，东西横宽3.1、南北进深3.15、举高2.95米。四壁墙面明显内倾，高2.45米。四壁之上置一重抹角叠涩顶石，呈斗四藻井，高45厘米。抹角叠涩顶石上方加盖顶石。由于盖顶石中央凿刻有一个深5厘米的方槽，所以由墓室中仰视，很像在抹角叠涩顶石上又加有一重抹角叠涩的双重抹角叠涩结构。在四壁上部中央距抹角叠涩顶石18厘米的地方，各有一洞孔，直径2.5、深45厘米；这样的洞孔在南壁相当墓室门洞的左右上角还各有一个。筑造墓室的花岗岩石材相当巨大，整个墓室建筑总共才用17块巨石。壁面以三层石材叠砌，每层用4块巨石：最下层石材每面一块，高度几乎占壁面的二分之一；第二层用四块巨大的角石，接缝正当每面中央；第三层与最下一层同样，也是每面用一整块巨石。顶部抹角叠涩顶石和盖顶石都是单块的。墓室建筑在用材上之所以能如此简洁和精确，说明对于石材的预制曾作过周密的设计。石材与石材之间的接缝平直而严密，其间施石灰勾缝，勾缝石灰的表面还曾经抹平。

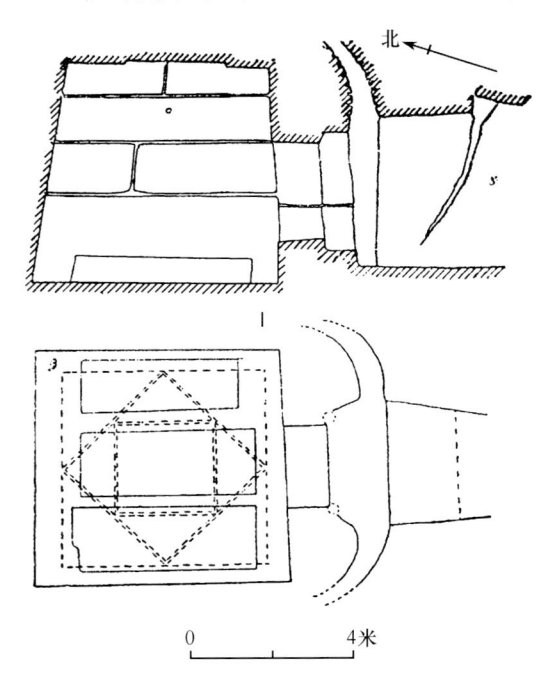

图六　禹山下1080号古墓平、剖面图

墓室中平行顺置南北向的石棺床三铺。中间和西边的棺床高而且大，各用一完整石材，只在两端用石灰抹平；东边的棺床底小，北端还拼接一小块石材，其间用石灰勾缝。西棺床长2.3、宽0.86、高0.3米；中棺床长2.2、宽0.85、高0.3米；东棺床长2.2、宽0.67、高0.14米。

通向甬道的门洞开在南壁正中。门洞底部高于墓室0.6、通高1.28、宽1.04、进深0.51米。门洞外接门道，门道底部低于门洞8厘米，顶部高出门洞16厘米，左右两翼还略微向外斜向增宽。在接连门洞的门道后端，安两扇向外对开的门扉，今已毁坏，仅见残破的石灰岩质门扉石板被弃置一旁。安门的方法是在门道顶部和底部石材上靠门洞的角隅凿出安门枢的洞孔，底部安门枢的洞孔中还嵌入一锻铁的"碗"，用以承枢。在门道左右安门部位的石墙上残存有石灰，表明墓门掩闭之后曾经加石灰封堵。

单独构筑的甬道距门道外口30厘米，外窄内宽，长2.7、宽1.2～1.65、高1.88米，底部低于门道0.2米。甬道左右用石灰岩砌造，上部以花岗岩石盖顶。甬道内口与墓室前面门道外口之间的间隙，左右两翼呈弧形围着墓室建筑的前方，上部则以小块石材砌成向墓室倾倚的穹隆形。甬道外部是折向左右两翼的挡土墙。垒筑挡土墙的石材加工粗糙，大小不等，在墙面凹下的地方还曾加木板填充，表面则统一用石灰抹平。

由于墓葬早年已被盗掘，清理时没有发现完整的遗物，仅在盗洞的填土中发现一些鎏金铜泡钉、鎏金铜饰钉、鎏金铜饰片、包金小环和长短不等的金丝线段。兹择要介绍如下。

鎏金铜泡钉　2件。仅在鼓起的圆帽表面鎏金，帽径3.3、一件通长8.2（图七，6）、一件通长4.3厘米。

鎏金铜饰钉　3件，形制大小同。均八棱柱状，一端稍粗，另一端减细。减细的一端斜收成尖锥形，稍粗的一端中有方榫，可供铆合。通长2.9、直径9.8厘米（图七，5）。

鱼尾形鎏金铜饰片　1件。残长6.6、通宽12.3厘米，两面鎏金，并都錾刻出鱼尾纹理。顺着饰片的边沿和錾刻的纹理，布有五排小孔，有的孔中尚残留有鎏金铜纽丝，纽丝前端的纽丝环上原来还缀饰着可以游动的鎏金小叶片，估计是一种冠饰（图七，1）。

圆形鎏金铜饰片　1件。面微鼓起，仅在鼓起的一面鎏金，表面以同心圆的布列锤鲽四圈凸起的云卷图案，勾连组成如蔓草状花纹。在周沿和中间部位钻有两圈小孔，孔中穿鎏金铜纽丝，纽环上缀鎏金圆叶片。直径4.9厘米（图七，4）。过去出土的高句丽鎏金器具和饰片除素面而外，装饰花纹的方法用镂空，并在镂空花纹的边沿錾小点式推刺纹，有的则施刻花，只有个别在背面锤鲽连点纹；像这种饰片那样以一种简单花纹作为基本单元组成繁复图案的锤鲽工艺，过去尚未发现过，很有可能是一种较晚兴起的工艺。

三角形鎏金铜饰饰片　2件，其中一件残。均两面鎏金，饰左右对称的镂空花纹，中间为尖瘦的心形花瓣，周围饰以卷草；沿镂空花纹的边沿錾有小点装饰。沿三角形边缘和片身上布有小孔，小孔中饰鎏金铜丝纽，并在纽环缀以圆形小叶片。底长6.7、高4.5厘米（图七，2）。与这种饰片装饰花纹相似的饰法还有一种，两端已残，从残存的轮廓看原来似作椭圆形。

链形鎏金铜饰片　1件，残。单面鎏金，主体部分略呈长方形，但两侧长边稍向外弧曲，表面微微鼓起，两端有方形穿孔，穿孔中各链接一稍稍鼓起的扁圆形饰片。主体部分和扁圆形部分均錾以小点组成的花纹，扁圆形部分錾蔓草纹，主体部分图案作双勾式卷曲，亦似蔓草纹。通长12.8、宽3.2厘米（图七，3）。

镂空鎏金铜饰片　1件，残。仅存呈圆弧形的部分边沿，通身镂空，以不对称的蔓草式花纹组成疏密均匀的图案，图案花纹中沿花纹走向錾以小点。

缀有叶片的鎏金铜纽丝环　3件。均在一圆形鼓起的小铜片中心钻三个小孔，小孔中各穿一鎏金铜丝，并将三股铜丝纽成四个呈枝状的纽环，其中一枝与鼓起的圆形小叶片垂直。圆形鼓起的小铜片周沿另钻有三小孔，可以缀钉。除此以外，另外还出土有不少鎏金铜质的小叶片，除此以外，另外还出土有不少鎏金铜质的小叶片，一般均两面鎏金，有的作圆形，有的作心形，有的还缀在残断的纽环上。可见在鎏金铜饰物上加纽环并缀以游动小叶片的装饰手法，在这座墓葬的饰物中是大量的。

锻铁枢碗　2件。作半球形，厚薄不均。其一径长14.7、厚约0.8厘米，另一件径长13.6、厚约0.5厘米。

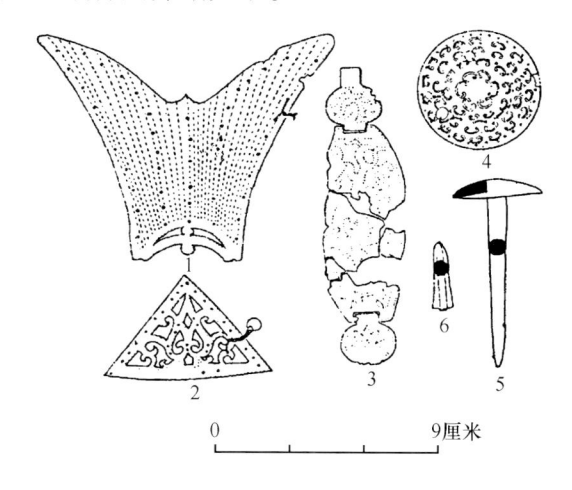

图七　1080号古墓出土器物
1. 鱼尾形饰片　2. 三角形饰片　3. 链形饰片
4. 圆形饰片　5. 饰钉　6. 泡钉

禹山下1080号古墓规模相当大，构造亦严谨。尽管残存遗物不多，仍给人一种庄重而辉煌的强烈印象。但若与洞沟古墓群中几座最庞大的土墓相比，显然还尚逊一筹，因此它不可能是一座王陵，而至多是一座王公贵胄的墓葬。至于其筑造年代，从藻井结构看，所采用的是高句丽后期流行的那种以简洁的抹角叠涩结顶的作法，与四神墓和五盔坟四、五号墓比较接近，只是它的第二重抹角叠涩被进一步省略成为只在盖顶石中央刻凿一方槽而已，因此大致当在6世纪中后期。

三、结　　语

迄今为止见诸报道的高句丽石碑总共才有两座，一座即著名的好太王碑，这座碑建于公元414年，耸立在集安洞沟太王陵东北，利用自然石材稍加修琢而成，略呈方柱形，碑体巨大，高逾6米，四面环刻碑文；另一座是1979年4月在朝鲜半岛南部忠清北道中原郡可金面龙田里立石村村口发现的"中原高句丽碑"。这座碑的形制与好太王碑十分相像，只是碑体矮小，高1.44米，碑文亦四面环刻，至于其年代，目前尚有争议，有的学者以为当属高句丽第二十代长寿王后期，有的则以当属第二十一代文咨王初期，大体当在五世纪末叶。这次在1411号古墓和1080号古墓上所发现的两座石碑使我们了解，在古代高句丽既有环刻碑文的石碑，又有不刻铭文的石碑，除了那种略加修琢的、古朴简拙的方柱形石碑之外，也还有琢造工细的碣形和上细下粗、顶端收成八角锥状的八棱柱形等多种样式的石碑，从而大大丰富了我们对于高句丽碑刻的知识。

根据好太王碑碑文和这两座安有石碑的高句丽古墓所提供的资料，我们拟对高句丽"墓上立碑"的先后情况略作考察。

好太王碑碑文在最后有这样一段记述："自上祖先王以来，墓上不安石碑，致使守墓人烟户差错。唯国冈上广开土境好太王尽为祖先王墓上立碑，铭其烟户，不令差错。"这段文字表明：

第一，高句丽王陵置守墓人守墓洒扫，是一项由来已久的制度，但在好太王当政（公元392～412年）之前，绝无在墓上立碑的先例；

第二，墓上立碑在高句丽发端于好太王当政时期；

第三，墓上立碑起初大抵只限于高句丽王陵；

第四，好太王是高句丽第十九代王，因此所谓"尽为祖先王墓上立碑"，意味着好太王建立的第一批高句丽墓碑至少应有18座；

第五，高句丽墓碑是维护守墓制度的产物，具有相当特殊的性质，在墓上立碑是好太王鉴于守墓人烟户不断发生差错而采取的一项措施，其目的是为了铭记烟户，强化对守墓人的控制和束缚；

第六，第一批墓碑均铭刻有碑文，碑文中不可缺少的主要内容应当是当时分别为每座王陵所规定的守墓人烟户清单。

以上是从好太王碑碑文中窥见的好太王时期高句丽"墓上立碑"初兴阶段的大致情况。至于"墓上立碑"的具体方式，由于新发现的墓碑确有立在坟垄顶上的迹象，推想当时墓碑很可能真是立在"墓上"即坟垄顶上的。

关于好太王之后高句丽"墓上立碑"的情形，首先引起人们注意的是好太王碑本身。这座碑是高句丽第二十代长寿王于好太王薨后两年建立的，不只形制比较特殊，尤其是碑文内容与通常的墓碑很不一样，它除了记述高句丽建国神话、王族世系和好太王生平业绩之外，还以400多字的冗长篇幅不厌其详地刻记了 330 家为太王陵守墓的守墓人烟户清单，包括这些守墓人烟户的身份、来源以及具体职守（"国烟"或"看烟"）等。若将这部分文字加上内容与之相关的碑文最后一段叙述好太王如何整顿守墓人烟户、墓上立碑的缘由以及严禁擅自买卖守墓人的规定等，总计数可达 637 字，整整占据全部碑文的 36%。这一显著比重提示我们：好太王碑并非像一般所认为的那样仅仅只是一座铭记好太王勋绩的纪功碑，守墓人烟户这部分重要内容对于这座碑来说绝不是可有可无的，正相反，铭记守墓人烟户恰恰是树碑的重要目的之一。从考察高句丽"墓上立碑"性质的角度来看，好太王碑不外是一座地地道道的高句丽式墓碑，它与好太王为祖先王所立的墓碑一样，显然也具有"铭其烟户，不令差错"的特殊性质。因此我们认为，好太王碑本身生动地证实，好太王时期兴起的在祖先王墓上立碑的措施，至 5 世纪初长寿王当政初期仍然在继续实施着，而且其性质也并无丝毫改变。只是由于这座巨碑碑体过分庞大，不便立在坟垄顶上，故而不得不将之改立在墓侧而已；另外，好太王碑碑文中除了守墓人烟户清单而外，也还记述了许多别的内容，这一点或与好太王为祖先王墓上所立的碑刻是略有区别的。

如果说好太王碑碑文向我们阐述了高句丽墓碑初兴阶段的情况，好太王碑本身又向我们显示了长寿王执政之初高句丽继续为祖先王墓上立碑的事实，那么 1411 号古墓和 1080 号古墓的资料进而告诉我们：至迟到 5 世纪中后期开始，墓上立碑在高句丽已不再限于王陵，有不少中小贵族也都相继在墓上立碑，这种情形至少一直延续到 6 世纪中后期。

遗憾的是 1411 号古墓和 1080 号古墓墓碑上均无铭文，因而很难遽然对这两座墓碑的性质作出具体判断。我们推测，这两座墓碑很可能与高句丽王陵上的碑刻一样，也是用以标记守墓人烟户的。因为高句丽贵族墓葬与王陵同样，也从很早开始就有守墓人的设置[1]；既然王陵的守墓人烟户有发生差错的情形，那么贵族墓葬的守墓人烟户自亦会有类似的问题；所以，当高句丽王族采取在"墓上立碑"，"铭其烟户"的措施来防范守墓人烟户继续发生差错时，高句丽的贵族也自会跟着如法照办，这完全是情理中事。1411 号古墓和 1080 号古墓上的石碑，虽然年代比高句丽在王陵上立碑的 4 世纪末至 5 世纪初稍晚，但终究都属高句丽墓碑，与高句丽所特有的"墓上立碑"制度是一脉相承的，尤其像 1411 号古墓及其石碑，上距 5 世纪初并不太远，因而不太可能只效法和承袭了墓上立碑这种形式，而丝毫不顾及这一措施的实质和意义的。至于这两座墓碑上都未见文字的原因，我们从古代墓志常常有书而不刻的情形受到启发，推想这两座墓碑或亦与之类似，唯因年代久远，书写的碑文今已泯灭无存了。

当然这两座墓碑也可能原来就未曾书写过任何碑文，不过这种可能性是相当小的。

注　释

[1]　《三国史记·卷十六》："（新大王）十五年（公元 179 年）秋九月，国相（明临）答夫卒，年百一十三岁。王自临恸，罢朝七日。乃礼葬于质山，置守墓二十家。"

（原刊于《考古与文物》1983 年 2 期，42~48 页）

集安高句丽墓葬发掘简报

集安县文物保管所

为了配合集安县修建自来水净水厂的需要，集安县文物保管所，在吉林省文物工作队的指导下，从1979年10月10日到11月2日，共清理发掘了31座高句丽墓葬。参加这次清理发掘的人员有林至德、阎毅之、赵书勤、孙仁杰、迟勇等同志。现将这次发掘情况分述如下。

一、墓葬的位置和形制

这批古墓位于距县城北1.5公里、禹山西端的"转山子"顶部和东侧的坡地上。31座墓葬，均遭到严重破坏，墓圹中的遗物甚少。为了便于叙述，按其自然地形由坡下至坡上分为三级台地，墓号是依1965年"洞沟古墓群"测绘的统一编号。

在31座古墓中，积石墓28座、封土洞室墓3座（图一）。积石墓多筑于转山的第三台地和第二台地，封土洞室墓分布在第二台地和第一台地。

在28座积石墓中，按古墓的结构可以归纳为两式。

Ⅰ式：18座。这些墓均用石块堆积，近似正方形，长、宽9~10米，残高0.6~1.15米。未发现圹坑，遗物极少。

Ⅱ式：10座。形制与Ⅰ式基本一致，主要区别在于有无阶墙，现以M195号为例。

M195位于"转山子"的第三台地南端。是一座近方形的中型积石墓，每边长16米，残高1.4米，方向150°。墓顶已夷平，中间有一塌陷坑。其结构：先用大小石块将墓基铺平后在中央用石块堆砌无规则的墓圹，南北最长2.8、东西最宽2.6米，圹底高于地面20厘米。在墓圹外四周，由低处逐渐向高处，由内向外堆砌相距不等的无规则的阶墙。在M195号的北侧是"转山子"的高端，南侧逐渐低下，由于北高南低是顺山而筑，因此南面六道，东西北面各三道，中间空隙填充大小砾石。这样堆筑阶墙可以阻挡石块从上面淌下来，从而加固墓基。最后用石块全封墓顶成一丘状。围墙外侧有加固的石块，因边缘颓圮，原有几层石块，已不可知（图二）。

封土洞室墓3座。墓室底距地表深60~80厘米，室壁皆用石块垒砌，上面盖以大石板，最后用黄土封顶，形成丘状。M181号外部用不规整石条堆砌，未发现基坛，由于年久封土大部流失，砌石

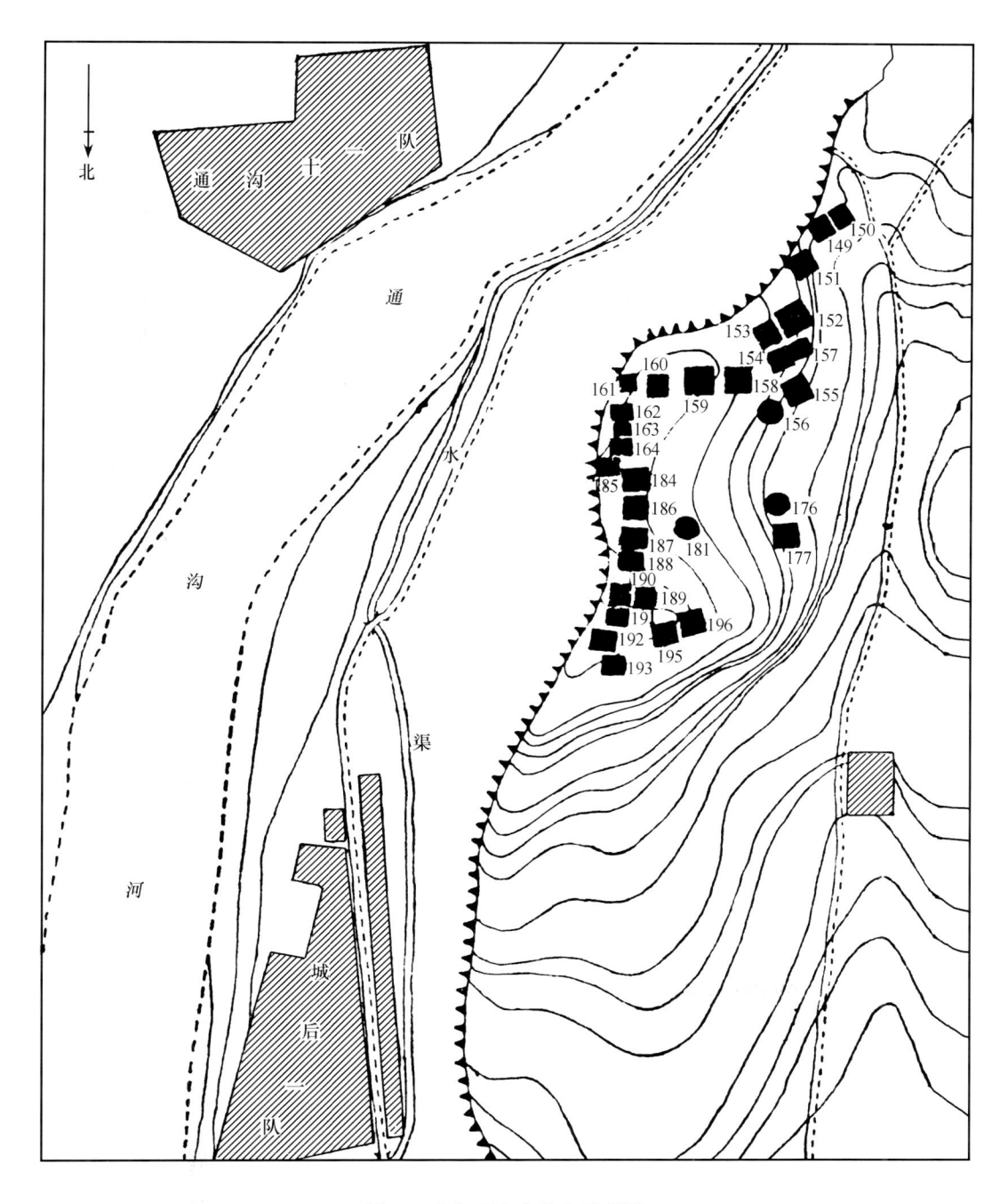

图一　高句丽古墓分布示意图

基本暴露在外，墓室内积满淤土，一大块盖顶石已倾斜塌下。墓室呈长方形，东西长2.4、南北宽1.8米，墓室用块石垒砌，壁面较整齐，由壁基向上逐层内收，壁残高0.6~1米，墓底铺层砾石，厚约20厘米。墓门方向140°。墓道紧靠墓室南壁，墓室成刀形，墓道宽0.9、长1米，有一块顶门石封堵。在墓室有头盖骨2块和腿骨两段，葬式不明（图三）。由于墓室早经破坏，出土遗物很少。

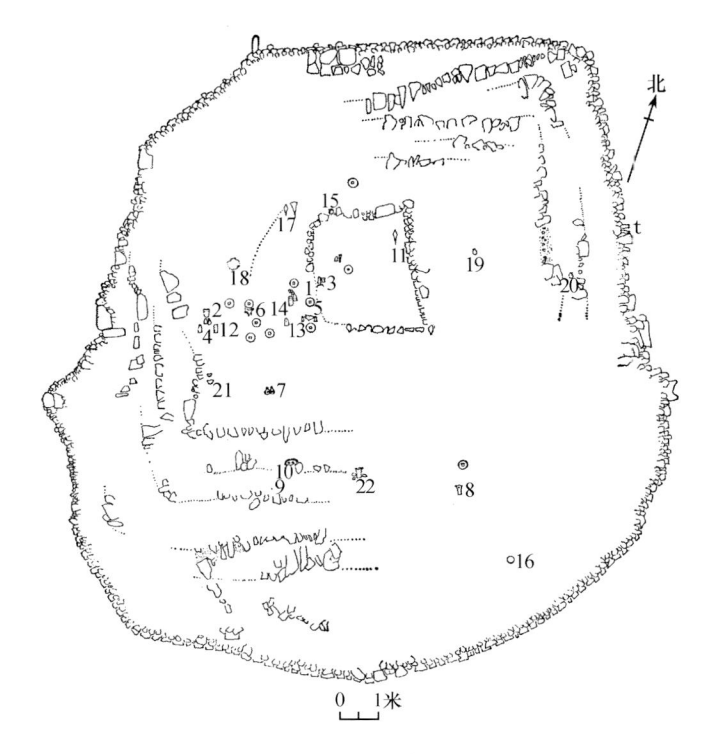

图二　M195 平面图
1. 半两钱　2~6、8. 鎏金饰件　7. 铜铃　9、10. 铁件　11、17. 铁箭头　12~14. 铜饰　15. 铁圈　16. 铜铃　18. 带首片　19. 陶瓶　20、21. 陶罐　22. 陶豆

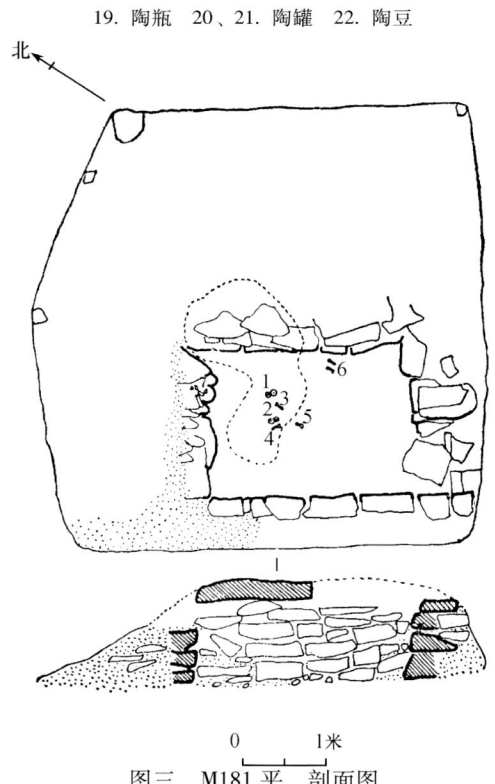

图三　M181 平、剖面图
1、2. 陶珠　3~6. 人骨

二、随葬器物

随葬器物大部分在Ⅱ式积石墓中，有陶器、铜钱、鎏金铜器、铁器、玉器等（表一）。

表一 31 座墓葬登记表

单位	墓葬类型	玛瑙珠	陶器 壶	罐	瓶	纺轮	陶珠	鎏金铜器	钱币 五铢	剪郭五铢	半两	铁器 釜	镰	锛	铁环	把铜	挂钩	甲片	带卡	环首刀	镞	计
M149	积Ⅰ	8	1																			9
150	积Ⅰ							3														3
151	积Ⅱ	1						3							4							8
152	积Ⅱ			2				14												1		17
153	积Ⅰ																					
154	积Ⅰ																					
155	积Ⅰ																					
156	土																					
157	积Ⅰ																			1		1
158	积Ⅱ				1			1														2
159	积Ⅱ	4						14							4			2			2	26
160	积Ⅱ							10							2	1						13
161	积Ⅰ																					
162	积Ⅰ																					
163	积Ⅰ																					
164	积Ⅰ			1																		1
176	土																					
177	积Ⅱ							1								10						11
181	土						5															5
184	积Ⅰ																					
185	积Ⅰ																					
186	积Ⅰ																					
187	积Ⅰ							1												1		2
188	积Ⅰ	3						2														5
189	积Ⅰ																					
190	积Ⅰ																					
191	积Ⅱ								1	1	1											3
192	积Ⅱ																					
193	积Ⅰ																					
195	积Ⅱ			2		1		14	30	2	1									1		51
196	积Ⅱ		3	1				6														10
合计		16	3	7	1	1	5	69	30	2	1	1	1	1	10	10	1	2	1	1	4	167 件

1. 玛瑙珠

共 16 件。在集安"洞沟古墓群"中首次出土。均出于圹内，按其形状和色地分为三式。

Ⅰ式：1 件。呈六棱台状，橘黄色，细穿孔，长 1.7、端径 0.5 厘米。

Ⅱ式：12 件。呈扁圆形，橘红色，珠身有一穿孔，圆径为 0.5、长 0.7 厘米。

Ⅲ式：2 件。呈椭圆形，橘红色，珠身有一小孔，长 1.4、直径 0.8 厘米。

2. 陶器

共 17 件。其中已复原 6 件，残片能辨认出器形的 11 件。

陶壶　3 件。夹砂红褐陶，胎较粗糙，圆肩鼓腹，素面，按其器形分为二式。

Ⅰ式：2 件。四耳陶壶，长颈卷唇喇叭口，有肩腹相接处有桥状四横耳，假圈足，小平底。M196 出 1 件，口径 13.8、底径 6.6、通高 25 厘米（图四，1）。另件已残。

Ⅱ式：1 件。肩部有对称的拱形耳和錾状耳各两个，高领敞口，平底，口径 13.2、底径 8.4、通高 20.4 厘米（图四，2）。

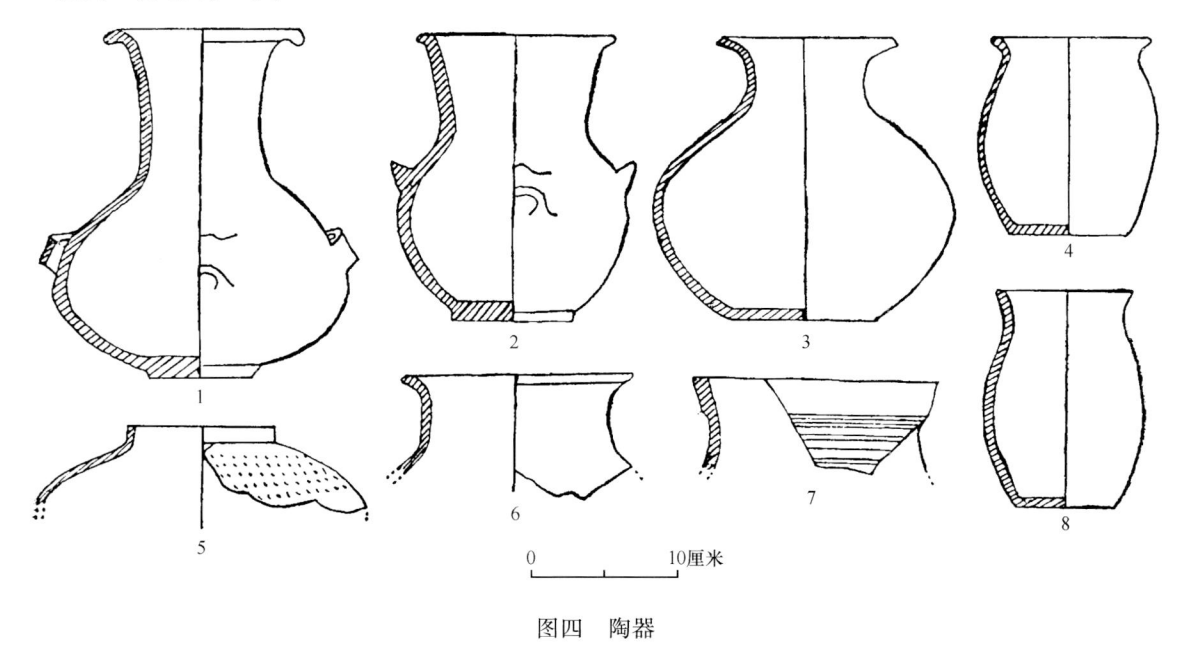

图四　陶器

1. Ⅰ式壶（M196:18）　2. Ⅱ式壶（M196:15）　3. Ⅰ式罐（M195:33）　4. Ⅱ式罐（M152:3）　5. Ⅲ式罐（M164:2）
6. Ⅵ式罐（M149:9）　7. 瓶（M158:11）　8. Ⅱ式罐（M196:8）

陶罐　7 件。按其器形分为四式。

Ⅰ式：2 件。夹砂黄褐陶。侈口，展唇，鼓腹，平底，两件还有大小之别，M195 出 1 件，口径 13、底径 95、通高 20 厘米（图五，3；图版一四，1）。大的口径 20.5、底径 16、高 32.5 厘米，腹部有草叶纹的痕迹。

Ⅱ式：2 件。夹砂。圆腹，平底。一件黄褐色，无肩，侈口，口径 10.6、底径 8.6、通高 14 厘米（图四，4）。另件红褐色，口径 9.6、底径 7、通高 15 厘米（图四，8）。

Ⅲ式：1 件。夹砂灰褐陶。仅存口沿及腹部，短颈直沿，鼓腹，在近口处饰点纹五周。这种器形在高句丽墓葬里首次出土（图四，5）。

Ⅳ式：2件，仅存残片。一件粗砂黄灰陶，直颈侈唇（图四，6）。

另一件夹砂灰白陶。直领，口沿外侈，平唇，圆肩鼓腹，小平底，陶胎较薄，质地坚硬，火候较高（图五）。灰白陶在高句丽墓葬中，还是首次发现，对于研究高句丽陶工艺提供了实物标本。

残陶瓶　1件。夹砂灰白陶，陶胎较厚。平口厚唇，束颈，在颈部有五道凸弦纹（图四，7）。

陶纺轮　1件。夹砂黄褐色，长2、扁径4厘米。

陶珠　5件。夹砂灰褐陶，呈椭圆形，珠耳有穿孔，长2～3.5厘米。

3. 鎏金铜器

共68件。多属马具、装饰品等。

鞍饰　2件。均残，一件方形，另一件呈梯形，有镂孔方格。方形残件边沿有一排小孔；梯形残件边沿有2个铆钉（图六，1）。

马饰　2件。一端呈直角，另端方圆形，边缘有压条，框角各有一铆钉，框内饰水鱼纹（图版一四，2）。

鞍桥压条　1件。呈拱形，宽0.09厘米，上面有9个铆钉，在铆钉间缀有小圆泡，与铆钉帽相似（图六，5）。

带环　1件。椭圆形悬环，环身为长方形小牌，正面饰曲线纹，两侧连弧形，有四个对称镂孔卷云纹，四角各有一个铆钉，背有系结皮革的痕迹，长3.7、宽2.8厘米（图六，6；图版一四，3）。

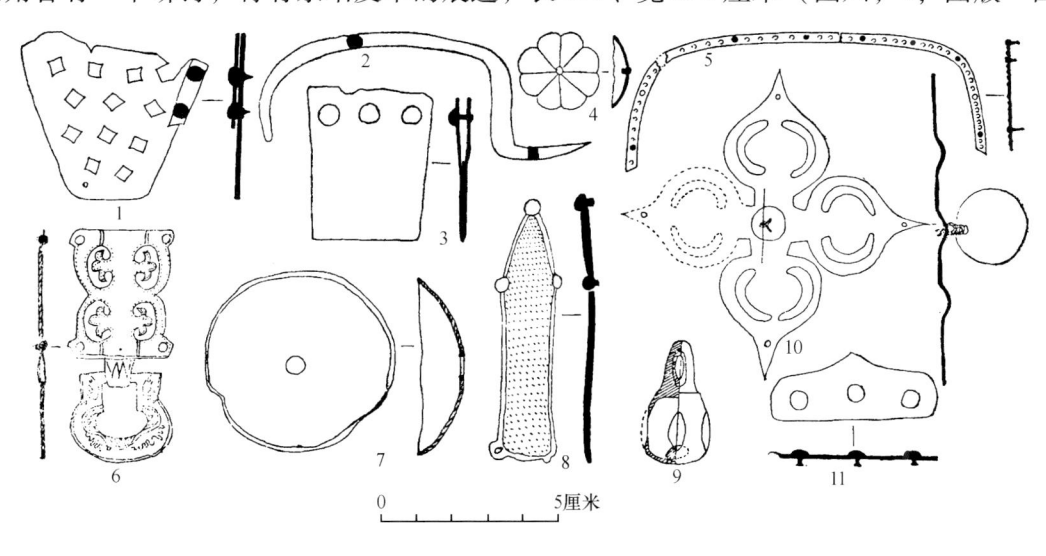

图五　Ⅳ式陶罐（M195∶32）

图六　铜器
1. 鞍饰（M160∶2）　2. 弓形挂钩（M158∶2）　3. 铊尾（M195∶12）　4. 伞形饰件（M159∶10）　5. 鞍桥压条（M152∶8）　6. 带环（M152∶10）　7. 铃盖（M159∶8）　8. 盔片（M151∶24）　9. 铃（M195∶16）　10. 桃形饰件（M160∶8）　11. 带首片（M195∶18）

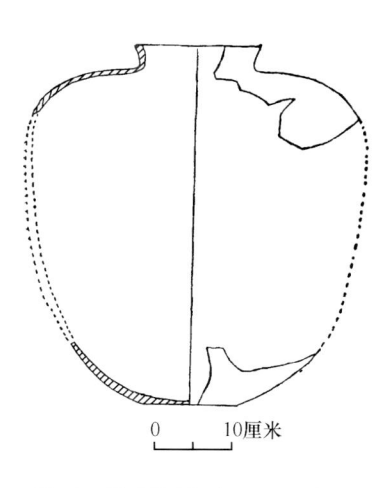

伞形饰件 5件。呈八瓣伞状，直径2厘米，内镶嵌一钉（图六，4）。

铃盖 2件。一个呈浅碗形；另个浅碟状，当中均有一孔，直径长5.2厘米（图六，7）。

桃形饰件 1件。呈柿蒂形，似桃状（残一瓣）中间有一铜丝，系结一个圆形铜片（图版一四，4；图六，10）。

鸟形饰件 1件。似鸟形，张口展翅，鸟身饰锥点纹，头尾各有一孔（图版一四，5）。

铊尾 2件。一大一小，将铜片折叠双层，平面呈梯形，大的宽端有3个铆钉，小的宽端有2个铆钉，将革头夹在宽端中，用铆钉固定（图六，3）。

带首片 1件。一端是方形，另端呈山状，上面有三个铆钉（图六，11）。

铜铃 2件。铃为不规整的球状，铃身带有对称的四个长条形镂孔，内有一小球，上端有一圆孔扁鼻（图六，9）。

耳环 1件。细扁条鎏金，做成圆状，直径为2厘米。

铜圈 2件。一件直径2厘米，断面呈半圆形；另一件直径为2.5厘米，断面呈圆形。

盔片 1件。呈扁片锥形，正面饰刺点纹，下端两角和中部两侧各有一对铆钉，尖端也有一铆钉，为固定于盔上。长7.6、宽1.4厘米（图六，8）。

弓形挂钩 2件。长13厘米（图六，2）。

铜珠 3件。均呈扁圆形，大小不同，珠身有一穿孔。圆直径0.6~1.5厘米，扁长4~8厘米。

4. 铜币

M195号墓出土铜钱33枚，其中半两1枚、五铢钱32枚（内有剪郭五铢2枚），均在圹坑西南角出土。半两钱直径2.3厘米，重1.75克，应是文帝半两（图七，1）。五铢有四汉五铢，也有东汉五铢（图七，2、3）。

5. 铁器

釜 残甚，无法复原，但能辨认出方唇，圆腹，圆肩。在腹部有一周约0.5厘米的穿棱线，与以往出土的高句丽釜的器形不同（图八，7）。

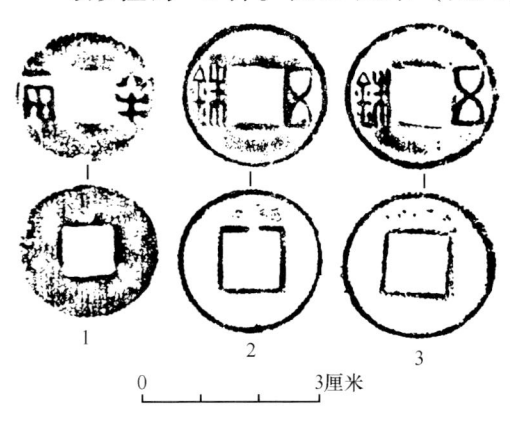

图七 铜钱（M195）拓本

镰 1件。镰身弯曲，略如新月形，末端卷曲以穿把，尖部稍残。长22、宽2.5~2.6厘米（图版八，6；图八，6）。

锛 1件。长方形，一面刃，上部中空有銎，长11.3、宽7.5、刃宽9.2、銎长2.5、銎宽1.6厘米（图八，1）。

铁环 10件。分二式。

Ⅰ式：2件。环径呈扁圆，大的直径8.3、小的直径4厘米。

Ⅱ式：8件。环径呈圆形，大的直径4.5厘米，小的直径3.5厘米。

把镯 10件。均呈扁方铁把镯，大的长8厘米，小的长7厘米（图八，3）。

弓形挂钩 1件。长8.5厘米（图八，5）。

甲片 2件。分二式。

Ⅰ式：1件。平面为长方形，四角钝圆，甲片通身向背面略弯曲，片上有小孔9个四组。长4、宽2.5厘米（图八，4）。

Ⅱ式：1件。平面略呈梯形，左上端稍残，此片较大，可能是前胸或后背的甲片。长13、上宽7、下宽8.2厘米，甲片上有12个小孔6组。

带卡　7件。一端为圆形，另一端是长方形，上有自由转动的机针（图八，2）。

环首刀　1件。仅存刀柄段，柄端有一环，扁圆形。

镞　4件。各不相同，M159:16，三翼形，长6.7厘米，上端平齐，下端渐收为锥形，由中铤分出三翼，每翼中部有一椭圆孔（图八，9）；M195:21铲形，长8厘米；M159:23长扁形，中间略起脊，长9厘米。M157:37菱形，长15厘米（图八，8、10、11）。

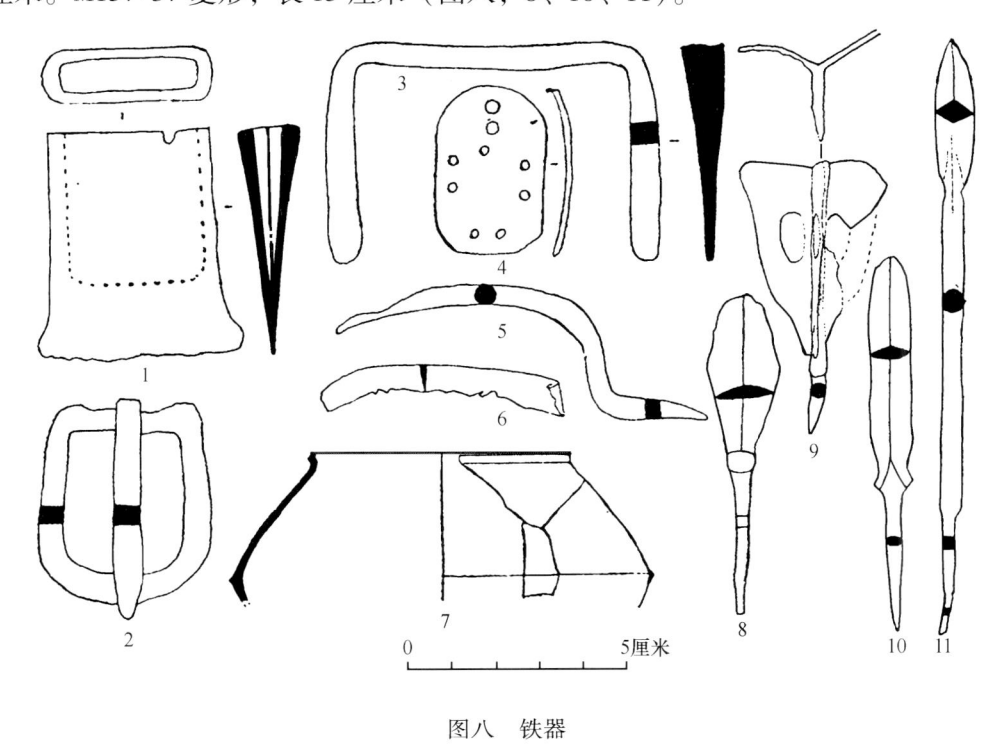

图八　铁器

1. 铁锛（M191:5）　2. 带卡（M187:1）　3. 把锔（M177:1）　4. 甲片（M159:14）　5. 弓形挂钩（M160:6）　6. 铁镰（M191:2）　7. 铁釜（M191:1）　8～11. 镞（M195:21、M159:16、M159:23、M157:37）

三、几点认识

这次发掘31座高句丽墓葬，依据墓葬结构和结合出土器物谈我们的几点认识。

第一，积石墓Ⅰ式是由河卵石或自然石堆积而成，一般的比Ⅱ式矮，最高的1.5米左右，这种类型是高句丽早期的一种墓葬形制。Ⅱ式墓有阶墙，一般比较高大，最高者达到3米，阶墙的作用可能是为垄起积石，应比Ⅰ式晚些，是向方坛积石墓和方坛阶梯石室墓发展演变的一种过渡形制。

高句丽积石墓，墓葬排列大体有序。如在第一台地上，M149、150、151、152从北往南排列成行；在第二台地上，M158、159、160东西依次排列。可以看出，可能是家族墓地，是有规律的埋葬。

第二，这批墓葬里出土的夹砂陶器，多为手制，也有个别陶器为轮制。在 M196 号出土 3 件陶壶，素面红褐陶，高领四耳喇叭口，腹短圆，其形制较为特殊。与此墓毗邻的 M195 号出土的素面灰白陶残罐，直领平唇，陶表磨光，近似原始瓷器，均在"洞沟古墓群"中首次出土，为探索高句丽陶器的发展演变与墓葬的断代提供了线索。高句丽的陶器，早期是红褐陶或灰白陶，逐渐发展为灰陶或黄陶以及黄釉陶所代替；质地由粗糙素面逐步发展为陶壁坚硬，纹饰匀称；陶器造型由高领四耳喇叭口，发展为短颈宽唇沿四耳，腹部由矮圆发展成鼓腹。因此可以看出其制陶工艺的发展演变过程，也可以看出这批陶器是高句丽前期墓葬的遗物。

第三，这批鎏金铜器均出土在积石墓中，这就说明在高句丽前期将鎏金铜器用在生活用具的装饰和马具的装饰已很普遍了，并在制作技术和工艺方面有了较高的造诣，且延续时间较长。M152 号出土一件鎏金铜带环与洛阳西晋墓出土的鎏金铜带环不论从器形和纹饰，甚至器身的大小几乎完全一致[1]。很可能是从中原输入的，或者是仿制中原的。

第四，M191 中出土的铁釜、铁镰、铁锛为首次发现，与洛阳烧沟汉墓出土的器形十分近似。很可能是模仿汉代器物铸造的，也或许是高句丽与中原贸易来往输入的产物。

第五，M195 号出土一批铜钱。高句丽墓葬、遗址中出土铜币是屡见不鲜的[2]，但从未发现高句丽自己铸造的地方货币，因此不难看出高句丽是普遍通用中原的货币。

依据上述墓葬形制、出土器物及参照以往发掘的墓葬，这批积石墓 I 式早于 II 式，应是高句丽前期的墓葬，这两式墓葬形制是互相衔接，又是同时并存延续到很长时期，其相对年代大致属于公元 3 世纪初到 3 世纪末。

第六，这次清理出土有一部分随葬品，散置在墓圹外侧，这是积石墓的普遍现象。据《北史》载云："埋讫取死者生时服玩车马置墓侧，会葬者牟取而去。"[3] 与史料完全相符，因而对高句丽的葬俗有了进一步的了解。清理这批墓葬为今后排比高句丽积石墓的形制与时代以及社会生活、葬俗等提供了实物资料。

执　笔：林至德　阎毅之　赵书勤

注　释

[1] 夏鼐：《考古学和科技史》，科学出版社，1979 年，126 页。
[2] 古兵：《吉林集安历年出土的古代钱币》，《考古》1964 年 2 期。
[3] 《北史》卷九十四《高句丽传》。

（原刊于《考古》1983 年 4 期，301～307、295 页）

集安洞沟三座壁画墓

李殿福

1966年上半年，吉林省集安洞沟古墓群的封土石室墓中发现三座壁画墓（JSM332、JSM983、JWM1368），我们遂即进行了清理。现将清理情况简报于下。

一、山城下墓区332号封土石室壁画墓

JSM332位于洞沟古墓群山城下墓区之南，禹山西麓，西距洞沟河约百米，是禹山西麓坡地封土石室墓当中较大的一座，亦是山坡古墓当中最为上坡的一个。在其东南约30米处，有一大积石墓。在其西面有墓直至山下，共七排，南北成行，多为封土石室墓，且多遭受破坏。

（一）墓室结构

为截尖方锥形的封土石室墓，是黄色黏土间杂少许小石块的土石混封墓。封土现高出地面4米左右，其底盘直径约10米。墓顶封土已失，露出盖顶石且被盗掘者凿去大半，形成一盗洞，通向墓室。墓分墓道、甬道、两个耳室和一个主室四部分（图一）。方向150°。

墓道南向，残长2米许。墓道后接甬道，相接处有封堵墙，用石块垒筑，以白灰灌浆，异常坚固，上部被盗掘者拆掉。甬道全长3.8米，两壁微向内倾，上以三块大石板盖顶。底与墓底平齐。两壁、底及顶均抹以白灰。甬道内口即墓室门，尚有门的痕迹，从迹象看，墓门在上面置门楣，分内外两个，中间夹门枢。因两侧上面皆有门枢的痕迹，外门楣与门枢等高而低于内门楣，可推知是采用两扇相合的门扉。门上宽0.8、下宽0.96、高1.64米。

甬道两侧在距内口1.06米处各设一长方形耳室，东耳室宽0.58、进深0.95、高1.42米；西耳室宽0.58、进深1.04、高1.42米。耳室各壁均向内倾斜，各壁及顶与底皆抹白灰。

墓室近方形，壁长3.18~3.26米。四壁微内倾，南壁高1.53米，上面作梁枋，梁枋伸出墙面5~10厘米，高30厘米。故南壁高1.83米，余三壁各高1.9米。四壁之上，九层内收的平行叠涩与巨石盖顶构成墓室藻井（参见图四，1），每层平行叠涩内收约10、高12~15厘米。墓室通高3.24米。

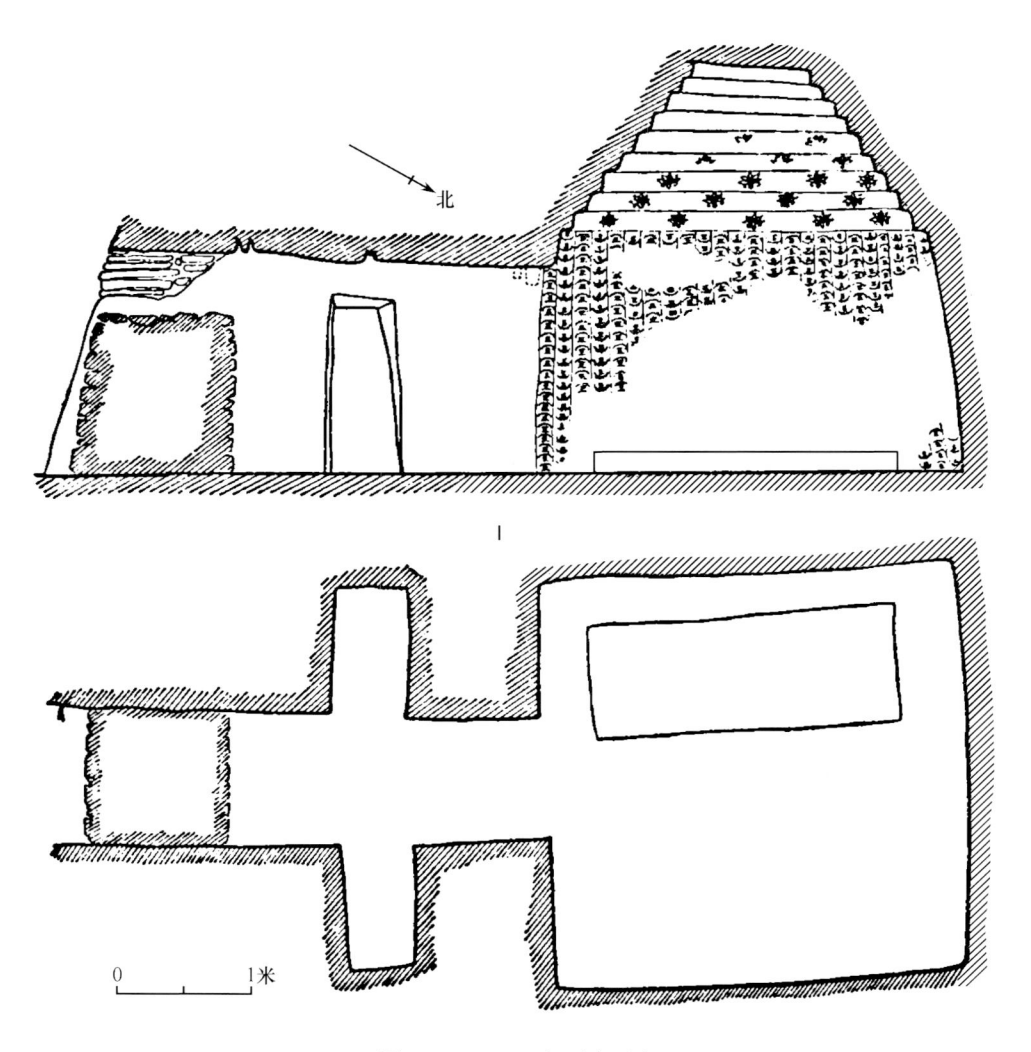

图一　JSM332 平、剖面图

墓室西部距西壁 40 厘米处置一南北向棺座，用石块垒砌，北高南低，中部微凹。外抹石灰，周边棱角凸起。南北长 2.35、东西宽 0.95、高 0.16 米。

墓室四壁、藻井以及墓底均抹白灰，厚 1～3 厘米。墓底北较高，南略低。在墓底白灰面破处，发现铺有木炭，以防潮湿。东、西、北三壁上各有六个方形的钉孔，深约 5 厘米，间距 40～50 厘米。可能为系挂幔帐壁衣之钉孔。

室内有两处火烧痕迹，淤土中发现少许肋骨、髋骨及肢骨的残段。

（二）壁　画

墓室四壁、藻井及甬道两壁均绘有壁画。

墓室四壁满绘云纹和"王"字组合成的图案（图二），上部刻划等分，下部联以墨线。红色云纹和黄色隶书的"王"字、绿色云纹和黑色隶书的"王"字分别以竖行相间。每壁 24 行，每行 20

余组，整个墓室约有 2000 余组。唯墓门西段第二行绿色云纹和红色隶书的"王"字与其他各行相异，而且第二字到第八字为隶书的"工"字，以下又复为"王"字。

在藻井第一层下棱，影作墨色梁枋，其上各层在白灰墙上刻划起稿绘侧视莲花，多为五瓣，涂以土黄或红色花蕊，墨线勾勒。

二耳室通往墓室的甬道两壁，各绘一射骑朝墓门方向奔驰。东壁青马，骑者着合衽红缘黄上衣，束腰，红裤，身佩箭囊，内装四支箭，张弓欲射（图三，1；图四，2）。乘骑前方及下部漫漶不清。西壁赤马，骑者头戴红色折风，后脑束发，着合衽红缘黄上衣，束腰，黄裤。反身向后，张弓射击追扑而来的虎，虎身大部剥落（图三，2）。此骑右下，画一女人，着黄色红点的长裙，手捧一兽蹄足的案，上置一器物，外黑内红。

因雨水从墓顶盗洞流入，壁画多已漫漶，耳室白灰墙面全部剥落，有无壁画不知。

图二　JSM332 墓室西部壁画

图三　JSM332 甬道壁画摹本
1. 东壁射骑图　2. 西壁射骑图

（三）随　葬　品

1. 陶器

四耳壶　1 件。泥质灰陶，质地坚硬，手制轮修。圆唇平沿，有领广肩，鼓腹平底，附有四个桥状横耳，肩上有两道压印弧线纹。口径 22.4、通高 30 厘米。出土在墓室东南隅（图四，3；图五）。

2. 铁器

门环　2 件。大小相等，由铁环和门鼻套接组成，门鼻的铁钉 5 厘米处转脚，得知门板的厚度为

5厘米。铁环直径10厘米（图四，9）。分别出在甬道内口和墓道淤土内。

钩　4件。大小相若，形式相同。通长21厘米（图四，8）。成对出在墓室淤土内和墓道的淤土内。

圆帽钉　8件。其中三件已残。钉呈四棱锥体，多已朽蚀，通长13厘米，其中一件的圆帽外包银（图四，5、6右）。

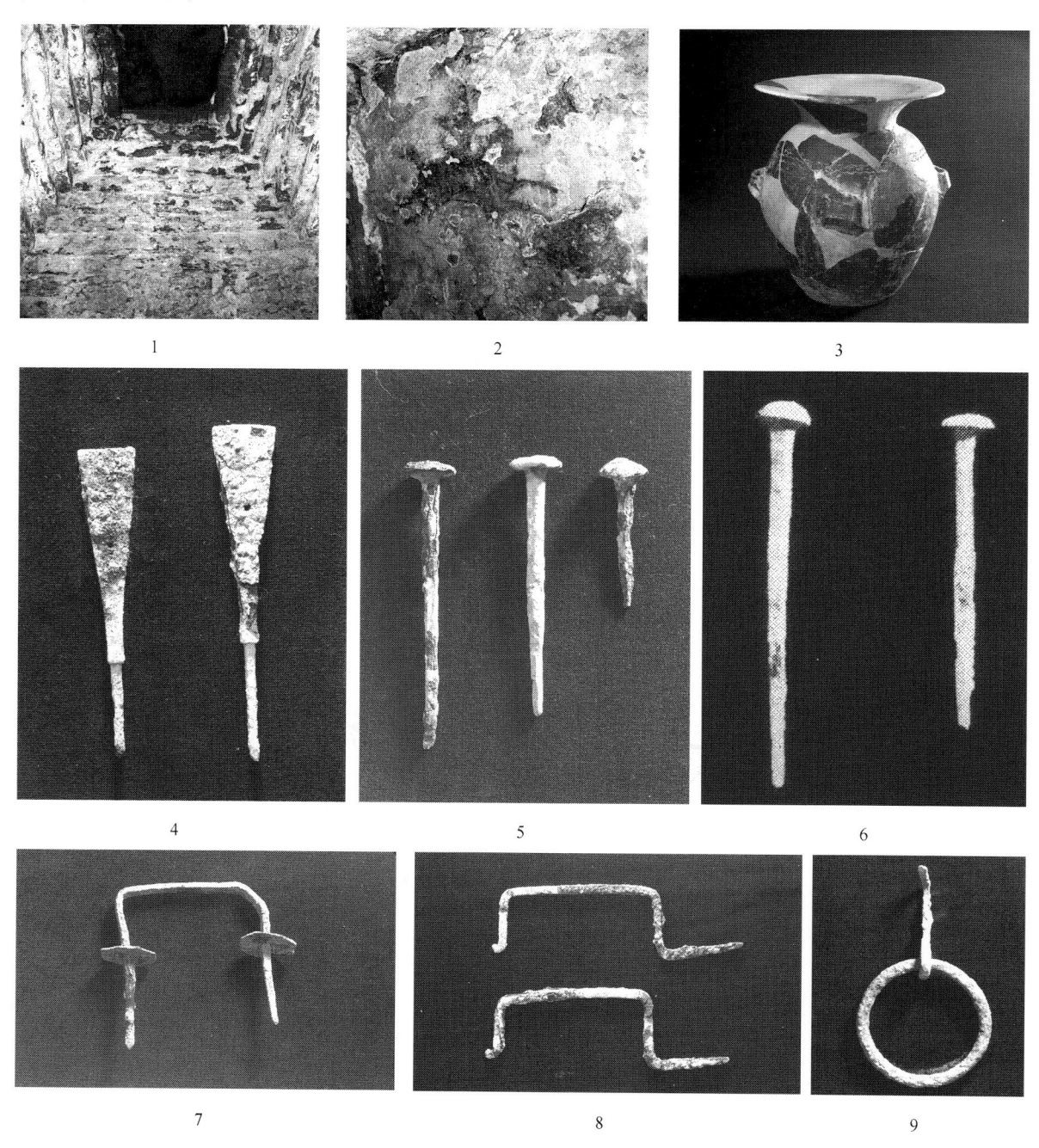

图四　JSM332墓室结构及出土物
1. 墓室藻井　2. 甬道东壁壁画　3. 陶四耳壶　4. 铁锹　5. 铁钉　6. 包银圆帽钉（JSM983、JSM332）　7. 把手式双脚铁钉（JSM983）
8. 铁钩　9. 铁门环

镞　12件。其中五件已残。扁体齐刃，中有一孔，关呈四棱，铤为方锥形。多已朽蚀，通长17.2、刃宽2.6厘米（图四，4；图六，6）。多出在墓道的淤土中。

3. 铜器

提手　1件。铜片和铜环套接，铜片上有个圆帽钉，表面鎏金，钉已残（图六，1）。在墓道淤土中发现。

带饰　4件。可分三式。

Ⅰ式：1件。作花叶状，表面施有纹饰。上有三小圆钉，钉于织物上。直边长2.3、拱高2.5厘米（图六，2）。

Ⅱ式：1件。略呈方形，上有三小圆钉，钉于织物上，在钉后端有圆形薄铜挡头。边长1.7～2.3、钉长0.7厘米（图六，4）。

Ⅲ式：2件。略作三角形，上有三钉。素面。直边长1.8、拱高1.4厘米（图六，3）。四件带饰均可能为带铐。

铜鼻　2件。其中一件已残。系用扁体铜丝弯叠而成，前端鼻纽作圆形，钉于织物上。通长2厘米（图六，5）。

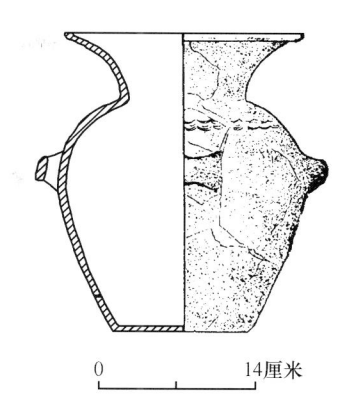

图五　JSM332出土陶四耳壶

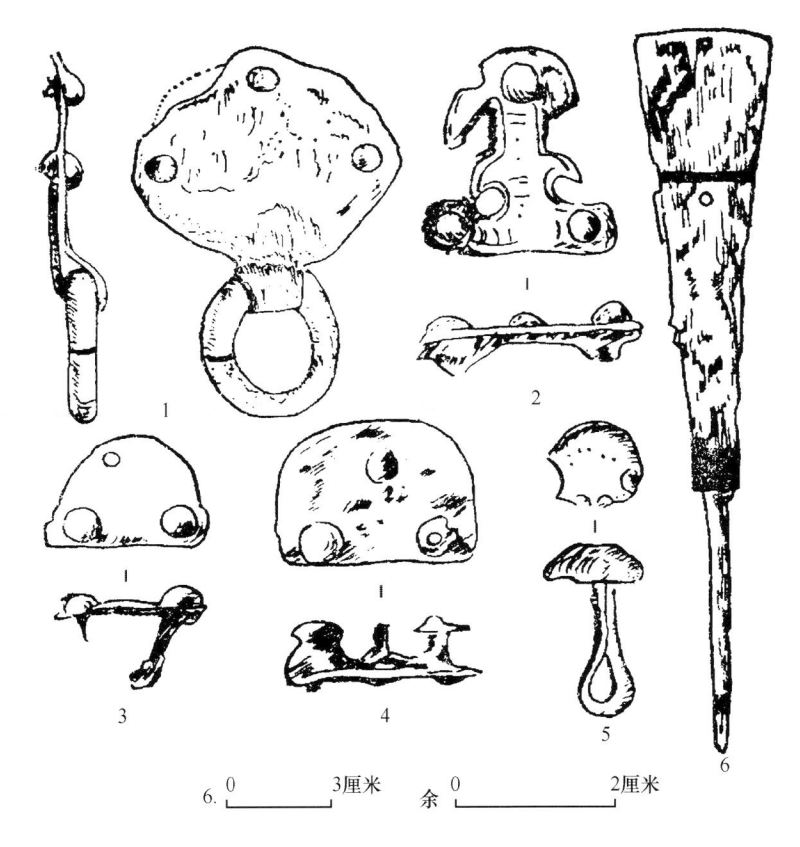

图六　JSM332出土铜、铁器
1. 铜提手　2. Ⅰ式铜带饰　3. Ⅲ式铜带饰　4. Ⅱ式铜带饰
5. 铜鼻　6. 铁镞

二、山城下墓区 983 号封土石室壁画墓

JSM983 位于山城下墓区的北部，北距洞沟河约 70 米许。墓的四周多小型积石墓，左右各有一小型封土石室墓互相毗连。

（一）墓 的 结 构

为截尖方锥形封土石室墓，每边长约 10 米，封土为黄色黏砂土，高出地面 4 米左右。墓遭盗掘，盖顶石已被揭开大半。

墓由墓道、甬道、二耳室、墓室几个部分构成（图七）。方向 280°。

墓道西向，残长 1.8 米。甬道全长 3.86 米。上以较大的四块石板覆盖，甬道内口高 1.28、宽 0.88、外口高 1.56、宽 1 米。甬道两侧各设一耳室，距甬道内口 0.76～0.84 米。南耳室宽 0.7、进深 0.52、高 0.65 米；北耳室口宽 0.57、进深 0.5、高 0.62 米。

墓室略呈方形，东壁长 3.28、西壁长 3.58、南壁长 3.72、北壁长 3.76 米。东壁高 1.54、西壁高 1.66 米，南、北二壁高 1.55 米。东、西壁上作出梁枋，突出壁面 15 厘米，侧高 18 厘米。墓室的藻井由八层平行叠涩、两层抹角叠涩及盖顶的巨石构成。墓底高出甬道底 24 厘米，近甬道内口处，凹下形成一沟槽，槽底与甬道底平齐相接。

整个墓室、二耳室、甬道、墓道皆以裁石垒筑，外涂白灰，仅墓室四壁、藻井白灰墙皮保存尚好，余皆剥落，只存痕迹。

墓室的淤土中零散分布着两具人骨。

（二）壁　　画

墓室四壁及藻井尚有壁画遗存。因壁面白灰有的剥落有的漫漶，彩绘已不清楚，仅四隅有几处红色线条。平行叠涩藻井的侧面，绘侧视五瓣莲花，东、北两面相同，自下而上作五、四、三、四、三、四、三排列。莲花系用赭红起草，复以墨线勾勒的。第八层平行叠涩的侧面，绘卷云纹。在第一层抹角叠涩底下的三角平面，画五瓣侧视仰莲，左右配置卷云纹。其中东北与西南二角保存的较好。在东南、西南第一重抹角的侧面正中，各绘一朱雀，朱雀两侧为卷云纹。东南朱雀为黑翅赭红线勾勒；西南所绘朱雀为朱红色。第二重抹角叠涩的底面各绘一小莲花，仅东边底下的保存尚好。

（三）随　葬　品

陶灶　已残，胎质坚硬，施绿釉。

陶壶　已残，胎质坚硬，施绿釉，有桥状横耳。

圆帽钉　2 件。一长一短。棱锥体，长者 16、短者 6 厘米。在其长者圆帽外部包银（图四，6 左）。

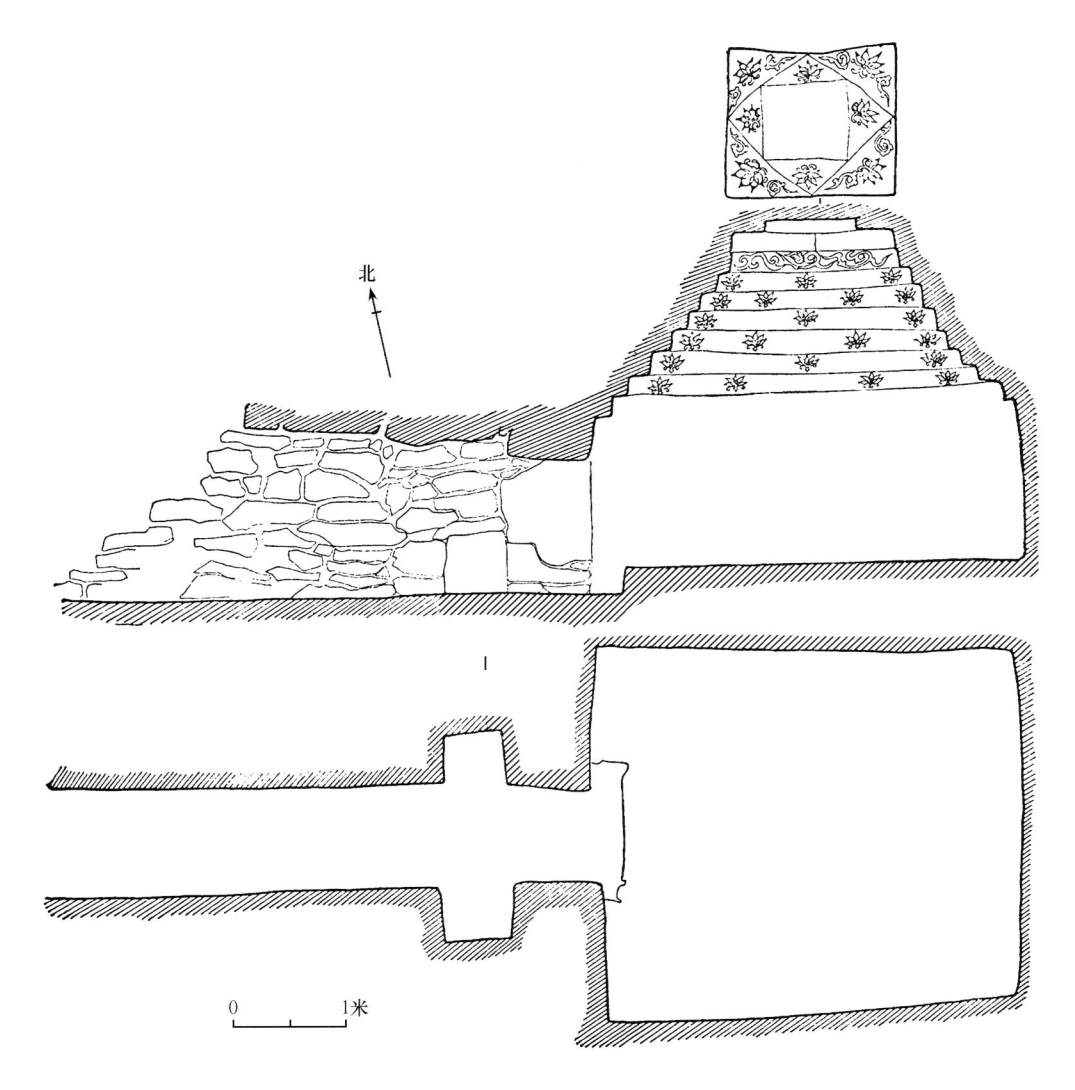

图七　JSM983 平、剖面图
上. 墓室藻井仰视图　中. 墓室纵剖面图（视北壁）　下. 墓室平面图

方帽钉　1件。钉体呈四棱，通身鎏金，残长3.2厘米。

把手式双脚钉　1件。身呈扁平桥状拱曲，钉脚各套一八边形薄铁作挡头（图四，7）。

三、万宝汀墓区1368号封土石室壁画墓

JWM1368位于万宝汀墓区的西部，七星山东坡的中腹。

（一）墓的结构

为封土石室墓，墓顶石已塌落，封土残高不足4米。

由墓道、甬道和墓室组成（图八）。方向194°。

甬道长1.8、宽0.55米左右，上以三块石板盖顶。甬道外口较敞，左右以石砌挡土墙，向外伸展1.45米，遂成墓道。

墓室呈长方形，南北长约3.2、东西宽2.44米。四壁向内倾斜，往上急聚内收，四角圆缓转成弧形，其上以石盖顶，成四阿式藻井。墓室高3.2米。墓室四壁及墓底皆抹白灰，细而洁白。墓室西部用石料砌一长方形棺台，其北、西两面与北壁、西壁相接，南北长2.43、东西宽1.45、高0.4米，外以白灰抹平。墓室东北角设一石砌的灶，外涂抹白灰。灶呈长方形，长1、宽0.32~0.36、高0.19米。其南端起筑灶台，台面正中设圆形灶口，西侧面设灶门（图九）。

墓室四壁上部，均有铁钉遗存，北壁九个，间距不等；西壁六个间距0.32~0.62米；东壁两个，均偏北，间距0.52米；南壁四个，间距0.49~0.69米。钉呈直角向上折曲，其用途可能为系幔帐之挂钩。

（二）壁画

在墓壁及藻井洁白的壁面上，只作简单的墨色梁架。墨柱八个，除四隅各画一个外，东、西、北三壁正中亦各画一柱，唯南壁正中一柱偏东。柱上托以墨色横梁，柱与梁相接处影作二层雀替。柱宽0.14、高1.75米，梁宽0.13~0.15米。在梁上藻井四隅及壁面上，置作梁柱，宽0.1米，东、西、北三面梁柱恰在四壁柱子之上，唯南壁梁柱与壁柱相错，这种墨色影作梁枋立柱是洞沟古墓的壁画中罕见的。

棺台棱边涂0.06~0.09米的墨边，在其东壁南部距南端0.64米处，有一墨色影柱宽0.1米。

该墓被盗，在墓顶有盗洞，清理时未见任何遗物及人骨。

四、结　语

三座墓虽然遭到严重的破坏，但壁画残存部分及墓室结构仍为高句丽封土石室壁画墓增加了新的内容。特别是M1368简单的仿木结构——墨色影作梁架立柱及M332主室四壁所绘摹拟织锦的云纹王字图案，都是此处封土石室壁画墓中仅见的做法，应引起重视。

根据三座壁画墓的形制、壁画内容、绘画作风以及简单的出土遗物和以往发现的壁画墓对比，对三座墓的年代，试作如下分析。

M332的墓室藻井作九层平行叠涩，总体呈四阿式。四壁绘的云纹王字织锦图案与朝鲜龛神塚前室龛室正壁所绘云纹王字织锦图案以及集安黄柏公社长川二号墓耳室四壁所绘的极为相似。射骑图像位于甬道两壁的次要地位，比墓室四壁以人物风俗画为主题的要晚，比以四神图像为主题的要早，

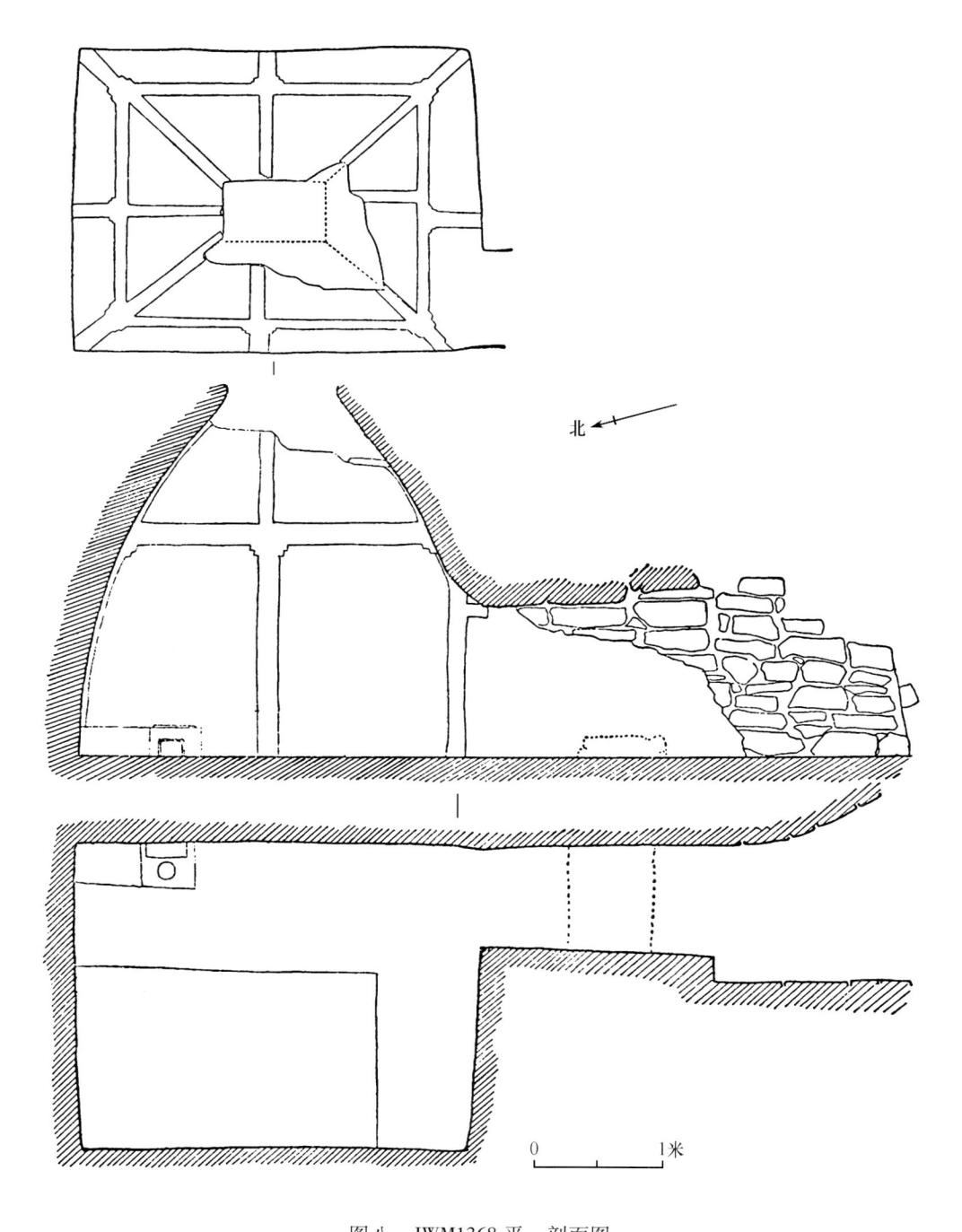

图八　JWM1368 平、剖面图

上. 墓室藻井仰视图　中. 墓葬纵剖面图（视东壁）　下. 墓葬平面图

可能是二者的中间。此墓结构和甬道两壁所画的射骑形象、风格与洞沟 12 号墓及其北室所绘的射骑极为相似。相对年代大约在 4 世纪末。

M983 的平行叠涩内收之藻井上部，出现了两重抹角，壁画中出现了四神图像，但不在主要部位，与洞沟三室墓处理方法相同。并在此墓出现了釉陶，它的相对年代或比 M332 要晚些，与洞沟三室墓可能为同时。

M1368平面作刀形，藻井是早期四阿式，壁画只作简单的墨色影作梁架立柱，以及砌筑白灰灶为随葬的明器，都是早期的做法。它的相对年代应比M332号要早，大约相当于3世纪中叶至4世纪中叶。属于集安早期的壁画墓。

三座墓结构严谨，建筑规整，反映了当时石建筑的发展水平；从M332出土的四耳陶壶、鎏金饰件以及M983出土的釉陶来看，当时的工艺水平还是达到了一定的高度。M332和M983两墓就其建筑规模和所绘壁画来看，可能属于高句丽贵族阶层的墓葬；M1368号的规模比前二座要小，壁画又过于简单，以石砌白灰灶作明器随葬，身份有可能比前二墓要低些。

总之，上述三座封土石室壁画墓的发现，为集安高句丽壁画古墓又增加了新的类型，为研究高句丽壁画艺术和壁画古墓的编年等都提供了一些新的资料。

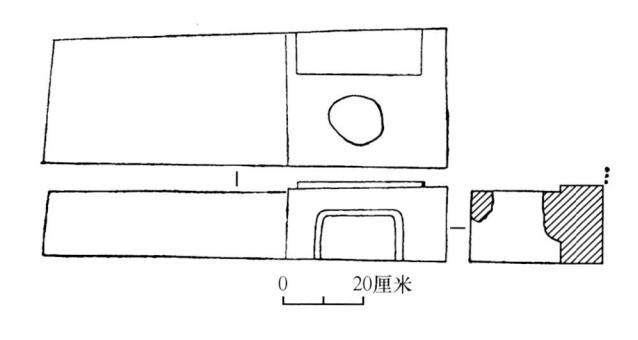

图九　JWM1368内石灶

（原刊于《考古》1983年4期，308~314页）

吉林集安五盔坟四号墓

吉林省文物工作队

集安洞沟盆地，北负禹山，南濒鸭绿江，东倚龙山（又名土口岭），西临洞沟河，洞沟河以西是七星山。是三面环山一面临水的东西窄长的盆地。就在此盆地的北半部，布满着高句丽时代的石坟和土墓。五盔坟就处于洞沟盆地的中部，今集安车站的北侧。这是五座高大的封土石室墓，排列有序，形如盔胄，当地群众称之为五盔坟（图一）。现将其自西向东偏为一至五号，四号墓即以前所谓"通沟未编号墓"[1]，东距五号墓（以前称通沟十七号墓）44米，西距三号墓11米。北面是四神墓，间距30米。西北去47米，有一方坛积石墓。

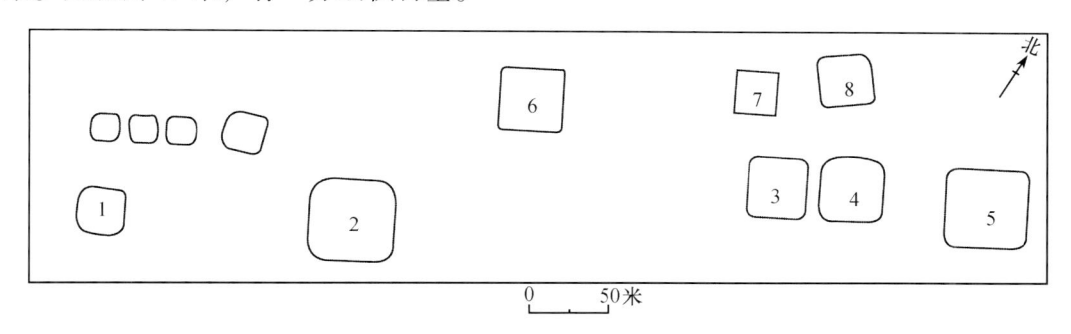

图一 五盔坟排列位置图
1~5. 五盔坟一至五号墓 6、7. 方坛积石墓 8. 四神墓

四号墓为截尖方锥形的封土石室墓，封土为黄色黏土，残高8米左右，周长160米，东、西、北三面封土保存较好，南面封土有些流失，石砌挡土墙已部分外露（图版一五，2）。1950年曾作调查，遂即封闭保护。1962年春季，吉林省博物馆组成集安考古工作队，会同集安县文物保护管理所的同志，于6月6日至8月末对该墓进行了清理，并曾发表简报[2]。参加清理的有王承礼、李殿福、方起东、韩淑华、刘萱堂、莫东作、王大维、李超雄、曲绍伯等同志。莫东作同志摄影，刘萱堂同志测绘，王大维、李超雄、曲绍伯三同志临摹壁画。现将四号墓的全部资料，编就正式报告。

一、发掘情况

该墓挡土墙部分虽已外露，但墓道仍存有封土。墓道底为平整的原生土，其上用自然石块叠砌，封塞墓道外口的底部。在此封石上面，是用石灰灌结的砾石层，厚约 0.4 米。再上为木炭层，厚约 0.3 米。木炭层之上为封土，因曾被扰乱，是否夯筑不清。在墓道中部和后端的已扰乱过的封土内，杂有鎏金饰物、棺钉和涂有朱、黑二色漆片的腐朽棺木残段等遗物。

室内淤土不多，只在棺座间隙，填满黄色砂土，清除黄砂淤土时，发现一枚鎏金圆铜扣。棺椁及骨架已无存。该墓早在 1950 年被发现以前，就遭破坏，遗物散失，葬式不清。

二、墓的结构

四号墓，南向，偏东 30°。墓由墓道、甬道、墓室组成。

墓道现存长约 6 米，在墓道两侧，设有挡土墙，墙高约 3 米，系大型石条砌筑，外涂 4～5 厘米厚的白灰，但大部分已脱落。挡土墙从甬道外口向两侧平展 0.25～0.3 米，再各向南直折 0.8～1 米，然后再各向左右平展 1.4～0.8 米，再各自向南伸展 4.1～4 米，以后又继续向左右平展 8 米（图版一五，1）。在墓道后端（北）中央，置一未加修整的巨石，直径 2.6、高 1.8 米，挡住墓门。

墓道后接甬道，甬道全长 1.88 米。甬道后为墓门，开在墓室南壁偏东处，高宽各为 1.75 米。甬道两壁石和墓室南壁之两侧石同属一块。又甬道顶石和墓室南壁上面所置梁枋之石，亦为同一块石，继续往外延展，遂封甬道顶。在甬道顶石上面，又横砌三层巨石，通高 1 米左右，似楣石，阻挡墓顶之封土。在甬道口内缘，凿有门框，宽 0.2 米，高出甬道壁 2 厘米。甬道底部铺有高起墓室 0.14 米的石板，外与墓道齐平。

甬道内原有四块巨石封塞，其最下层一块尚置放在甬道内（图版一五，3），其内端与门框相接，左右两侧与甬道两壁衔接，稍有缝隙，是用小砾石和白灰黏结充填。石长 1.55、宽 0.94、高 0.72 米。在此石外端之侧面中部，凿有间距为 0.63 米对称的二圆孔，径长 0.12、深 0.2～0.22 米。另三块巨石已移放在墓门的外侧，同样凿琢工整。其中一石较大，长 1.57、宽 1.5、厚 0.49 米，在其一侧面亦有对称的二圆孔，径长 0.12～0.14、深 0.18～0.2 米，应为封甬道的第二层石。另两块石较小，石长各为 0.83、宽 0.77 米，厚 0.44、0.41 米，在其一侧亦有圆孔，应相并置于第二层石上面，为第三层封石，其凿有圆眼的一面均在外侧，可能是在封闭时作推顶之用。

墓室系用裁琢工细之巨型花岗岩砌筑，白灰勾缝，工精制宏，结构严谨。平面呈横长方形，东西长 4.2、南北宽 3.68、四壁高 1.92 米。四壁微向内倾，以两层巨石砌筑。梁枋置四壁之上，伸出四壁 0.12 米，高 0.55 米。藻井是在梁枋上面，抹角叠涩两重顶石构成的。第一重顶石抹角叠涩，置于梁枋四隅之上，仰视呈菱形，高 0.56 米；第二重顶石抹角叠涩在第一重顶石之四隅，与梁枋平行，仰视呈方形，高 0.6 米。在第二重顶石上面，以一工整大石板平铺，遂封墓顶，墓室举高 3.64 米（图二）。

在墓门的两侧，南壁的上端有左右对称二小孔，在第一重抹角顶石的侧面正中及南壁梁枋右段（西段）正中亦各凿有一小孔，孔径 4～6、深 12 厘米。尚不明原作何用。

墓室南北平行置放石棺座三，其北端均与北壁相接，而左右二棺座各靠拢东西两壁，唯西棺座与西壁相接处，有 0.18 米宽是用白灰找平相接，充当棺座的一部分。三棺座高 0.16、长 2.45～2.71、宽 1.05～1.25 米。

在南壁西段，有一东西向之石座，与南西两壁相接，长1.78、宽0.87、高0.2米，可能是置放随葬品的台座。

墓室底部，以平整的石板铺砌。

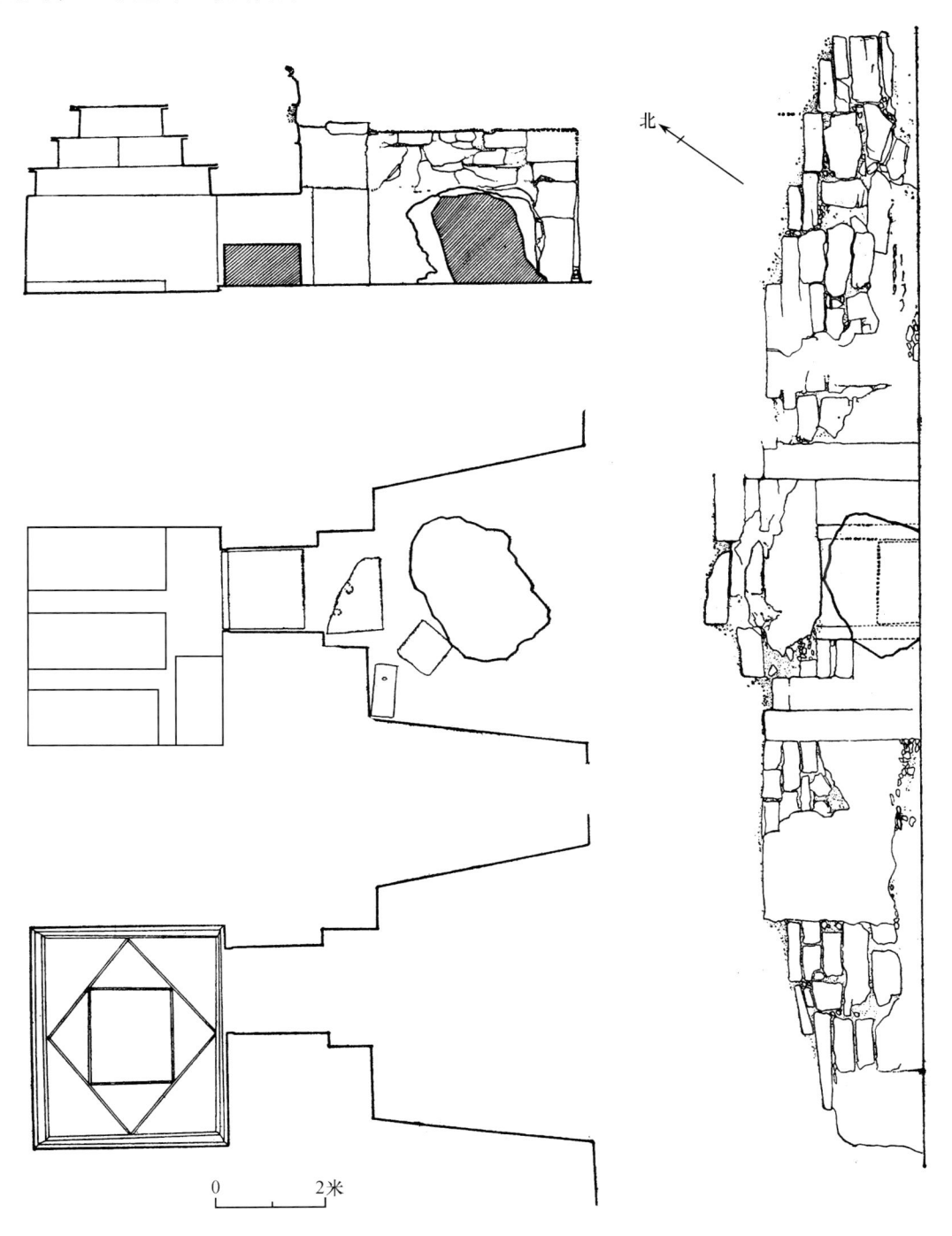

图二　五盔坟四号墓实测图

三、壁 画 内 容

墓室四壁、藻井、棺座和甬道壁上均有壁画。四壁绘四神,梁枋绘蛟龙纹,伎乐、天人、日月星宿、草木、流云则绘于藻井之上。

甬道左右壁各绘一力士,已漫漶不清,几乎难以辨识。

墓室四壁绘四神:东青龙、西白虎、南朱雀、北玄武,均以网状莲花火焰锦连续图案为衬地。网纹以红、黄、黑三色平行线条勾绘,在统一的网纹内,错杂地绘有三种图案:一种绘有侧视的11瓣盛开之黄、赭、绿色莲花,下有花托,两侧绘有升腾的小柱火焰,火焰上部饰有小朵莲花;二为从网纹底部向左右斜伸出两朵莲瓣,分绿、黄、茶三色,莲瓣中绘各种人物图像,足踏白色覆莲座;三为从网纹之底部向左右伸展出卷草叶,两叶中间生出一红色三瓣或五瓣之莲花。整个图案设色富丽。

东壁所绘青龙,昂首张口吐舌,奔腾向南。黄角绿头,黄背赭腹,绿、红、茶三色身躯,用墨线勾斜方鳞纹,龙颈较细,作红、黄、粉三色,脖颈上有红绿二色结环。前肢平伸张爪,后肢用力蹬开,趾爪皆为红色。龙尾后翘,前臂腋下火焰飞串(彩版五,1;图三)。

图三 墓室东壁壁画实测线描图

西壁所绘白虎，与青龙相对，昂头，亦向南。通体白色，单以墨线勾勒，虎足作三趾爪与龙爪画法相似，腋下火焰飞串，虎尾上翘（彩版五，2；图四）。

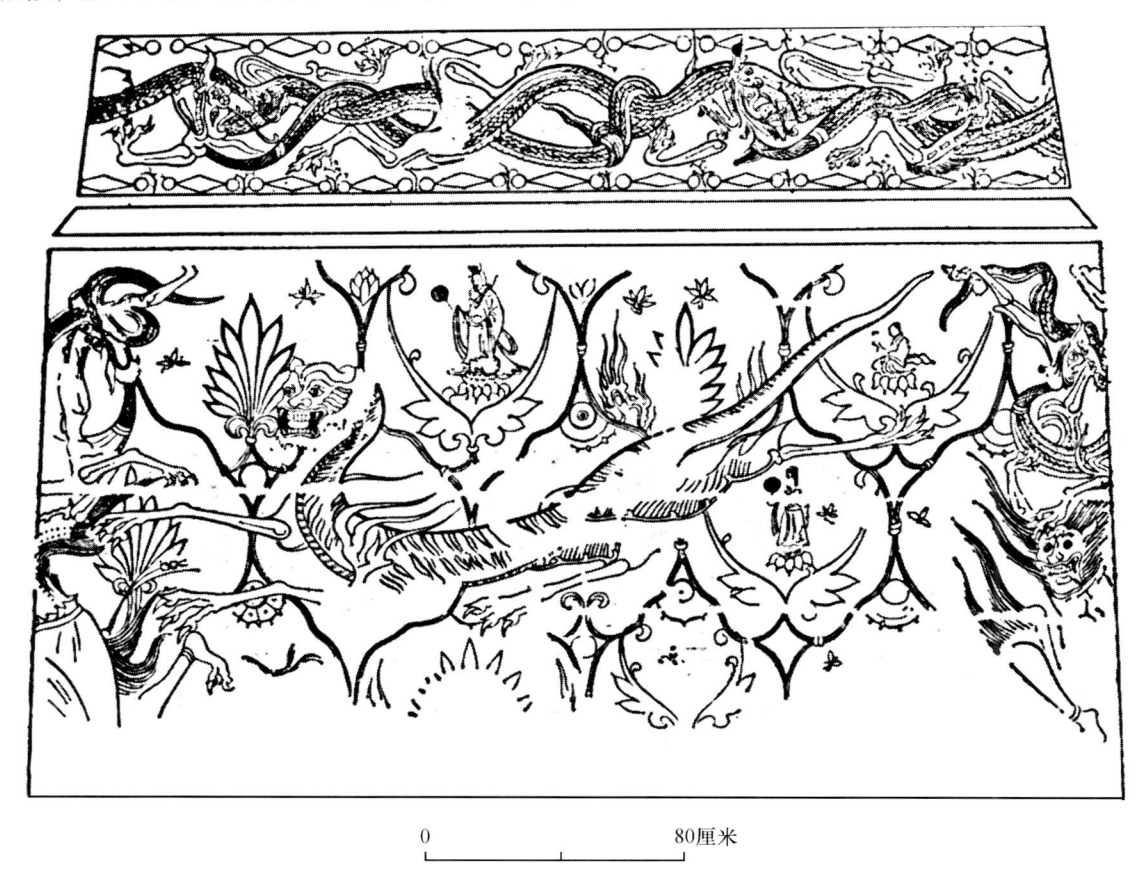

图四　墓室西壁壁画实测线描图

南壁所绘朱雀，戴胜修尾，面东长鸣，展翅欲飞。黄啄红胜，身作主红，尾有绿点长羽，向上飘起（彩版六，1；图五）。

北壁所绘玄武，绘龟蛇盘缠相斗，龟身向西，正在行走，伸头向上，张口吐舌，赭背无甲。蛇头向右与龟头相对，身披五色，黄背荼腹，纠缠盘结于龟身，尾部伸向上方（彩版五，3；图六）。

在四壁网纹衬地里，绘有人物图像，共10人，各坐或立于莲台上，姿态各异。

东壁有人物图像一，绘于右上网纹衬地，头戴乌纱笼冠，白色内衣，绿领缘，花色长袍，白带束腰，足蹬黑鞋，左臂前屈伸，手持团扇，右臂向后弯曲，右手藏于袖内。

北壁有人物图像四。其一，在最上排正中网纹衬地有一头戴乌纱笼冠，面目清秀，身穿绿领缘合衽红色袍服之人物，腰系带，左手持团扇，右手藏于袖内，臂略弯曲，置于胸前，褒衣宽带，足蹬黑履，踏莲台，神态端正肃穆（彩版六，3）。其二，在北壁右上角网纹衬地，头戴乌纱笼冠，身着红领缘合衽绿袍，腰系红色带，脚蹬黑履，踏莲台，左手持团扇，右臂稍曲，五指舒展，掌心向外，肥袖垂飘，粉面朱唇，俯首低视。其三，在北壁左下角网纹衬地，光头披发，着红领缘，绿色羽衣，跣足坐红色莲台，俯首旁视其左手所指的八卦图，右手轻拂于膝上。在脚踝部佩戴红色环结。

略有瘦骨清相之感（彩版六，4）。其四，在北壁右下角网纹衬地内，头戴乌纱笼冠，身着黄领缘合衽赭色袍服，腰系绿色带，足蹬黑履，踏莲台，右手持麈尾，右臂下垂手藏袖内，凝神前视。

图五　墓室南壁壁画实测线描图

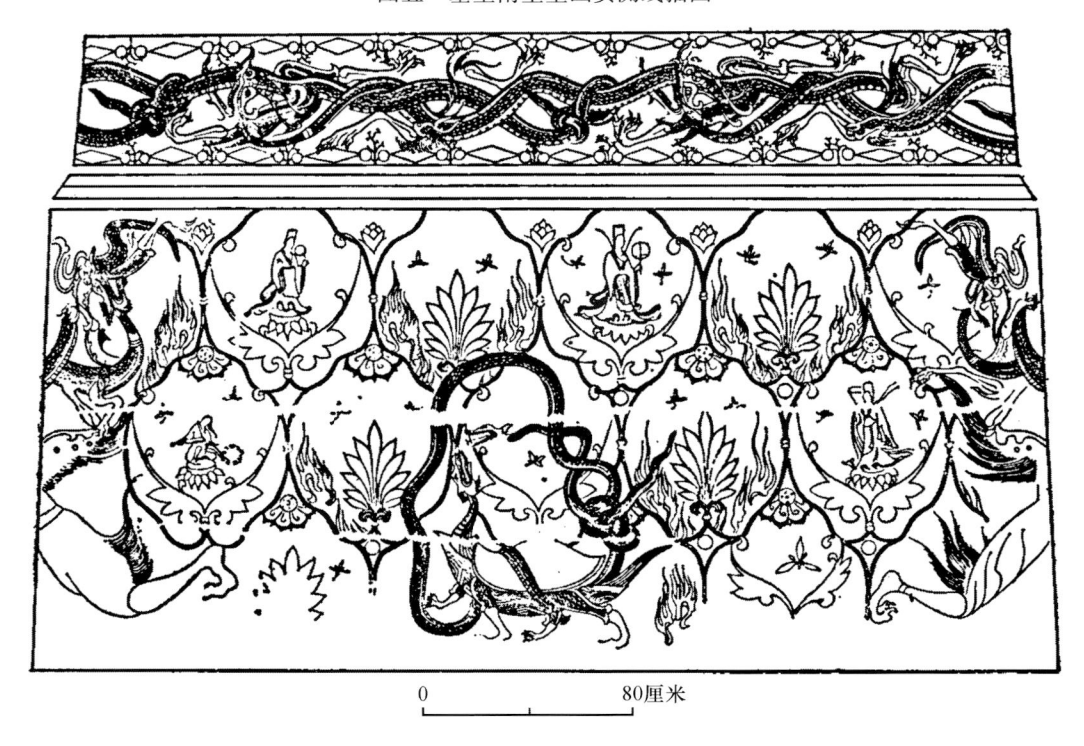

图六　墓室北壁壁画实测线描图

西壁有人物图像三。其一，绘于第一层网纹衬地左数第二组内，头戴乌纱笼冠，穿白色内衣，着红色合衽绿色袍服，腰系红色带，右手持团扇于前，左臂微屈，足蹬黑履，踏莲台（彩版六，5）。其二，绘于第一层网纹衬地右数第一组内，顶束发髻，着白领缘赭色袍服，腰束白带，跪坐于莲台之上，右手持书置于目前，左手轻拂于膝上，正在凝神攻读。其三，绘于第二层网纹衬地左数第二组内，头戴乌纱笼冠，着黄色圆领缘赭色袍服，白带束腰，左手持团扇，右手后背，足蹬黑履，踏莲台，此人像之胸部已剥落。

南壁有人物图像二。其一，绘于南壁上部网纹衬地里，高髻，向东，眉目不清，着黄色圆领缘，茶色袍服，腰系白色带，右臂前屈伸，手不外露，肥袖下垂，左臂后柳垂，足部漫漶，踏莲台。其二绘在朱雀右翼下网纹衬地里，束发高髻，头长尖耳，穿白色羽衣，坐莲台上，右腿盘坐，左腿蹲立，左臂前伸，像是往一器内投掷东西，右臂弯曲，置于膝上。

墓室四隅各绘怪兽托龙顶梁。怪兽作龙角鬼面，张口獠牙，面目狰狞，腋下有羽翼，裸身袒胸，肌肉隆起，下身着短羽裤，左腿皆曲，右腿后登，跣足。双臂用力举托盘缠纠结相对二龙，龙头向上，龙嘴各衔相对之龙身，双尾下垂，腹部托梁，后爪用力顶梁，一龙爪踏怪兽头顶。怪兽孔武有力，形象相同，但面色不一，作青、紫、赭、绿四色（彩版六，2、6；彩版七，1）。

梁枋上绘八条交结缠绕的龙，每壁两条，分别盘于近端处，张口向上，口衔前一龙身，与前一龙身鱼贯交结，向前奔驰。八条龙循环盘结，组成了二龙盘缠交结的连续图案。在梁枋上下两侧缘，饰以赭、蓝、白、黄、绿等颜色的菱形红珊瑚纹的连续图案。在梁枋前出四壁的下部，绘有黄、白、赭三色长格纹二排。

第一重抹角叠涩石侧正中，各绘回首躬身的龙；在抹角石相交之各角部分，绘日月神、飞仙、冶铁、制轮人等图。

北角二抹角石上绘日月神，人首龙身（彩版七，2）。日神居右，男相披发短髭，双手举捧黄日轮于头上，日中有三足乌。身着黄领缘合衽蓝羽黄色衣，蓝羽飘展似翼，腰系黄带，龙身五色，龙足前后用力蹬开，龙尾后甩（图七，3左）。月神居左，女相白面朱唇，长发飘拂，双手举月轮于头上，月中有蟾蜍。着绿领缘合衽红羽绿衣，腰系白带，龙身五彩，龙足亦前后用力蹬开，龙尾后甩（图七，4右）。二神正相向飞翔，在日月神中间及身后均绘有二至四株树，作赭色树干，绘红、黄、绿三色圆形树叶。

东角抹角石相接处，绘牛首人和飞仙（彩版七，3）。牛首人居左，作牛首人身，着黄领缘合衽粉色宽袖衣，腰系白带，下着粉色羽状短裤，两臂摊开，足蹬墨履，双腿屈曲跃起（图七，3右）。飞仙居右，男相有短髭，光头披发，着黄领缘合衽长裙，右手置于脑后，长袖后飘，左手斜伸向后，手握火把，回首俯视，双腿跪起，足不外露（图七，2左）。在牛首人与飞仙中间及身后，绘树二、三株。

南角抹角石上绘冶铁和制轮人（彩版七，4）。冶铁人居左，束发髻，微有短髭，着黄领缘合衽褐色袍服，圆领白色内衣，腰束白色短裙，盘坐方石上，右腿前伸，左腿屈膝压于右腿之下，足蹬墨靴，右手握铁钳，衔红色铁块置于砧上，左手高扬铁锤，正在冶锻（图七，2右）；制轮人居右，束发短髭，身着黄领缘合衽褐色羽状袍服，腰系白带，足蹬墨靴，两腿一前一后站立于轮前，左手握车轮，右手举锤击钉（图七，1左）。二者中间及身后亦绘有大树。

1

2

3

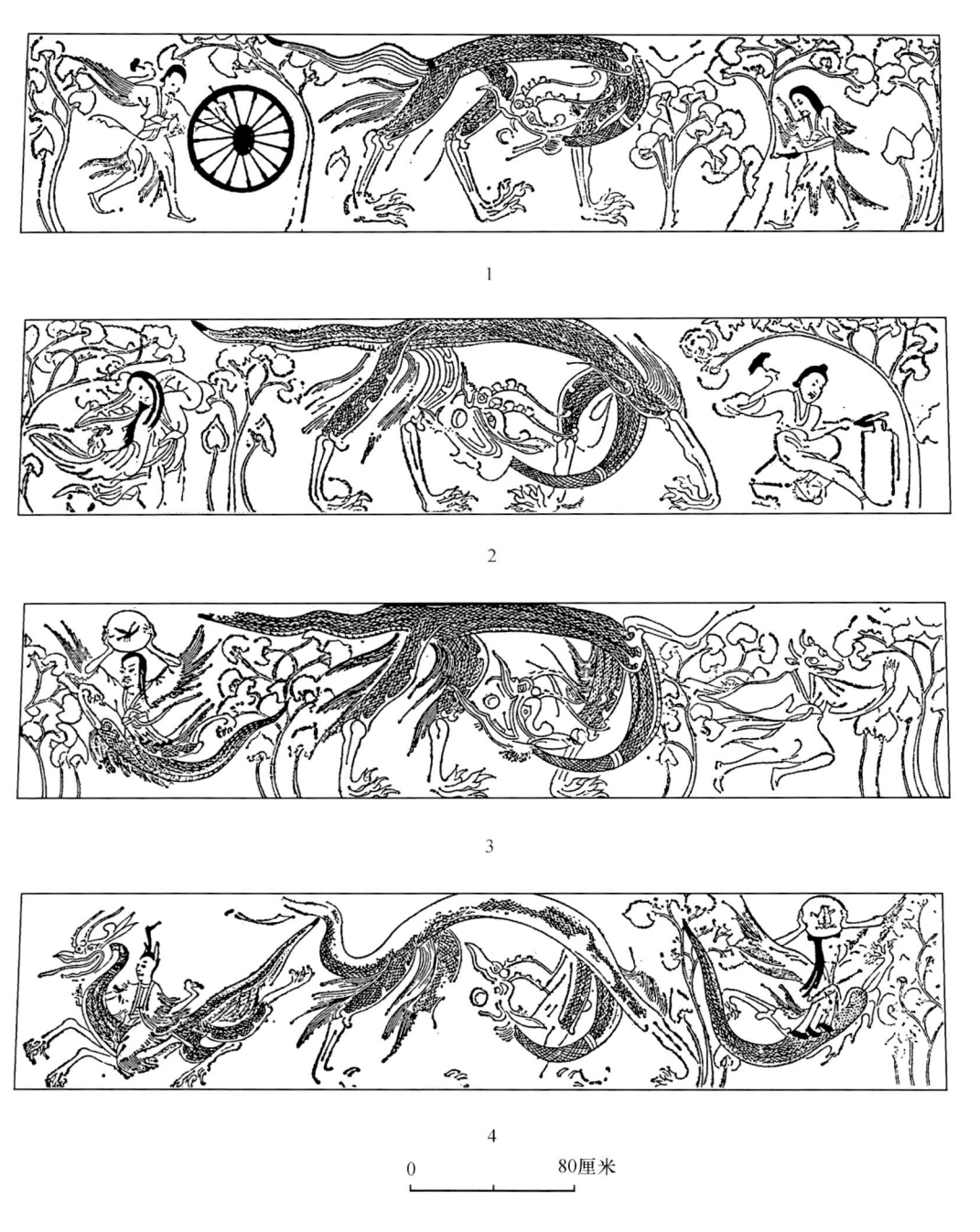

4

0　　　　80厘米

图七　墓顶第二重抹角石壁画

西角抹角石，其左绘一人面南，着黄领缘合衽羽状褐色袍服，腰系绿色短裙，足蹬黑靴，左腿在前，右腿在后，仅履尖踏地，伫立于墨色砺石前，该石置于树墩上，双手握一物，似在用力推磨（图七，1右）。此人前后亦绘有树。在其右部绘一乘龙仙人，面南，束高发髻，头长二尖耳，面带微髭、着白色内衣，穿黄领缘对衽羽状茶色袍服，腰系白带，身跨五色龙，乘龙昂首腾跃，仙人左手持幡，神色怡然自得（图七，4左；图版一五，5）。

四抹角石中部各绘一龙，共四条，姿态相同，龙首后顾，将身躬起，以弯转的腹背顶托第二重顶石，龙身披五色，四肢上部有白色鳍羽，造型刚健有力（图八）。

第二重顶石，绘伎乐人和日月星宿等。

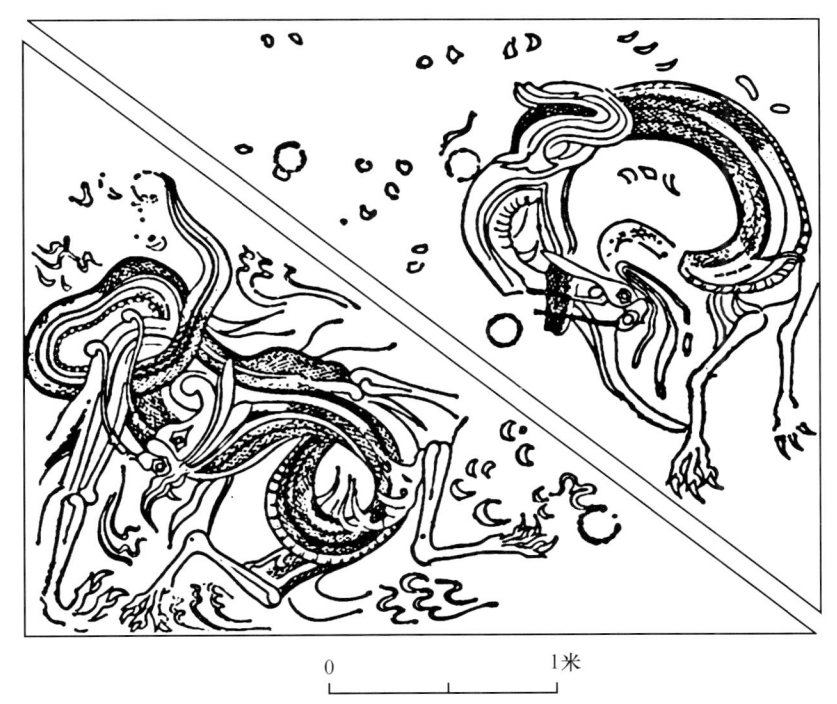

图八 第一重抹角石上龙图

上左．东北角 上右．西南角 下左．东南角 下右．西北角北面绘伎乐人三（图九；图版一五，4）。右侧绘一弹琴伎乐人，头戴莲花冠，眉目清秀，微带短髭，着白色内衣，合衽黄领缘赭石色长袍，右腿盘坐，左腿前伸置琴于膝上，右手拨弦，左手抚琴。中为击腰鼓伎乐人，面南，有短髭，发高束，发绳为红黄，着红领缘对衽黄色衣，挺胸收腹，薄衣贴体，下肢屈膝，腾空跃起，一腰鼓从颈部系于腰际，右手上扬，左手正在击鼓，帔帛绕体飘扬。左侧一人梳高髻，着白色对衽内衣，黄领缘合衽赭色袍服，右臂弯曲，紧靠身躯，手持一卷轴，两腿向后屈起，回首顾盼。在三者间隙有北斗星座和流云。

图九　墓顶第二重顶石北面壁画

东面绘日轮和乘龙、驾凤伎乐人（图一一，2；参见彩版七，3）。日轮绘于正中，为朱、黑两色勾勒圆轮，内画三足乌，展翅长鸣。乘龙伎乐人居左，束发高髻，着黄领缘茶色袍服，右手执红色飘动的旌幡，回首转身正在吹左手所持之排箫。乘龙身披五色，飞扬奔腾，龙首高昂，张口吐舌。驾凤伎乐人居右，束发头长二尖耳，面带微髭，着圆领对衽白色内衣，黄缘领合衽茶色袍服，腰系白带，双手握笛正在吹奏。伎乐人的手腕和脚踝均佩戴红黄二色的镯。所驾之凤凰为朱红高冠，彩颈黄背，红膀绿翅，墨线勾羽，凤尾作黄地红花翎，向后飘展，低首展翅飞翔。

南面绘南斗六星，吹竽和驾孔雀的伎乐人（图一〇；参见彩版七，4）。驾孔雀伎乐人绘于左端，

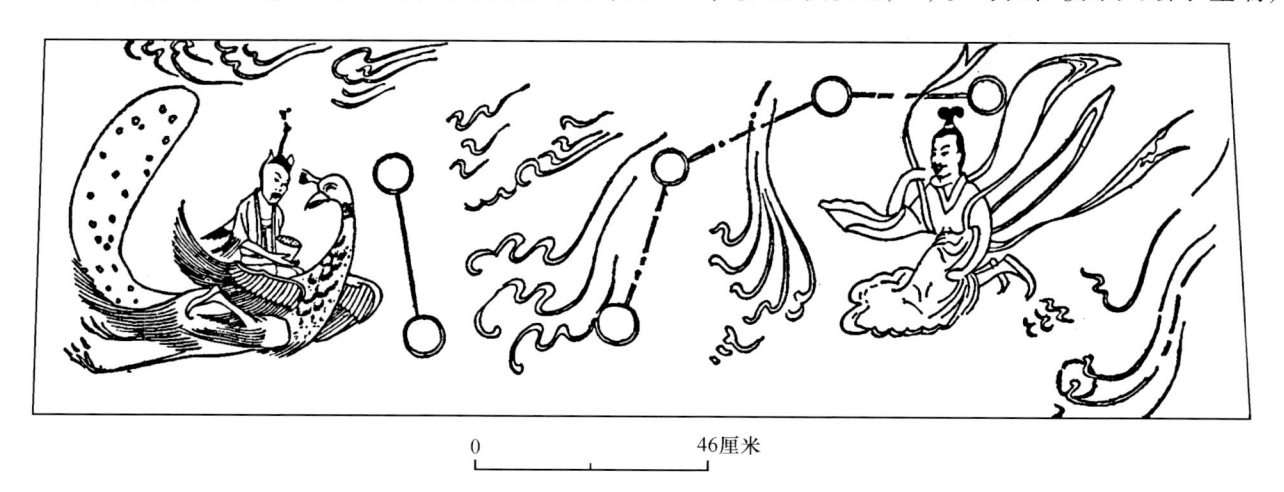

图一〇　墓顶第二重顶石南面壁画

束发双尖耳，有微髭，着白色内衣，外穿对衽茶色羽服，双手捧一物置于胸前，足蹬墨履，手腕和脚踝均佩戴红色镯。所驾孔雀深绿色，戴胜修尾，展翅飞翔，昂首后顾，花翎尾向上展屏，吹竽伎乐人画于右端，束发着黄领缘茶色袍服，双腿跪起，足蹬墨履，帔帛绕体飘飞，神采俊逸。

西面绘月轮和乘龙、驾鹤的伎乐人（图一一，1；彩版七，5）。月轮居中，朱红勾勒，在白地里画一蟾蜍，月轮上下有流云飞布。乘龙伎乐人居左，侧身坐身披五彩正在奔腾的龙背上，束发双尖耳，着白色内衣，黄圆领茶色羽服，腰系白带，转身后盼，吹奏胡角，右腿盘屈，左腿前伸置于右腿之上，足蹬墨履，手腕和脚踝佩戴黄色镯。乘鹤仙人居右，面南，头戴白冠，着白色内衣，黄领缘赭色长袍，腰系白带，右手轻抚鹤颈，左手捺于鹤背，裸露小腿，足蹬墨履，手腕及脚踝均佩戴红黄二色的镯，白鹤展翅飞翔。

图一一 墓顶第二重顶石侧壁画
1. 西面 2. 东面

在第二重顶石四面除绘有伎乐、星宿外，还绘有流云纹。

在第一、第二重顶石抹角石之底部，均绘一龙，计八条，皆张口吐舌，身披五彩，四足伸张，昂首盘旋，姿态相同（图八、图一二）。

藻井顶石绘一青龙，身披五彩，黄背赭腹，张口吐舌，昂首盘旋，前臂腋下有火焰飞串，后肢臂部有白色鳍羽，龙足弯曲，仅一后足用力外蹬，衬地为流云和星宿，形象生动（图一三；彩版七，6）。

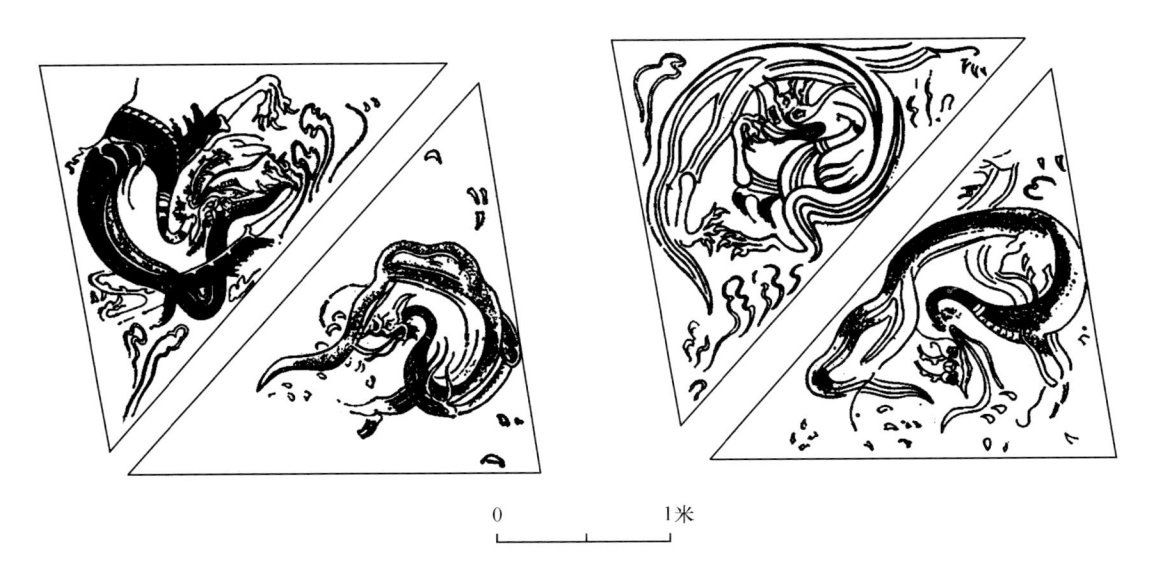

图一二　第二重抹角石上的龙图
左1. 南角　左2. 东角　右1. 北角　右2. 西角

图一三　墓顶石壁画实测线描图

四、遗　物

在清理时，发现的随葬品极少，仅见到鎏金铜扣、鎏金帽钉、薄片和铁钉等物。此外，还发现棺木残段，上髹朱、黑两色漆。

鎏金铜扣　2枚。圆形，中部凸起，周边有对称四眼（图一四，3、4）。

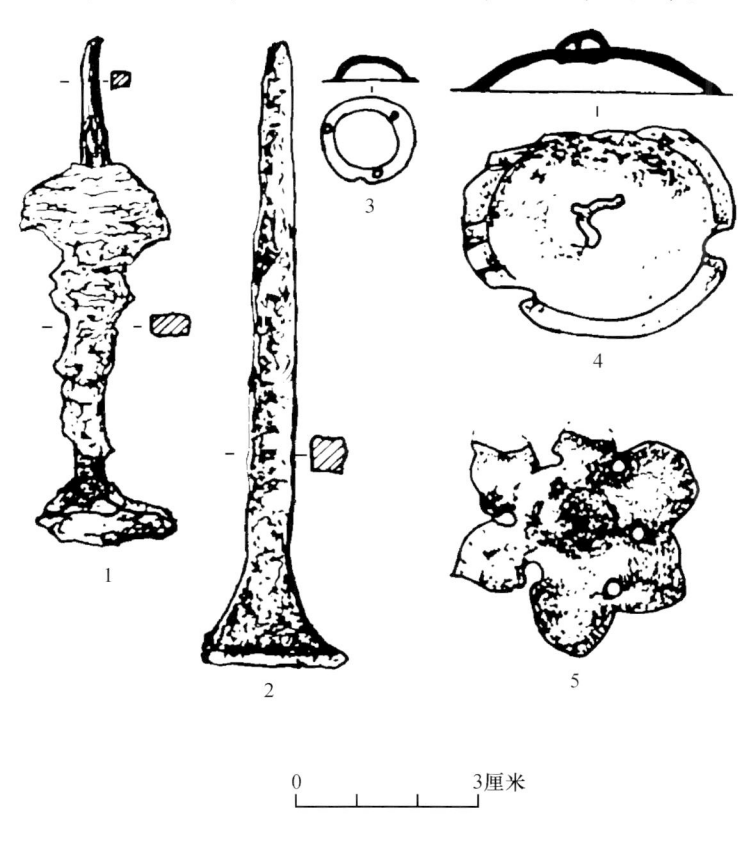

图一四　出土遗物
1、2. 铁钉　3、4. 鎏金铜扣　5. 鎏金铜花饰

鎏金帽钉　1枚。钉帽圆形，钉体呈锥形。

鎏金花形饰　1件。作六瓣花纹，中部凸起，在凸起之周边有六个对称穿孔，背面凹处有金丝相系（图一四，5）。

鎏金薄片　2件，已残。

铁钉　3枚。方帽，体呈方锥形，通长12.5～16厘米（图一四，1、2）。

五、结　语

1. 四号墓的年代

集安高句丽洞沟墓群，大体是随着时代的先后，由北向南依次埋葬的，高句丽墓葬早期多为石坟，晚期大多为土坟。洞沟墓群中，石坟多分布在北面禹山山麓，而土坟多分布在洞沟盆地之中部，两者间夹有一石坟和土坟间葬的地区。五盔坟位于墓群的最南端，四号墓为五盔坟中的一座。北距四神墓30米，再北距12号墓（又名马槽冢）约350米。与三室墓相距约400米。四号墓要晚于四神墓，更晚于12号墓和三室墓，应是禹山前墓群中最晚的墓葬。就其四号墓结构严谨，形制规整，石材巨大工细，已充分地显示出高句丽石造建筑艺术的成就，代表着高句丽晚期的墓葬形制。四号墓的抹角叠涩的藻井结构，与四神墓和五盔坟五号墓的藻井结构相同。这种藻井结构在中原北魏时代的石窟中，却是非常普遍的。再就壁画内容、技法来看，主要以四神图为主，且直接在凿琢工整的石面上彩施，布局丰满，色泽鲜艳，构图严谨，笔触洗练，比画在白垩土壁上的12号墓、三室墓等早一些的壁画墓要进步得多；就其绘画作风来看和南北朝时期的河南邓县彩色画像砖墓绘画风格极为相似，如四号墓藻井北面的第二重顶石石侧石所绘的击腰鼓的伎乐天人姿态、身段、衣纹完全一样，甚至所配置的流云亦相同[3]；弹琴伎乐天人所戴的莲花冠，也是从晋代以后开始有之[4]。综上所述，以洞沟墓群的埋葬规律及四号墓的结构、壁画内容和绘画作风技法，可推知其与五盔坟五号墓应属同一时代，比四神墓稍略晚些，其年代应相当于北朝时期，约当5世纪末至6世纪初。

2. 墓主人的身份

集安是高句丽王国建都的所在地，从公元3年（东瑠琉明王二十二年）由卒本川迁都集安国内城（今集安县城）到公元427年又由集安国内城迁都至平壤[5]止，420余年都是以集安为都的。因此在集安附近埋葬有大量的高句丽时代的古墓，禹山前墓群乃是洞沟墓群中主要的一部分。纵览洞沟墓群以及朝鲜平壤附近，像五盔坟四号、五号等墓这样庞大的土墓，为数不多。再从五盔坟四号墓的墓室建筑规模宏伟壮丽，石材巨大，修凿精细，封土隆起地表高大如丘，壁画绚烂多彩，具有高度水平。推断四号墓很可能不是一般统治阶级的坟墓，而是高句丽的王陵或王族的坟墓。

3. 壁画的艺术价值

从艺术角度来看，四号墓壁画可说是已揭示出来的高句丽壁画艺术的典范，在各个方面都达到了很高的造诣，同时又具有高句丽本民族的绘画特色。

五盔坟四号墓的壁画，构图严谨，布局得当，形象准确生动，线条有力奔放。在表现手法上，比集安附近早期的角抵、舞踊、12号、三室等墓壁画要进步得多。早期的壁画墓，绘画比较拙朴，着重突出主题，不讲究背景陪衬和透视（如用膳的家具、器皿、房屋、城池建筑等），尚有幼稚的表现。四号墓四壁所画的主题虽然是四神，但在四神图下，衬施了网状火焰锦莲花连续图案，显得画面十分丰满，格调虽统一，但有变化。昂首奔腾的青龙，腾扑跳跃的白虎，展翅长鸣的朱雀，盘绕相缠的玄武都十分生动。由于衬地图案的烘托，使得画面更富丽生动。

人物的形象、比例关系都很准确，所运用的线条流利，粗细富有变化，如人物的脸谱和赤臂露胸的肌肉，用柔和细线条给人们以肉质的感觉；衣纹的奔放顿挫，在用线上极为讲究。

色彩的运用上，也很注意，设色热烈活泼，浓重而严峻的色泽，给人的印象非常逼真。所用染色是红、黄、白、黑、绿、赭石等色，虽然直接画在石面上，且年深月久其色彩如新，异常牢固，不易剥落。

可以说，四号墓壁画是代表着高句丽壁画艺术的成就较高的一个。四号墓的人物图像和伎乐天人，为高句丽社会文化史的研究，提供了一批新的资料，服饰中的袍服、笼冠、墨履、黑靴、巾帻；乐器中的腰鼓、胡角、筝箫、长笛；用具中的团扇、书卷、旌幡、麈尾和鎏金饰物，都是十分珍贵的。

附记：本文写就于1964年，脱稿后承蒙王承礼同志阅过，并提出一些宝贵的修改意见，在此深表谢意。

执　笔：李殿福
绘　图：刘萱堂

注　释

[1] 杨泓：《高句丽壁画石墓》，《文物参考资料》1958年5期。
[2] 吉林省博物馆：《吉林集安五盔坟四号和五号古墓清理略记》，《考古》1964年2期。
[3] 河南省文化局文物工作队：《邓县彩色画像砖墓》，文物出版社，1958年。
[4] 莲花冠，见于《沂南古画像石墓发掘报告》拓片42齐桓公冠，作莲花初开形；该书拓片47下段人物右方男冠亦作莲花形和顾恺之《女史箴图》人物相似。龙门宾阳洞帝后礼佛图亦见莲花冠。李文信先生在《沂南画像年代管见》一文（《考古通讯》1957年6期）中认为此种冠饰始创于晋，其说甚是。
[5] 公元前37年高句丽始祖朱蒙在卒本川纥升骨城建国到公元3年（东瑠琉明王二十二年），从纥升骨城迁都集安（国内城）为都，到第二十代王长寿王时，于公元427年由集安的国内城迁都至平壤。

（原刊于《考古学报》1984年1期，121~136页）

1976年集安洞沟高句丽墓清理

吉林省文物工作队　集安文管所

集安县洞沟古墓群，是国家重点文物保护单位。为配合工农业生产的需要，经国家文物事业管理局上报国务院批准，1976年4月初至7月中旬，对古墓葬进行了部分清理。清理工作由吉林省博物馆考古队主持，集安县第一批业余文物考古训练班学员和吉林大学考古专业的部分师生与集安县文管所的同志参加了这次清理工作。

洞沟古墓群的墓葬，大都位于山的南坡和向南的山沟两旁与河床台地上。这次清理的古墓，方向均朝南，顺山势稍偏东或西。各墓均顺山势交错排列，有一定的规律。

这次共清理了188座墓，包括四个墓区。禹山墓区56座，山城下墓区37座，七星山墓区26座，麻线沟墓区69座。禹山墓区发掘的墓，多数座落在集安县果树场西侧的大禹山南坡上；山城下墓区发掘的墓，多座落在通沟河的东岸，东大坡的山腰一带；七星山墓区发掘的墓位于通沟河西岸，通沟一队村后的山腰上；麻线沟墓区发掘的墓，皆坐落在麻线公社所在地西北山梁的南坡。188座古墓中，遭严重破坏已没有清理价值的92座，实际清理的墓只有96座。

对高句丽古墓的形制和发展演变序列，中外考古工作者都作过不少的研究，并发表过一些论述[1]，但都偏重在大墓方面。在集安上万座古墓中，封土墓占多数，这次发掘的大都是小封土墓，尽管出土的随葬品极少，但对我们研究高句丽封土墓的演变、结构、葬俗等都给予一些新的启示。现报告如下。

一、墓的形制

96座墓，就其外部形制来看，有积石墓和封土墓两种。

积石墓共三座。皆为方坛积石墓，且已被盗。三座墓的大小略同，椁室皆位于墓的顶部中央。方坛基石散乱地堆放在墓的四周，已失原貌。这里以七星山墓区879号墓为例加以叙述。

M879　长方形的方坛积石墓。现存长24、宽18米。椁室塌陷且被扰乱。经清理后，室的南壁比较清楚，是用均等的小石块堆砌而成。东、西壁还保存了一部分，而北壁已找不到一点迹象。椁室为长方形，长2.3、残宽1.5、现存高0.4米。与辽宁桓仁县高力墓子村第八号墓基本相同[2]（图一）。

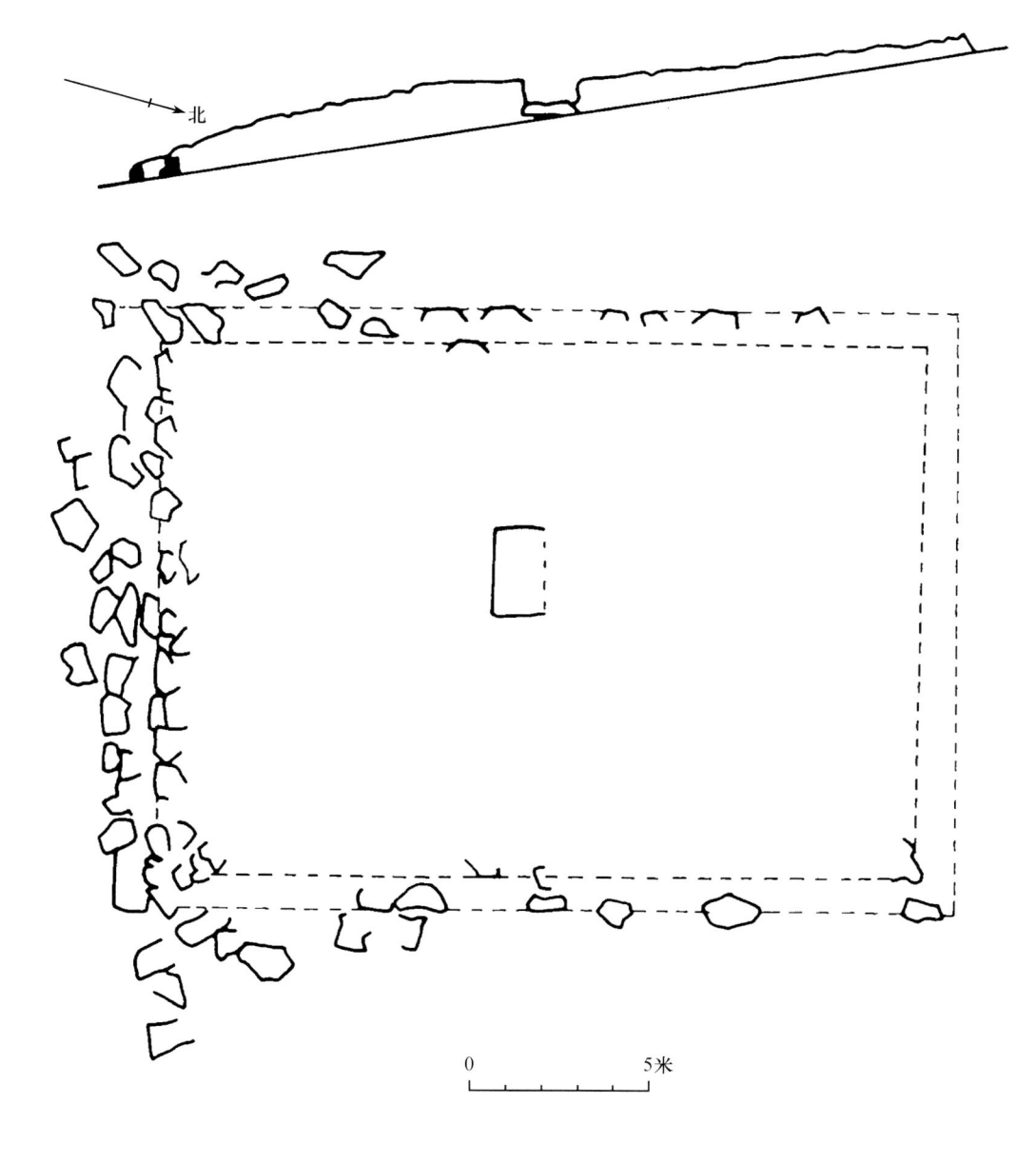

图一　积石墓 M879 平、剖面图

封土墓即封土石室墓[3]，也同样被盗过。大部分墓的盖顶石已露在外面。这次清理的封土墓共93座[4]，按其内部结构可分单室、双室和三室三种形制。每种形制中又区分为几式。总的看来，各种形制的墓室四壁所选用的石材，都无多大区别，墓道的营造方法也相同。从墓的平面看，有长条形、刀形、铲形三种形制；从墓顶看又有平盖顶、叠涩顶、抹角叠涩顶之别。

1. 单室墓

共73座。按其平面布局及顶部结构可分为五式。

Ⅰ式：14座。墓的平面为刀形，即墓道在墓室南壁的一侧。墓顶为平盖顶。墓室矮小，一般长不超过2、宽1.5、高1米。山城下墓区331号墓，就属此种形式。这座墓虽经多年的风雨侵蚀，封石已露，但保存基本完好。揭去封土，乃见三块板石盖顶。墓道用石块封堵，长 0.66、宽 0.82、高 0.4 米。墓室四壁用光滑平整的石材砌筑，一般底层是用一巨石，其上以较小石块相砌，间隙用小石块填平。墓底铺有碎石。墓室长 1.88、宽 1.2、高 0.62 米。墓向为南偏西 66°（图二）。此墓与桓仁县高力墓子村第 12 号墓相似[5]。

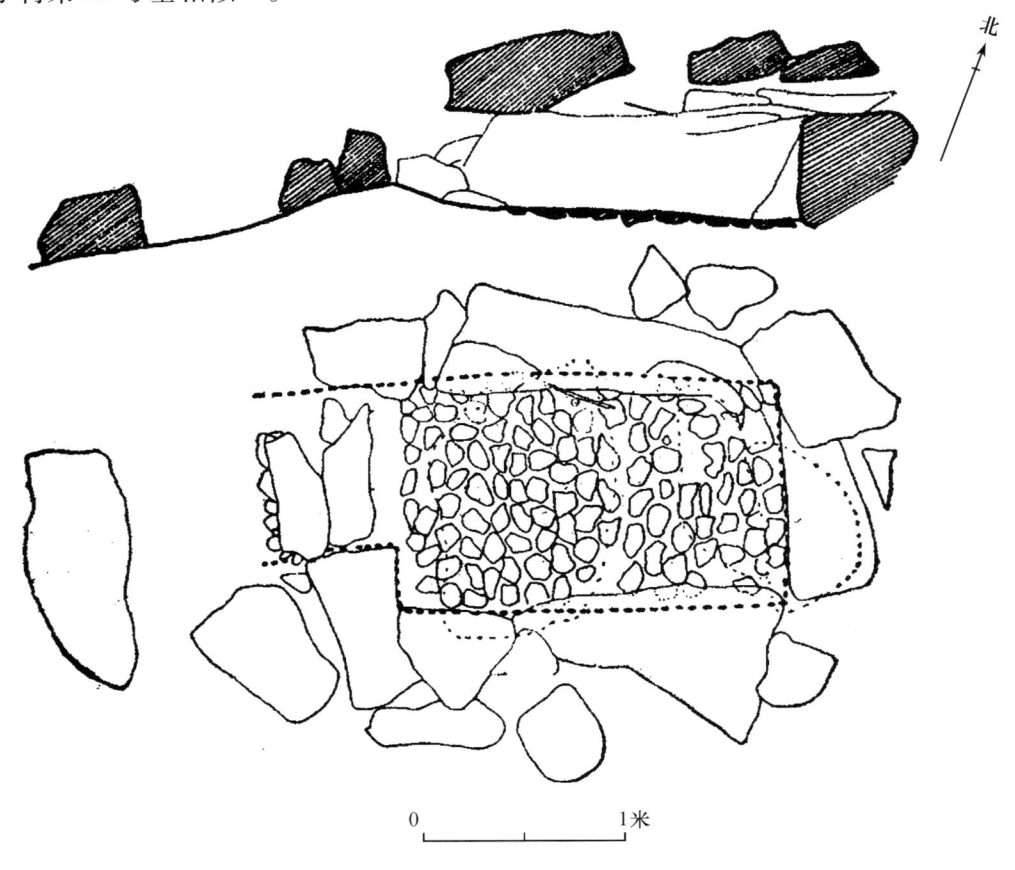

图二　Ⅰ式单室封土墓 M331 平、剖面图

Ⅱ式：14 座。墓室平面与Ⅰ式相同。墓室顶为平行叠涩式。以麻线沟墓区 1479 号墓为例。墓室底铺碎石。墓室四壁与墓道壁利用大小不等的自然石块砌成，间隙用碎石充填。墓顶为平行内收叠涩，上以一巨石平封。墓道平直，长 1.7、宽 0.8、高 1.2 米。墓道口以小石块封堵。墓室长 2.8、宽 2.4、高 1.8 米。墓向 190°（图三，1）。此式墓葬与辽宁抚顺洼浑木高句丽墓 13 号相同[6]。

Ⅲ式：4 座。墓底平面呈铲形，墓道位于南壁的中间。墓室四壁与墓道堆砌的石块比较整齐，所用石材已略加工，且用白灰勾缝。墓顶与Ⅱ式相同，为叠涩式。例如 234 号墓，墓向 230°。墓室长 2.4、宽 1.9、高 1.7 米。墓道长 1.8、宽 0.8、高 0.8 米（图三，2）。此式与桓仁县高力墓子村 3 号墓基本一样[7]。

Ⅳ式：20 座。墓的平面与Ⅰ式相同。墓顶出现了抹角叠涩。有的抹一角，有的抹二角或三角，也有的四角都抹，还有的为三层平行叠涩，在上层出现抹角。上述几种，都以巨石封顶。墓底皆用碎石或河卵石、小石板铺砌。墓室壁涂白灰。墓室长一般为 2.5、宽 1.9、高 1.8 米。墓道长 2.2、宽 1、高 1.1 米。

另外，属于此式的山城下墓区325号墓（图三，3），在墓室底部，紧靠墓室四壁15厘米处筑一道高7、宽28厘米的方形夯土小围墙。墓底铺一层厚约2厘米的木炭。此种结构以前没有发现过，它可能是为防止地下水渗透，而建的防水设施。墓室长2.24、宽1.88、高1.57米。墓道长2.4、宽0.92、高1.06米。

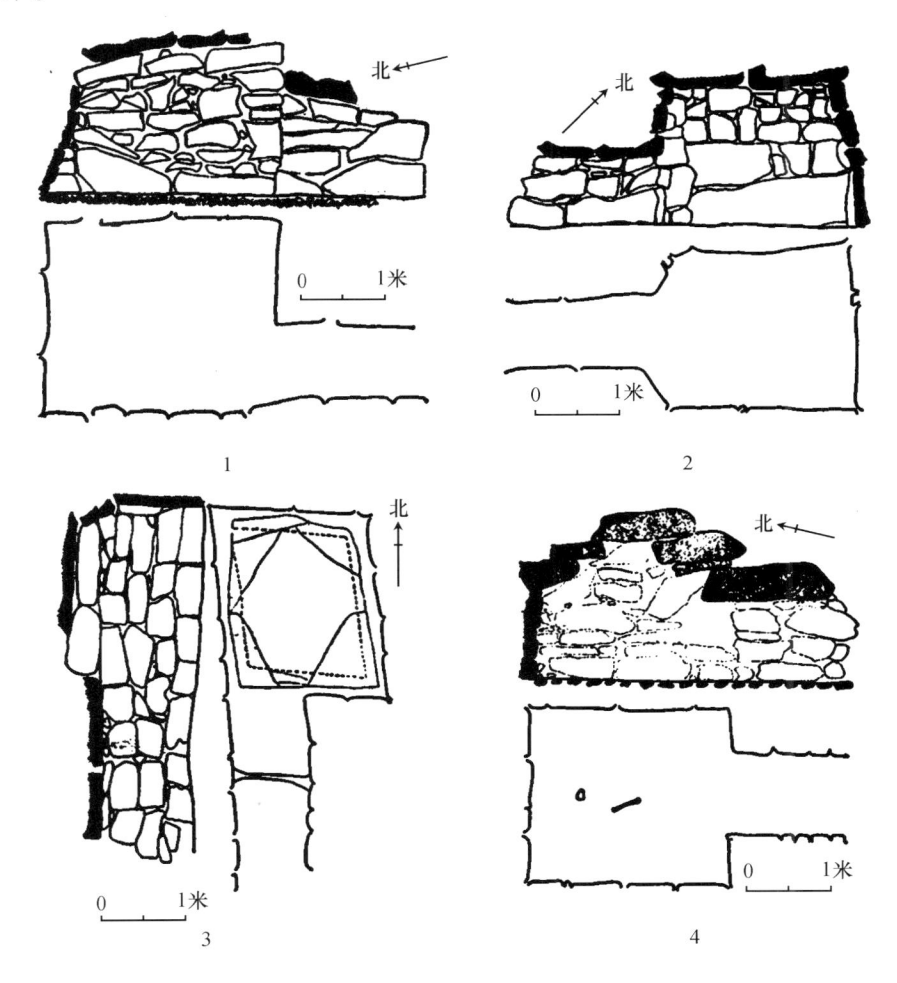

图三 单室封土墓

1. Ⅱ式 M1479 平、剖面图 2. Ⅲ式 M234 平、剖面图 3. Ⅳ式 M325 平、剖面图 4. Ⅴ式 M840 平、剖面图

Ⅴ式：21座。墓的平面与Ⅲ式相同，而墓顶为抹角叠涩式，一般叠涩2至6层，抹角1至4层。仰视呈斗四、斗八藻井。这种形式的墓葬营造考究，且高大、宽敞。例如840号墓，墓室长2.36、宽2.1、高1.73米。墓道长1.4、宽1、高1米（图三，4）。其中有四座较大的墓，长、宽、高都在3米以上，这与五盔坟四号、五号墓极为相仿[8]。

2. 双室墓

共18座。皆为同坟异穴。根据墓的平面与墓顶结构的异同可分为六种形式。

Ⅰ式：1座。为禹山墓区678号墓。墓的平面为长条形的双室墓。平盖顶。墓道与墓室无明显界线，只是墓道用石块封堵。墓室壁与墓道壁同时用石块砌筑，并用碎石充填缝隙，然后用几块大石平封墓顶与墓道。墓底皆铺有碎石。两墓道平行，方向都是145°。西墓室长（包括填石的墓道）4、宽0.9、高0.96米；东墓室长（包括填石的墓道）3.3、宽0.8、高1米。可见它比单室Ⅰ式平盖顶的刀形墓还要矮小（图四，1）。这种形制的高句丽墓葬还是首次发现。它对研究高句丽的墓葬形制、结构都有新的补充。

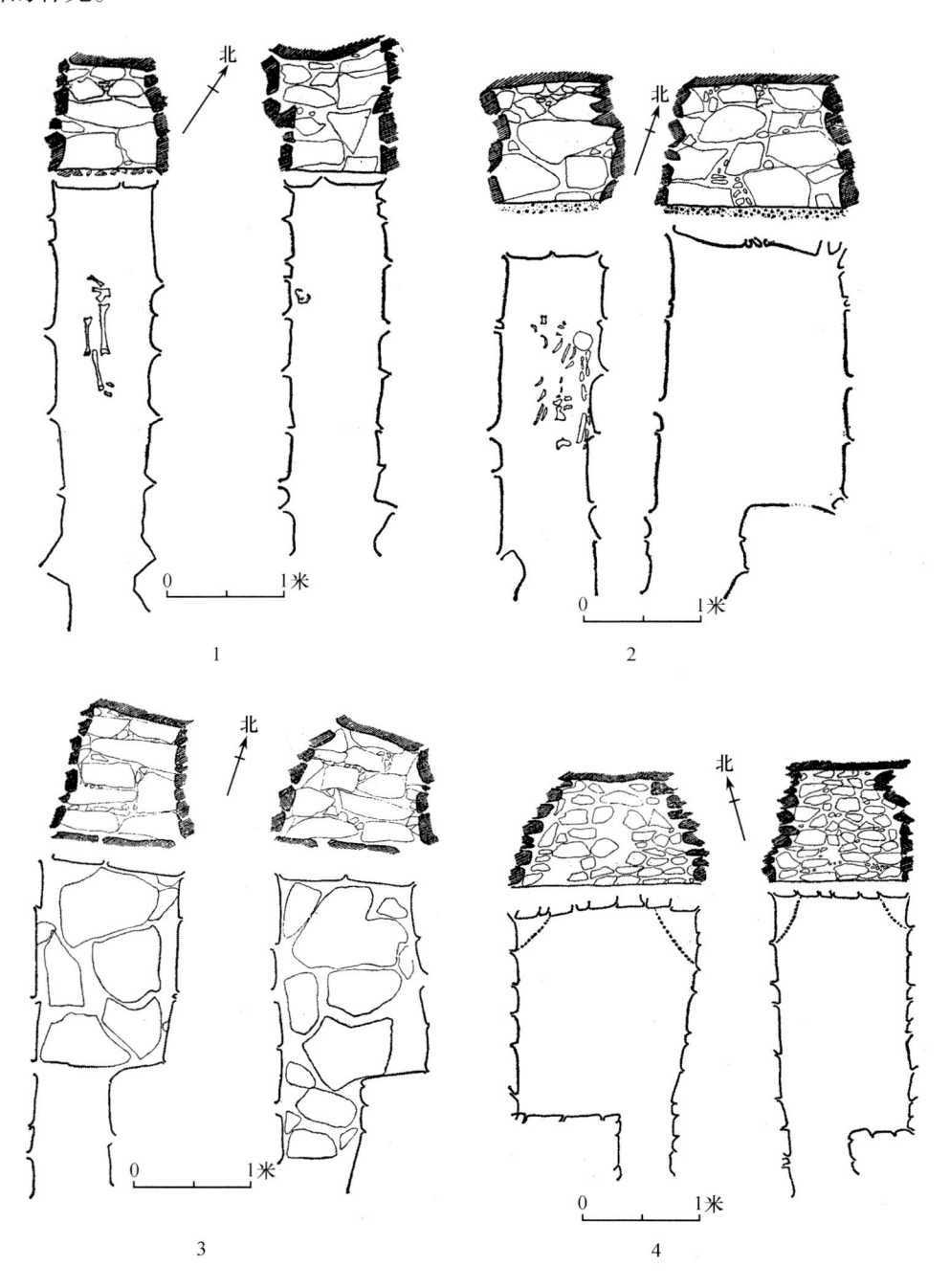

图四　双室封土墓

1. Ⅰ式 M678 平、剖面图　2. Ⅱ式 M733 平、剖面图　3. Ⅲ式 M711 平、剖面图　4. Ⅴ式 M1437 平、剖面图

Ⅱ式：4座。皆属禹山墓区。这类双室墓的两墓室形制相异，其中一墓的平面为长条形，墓顶为平盖顶，与双室类Ⅰ式完全相同；另一墓的平面为刀形，墓顶是叠涩式。如733号墓（图四，2）。西墓平面为长条形，墓顶是平盖顶，墓室窄长矮小。长（包括填石的墓道）3.1、宽0.8、高1.1米。东墓的平面为刀形，墓顶为叠涩式。墓室长2.3、宽1.6、高1.1米，墓道长0.86、宽0.8、高0.9米。墓室方向不同，西室墓方向为165°，东室墓方向为160°。通化市江口村8号墓与此大致相同[9]。

Ⅲ式：3座。墓底平面皆为刀形的双室墓。其中一座是两"刀背"相对的双室墓，另两座为两"刃部"朝着一个方向的双室墓。墓底皆铺有碎石或石板，墓顶均为叠涩式。例如禹山墓区711号墓，两墓室平面均为刀形，并且也有共有的墓室与墓道的壁。墓的四壁用自然石块相砌，墓室底铺有板石，墓顶皆为叠涩式，上盖一块板石封顶。西墓室长2.4、宽1.14、高1.54米，墓道长1.54、宽0.98、高1米；东墓室长2.4、宽1.56、高1.38米，墓道长1.2、宽1、高1米。两墓道平行，方向都是168°（图四，3）。

Ⅳ式：一座。麻线沟墓区1440号墓。平面为铲形双室墓。墓顶与双室类Ⅲ式相同，为叠涩式。墓室的四壁与墓道皆用较整齐的大石砌筑，并用白灰勾缝。西墓室内存放有两个石棺座。两室的大小基本相同。西室长2.7、宽2.2、高2.4米，墓道长2.2、宽0.8、高1米；东室长2.7、宽2.1、高2.8米，墓道长2、宽1、高1米。可见此种形制的双室墓，墓室宽敞、高大。它的外面半圆形封土高3.1米，周长48米。两墓道平行，墓向都是265°（图五）。

Ⅴ式：8座。两墓的平面皆为刀形，墓顶同是抹角叠涩式。如麻线沟墓区1437号墓。墓顶为一层抹角叠涩式的双室墓。两墓室与墓道用比较规整的石块砌成，并用白灰勾缝。西室长2.8、宽1.5、高1.36米，墓道长0.74、宽0.6、高1米；东室长2.5、宽1.9、高1.2米，墓道长0.75、宽0.64、高1米。两墓道相距1.1米。墓道相平行，墓向皆为190°（图四，4）。

Ⅵ式：一座。麻线沟墓区705号墓。墓的平面为铲形，墓顶为抹角叠涩式。西室为三层抹角二层平行叠涩的墓顶，而东室是一层抹角叠涩式。它的四壁与墓道用加工规整的石条砌成。墓底均铺有整齐的石板。西室长3、宽2.8、高2.35米；东室长2.7、宽2.3、高2.3米。墓道长2.65、宽1.08、高1.44米。两墓道间距1.6米。墓道相互平行，方向都是255°。

3. 三室墓

共2座。墓室封土都比较高大，而在同一封土中有三个不相通的墓室。根据墓的结构可分二式。

Ⅰ式：麻线沟墓区1445号墓。三墓的平面相异。西室平面为铲形，东、中室平面为刀形。墓顶皆为叠涩式。三个墓室的四壁与墓道皆用比较规整的石材砌筑，并用白灰勾缝。西、中两墓室底各抹一层2厘米厚的白灰。三个墓室相互平行，方向都是175°。西室长3、宽2.6、高3米，墓道长4.2、宽0.9、高1.5米；中室长2.55、宽2.05、高3米，墓道长4.2、宽0.9、高1.5米；东墓室长2.5、宽2.25、高3米，墓道长4.2、宽1、高1.3米（图六）。

Ⅱ式：麻线沟墓区1447号墓。三个墓的平面均为刀形，而墓顶相异。西墓室的顶为叠涩式，中、东墓室的顶为抹角叠涩式。西墓室与中墓室的"刀刃"向西，而东墓室的"刀刃"向东。墓的四壁与墓道皆用规整的石块砌筑，后用白灰勾缝。三墓室相平行，方向均为175°。西室长2.3、宽

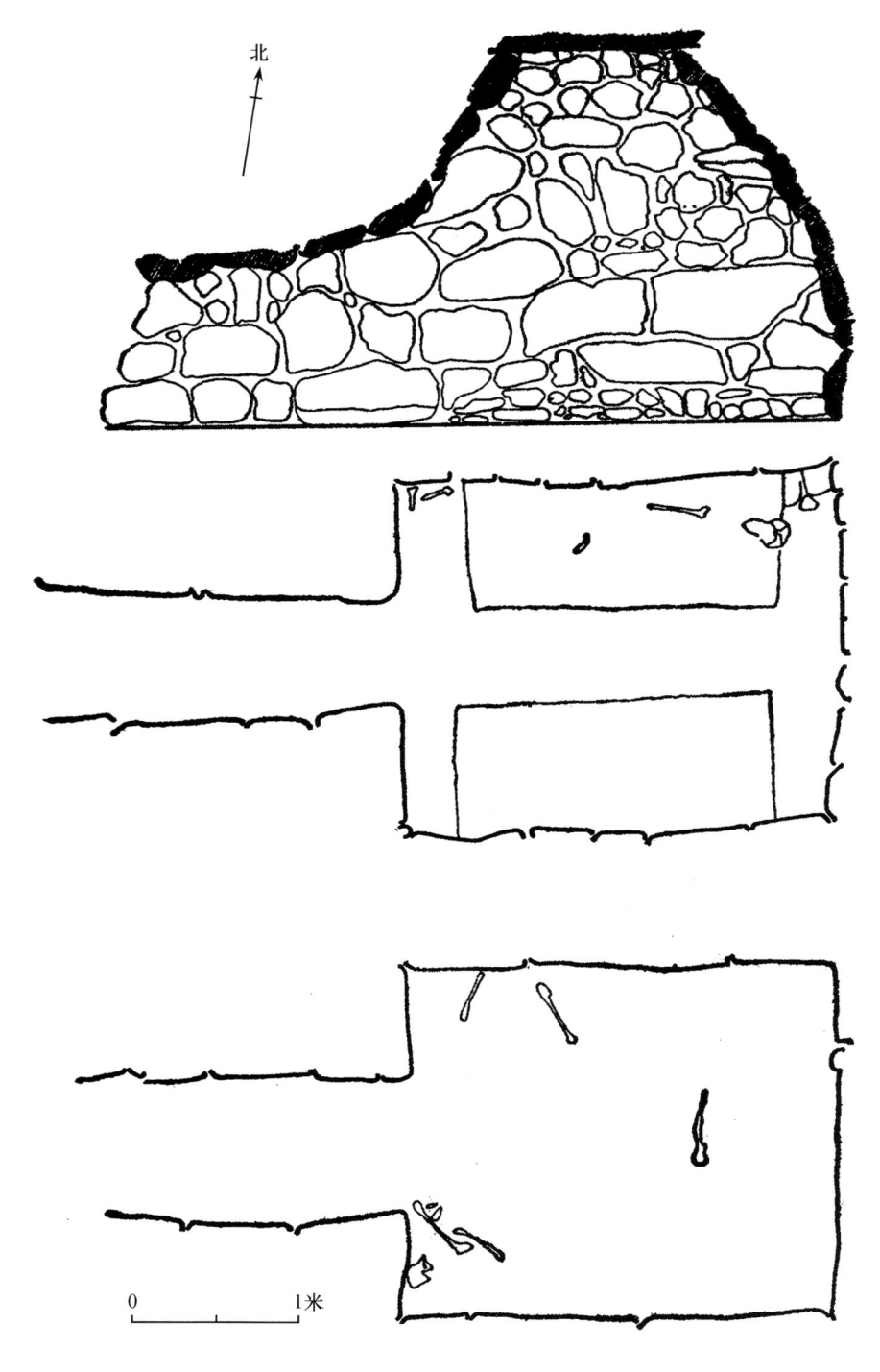

图五 Ⅳ式双室封土墓 M1440 平、剖面图

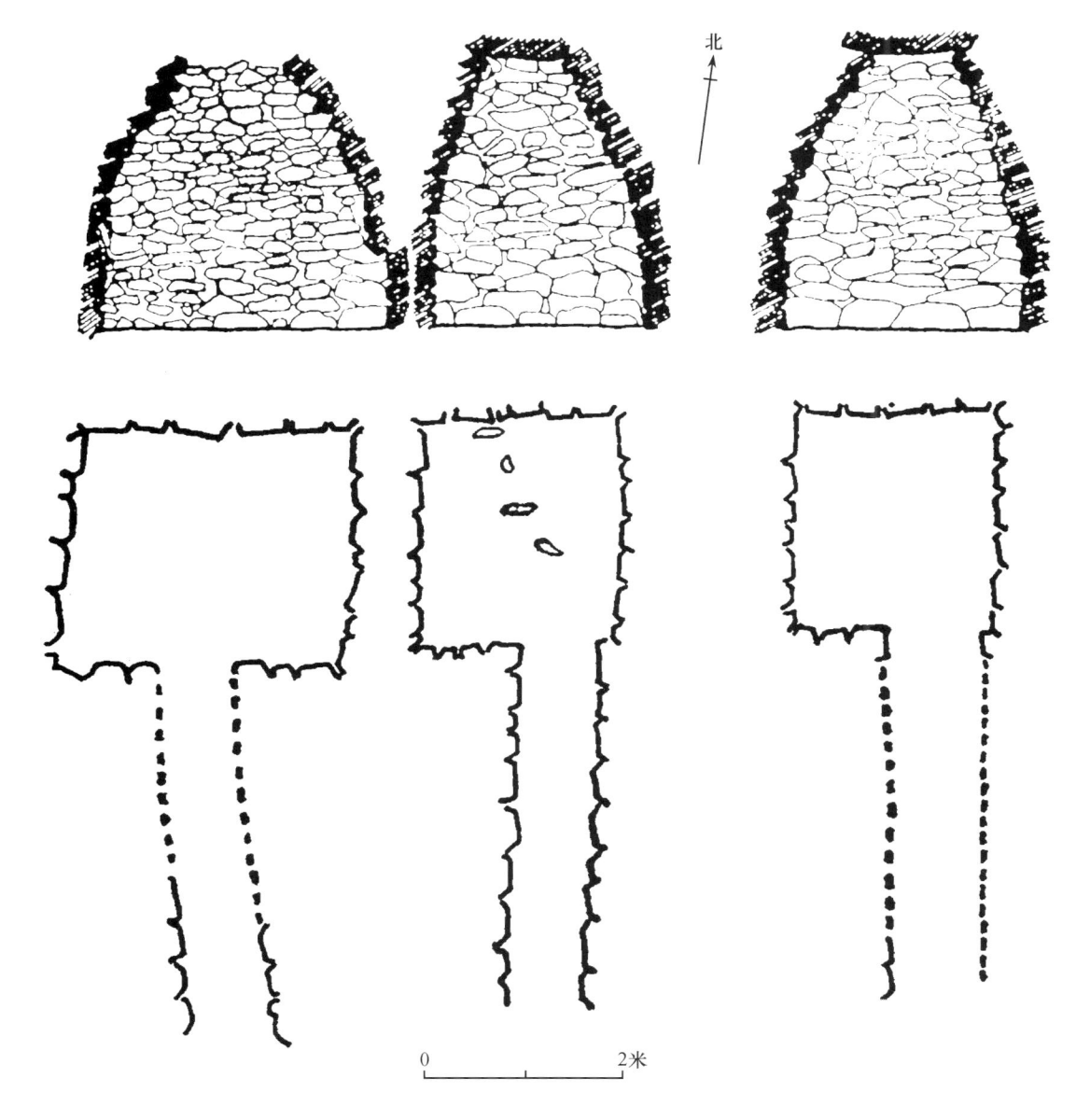

图六　Ⅰ式三室封土墓 M1445 平、剖面图

1.6、高1.32米，墓道长2、宽0.9、高1.2米；中室长2.32、宽1.9、高1.62米，墓道长2.3、宽1.1、高1.3米；东室长2.4、宽1.56、高1.23米，墓道长2.1、宽0.8、高1.1米（图七）。

　　总之，封土墓的墓室从矮小到高大，墓顶从简单的平盖顶到复杂的叠涩顶和抹角叠涩顶。并平盖顶的墓只存在于墓的平面为长条形和刀形的墓葬中；叠涩顶和抹角叠涩顶，只存在于墓的平面为刀形与铲形的墓中，这些墓的墓壁有的用了白灰勾缝，有的石材经过了加工。

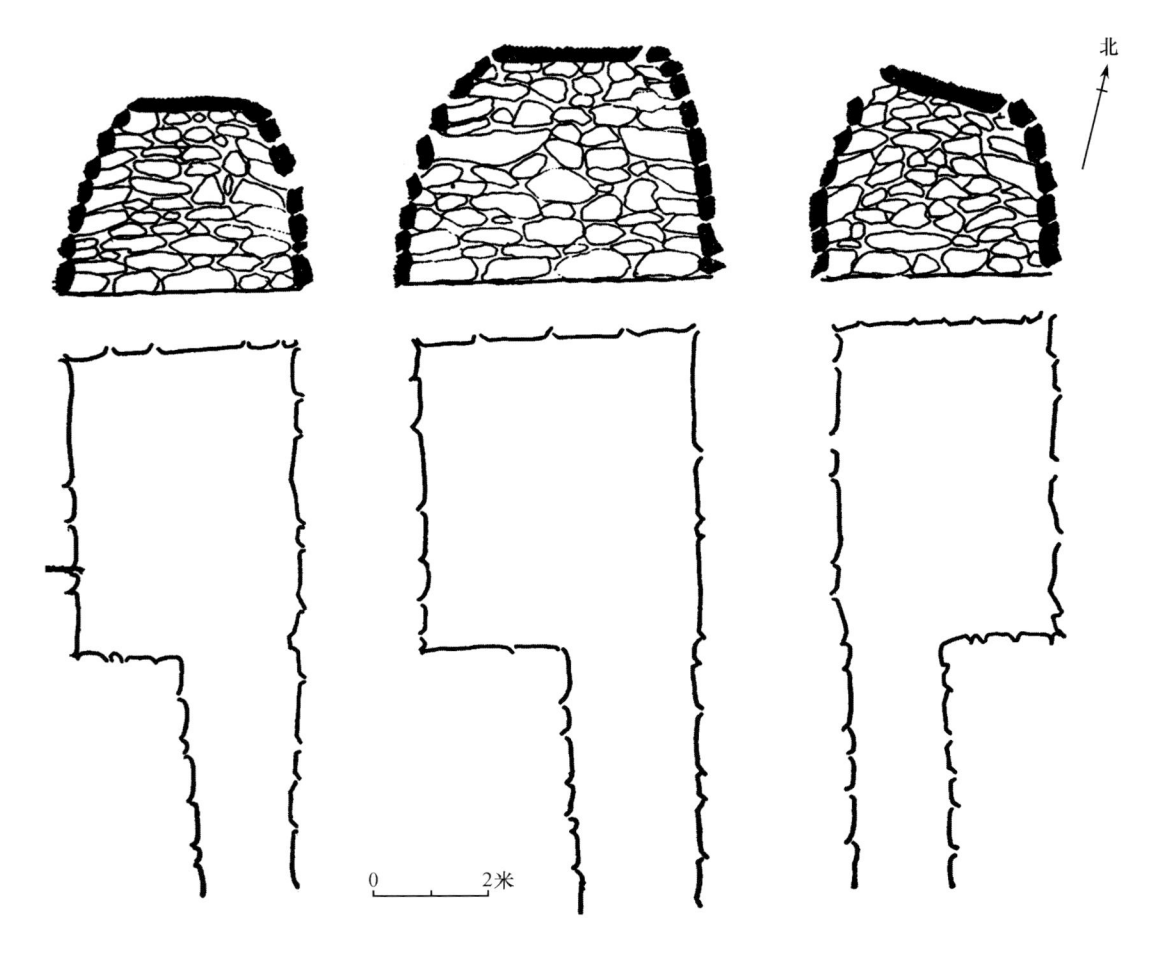

图七　Ⅱ式三室封土墓 M1447 平、剖面图

二、遗　物

这批墓葬大都是小型封土墓，并被盗掘，遗物极少，只有20座封土墓和两座积石墓出有遗物，共132件。其中铁器127件、包金圈2件，均已残断，鎏金饰件2件、陶器1件。按质地分别介绍如下。

1. 陶器

这次发掘出土的陶器均已破碎。陶质有泥质红陶、灰陶和夹粗砂黄褐陶。纹饰有斜方格和斜线纹，在灰陶罐上有凸起的弦纹。另外有的墓葬中曾出土有灰色缸胎器残片。从残片看器形有盆、罐、钵等。可复原的仅有一件，山城下墓区321号墓的红陶钵，口径18.5、高9.3、底径14.6厘米（图八，7）。

2. 铁器

铁器大部分是墓葬中出土的棺钉和棺环，其他器物只有铁斧1件、铁刀2件。

棺钉　体长一般为13.7厘米，也有略小些的。均呈方锥形，顶带一凸起的圆帽。

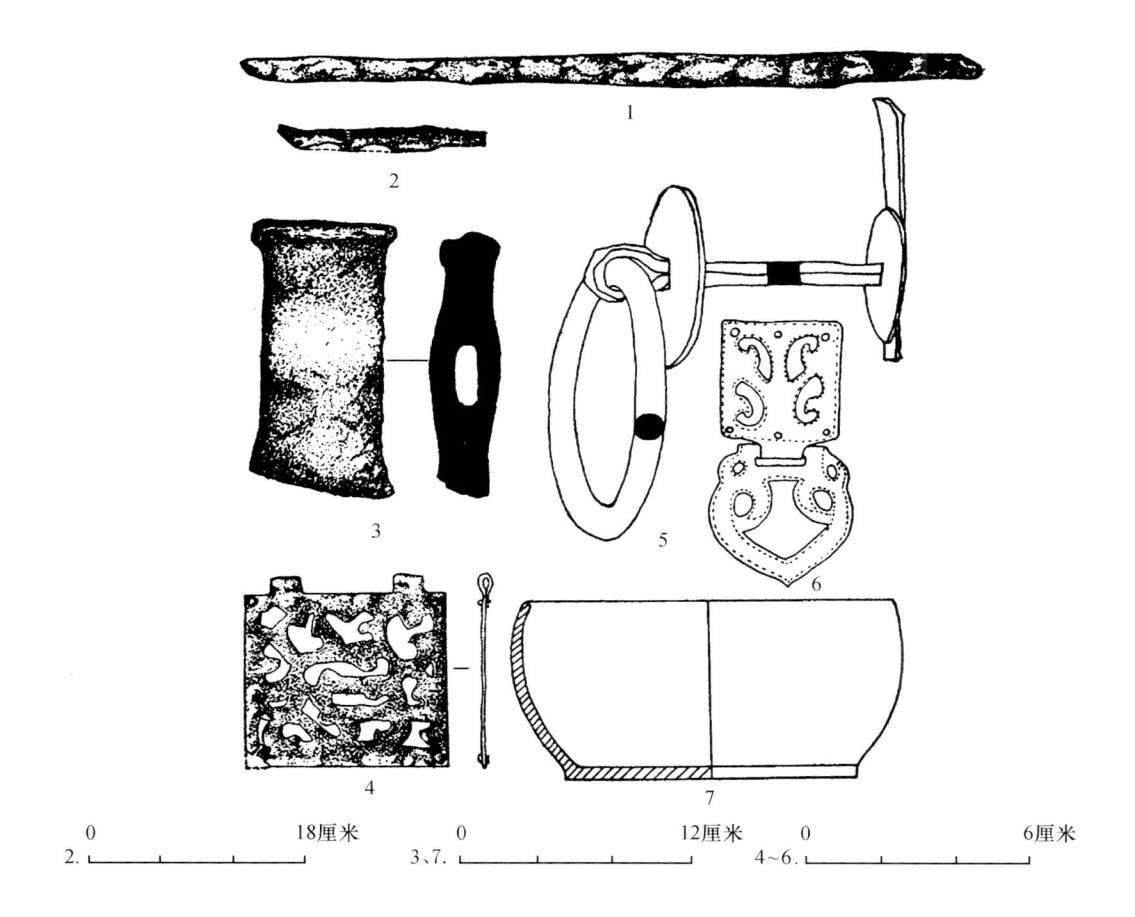

图八　墓葬出土器物

1、2. 铁刀（M331、M325）　3. 铁斧（M1445）　4. 鎏金方形饰件（M873）　5. 铁棺环（M1445）
6. 鎏金桃形片饰（M330）　7. 红陶钵（M321）

棺环　有一四楞形的铁座，中间套有两个圆形方孔的当头。座的顶端套一游环。此器似做抬棺之用。棺环的总长为15厘米（图八，5）。

铁刀　一件通长54.6厘米，其中柄长10.8、宽2.1、厚0.6厘米。刃部长43.8、宽2.4厘米（图八，1）。另一件通长15.3厘米。其中柄长3.3、厚0.3厘米（图八，2）。

铁斧　刃部稍残，两端窄中间宽，中间有一方孔，似按柄之用。长28、厚2.6、宽1.3厘米（图八，3）。

3. 鎏金器

鎏金桃形片饰　上端有一镂孔的方形片饰。上下各带三个铆钉，下端套一镂孔的桃形片饰，镂孔的周边饰满了针孔（图八，6）。

鎏金方形饰件　中间镂空，四角各带一个铆钉（图八，4）。

三、结　语

墓葬的年代：由于遗物少，只能从墓的形制结构上对照已发现的有相对年代的墓作一类比，来推测一下它们的相对年代。

三座积石墓，在结构上，均下部为方坛，上部积石，墓室位于墓的顶部中央，与桓仁高力墓子村积石墓大致相同，可能属于高句丽早期的墓葬。

封土墓的年代，从形制上可以看出它们有时间早晚的不同。在双室墓中出现了两个都是长条形或一个是长条形一个是刀形、一个是刀形与一个是铲形的同坟异穴双室墓，但未曾发现过长条形墓室与铲形墓室同在一个封土中的现象，这样看来，刀形墓室是介于长条形墓室和铲形墓室二者之间的形制。长条形墓室和铲形墓室的早晚关系在集安地区一般来说，积石墓要早于封土墓，而封土墓中的平盖顶的墓又早于叠涩顶的墓，而抹角叠涩顶的墓时间会更晚。对照这两种墓室，长条形墓的墓室都矮小、简陋，无葬具和随葬品，它保留着前期特点的地方较多，又恰恰都是平盖顶的墓。早期积石墓绝大多数没有墓道，而这种长条形墓室的墓也没有明显的墓道，只是在狭长的墓室南端填满石块，这是晚期墓葬的特点，因此说它是一种过渡形式。由于这种类型的墓葬较少，所以它存在的时间不会太长，很快就转入墓室平面为刀形和铲形叠涩式墓顶的封土墓。禹山墓区733号（双室Ⅱ式）是长条形墓的平面（平盖顶）与刀形墓的平面（叠涩顶）同出在一个封土中，它体现了两种形制的更替交错。因此，可能长条形墓要早于刀形和铲形墓。也许能证明叠涩式墓顶是紧接平盖顶出现的，而抹角叠涩式墓顶就更晚了。这批封土墓的年代约在两晋到南北朝时期[10]。

执　笔：柳　岚　张雪岩

注　释

[1]　池内宏、梅原末治：《通沟》；李殿福：《集安高句丽墓研究》，《考古学报》1980年2期。
[2]　陈大为：《桓仁县考古调查发掘简报》，《考古》1960年1期。
[3]　同［1］。
[4]　封土墓先发掘了93座小型墓，后又发掘一座大型封土墓，是禹山墓区1080号，此墓简报另行发表。
[5]　同［2］。
[6]　王增新：《辽宁抚顺市前屯、洼浑木高句丽墓发掘简报》，《考古》1964年10期。
[7]　同［2］。
[8]　吉林省博物馆：《吉林集安五盔坟四号和五号墓清理略记》，《考古》1964年2期。
[9]　吉林省文物管理委员会：《吉林通化市江口村和东江村考古发掘简报》，《考古》1960年7期。
[10]　值得注意的是属单室Ⅴ式的1943号墓，已被扰乱，但在墓室中发现一枚铜钱，正面为"常平通宝"，背面为"户二当五"。

（原刊于《考古》1984年1期，69~76页）

集安县上、下活龙村高句丽古墓清理简报

集安县文物保管所

为了配合老虎哨水电站工程建设，集安县文物保管所在麻线乡的上活龙和下活龙清理了一批高句丽古墓。发掘工作从1982年5月开始至同年10月结束，现将清理结果简报如下。

一、上活龙村古墓群

上活龙村高句丽古墓位于集安县城西南8公里处，共有14座，均在村北的冲积平地上，东距鸭绿江320米，西接一漫岗，背后为连绵起伏的山峦，当地群众称后山（图一）。

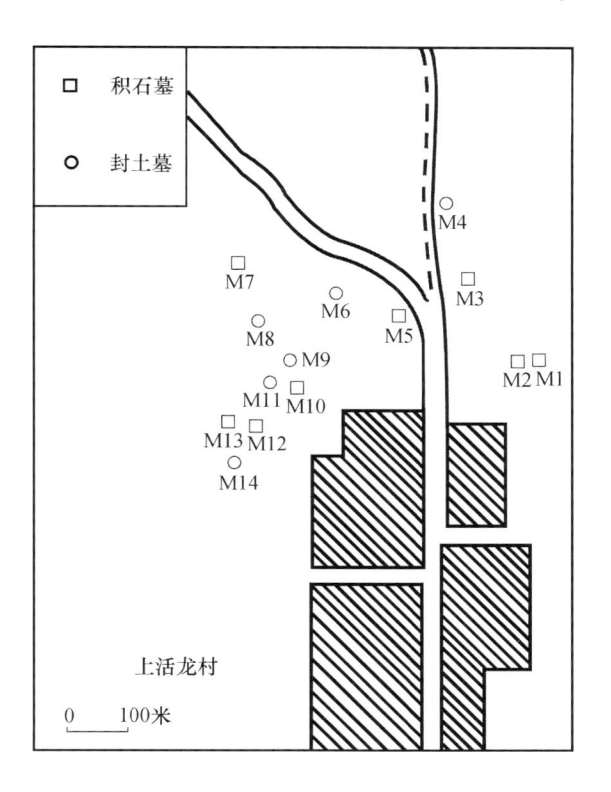

图一 上活龙村古墓分布图

清理的 14 座高句丽古墓可分为积石墓、阶坛积石墓和封土洞室墓等三种形制。

积石墓 3 座（M1、M2、M7）。其中 M1、M2 大小基本相同，东西并排，位于墓群的最东端；M7 位于墓群的西北角。三座墓葬均已被破坏。现以 M2 为例，墓平面呈长方形，用直径 10~20 厘米的河卵石堆筑于地表，长 9、宽 7、高 1 米，方向 180°。清理前，墓顶部偏北侧有长、宽 3 米的凹陷坑。墓圹位于墓中部，底与地表平，四壁多遭破坏，范围不清。仅在南面有一道东西向的圹壁，均用直径 30 厘米×50 厘米的河卵石砌筑，长 4.8、残高 0.3 米（图二）。圹中仅见一些陶片，器形有陶罐、陶甑等。

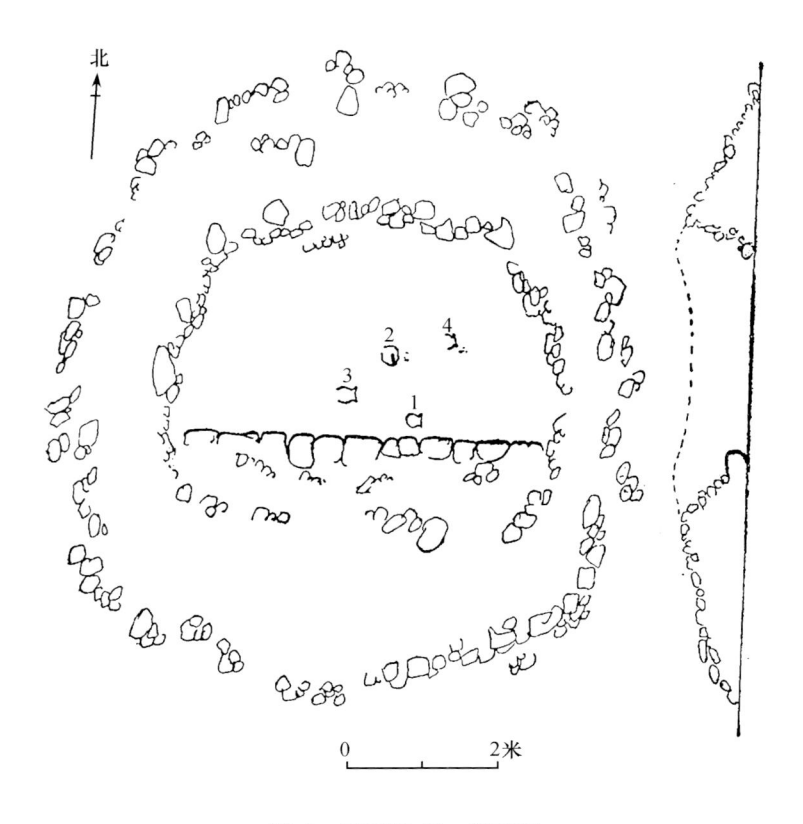

图二 82JSM2 平、剖面图

阶坛积石墓 5 座（M3、M5、M10、M11、M12）。由于坛基石多被取走，许多墓葬已失原貌。现以保存最好的 M5 为例。墓为两级阶坛积石墓。位于上活龙墓群中部，长 8、宽 8、高 2 米，呈方丘状，方向 180°（图三）。基坛筑于地表的小河卵石之上，用稍加修整的石灰石条分三层垒筑，每层 12~13 块，通高 0.7 米。基坛内用河卵石填平作为基础，其上四边内收 1~2 米，垒筑阶坛。阶坛用直径 40 厘米×20 厘米大小的长条形河卵石砌筑，高 0.7 米。阶坛内再用石块填平，然后内收砌筑圹室。圹底高于地表 1.4 米。四壁早年已遭到破坏，仅东、南、北三面尚见几块砌筑整齐的石块，大小约 50 厘米×20 厘米×10 厘米。圹室南北向，呈长方形，长约 3 米，宽度不清。墓圹上部用大小不等的河卵石块封垄。

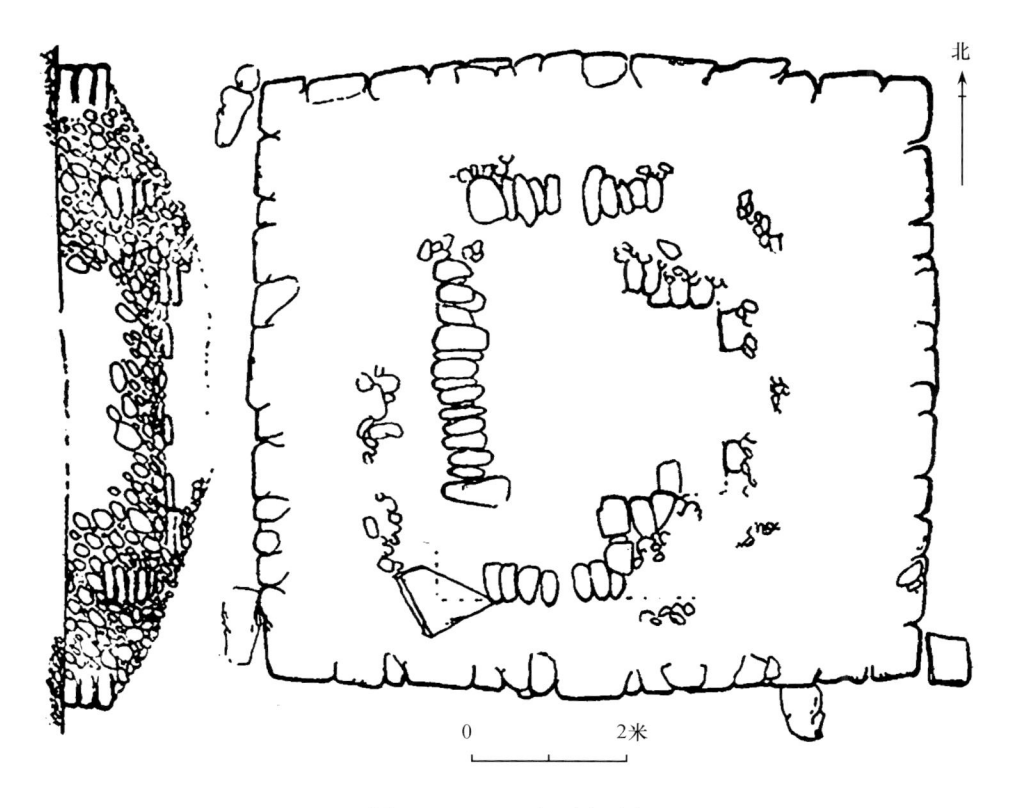

图三　82JSM5 平、剖面图

在墓圹内出土的泥质灰陶口沿残片，轮制，火候较高，质地坚硬。另外，在距基坛东南角 2 米的地表下 30 厘米处，还出土一残缺的莲纹瓦当。

封土洞室墓　6 座。均经破坏，盖顶石多缺失。墓室和墓道多用石材垒筑，上盖顶石，后用黄土封护，坟垄呈圆丘状。按结构可分二式。

Ⅰ式：2 座（M13、M14）。墓室平面呈刀形。M13 墓底平铺一层片状小卵石，底于地表 20 厘米。四壁用花岗岩立砌，较平整。墓室长 1.75、宽 1.1、高 0.75 米，方向 180°。墓道在南壁的左侧，长 1.2、宽 0.6、高 0.65 米。在墓道中垒有封门石墙（图四）。从墓室后侧发现的头骨碎渣判断，葬式为头北足南。

随葬遗物皆为残陶片，系泥质灰陶、泥质褐陶、夹砂灰陶，均轮制，火候较高。

Ⅱ式：4 座（M4、M6、M8、M9）。墓室平面呈铲形，四壁上部稍内收。M4 墓室建于原地表下 10 厘米，四壁用石块垒砌三至四层，长 2.5、宽 1.35、高 1.1 米。北侧顶部尚存两块盖顶石。墓道在南壁中部，长 1、宽 0.64、高 0.8 米，墓道中砌石封门墙（图五；图版一三，4）。

墓室中部距西壁 40 厘米处出土残铜镜一件和夹砂灰陶、夹砂褐陶、泥质灰陶的碎片，陶片均轮制，火候高。

北 ←

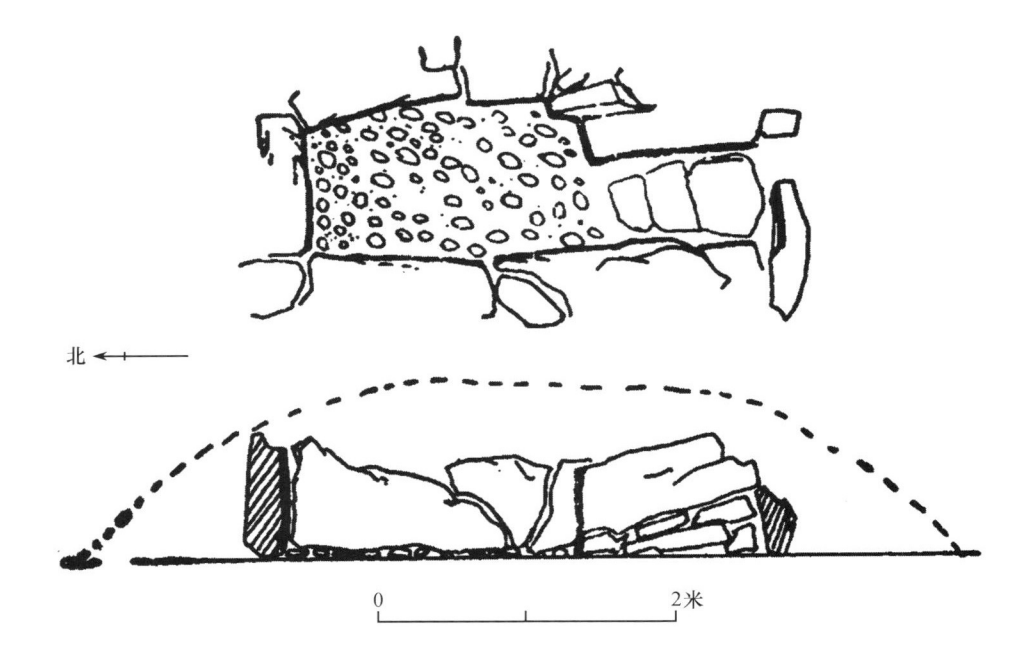

0　　　　2米

图四　82JSM13 平、剖面图

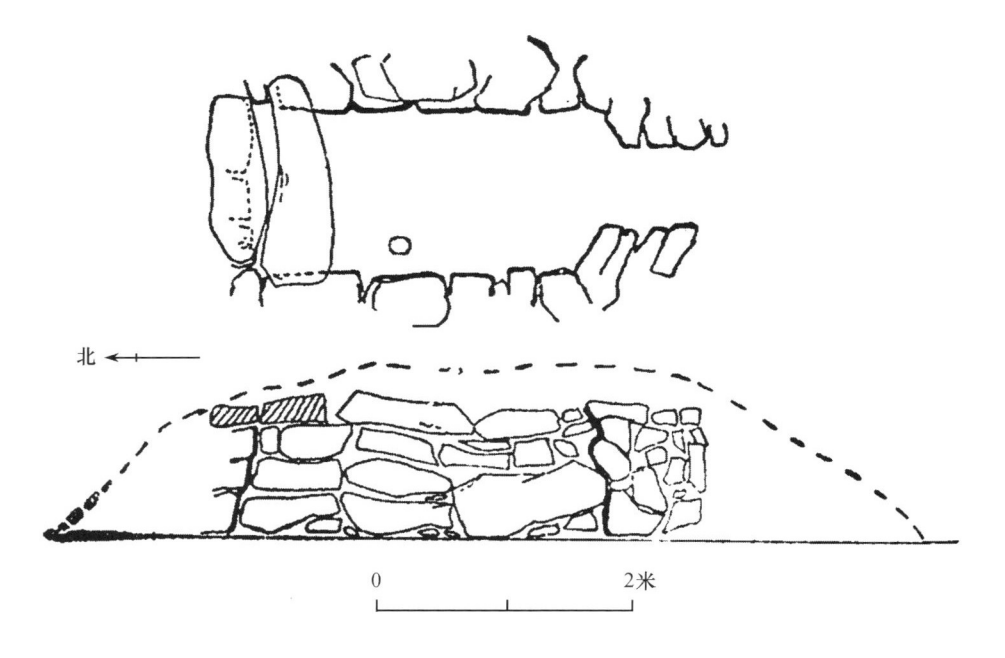

北 ←

0　　　　2米

图五　82JSM4 平、剖面图

二、下活龙村古墓群

下活龙村位于集安县城西南约16公里处，北距上活龙村8公里。处在半圆形冲积盆地内，东西宽1、南北长1.5公里。东、南两面是鸭绿江；西、北两面是陡峭的大黑砬子山。墓群坐落在盆地东端的岗地上，高出鸭绿江水面约5米（图六）。

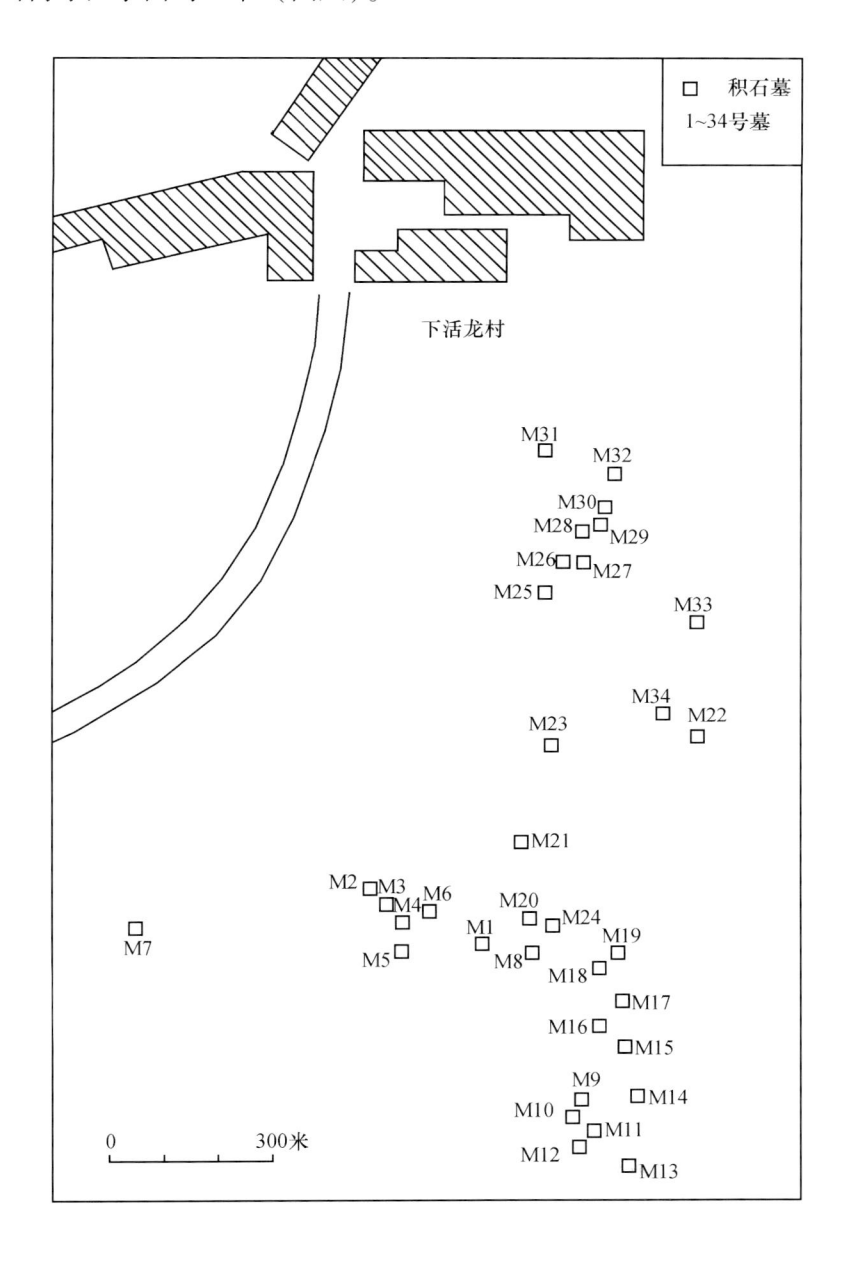

图六　下活龙村古墓分布图

下活龙共有高句丽古墓 34 座，均为积石墓，这次全部作了清理。按照墓圹的大小，可分为二式。

Ⅰ式：29 座。形制较大，边长多为 8～15 米。以 M8 为例，墓处在向南倾斜的坡地上，保存状况较好。东西宽 7.5、南北长 9.5、高 0.5～1.2 米。砌法先用直径 50 厘米×50 厘米的河卵石在地表围砌一周墓边，平面略呈圆形，然后在细砂夹河卵石地表的中间直接砌筑墓圹。圹壁均用直径 30 厘米×40 厘米左右的河卵石砌筑。东壁长 1.7、高 0.8 米，西壁长 1.8、高 0.9 米，南壁宽 1.1、高 0.9 米，北壁宽 1、高 0.8 米，方向南偏西 35°。圹上部以小块河卵石包封。在墓边和墓圹之间，用较大的河卵石层层堆砌，缝隙用小石头填充（图七；图版一三，3）。在 M20 墓圹中曾发现火烧过的一小块人骨和炭渣。

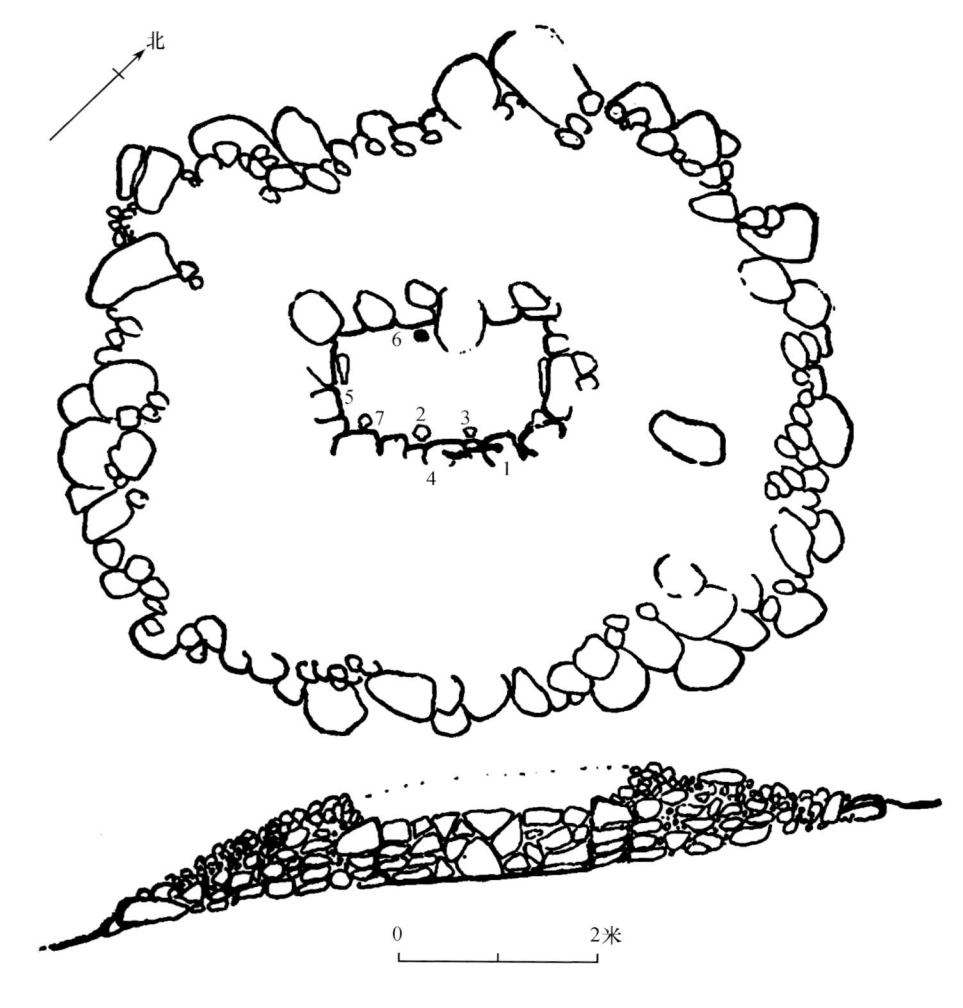

图七　82JXM8 平、剖面图
1、2. 铁刀　3. 铁锛　4. 铁镰　5. 铁附件　6. 带卡　7. 陶片

遗物皆出于 M8 的圹室底部，计有环首铁刀、铁带卡、铁锛、铁镰刀、铁附件及陶片。

Ⅱ式：5 座（M24、M3、M4、M13、M14）。墓边长为 3～6 米，营造方法与Ⅰ式墓同，但其圹室特别小，一般长 0.8～1.1、宽 0.25～0.6 米。M24 墓长 5、宽 3、高 0.6 米，平面呈长方形。墓圹东西长 1.1、东端宽 0.25、西端宽 0.45、高 0.4 米，方向南偏西 30°（图八；图版一三，5）。

随葬遗物，仅 M24 圹室南壁地表上出土泥质褐陶片。

图八 82JXM24 平、剖面图

三、随 葬 遗 物

由于这次清理的墓葬多已早年被盗，随葬遗物所存甚少，现按其质地分述如下。

1. 铁器 6 件。 皆出于下活龙 I 式墓中。

环首铁刀 2 件。分二式。

I 式：1 件。刀背和刃部平直，柄部不明显，前端斜杀成弧形。长 32、宽 1.8 厘米（图九，1；图版一六，5 下）。

II 式：1 件。柄部比刀身窄，系与 I 式同。长 46、宽 2.4 厘米（图九，2；图版一六，5 上）。

铁锛 1 件。形如钺，上部有中空的銎，銎口有两道凸起的弦纹，刃部弧形，宽于器身。长 11、身宽 8.4、刃宽 10.4、銎长 7.2、宽 2 厘米（图一〇，1；图版一六，4）。

铁镰 1 件。前端弯曲而稍窄，后部略宽，末端向前卷曲，刃部向内。长 18、宽 3、厚 0.4 厘米（图一〇，2；图版一六，1）。

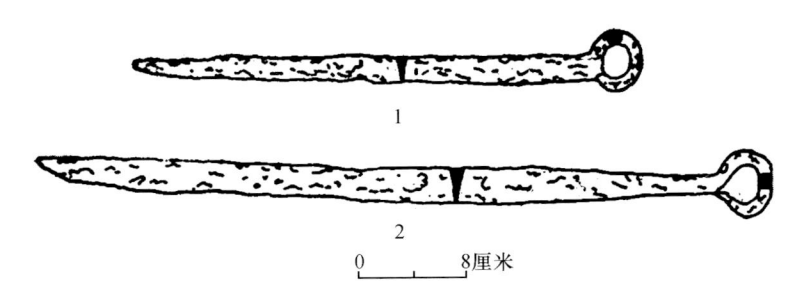

图九　铁刀
1. Ⅰ式环首铁刀（82JXM20∶1）　2. Ⅱ式环首铁刀（82JXM8∶1）

铁带卡　1件。扣环方形，前端略弧曲，套联可转动的扣针，断面皆为圆形（图一一，2）。

铁附件　1件。平面如铲刀，断面弧曲。长34、上宽14、下宽4.8、厚0.2厘米。可能为箭囊中的附衬（图一一，1；图版一六，2）。

2. 铜器

铜镜　1件。已残，近方形，四角弧曲有凹缺。素面，边缘凸起，中间有一半球状纽。镜面发白。边长12.1、厚0.2厘米（图一二）。

铜饰　2件。一件残，形如钟。高1、口径1.2、孔径0.15厘米（图一三，5）。

铜泡饰　1件。表面鼓起，直径3.4、孔径0.5厘米（图一三，1）。

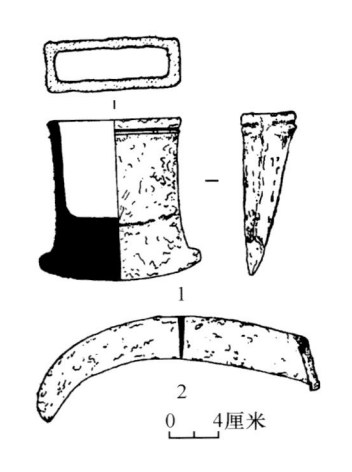

图一〇　铁器
1. 铁锛（82JXM8∶3）　2. 铁镰刀（82JXM8∶4）

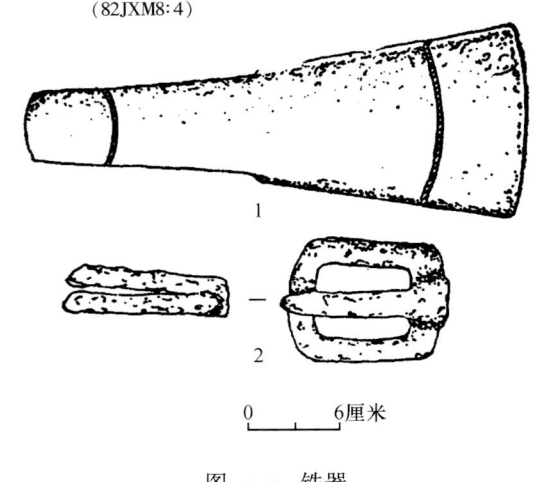

图一一　铁器
1. 铁附件（82JXM8∶5）　2. 铁带卡（82JXM8∶6）

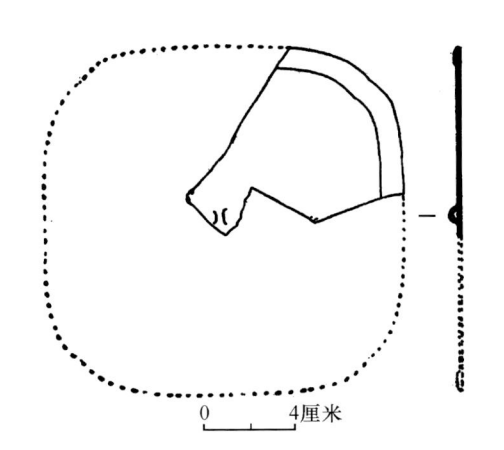

图一二　铜镜（82JSM4∶1）

3. 陶器

陶罐　6件。可复原2件。分三式。

Ⅰ式：2件。泥质灰褐陶（掺有少量细砂）。大口，直颈，窄肩。腹部平直，肩腹之间有两桥状横耳，平底。手制，火候不均，外部抹光。口径10、颈长4.4、肩径12、底径5.8、通高14.8厘米

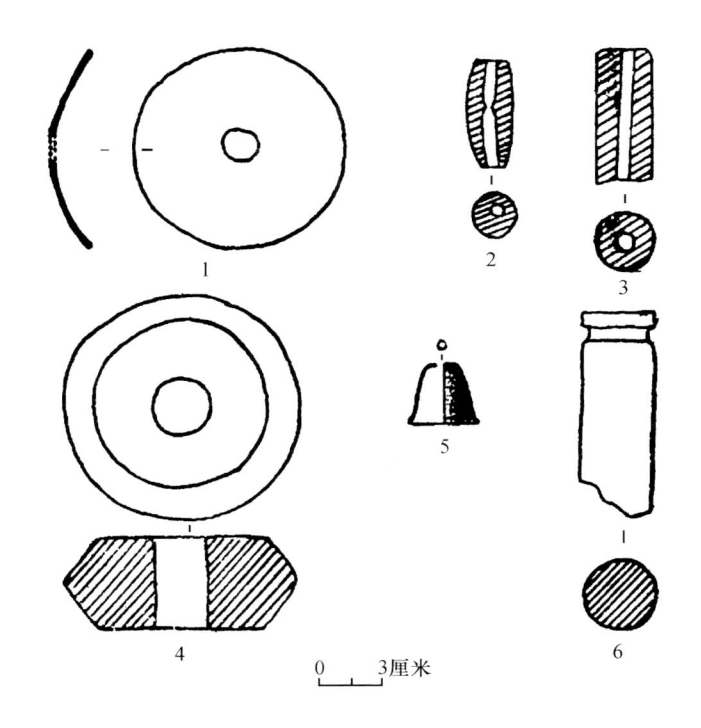

图一三 饰件和工具
1. 铜泡饰（82JXM22:1） 2. Ⅱ式玛瑙饰珠（82JXM20:5） 3. Ⅰ式玛瑙饰珠（82JXM20:6）
4. 陶纺轮（82JXM20:3） 5. 铜饰（82JXM20:4） 6. 陶网坠（82JXM20:2）

（图一四，1）。另一件，肩腹之间有四桥状横耳，底残，余与上相同（图一四，2）。

Ⅱ式：2件。泥质夹砂黑褐陶。侈口，圆唇，平底。口沿内壁有一周竖向排列的锥点纹饰。手制，火候低，外部抹光。通高14.6、口径14、腹径14.4、底径8厘米（图一四，3）。另一件泥质黑灰陶，口沿内部无纹饰，底残（图一四，4）。

Ⅲ式：2件。夹砂褐陶，圆唇，侈口，长身，下部残。轮制，质地坚硬，火候较高（图一四，5、6）。

陶甑 1件。黄褐陶，陶质夹少量细砂。子母口，肩部有两道凹弦纹，其间阴刻垂帐纹饰，下有桥状横耳，腹部微鼓，底部有穿孔。轮制，质地较硬（图一四，7）。

文字陶片 夹砂灰陶，正面阴刻一"罡"字（图一五）。与好太王碑碑文中"罡"字相同（图一六）。

瓦当 1件。已残。泥质灰陶，边沿甚高，靠近边沿有两道凸起的弦纹，弦纹内有互相对称的八瓣莲花，莲瓣之间隔两条凸起的竖线，莲瓣左右有两个乳钉（图一七）。同类瓦当曾在洞沟将军坟出土（图一八）。

陶纺轮 1件。扁鼓形，泥质灰陶，直径3.8、高1.5、孔径0.8厘米。表面光洁（图一三，4）。

陶网坠 1件。已残。泥质褐陶，圆柱状，一端有凹槽，直径1.1厘米（图一三，6）。

玛瑙饰珠 6件，分二式。

Ⅰ式：5件，残3件。形制相同，均为圆柱形，中间穿孔，呈暗红色。长2.3、直径0.9、孔径0.3厘米（图一三，3；图版一六，3）。

Ⅱ式：1件。形如腰鼓，橘黄色，略透明。长1.8、直径0.5、腹径0.8、孔径0.2厘米（图一三，2）。

图一四　陶器

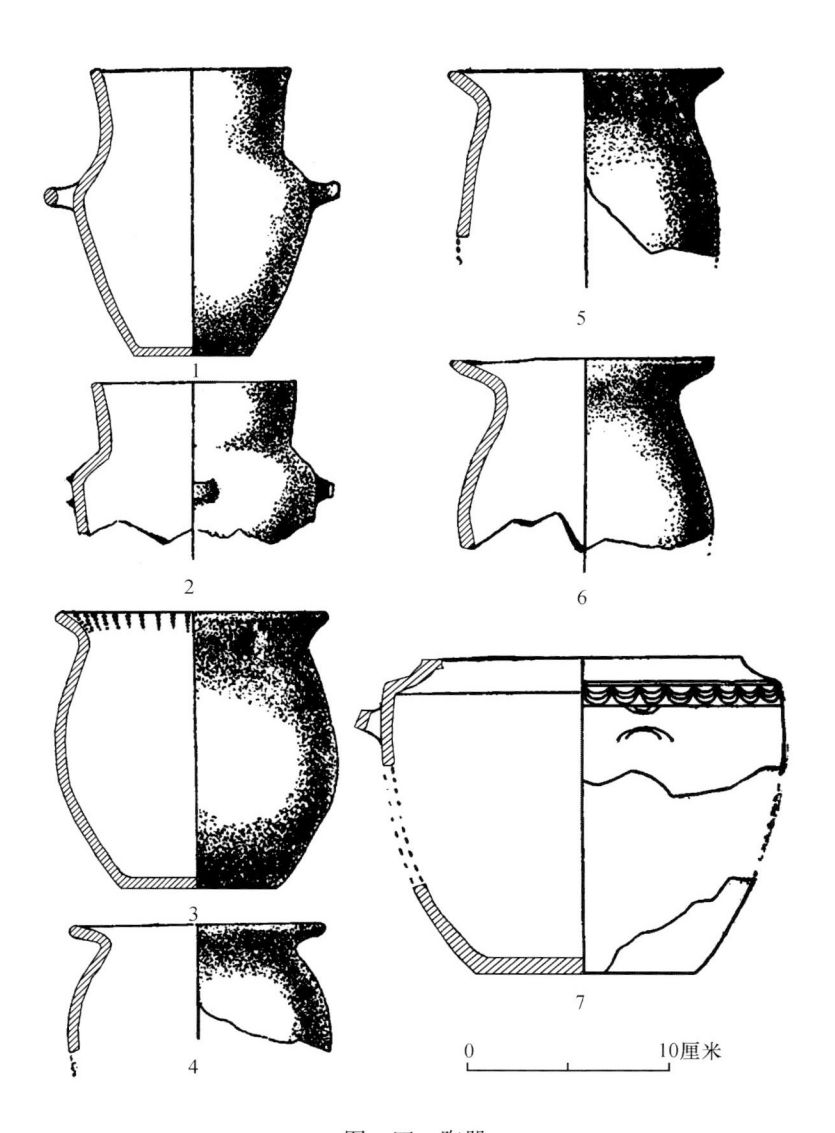

1、2. Ⅰ式陶罐（82JXM8：7、82JXM8：2）　3、4. Ⅱ式陶罐（82JSM2：1、82JSM2：4）　5、6. Ⅲ式陶罐（82JSM2：3、82JSM3：1）　7. 陶甑（82JSM2：2）

图一五　文字陶片拓片（82JSM7：1）

图一六　好太王碑碑文中与文字陶片上相同的字

图一七
瓦当拓片（82JSM5∶1）

图一八　将军坟出土瓦当

四、几 点 看 法

（1）下活龙Ⅰ式墓中出土的铁锛、铁刀、铁镰刀等与河南新安铁门镇汉墓、洛阳烧沟汉墓及河北满城汉墓出土的铁器基本相同[1]；Ⅱ式墓中出土的泥质灰褐陶片与Ⅰ式墓中出土的直口长颈罐陶质相同，均为手制，火候不匀，表现了高句丽早期陶器的风格。从墓葬形制及出土器物推断，下活龙古墓群的年代约在东汉时期，下限不晚于汉魏之交。

上活龙的积石墓与阶坛积石墓出土陶器的陶质，制法及形制相近，墓葬年代应相去不远。陶器与下活龙的陶器比较，轮制较多，火候较高，墓葬年代应稍晚，大约应在南北朝时期。

与上活龙村Ⅱ式封土洞室墓结构相同的墓葬，在洞沟古墓群及集安其他墓群中常见，由于这类墓中出土遗物甚少，过去难以判定年代。此次在上活龙村M4中出土一枚亚字形铜镜，复原后与湖南益阳县赫山庙唐墓[2]中出土的铜镜极其相近。"这种类型的铜镜在唐代中晚期是比较盛行的"[3]。所以集安此类墓葬一部分应属渤海时期，其绝对年代大约在8世纪。

（2）过去报道高句丽早期的积石墓多系大、中型墓葬，坟垄平面多呈方形，墓圹的位置在墓顶。从这次下活龙清理的情况来看，高句丽早期也有平面呈圆形的积石墓；在规模不大的高句丽早期积石墓中，墓圹位置也有与地表取平的。

下活龙墓群中还发现一批墓圹很小的积石墓。这种积石墓圹室不足容尸，这在高句丽积石墓中还是首次发现。文献记载：高句丽"死者殡在屋内，经三年，择吉日而葬"[4]。可见高句丽存在着二次葬的习俗。此类小圹室的墓葬可能是高句丽用以埋葬骨骸的。当然也不能完全排除是儿童墓葬的可能性。

发　掘、测　绘：林至德　阎毅之　赵书勤　傅佳欣
执　笔：孙仁杰

注　释

[1] 贺官保：《河南新安铁门西汉墓发掘报告》,《考古学报》1959 年 2 期；中国社会科学院考古研究所洛阳区考古发掘队：《洛阳烧沟汉墓》,中国田野考古报告集,考古学专刊丁种第 6 号,科学出版社,1959 年；中国社会科学院考古研究所等：《满城汉墓发掘报告》,中国田野考古报告集,考古学专刊丁种第 20 号,科学出版社,1980 年。

[2] 益阳县文化馆：《湖南益阳县赫山庙唐墓》,《考古》1981 年 4 期：315 页。

[3] 孔祥星：《隋唐铜镜的类型与分期》,《中国考古学会第一次年会论文集》,1979 年。

[4] （唐）　李延寿：《北史·高句丽传》卷九十四,中华书局,1974 年。

（原刊于《文物》1984 年 1 期,64~70 页）

集安县老虎哨古墓

集安县文物保管所

老虎哨位于吉林省集安县城西南约50公里处。这里三面环水，鸭绿江绕老虎哨东、南、西面流过，隔江是朝鲜民主主义人民共和国渭源郡。老虎哨北面为黑驼山，山下是一道南北向的狭长漫岗，古墓分布在漫岗中部。

1981年10月，集安县文物保管所配合老虎哨水力发电站工程，对这里的古墓进行了发掘和清理。简报如下。

一、墓葬类型与结构

老虎哨共有古墓葬17座，除5座已遭严重破坏外，这次清理的12座均有封土。按结构可分为两种类型：一种为石室墓，一种为洞室墓。两种墓都有单、双室之分，双室墓的东室多略大于西室。两种墓平面又有铲形和刀形两种不同形状。类似这两种类型的古墓葬，集安县境内数量是相当多的。

封土石室墓 2座。墓室四壁均用不规整的块石垒砌，高1～1.5米，上部筑简单的抹角叠涩，顶部用1～2块板状大石封盖。墓道在墓室前部，墓道口多有迎门石，顶部也用大石板覆盖。坟垄封土呈丘状。现以M1、M4为例。

M1为石室双室墓，周长35.5、残高1.5米，方向南偏东30°。两墓室作东西排列，东室墓顶已塌陷，不见盖顶石；西室墓顶用两块较大的长条石封盖。两室四壁和墓道均以不规整的块石垒砌，平面成铲形，四壁略内收，上部用板状石叠砌两层抹角。墓底用直径5～10厘米的小砾石铺平，低于现地表15厘米。两室大小相同，均长2.5、宽1.9、高1.25米，间壁厚0.85米。东室墓道长2.7、宽0.75、高0.35～1米。西室墓道略窄于东墓道，长2.6、宽0.7、高0.2～0.85米。东室门以五块大石砌封；西室门外距墓道口2.25米处立一块高0.5米的迎门石（图一、图二）。

M4为封土石室单室墓，外表呈丘状，坟垄周长31.6、残高1.6米，方向南偏东20°。墓室形制与砌筑方法同M1，上部筑一层抹角，用一块长1.23、宽0.85、厚0.17米的大石封顶。墓室长2.6、宽1.65、高1.3米。门口用不规整的长条石垒砌封堵。墓室底低于今地表10厘米，并用直径10～15厘米的扁状砾石铺平，上见零星炭渣。墓室西壁延伸为墓道西壁，这使墓室与墓道的平面成刀形。

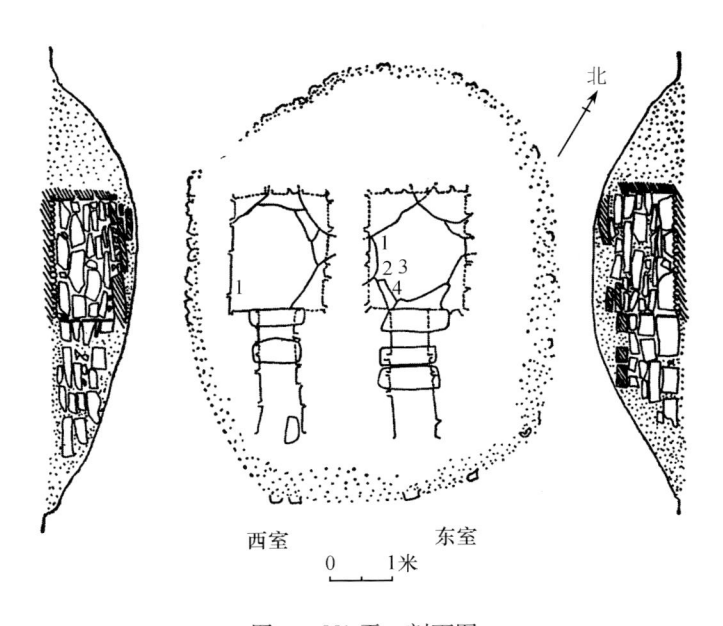

图一 M1 平、剖面图

西室 1. 牙饰　东室 1. 残石刀　2~4. 石镞

图二 M1 墓室东北角及抹角结构

墓道长1.9、宽0.9、高1.3米，顶部用长2.15、宽0.8、厚0.17米的扁长方形大石覆盖。墓道口立一块底宽上尖的三角形迎门石（图三、图四）。

洞室墓 10座。其中双室墓3座，平面结构均为刀形。单室墓7座，平面结构分铲形和刀形两种，M8为铲形，M2（图五）、M3、M5、M6、M9、M11为刀形。洞室墓的修筑方法与石室墓大体相同，但在墓室上部不作抹角，只用一至数块长条板状大石块封成平盖顶，墓室、墓道低矮，高仅70~90厘米。多数有迎门石。双室墓可以M10、M7为例。

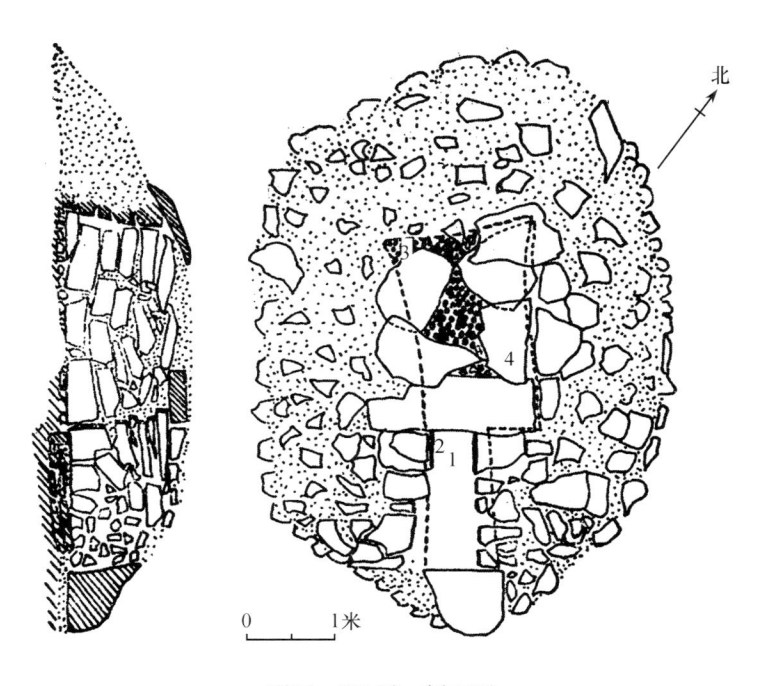

图三　M4 平、剖面图

1. 铁箭头　2. 残石刀　3. 陶片　4. 银指环

图四　M4 清理后的外观

图五　M2 墓室底部铺鹅卵石的状况

M10 坟垄周长 21.6、残高 0.95 米，方向南偏西 13°。东西两室四壁均以不规整的块石垒砌，石缝以碎石充填，壁面较平整。东室的西壁和西室的东壁是同一石墙，并一直延伸到墓道，使两室和墓道形成两个刀背相对的刀形。间隔墙宽 0.5、通长 2.85 米。东室长 1.75、宽 1 米，西室长 1.75 米、宽 0.9 米，两室均高 0.95 米。墓室顶部均平盖顶。墓底以小鹅卵石平铺多层，厚 20 厘米。墓门用石块迭压垒砌封堵，未见迎门石（图六）。

图六　M10 平、剖面图

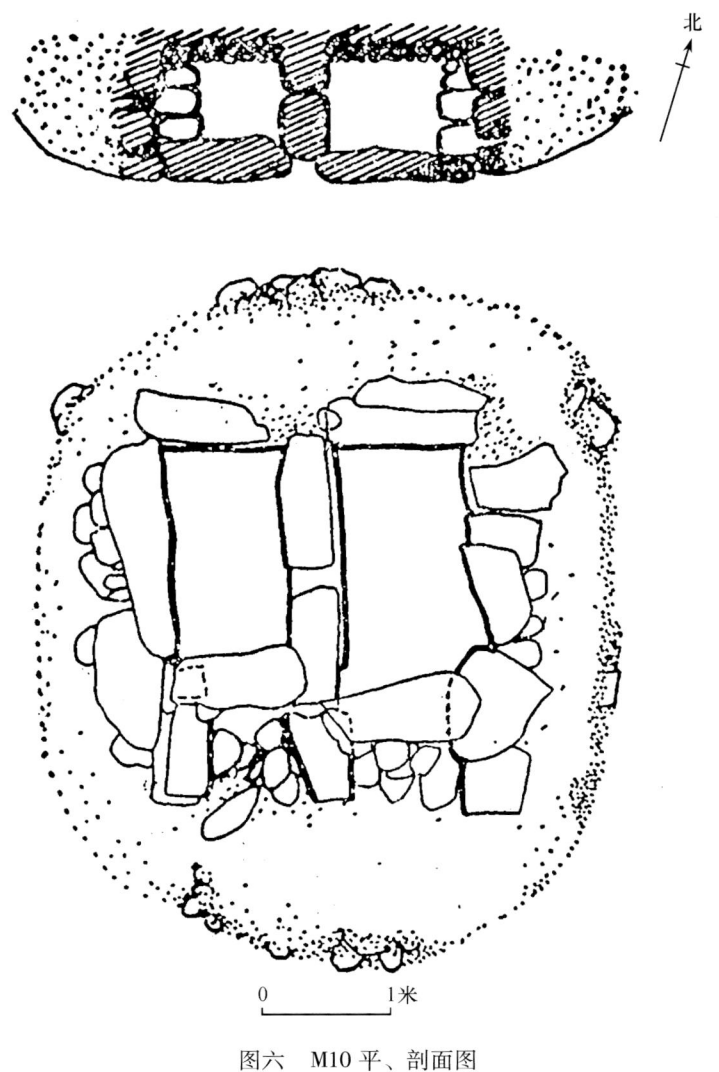

M7 坟垄周长 30、残高 1.1 米，方向南偏西 40°。两墓室筑法与 M10 相同。间隔墙厚 0.5 米。唯东室墓道在东侧，西室墓道在西侧，平面结构呈两个刀刃相对的刀形。东室长 2.2、宽 1.1 米，西室长 2.2、宽 1 米，高均为 0.9 米。两墓道均长 1.25、宽 0.8、高 0.6 米。墓室上部盖顶石已移位（图七）。

单室墓可以 M5 为例。

M5 坟垄周长约 18、残高 1.4 米，方向南偏西 5°。墓平面呈刀形，与墓室西壁相连的墓道西壁向前延伸。墓室壁面内收，使墓室纵剖面成底宽上窄的梯形。墓室长 2.1、宽 1.35、高 1 米。墓道长 1.7、宽 0.75、高 0.4 米。墓门用块石封堵。清理时墓顶盖石已移位。M5 与其他单室封土洞室墓的不同点是，在墓室底部平铺小鹅卵石的地面上靠东侧墓壁，还并排放三块长条板状石，作南北排列，间距相等，可能为垫棺之用（图八、图九）。这种做法过去在集安的古墓中尚未发现。

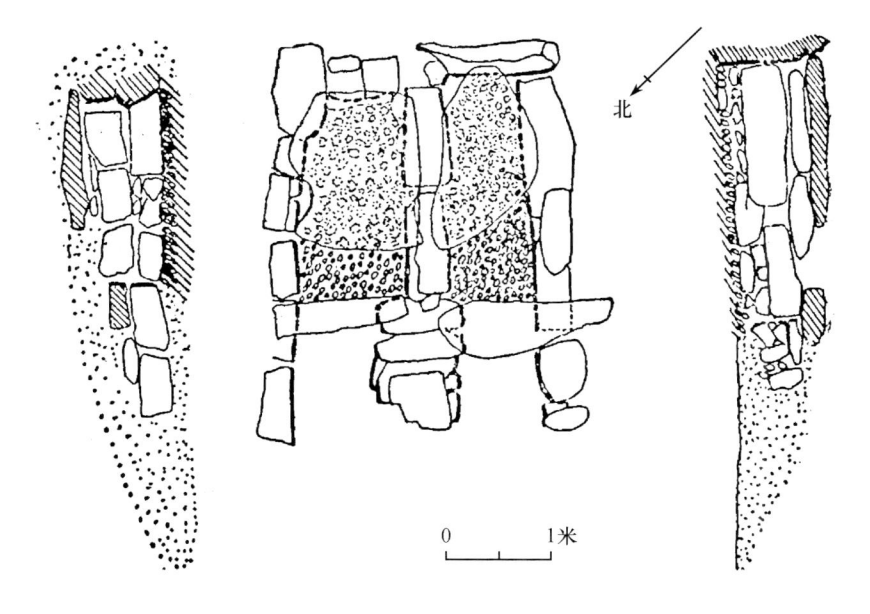

图七 M7 平、剖面图

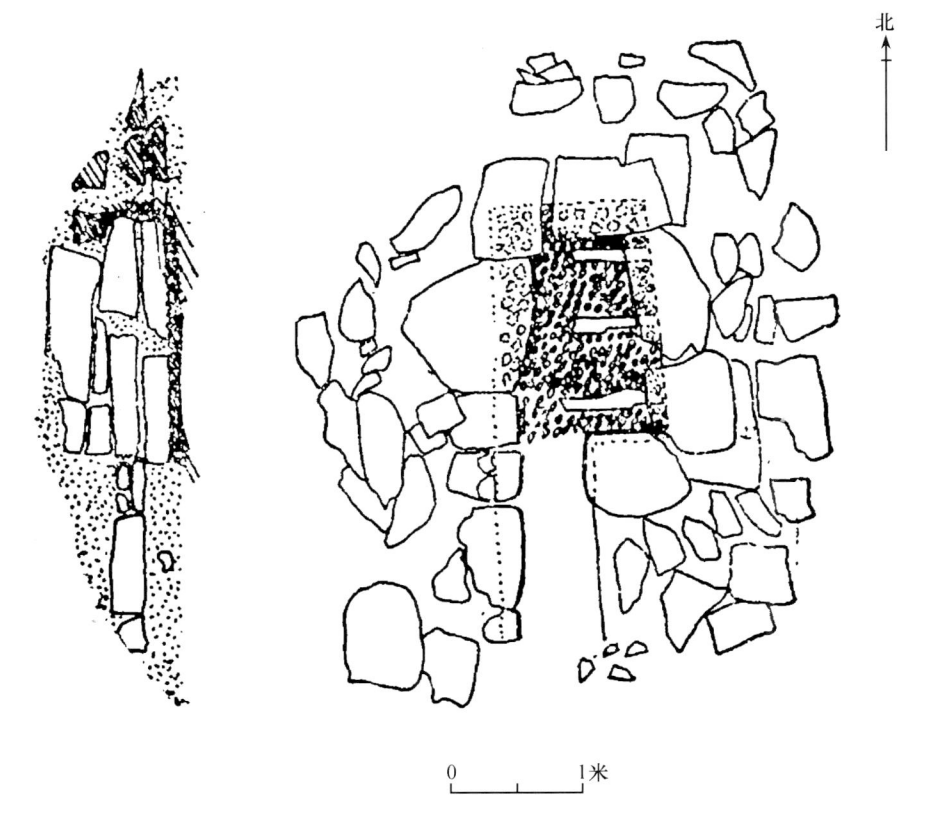

图八 M5 平、剖面图

图九 M5 墓底三块长条石的排列状况

二、出土遗物

由于墓葬均经盗掘，出土遗物不多，总计 25 件，主要为石器和陶器，多已残。还出土少量铁器和银器。

残石刀 1 件。出于 M1 东室。青灰色页岩质，通体磨光，刃部较锋利，残长 9.1、宽 3.1、厚 0.4 厘米（图一〇，1）。

石镞 3 件。出于 M1 东室。制作较精致，均红褐色，通体磨光，中部磨成平面，刃部锋利，后部凹缺，剖面呈扁六棱形。其中 1 件较完整，长 4.3、宽 1.2、厚 0.3 厘米。其他两件残（图一〇，2~4）。

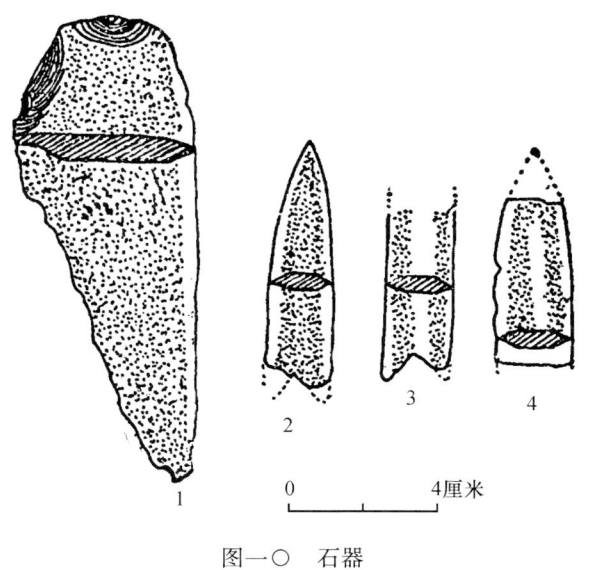

图一〇 石器
1. 残石刀（M1） 2~4. 石镞（M1）

陶片　12件。均出于M8。手制，多夹砂褐陶，泥质灰陶较少，素面，火候不高。其中一件为器物口沿，系黄褐色夹砂陶，方唇侈口（图一一，3）；另一件为器物底部残片，陶质同上，小平底（图一一，4）。

铁箭头　1件。M4出土，通长12.2、刃宽10、厚0.3厘米，断面呈长方形，尖铤宽刃，刃部稍残（图一一，1）。

铁削　1件。M2出土。两端稍残，残长11、宽1.2、背厚0.3厘米（图七，2）。

银指环　1件。出土于M4靠东壁中间底部鹅卵石上。以银丝卷成环形，断面呈圆形，直径0.2厘米，指环直径1.7厘米（图一一，5）。

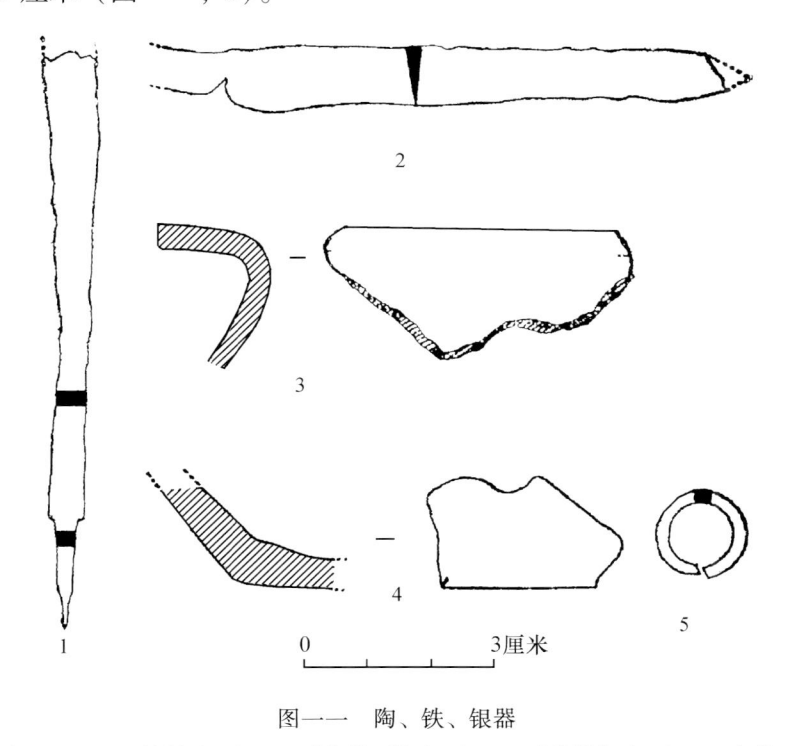

图一一　陶、铁、银器

1. 铁箭头（M4）　2. 铁削（M2）　3. 残陶器口沿（M8）　4. 残陶器底（M8）　5. 银指环（M4）

三、小　结

（1）族属和年代问题。从墓葬形制变化的序列上看，老虎哨古墓与高句丽前期的墓制是一脉相承的，从地域上看，这里又是高句丽族延续居住的地方，因此，可以认为它们是高句丽（族）墓葬。至于年代，似应为高句丽晚期。

（2）关于迎门石。过去，在集安地区高句丽晚期（6世纪）的五盔坟四号墓、五号墓和通沟十二号墓等大型墓葬中都曾发现过[2]，称为"挡门石"。它设置在甬道前的墓道正中，不直接堵塞甬道，大体仿佛房屋前的影壁。这种设施在高句丽小型封土墓中还未曾发现过，似老虎哨这样较普遍地在中小型墓葬中发现还是第一次。这个发现应当说明，高句丽晚期封土墓的规模大小尺管相差悬殊，但具体设施却无大区别。另外，迎门石并非是为墓葬结构的需要而设的，它应当反映着高句丽晚期在葬俗方面出现的一种观念。

发　掘、测　绘：林至德　阎毅之　赵书勤
执　笔：赵书勤

注　释

[1]　李殿福：《集安高句丽墓研究》，《考古学报》1980年2期。
[2]　吉林省博物馆：《吉林集安五盔坟四号和五号墓清理略记》；王承礼，韩淑华：《吉林集安通沟十二号高句丽壁画墓》，《考古》1984年2期。

（原刊于《文物》1984年1期，71~74页）

集安两座高句丽封土墓

张雪岩

这里介绍的高句丽时代的石室封土墓，一座是1977年发掘清理的，为洞沟墓群禹山墓区的M1897号；另一座是1985年在长川墓群调查时著录的M4石室封土壁画墓。今将两墓的具体情况介绍如下。

一、洞沟墓群禹山墓区M1897

该墓为封土墓，位于集安县城东北的洞沟古墓群禹山墓区，即禹山南麓的缓坡地带，在铁路北侧。南距著名的高句丽壁画墓通沟12号墓（马槽墓M1894）76米。

M1897是一座同坟异穴封土石室墓，早年被盗。封土大部分流失，清理后重新培封，土高约5米，周长80余米。

两墓室南北排列，方向为南偏西51°。两墓室之间相距0.5米，墓道间距为2.9米。两墓室建筑材料是相同的，均先用石砌筑墓室然后室内遍涂白灰，无壁画。但大小不一，墓顶的结构也不相同。南室总长为6.45米，其中墓室长3.8、宽3.8、举高3.95米。墓道长2.65、宽1.04、高1.5米。墓室内砌筑工整，墓壁砌到高约1.95米处开始向上内收，墓顶为10层不很规整的叠涩，略近似穹隆顶。墓底现为黑土，因被盗未发现任何遗物。

北室总长为5.3米，其中墓室东西长3.4、南北宽2.8、举高3.4米，墓道长1.9、宽0.9、高1.35米。墓室的四壁砌到高约1.7米处开始内收，墓顶为两层抹角叠涩，石材经加工，建筑工整严谨。墓室内遍涂白灰，无壁画，墓底地面涂有白灰。在墓室近北部堆积有31厘米左右厚的被扰动过的黑土，土中夹有石块和白灰。距墓室北壁1.39、西壁0.5米的地方发现一棺环挡头。在墓室的近中部距墓底高13~16厘米的地方发现朽乱的碎棺板，棺板最宽为95厘米。棺板的上面及周围有小石块。在距北墙1.2~1.7、距西墙0.95米处发现黄釉陶片和两个棺钉。该室共出土15件遗物（图一）。

这15件遗物有黄釉陶器2件，为低温铅釉陶。均已破碎，但基本上可复原。其中黄釉陶釜1件，橘红陶胎，表里施釉，釉色虽偏于茶绿但有的地方较泛黄褐。釉色和施釉都不很均匀，釉下有

图一 M1897 平、剖面图

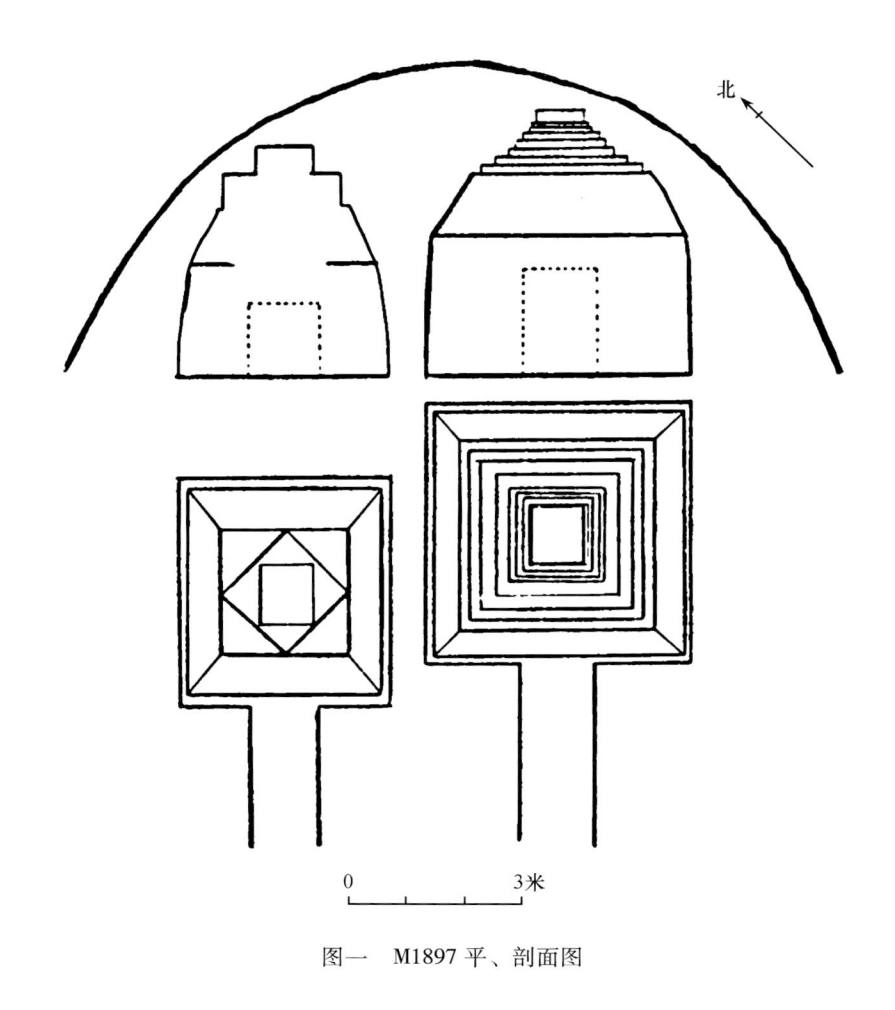

细碎的冰裂纹。器形为直颈，平沿，颈部有两道凹纹，肩部有三道凹弦纹，腹部有一周宽1.8、厚0.3～0.6厘米的腰圈。底已残，但从棺内所藏的相同类型的铜釜看，该釉陶釜应为平底，口径1.64、腹径2.4、残高1.64厘米（图二，1）。

黄釉陶盆　1件。陶釉色、胎质均与黄釉陶釜相同，器形为平唇，口沿外侈，盆壁略弧曲，平底，口径26.4、底径16.2、高6.4厘米（图二，2）。

灰陶罐　1件。泥质灰陶，胎质细腻，火候高，圆唇敛口，腹近球形，肩至腹部有三组凹纹，每组两道，罐底部已残。口径7.6、腹径18.9、残高12厘米（图二，3）。

鎏金器　4件。花饰，1件。边缘呈八瓣形，中间带一小孔，两面鎏金。应是木棺上的装饰。铊尾，1件，仅剩一残片，为一面鎏金，其形一边平直一边呈圆弧形，上面带三个装铆钉的小圆孔。鎏金带扣，1件，一侧呈漫圆弧形，扣的底部各带一小圆孔，现一圆孔中还有小扣针。鎏金棺钉，1枚，钉高2.7厘米，钉帽呈漫圆形，直径为3厘米，钉体为扁四棱锥形（图二，4～7）。

铁棺钉　8枚。钉帽漫圆，直径1.8厘米，四棱尖锥形。通长约10厘米左右（图二，8）。

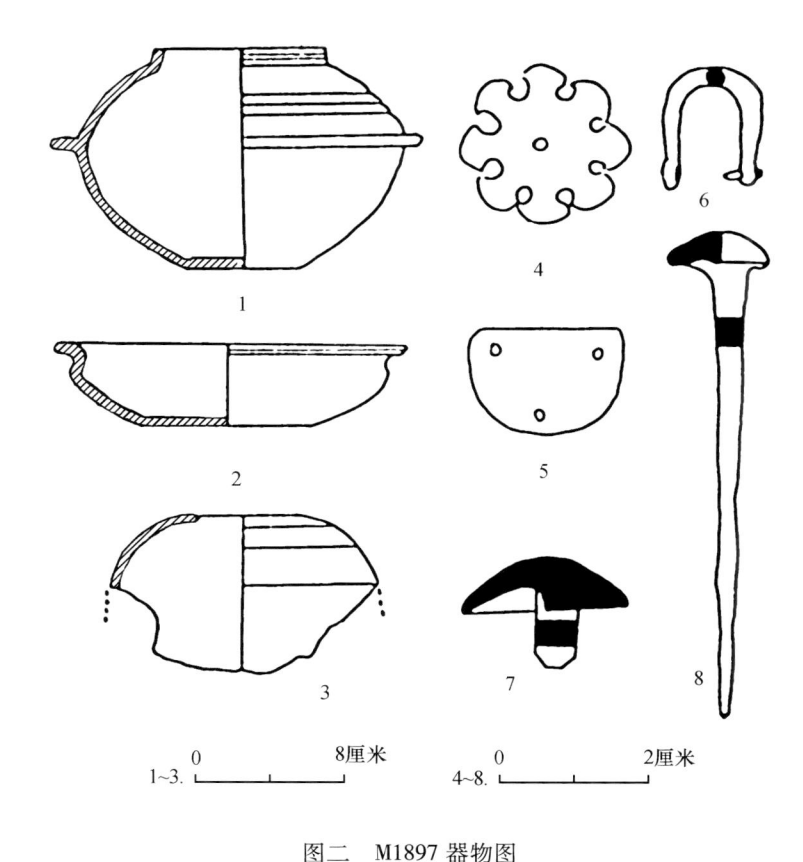

图二　M1897 器物图
1. 黄釉陶釜　2. 黄陶陶盆　3. 灰陶罐　4. 鎏金棺饰　5. 鎏金铊尾
6. 鎏金带扣　7. 鎏金棺钉　8. 铁棺钉

二、长川墓群 M4 石室封土壁画墓

长川村属集安县黄柏乡管辖，位于县城东约 45 华里的鸭绿江右岸，这里三面环山，南濒鸭绿江，是一东西长约 3 里，南北宽约 2 里的冲积盆地，在这片冲积盆地北部的山坡中各有一条南北向的冲沟，西侧的冲沟很宽是一季节性的小河，群众称为干沟河，东侧称为后林子沟河。高句丽时期的积石墓多集中于干沟河的两岸，也有一些积石墓和形体较大的封土墓零散的分布在后林子沟两侧山坡上。这里有著名的高句丽壁画墓长川一号、长川二号。M4 封土壁画墓位于干沟河西侧的小山坡上，西北距 M3 方坛阶梯积石墓约 100 米，东南距 M5 方坛阶梯积石墓约 10 米。东隔干沟河与长川二号墓相望。

M4 壁画墓是一同坟异穴封土石室墓，墓外封土高出地表 3 米余，周长 60 米左右。两墓室南北排列，方向为南偏西 53°。两墓的西南角各有一个盗洞，墓室均用大小不等的石块砌成，墓壁上抹有 3~5 厘米厚白灰面，现多已脱落，南侧墓室总长为 3.75 米，其中墓室长 2.65、宽 2.35、举高 3 米，墓道长 1.1、宽 1.15、高 1.5 米。藻井为七层不规则的叠涩。从藻井顶部起，1~2 层为平行叠涩，3~7 层为抹角叠涩。从墓底东部的局部看，底部是用小石块铺砌的，有两个石棺座南北排列。石棺座厚约 20 厘米，其上涂有白灰。在二棺座之间有较厚的木炭渣。由于大量的泥土覆盖于墓底，未经清理，墓底的全貌不清楚。

墓室内原曾涂有白灰。现今藻井的白灰脱落殆净。四壁的白灰也大部分脱落，所存的白灰上绘有壁画，但多已漫漶不清，仅在南壁的中部见有两朵用朱砂勾勒的盛开侧视莲花纹样，两花之间相距20厘米。莲花的大小最宽处为18、高18厘米。花的下部带托与长川一号侧视莲花纹样相同（图三，1）。

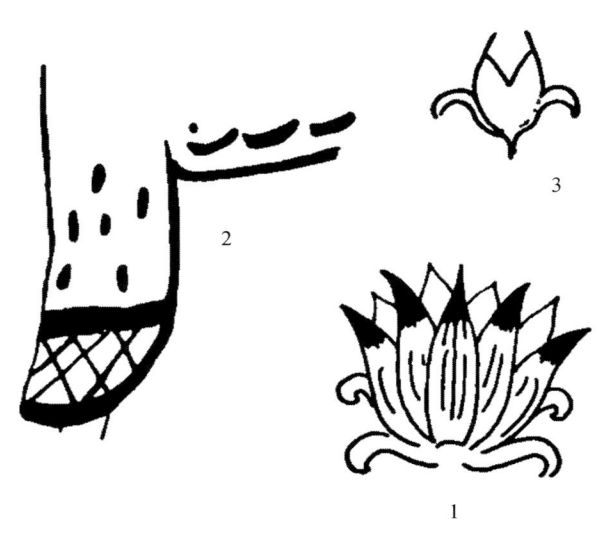

图三　残存壁画
1. 南室南部莲花纹样　2. 北室南壁壁画　3. 北室壁画莲蕾（缩摹图）

北室总长为3.9米，其中墓室长2.8、举高3.5米，墓道长度不清，目前可见长1.1、宽1.15、高1.5米。藻井为六层不规则的抹角叠涩。从藻井顶部起1层为平行叠涩，2～3层为抹角叠涩，4层为平行叠涩，5～6层为抹角叠涩。从墓室的东北角看墓底铺有小石板，因未进行清理故不知墓底的全貌。墓室的白灰多已脱落，所残存的部分壁画多已漫漶不清。但依稀可见墓道的上部、北壁、南壁都有用朱砂勾勒的壁画，在南壁的中部偏下绘有人物，用墨线勾勒身着土黄色带黑点服饰，但已残缺不全（图三，2）。在室内拾到的白灰片上有用朱砂勾勒的壁画（图三，3），因是局部内容不详，壁画的下部有横向的墨线似为原壁画中的界格。

从以上两室残留的壁画看，色彩和风格与长川一号墓中的壁画有些相似。据当地老乡介绍，1956年修建长川小学时，上山掀石头曾发现墓内有灰色的陶罐和骨头，如今已不知去向。

三、几点看法

（1）M1897出土的遗物虽然不多，但在高句丽的社会当中还是较为贵重的，墓中所出的黄釉陶器以往多出于大型的贵族墓中。鎏金铊尾、带扣和八瓣的棺饰都是贵族的装饰。从墓室的结构看，M1897北室为抹角叠涩，但其中是结合了复斗式的特点加之工整成熟的抹角使人感到简洁大方。南室为不很规整的十层平行叠涩。该墓与临近的马槽墓（通沟十二号）相对比有相似之处[1]。墓葬的排列上与马槽墓是南北排列一行共五座墓。M1897位于墓地的北部坡上，马槽墓位于南部坡下，这应为一处家族墓地，年代应相去不远约是五世纪中叶前后的墓葬。

在M1897西南约0.5公里的五盔坟墓地的五座墓葬是东西排列[2]。而M1897是南北排列，两处都是家族墓地，但其排列的方向不一致，墓向也不同，有南、西南、东南，这主要还是根据墓地的地势走向来确定墓的方向和排列的顺序。

（2）长川M4封土壁画墓虽未经发掘，从目前调查仅看到的局部壁画与长川一号墓的壁画风格相同，只是墓葬的规模不如长川一、二号墓[3]。长川一、二号墓室分前后室和带耳室，M4是同坟异穴的双室墓，不带耳室，年代约比一、二号略晚，约是六世纪初的墓葬。

注　释

[1]　王承礼，韩淑华：《吉林集安通沟十二号高句丽壁画墓》，《考古》1964年2期。

[2]　吉林省文物工作队：《吉林集安五盔坟四号墓》，《考古学报》1984年1期。

[3]　吉林省文物工作队、集安县博物馆：《集安长川一号壁画墓》，《东北历史与考古》1982年第一辑；吉林省文物工作队、集安县文物保管所：《集安长川二号封土墓发掘简记》，《考古与文物》1983年1期。

（原刊于《博物馆研究》1988年1期，58~60页）

"折天井"墓调查拾零

孙仁杰

"折天井"墓是洞沟墓群中重要墓葬之一。位于集安市国内城西北 2.5 公里，三道河子东岸冲积平原的中部。西南距丸都山城南门约 250 余米，南距通沟河 100 米。这里是洞沟古墓群山城下墓区北端的中心地带，在此地带还有兄墓、弟墓、龟甲墓等重要古墓。

"折天井"墓于 1935 年日本学者池内宏、梅原末治等曾首次进行著录、测绘[1]。因墓室藻井盖顶石呈折尺状，故命名为"折天井"冢。1966 年测绘洞沟古墓群时，将此墓编号为 JSM1298。1983 年 7 月 20 日，集安市文物普查队又对山城下墓区折天井墓重新进行了调查、测绘，发现在墓道西北壁有一正方形耳室，这是池内宏和梅原末治等人所没有发现的。1985 年 10 月笔者检查古墓保护情况时，在折天井墓室内发现数片壁画残片，其中三片图案清楚，从而确认其为壁画墓。还在墓室内发现一铁质带卡。现将该墓调查情况介绍于后。

折天井墓为方坛阶梯石室壁画墓。外表结构平面呈正方形，每边长 20.3、残高 7.1 米，方向 260°。方坛系经过修琢的花岗岩石条砌筑。现可明显见到三层阶坛，层层内收，自下而上；第一层方坛，石块多巨大，一般长 3、宽 1.2、高 1.3 米，围砌平面呈方形，其内再用 50 厘米×40 厘米×30 厘米大小的河卵石和一部分碎石填平，在其上部四面内收 0.8 米，围砌第二层方坛。第二层方坛高 1 米，石块稍小于第一层方坛石，其内亦用与第一层同大的河卵石填平。墓室即筑于第二层阶坛的上部中央，底与第二层阶坛上面平齐。在第二层方坛上部再四面内收 1.1 米，砌筑第三层方坛，高 0.9 米，其内部仍用河卵石和少量碎石块填充，同时也起到封护墓室的作用。再上部阶坛石已被破坏，只余墓室和部分封顶的河卵石块呈丘状。

墓的内部结构分为墓道、耳室、甬道、墓室几部分（图一）。墓道在墓室的西南面，今已颓塌，长宽不详。墓道西北端接一正方形耳室，边长 1.75 米，比较低矮，上盖顶石，室壁用经过修整的石块砌筑，内壁用白灰抹平，现白灰大部分已经脱落。耳室前为甬道，甬道长 1.1、宽 1.25 米，甬道开口在墓室西南壁的中部。墓室平面不规则，稍长方，长 4、宽 3.6、举高现可见为 3.3 米。墓室四壁系稍加修整的长方形石灰岩石块垒砌，四壁上部均向内收，藻井呈房脊状盖顶。墓室底部淤积很厚的白灰碎石，未作清理。从墓室在砌筑时缝隙间夹有大量的白灰和砂粒，石材表面粘有白灰，堆积在墓室底部大量的白灰、白灰碎片及绘在白灰碎片上的彩画情况推测，该墓的墓室及藻井应采用白灰抹平，在抹平的白灰表面绘有彩色壁画。今墓室暴露在外，盖顶封石裸露，经风雨剥蚀白灰壁

图一 墓的平、剖面图

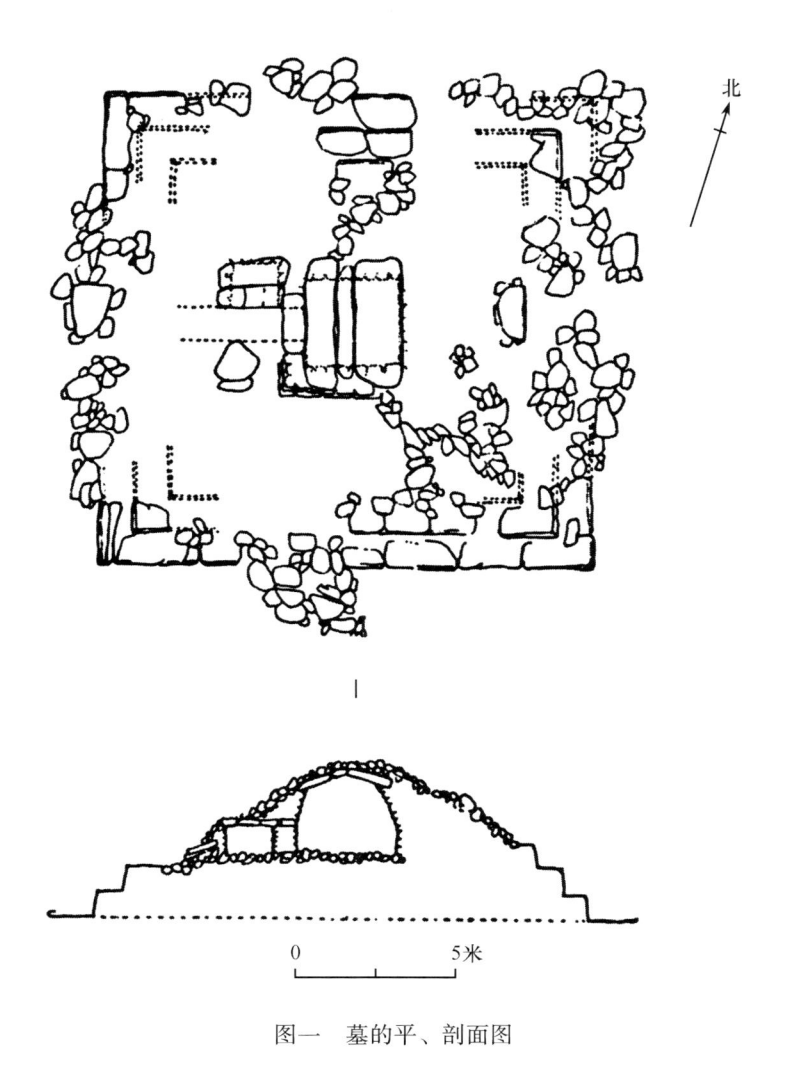

画已全部脱落。从在墓室内发现的大量壁画残片看；一片长6、宽4、厚1厘米其上绘一人物腰部，腰系朱红色飘带。另一片橘红色，可能是衣服的色彩。还有一片长7、宽45、厚1厘米，似一种花的图案。用墨线起稿，内涂以朱红色（图二）。在墓室还发现铁制带卡一件，稍残，锻制长4、宽3.5厘米。

折天井墓是山城下墓区中一座最大的方坛阶梯石室壁画墓。此类形制的墓葬在禹山墓区亦有发现，即1041号墓。在禹山1041号方坛阶梯石室壁画墓中就彩绘丰富的壁画：有影作红色倚柱、梁枋，有青灰色四坡水屋宇，有墓人家居宴饮，莲花，狩猎等图像[2]，可惜壁画亦大部脱落。折天井壁画的发现，对方

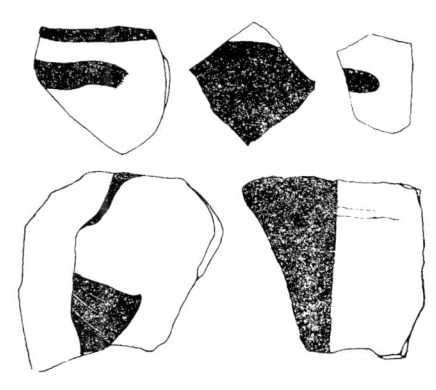

图二 壁画残块（缩摹）

坛阶梯石室壁画墓作为一种墓葬类型提出，提供了有力的证据。方坛阶梯石室壁画墓的壁画易脱落，其主要原因可能是封护问题，由于此种形制的墓葬采用石块封护，空隙容易侵入雨水，再加上四季

温差大，致使白灰抹面脱落，壁画不易保存。折天井壁画墓的发现，纠正和补充了日本学者对该墓调查测绘的错误。

从折天井壁画墓的形制结构看，与禹山墓区1041墓基本相同，年代亦应相近，大约属5世纪中期。

注　释

[1]　池内宏：《通沟》卷上五章第四节《一、二小石冢》。
[2]　吉林省文物工作队：《吉林集安两座高句丽墓》，《考古》1977年2期。

（原刊于《博物馆研究》1988年3期，74、75页）

吉林集安东大坡高句丽墓葬发掘简报

张雪岩

东大坡墓地是洞沟古墓群山城下墓区的一部分，山城下墓区位于集安市西北约 2.5 公里的山谷中。这里群山连绵，峰峦叠嶂，丸都山与禹山之西麓如同两道天然的屏障，其间是一条宽约 0.5 公里由东北向西南走向幽静的峡谷。在峡谷的东北部，通沟河由北折向南流去。河的西北与东南岸是长年冲积形成的河谷台地。东大坡墓地就位于台地东侧山下的缓坡地带。隔河西北距丸都山城约 1 公里。通沟河两岸的台地及平野上古代墓葬十分密集。

1976 年 9 月末至 11 月初，为了配合农业生产，在通沟村农民的协助下清理了 95 座古墓。这批墓葬曾遭到不同程度的破坏，其中 54 座破坏严重，41 座破坏稍轻。这 41 座墓中有 2 座是积石类墓葬。有 39 座是封土墓。共出遗物 172 件。

墓地在山下缓坡地带，顺山势走向东高而西低。范围西北至东南长约 400、宽约 200 米左右。墓葬排列基本有序，墓地的南部和坡上多积石墓（封石墓），往北封土墓渐多，北部均为封土墓（图一）。

一、积 石 墓

（一）墓 葬 形 制

墓地清理方坛阶梯封石石圹墓两座，即 M262、M356。两墓建筑方法相同，只是一座是单墓，一座是串墓。

M262 为方坛阶梯封石石圹墓。此墓当时仅做了简单的清理。该墓方向 218°。东西长 18、南北宽 14.8~20.6、高近 2 米左右。在墓顶偏东部有一扰乱坑，对此进行了清理，在坑的东南角出土一铁带卡和两头尖状的铜器，墓室的位置不清。

M356 是一方坛阶梯封石石圹串墓。位于东大坡墓地的中上部，方向 310°。此墓是由三个墓组成的大型方坛阶梯封石石圹，这种墓也被称作为串墓。墓东西全长 33、南北宽 20~13、高 2.6 米左右。墓顶有三个塌陷坑，似被扰乱过。墓上有火烧过的熔石。最东部的墓葬编号为 M356①，中部墓葬编

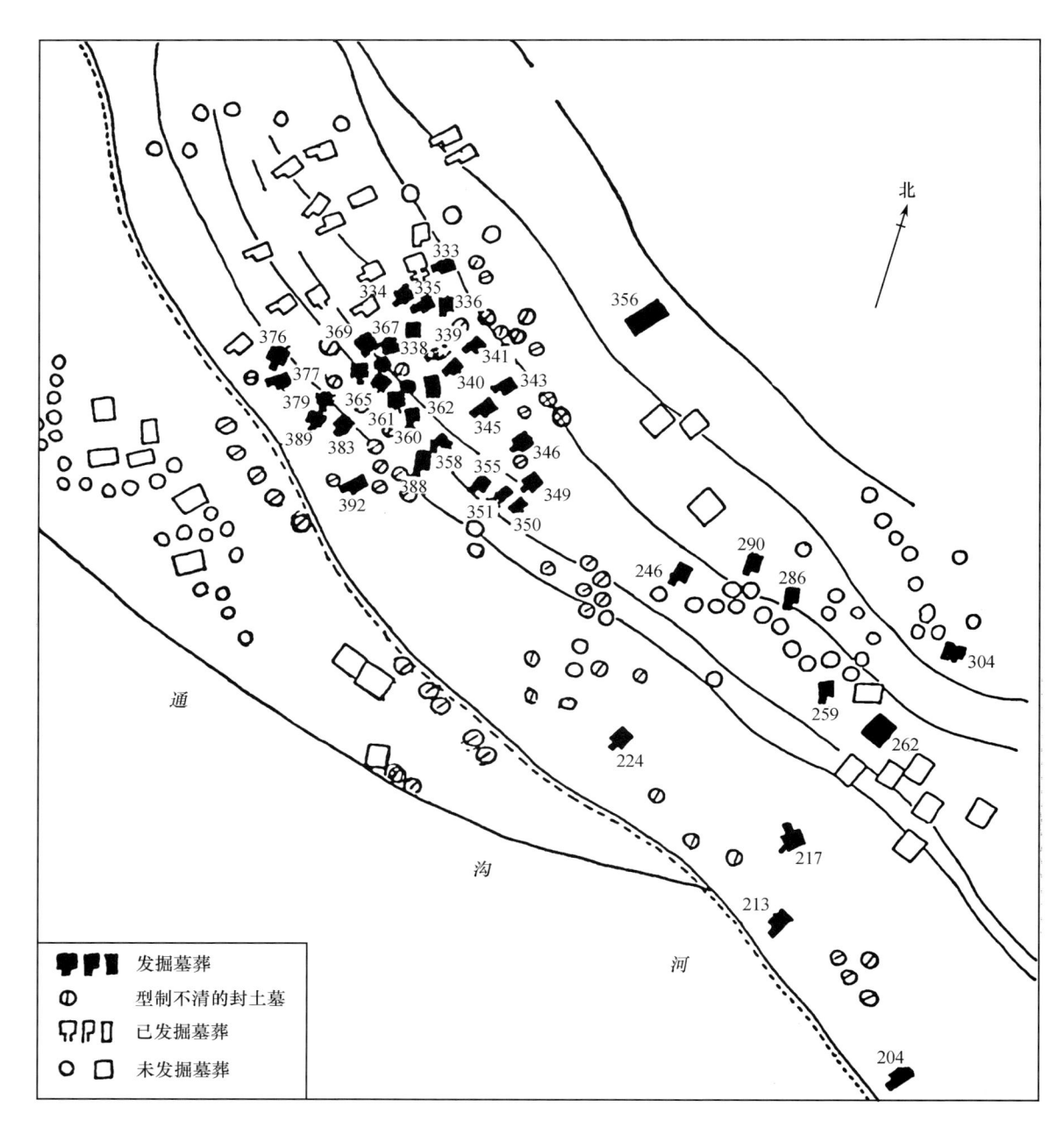

图一 东大坡墓葬分布示意图

号为 M356②，西部的墓葬编号为 M356③。三座墓长宽不等。M356①东西长 12.5、南北宽 19、高 2.3 米；M356②东西长 11.5、南北宽 19、高 2.6 米；M356③东西长 10.5、南北宽 16、高 1.7 米。

从墓葬的外貌看，是用一层碎山石封护使墓呈丘状，似早期的方坛积石墓。清理时先从 M356①开始的。当清掉墓上的封石后，其下露出 4~5 层不十分规正的阶梯。砌筑阶梯的石块较小，一般长 15~25 厘米。每层阶梯有 2~3 层石块，阶梯之间的高差 30~40 厘米。阶梯在砌筑上比较复杂。从外向里面的第四至第五层阶梯是阶坛式的砌法。即第四层阶梯是从地面砌起，形成台状后，第五层在第四层上面砌起，形成阶坛（图版一七，1）。外面的三层阶梯是阶墙式的砌法，即三层阶墙用石块同时从地面砌起，中间夹有碎山石填空。三层是依次低一级作为护墙倚护在外部（图二；图版一七，2）。

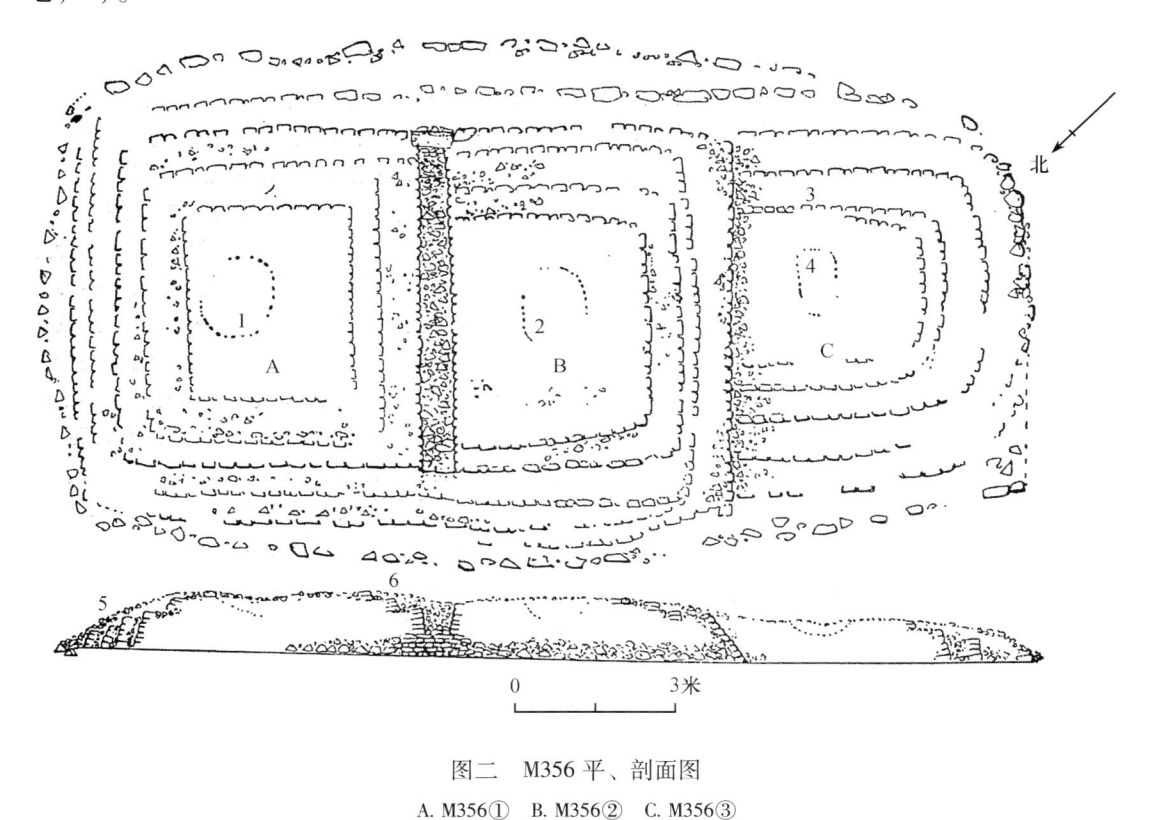

图二 M356 平、剖面图
A. M356① B. M356② C. M356③
1. 单耳杯 2. 烧熔的铜器和铁镙 3. 灰陶罐 4. 铁扒锯 5. 阶墙 6. 阶坛

三个墓在砌筑时间上也不尽相同，M356①与 M356②两墓原为一个完整墓葬，二墓原是一个墓基，当砌到距地面高约 1.5 米的地方，在 M356①由东向西 12.5 米处由北至南出现了一条东西宽约 90 厘米的空间（间隔），便将这墓分成了东西两段，然后东西两侧再进行分别筑墓。空间的东侧是 M356①的西墙，空间的西侧是 M356②的东墙，两墙相对砌得很整齐，并在两壁砌好之后的空间中填塞碎山石，从外表看两墓仍像一座完整的墓葬。以上两墓是同一墓基，然后又进行分筑，在两墓之间没有早晚关系（图版一七，3）。M356③位于 M356②的西部。M356②的西部外侧砌成带斜坡的石墙，M356③依附于 M356②的西墙作为自己的东墙接砌的（图版一七，4）。这样是前两座墓砌好后再砌的第三墓，在时间上 M356③比 M356①、M356②为晚。

三个墓室均被扰乱过，墓室的确切范围已不清楚。如 M356①在距墓顶深约 55 厘米，范围长宽近 2 米左右发现部分用小河卵石铺砌平整的石面，在西面有一段用小形石块砌成的不规正的石墙，在西北角发现一个单耳杯。M356②扰乱坑的范围距墓顶深约 80 厘米，长宽约 3 米×2 米。在扰乱坑的北侧有一堆被火烧成流状的熔石和一些被烧变形的河卵石。还有一些被烧毁的铜器与烧成流状的石块粘连在一起，铁镢也烧得有些变形。距墓顶近 2 米的地方发现一些小河卵石与碎山石掺杂堆积在一起。M356③在距墓顶深约 60 厘米，长、宽为 2～1.1 米范围内，有一段中小型石块砌得略为规正，其间有一层河卵石铺得较为平整石面。并在其上发现一把铁扒锯子，在扰乱坑外的南侧发现三块灰陶罐的残片。据上述情况看，出土遗物的部位和河卵石铺垫的地方可能是墓室的位置。

（二）出 土 遗 物

两座墓仅出土遗物 6 件。其中陶器 2 件、铁器 3 件、铜器 1 件，还有些被烧毁的铜器。

陶单耳杯　夹砂红褐陶，侈口略折腹，小底，一竖桥耳，手制。器形不很规整。高 12.5、口径 9.4、底径 5.7 厘米（图三，3）。

陶罐　夹细砂灰黄色陶，火候不高。器体较小，残破较重，不能复原。口径 7、残高 3.5 厘米（图三，4）。

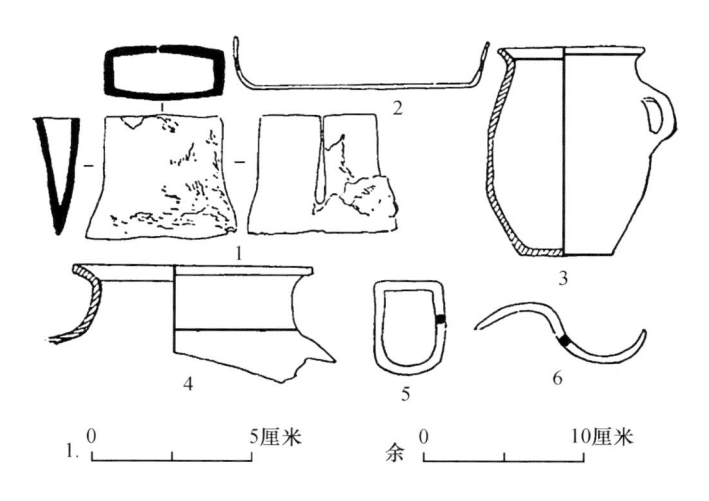

图三　出土遗物
1. 铁镢（M356）　2. 铁扒锯（M356）　3. 单耳杯（M356）　4. 灰陶罐（M356）　5. 铁带卡（M262）　6. 铜器（M262）

铁镢　保存完好，因被火烧过表面不平。长方形銎，銎宽 6.5、平刃宽 8.6、体高 7.3 厘米，锻制（图三，1）。

铁扒锯　长 13 厘米，锻制（图三，2）。

铁带卡和两头尖状铜器　各 1 件（图三，5、6）。

二、封 土 墓

（一）墓葬形制

东大坡墓地均为中小型封土石室墓，多分布在墓地的中北部。39座小封土墓中人骨多已朽烂，仅有零星的人骨出土。按墓室的结构和棺座的情况看可分出单室墓37座，其中二人合葬墓3座，双室墓2座，其中一座为两个长方形同坟异穴双室墓，另一座右为长方形左为刀形的同坟异穴双室墓。

从墓葬的平面结构看有三种类型。即墓室中间带墓道的为铲形，墓道在墓室偏傍的为刀形，无墓道的为长方形。单室墓中刀形墓22座，铲形墓13座，长方形墓2座。这些小型封土墓多为地面建筑，也有略低于地表的（半地穴式）。墓室是用大小不等的石块砌筑的，有的石块略经加工。有的仍用自然石块砌筑。墓顶的结构铲形与刀形墓相同，均为抹角叠涩和平行叠涩。在抹角叠涩中1~3层不等，有个别藻井中的石块较小，不规则，抹角多层类似穹隆。有的一层抹角石是4个，但有的只有3块或2块角石，没有形成规范化。铲形和刀形墓中也有平顶但较少。长方形墓砌筑的低矮窄小，简单，粗糙，均为平顶。以上三种墓顶均用较大的石块或石条覆盖。间隙用小碎山石充填，其上用土封护。在有的铲形和刀形墓中，墓室壁面涂有白灰或白灰勾缝。其中M365墓室残留的白灰壁上有用墨线勾勒的壁画。墓室的底部多用碎山石、河卵石或小石板铺垫平整，有的用黄土夯打坚实。墓道口用大小不等的石块砌筑封堵，有的用小河卵石或碎山石掺泥封堵。这批墓葬的方向大部分朝西南、东南，唯M217独朝西北。

下面选择四座墓葬作详细介绍。

M217 是东大坡封土墓中较大的墓葬之一。该墓位于墓地的山坡下部，地势低，方向324°。此墓室底部低于现地表，墓外周围和墓室内的东南角有山水渗出。在墓顶西侧有一盗洞，盗洞位于现地表上部，距墓室底部1.6米。墓室的平面为铲形，整个墓葬是用经过加工很规整的石块砌筑的。墓室长3.46、宽2.6、高2.8米；甬道长0.3、宽1.3、高1.2米；墓道长1.2、宽1.2、高1.8米，墓道的顶部横盖着石条。在甬道与墓道相接处有一高1.7、宽1.14、厚0.15米的青石板（沉积细砂岩），如同一扇石门封堵在墓道的里端。石门的右侧离地面高近1米处有一半圆形缺口，可能是盗时被破坏的。墓顶为六层平行叠涩，两层抹角叠涩，室内有二棺床。墓壁与棺床上都涂有4厘米左右厚的白灰。墓壁上的白灰多已脱落。墓底白灰面下铺有9厘米左右厚的木炭，木炭下面的土质坚硬呈红烧土状，经火烧过。但在棺座上和墓壁裸露的石面及残留的白灰上都找不到任何烟熏的痕迹。应是砌墓室前进行烘烤的。

在棺床的西侧出土了2根棺钉、1件鎏金桃叶形铁马饰和1件铁带卡。墙的西北角和东北角发现残破的灰陶灶已不能复原。在墓西侧盗洞外面还清理出了7件铁镞、7件棺钉、2件棺环、长条形带铆钉的鎏金马饰件。因锈蚀过甚鎏金几乎脱落无存（图四）。

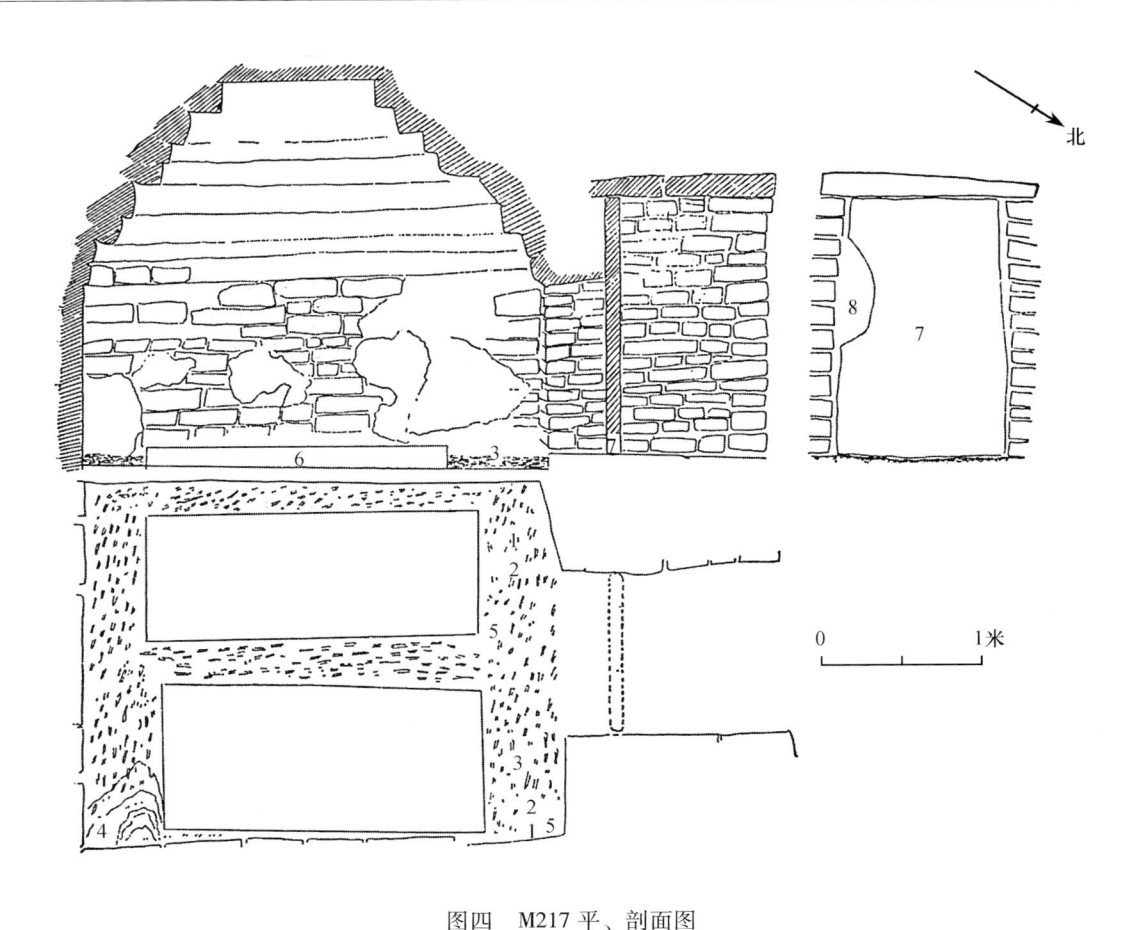

图四　M217 平、剖面图
1. 棺钉、棺环　2. 残陶灶　3. 木炭　4. 积水　5. 鎏金马饰　6. 棺床　7. 石板门　8. 缺口

M365　铲形小封土石室墓，方向220°。位于东大坡墓地的中部，发掘前被盗过。墓室全长4.4米，其中墓室长2.7米，宽2.3、高2米；墓道东西长1.67、南北宽1、高1.2米。墓顶的结构为二层抹角，其上覆盖一大石板，墓底用小石板铺垫。墓壁内的石材未经加工，但较整齐。墓室的四壁涂有2厘米厚质地粗糙的白灰，因年久剥蚀，西、北、南三面几乎脱落无存。在东壁的白灰面上看出有墨线勾勒的壁画，线条十分纤细，因脱落严重不能见其所画的内容。在距北墙50、距墓道口110厘米紧靠西墙出土了一残破的灰陶罐，在其南侧接近墓道处出土一酱釉盘口长颈瓶（图五）。

M345　刀形小封土石室墓。该墓位于墓地的中部，方向235°。墓室长2.34、宽2、高1.48米。墓道长1.94、宽0.9、高0.94米。墓道偏北。墓室的四壁是用较整齐的石块砌筑的。墓顶抹角，墓底黄土夯打过。在墓道的南壁接近墓门处出土一鸭形虎子，在墓室内的填土中出有56个棺钉和2个棺环（图六）。

M350　长方形封土墓。方向为210°。位于墓地中下部，清理前被破坏。墓室的范围东西1.9米，南北宽0.8、高0.6米，平顶。此墓石材未经加工。墓室的三面是用较大的石块砌成长方形的墓框。墓底用小河卵石子铺平，墓口是用小石块砌筑封堵，墓顶用石板盖平。墓中未出任何遗物（图七）。

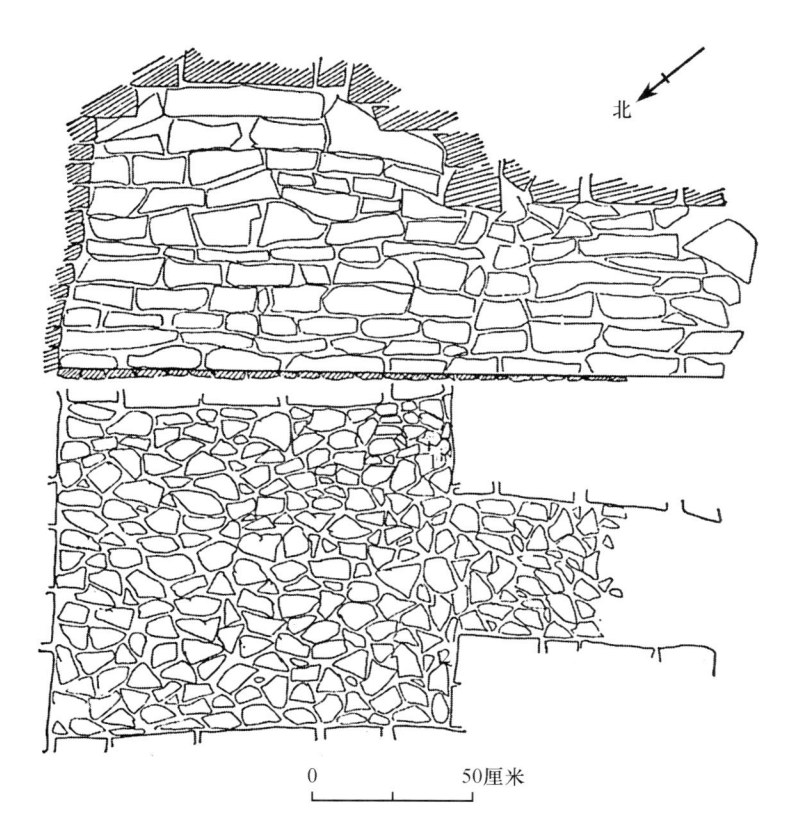

图五 M365 平、剖面图
1. 陶罐 2. 长颈瓶

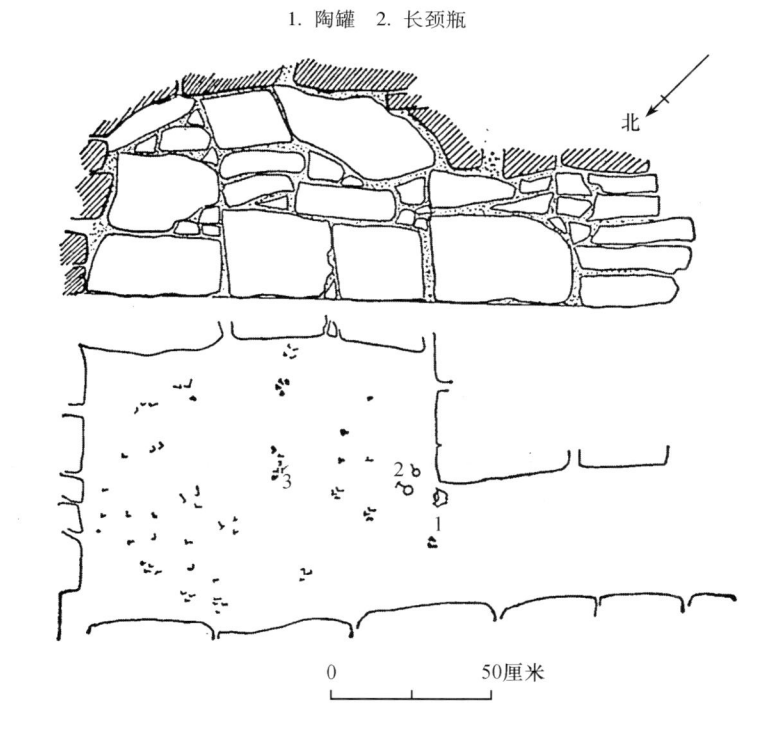

图六 M345 平、剖面
1. 虎子 2. 棺环 3. 棺钉

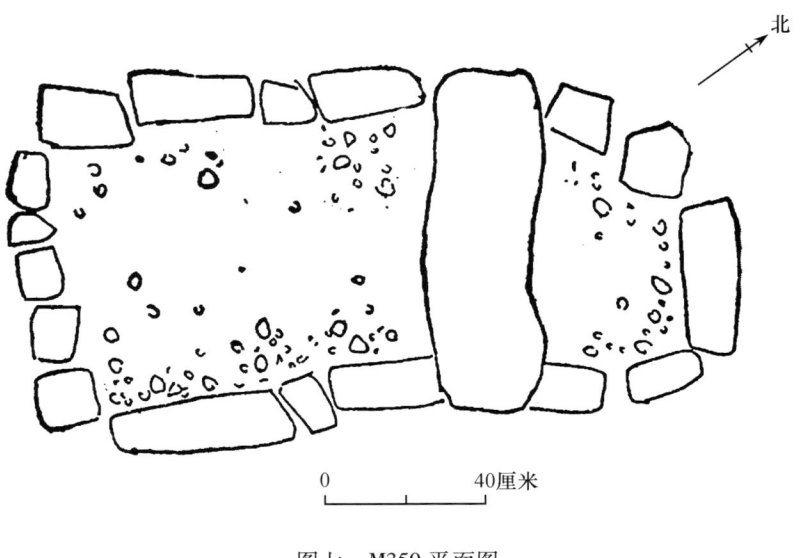

图七　M350 平面图

（二）出土遗物

这批封土墓仅有 10 座出有遗物。陶器 8 件，陶质有泥质和夹砂两种，陶色有红、黄、黑、灰，还有一釉陶。器形有罐、灶、瓶、器盖等。铁器 180 件，其中棺钉 165 个、棺环 8 个、镞 7 件。鎏金饰 3 件，均为马身上的装饰品，包金圈 1 个，已残。

1. 陶器

鸭形虎子　泥质黄陶，平唇圆口前凸，器身圆鼓，尾部呈空心圆锥状略上翘，如同鸭尾。背上部有一桥状耳式的提梁。在提梁下的器身上划有两个"×"字形的符号，底已残，残高 16.4、长 24.5、口径 8.1 厘米（图八，4）。

陶罐　3 件。一件泥质黄陶，已残，侈口短颈，圆肩。残高 11.1、腹径 17.4 厘米。一件灰陶，已残，口径 10.4 厘米（图八，13）。另一件黑陶，口沿已残，圆肩收腹平底。在颈下、肩下和腹部各有一道凸弦纹，假圈足，在罐底正中有拍印的"⊠"符号。残高 11.9、肩宽 17.2、底径 11.1 厘米（图八，9）。

酱釉长颈瓶　方唇，盘式口，长颈圆腹，在肩部和腹部各有四道凸起的弦纹。陶胎橘红色，胎质坚硬。外施酱釉微微泛绿。釉层较薄，光泽较差。通高 25.5、其中颈长 8、口径 6.3、底径 13.2 厘米（图八，8）。

器盖　3 件。一件夹细砂红陶，纽已残，（图八，14）。一件泥质灰陶，纽呈漫圆钻尖形（图八，11）。一件泥质黑陶，纽呈漫圆钻尖形。纽颈下和肩及近口沿部有 2～3 道凹弦纹，器盖上划有斜形暗纹（图八，10）。

2. 铁器

棺钉　一种钉帽平顶呈半圆形，钉体呈四楞尖锥形，偏在钉帽的一端。一般体长 10 厘米左右。一种方棱帽，钉体略呈偏方尖锥形，一般体长 8 厘米。另一种棺钉体长 18 厘米。

棺环　一种方形铁锥其下部套一圆形方孔的铁片，锥根套一游环（图八，2）。一种体积较小，一般总长为 11.8 厘米，锥根呈座状（图八，3）。

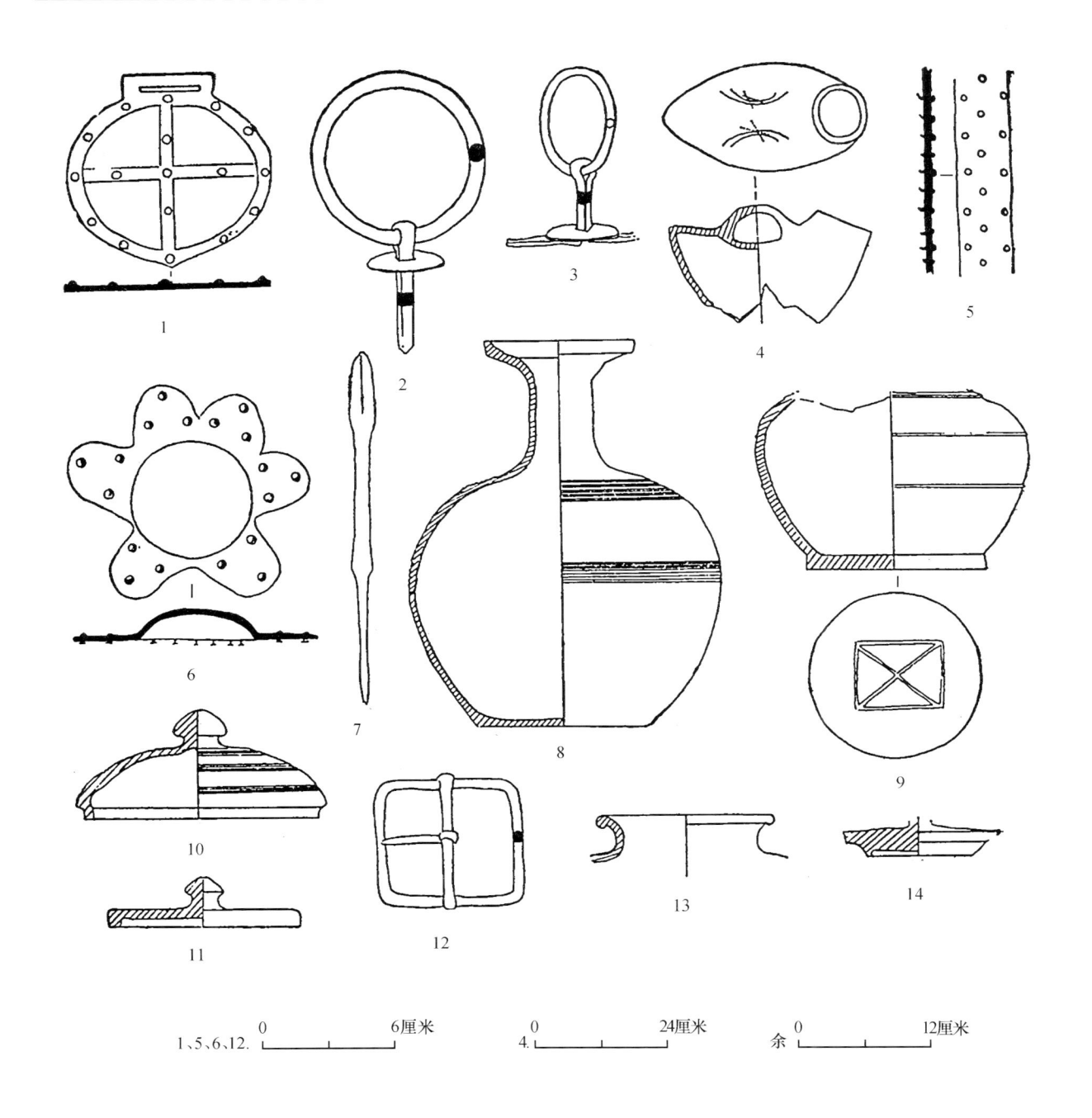

图八 封土墓出土遗物

1、5、6. 鎏金马饰（M217:2、M217、M217:1） 2、3. 铁棺环（M217:4、M217:3） 4. 黄陶虎子（M345） 7. 铁镞（M217:6）
8. 酱绿釉长颈瓶（M365） 9、13. 灰陶罐（M392、M339） 10、11、14. 器盖（M346、M377、M392） 12. 铁带卡（M217:8）

铁镞 7件。一种刃部中间凸起，整个镞部呈扁铲形，长8.7厘米。铤部为四棱尖锥形，长8.3厘米。总长为17厘米。另一种镞尖呈矛状，中间起脊，镞部长7.1厘米，铤呈四棱尖锥体，铤长4.9厘米（图八，7）。

鎏金饰件 3件。长条形铁质马饰，鎏金多已脱落，只在一些铆钉上残留部分鎏金（图八，5）。

鎏金杏叶铁马饰，长6.3、宽6.6、厚2厘米。杏叶的周边凸起，中间有一凸起的十字，周边与十字上布有17个铆钉。此物当是马具后鞧銮上的垂饰（图八，1）。六瓣葵花马饰，器形有六个瓣，花瓣中间是一凸起的圆心；每瓣上有三个铆钉，此物是后鞧銮上的饰件（图八，6）。

铁带卡　1件（图八，12）。

三、结　语

1. 积石墓的年代

东大坡墓地清理的积石墓仅两座，其砌筑方法应是由里向外先砌两层阶坛，然后在阶坛的外面又砌了三道阶墙，外围有一周大石块作为底部的方坛。这种以方形为基础的积石墓（封石墓）是集安、怀仁、浑江流域高句丽时期积石墓的主要特点之一。类似M356、M262这种墓葬，约从西汉末到南北朝时都存在过，到了4、5世纪和方坛阶梯石室墓是共存的。但从东大坡出土的遗物看，单耳杯夹砂质地很粗糙，手制，器形又不很规整，另外铁镢很近似西汉的铁镢。该墓年代较早，约是1~3世纪的墓葬。

2. 封土墓的年代

东大坡墓地中小型封土石室墓约百余座。1963年清理1座M332（王字壁画墓）[1]，1976年5月又清理14座[2]，1976年10月又清理了90余座，其中基本成形的39座。墓地中较大的封土石室墓有3座，即本次发掘的M217和1976年6月发掘的M330[3]，1963年清理的M332。

M217是一座较大的封土石室墓，出土有鎏金马饰、铁镢、陶灶等。出土的棺钉也比其他墓大，墓道设有石门，墓底铺有木炭，这在一般小型封土墓中是不多见的。王字墓（M332）位于墓地的中部，墓底铺有木炭，墓道带耳室，年代约5世纪。M217位于墓地的最下部，年代应比王字墓晚，为6~7世纪的墓葬。

M365为中小型封土石室墓，出土一酱釉盘口长颈瓶。釉陶在高句丽积石类墓葬和大型封土石室墓、壁画墓中都有出土，但釉色均为黄绿、茶绿色，器形也多为展沿四耳壶、釜、钵、耳杯、灶等。唯这一件是酱色釉，器形也与以往不同。隋代酱绿釉和盘口长颈瓶较为流行，这件釉陶盘口长颈瓶很接近隋代的风格，可能是受到隋代陶瓷影响下的产物。M365出土的盘口长颈瓶与其他高句丽墓中出土的黄釉陶相比年代要晚。另外该瓶与敦化六顶山渤海墓区一的M199出土的灰陶瓶从形制上看很相似[4]，墓葬的结构也一样。

该墓年代约为6世纪末或7世纪初的高句丽晚期墓葬。

M345中出土泥质黄陶鸭形虎子，在集安是首次发现，以前集安虽出土过虎子但器形不同。鸭形虎子提梁下有两个刻划交叉形符号。另外在M392封土墓中出土的陶罐底下有拍印的符号。在陶器上拍印或刻划符号，渤海时期较为流行，这两座墓的年代约是高句丽末期到渤海初期。

从整个墓地看，封土墓的年代约从5世纪末到7世纪。

从东大坡墓地中积石墓和封土墓两类墓葬的年代上看，从1世纪到7世纪都有人在这里埋葬过，墓地的南部到黑瞎子沟一带均为积石类墓葬，往北封土墓渐多，可知是由南向北埋葬的。南部年代早，北部年代晚。

3. 葬俗与葬具

在东大坡墓地的方坛阶梯封石石圹墓中出土有铁扒锯子，而封土墓中出土有棺钉，这说明两类墓都有木制的葬具，制作方法上可能有所不同。用铁扒锯子制作的葬具可能木料厚重、粗糙些，制作也较简单，只将木料用铁扒锯铆钉起来，形式是木椁式的。从 M356 的墓室看，墓室的石圹不很清楚，边缘不整齐，这除与扰乱有关之外，在砌筑上可能也有一定的问题。当时埋葬时可能是墓建好之后先不砌墓圹，而是先放棺椁，然后用石块在四周堵塞牢固加石封护，葬具腐朽后，没有盖顶石和没有经过精心砌筑的石圹就会自然塌陷，墓室顶部就形成了塌陷坑。清理时这种石圹边缘不清，一般是比较难找，东大坡的 M356、M262 可能是这种砌筑方法。

东大坡的 M356 有火烧的熔石，烧毁的铜器与烧熔的石块粘连在一起，很显然这种仪式是在墓上进行的。高句丽有火葬的习俗，这种火葬的习俗 5 世纪前的积石类墓葬中较为流行。

在积石墓中，早中期石圹类的墓室底部常铺有小河卵石。M356、M262 墓室的底部均有小河卵石。在发掘时这几乎成了寻找石圹墓室的标志。另外封土墓的墓室底部有的也铺有小河卵石，有的墓室底部没有。有的墓室外填塞的碎石中也有小河卵石。高句丽人可能认为河卵石圣洁，用来铺墓室底部大概是对河伯的一种崇拜和纪念。

注　释

[1]　李殿福：《集安洞沟三座壁画墓》，《考古》1983 年 4 期。
[2]　吉林省文物工作队、集安县文物保管所：《1976 年集安洞沟古墓清理》，《考古》1984 年 1 期。
[3]　同 [2]。
[4]　延边朝鲜自治州博物馆、和龙县文化馆：《和龙北大渤海墓清理简报》，《东北考古与历史》1982 年第一辑。

（原刊于《考古》1991 年 7 期，600~607 页）

集安洞沟古墓群禹山墓区集锡公路墓葬发掘

吉林省文物考古研究所 集安市文物保管所

洞沟古墓群禹山墓区，位于集安市区北侧，大禹山南麓东西长 3.5 公里，南北宽 1 公里的狭长的向阳坡地上。共有古墓 3000 余座，总占地面积约 40 万平方米。这里墓葬的分布是沿着禹山南坡由北向南纵向排列。靠北面山腰以积石墓占绝大多数，靠南面缓坡地带主要为封土墓，中间则是积石墓和封土墓交错混杂。从整个禹山墓区看，西端以积石墓的数量为多，东端以封土墓的数量占绝对优势。积石墓是分区的，有排列顺序的埋葬；封土墓有的成片，有的插在积石墓的空隙埋葬；看不清排列。

1984 年春，为配合集（安）—锡（林浩特）线公路建设，对洞沟古墓群禹山墓区的线段进行了发掘。公路线位于集安至通化铁路线的北侧约 50 米，自西向东横贯禹山墓区，正处于禹山墓区的中间地带。发掘范围东西长 2500 米，南北宽 40 米（图一）。发掘的积石墓，多处在由北向南毗连成串排列的积石墓的最末端；封土墓排列不明显，多处在积石墓附近。此次发掘自西向东横向解剖了禹山墓区，是新中国成立以来，对洞沟古墓群一次较大型的发掘工作。由于季节关系，发掘工作分两期进行。

第一期自 1984 年 6 月 20 日至同年 11 月 20 日，清理墓葬 89 座，其中积石墓 28 座，封土墓 61 座，出土遗物 700 余件。第二期自 1985 年 5 月 15 日至同年 8 月 15 日，清理墓葬 24 座，其中积石墓 10 座，土石混筑墓 1 座，石棺墓 1 座，封土墓 12 座，出土遗物 200 余件。两期共清理墓葬 113 座，其中石棺墓 1 座，积石墓 38 座，封土墓 73 座，土石混筑墓 1 座，出土遗物 931 件。获得了一批宝贵的资料（表一、二）。

一、墓葬型式

此次清理的 113 座墓葬，大多数早年曾遭不同程度的破坏和盗掘，有的形制已不清。发掘的墓葬中有 111 座墓属高句丽时期，其余两座非高句丽墓介绍从后。现将高句丽时期墓葬分积石墓和封土墓两类作分别介绍。

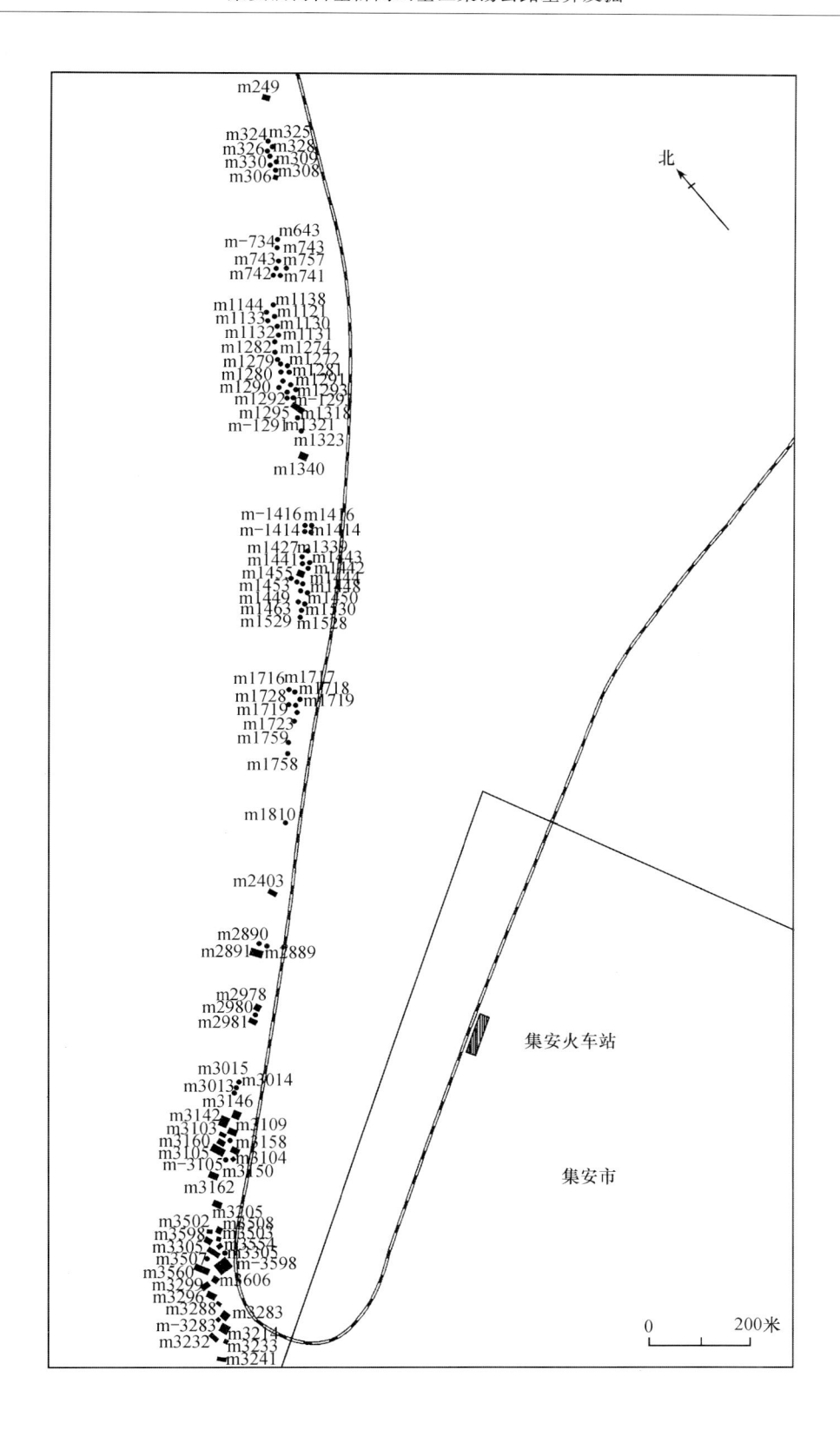

图一　集锡公路发掘墓葬分布图

表二　封土墓类型及出土文物总表

序号	墓号	单室一型 式	单室一型 不清	单室二型 式	单室二型 不清	单室三型 式	单室三型 不清	双室型 式	双室型 不清	方向	墓室长（米）	墓室宽（米）	墓室高（米）	墓底	墓道长（米）	墓道宽（米）	墓道高（米）	葬具	遗物	备注
1	-3305	Ⅱ								172°	2	0.9	0.65	铺碎石	2.2	0.7	0.25			
2	3507					Ⅰ				243°	2.7	1.0	0.8							
3	-3105			×						180°	2.5	1.2	?	铺卵石	0.7	1.1	0.27	棺钉、棺环		
4	3158	Ⅰ								170°	2.3	1.25	0.75	铺碎石	1.2	1.0	0.5			
5	3013	Ⅰ								180°	2.4	1.2	1.2	碎石加白灰	1.7	0.75	1.2		鎏金圈铁片、陶片	
6	3014			×						240°	1.75	1.3	0.7		1.3	0.6	0.3			
7	3105			×						250°	1.7	?	0.3		1.0	0.6	0.3			
8	2980	Ⅱ								165°	1.7	1.1	0.65		0.5	0.63	0.35			
9	2889	Ⅱ								172°	2.15	1.3	1.0	铺碎石	1.15	0.8	0.7			
10	2890					Ⅲ				157°	2.4	1.5	1.5	铺碎石	1.1	0.65	0.95			
11	1810	Ⅰ								210°	2.0	1.5	1.0	铺碎石	1.1	0.8	0.5			
12	1758							Ⅰ		155°	2.0	1.6	1.0	铺卵石	1.0	0.8	0.8			
13	1759							Ⅰ		135°				铺碎石						
14	1723	Ⅰ								200°	2.1	1.6	1.0	铺碎石	2.5	1.0	1.0			
15	1717	Ⅱ								180°	1.6	1.0	0.4	铺碎石	1.65	0.6	0.4			
16	1719							Ⅰ		180°	2.40 / 2.25	1.1 / 1.6	0.7 / 0.8		1.6 / 1.5	0.75 / 0.8	0.7 / 0.4			
17	1715	Ⅱ								200°	2.0	1.3	0.7	铺碎石	1.3	0.7	0.7			
18	1718			×						145°	1.8	1.3	0.7	铺碎石	1.9	0.7	0.4			
19	1728	Ⅱ								180°	1.8	1.25	0.75	铺碎石	1.25	0.75	0.7			
20	1528			×						245°	2.0	1.0	0.85	铺碎石	1.3	0.65	0.7			
21	1529																			
22	1530			×						250°	1.8	0.8	0.8	铺碎石	1.0	0.7	0.6			
23	1450								×	155°										
24	1448	Ⅰ								240°	2.8	1.3	0.5		0.55	0.8	0.25			
25	1442								×	161°	2.8 / 3.2	0.75 / 1.60	0.6 / 0.5		0.5 / 1.0	0.5 / 0.8	0.3 / 0.3			
26	1449									200°										
27	1443			Ⅱ						240°	2.85	2.7	1.25	铺石加白灰	1.5	0.9	1.25	棺钉、棺环	陶、釜1件	
28	1427	Ⅱ								245°	3.5	1.1	0.5		0.9	0.7	0.2			
29	1453	Ⅱ								227°	3.2	1.45	0.3		1.4	0.9	0.25			
30	1455	Ⅱ								163°	2.5	2.9	0.9		0.5	0.65	0.3			
31	1416					Ⅰ				185°	1.50	0.6	0.5	铺碎石	1.0	0.8	0.5			
32	1414	Ⅱ								214°	1.25	1.0	1.0	铺碎石						
33	-1416					Ⅰ				175°	1.0	0.65	0.5	铺碎石	1.2	0.5	0.25			
34	1441	Ⅰ								175°	2.4	1.0	0.75		1.5	0.7	0.25			
35	1463	Ⅱ								240°	2.6	1.75	0.38		1.15	1.1	0.25			
36	-1414									192°	2.5	0.8	0.5							

续表

序号	墓号	单室 一型 式	单室 一型 不清	单室 二型 式	单室 二型 不清	单室 三型 式	单室 三型 不清	双室型 式	双室型 不清	方向	墓室长	墓室宽	墓室高	墓底	墓道长	墓道宽	墓道高	葬具	遗物	备注
37	1323	I								145°	2.25	1.75	1.25	铺碎石	2.0	1.25	1.0			
38	1339			I						162°	2.35	2.9	2.5	石板白灰	3.5	0.9	1.3	棺钉	陶片	
39	1321	I								215°	2.1	1.5	1.25	夯黄土	1.2	0.65	0.75			
40	1293	I								190°	2.0	1.5	1.0	铺碎石	1.75	0.6	0.4			
41	-1293			×						195°	3.5	1.0	1.0	夯黄土	1.1	0.5	0.4			
42	1292							I		180°	2.1	1.6	0.85	砂土	1.4	0.6	0.6			
43	1295			III						180°	2.5	1.5	0.65		1.0	0.6	0.7			
44	1291			III						180°	2.1	1.7	1.0		1.2	0.6	0.8			
45	-1291	×								210°	2.0	2.1	2.0	铺石片	1.25	0.5	0.4			
46	1290	I								230°	1.7	1.5	0.8	铺石片	1.8	0.9	0.7			
47	1281	I								240°	1.9	1.6	1.2	铺碎石	1.5	0.65	0.8			
48	1280							I		235°	2.4	1.5	1.4	铺石片	2.4	0.9	0.7			
49	1282	×								245°	2.0	1.3	1.0		0.9	0.6	0.3		石楔1件	
50	1279	I								165°	2.05	1.6	1.4		2.5	0.75	0.9			
51	1274	×								240°	1.0	1.6	0.7		1.6	0.3				
52	1272	×								240°	1.6	1.7	1.3		2.0	0.5	0.6			
53	1132	I								205°	2.35	1.3	0.5	铺碎石	1.3	1.0	0.35			
54	1121	×								190°	2.0	1.95	1.25	夯黄土	2.0	0.8	0.9			
55	1133			II						200°	2.2	1.35	0.75	铺碎石	2.5	0.8	0.7			
56	1130			II						150°	2.35	1.15	1.35	夯黄土	1.75	0.85	1.15	棺钉		
57	1131					I				230°	2.0	0.75	0.5	铺碎石						
58	1138	II								155°	1.8	2.0	0.75	铺石板	1.75	0.75	0.75			
59	1144	×								235°	2.3	0.9	0.5	夯黄土	0.6	0.25	0.4			
60	308			II						210°	2.1	2.0	1.6	铺碎石	1.8	0.6	1.1			
61	742							II		159°	1.75 / 1.75	0.45 / 0.9	0.5 / 0.5	铺碎石						
62	741	I								230°	2.0	1.70	1.1	夯黄土	1.1	0.9	0.6			
63	743	×								152°	1.9	1.27	1.4	夯黄土	1.5	0.9	0.65			
64	731	I								170°	1.71	1.0	1.5	铺卵石	2.75	0.65	0.9			
65	734	×								195°	1.8	1.5	0.7	铺碎石	1.9	0.6	0.5			
66	-734	×								175°	2.0	1.6	0.7	夯黄土	1.7	0.9	0.5			
67	643								×	180°				夯黄土						
68	309	I								184°	2.0	1.4	1.0	铺碎石	1.0	0.55	0.6			
69	325			II						145°	2.25	0.75	0.7		0.6	0.35	0.4			
70	330	I								190°	2.0	1.5	1.15		1.4	0.75	0.9			
71	324	I								213°	2.6	1.9	1.4	铺碎石	2.5	1.0	1.6		陶钵1件	
72	328			II						138°	2.0	1.0	1.1	铺碎石	1.25	0.7	0.6			

续表

序号	墓号	单室 一型 式	单室 一型 不清	单室 二型 式	单室 二型 不清	单室 三型 式	单室 三型 不清	双室型 式	双室型 不清	方向	墓室（米）长	墓室（米）宽	墓室（米）高	墓底	墓道（米）长	墓道（米）宽	墓道（米）高	葬具	遗物	备注
73	326			Ⅱ						160°	2.5	1.8	1.2	铺碎石	1.0	0.5	0.5		陶缸2件	
	757									170°	1.9	0.9	0.8	铺碎石						石棺墓

（一）积 石 墓

38座，多分布在发掘线路的西段，一般沿山坡走向顺山坡排列，根据墓葬结构差别分为二型。

一型 串联积石圹室墓，21座。其中内部结构不清的2座，其余19座依内部结构不同可分为四式。

Ⅰ式：5座，墓葬结构一般是两座以上的积石墓由北向南顺着山坡走向串联排列，周边围筑有基坛或阶坛。墓与墓之间串接的方式是，下山坡的墓只筑三面呈"凹"字形的基坛或阶坛，另一面是借用上坡墓的一面基坛或阶坛，这样顺山坡连接成串。顶部的封石亦相互搭连。在串墓顶部可见到多处塌陷坑，这些塌陷坑均顺串墓的走向排列在顶部中轴线上，多为墓圹室的位置。圹室为长方形，方向多在255°左右，随葬品一般不多。

如JYM3232，位于公路线的最西端，墓筑于北高南低的缓坡地上，呈不规则长方形，是由四座阶坛和基坛积石墓串联在一起，自北而南依次编为：JYM3232：1、JYM3232：2、JYM3232：3、JYM3232：4。四座墓连接总长20.5、东西宽8~10、高0.8~1.3米（图二）。该墓构筑方法是首先筑北端坡上的JYM3232：1，系用0.5~1米未加修整的大石块，围筑第一级边长9米的方形阶坛。因用石大小不等和地势关系，垒石层数不一，北面阶坛高0.5、南面阶坛高0.8米。在阶坛方框内用碎石块填平后，再于第一级阶坛上面四边内收0.8米左右，砌筑第二级阶坛，用石稍小于第一级阶坛，因年久坍塌，第二级阶坛不够明显，残高0.5米左右。在第一级阶坛上面筑第二级阶坛的同时，于中部筑南北并排的两个圹室，再用碎石将第二级阶坛和圹室之间的空隙填平。筑圹室石材多选用0.2米×0.5米大小长条形自然石块，两圹室均呈长方形，自北而南依次编号为JYM3232：1：①，JYM3232：1：②。①圹室东西长2.25、南北宽1.20、深0.35米，方向260°。②圹室东西长2.20、南北宽1.2、深0.35米，方向260°。圹室底均铺一层0.05米左右的小碎石块，厚0.15米。圹室上面的封石大小多为0.2~0.3米的自然石块，有些被火烧熔粘连在一起，清理时封石和熔石多在塌陷坑内。圹室内遗物很少，仅见有铁镞、人骨碎块和兽牙。

JYM3232：2，串接在JYM3232：1的南壁第一级阶坛外。系用较大的自然石块垒筑东、西、南三面呈"凹"字形基坛，高1米左右，北面借用JYM3232：1的第一级南面阶坛，同时亦作为圹室的北壁。基坛东西两壁长4.1、南壁长8.5米。整个墓低于北侧的墓0.3米。基坛内用石块填平。在靠JYM3232：1的南壁第一级阶坛外侧构筑南、北两个圹室。编号为JYM3232：2③、JYM3232：2：④，③圹室仅砌东、西、南三壁，④圹室砌筑四壁，两圹室中间隔墙狭窄仅0.3米，圹室大小相等呈长方形，东西长2、南北宽1.2、深0.3米。方向260°。封石碎小多为0.2~0.3米。圹室内出土陶罐、铁

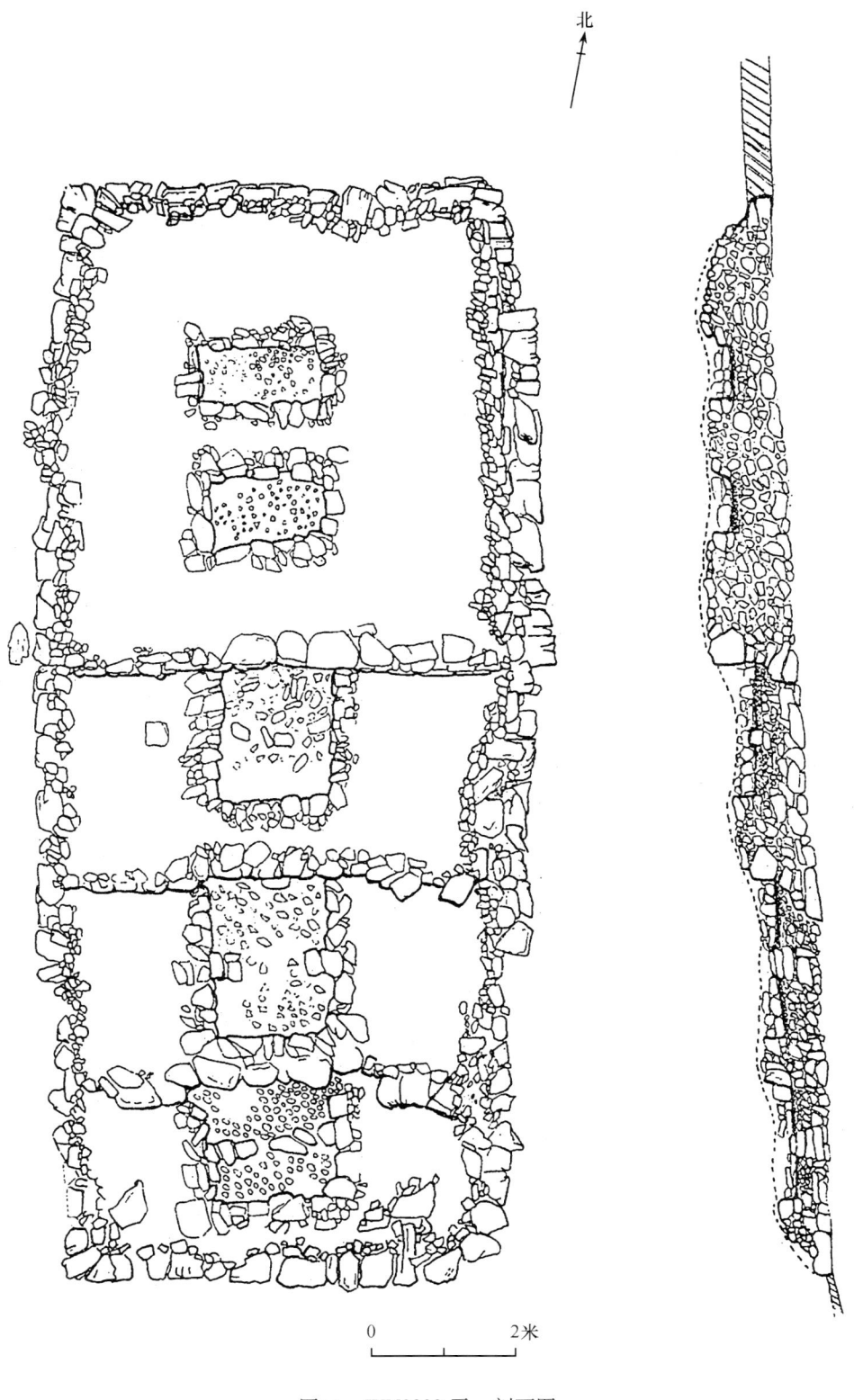

图二 JYM3232 平、剖面图

刀、带卡、铁锔。在 JYM3232:2 的下坡依次分别筑 JYM3232:3 和 JYM3232:4，构筑方法与 JYM3232:2 完全相同。

JYM3232:3，北接 JYM3232:2。墓东西长 8.5、南北宽 4、高 0.9 米。中部有南北并排的两个圹室，编号为 JYM3232:3:⑤、JYM3232:3:⑥。⑤圹室东西长 2.2、南北宽 1.3、深 0.3 米，方向 260°，底部铺一层小碎石片，圹室内出有碎肢骨。⑥圹室较窄，亦不规整，东西长 2.2、南北宽 1.1、深 0.3 米，方向 260°，圹室内出有铁锔。

JYM3232:4，位于最南端，砌筑草率且较前墓小，东西长 8.5、南北宽 3.5、高 0.8 米。墓中部筑南北排列两圹室，编号为 JYM3232:4:⑦、JYM3232:4:⑧，砌筑不规整，均长 2.25、宽 1、深 0.3 米，方向 260°，两室底铺一层小河卵石片，均出有小块人肢骨残段。

另如 JYM3241，是由三座基坛圹室墓串联组成，总长 19.5、宽 8.5、高 1~1.7 米，共有 4 个圹室，方向 255°（图三）。墓处于北高南低的坡地，自北向南依次编为 JYM3241:1、JYM3241:2、

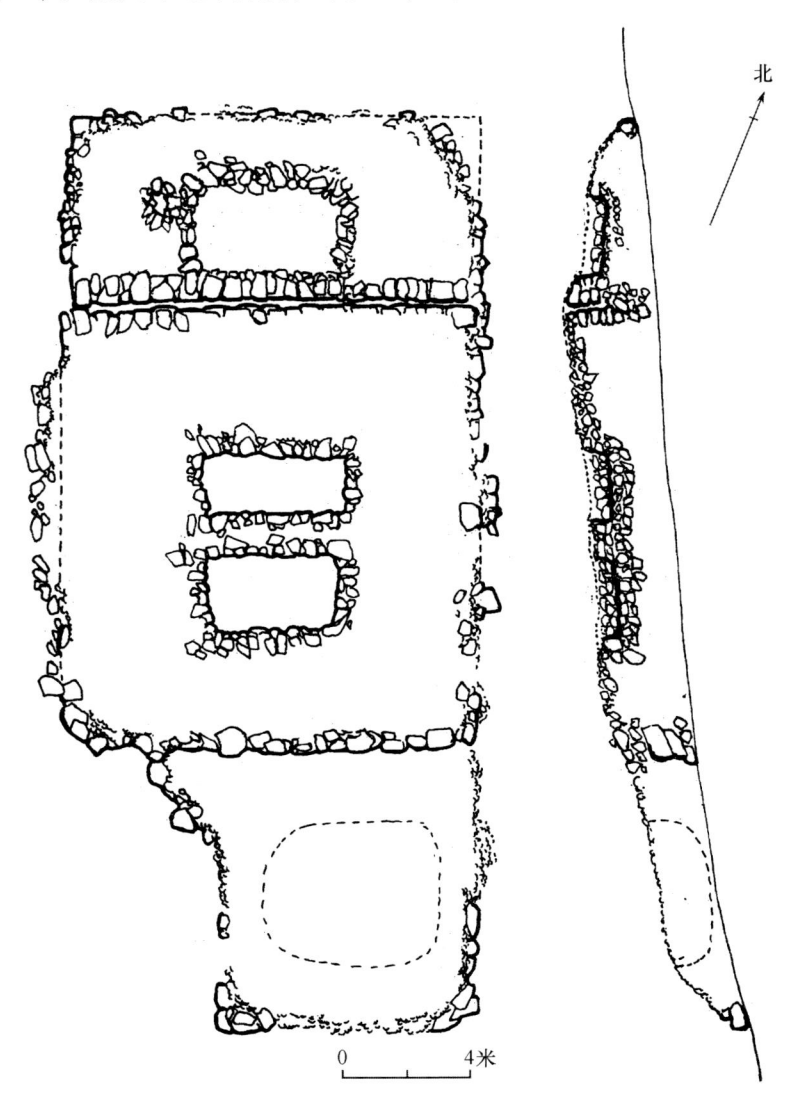

图三　YM3241 平、剖面图

JYM3241：3。JYM3241：1与JYM3241：2的基坛是同时砌筑连接在一起的，基坛筑好后其内用碎石填平，再于上面砌两道横贯东西的石墙，将两墓隔开，两墙相对，间距0.2、高1米。JYM3241：1东西长8.5、南北宽4米，在墓中部筑一圹室，编号为JYM3241：1：①，圹室呈长方形，砌筑较规整，东西长2.8、南北宽1.6、深0.6米，圹室内出有铁镢、帐钩。在圹室西壁的外侧0.8米，深0.5米处集中堆放着一些随葬品，有陶罐、马衔、手镯、指环。四周不见砌筑痕迹，上部用碎石封圹。JYM3241：2，南北长9.5、东西宽8.5米，中部筑南北排列的两个圹室，分别编为JYM3241：2：②、JYM3241：2：③。②圹室东西长2.8、南北宽1.2、深0.6米。③圹室东西长2.5、南北宽1.5、深0.6米，两圹室内均出有铁镢。JYM3241：3较小，筑于JYM3241：2的基坛南壁外偏东一侧，东西宽5、南北长6米。墓上部因扰乱不见圹室，仅清理坑范围3米×3.5米，在清理坑内出有铁镢和陶片。

Ⅱ式：8座，多由3座以上的阶坛或基坛圹室墓串联在一起，外表一般呈长方形。其外部结构与Ⅰ式墓基本相同，内部亦有长方形圹室，方向245°左右，与Ⅰ式不同的是在圹室的西侧用石块砌筑方形或长方形如同木箱子式的坑，上部覆盖石板。本文将这种坑称作石箱。石箱内陈放随葬陶器，组合一般为三罐，其他随葬品亦较多，陈放有一定规律。

现以JYM3296为例，此墓位于电线厂北片的山坡上，北高南低，呈不规则的长方形，南北长20、东西宽12~14、高1.5~2.5米。是由3座墓串联而成，自北向南分别编为JYM3296：1、JYM3296：2、JYM3296：3（图四）。最北部上坡的JYM3296：1的第一级方形阶坛，边长12、北边高0.5、南边高1.2米，系用较大的自然石块垒砌，因地势而异，北边坡上阶坛垒石两层，越向南的下坡，阶坛垒砌层次越多，用以取平，阶坛内填碎石。在第一级阶坛上面，四边内收1米左右，围筑第二级阶坛，高0.4~0.8米，内用碎石填平后再于东西南三面各内收1米左右砌筑第三级阶坛，高0.6~0.8米，其内填石以求上部平整。在第三级阶坛上面中央构筑一圹室。圹室已被破坏，不甚清楚，仅西边保存较好，根据圹室底铺小河卵石的范围，可以看出东西长2.9、南北宽2.3、深0.4米。在圹室部位出有兵器、马具饰件、铁镢和铁帐钩。在圹室西壁外侧1.5米处筑一石箱，石箱南北两壁是用整块长、宽各0.8米，厚0.2米的石板立砌，东西两壁是用小石块垒砌，其上覆以石板。石箱南北长1、东西宽0.6、深0.7米，其内陈放陶器，组合为3个直口罐。

JYM3296：2，串接在北墓的第一级阶坛南壁外，只筑东西南三面基坛，南北宽3.9、高0.6米，内用碎石填平并构筑圹室。因破坏严重，圹室已不清。在圹室部位的西侧亦筑有石箱，石箱已被破坏，仅在石箱部位出土3件直口罐。

JYM3296：3，在墓的最南端，构筑方法是东西两面筑两级阶坛，西面阶坛砌筑不规整且经扰动已不清。南壁第一级阶坛高0.9米，内收1米筑第二级阶坛高0.6米，墓南北宽5.5、高1.2米；圹室位于墓的中部，呈长方形，方向245°，圹室已遭破坏，从残存的圹壁看，南北长3、东西2.5、深0.4米。圹室内出有兵器、铜质鎏金器、铁镢等。在圹室西侧偏南筑有石箱，系用石块垒砌四壁，比较规整，南北长1、东西宽0.6、深0.6米，底铺小片状河卵石，上部盖以石板，箱内陈放陶器，组合为3个展沿罐。

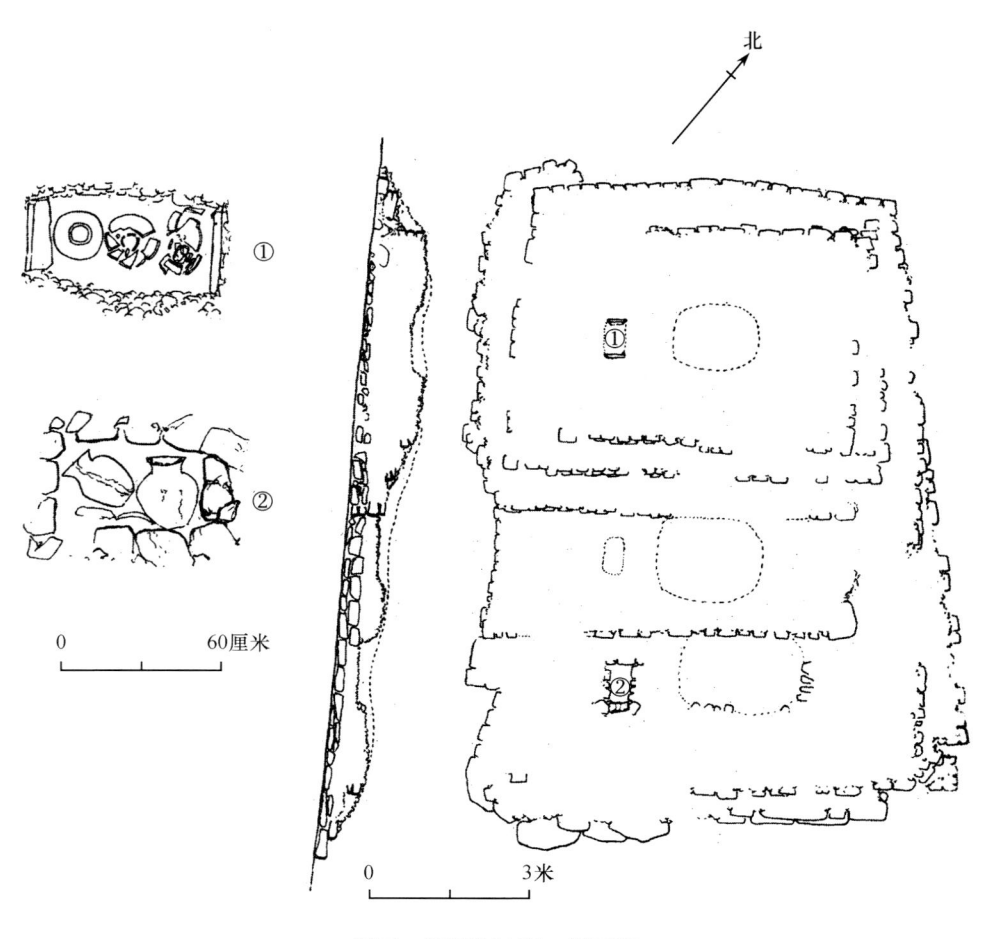

图四 JYM3296平、剖面图

另例JYM3305，位于电线厂北片，西临JYM3296。是由5座墓南北串联组成，自北而南依次编为JYM3305:1、JYM3305:2、JYM3305:3、JYM3305:4、JYM3305:5，总长28、宽8~12、高1~1.8米。共有8个圹室，方向250°（图五）。

JYM3305:1，墓的北面只筑一层东西宽8米的基坛，东西两面的基坛只余北面一段，南段基坛已被破坏。南面不见基坛，基坛内用0.2~0.4米的碎山石堆积0.8米高，再于中部构筑两圹室。墓南面因基坛被破坏积石外侈宽10米，南北长6米。两圹室南北排列。编号为JYM3305:1:①，JYM3305:1:②。①圹室东西长250、南北宽1.3、深0.4米，圹室内出有人骨碎块和铁箭头。②圹室东西长2.5、南北宽1.3、深0.4米，室内出有肢骨残块和银饰件。

JYM3305:2，北串接JYM3305:1，东西两侧不见基坛，系以碎山石堆积而成。东西宽11、南北长5.5、高1.5米。中部有两南北排列的圹室，编号为JYM3305:2:③、JYM3305:2:④。圹室因遭破坏已不清，在③圹室部位出有铁棺钉和人骨碎块，④圹室内出有铁棺钉。

JYM3305:3，东西南三面筑有不规整的基坛，北面用碎山石堆积与JYM3305:2的南面串接，墓东西宽11~12、南北长4.5~6、高1.8米，中部筑有一个圹室，编号为JYM3305:3:⑤。圹室砌筑不整，东西长2.5、南北宽1.4、深0.4米，圹室内出有人骨碎块、环首刀、铁锅、铁棺钉。在圹室的

图五　JYM3305 平、剖面图

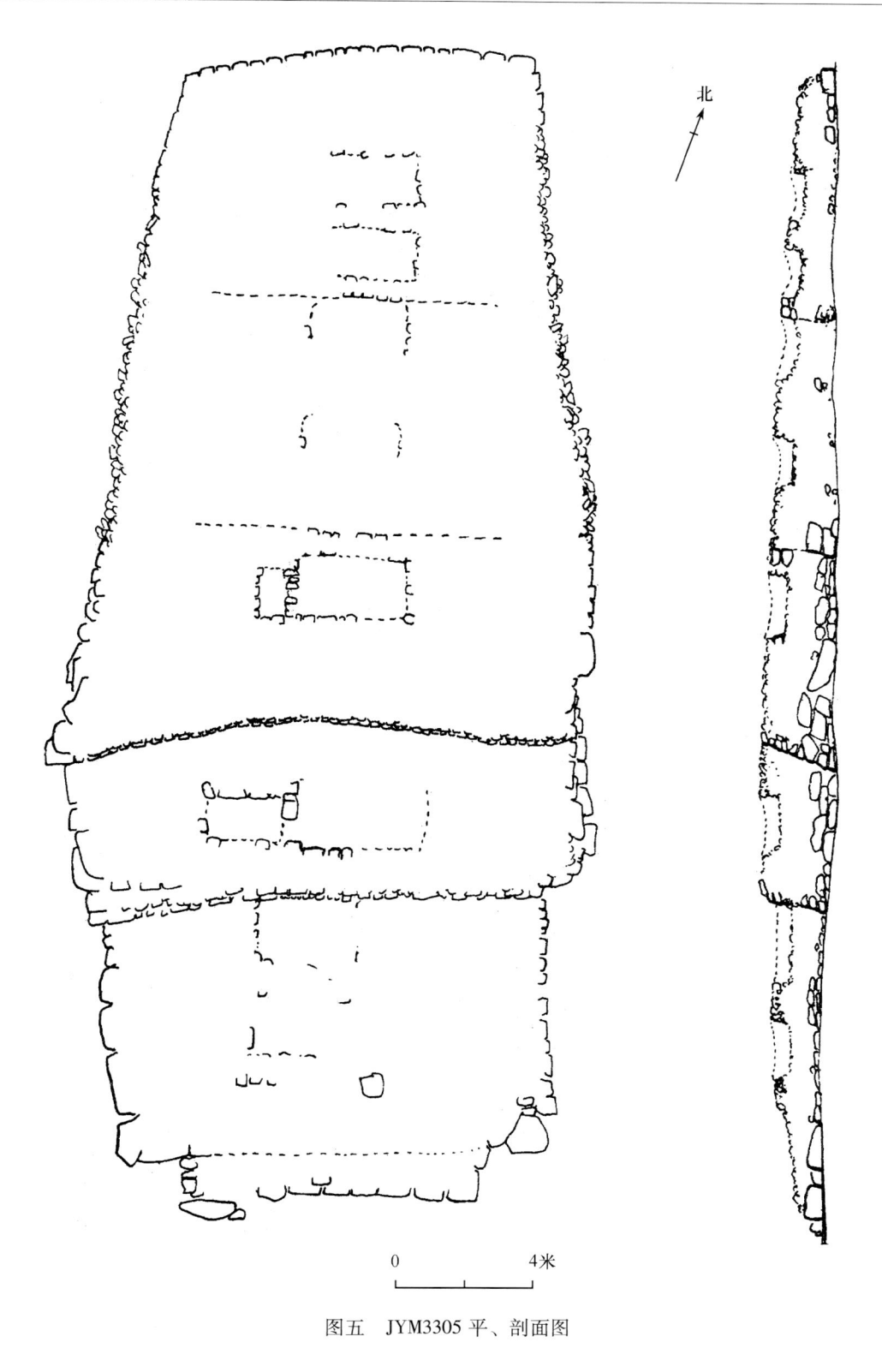

西壁外侧筑有石箱，石箱系以 0.2 米大小的石块砌筑，其上覆以石板，石箱东西宽 0.6、南北长 1.1、深 0.5 米，石箱内随葬 3 个陶罐。

JYM3305：4，筑东西南三面基坛，北与JYM3305：3的南面基坛串接，基坛内填碎山石，墓东西长12、南北长4、高1.7米，中部筑有一圹室编号为JYM3305：4：⑥，圹室东、北壁均遭破坏，只余南壁的西段和西壁的残段，在圹室部位出有碎块人骨、铁镞、包金圈等，在圹室西壁外侧筑有石箱，石箱以石块砌筑，上覆石板盖封，东西长1.5、南北宽0.8、深0.5米，其内出有碎陶片。

JYM3305：5，东西两壁各筑有6米长的基坛，两壁间宽10米，为南面基坛。北面借用JYM3305：4的南壁基坛与之串接，基坛内填碎石，中部筑二圹室，编号为JYM3305：5：⑦、JYM3305：5：⑧，两圹室均经破坏已不清，亦未见遗物，仅在圹室部位见有烧流的熔石。另在JYM3305：5的南壁基坛外侧，东西两端各内收1.5米，再向南延伸1米筑有基坛，内部用碎石填充，中间不筑圹室，亦不见任何遗物，我们称这一部分为"墓舌"。

Ⅲ式：5座，外表呈不规则的长方形，亦是由多座阶坛或基坛圹室墓串联一起组成。墓的中部有长方形的圹室方向240°左右。与Ⅱ式不同处在于圹室的西壁开有"墓道"，这里所指的墓道是在圹室西壁外，依圹室的方向垒砌两道低矮的石墙，底铺碎石，上无盖顶石，内用碎石填满，有的在墓道西端一侧筑有石箱；有的在墓道的两侧垒筑十分规整的耳室。石箱或耳室内随葬有陶器、组合一般为三壶一釜或三壶一釜一甑。其他随葬遗物亦十分丰富，陈放有明显规律。

如JYM3105位于电线厂北片的东端，南临铁路，东距三室墓150米。处于南低北高的坡地上，南北长30.5～28.5、东西宽15～16.5、高2.8～3米，为三座阶坛圹室墓串接，其串接方法较前两式不同，上坡墓的阶坛与下坡墓的阶坛连接时，将中间的阶坛拆掉，使上下两墓的中间看不出有阶坛的痕迹，形成一个长方形的整体（图六）。其构筑方法是先围筑第一级长方形阶坛，阶坛用石稍加修整，位于北面坡上部的阶坛用石较小，仅筑二层高0.8米，南面坡下边的阶坛用石渐大，砌筑四层高2.0米。阶坛内填碎石使上面平整，然后四边内收0.6～1.5米，围筑第二级阶坛，高0.5米左右，内填碎石。在第二级阶坛上面再四边内收筑第三级阶坛，因破坏所致第三级阶坛不清楚，残高0.3米左右，其内用碎石填平，再于第三级阶坛平面的中部分期构筑4个圹室。由北而南圹室依次编为JYM3105：①、JYM3105：②、JYM3105：③、JYM3105：④。方向皆为240°。①圹室在最北面，为第一期砌筑，因破坏严重，形制已不清，且不见任何遗物。②圹室与③圹室为第二期筑。其筑法是先于墓中部围筑长方形第四级阶坛，南北长8.5、东西宽5.6、高0.7米，北距第三级阶坛6米，东西两面距第三级阶坛3.5米。同时再于第四级阶坛的长方框内，筑南北并排的②、③圹室，圹室与阶坛中间填以碎石。②圹室居于北面，略呈正方形，边长2.5、深0.6，底平铺一层0.1米大小的河卵石片。圹室四壁用不规整的石块砌筑，石块大小为0.2～0.3米。在圹室西壁的中部开有墓道，系用石块垒砌的东西长2米，南北相对的两道石墙，宽1.5米，高与圹室相同，底低于圹室的底0.25米，上无盖顶石，墓道内填满碎石。西端开口断开了第四级阶坛的西墙。在墓道西端偏北一侧，亦是在第四级阶坛西墙外侧，筑有石箱，石箱东西长0.8、南北宽0.5、深0.8米。上面覆盖石板。石箱内随葬陶器，组合为三壶一釜。在②圹室内东端偏南处出有铜质鎏金冠饰1件，西端偏南处出有铜质鎏金钉鞋1双，还有人趾骨残渣。冠饰与钉鞋之间距离1.7米，应为人体的高度。较清楚的反映出高句丽积石墓头东脚西直肢葬式。在圹室中部还出有铁镞，在圹室西端连接墓道口处出土铁镞10件，圹室内还出有其他鎏金饰件。

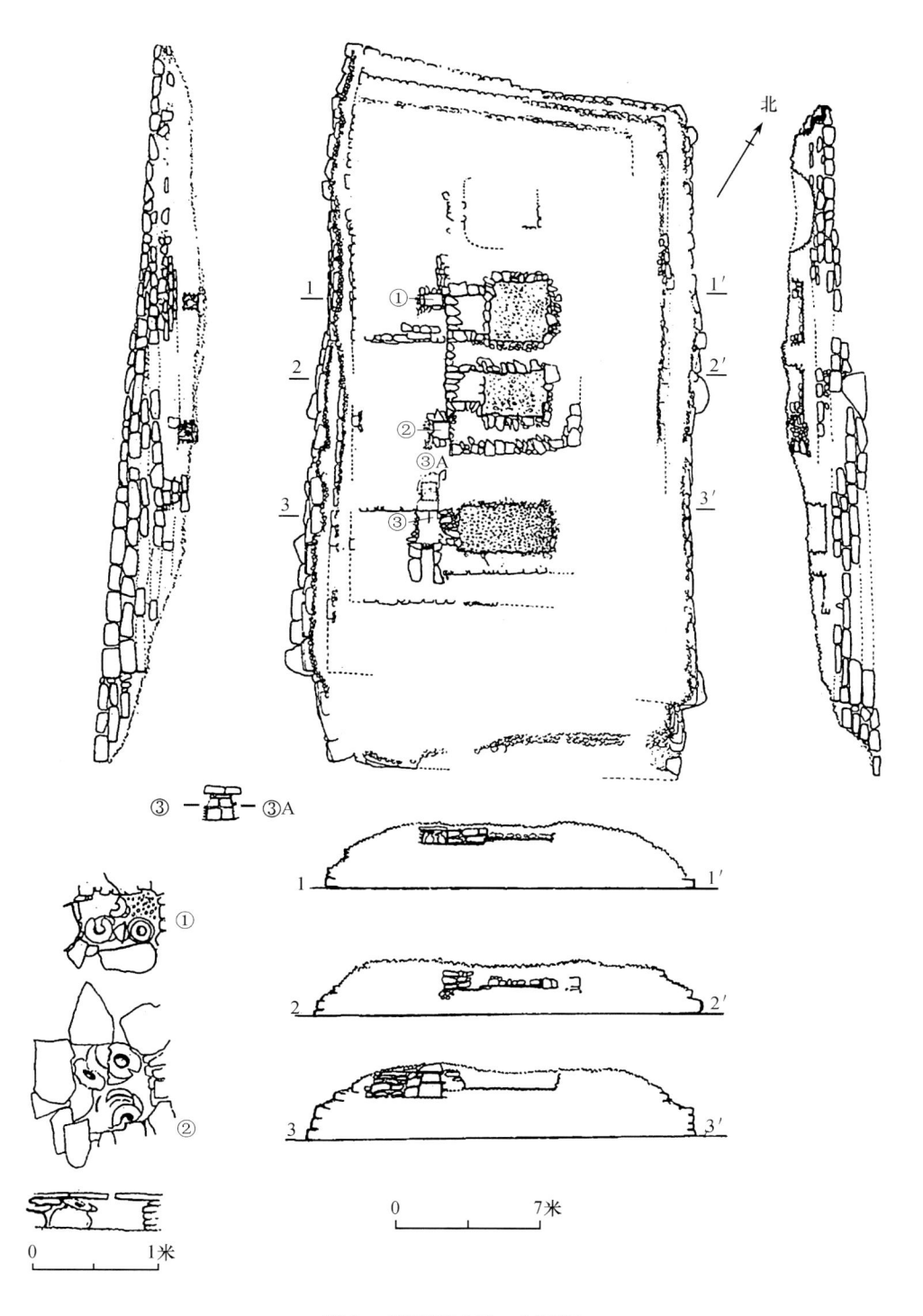

图六 JYM3105 平、剖面图

③圹室在②圹室南 1.3 米，平面呈长方形，南北宽 1.9、东西长 2.5、深 0.6 米。底铺片状小河卵石，墓道开在圹室西壁的北侧。墓道东西长 1.5、南北宽 1.3 米，高与圹室相同，亦上无盖顶、内填碎石。在墓道西端偏南侧，亦是第四级阶坛外筑有石箱。石箱近方形，边长 0.7、深 0.7 米，四壁

用石块垒砌，上以石板盖顶。随葬陶器组合为三壶一釜一甑。③圹室内其他遗物早以被盗，只余金针、莲花金叶、铜质鎏金鞋钉、铁镅、铁帐钩等。

④圹室位于墓的最南端第三级阶坛上，北距③圹室4米。惜经盗挖破坏圹室四壁已不见。在清理时根据圹室底部铺小河卵石的情况，可见东西长3.5、南北宽2.0米的范围，可能是④圹室的底，在此部位残存遗物有铁棺钉、铁镅。在圹室西端筑有甬道、耳室、墓道设施。甬道为南北相对各有一道东西长1、高1.2米的石墙。南北间宽1.4米，底与圹室底取平。甬道的西端接南北相对的二耳室，两耳室间距离1.4米。南耳室盖顶石无存已被破坏。北耳室保存较好，呈覆斗形，顶部内收，底部东西宽0.85、进深1.1、高1.2米。系用经过修整的大石块砌筑。二耳室的西端接有东西走向的墓道，墓道砌高与耳室相同，长2.1、宽1.4米。耳室与墓道的底取平均低于甬道底0.3米。除耳室设有盖顶石外，墓道、甬道和圹室均不见盖顶石，其内均以碎石填封。在北耳室中仅余1件四耳陶罐。

在墓的南边阶坛外侧下坡处，还延伸一东西长15、南北宽4米的"墓舌"，高1.5米，分三级内收呈阶坛状。

再例如JYM2891位于三室墓东北约150米，为基坛圹室串墓，呈不规则的长方形，南北长24.5~26、宽15、高1.8米，共有3个圹室，方向235°（图七）。其筑法与JYM3105基本一致，先围筑长方形基坛，基坛东南角外侈不规则。基坛内以河卵石填平，其上面中部南北排列筑3个圹室，编号为JYM2891：①、JYM2891：②、JYM2891：③。3个圹室均遭破坏已不清。①圹室居最北面，有东西长3.5、南北宽3米的范围铺有河卵片，可能是圹室的范围。在圹室西壁开有东西长1.5、南北宽1.8、深0.6米的墓道，墓道西端两侧各筑一石箱，北侧石箱被破坏，仅余几块石且不见遗物，南端的石箱系以大块经修整的石材砌筑，东西宽0.7、南北长1.1、深0.8米，上覆石板盖顶，石箱内出有铜质鎏金马饰。②圹室及墓道均被破坏可见到凹陷坑，亦在墓道西端两侧筑有石箱，北侧石箱南北长1、东西宽0.6、深0.8米，其上石板盖封，石箱内出有陶片。南侧石箱被破坏。③圹室及石箱，墓道均被破坏已不清。

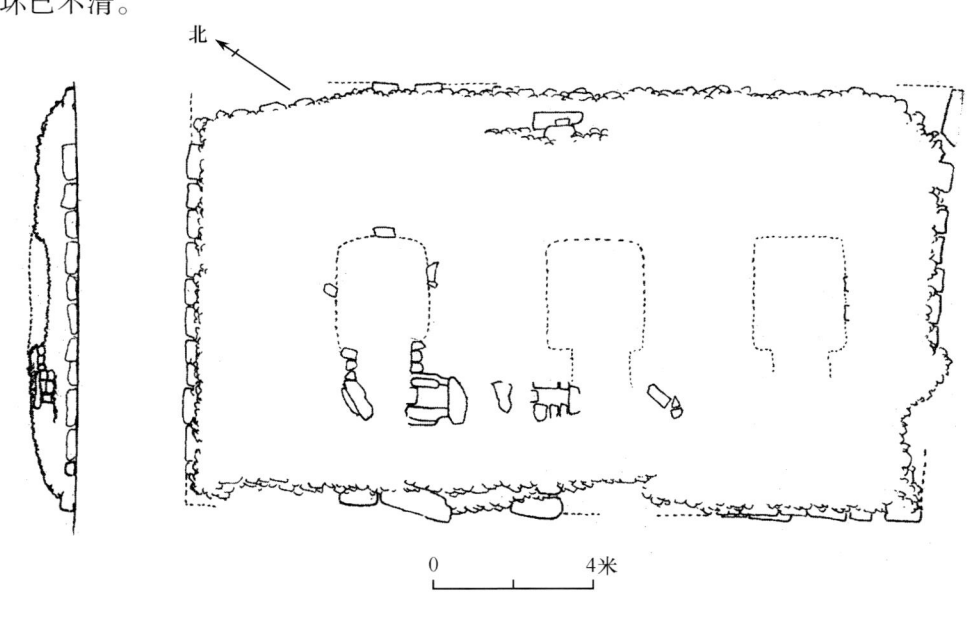

图七　JYM2891平、剖面图

Ⅳ式 1座，JYM2403是由一座阶坛圹室墓串联一座基坛圹室墓组成，南北排列长19、宽12、高2米。共有两个圹室（图八）。南墓遭严重破坏已不清，北墓较好，其构筑方法与连接方式与前述基本相同，介绍从略，就对北墓圹室的不同点加以介绍。圹室构筑于北墓的中部，平面呈铲形。四壁砌筑规整，所用石板经过加工修整，并用白灰填充缝隙，圹室东西两壁长1.8、南北两壁长2.1、深0.6米，方向240°。墓底用片状石板铺平，缝填白灰。墓道开在圹室西壁的中间，东西长2.8、南北宽1米，深与圹室相同。在圹室内出有铁棺钉和铁棺环。

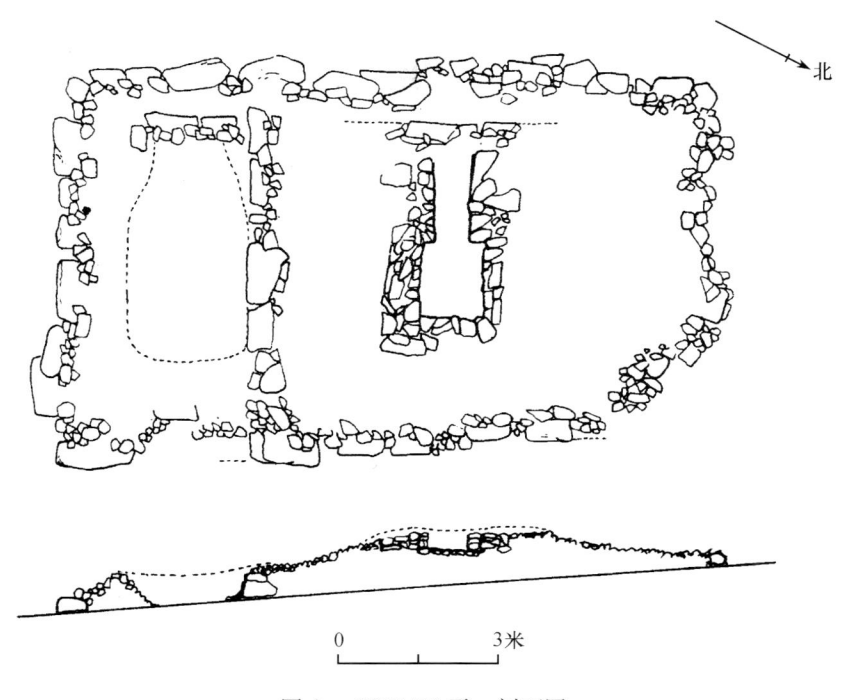

图八 JYM2403平、剖面图

二型 基坛或阶坛圹室墓，共17座，其中有2座墓被破坏结构不清，其余15座墓一般平面呈方形，有长方形圹室。墓的排列情况是，坡上的墓与坡下墓之间有一定距离，多为0.5～10米，基坛或阶坛不相连接，均顺山坡纵向排成行，根据内部结构差别，可分为三式。

Ⅰ式：9座，以JYM3283为例，墓平面略呈正方形，每边长17、高3.3米，北面地势略高，墓共有四级阶坛，为阶坛圹室墓（图九）。构筑方法是用较方整的石块垒砌四层，围起第一级方形阶坛，高0.8米。在阶坛内的中间东侧填河卵石，西侧填碎山石，填平后再于上面四边内收1.5米，砌筑第二级阶坛，高0.7米。第三级阶坛与第二级阶坛筑法相同，高0.5米。内部填石亦东侧填河卵石，西侧填碎山石。在第三级阶坛填平后，于上面四边内收1.4米筑第四级阶坛，高0.3米。同时在第三级阶坛上面中部构筑圹室，再将第四级阶坛与圹室的空隙填平。圹室仅余东西北残壁余已破坏。东西长2.7米，宽度不详，深0.5米。在圹室内出土陶器、铁器、金器、银器和铜质鎏金器等。值得提出的是出土了铁鱼钩41件，陶网坠167件。

另例JYM1340，墓平面略呈长方形，东面宽15.5、南北长17.8、高1.8米（图一〇）。外部筑法与前墓相同，见有两级阶坛，阶坛中部筑有南北并排的两长方形圹室，两室间距两米，方向240°。

此圹室东西长 3.6、南北宽 1.9、深 0.6 米，圹室内出有铁锸、铁扒手。南圹室长 3.8、宽 1.8、深 0.6 米，圹室内出土釉陶罐、甑、盆、铁锸。

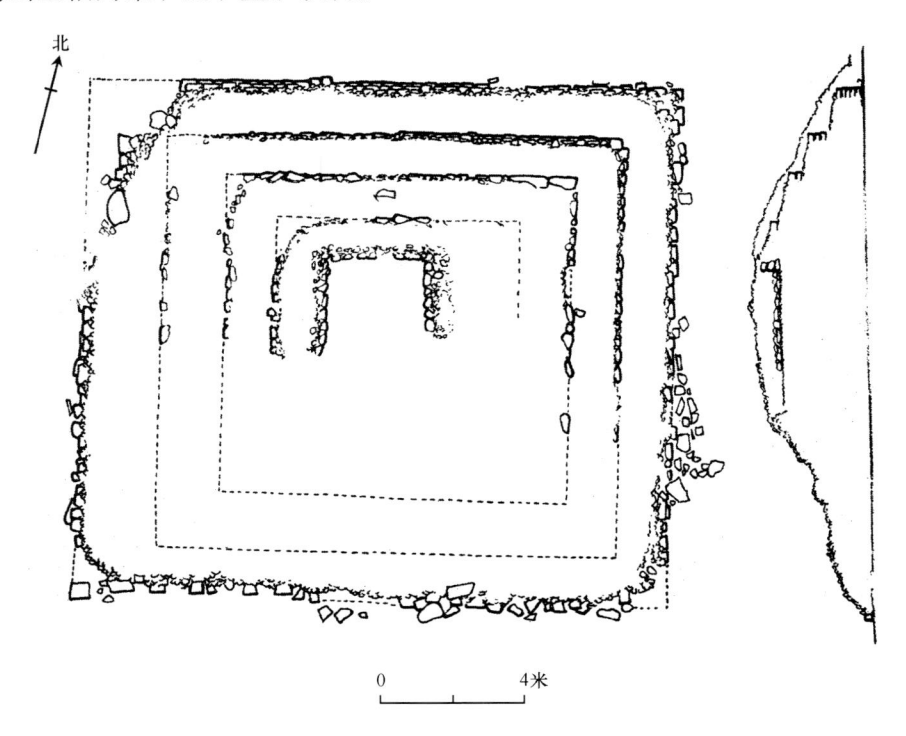

图九　JYM3283 平、剖面图

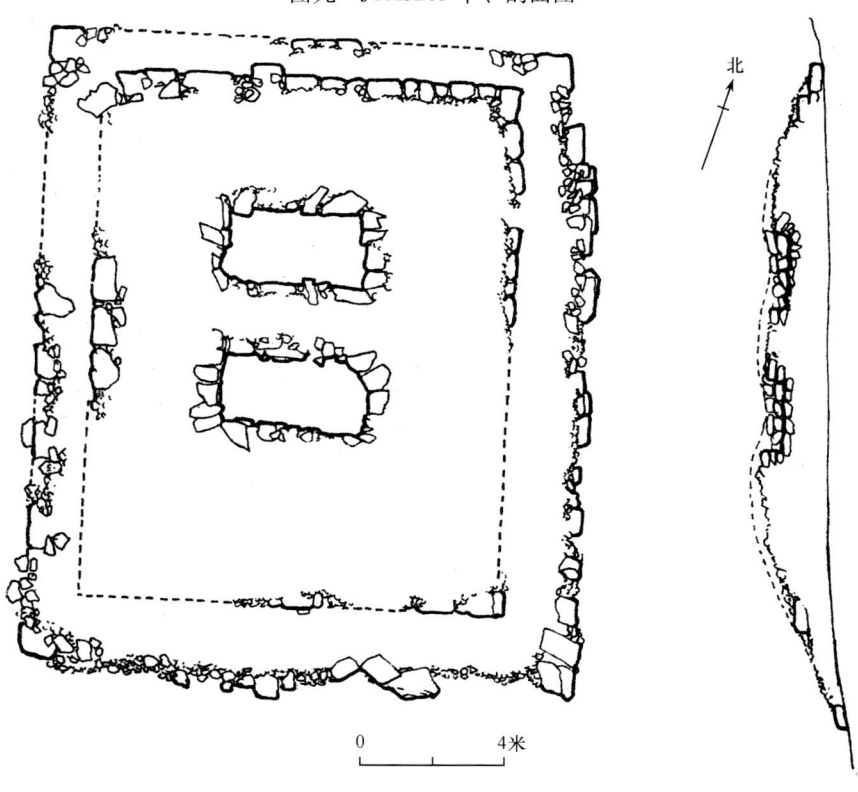

图一〇　JYM1340 平、剖面图

Ⅱ式：1座，JYM249，为阶坛圹室墓，墓平面稍长方，南北长14、东西宽12、高1.8米，有石箱有长方形圹室，方向227°（图一一）。其筑法是先筑第一级阶坛，高0.8米，内填碎石，再四边内收1.5~1.8米，筑第二级阶坛，同时在中部砌筑南北二圹室，用碎石将阶坛与圹室之间的空隙填平。北圹室系石块砌筑，东西长3、南北宽2、深0.5米，圹室内出有铁棺钉、铁棺环。在圹室西壁外侧1.6米远处筑有石箱，因破坏已不清，在石箱部位出有陶片。南圹室东西长2.8、南北宽1.9、深0.5米，圹室内出有铁棺钉，在圹室西壁外筑有石箱，亦被破坏不清且不见遗物。

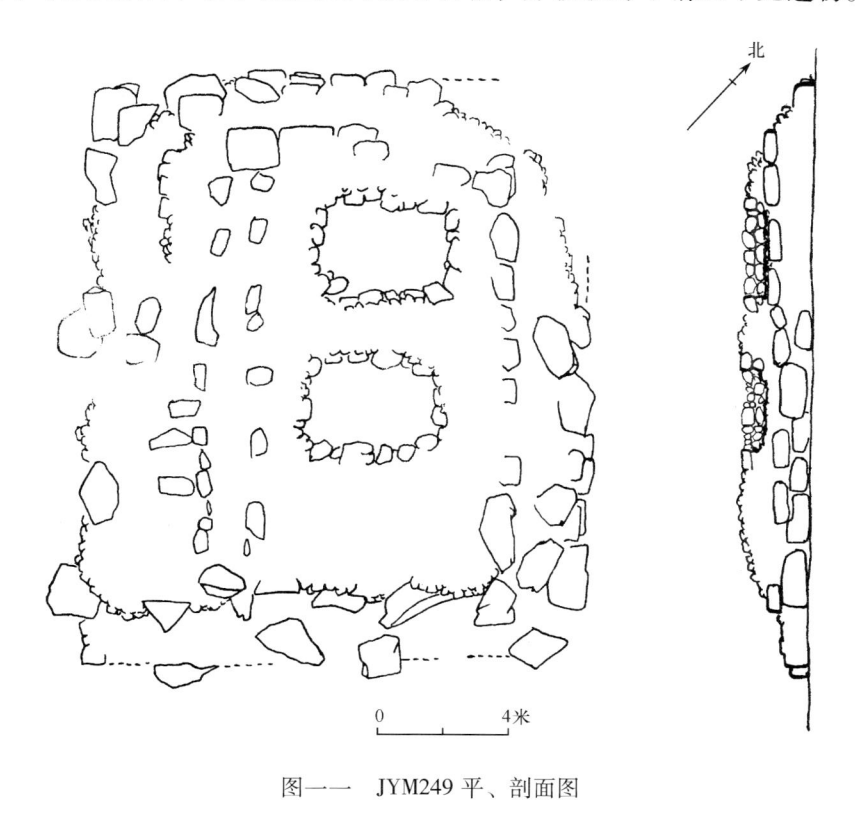

图一一　JYM249平、剖面图

Ⅲ式：5座，为有长方形圹室，有墓道和石箱的墓，例如JYM3146墓处于坡地，北高南低，平面呈不规则方形，每边长17、高1.5米（图一二）。筑法是先于东西北三面筑第一级阶坛，因墓南边在坡下地势低，在南边筑二级阶坛，增加南部高度。内填碎石使上面平整，再于中部构筑南北并排的两圹室。北圹室东西长2.5、南北宽1.4、深0.5米，方向255°，在圹室西壁偏南开墓道，宽1.1、东西长1.2、深0.5米，底与圹室取平。墓道上无盖顶，内填满碎石。在墓道西端偏北侧1米处筑有近方形的石筑，系石块垒砌，其上覆石板盖顶。石箱长0.6、宽0.5、深0.8米，内随葬陶器，组合为二壶一罐。在北圹室南1.7米处筑南圹室，圹室南北两壁长2.6、东西两壁长1.8、深0.6米。方向255°。在圹室西壁偏北侧开墓道，墓道的北壁与圹室北壁相连接，墓道长1.3、宽1.2米，内填碎石上无盖顶石。在圹室内出有铁锅、铁帐钩、铜质鎏金带饰。

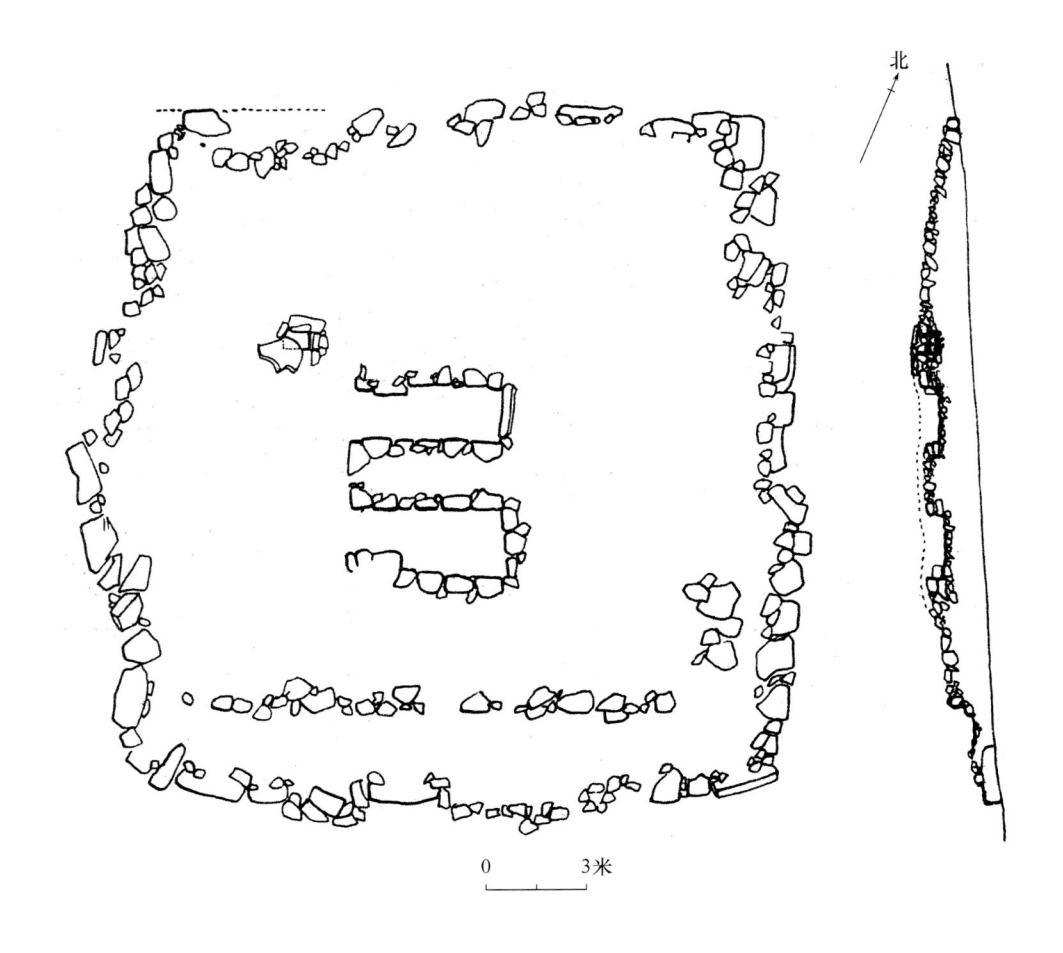

图一二　JYM3146 平、剖面图

(二) 封 土 墓

73 座，其中单室墓 64 座，双室墓 9 座，多分布在禹山墓区发掘线路的东段；有的排列在纵向成行的积石墓的末端。有的成片埋葬，还有的穿插在成行排列的积石墓的空隙间，这是一批中小型墓葬，多数墓外部封土已流失，墓石裸露于外，并且均遭到不同程度扰乱和破坏。砌筑墓室的石材选用均稍经加工。墓室平面结构有呈方形或长方形。有的在墓室中部设置墓道，有的墓道置于墓室一侧。根据形制差别将其分为三型，并将单室墓与双室墓分开叙述。

1. 单室墓

64 座，可分为三型。

一型　48 座，为墓道设置于墓的一侧，即以往称为刀形墓，又因墓盖顶石结构不同分为二式，其中有 15 座墓的盖顶已遭破坏不清的不在分式内。

Ⅰ式：18 座，为抹角式盖顶。在抹角式墓顶中抹角多少不一，有的仅在一隅有抹角，有的三隅抹角，不论抹角多少均划入抹角式当中。

如 JYM1810，该墓位于禹山墓区马槽墓东南约 20 米。墓室呈长方刀形，方向 210°，墓道置于墓室南壁西侧。墓室长2、宽1.5、高1米。墓道长1.1、宽0.8、高0.5米（图一三，1）。墓室系用自然石块砌筑，墓顶北壁顶端有两块抹角石，上用板状石材封顶。墓室底部低于现地表，用碎石铺平。在墓道的南端，北距墓室南壁0.8米处，有一道封堵墓道的石墙，高0.5米。墓道的底与墓室底平齐。

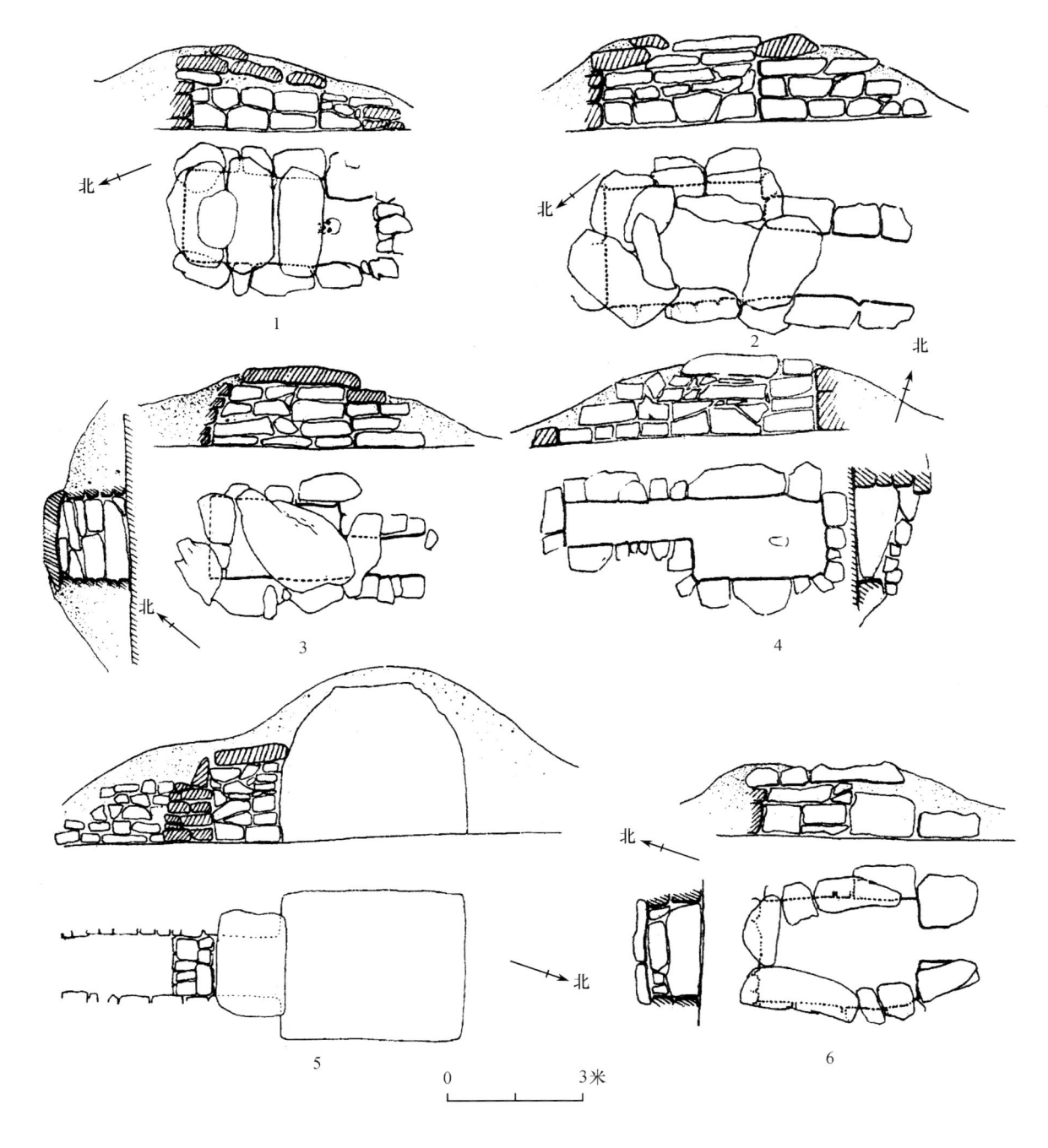

图一三　单室封土墓
1. JYM1810 平、剖面图　2. JYM324 平、剖面图　3. JYM328 平、剖面图　4. JYM1282 平、剖面图
5. JYM1339 平、剖面图　6. JYM326 平、剖面图

在墓室内出有人头骨、股骨，可分清为两个个体，已经扰乱，不见其他遗物。

再如JYM324，墓室呈长方刀形。墓道偏于墓室南壁西侧，方向213°（图一三，2）。墓室砌筑较为规整，四壁系用较大石块垒砌三层，上部有两块抹角，再用石板封顶。墓室长2.6、宽1.9、高1.4米，墓道长2.5、宽1.9、高1米。墓底用自然石块铺成，低于地表0.3米；墓室内残存人骨朽烂甚重，已辨不清葬式与个体，在墓室中部偏西出土一灰陶钵。

Ⅱ式：15座，为平盖顶。如JYM328（图一三，3）。位于禹山墓区发掘线路东段，果树村北60米。该墓顶封土流失，顶石裸露，墓室尚保存较好。平面呈长方刀形，方向138°，墓室四壁用石块砌筑上部稍向内收，顶部用大石板盖封。墓道偏于墓室南壁西侧，墓室长2.25、宽1.25、高1.1米，墓道长1.25、宽0.7、高0.6米。墓底用自然碎石铺平，仅见有人肢骨残渣，未出其他遗物。

另外在一型墓中有15座墓顶不清的以JYM1282为例（图一三，4）。该墓已遭破坏，顶石全无，墓室四壁保存尚好。墓室呈长方刀形，墓道位于西南偏北侧。墓室长2、宽1.3、高1米，墓道长1.9、宽0.6、高0.3米。方向245°。在墓道口有两块封门石。墓壁砌石大小不等，亦不规则，墓底为黄土。墓室内填满碎石，在距墓底高约20厘米的碎石中出有一件石镞。

二型 9座，为墓道设置于墓室中部，即平面呈铲形墓。因墓顶差别分为三式。其中有墓顶不清的1座。

Ⅰ式：1座，JYM1339，为穹隆式顶（图一三，5）。墓位于果树村，南距铁路70米。呈长方铲形墓室，墓道位于南壁中间，方向162°。墓室长2.9、宽2.35、举高2.5米。墓道长3.6、宽1、高1.3米。墓室四壁系用略经加工的花岗岩和石灰岩石块垒砌，顶部四面逐渐内收似穹隆式，其上用大石板盖顶。墓室及藻井均用白灰勾缝，墓室底部用石灰质石板铺平，在石板下又铺有10厘米厚的木炭层。在墓道北端靠墓室处上部用石板盖封，宽0.5米。同时在墓道北距墓室0.4米处砌一道封堵墙，用以封护墓室。再于墓道南端垒砌一道封堵墓道的石墙。墓室中部偏南和近墓道处共出8个铁棺钉。在墓道中部出有红褐色陶片。

Ⅱ式：4座，为平行叠涩顶。如JYM326（图一三，6）。该墓已遭破坏，顶盖石已失，仅余上部一层平行迭涩。墓室呈长方铲形，墓道位于墓室南壁中间，方向160°。墓室长2.5、宽1.8、高1.2米。墓道长1、宽0.5、高0.5米。墓室四壁用大石块垒砌，向上渐内收。墓顶可见一层平行迭涩，墓底用自然石块铺平，略低于地表。在墓室的南部偏西出土泥质黄褐陶罐1件，灰陶罐1件。

Ⅲ式：3座，为平盖顶。如JYM2890（图一四，1）。墓室呈长方铲形，墓道在墓室南壁正中，方向157°。墓室长2.4、宽1.5、高1.5米。墓道长1.1、宽0.65、高0.95米。墓室用大石块砌筑，墓顶用四块大石板盖顶，其中一块落入墓中，平顶。墓底用自然石块铺平。低于地表30厘米。未见其他遗物。

三型 4座，为长方形墓室。如JYM1416，墓室呈不规则的长方形，平盖顶，方向185°（图一四，2）。墓室长1.5、宽0.6~0.8、高0.5米，四壁用不规整的自然石块垒砌，北壁是一块完整的石块筑就，南端墓道口向外张似喇叭形，墓道长1、宽0.8~1、高0.5米，用长条形自然石块分里外两层封砌墓道。墓室顶以三块较大的石板封盖，墓室底铺自然石块略低于地表，墓室内出有人肢骨残段，不见其他遗物。

2. 双室墓

9座，均为一型墓，即长方刀形墓室，因其顶部结构差别分为二式，其中墓顶不清的3座。

Ⅰ式：5座，为抹角顶以JYM1758为例（图一四，3）。该墓是一座同坟异穴双室墓，方向155°，两墓室东西并排；各自盖顶统一封土，墓室平面皆作刀形，刀背向对，墓室间距1.3米。两墓室大小基本相同均长2、宽1.6、高1米。墓道稍有差异，东室墓道长1、宽0.9、高0.8米。西室墓道长1、宽0.8、高0.8米。墓室砌筑整齐，所用石材稍加修整。两墓室北壁皆在一条线上，底层用石材较大。墓顶皆作小抹角，然后用大石板盖顶。墓室底用小河卵石铺平。两墓道口均用石块砌石封堵。在两墓室内均发现有人骨，东室中部一具，已残缺，仅存头骨和部分上肢骨。人骨堆放集中，可能是二次葬。西墓室内偏西侧有一具人骨，有头骨和下肢骨，从肢骨出土位置看，似侧身屈肢葬，两室均不见葬具和其他遗物。

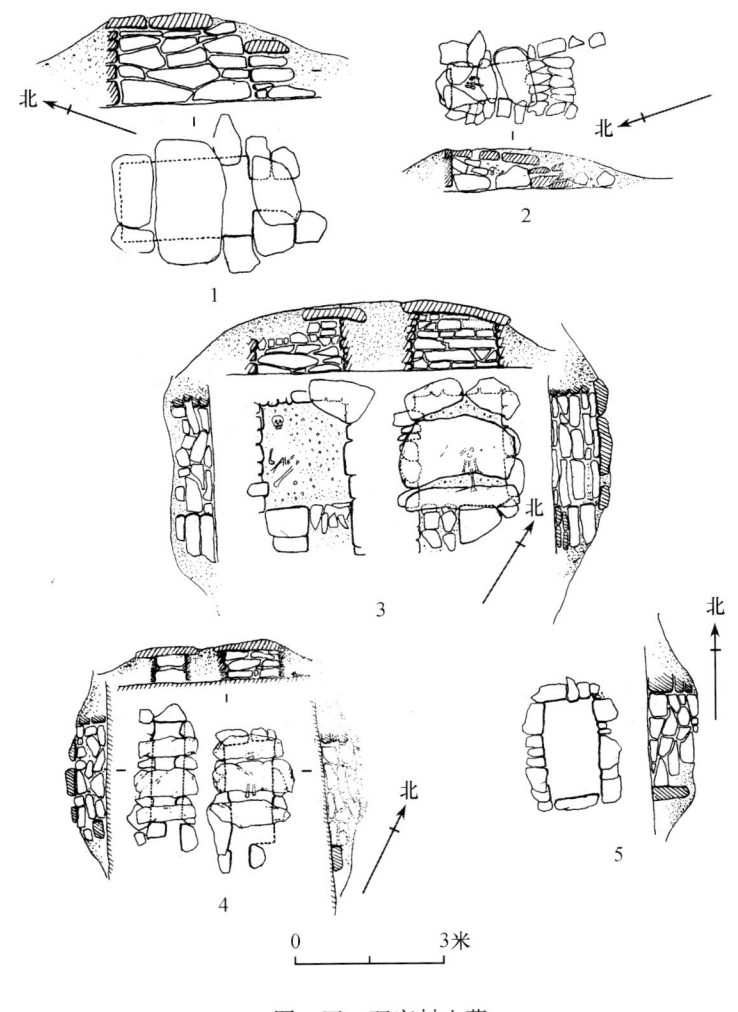

图一四 双室封土墓

1. JYM2890平、剖面图 2. JYM1416平、剖面图 3. JYM1758平、剖面图 4. JYM742平、剖面图 5. JYM757平、剖面图

Ⅱ式：1座，为平盖顶。如JYM742（图一四，4）。是一座同坟异穴双室墓，方向155°。墓室呈不规则的长方刀形，刀背相对，东西并排，间距0.9米。西墓室偏上，东墓室偏下。西墓室砌筑草率而且较窄，长1.75、宽0.45、高0.5米。墓道长0.7、宽0.4、高0.3米。东室稍宽，墓室长1.75、宽0.9、高0.5米。墓道长0.7、宽0.5、高0.3米。墓壁用自然石块砌筑，墓顶均用石板平

盖。墓底用自然石块铺平。两墓的墓门均用石块砌封。在两墓室内均出土人肢骨的残段。两墓室砌筑粗糙，形制不规则，东西排列不整齐，反映了两墓可能不是同时砌筑，有早晚关系，墓室矮小也是本次发掘中少见的。

（三）石 棺 墓

1座，JYM757位于发掘线路的东段果树场墓片。墓室呈长方形，平盖顶，无墓道，方向170°。墓室长1.9、宽0.9、高0.8米。系用自然石块砌筑，东西北三壁所用石材大小不等，一般为0.2～0.6米，南壁用一块较大的石板立砌，石板高0.9、宽0.7、厚0.25米（图一四，5）。墓室顶部用两块较大的石板盖封。墓底平铺一层小碎石块，略低于地表，室内未出任何遗物。

（四）土石混筑圹室墓

1座，JYM3231位于电线厂北墓片的南端，是此次发掘中形制独特的一种，其筑法结构与上述各墓均不相同。墓外表呈截尖方锥形，东西长14.5、南北宽13、高1.6米，方向250°（图一五）。清除表皮杂草后，发现是一个黄土加石块的方堆，在墓顶中部筑有圹室，惜已全部破坏。经清理

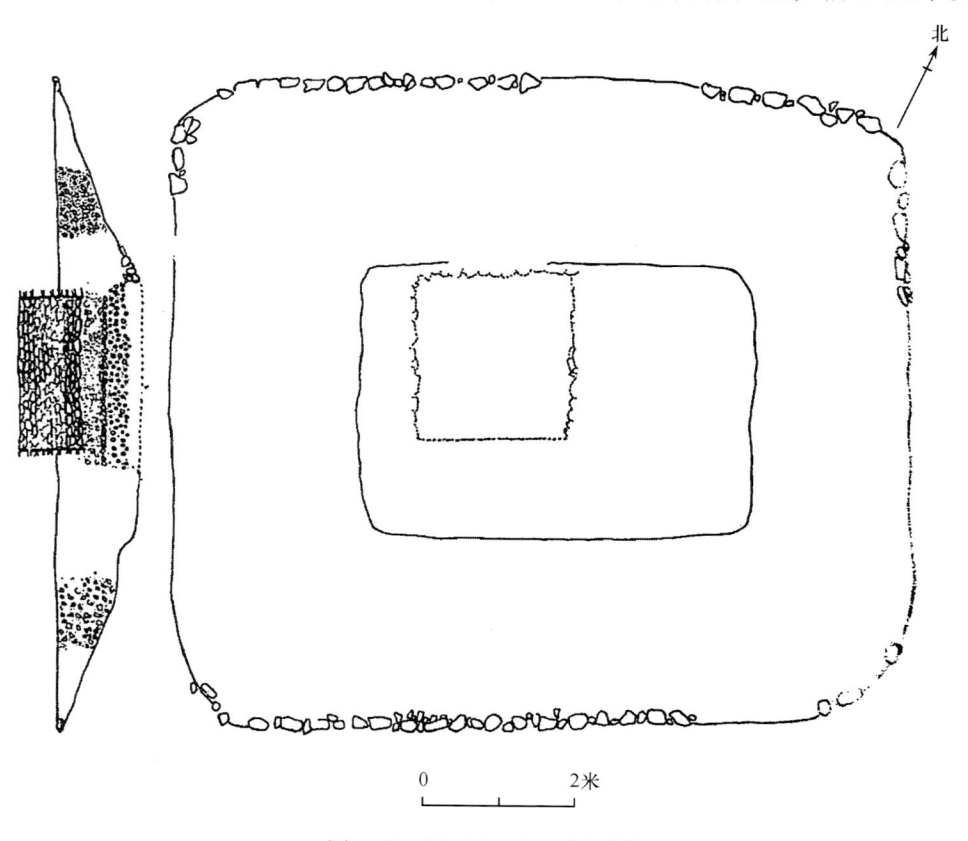

图一五　JYM3231平、剖面图

后其构筑方法是首先在地表挖一个深0.8、边长3米的正方形深坑，坑的四壁用方整的石块垒砌成方框石墙，方框石墙高出地表面0.5米，方框石墙通高1.3米。然后在这一方框内层层摆放直径0.4米大小的河卵石，将方框填平。填平后在其上面按方框范围大小增填0.5米高的碎山石。在碎山石上面再填0.5米高的小河卵石加黄沙土。这样形成一个高出地表的方台，同时在这个筑起的方台四周堆筑黄土加石块，最后呈截尖方锥形，中间的小河卵石加黄沙土的表面，可能就是圹室的底，在此层中残存有铁锔、铁帐钩、铜质鎏金器和玛瑙珠饰等。该墓的筑法在洞沟古墓群中首次发现，与朝鲜半岛同期的新罗墓葬昌宁桂城A区1号坟结构上有相同之处[1]，是否住在高句丽的新罗人或是官员的墓葬，有待于今后进一步发现研究。

二、随葬遗物

经清理的113座古墓葬，早年多经盗掘和破坏，出土遗物亦为盗掘遗漏，尽管如此，仍反映出墓葬之间随葬品种类，数量有着明显的差别。有4座积石墓和63座封土墓不见任何遗物。总的看来，封土墓随葬品较少。积石墓中随葬品陈放有一定的规律。陶器一般多出在圹室外西侧用石块砌筑的石箱内，其上覆盖石板。兵器多在圹室的中部左侧。装饰品一般依人所饰部位不同陈放。封土墓随葬品多已扰动。此次发掘共出土遗物931件。土石混筑圹室墓中出土的遗物与积石墓出土的遗物相同，归入积石墓遗物中叙述。现将积石墓和封土墓所出遗物分述于后。

（一）积 石 墓

共出遗物906件，其中陶器91件、铁器484件、铜器23件、鎏金器105件、金器10件、银器12件、玛瑙料珠8件、陶网坠169件。

1. 陶器

91件，其中釉陶10件，均为复原品。分别出土于26座墓，另有一些碎陶片器形不辨。质地为泥质陶和夹砂陶。泥质陶多呈灰色，胎薄质地坚硬；夹砂陶多呈褐、红褐、黄褐，灰褐色，胎较厚，呈色不均。制法有轮制和手制，一般大型器如罐、壶、釜、甑、钵为轮制；那些器形不规整的筒形罐、器耳、陶灶等为手制。纹饰以素面为主，所施纹饰一般在器物的肩部或腹部，有阴刻垂帐纹、弦纹和压印的用点组成的网纹、叶脉纹和方格纹等。

釉陶陶胎多为橘红色泥质，釉色为黄绿和青绿，施釉因器形而异，罐类多外表施釉，壶多口沿和外壁施釉，钵、釜、甑内外壁均施釉，底部均不施釉。有些器物因受侵蚀釉层剥落。

筒形罐　15件，均残，分四式。

Ⅰ式：1件。JYM3241:2，圆唇，折沿，深腹，平底，肩部有竖桥形双耳。夹砂黄褐陶，手制，器表抹光。体高12.6、口径9.4、底径7.6、腹径10厘米（图一六，1，图版一八，1）。

Ⅱ式：2件。圆唇，折沿，腹微鼓，平底，腹上部有四个对称的乳头状斑。夹粗砂灰褐陶，手制，外表抹光。JYM3232:1，体高16、口径12、底径9、腹径4.4厘米（图一六，2）。另一件JYM3232:6，体高14、口径10、底径9厘米（图一六，3）。

Ⅲ式：10件。方唇，折沿，鼓腹，平底。夹砂灰褐陶、手制，轮修，器表磨光。JYM3296：22，体高15.2、口径12、底径8、腹径14.6厘米（图一六，4）。JYM3283：16，体高14、口径9、底径7、腹径11厘米（图一六，5）。JYM3161：3，体高9、口径7.8、底径5、腹径8厘米（图一六，6）。

Ⅳ式：2件。JYM2891：1，鼓腹，腹下部有二对称的大錾耳，平底。夹砂灰陶，器表磨光。底径8、腹径14厘米（图一六，7）。

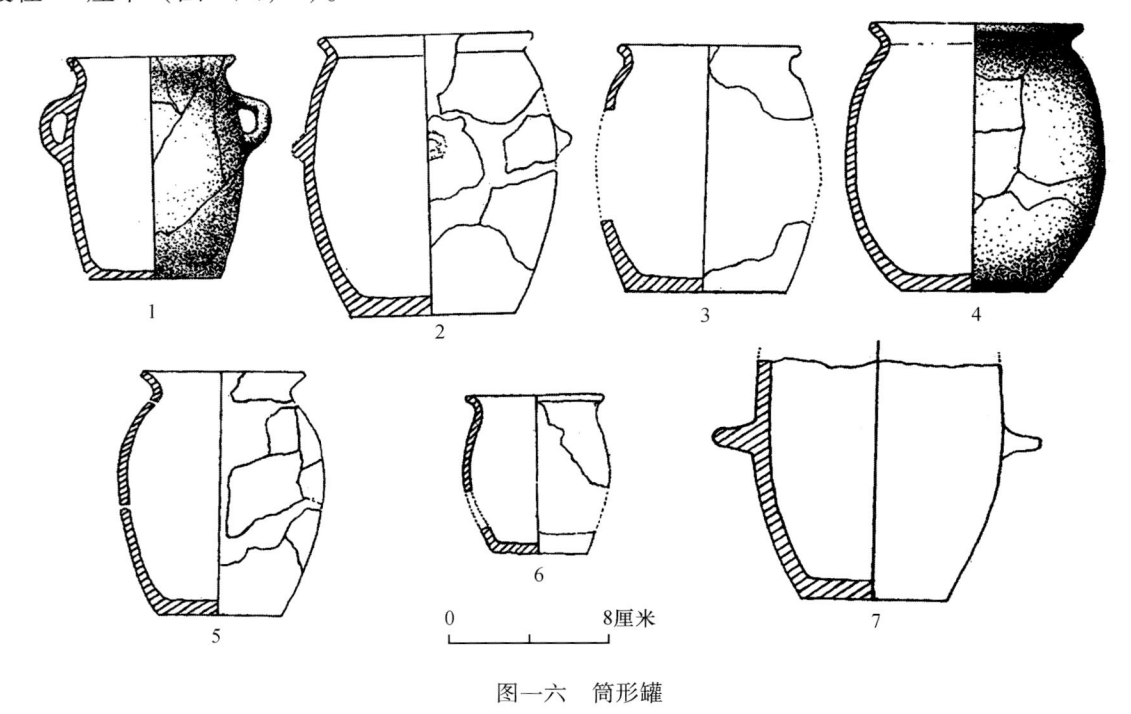

图一六　筒形罐
1. Ⅰ式罐（JYM3241：2）　2、3. Ⅱ式罐（JYM3162：2、JYM3232：6）　4~6. Ⅲ式罐（JYM3296：22、JYM3283：16、JYM3161：3）　7. Ⅳ式罐（JYM2891：1）

展沿罐　22件，残11件。可分为六式。

Ⅰ式：1件。圆唇，口沿外展，腹微下垂，平底。夹细砂黄褐陶，泥条盘筑，轮修，外表抹光，火候不高，呈色不均。JYM3241：1，体高26、口径16、腹径28、底径16厘米（图一七，1）。

Ⅱ式：5件。圆唇，展沿，鼓腹，平底。为砂质褐陶。JYM3162：2，体高22、口径12、腹径20、底径9.6厘米（图一七，2）。

Ⅲ式：5件。圆唇，展沿，有颈，鼓腹，均夹砂灰陶，轮制，器形规整。JYM3296：23，体高21、口径13、腹径21、底径10.5厘米（图一七，3）。JYM3296：19，体高19.8、口径14.6、腹径22.4、底径12.4厘米（图一七，4）。

Ⅳ式：4件，残4件。圆唇，展沿，沿面抹平，有颈，鼓腹，平底。夹砂黄褐陶。JYM3560：1，体高27、口径20、腹径26、底径13.2厘米（图一七，5）。JYM3142：1，方唇，高颈，展沿面抹平，口径21.8厘米（图一七，6）。

Ⅴ式：4件，均残。方唇，展沿，高颈，肩部饰有弦纹和锥刺纹，为泥质灰褐陶。JYM3205：1，口径18、颈高4厘米（图一七，7）。JYM429:1，肩部饰弦纹、指甲印纹、叶脉纹和垂帐纹，口径16厘米（图一七，8）。

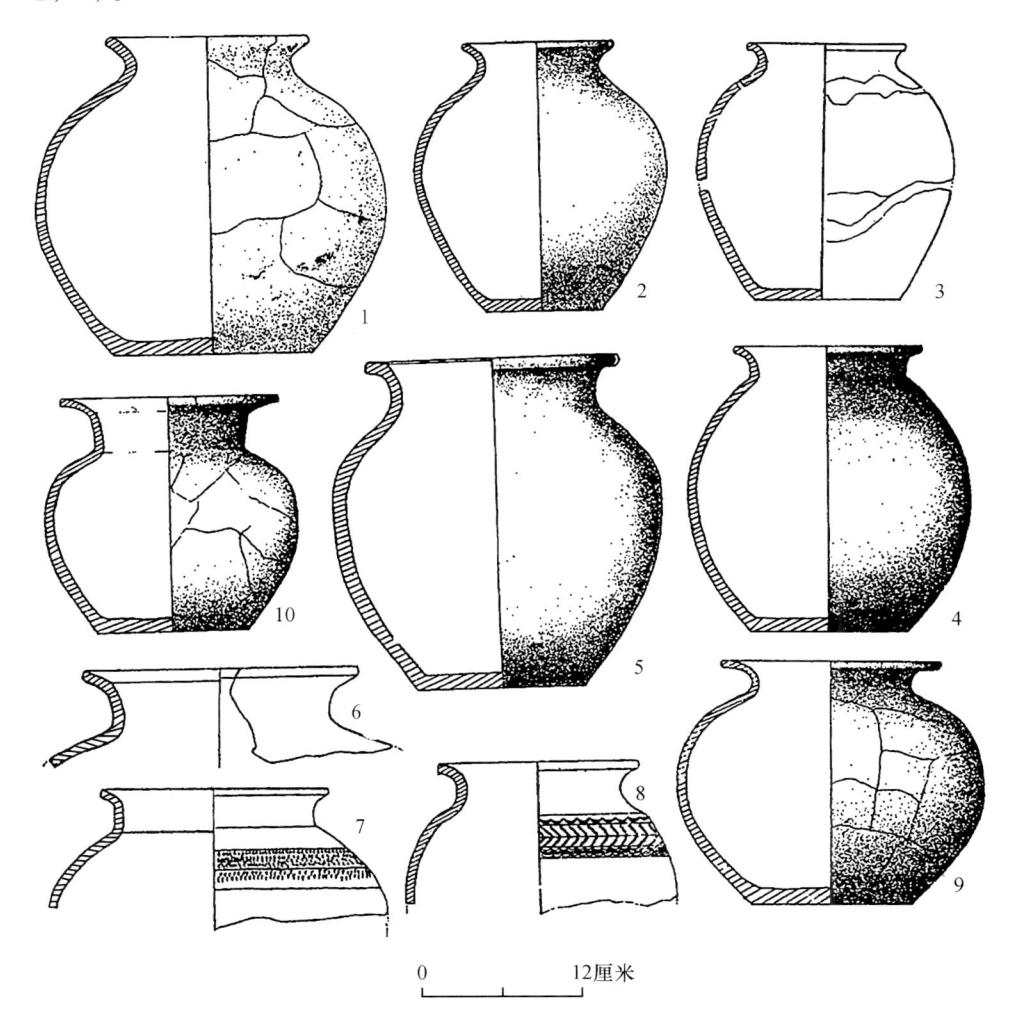

图一七 展沿罐

1. Ⅰ式罐（JYM3241:1） 2. Ⅱ式罐（JYM3162:2） 3、4. Ⅲ式罐（JYM3296:23、JYM3296:19） 5、6. Ⅳ式罐（JYM3560:1、JYM3142:1） 7、8. Ⅴ式罐（JYM3205:1、JYM429:1） 9、10. Ⅵ式罐（JYM3299:1、JYM3299:5）

Ⅵ式：3件，皆为泥质黄褐陶，轮制。JYM3299:1，圆唇，展沿，颈弧曲，鼓腹，平底。体高20、口径17.2、腹径24、底径13厘米（图一七，9）。JYM3299:5，方唇，展沿，长颈外侈，鼓腹，平底。体高19.4、口径18、腹径20、底径12厘米（图一七，10）。

直口罐 18件，因器形、质地的不同分为大、小两种。

大直口罐 10件，有肩口者6件，可分四式。

Ⅰ式：4件，均残。JYM3214:1，斜圆唇，直口，直口外缘饰一道凸起的弦纹。为夹粗砂灰褐陶。口径24厘米。另一件口径20厘米（图一八，1）。

Ⅱ式：2件，残。JYM3160:2，圆唇，直口外侈，口外缘饰二道弦纹，鼓腹，平底。砂质褐陶。

口径 16、腹径 25、底径 14 厘米（图一八，2）。JYM3554：1，夹砂灰陶，圆唇，直口外侈，肩部有两道弦纹和刺点纹，口径 14 厘米（图一八，3）。

Ⅲ式：1 件。JYM3296：13，圆唇，直口外侈，口内缘凹弦，鼓腹，平底，夹砂黄褐陶，轮制，体高 25.4、口径 16、腹径 28.4、底径 13.8 厘米（图一八，4；图版一八，4）。

Ⅳ式：2 件。器形相同。JYM3296：14，圆唇，直口外侈，内缘有一周凹槽。鼓腹，平底，夹细砂红褐陶，器表有轮制弦纹。体高 28、口径 18、底径 13 厘米（图一八，5）。

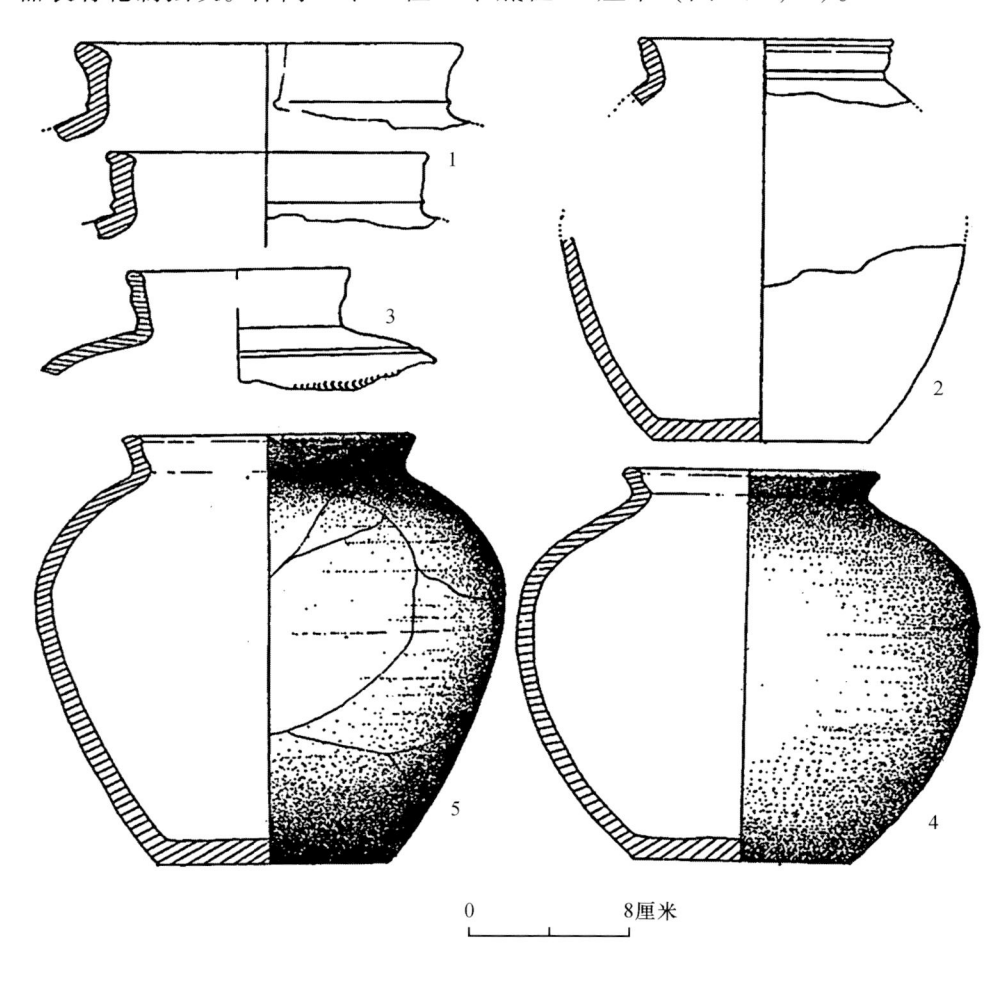

图一八　大直口罐

1. Ⅰ式罐（JYM3214：1）　 2、3. Ⅱ式罐（JYM3160：2、JYM3554：1）　4. Ⅲ式罐（JYM3296：13）
5. Ⅳ式罐（JYM3269：14）

小直口罐　10 件。残 4 件。均泥质灰陶，轮制，火候高，可分为六式。

Ⅰ式：1 件。JYM3232：2，圆唇，直口，鼓腹。口径 9、腹径 14 厘米（图一九，1）。

Ⅱ式：1 件。JYM3283：17，直口，广肩，平底，肩部饰四周锥刺纹。腹径 18.5、底径 10.5 厘米（图一九，2）。

Ⅲ式：3 件，残 1 件。圆唇，直口外侈，鼓腹，平底，在肩部均饰有垂帐纹。JYM3296：17，体高 17、口径 13、腹径 21.4、底径 12.5 厘米（图一九，3）。JYM3296：16，体高 17、口径 12、腹径

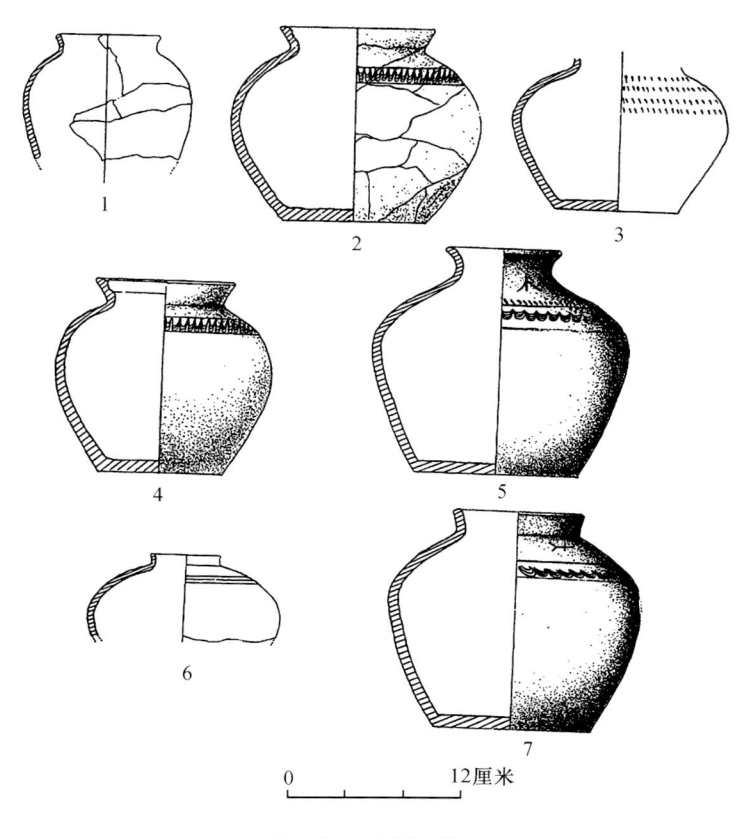

图一九 小直口罐

1. I式罐（JYM3232:2） 2. II式罐（JYM3283:17） 3、4. III式罐（JYM3296:17、JYM3296:16） 5. IV式罐
（JYM3161:1） 6. V式罐（JYM3161:2） 7. VI式罐（JYM2891:3）

18.6、底径11厘米（图一九，4）。

IV式：2件，残1件。JYM3161:1，方唇，直口外侈，广肩，肩部阴刻两道弦纹和垂帐纹，纹饰上部有")+"刻划符号，平底。体高19.2、口径11.2、肩径22、底径14厘米（图一九，5）。

V式：1件。JYM3161:2，圆唇，直口微圈，广肩，肩部饰阴刻弦纹，斜线锥刺纹和垂帐纹，颈部阴刻"小"符号，平底。体高20、口径10、底径22、底径14厘米（图一九，6）。

VI式：1件。残。JYM2891:3，圆唇，直口，鼓腹，肩部饰三道弦纹，口径6、腹径16.8厘米（图一九，7）。

四耳罐 4件，残1件。分二式。

I式：1件。JYM3160:1，圆唇，展沿，鼓腹，小平底，肩腹之间有对称的四个横桥形耳。夹砂褐陶，轮制，器形规整。体高26、口径17.8、腹径26、底径10.2厘米（图二〇，1）。

II式：2件。残1件。JYM3105:四:1，圆唇，展沿，弧颈，鼓腹，平底，肩部有四个对称的桥形横耳。夹细砂褐陶。体高17、口径14.4、腹径16.8、底径8厘米（图二〇，2，图版一八，3）。

陶壶 14件，残5件，可分为五式。

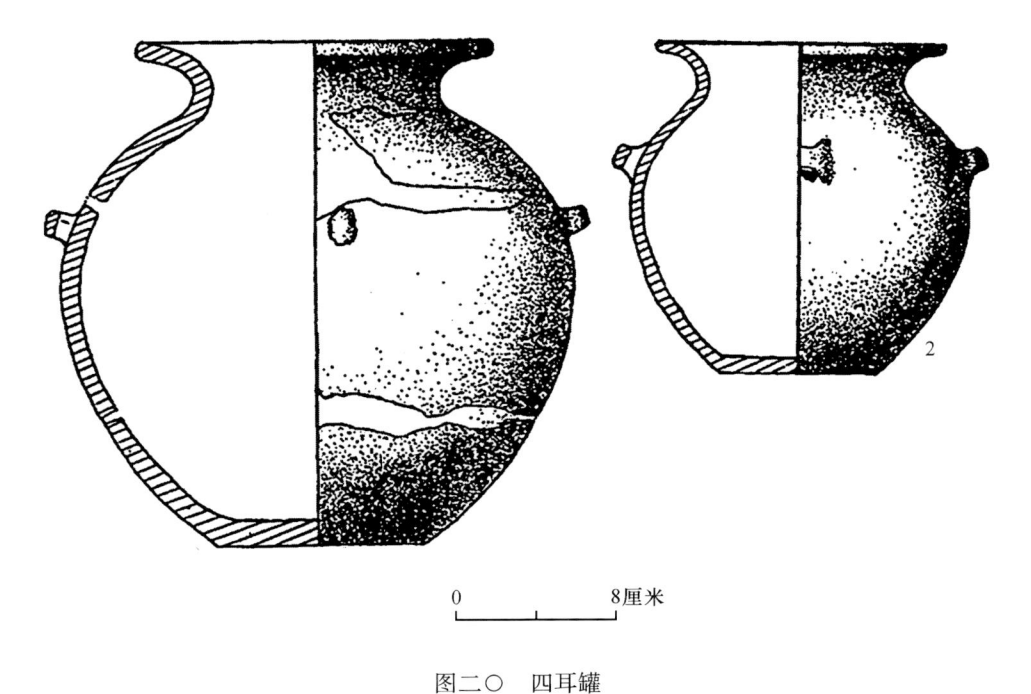

图二〇　四耳罐
1. Ⅰ式罐（JYM3160∶1）　2. Ⅱ式罐（JYM3105∶四∶1）

Ⅰ式：1件。JYM3305∶4，厚圆唇，敞口，深腹，小平底，在颈部用泥条饰两道凸弦纹，肩腹之间饰以阴刻的连续三角弦。夹砂红褐陶，轮制，表面磨光。器高22、口径18、腹径17.8、底径7厘米（图二一，1）。

Ⅱ式：1件。JYM3560∶2，方唇，折沿，敞口，深腹，平底，在肩腹之间饰垂帐纹。夹砂灰陶，体高21、口径14、腹径16、底径8.2厘米（图二一，2）。

Ⅲ式：2件。均残。JYM3600∶5，圆唇，展沿，鼓腹，肩部饰垂帐纹。夹砂灰陶质。口戏16、腹径18厘米（图二一，3）。

Ⅳ式：6件，残3件。均为夹砂灰褐陶，轮制，器形规整。JYM3105∶2∶3，双唇，展沿，长颈，广肩，在肩部饰阴刻垂帐纹和锥刺的方格纹，锯齿纹。深腹，平底。体高31、口径20.6、肩径22.5、底径9厘米（图二一，4）。JYM3105∶2∶2，方唇，肩部饰锥刺的叶脉纹，体高30、口径17、底径13厘米（图二一，5）。

Ⅴ式：5件，残2件。均夹砂灰褐陶，轮制，器形规整。JYM3105∶3∶15B，圆唇，展沿抹平，敞口，鼓腹，平底，肩部饰垂帐纹和锥刺的方格纹。体高36.5、口径24、腹径30、底径14厘米（图二一，6）。JYM3105∶3∶15C，器形相同，颈微短（图二一，7）。

陶灶　2件，均残作碎片。一件仅余烟道，另一件仅余前门脸。

陶釜　2件。均夹砂灰褐陶，分二式。

Ⅰ式：1件。JYM3105∶2∶4，方唇，敛口，肩腹之间有一周斑，斑下有一周附加泥条，小柱状平底。体高12、口径10、腹径16、底径5厘米（图二二，1）。

Ⅱ式：1件。JYM3105∶3∶16，方唇，敛口，肩腹之间有一周斑耳，圆柱小平底。体高12、口径

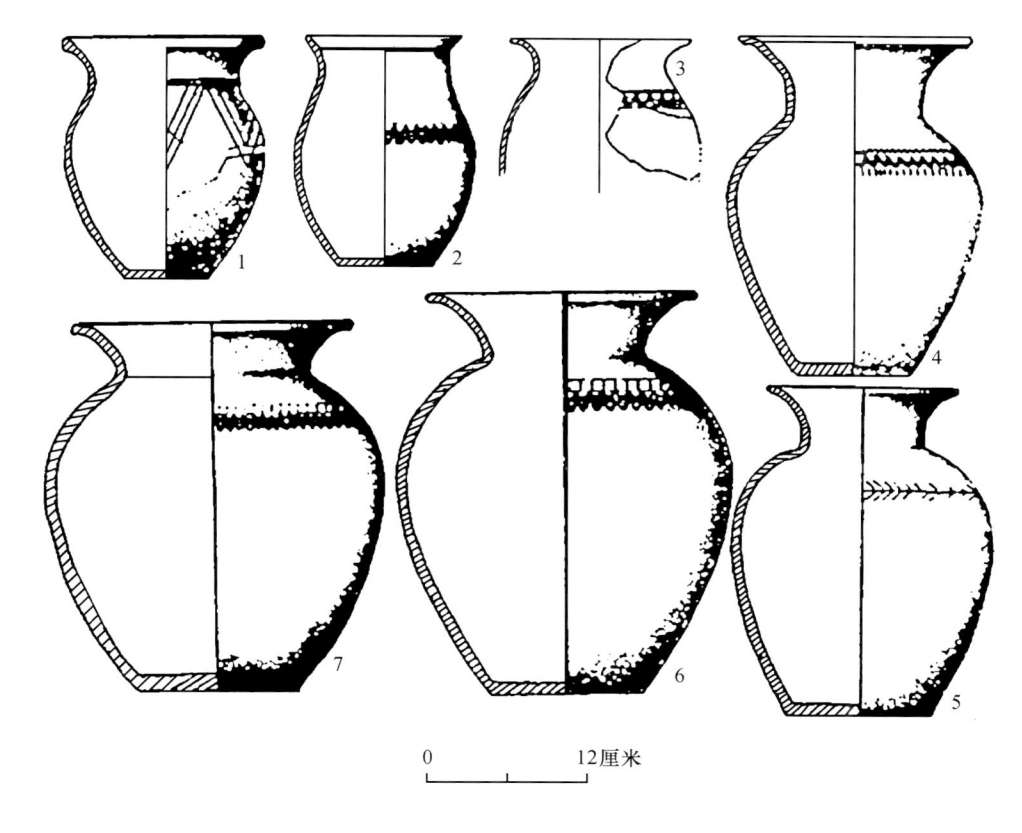

图二一 陶壶

1. Ⅰ式壶（JYM3305:4） 2. Ⅱ式壶（JYM3560:2） 3. Ⅲ式壶（JYM3600:5） 4、5. Ⅳ式壶（JYM3105:2:3、JYM3105:2:2）
6、7. Ⅴ式壶（JYM3105:3:15B、JYM3105:3:15C）

9、腹径16、底径5厘米（图二二，2）。

陶甑 1件。3105:3:17，圆唇，折沿，斜腹，平底，口沿下部有四个对称的横耳，底部有九个甑孔。夹细砂灰褐陶质。体高8.4、口径14.4、腹径12、底径6厘米（图二二，3）。

陶钵 1件。JYM3103:1，圆唇，折沿，斜腹，平底。夹砂灰陶质。体高10、口径24、底径12厘米（图二二，4）。

釉陶罐 1件。JYM1340:1，圆唇，直口，鼓腹，平底，肩部有二对称的桥形横耳。罐上覆一盖。黄绿色釉施于器表，多剥落。通高14.8、口径6、腹径10.4、底径5.8厘米（图二三，1）。

釉陶壶 1件，残。JYM3501:1，双唇，展沿抹平，广肩，肩部饰垂帐纹，锥刺纹，弦纹。釉色青绿，口径20、肩径26厘米（图二三，2）。

釉陶釜 1件。JYM3501:2，方唇，直口，鼓腹，平底，肩部有一周錾耳，内外施青绿釉。体高8、口径11、腹径14、底径3厘米（图二三，3）。

釉陶甑 2件，分二式。

Ⅰ式：1件。JYM1340:2，方唇，折沿，鼓腹，平底，底部有九个甑孔，内外施黄绿色釉。体高11、口径18、腹径16、底径9、孔径1厘米（图二三，4）。

Ⅱ式：1件。JYM3501:3，圆唇，折沿，斜腹，平底，口沿下部有四个对称的桥形横耳，底部有

图二二 陶器

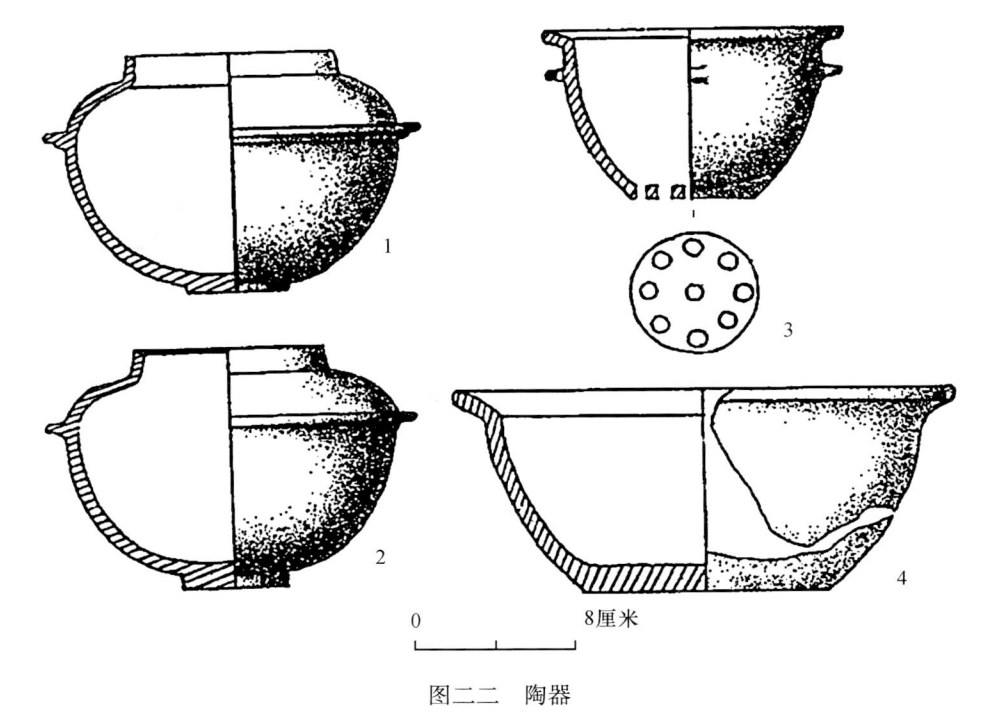

1. Ⅰ式釜（JYM3105:2:4） 2. Ⅱ式釜（JYM3105:3:16） 3. 甑（JYM3105:3:17） 4. 钵（JYM3103:1）

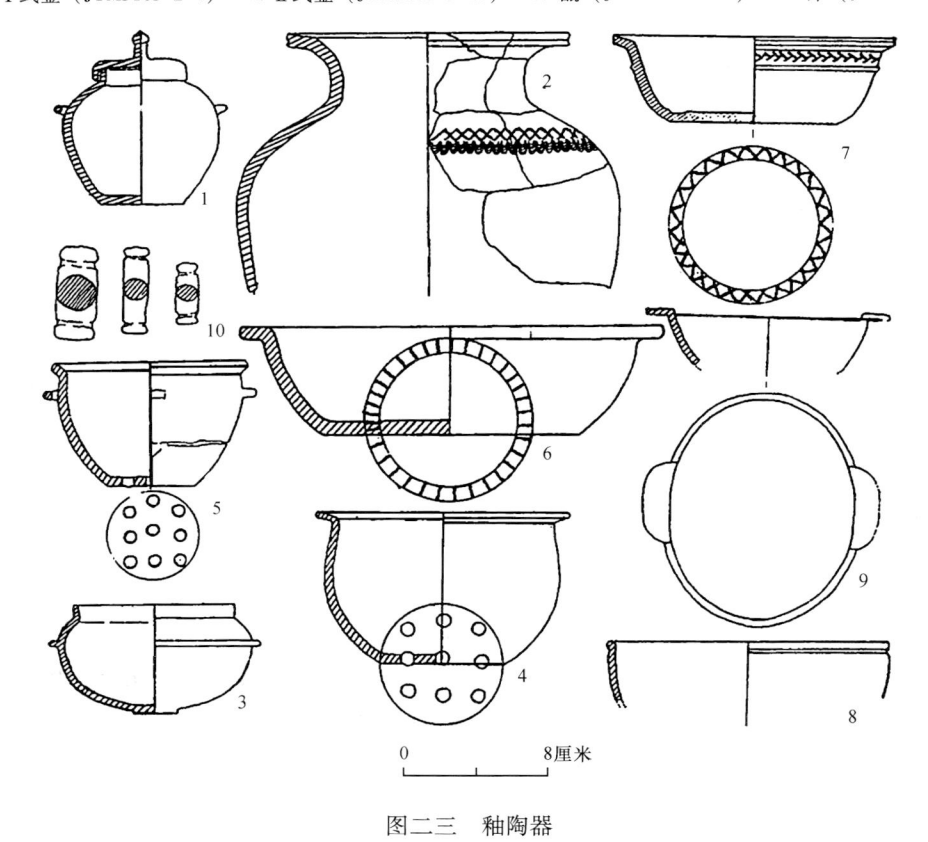

图二三 釉陶器

1. 罐（JYM1340:1） 2. 壶（JYM3501:1） 3. 釜（JYM3501:2） 4、5. 甑（JYM1340:2、JYM3501:3） 6. Ⅰ式盆（JYM1340:3） 7. Ⅱ式盆（JYM3501:4） 8. 钵（JYM3501:5） 9. 耳杯（JYM3501:6） 10. 网坠（JYM3283:3）

九个甑孔，器内外施青绿色釉，体高9、口径14、底径6.2、孔径0.8厘米（图二三，5）。

釉陶盆　3件，分二式。

Ⅰ式：2件，残1件。圆唇，平沿，斜腹，平底，底内饰锥刺方格纹，釉色黄绿。JYM1340:3，体高8、口径30、底径18厘米（图二三，6；图版一八，2）。

Ⅱ式：1件。JYM3501:4，双唇，折沿，口沿下部饰凸弦纹，锥刺叶脉纹，盆内底部饰锥刺斜线方格纹。釉色青绿器高6、口径20、底径12厘米（图二三，7）。

釉陶钵　1件。JYM3501:5，圆唇，直口，口沿下部有凹弦纹，内外施青绿色釉，口径20厘米（图二三，8）。

釉陶耳杯　1件。JYM3501:6，方唇，椭圆口，有对称的双耳，内外施青绿色釉（图二三，9）。

2. 陶网坠

169件，其中残85件。JYM3283:3，皆作圆柱状，两端各有一系绳用的凹槽。最大网坠长3.8、直径1.5、最小的长2、直径0.8厘米（图二三，10）。

3. 铜器

23件，分别出土于9座积石墓，多为小件装饰品。

铜带铐　9件，分二式。

Ⅰ式：5件。JYM3560:14，呈半圆形，中间有长方形穿孔，长3、宽1.9厘米（图二四，1，图版一九，5）。

Ⅱ式：4件。JYM3560:19，略呈方形，中间有穿孔，长2.8、宽2.5、厚0.1厘米（图二四，2）。

铜环铁扣带饰　1件，JYM3296:8，圆形铜环套接一铁带扣（图二四，3）。

铜泡饰　4件。分二式。

Ⅰ式：1件。JYM3231:7，呈八瓣荷叶形，中间有穿孔，穿坠一分钉（图二四，4）。

Ⅱ式：3件。JYM3154:1，呈半球形，泡内镶有二扁长的铜钉（图二四，5）。

铜铆钉：1件。JYM3283:19，帽呈圆形，钉身四楞形，钉长5.6、钉身直径0.3厘米（图二四，6）。

铜手镯　1件。JYM3241:7，稍残，系断面呈三角形铜线，绕作环形（图二四，7）。

铜指环　2件。JYM3161:2，系薄铜片绕作环形。

铜坠饰片　1件。JYM3231:8，略呈柳叶形，上端有连坠的穿孔（图二四，8）。

铜帐钩　3件。JYM3142:9，系铜线锻作钩形。

另有铜饰片1件，残损过甚，无法辨识。

4. 铁器

484件。出于36座积石墓中，可分为马具、兵器、装饰品、葬具等，生产工具甚少，均为锻制。

铁矛　5件，可分四式。

Ⅰ式：1件。JYM3560:4A，宽刃，尖锋，矛身起脊，末端有三角形血槽，銎口呈燕尾形，通长32.5、矛身13、宽4、銎直径4厘米（图二五，1）。

Ⅱ式：1件。JYM3560:4B，尖锋，矛身瘦长起脊，短銎，通长31、矛身长17、身最宽2.1、銎

图二四 铜器

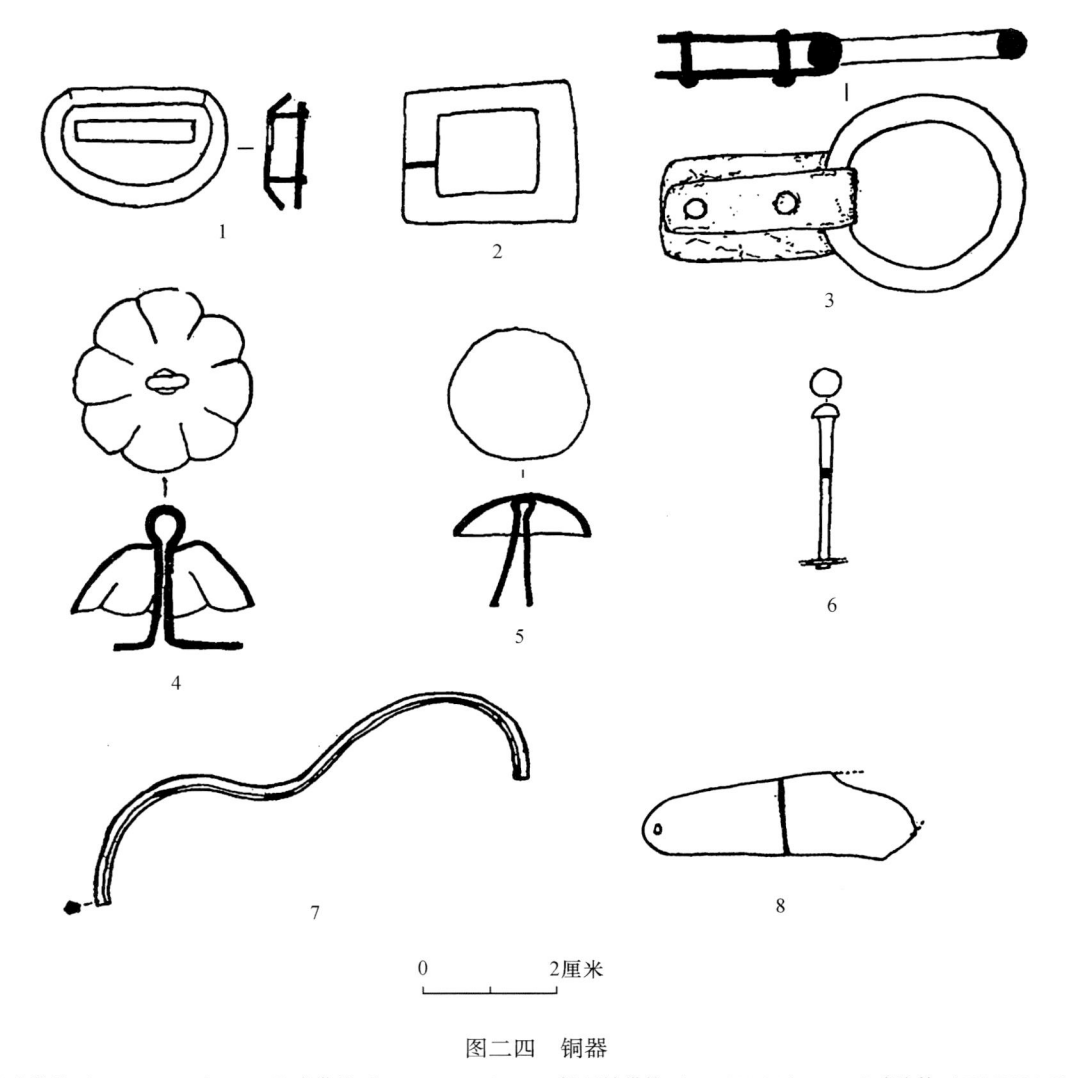

1. Ⅰ式带铐（JYM3560:14） 2. Ⅱ式带铐（JYM3560:19） 3. 铜环铁带饰（JYM3296:8） 4. Ⅰ式泡饰（JYM3231:7）
5. Ⅱ式泡饰（JYM3154:1） 6. 铆钉（JYM3283:19） 7. 手镯（JYM3241，7） 8. 坠饰片（JYM3231:8）

口直径3厘米（图二五，2）。

Ⅲ式：1件。JYM3296:4A，护环铁矛，矛身柳叶形，中间起脊，身与銎之间有一铁护环，銎口呈燕尾形，通长29.4、矛身11.4、身宽2.4、护环直径6.4、銎口直径3.6厘米（图二五，3）。

Ⅳ式：2件。JYM3598:1，矛身呈柳叶形，中间起脊，銎口呈燕尾形，通长31、矛身12、最宽2.6、銎口直径2.8厘米（图二五，4）。

铁刀 7件，分二式。

Ⅰ式：2件，均残。有环首，柄部明显，刀背平直，前端斜杀成弧形。JYM3296:5 刀长14、宽1.8、柄长8、环首直径3、通长26.8厘米（图二五，5）。

Ⅱ式：5件，形状基本相同。只大小不等，无环首。JYM3232:3，刀身长12、柄长6、通长18厘米（图二五，6）。

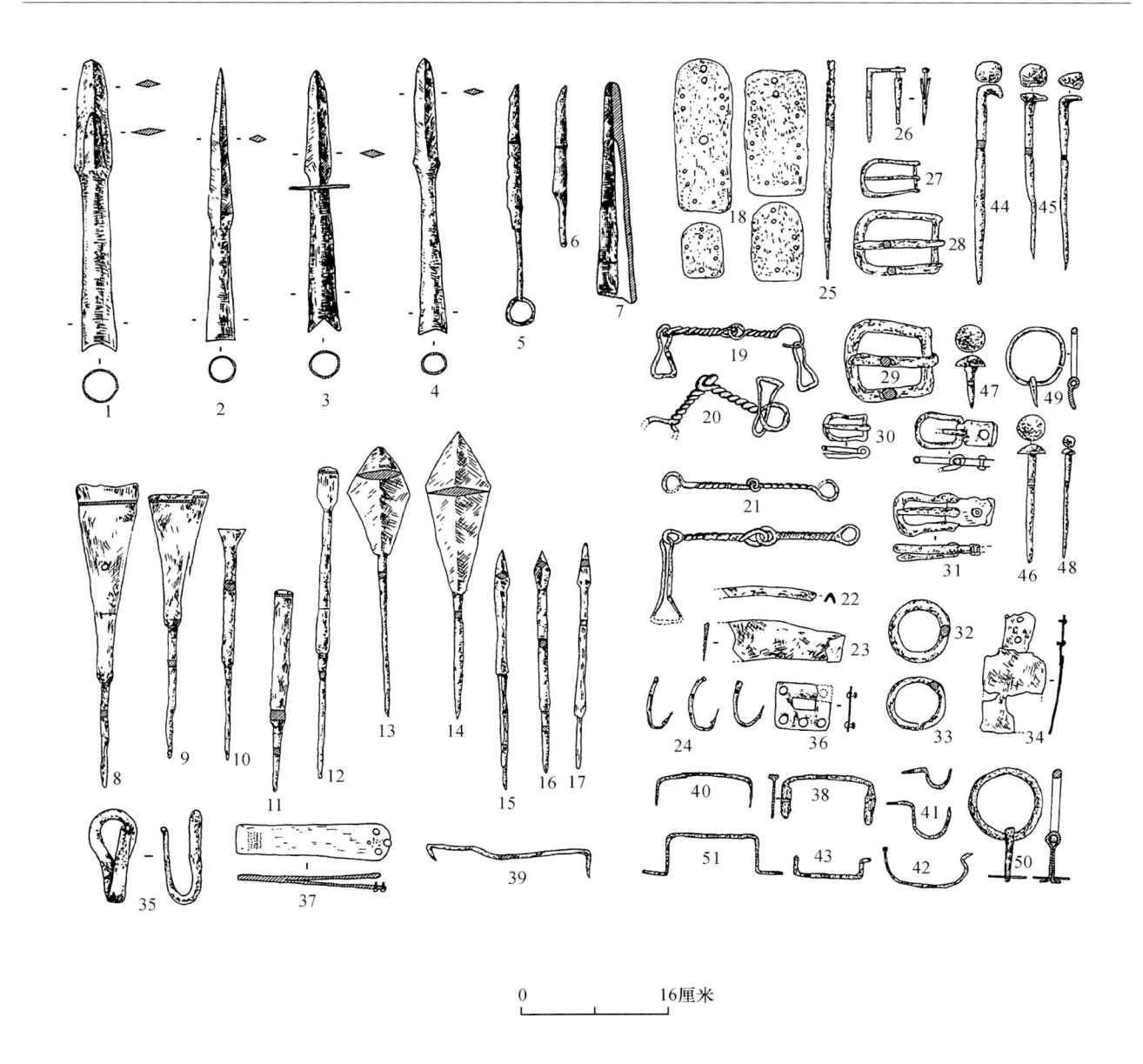

图二五 铁器

1. Ⅰ式铁矛（JYM3560∶4A） 2. Ⅱ式铁矛（JYM3560∶4B） 3. Ⅲ式铁矛（JYM3296∶4A） 4. Ⅳ式铁矛（JYM3598∶1） 5. Ⅰ式铁刀（JYM3296∶5） 6. Ⅱ式铁刀（JYM3232∶3） 7. 铁镈（JYM3105∶25） 8. 扁形Ⅰ式铁镞（JYM3105∶13A） 9. 扁形Ⅱ式铁镞（JYM3296∶3A） 10. 扁形Ⅲ式铁镞（JYM3296∶3B） 11. 铲形Ⅰ式铁镞（JYM3103∶6） 12. 铲形Ⅱ式铁镞 JYM3105∶13B） 13. 菱形铁镞（JYM3560∶6） 14. 菱形铁镞（JYM3305∶1） 15. 柳叶形铁镞（JYM3162∶3A） 16. 蛇头形铁镞（JYM3162∶3B） 17. 蛇头形铁镞（JYM3105∶26） 18. 铁甲片（JYM3142∶7） 19. Ⅰ式铁马衔（JYM3241∶2） 20. Ⅰ式铁马衔（JYM3283∶9） 21. Ⅱ式铁马衔（JYM3560∶5） 22. 鞍桥铁包边（JYM3560∶7） 23. 铁镰（JYM3214∶2） 24. 铁鱼钩（JYM3283∶4） 25. 铁锥子（JYM3161∶日） 26. 铁锁卡（JYM3283∶2） 27. Ⅰ式铁带卡（JYM3232∶4） 28. Ⅰ式铁带卡（JYM3105∶27） 29. Ⅱ式铁带卡（JYM3283∶11A） 30. Ⅲ式铁带卡（JYM3231∶6） 31. Ⅲ式铁带卡（JYM3283∶11B） 32. 铁环（JYM3160∶6） 33. 铁环（JYM3162∶4） 34. 铁带饰片（JYM3283∶22） 35. 铁钩状器（JYM3214∶4） 36. 银钉铁带扣（JYM3233∶6） 37. 铁质包银铊尾（JYM3296∶9） 38. 铁扒锔（JYM3232∶5） 39. 铁扒锔（JYM3162∶8） 40. 铁扒锔（JYM3105∶11） 41. 铁帐钩（JYM3231∶1） 42. 铁帐钩（JYM3600∶2） 43. 铁帐钩（JYM3105∶12） 44. Ⅰ式铁棺钉（JYM3105∶23） 45. Ⅰ式铁棺钉（JYM3162∶7） 46. Ⅱ式铁棺钉（JYM3299∶3） 47. Ⅱ式铁棺钉（JYM2403∶2） 48. Ⅱ式铁棺钉（JYM1444∶2） 49. Ⅰ式铁棺环（JYM3154∶3） 50. Ⅱ式铁棺环（JYM2403∶3） 51. 铁把手（JYM1340∶5）

铁镦　1件，稍残。JYM3105:25，器身锥形，一端有中空的銎，通长12.5、銎口直径2.1厘米（图二五，7）。

铁镞　31件。其形状有扇形、铲形、菱形、柳叶形和蛇头形。

扁形　12件，可分三式。

Ⅰ式：5件。镞身扁平呈扇形，平锋，镞身有一穿孔。JYM3105:13A，镞身11、锋宽3.2厘米。后接四棱细，铤长6、通长17厘米（图二五，8）。

Ⅱ式：5件。镞身扁平，身无窗孔。JYM3296:3A，镞身7.5、锋宽3、铤长7.5、通长15厘米（图二五，9）。

Ⅲ式：2件。镞身圆柱头，锋扁平呈扇形。JYM3296:3B，镞身7.6、锋宽1.2、铤长5.4、通长13厘米（图二五，10）。

铲形　10件，分二式。

Ⅰ式：5件，镞身呈扁长方形，锋微弧，铤呈锥形。JYM3103:6，镞身长7.6、刃宽1.2、铤长3.5厘米（图二五，11）。

Ⅱ式：5件。镞身呈圆柱形，锋端作长方铲形，后接方形细长铤。JYM3105:13B，镞身长10.3、锋宽1.1、铤长7厘米（图二五，12）。

菱形　2件。身扁平呈菱形，尖锋。JYM3560:6，身长7、宽3、后接细方形，铤长9.6厘米（图二五，13）。另如JYM3305:1（图二五，14）。

柳叶形　4件。镞身略呈柳叶形，中间起脊。JYM3162:3A，镞身长6.8、宽0.8、铤长6.5厘米（图二五，15）。

蛇头形　3件。镞身圆柱形，锋作蛇头形。JYM3162:3B，镞身长8.8、锋宽0.8、铤长3.5厘米（图二五，16）。另如JYM3105:26（图二五，17）。

铁甲片　76片。均略呈长方形，上端方角，下端圆弧，上下和两侧均有穿孔，最多13孔。JYM3142:7，最大甲片长8.5、宽3、最小甲片长3、宽2.2厘米（图二五，18）。

铁马衔　5件，分二式。

Ⅰ式：2件。系用直径0.5厘米的铁线拧绕，两端各一环相套连。如JYM3241:2（图二五，19，图版一九，4），另如JYM3283:9（图二五，20）。

Ⅱ式：3件。系铁条锻制，两端各有环相互套连，JYM3560:5（图二五，21）。

鞍桥铁包边　1件。JYM3560:7，系用于鞍桥边缘的包护铁，断面拱形。在凹槽内可见腐木渣（图二五，22）。

铁饰件　1件。JYM3296:7，饰件长38.5、宽3.3、厚0.2厘米。

铁镰　1件，残。JYM3214:2，弧背直刃，柄部卷曲，宽4.4厘米（图二五，23）。

铁鱼钩　41件。JYM3283:4，上端有系线的凹槽，勾尖部有倒钩，倒钩位置不一致，四面均有。勾长2.5厘米（图二五，24）。

铁锥子　1件。JYM3161:8，断面方形，上端扭曲，下部尖。长12.5、直径0.4厘米（图二五，25）。

铁锁卡　1件。残呈曲尺形，一端铆接卡销，JYM3283:2（图二五，26）。

铁带卡 13件，可分三式。

Ⅰ式：4件。扣环略呈长方形，后端铆有连接扣针的横轴，扣针套连在轴上，可自由转动。JYM3232:4（图二五,27），另见 JYM3105:27（图二五,28）。

Ⅱ式：5件。扣环略呈方形，前端略弧曲，套联可转动的扣针，JYM3283:11A（图二五,29）。

Ⅲ式：4件。器形较小，扣环略长方，有亚腰，针轴连接革带的铁皮扣。扣上有铆钉。JYM3231:6（图二五,30）。另如 JYM3283:11B（图二五,31）。

铁环 7件。均系断面圆形的铁线绕成环。大小不一。环直径最大3.5、最小2、断面直径0.5厘米，如 JYM3160:6（图二五,32）。另如 JYM3162:4（图二五,33）。

铁带饰片 1件。JYM3283:22，残作三段，平面呈铲形，尾部有二铆钉，其上有布纹，（图二五,34）。

铁钩状器 2件。JYM3214:4，一端锻制环形，另一端折曲成钩（图二五,35）。

银钉铁带扣 1件。JYM3233:6，平面呈方形。中间有长方形穿孔，四角各有一银铆钉（图二五,36）。

铁质包银铊尾 1件。JYM3296:9，铁质表面包一层薄银片。平面略呈长方形，后端弧曲有四颗铆钉以缀合于革带上。长8.3、宽2厘米（图二五,37）。

铁扒锔 187件，出于24座积石墓，均锻制呈拱形，器形相同大小有别，大者长18、小者4.5厘米。锔钉长者6、短者1.5厘米，如 JYM3232:5（图二五,38）。JYM3162:8（图二五,39）。JYM3105:11（图二五,40）。

铁帐钩 34件，出于12座积石墓，器形基本相同皆作钩形，稍有差别在弯钩部圆弧的，如标本 JYM3231:1（图二五,41），弯钩前端呈斜角的，如标本 JYM3600:2（图二五,42），弯钩呈直角的，如标本 JYM3105:12（图二五,43）。

铁棺钉 59件，分别出土于13座积石墓。可分为二式。

Ⅰ式：48件，均锻制，折帽。JYM3105:23，折帽呈椭圆形，钉断面呈方形。长12、断面直径0.6、帽径1.3厘米（图二五,44）。JYM3162:7，钉长9.2、断面直径0.4厘米（图二五,45）。

Ⅱ式：11件，圆帽钉。JYM3299:3，帽直径3、钉长12、断面直径0.8厘米（图二五,46）。JYM2403:2，帽直径3、钉长5、断面直径0.6厘米（图二五,47）。JYM1444:2，帽直径1、钉长12、断面直径0.7厘米（图二五,48）。

铁棺环 6件。出土于5座积石墓，可分二式。

Ⅰ式：3件。JYM3154:3，系一直径6.5厘米的铁环，套连一铁钉（图二五,49）。

Ⅱ式：4件。JYM2403:3，系直径8厘米的铁环套连铁分钉，分钉长4厘米，分钉上套有直径4厘米的圆形垫片（图二五,50）。

铁把手 1件。JYM1340:5，用扁长的铁条，锻作拱形，两端外折而成（图二五,51）。

5. 鎏金器

分别出土于17座积石墓。器形主要是装饰器和马具。多为铜质鎏金，铁质鎏金仅1件。因墓曾被盗掘和破坏，所出的鎏金器多残损严重，鎏金亦多剥落，可辨识器形的106件，另有一些残碎的鎏金片无法辨识。

冠饰　有6座积石墓出土，因墓经破坏残损过甚，可辨识器形的有2件。JYM3105：6，系鎏金薄片作三翼羽毛状，下部为一桃形饰，整个冠饰表面有无数小孔，用金线拧绕连坠小圆叶，冠饰通高30厘米（图版二〇，5）。JYM3560：15A，因残损只可见镂空的如振翅欲飞的鸟形饰，各部结合均用小铆钉结合（图版二〇，3）。在鸟形饰的边缘饰有镂空的十字花纹，如JYM3560：15B（图版二〇，7）。另外还出有如刀字形饰件，亦应为冠饰。

冠饰残片中还有几片较完整的图案造型。JYM3161：5，为镂空"品"字形。JYM3283：8，为泡连坠叶饰（图二六，1）。JYM3142：12，为忍冬纹镂空饰（图二六，3）。JYM2891：9，镂空"丁"字形饰（图二六，2）。

高句丽冠饰目前发现不多，且都不完整。它是受到我国北方"步摇"的影响后的产物，此后又向南传播。

环饰　7件。JYM3283：6，最大直径4.5厘米，断面直径0.3厘米，环最小直径1.4厘米（图二六，4）。JYM3105：8，断面直径0.3厘米，一般的环直径在2.5厘米（图二六，5）。JYM3600：3，断面直径0.6厘米（图二六，6）。

块饰　4件。均两面鎏金，分二式。

Ⅰ式：1件，扁长方形。JYM3560：1，长3.3、宽1.4、厚0.3厘米（图二六，7）。

Ⅱ式：3件，扁椭圆形。JYM3105：37，长3、宽1.8、厚0.25厘米（图二六，8）。JYM3600：4，长3.3、宽1.4、厚0.3厘米（图二六，9）。块饰为首次发现，出土时多与冠饰同出，可能是镶嵌在冠上的装饰。

坠叶饰　2件，薄叶片顶端有悬挂的小孔。JYM3283：21，长4.5、宽2.1厘米（图二六，10），应为冠上的摇叶。

角形饰　2件。JYM3105：31，形如鹿角，长4、直径0.9厘米（图二六，11）。应为冠上装饰。

珠饰　4件，分二式。

Ⅰ式：3件。中空呈球状，中间有穿孔。JYM2891：10，直径2.3、孔径0.3厘米（图二六，12）。

Ⅱ式：1件。JYM3105：9，呈扁球状，中间有方形穿孔，直径1.6、孔径0.4厘米（图二六，13）。

铁质鎏金头簪　1件，JYM3283：15，一端有环用以连接坠饰，长13.1、断面直径0.2厘米（图二六，14）。

手镯　2件。JYM3160：3，系以断面三角形的线，绕作环形，直径6、断面直径0.5厘米（图二六，15）。

箍饰　1件。JYM3105：35（图二六，16）。

钉鞋底　有3座积石墓出土，共6件，因墓被盗仅残留鞋钉。JYM3109：1，较完整，鞋底长30、宽11.6～9厘米，鞋底应有23颗四棱尖状的钉，现存两颗。钉长3.2厘米。鞋底周缘折起，上有一周供系线连缀的小孔（图二六，17；图版二〇，1）。

梅花饰　3件，形制相同。JYM3105：5B，呈片状六瓣梅花形，直径2.2厘米，花蕊有一铆钉长0.5厘米（图二六，18）。鎏金梅花饰是镶在鎏金钉鞋鞋面上的装饰。

带饰　12件，可分为六式。

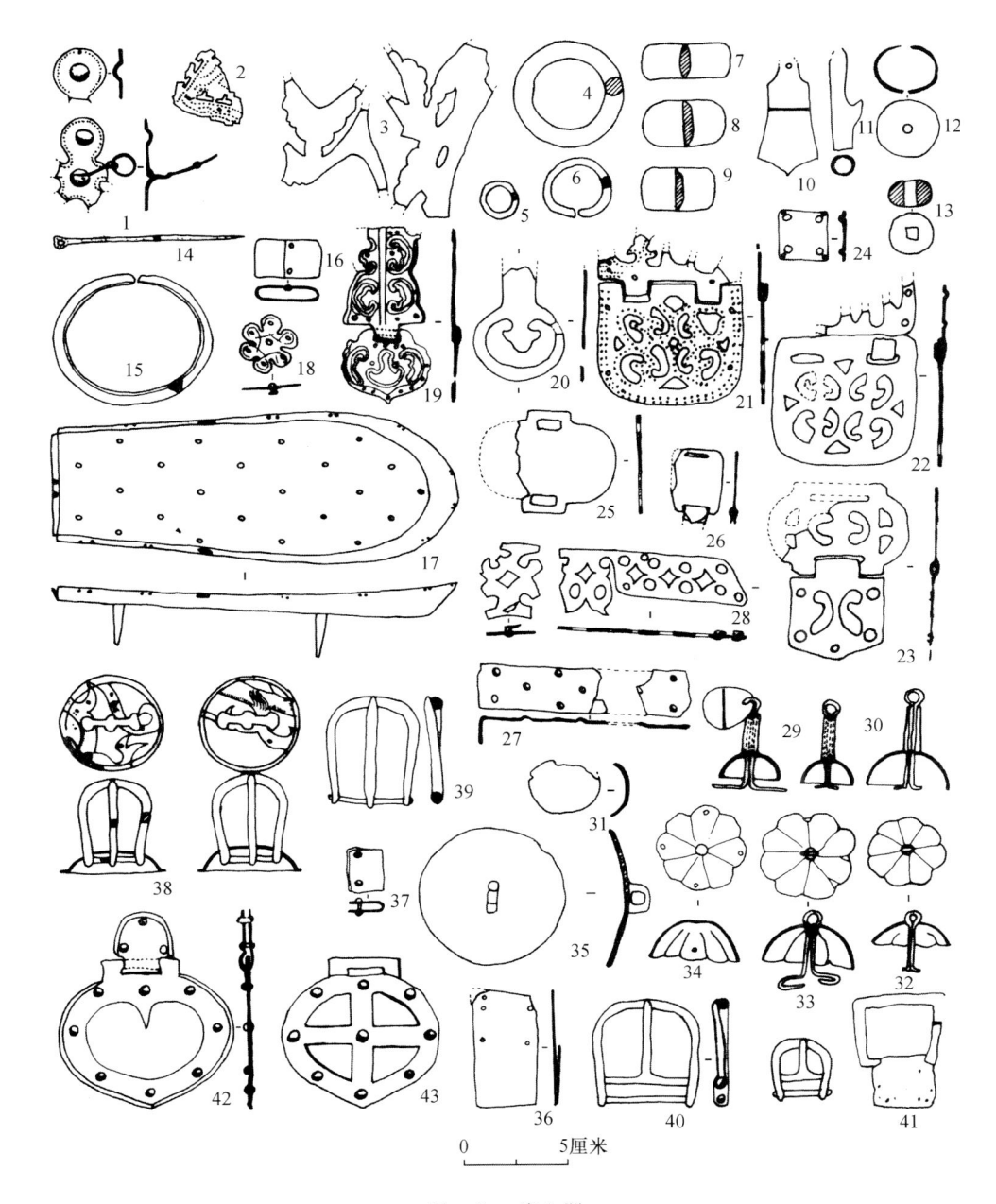

集安洞沟古墓群禹山墓区集锡公路墓葬发掘 225

图二六 鎏金器

1. 冠饰：泡连坠叶饰（JYM3283:8） 2. 冠饰：镂空"丁"字形饰（JYM2891:9） 3. 冠饰：忍冬纹镂空饰（JYM3142:12） 4. 环饰（JYM3283:6） 5. 环饰（JYM3105:8） 6. 环饰（JYM3600:3） 7. I式扁长方形块饰（JYM3560:1） 8. II式扁椭圆形块饰（JYM3105:37） 9. II式扁椭圆形块饰（JYM3600:4） 10. 坠叶饰（3283:21） 11. 角形饰（JYM3105:31） 12. I式珠饰（JYM2891:10） 13. II式珠饰（JYM3105:9） 14. 铁质鎏金头簪（JYM3283:15） 15. 手镯（JYM3160:3） 16. 箍饰（JYM3105:35） 17. 钉鞋底（JYM3109:1） 18. 梅花饰（JYM3105:5B） 19. I式带饰（JYM3560:13A） 20. II式带饰（JYM3560:13B） 21. III式带饰（JYM3560:13C） 22. III式带饰（JYM3142:10） 23. IV式带饰（JYM3162:5） 24. V式带饰（JYM3146:3） 25. VI式带饰（JYM3296:11） 26. 连环扣（JYM3105:7B） 27. 长饰片（JYM3105:7A） 28. 镂空饰片（JYM3283:12） 29. I式泡饰（JYM3105:32） 30. I式泡饰（JYM2891:8） 31. II式泡饰（JYM3598:1） 32. III式泡饰（JYM3283:7） 33. III式泡饰（JYM3142:11） 34. III式泡饰（JYM3560:11） 35. 镜饰（JYM2891:11） 36. 铊尾（JYM3560:20） 37. 铊尾（JYM3105:34） 38. I式带卡（JYM2891:6） 39. II式带卡（JYM2891:7） 40. III式带卡（JYM3105:28AB） 41. IV式带卡（JYM3560:14） 42. I式桃形饰（JYM2891:5） 43. II式桃形饰（JYM3105:29）

Ⅰ式：1件。JYM3560：13A，正面鎏金，上部为一长方形薄片，内有卷草纹镂空图案，四角各有一铆钉，其下连缀桃形镂空环，环上饰精美的卷草图案。通长 6.7、宽 3.3、厚 0.1 厘米（图二六，19；图版二〇，8）。此件带饰与日本京都大学所藏带饰完全一致。

Ⅱ式：1件。JYM3560：13B，两面鎏金，上部残，下为一环，环内有镂空卷草纹。环直径 3.4、厚 0.1 厘米（图二六，20，图版一九，2）。

Ⅲ式：2件。正面鎏金，上部均残，下部连缀一近方形薄片，内饰镂空卷草纹，JYM3560：13C，宽 5.4、厚 0.1 厘米，薄片上饰有錾点纹（图二六，21；图版一九，6）。另一件标本 JYM3142：10，无纹饰（图二六，22）。

Ⅳ式：1件。JYM3162：5，上端近方形，四角各有铆钉，中间饰镂空云纹，下连缀椭圆形饰，稍残。通长 6.8、宽 5.2、厚 0.1 厘米（图二六，23；图版一九，1）。

Ⅴ式：5件。形制相同。JYM3146：3，平面呈正方形，直径 1.9 厘米。四角各有一泡饰和小孔（图二六，24）。

Ⅵ式：2件，均残。JYM3296：11，椭圆形，上下两端各有长方穿孔，用以连缀（图二六，25）。

连接扣　3件。JYM3105：7B，呈长方形，长 2.4、宽 1.8、厚 0.1 厘米。两端各有一长方形穿孔用以连接（图二六，26）。

长饰片　2件。JYM3105：7A，长方形一端折曲，四角有小穿孔。长 7.7、宽 1.7、厚 0.15 厘米（图二六，27）。

镂空饰片　1件，残作三段，JYM3283：12，略长方，内饰镂空云纹，菱形纹和圆点纹。周边有铆钉（图二六，28）。

泡饰　30件，分三式。

Ⅰ式：15件，有坠叶泡饰。JYM3105：32，泡为空心半球形，上端有穿孔，用以固定的分钉从中穿过，分钉上端套一鎏金管，顶端套一卵形小叶片。分钉下端外折用以固定。泡直径 2.2、通高 3.5 厘米（图二六，29）。JYM2891：8，坠叶以损余与上同，泡直径 3.1、通高 3.8 厘米（图二六，30）。

Ⅱ式：1件。JYM3598：1，呈凸面椭圆形，长 2.6、宽 2.1 厘米（图二六，31）。

Ⅲ式：14件。梅花形泡饰，器形相同只大小不一，泡中间有孔，孔内穿以分钉。JYM3283：7，泡直径 2.8、高 0.8、分钉高 2.3 厘米（图二六，32）。JYM3142：11，泡直径 3.5、高 1.5、分钉高 3.2 厘米（图二六，33）。JYM3560：11，泡直径 3.3、高 1.4 厘米周缘有 4 个对称的穿孔（图二六，34）。

镜饰　1件。JYM2891：11，图形凹面，背有竖桥形纽，直径 6.4、厚 0.2 厘米（图二六，35）。

铊尾　3件。JYM3560：20，长方形，尾端有连缀革带的小穿孔五个。长 4.5、宽 2.5 厘米（图二六，36）。JYM3105：34，是用长方薄片折成（图二六，37）。

带卡　12件，分四式。

Ⅰ式：2件，泡饰带卡。JYM2891：6，扣圈前端圆弧，后端方折，上有可自由转动的扣针，尾端再套以装饰的鎏金圆泡饰，泡饰表面錾有龙蛇图案。泡直径 4、通高 3.8 厘米（图二六，38；图版一九，3）。

Ⅱ式：1件。JYM2891：7，略长方前端弧圆，后端方折套连可转动的扣针。高 4.4、宽 3.5 厘米（图二六，39）。

Ⅲ式：4件，两大两小形制相同。JYM3105：28AB，扣圈略方，靠下端另安装"T"字形扣针

（图二六，40）。

Ⅳ式：5件，器形相同。JYM3560:14，扣圈呈不规则方形，尾端有连缀革用的扣，其上有六个穿孔用以铆接，通长4.4、宽3.5厘米（图二六，41）。

桃形饰　7件，分二式。

Ⅰ式：5件，器形相同。JYM2891:5，系用八颗铆钉，叠合两层鎏金铜片组成，上面鎏金铜片镂空作心形，桃形饰的上端有一横长穿孔，套连缀带革用的卡扣，扣上有铆钉三颗，通高7.6、宽6.5厘米（图二六，42；图版一八，5）。

Ⅱ式：2件。JYM3105:29，桃饰中心部位鎏金片呈镂空十字形，有铆钉九颗（图二六，43）。

鞍桥压条　1件，残作数段。JYM3560:21A，系以铜质鎏金薄片作拱形，上有饰连珠状凸起的装饰（图版二〇，4）。JYM3560:21B，为镂空方格纹饰片，其上有多处小孔。惜已残碎过甚。与鞍桥压条同出，推测应是用以铆接木质鞍桥的装饰（图版二〇，2）。

6. 金器

10件，分别出于6座积石墓。

金针　1件。JYM3105:42，针尖三楞形，针身断面圆形，后端锤扁有0.08厘米的穿孔，针长3.65、断面直径0.1厘米，重0.55克（图二七，1）。

金丝　断作数根。JYM3105:41，金丝断面直径0.05厘米。

金耳饰　1件。JYM3283:5，系用金丝一端锤作直径4厘米的薄圆金片，圆片边缘有五周锥点纹，另一端将金线拉细拧绕7个坠环，每个环上套连一片金叶。通长8厘米（图二七，2；图版二〇，6）。

金环饰　1件。JYM3296:29，系用金箔卷作筒状，然后再绕成环形，环直径2.8厘米（图二七，3）。

包金环　2件，系以铜丝外包一层金箔绕作环形。JYM3305:3，直径2.3厘米，毛重2.55克。JYM3233:3，环直径3、断面直径0.6厘米，毛重4克（图二七，4）。

金管　1件。JYM3142:14，管长1.2、直径0.5厘米（图二七，5）。

莲花金叶饰　3件，形制相同。JYM3105:40，呈侧视五瓣莲花形，下有花托，中间有二小孔以穿坠用，花高1.6厘米，重0.42克（图二七，6；图版一八，6）。

7. 银器

13件，分别出于五座积石墓。

银环　4件。器形相同 JYM3283:3，系断面呈方形的银线绕作环，直径2.3厘米（图二七，7）。

银头钗　1件，残。JYM3160:4，系银片卷作拱形的上端，下端包二铁线而成，铁线断损（图二七，8）。

银箍饰　2件，1件残。JYM3283:14，以银箔卷成筒状，再用铆钉对接而成，箍表面錾饰竖之字纹。高4.7厘米（图二七，9）。

银杏叶坠饰　1件。JYM3305:11，上部为直径1.7厘米的环，连坠一杏叶形坠饰（图二七，10）。

银泡饰　2件。JYM3105:38，平面呈多边形，内有圆形泡。周边有三小孔用以连缀，直径0.7厘米（图二七，11）。

银坠叶　2件，JYM3105:36，略呈柳叶形、上部有小穿孔连缀用。长2.7、宽1厘米（图二七，12）。

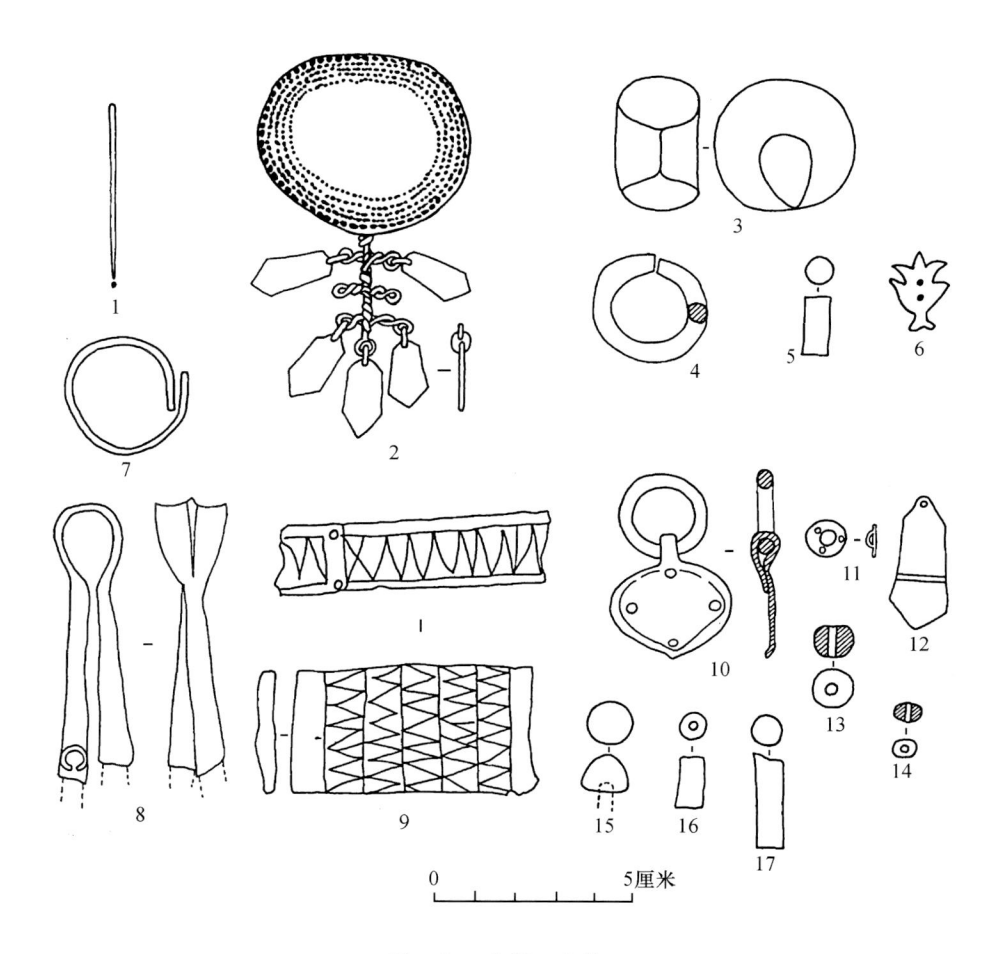

图二七　金器、珠饰

1. 金针（JYM3105:142）　2. 金耳饰（JYM3283:15）　3. 金环饰（JYM3296:129）　4. 包金环（JYM3233:13）　5. 金管（JYM3142:114）　6. 莲花金叶饰（JYM3105:140）　7. 银环（JYM3283:13）　8. 银头钗（JYM3160:14）　9. 银箍饰（JYM3283:114）　10. 银杏叶坠饰（JYM3305:111）　11. 银泡饰（JYM3105:138）　12. 银坠叶（JYM3105:136）　13. 玛瑙（JYM3142:115）　14. 玛瑙（JYM3154:14）　15. 绿松石珠（JYM3305:12）　16. 白石管（JYM3146:14）　17. 灰石管（JYM3146:15）

8. 玛瑙

3件，皆作扁球形，中间有穿孔。JYM3142:15，直径0.8厘米（图二七，13）。JYM3154:4，直径0.5厘米（图二七，14）。

绿松石珠　2件，JYM3305:2，呈馒头形，下部有镶嵌铁丝的小孔，铁丝已断损（图二七，15）。

白石管　2件，JYM3146:4，圆管形，中间有穿孔。长1、直径0.6、孔径0.1厘米（图二七，16）。

灰石管　1件，JYM3146:5，圆管形中间有穿孔，长1.9、直径0.6、孔径0.1厘米（图二七，17）。

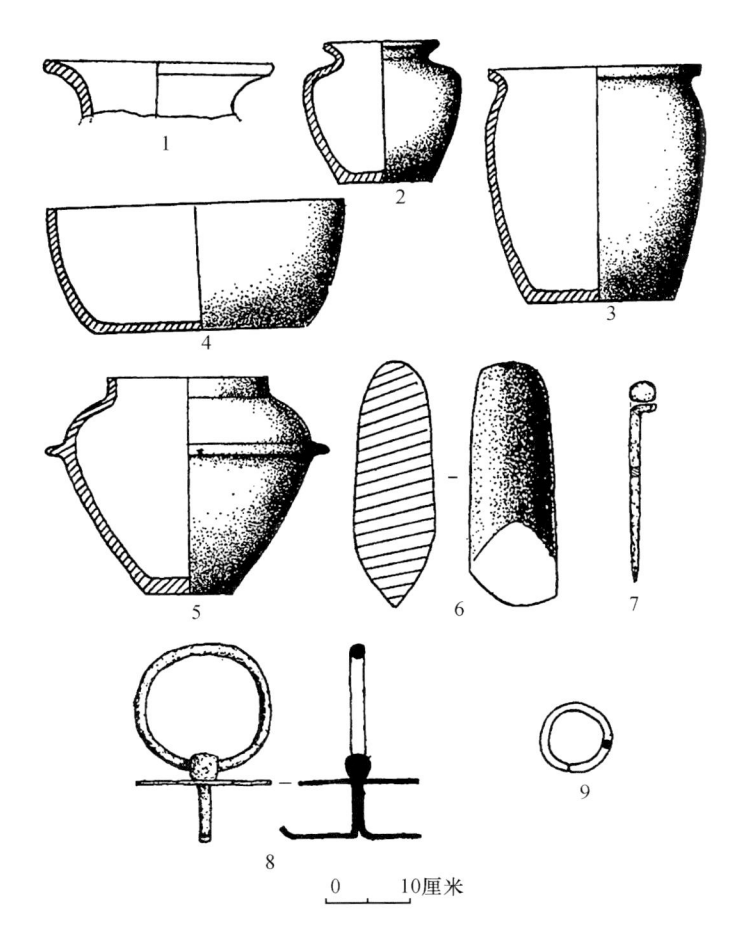

图二八　封土墓中的遗物
1. 残陶口沿（JYM1339∶1）　2. 展沿罐（JYM326∶2）　3. 筒形罐（JYM326∶1）　4. 陶钵（JYM324∶1）　5. 陶釜（JYM1493∶1）
6. 石楔（JYM1282∶1）　7. 棺钉（JYM－3105∶2）　8. 棺环（JYM－3105∶1）　9. 铜真鎏金环（JYM3013∶1）

（二）封　土　墓

共出土遗物 27 件，其中陶器 7 件、石器 1 件、铁器 18 件、鎏金器 1 件。

1. 陶器

7 件，出土时均残破，可复原 4 件，其余 3 件均为残片，从残片看器形中有一展沿罐。JYM1339∶1，器表呈黑色，胎红褐色泥质，口径 12 厘米（图二八，1）。其余两件为泥质黄褐陶，器形不明。另一件展沿罐，JYM326∶2，已复原。泥质黄褐陶，火候高，胎质坚硬，手制，侈沿短颈，广肩、收腹、小底。器高 7.5、口径 7、肩宽 8.2、底径 5 厘米（图二八，2）。

筒形罐　1 件。JYM326∶1，夹砂灰陶，内加云母粉，折沿收腹，平底。口径 11.6、底径 8、体高 12.5 厘米（图二八，3）。

陶钵　1 件。JYM324∶1 泥质灰陶，平沿，略收腹，平底。口径 15.7、底径 11.2、体高 6.4 厘米（图二八，4）。

陶釜　1件。JYM1443：1，泥质灰陶，器表磨光，胎厚0.4厘米，器形为平沿，直领，广肩，斜腹，小底，近肩部有一周錾带。口径8.4、领高1、錾带直径14.6、底径4.4、体高11.6厘米（图二八，5）。

2. 石器

石楔　1件。JYM1282：1，花岗岩质，略呈圆柱形，正锋弧刃，通体磨光，顶部留有使用疤痕，体高13、直径4.4、刃宽4.4厘米（图二八，6）。

3. 铁器

18件，其中棺钉15件，分别出土于4座封土墓内，棺钉大小不一，可分为两种，一种为圆形顶帽，钉帽中部略凸起，钉体呈四楞形锥体，一般钉帽直径3.5~2.3、钉体长17.2~4.3厘米。另一种钉帽偏于一侧转脚式钉如JYM-3105：2，棺钉锈蚀严重，有的残留棺木痕迹（图二八，7）。

铁棺环　2件，JYM3105：1，有直径7.2厘米的圆环，下套一分钉，分钉一端套直径7厘米的圆形铁片（图二八，8）。

4. 鎏金器

铜质鎏金环1件，JYM3013：1，出土时已破碎，鎏金多剥蚀，环直径1.7、断面直径0.2厘米（图二八，9）。

三、结　语

（1）这次清理的JYM757是一座石棺墓，位于发掘线路的东段，这里还有数10座这类的石棺墓，因发掘线路的限制这次仅清理了一座且不见遗物，我们只能从结构上作一比较。JYM757有长方形墓室，无墓道，南面以立砌石板封阻，上以石板封盖，与高句丽封土墓三型长方形墓室，墓道以长条形石块封砌相比较差别很大，而与吉林省东部山区流行的石棺墓筑法相一致，石棺墓的年代早于高句丽大约相当于战国前后。

经发掘的高句丽积石墓在构筑方法上，较早期积石墓有很大的差别，这种先于地表面围筑基坛，然后内部填石再筑圹室的结构方式，比山城下墓区东大坡的M356号墓，由内部向外部阶墙式的构筑方法进步得多[2]，它可以有效地防止由于墓顶压力，致使阶墙外张坍塌的不合理结构，这是高句丽民族通过实践逐步总结的建筑经验。在一型Ⅰ式墓中出土的泥质黄褐陶罐和一型Ⅱ式墓中出土的直口罐，与朝阳袁台子东晋壁画墓出的圆唇罐从器形看是一致的[3]，年代亦应相差不远，约4世纪前后。一型Ⅲ式积石墓在结构上除保持上述方法外，又加筑了石箱、墓道，而且石箱向耳室发展，这时期的陶器最大腹径向上移，肩部多饰有垂帐纹饰，这种纹饰在高句丽的流行时间，大约在5世纪前后。同时出土的鎏金桃形马饰，也表现了这时期的作风，尤其是在JYM3105：③圹室中出土的莲花金叶饰，与高句丽封土壁画中所绘的侧视莲花造型是一致的，因而这批积石墓年代的下限应进入5世纪。一型积石串墓与二型积石墓是同步发展的，其年代应相一致。

封土墓多是位于顺山坡纵向排列积石墓的末端，亦有接着积石墓纵向排列的现象。多数是成片或是穿插积石墓的空隙中间，在分布上受到了积石墓的限制，排列顺序不明显，总的来说封土墓是晚于积石墓的。从JYM1339墓葬形制上看，应属于高句丽封土石室墓中较早的一种结构形式，墓中出土的泥质红褐陶展沿罐，器形上具有高句丽中期陶器的特点，其年代大约相当于5世纪。JYM1443墓中出土的陶釜，腹部内收，体瘦长，这是高句丽晚期的陶器特征。其年代大约进入7世纪。另外在封土墓中还有大量的小型墓葬如三型墓，砌筑草率，墓室低矮且不见葬具和随葬品，这种墓的墓主人身份应是极为低下的贫民。

从整个禹山墓区高句丽墓葬分布情况看，西端多为积石墓区，向东积石墓渐少，封土墓数量增多，在靠禹山北部山腰处积石墓多，越向南的缓坡地带积石墓越少，封土墓越多，由此可见，禹山墓区是自西向东发展，由北部山腰向南部缓坡埋葬的。

（2）经清理的积石墓均属于高句丽中小型墓，其中有21座是串墓结构，由数座墓串接在一起，多者6座，少者2座，顺山坡纵向连接成串。墓与墓之间连接的方法，一般是位于下山坡墓的上边不筑基坛或阶坛，是依附和借用上坡墓的下边基坛或阶坛，作为上下两墓共用，即下坡的墓只修筑下边和两侧面的基坛或阶坛。墓上部封石则相互搭连衔接成串，同时串墓与串墓之间的距离一般不超过3米，顺山坡排成行。有些单独的积石墓如二型积石墓，即使没有串联起来，也明显地排在串墓行列里。积石墓的这种排列关系在集安洞沟古墓群中普遍存在。在串墓中有的基坛墓直接串接在阶坛墓上，亦有的无基坛墓串接在基坛墓上，例如在一型Ⅱ式积石墓中JYM3296:1属于带有阶坛的积石墓，JYM3296:2为基坛墓就直接串接JYM3296:1。再如JYM3305，就属于带有基坛的积石墓串接无基坛积石墓。这种现象是值得我们注意的。对积石墓来说基坛与阶坛的出现，从技术的角度考察应有一个过程，基坛积石墓应晚于无基坛积石墓，阶坛积石墓应晚于基坛积石墓，但在实际使用上，未必是所有的阶坛积石墓一定晚于基坛积石墓，所有的基坛积石墓一定晚于无基坛积石墓。因而研究积石墓类型的发展演变，还应注意综合考察各方面的结构变化，才能得出更准确的判断。

这次清理发现有10座积石串墓有"墓舌"的设施，其中一型Ⅰ式3座，一型Ⅱ式6座，一型Ⅲ式1座。"墓舌"均设置于串墓的下坡处，即北高南低的串墓南壁基坛或阶坛外侧，有的构筑与墓底边平行的阶坛式，如JYM3105墓南端阶坛外另筑起分三级内收如阶坛的"墓舌"；有的构筑与墓底边平行的基坛式，如JYM3305墓的南端基坛外侧，再筑一道短小的基坛墙，再有的用碎石堆积在墓的下坡基坛式阶坛外侧呈半圆形。有半圆形"墓舌"的共5座。二型积石墓没有"墓舌"。关于"墓舌"的作用，试想串墓多处于坡地，积石易下滑引起基坛外张，为加固坡下基坛，不使其外张坍塌，另筑"墓舌"用以阻挡积石下滑的张力，同时也可继续串接墓时备用。其次增设"墓舌"结构也许与某些特殊的葬俗有关。这次清理的积石墓，是对禹山墓区从横向作了解剖，希望今后能从纵向做些工作，以搞清积石墓发展演进的全过程。

以往的积石墓发掘，对积石墓的圹室结构多不很清楚，原因是多方面的，所以对圹室的发展演变亦很少谈及。经此次清理的积石墓圹室，多是比较低矮，一般只可见到一层石圹，最多不过两三层砌石，高度不过0.5米左右。尽管如此还是能够比较清楚的反映出这一时期圹室结构的演变过程。在一型Ⅰ式串墓中，圹室多为较窄的长方形，圹室底铺石不明显，方向多西向，一型Ⅱ式墓的圹室加宽，在圹室西壁以外，砌筑随葬陶器的石箱，这时圹室底明显铺有小河卵石，方向稍向南偏。一型Ⅲ式墓的圹室，较前宽大，呈方形或长方形，在圹室的西壁开有墓道，墓道西端筑有石箱，石箱已移向墓道的一侧，在JYM3105:④圹室中，出现了甬道，耳室，墓道的结构，这些结构上的变化，应是高句丽人接受了外来文化影响后产生的，同时亦是高句丽积石墓由圹室结构向石室结构转化的一个重要环节。高句丽最终放弃了旧有的葬俗，被封土墓所代替。积石墓中构筑石箱是这次清理发现的，可能是积石墓中出现耳室的先声。

这一时期积石墓的随葬遗物，归纳起来有以下特点：第一，生产工具少见或不见。兵器、马具和装饰品大量增加。例如JYM3105:②室内出土的铜质鎏金冠饰和钉鞋，不见有使用痕迹，应为装饰性明器。这种现象在一型Ⅱ式、一型Ⅲ式墓中非常普遍。第二，随葬陶器有组合关系，一般为三罐或三壶一釜一甑。第三，灰陶数量增加，且多大型器，釉陶亦较多，器形向瘦高发展，最大腹径多向上移。第四，随葬品陈放有一定规律，陶器放在石箱内，兵器放在人体的中部左侧，其他装饰品随人体所饰部位陈放。

值得注意的是，在JYM3560墓中出土的一式铜质鎏金带饰，这种带饰与我国洛阳西晋24号墓、西晋周处墓出土的银带饰，广州大刀山晋墓、日本奈良新山古坟出土的铜带饰，日本京都大学所藏带饰，集安JSM152墓出土的铜质鎏金带饰形制基本一致。杨泓先生认为："日本奈良新山古坟的铜带饰是从当时中国江南地区输入日本的。"[4] 这种带饰在集安洞沟古墓群的高句丽积石墓中多次发现，形制多样，这一情况使人推想，高句丽也可能是当时沟通中原与日本联系的通道。

另外在JYM3305出土的Ⅰ式陶壶，从器物造型，质地及纹饰看，与高句丽陶壶比较有明显差别，可能不属高句丽器物，而与榆树老河深上层墓葬中出土的三型Ⅰ式陶罐极为相似[5]，很可能是两者之间交往，联系的产物。

（3）在发掘的38座积石墓中，有13座积石墓出有棺钉，有5座积石墓出有棺环。其中出棺钉的墓在一型Ⅱ式，一型Ⅲ式墓中占的数量最多，棺环均出自一型Ⅲ式墓中，以此推知在这一时期的积石墓应是有棺的，至迟在4世纪末，这种圹室结构的积石墓开始出现木质的棺。在出棺钉的积石墓里同时出有铁扒锔，这种铁扒锔多被认为是制木棺的用具，因而这时期圹室墓棺和椁是同时使用的。另外从JYM3105:②圹室中出土的鎏金冠饰与钉鞋位置看，葬式为头东足西直肢葬。

还有14座积石墓出有火烧的熔石，在Ⅰ式、Ⅱ式墓内较多，Ⅲ式墓基本不见，可能在5世纪前后，这种火烧的方式有所改变。还应提出有8座积石墓出有灰色的板瓦残片，其中一型Ⅱ式4座、Ⅲ式1座、二型Ⅰ式1座、Ⅲ式2座，均为中型积石墓，例如JYM3296墓残板瓦出于墓基坛外侧西北角。另如JYM3283，JYM3105墓板瓦数片均出于墓上部积石中。在洞沟古墓群大型积石墓上出现板片，瓦当较为常见，如将军坟、太王陵、千秋墓、西大墓、临江墓等都大量出瓦，而在中小型积石墓上仅见数片残瓦，这种现象是否与墓上建筑或某种象征性的仪式有关，还需进一步研究。

参加本次发掘工作的有：林至德、耿铁华、王洪锋、柳岚、张雪岩、迟勇、孙仁杰，摄影：林至德，绘图：孙仁杰、张雪岩。

林至德、耿铁华同志主持了发掘和资料整理工作，报告编写中方起东先生给予很大帮助，深表谢意。

整　理，执　笔：孙仁杰　迟　勇　张雪岩

注　释

[1]　金元龙：《韩国考古学概说》，增补改订版《4·新罗おちで加耶》。
[2]　张雪岩：《吉林集安东大坡高句丽墓葬发掘简报》，《考古》1991年7期。
[3]　辽宁省博物馆文物队等：《朝阳袁台子东晋壁画墓》，《文物》1984年6期。
[4]　杨泓：《吴·东晋南朝的文化及其对海东的影响》，《考古》1984年6期。
[5]　吉林省文物考古研究所编：《榆树老河深》，文物出版社，1987年。

（原载于《高句丽研究文集》，延边大学出版社，1993年，21~79页）

集安洞沟古墓群三座古墓葬清理

孙仁杰

近年来因建设工程需要和施工过程中的发现，我们在洞沟古墓群范围内，相继抢救性清理了三座古墓，其中一座为积石墓，另两座为封土墓。这两座封土墓在20世纪60年代实测时没有发现亦无编号，为方便叙述同时又不使过去编号混乱，均将其编为0号墓，即JWM0号墓和JYGM0号墓，现将清理结果分述于后。

一、墓　葬

1. 积石墓

1座。JSM12号墓，属于洞沟古墓群山城下墓区宾馆北片，位于禹山西麓的缓坡地上，这里有积石墓50余座，均是由北向南纵向排列成行，该墓就位于成行排列的积石墓的南部最末端，东南距集安市宾馆约200米。1981年4月因城后村建砖厂被清理。墓筑于北高南低的斜坡地上，呈方形，西北角坍塌外侈，墓顶中央曾经严重破坏，可见两个大的扰乱坑，墓东西长10.5、南北宽10.2、高1.35米，方向255°（图一）。其构筑方法是，墓的四边用稍经加工的大石块围筑方形基坛，基坛的四个角用石最大，亦经过修整，多在长宽1米左右。基坛中间砌石稍小，低矮处垒砌二至三层使基坛较平整，在基坛方框内用小块河卵石和碎山石填充与基坛上面平齐，在此上部平面的中央构筑圹室，因墓顶部遭破坏已不清楚，我们只能依着扰乱坑的范围进行清理，清理坑东西长6.5、南北宽5、深1米，当清理至基坛内顶部平面时，发现有东西长3、南北宽1.5米一层石砌的圹室，砌圹石材选用0.4~0.6米的河卵石，圹室内的底部铺有小河卵石片。在圹室内出土有铁棺钉、铁棺环、铁帐勾、铁簪、碎陶片等。

2. 封土墓

JWM0号墓。1990年6月发现，位于洞沟古墓群万宝汀墓区石洞沟门左测山腰处。墓早年已经破坏仅存墓茬，其上部又被碎石堆积，当地群众在耕种时发现很多陶片报告我所，随即派人实地调查清理，发现该墓为封土石室墓，室墓西壁底部还残存几块砌石，其余全被毁坏已不清，在墓室范围的南端出土了一些碎陶片，可复原为2件四耳陶罐，其他遗物不见。

JYGM0号墓，位于好太王碑东30米处，1983年秋在砌好太王碑围墙挖基础时发现，我所进行了清理，墓早年曾遭破坏，盖顶石已不存，尚余四面长方形的墓室残壁，墓室平面呈长方形，方向135°（图二）。砌墓室所用石材均经加工，石材大小在0.4~0.6米，墓室南北长2.75、东西宽1.35米，高度不详。墓底用片状石块平铺一层，整个墓的四壁及底部，均用白灰勾抹缝隙，在墓室内出有东西并排的两具人肢骨，从肢骨位置看葬式应为头北足南，还出有棺钉5枚，未见其他遗物。

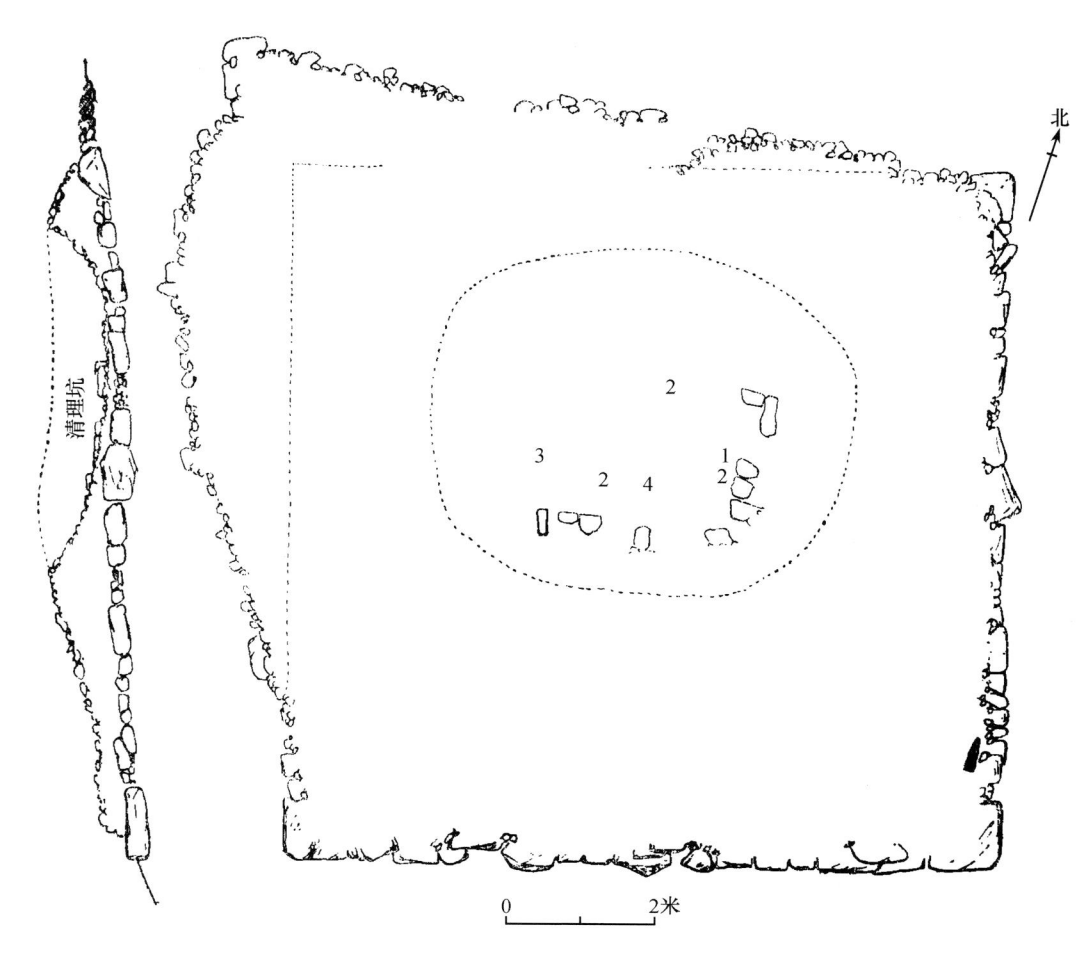

图一　JSM12 号墓平、剖面图
1. 棺环　2. 棺钉　3. 陶片　4. 帐钩

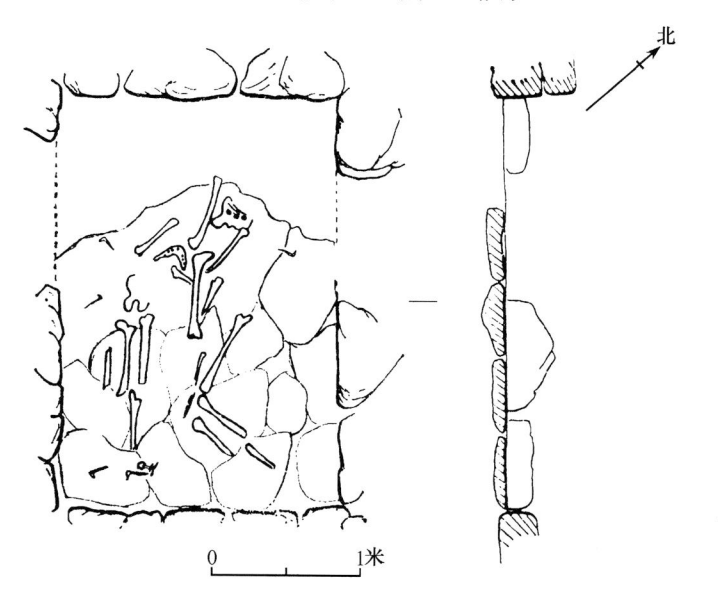

图二　JYGM0 号墓平、剖面图

二、出土遗物

陶罐　2件。出土于JWM0号墓，形制相同，均口沿部残缺，器身可复原。JWM0：1，展沿、广肩，肩部有两道垂帐纹中间夹一道弦纹，肩腹之间有四个对称的桥状横耳，小平底。泥质灰陶，轮制，表面磨光，器形规整，火候高。体残高45、肩径32、底径18厘米（图三，1）。

另外在JSM12墓出土的碎陶片，可辨器形为罐，圆唇，侈口，鼓腹，平底并有桥形横耳。泥质灰陶，轮制，器形规整，火候高（图三，2~4）。

铁头簪　1件，JSM12：1，系用铁线锻作锥形，断面直径0.4厘米，一端套连一小圆形铁环，铁环直径2.2、断面直径0.5厘米（图三，5）。

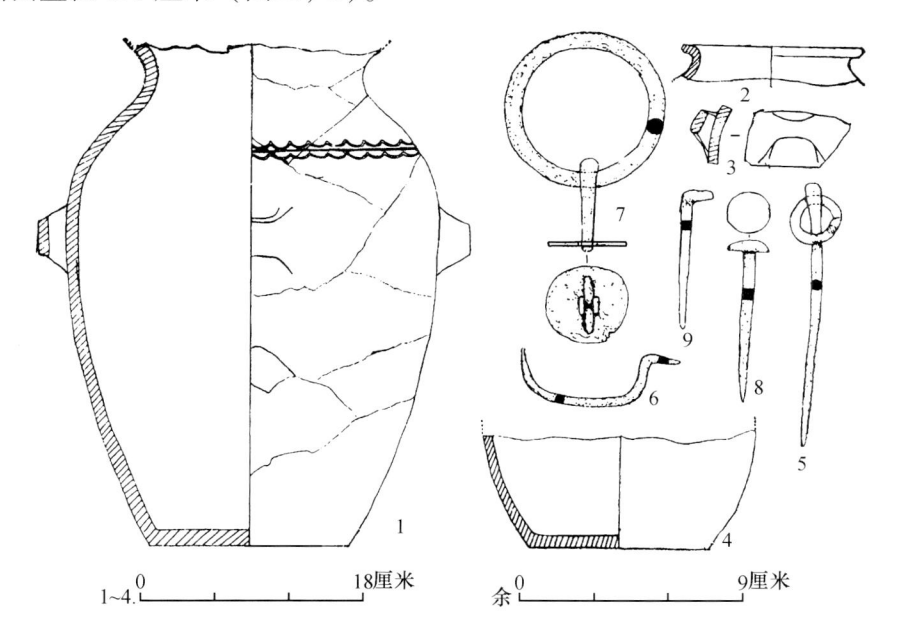

图三　出土器物

1. 陶罐（JWM0：1）　2. 陶口沿（JSM12）　3. 陶耳（JSM12）　4. 陶器底（JSM12）　5. 铁头簪（JSM12：1）　6. 铁帐钩（JSM12：2）　7. 铁棺环（JSM12：5）　8. 铁棺钉（JSM12：7）　9. 铁棺钉（JYGM0：1）

铁帐钩　3件，2件残，1件完整。JSM12：2，系用铁线锻作钩形，长6.8、断面直径0.5厘米（图三，6）。

铁棺环　2件，均完整。JSM12：5，系用断面直径0.8厘米的铁线锻作直径8厘米的铁环，再套连一个4.2厘米长的分钉，在分钉的一端连接直径3.5厘米的铁铛片（图三，7）。

圆帽铁棺钉　4件，完整。JSM12：7，钉圆帽直径2、钉身断面直径0.5、钉通长7.5厘米（图三，8）。

折帽铁棺钉　5件，均完整。JYGM0：1，系以断面直径0.6厘米的铁线，顶端折曲，钉长6厘米（图三，9）。

三、结　　语

　　JSM12 号墓为基坛圹室积石墓亦被称作方坛积石墓，墓处于山城下墓区宾馆北片积石墓地的最南端，该墓地北高南低，这里的积石墓亦是自高向低发展的，北端串墓多，向南发展墓与墓之间稍有距离，一般不超过 5 米，多被认为北面高处的墓葬年代较早，南面低处的墓葬年代较晚。由于墓曾被破坏可以证明年代的遗物不多，从墓中出土的棺钉、棺环看，墓是有棺的，在其他的考古资料中证明，积石墓中棺的出现是接受封土墓影响后产生的，推测 JSM12 号墓的年代约在 5 世纪前后。JWM0 号墓，墓室破坏不清，面貌全非。出土的陶罐质地坚硬，器形规整，器体瘦长，肩部饰有垂帐纹饰，这些都具备了高句丽中晚期陶器的特征，因而该墓年代约在 5 世纪以后。

　　JYGM0 号墓为封土石室墓，值得注意的是该墓葬于好太王碑之东仅 30 米，这种类型的墓葬过去曾在洞沟古墓群中发现过，多被认为是高句丽的墓葬，而此墓距太王碑如此之近，是否属高句丽的墓葬？尚需提出讨论。好太王碑是高句丽第二十代王长寿王为其父第十九代王好太王死后树立的记功碑，碑高 6.39、宽 1.4~2 米，四面环刻汉字共 1775 字，记录了高句丽从建国至好太王开疆扩土的功绩，最后铭令守墓制度，规定守墓烟户。这样一座威严的大碑，设想高句丽人是决不敢轻易在这里埋葬坟墓的，那么究竟是何人的墓葬？我们只能从高句丽建国前或高句丽灭亡之后来寻找，高句丽建国前，这一地区有石棺墓，此类墓葬形制多是采用板状石材立砌构筑墓室，上部以石板盖顶，不见棺钉亦无白灰勾缝，该墓不属此类。高句丽灭亡以后，这里属渤海西京鸭绿府恒州所辖，渤海人的墓葬例如和龙北大渤海墓 M28，墓室平面为长方形，墓室壁叠砌，上有石板平盖，墓底平铺黄色黏土[1]。从墓葬形制看与 JYGM0 号墓基本相同，因而推测该墓应为渤海时期的墓葬。

注　　释

[1]　延边朝鲜族自治州博物馆、和龙文化馆：《和龙北大渤海墓葬清理简报》，《东北考古与历史》1982 年 1 期。

（原刊于《博物馆研究》1994 年 3 期，9、79~81 页）

吉林省集安洞沟古墓群七星山墓区两座古墓的考察

集安市文物保管所

　　七星山位于集安市区西部、通沟河右岸，西邻麻线谷地，北与丸都山相接。1966年对洞沟古墓群实测时，将这一片界域清楚的地方称为七星山墓区。该墓区现有古墓1700余座，多为积石墓和阶坛积石墓。墓葬成片成行地分布在山腰及山上，其中也见大型阶坛积石墓和封土石室墓。在墓区东部元宝山片，有两座修筑在阶坛积石墓上的封土石室墓。这种现象在洞沟古墓群中仅此一例，有必要对其进行考察和分析。

　　这两座墓的编号是JQM65和JQM66，两墓相距约3米。据现存封土范围推测，这两座墓可能同封。两墓下是一座阶坛积石墓，这座被叠压的阶坛积石墓过去没有编号，但可以清楚地看到，它是沿山脊排列的数十座同类型墓葬中的一座。山脊南北走向，北高南低，西面陡峭，东面平缓。墓葬筑在偏东一侧，均为阶坛积石墓。此墓居这行墓葬的上（北）部，东西14.5、南北15.5、高0.8～2.4米。北、西部因地势较高，只用略加修琢的石块砌一层阶坛，东、南部为了与西、北面取平，用石块垒砌数层基坛，再内收0.8米筑第二层阶坛。二层阶坛上修有圹室，JQM65、JQM66就修筑在圹室位置上（图一）。

　　JQM65和JQM66建在阶坛积石墓之上的中部偏北，南北并排。北侧是JQM65，墓顶已坍塌，石室呈长方形，方向240°，东西长3、南北宽2.9米，高不详。墓室用石灰岩板状石块砌筑，内壁涂抹白灰，现白灰多已剥落，不见壁画。在石室的西壁开有墓道，宽1米，开口部砌石封堵，其上用封土覆盖。JQM66位于JQM65南部3.1米处。石室东南角有一盗洞，可从盗洞进入石室。石室呈正方形，方向240°，边长3.3米。室底有很厚的积土，现高为2.4米。石室上部内收0.4米，形如覆斗，再上作两重抹角，最后盖顶。石室四壁、藻井均涂抹白灰，多已剥落，不见壁画。石室的西壁开有墓道，宽1米，长不详。墓道的西口砌石块封堵。

　　据目前的研究，JQM65、JQM66这种类型的石室墓最早出现于5世纪中期左右，延续到高句丽灭国。它与后来大量出现的封土洞室墓不同，除去年代的原因，大概还有埋葬者身份地位的差别。被两墓叠压的阶坛积石墓的年代显然较早，因此，方起东先生据此得出"这一罕见的叠压现象有力地证实，石坟早于土坟的判断是正确的"[1]。这一现象似乎还可以证明，封土墓的主人与积石墓的主人有某种特殊的关系。

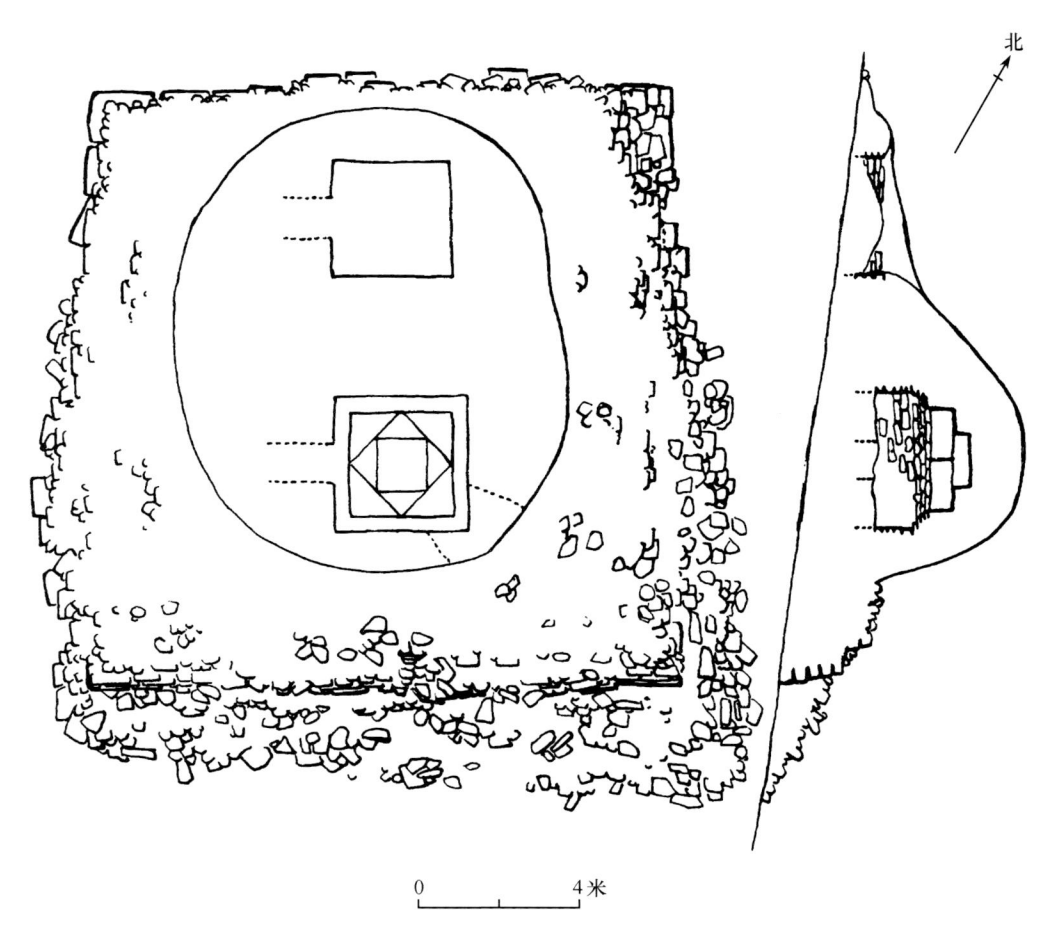

图一 JQM65、JQM66 平、剖面图

首先，从这一墓地的排列分布分析，这行墓是沿山脊自上而下整齐排列的，中间又分出数行向山下延伸，状若树干的主干及分枝。很显然，排在山上的墓要早于排在山脚下的墓，个别小型封土墓多穿插埋葬在石坟缝隙间，不见有排列关系。JQM65 和 JQM66 叠压的阶坛积石墓位于主干上端第二位，说明年代较早。从墓葬结构看，被叠压的阶坛积石墓上接的 JQM63 是一座阶坛积石圹墓，下连 JQM67、JQM68 和 JQM69。可以从裸露石缝中看出这三座墓均筑有耳室，耳室和墓道均盖有石板。墓室位置为大凹陷坑，在坑中有火烧熔石。可知应为石圹结构，还没有进入石室阶段。孙仁杰先生认为，这类墓属圹室阶段的晚期[2]。据以往的研究成果，高句丽积石墓内部结构有石圹和石室两大类，其中石室墓出现较晚。被叠压积石墓的年代应在 4 世纪中叶以后。JQM65 和 JQM66 虽未经发掘，但就 JQM66 藻井看，是采用比较成熟的两重抹角。高句丽石室墓中抹角的大量使用和成熟应在 6 世纪以后。因此，这两座石室墓的年代不会太早，大约在 5 世纪中叶前后。

通过对 JQM65、JQM66 及相关墓葬的考察，证实了高句丽墓葬中有叠压再葬的现象。这种现象不同于墓群屡见的封土洞室墓乱葬在行墓、"串墓"中的情况，也不同于"串墓"行列中插入封土墓的情况。前者大概是高句丽晚期甚至灭国后的无序埋葬，后者可能是身份地位的差异。按一般的道理分析，埋葬在同一排列的墓葬，应该具有较其他排列的墓葬有更密切甚至血缘的关系。这种关系又是通过被葬者在行列中的位置、墓葬形制等表现出来的。但 JQM65、JQM66 所见的现象，使我们无法做出合理的解释。期望学界同仁在今后高句丽墓葬的发掘和研究中，能进一步注意这种现象。相信随着材料的积累和研究的深入，这种现象终将会得到合理的解释。

执　笔：林世贤

注　释

[1] 方起东：《高句丽的墓制和葬俗》，《东北亚历史与考古信息》1993 年 1、2 期合刊。
[2] 孙仁杰：《论高句丽石室墓的起源》，《高句丽历史与文化研究》，吉林文史出版社，1997 年。

（原刊于《北方文物》1998 年 4 期，28、29 页）

维修中发现的两座高句丽积石石室壁画墓

高远大

1993年经国家文物局批准，对洞沟古墓群部分高句丽古墓进行了较大规模的维修，在山城下墓区古墓维修时，发现了两座高句丽壁画墓，对研究高句丽壁画墓的年代分期及高句丽石室墓，具有十分重要的意义。现将维修中发现壁画墓的经过及壁画墓的结构报告如下。

一、基本情况

1993年5月，集安市文物保管所在山城墓JSM1408号墓进行了抢救性维修，该墓位于丸都山城南墙外侧的山脚下100米处，南距通沟河300米，东与JSM1407号墓相邻。

JSM1408号墓为基坛石室墓，因早年此墓被破坏，墓上的封石严重缺损，多散落在墓的四周，墓室石壁砌石已裸露在外，北侧藻井部分被破坏，盖顶石被挹落一旁，在上部可以从孔洞看到墓室内。经过清理四周散落封石，可见墓平面呈正方形，边长21、残高4.8米，基坛石系用经过修琢的大块花岗岩石条垒砌两层而成，墓的中部构筑石室，其上用河卵石包封成丘状。

墓室内被坍塌的封石填塞，清除碎石后，对墓室进行了测绘。墓室是由后室、前室、甬道、墓道组成（图一）。后室平面呈正方形，长3.5、高3.7米，顶部藻井是由4层平行迭涩后再砌筑抹角迭涩两层，用石板封盖。在后室的底部北侧设一长1.8、宽0.75、厚0.18米的棺床，现保存较好。后室西壁正中并有甬道通往前室，甬道长0.75、宽1、高1.20米。前室平面呈长方形，长1.8、宽3、高2.1米。前室的藻井呈四阿式。西壁开设墓道，墓道残长2、宽1.1、高1.1米。方向210°。整个墓室、甬道及墓道所用石材均经过加工后砌筑，再内壁涂抹白灰，白灰面上作画，今已全部脱落。在清理墓室的底部时发现了大量的白灰碎片，在碎片上清楚地看到朱红、墨线、橘红等颜色，由于碎片过小，难以辨认所画的内容。但是此墓是一座壁画墓确切无疑。

另一座是山城下墓区JSM1405号墓。位于丸都山城南墙外侧山脚下50米，西有JSM1407号、JSM1408号墓，这三座墓葬间距不过30米。在一条中柚线上，南距通沟河约300米。

JSM1405号为阶坛石室墓，墓上部积石缺损严重，清除散落的石块后见墓室呈正方形，边长18米，东北两面可见三级阶坛，西南两侧可见一级阶坛。一、二级阶坛采用修琢整齐的花岗岩石条砌筑，层层内收叠砌。第三级阶坛采用石灰岩石条砌筑。墓的西、南部封石缺损尤甚，墓室构筑于第二级阶坛平面的中部，墓室的外壁裸露。

该墓是由墓室、墓道两部分组成（图二）。方向245°。墓道口部已被破坏残缺，残长2.25、宽1.1、高1.2米，上部有两块石板覆盖。墓室呈长方形，长3.7、宽3.1、高3.25米。墓室的四壁保

图一　JSM1408 石室墓平、剖面图

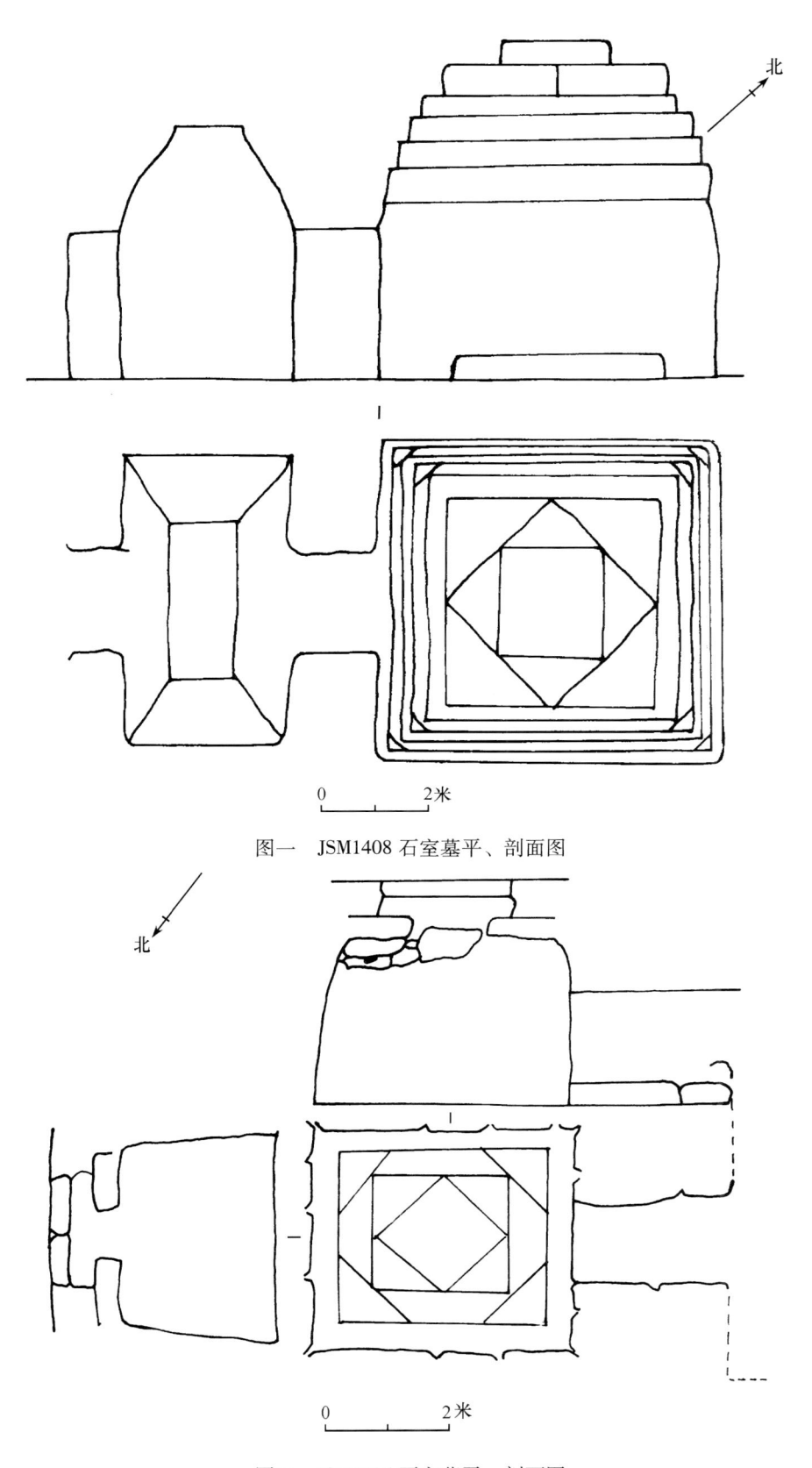

图二　JSM1405 石室墓平、剖面图

存较好，四壁内收，藻井系平行迭涩砌二层，再筑抹角叠涩二层，然后加石板封盖。四壁的石材修琢工整，表面涂抹白灰，现已全部脱落。清理墓室时，在墓室底部发现大量脱落的白灰碎片表面有橘红、墨线、赭色等色彩，但因残片太小，画的内容看不清，从大量的碎片看 JSM1405 号墓，是一座阶坛石室壁画墓。

二、几点认识

　　墓葬维护中发现的壁画墓，均未经发掘，从清理墓室散落的碎石及大量的壁画残片中得知，两墓应为积石石室壁画墓。此种类型墓葬在山城下墓区不仅一例，在以往发现的 JSM1298（拆天井）壁画墓亦属此类。这种墓室涂抹白灰表面作画，外部以碎石封护的墓葬，白灰面极易脱落，无法保存。其主要原因是封石的空隙大，经雨水冲刷和冬季的冻害，使地仗层很易脱落。对此类墓葬的保护，提出了新的课题。

　　迄今为止，洞沟古墓群共发现高句丽时期壁画墓 22 座，其中绝大多数为封土石室壁画墓，而积石石室壁画墓仅发现 4 座，即 JSM1041、JSM1298（拆天井）、JSM1408、JSM1405。山城下墓区这三座积石石室壁画墓均分布在山城下墓区的河东片，这里的墓葬分布密集，多为中大型的独立墓葬，没有明显的排列顺序，石室墓较多，仅有少量的圹室墓，该地很可能是丸都山城废弃后，作为高句丽贵族的重要墓地。从两座墓的墓室结构看，JSM1408 号墓有前、后二室，前室藻井为四阿式，后室藻井平行迭涩出现小抹角，其年代应早于 JSM1405 号墓。JSM1408 年代约当 5 世纪中，JSM1405 年代应稍晚约在 5 世纪末。

　　新发现的两座积石石室墓正处在高句丽墓葬由石圹，向石室转化刚刚兴起不久的重要阶段，在洞沟古墓群中，石室墓绝大多数外部封土，积石为封者为数不多，可见墓主人仍保存着高句丽民族的埋葬风习。对研究高句丽墓葬的演进提供了新的资料。

作者单位：集安市博物馆

（原刊于《博物馆研究》2000 年 1 期，69、70 页）

集安麻线安子沟高句丽墓葬调查与清理

吉林省文物考古研究所　集安市文物保管所

为了配合集（安）丹（东）公路工程建设，吉林省文物考古研究所会同集安市文物保管所，对公路沿线进行了考古调查，其中对公路沿线经过的洞沟古墓群麻线墓区安子沟部分高句丽墓葬进行了调查清理。调查与清理工作始自1999年6月，历时近1个月。发掘人员有何明、孙仁杰和林世贤。现将调查清理情况报道如下。

一、调 查 情 况

安子沟墓群位于集安市麻线乡建江村，东距集安市区7公里，西南不远有鸭绿江在安子沟门前流过，安子沟的溪水南注鸭绿江。6月下旬我们开始对公路沿线进行调查，在麻线墓区西端安子沟门附近发现一处高句丽墓群。墓葬分布于安子沟门小溪右岸台地上，共计10座（图一），其中阶坛积石墓2座、基坛积石墓8座（编号JMAM1～10）。这处墓群属麻线墓区1966年漏测的墓葬，经过此次调查后被定为洞沟古墓群麻线墓区安子沟墓群。

M1　基坛积石墓，呈方形，边长5、高1.2米，四边用未加修整的大石块砌筑一层基坛，其上以碎山石封护，保存较好。

M2　基坛积石墓，呈方形，边长7、高1.3米，四边用大石块砌筑一层基坛，上面以碎山石加河卵石封护，保存较好。

M3　砌筑法与M2相同，保存完好。

M4　阶坛积石墓，呈方形，边长6.5、高1.6米。共有三级阶坛，系用较大石块砌筑，墓顶中部有凹坑，墓葬保存完好。

M5　该墓曾遭严重破坏，仅见积石不见基坛，多为河卵石堆筑，呈方形，边长4、残高1.2米。

M6　基坛积石墓，呈方形，边长8、高2米。基坛用较大的自然石块砌筑，其上多用河卵石加碎山石堆筑，破坏严重。

M7　阶坛积石墓，呈方形，边长10、高2米，用大石块砌筑两级阶坛，其上用碎山石加河卵石封护，保存较好。

M8　基坛积石墓，呈方形，边长5、高1.2米，破坏严重。

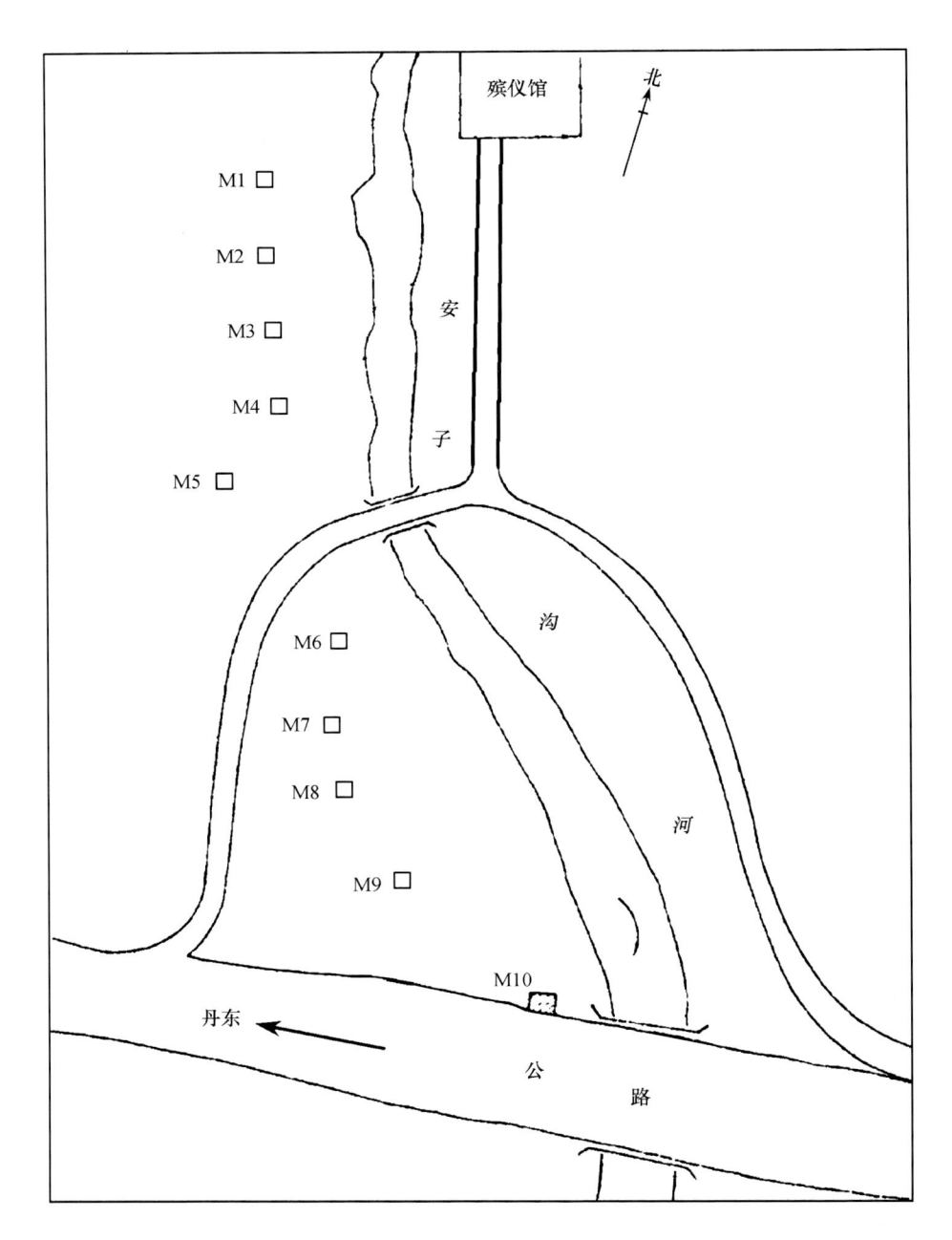

图一　安子沟墓葬分布示意图

M9　基坛积石墓，呈方形，边长6、高1.5米。基坛用石较大，均未经修整，墓顶部中间有凹坑，保存较好。

M10　基坛积石墓，呈正方形，边长9.5、残高0.5米。该墓曾遭严重破坏，现仅存一层基坛。

二、墓葬发掘

此次清理发掘墓葬3座，编号为JMM401、JMM402和JMAM10。

图二　JMM401 平、剖面图

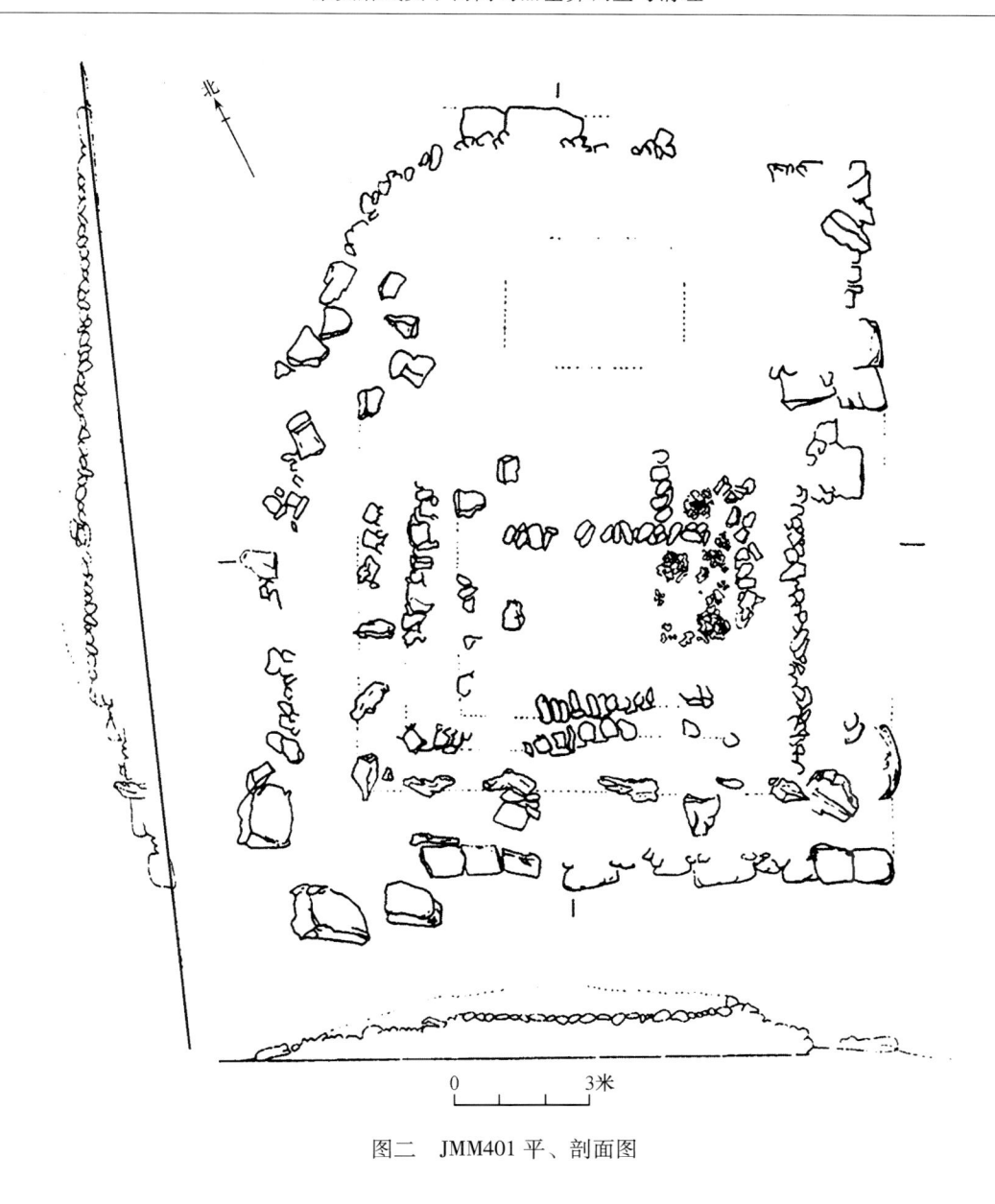

JMM401　阶坛石圹积石墓。位于麻线墓区最西端的山坡台地上，东距西大墓约 300 米。墓葬平面呈长方形，南北长 19、东西宽 14.5、高 1.7 米，方向 335°（图二）。

墓葬依山势修筑，北面地势较高只修有 1 级阶坛，所用石料较小；南面地势较低修有 4 级阶坛，所用石料较大。南端的第一级阶坛所用石料大都为 1~2 米，均用未经修整的天然石材。第二级阶坛用近板状的石材横排立砌，第三级和第四级阶坛用略小的天然石材砌筑。墓顶用碎山石与河卵石平铺而成，较平坦，在中部偏东侧可见有火烧痕迹。

墓顶平面可见有 3 处石圹由北向南依次排列，将其编为圹 1、圹 2 和圹 3。圹 1 已遭破坏，其四壁可辨大致轮廓。圹内出土金耳饰 1 件、铁棺环 6 件，还见有少量的人骨残块。圹 2 保存较好，东壁与南壁整齐明显，西壁与北壁也依稀可辨，底部用比较规整的河卵石铺砌，圹内以碎山石块充填封护。此圹内出土铁棺钉 6 件、铁扒锯 3 件、铁分钩 3 件、人肢骨一段。圹 3 已遭破坏，不见任何遗物。

JMM402　封土石室墓。墓葬封堆呈圆形，直径7、高1.7米，方向360°（图三）。墓室呈铲形，东、西壁长2.6、北壁宽1.8、南壁宽1.6米，墓室高1.3米。墓的四壁均用天然石块砌筑，墓室上部稍有内收，其上以石板覆盖。墓底平铺一层碎山石，较为平整。在墓室内东北角发现有一人头骨，在头骨上方放置一陶罐，已残。墓道设在南壁，长、宽、高均为0.8米。

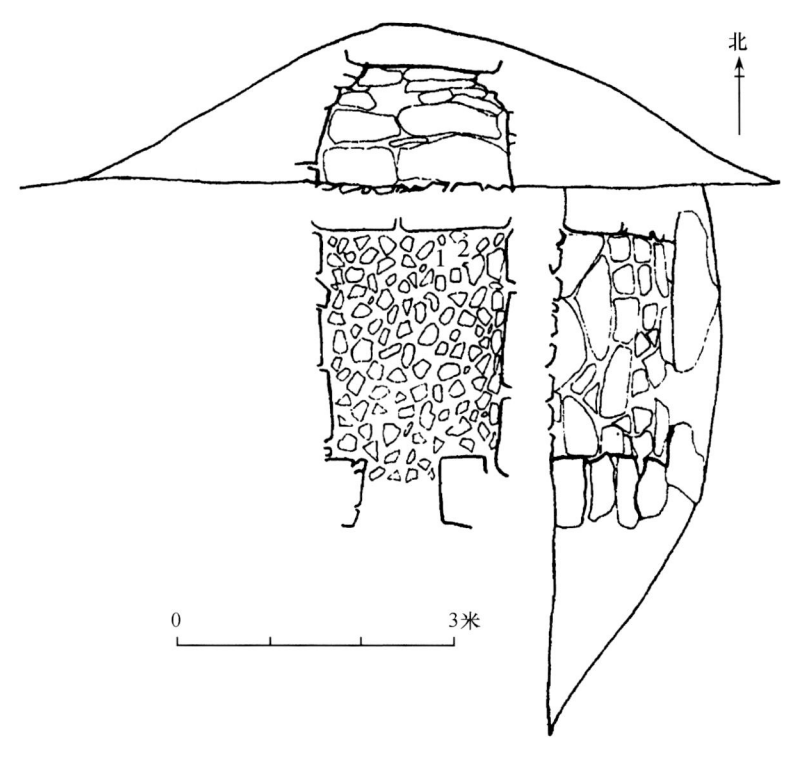

图三　JMM402 平、剖面图
1. 头骨　2. 陶罐

JMAM10　阶坛石圹积石墓。呈正方形，边长9米。该墓过去曾遭严重破坏，墓的南侧阶坛被路基所压。墓上部石圹与封土均已流失，地表仅存三部分阶坛，经清理未见任何遗物。

三、出土遗物

陶罐　1件，只残留底部。M402:1，夹砂褐陶，器壁较直，平底，底径9.2厘米（图四，5）。
铁棺环　6件。M401:3，大环中套有一铆钉，环的直径9.7厘米（图四，2）。
铁分钩　3件。M401:5，小环上连有两个弯钩，通长7.5厘米（图四，6）。
铁扒锯　3件。M401:4，扁条两端弯折，通长11厘米（图四，3）。
铁棺钉　6件，其中3件已残。M401:2，四棱方钉，钉帽呈方形，通长12.5厘米（图四，1）。
金耳饰　1件。M401:1，圆环中套有一小环形链，下部连有一桃形叶片，通长5厘米（图四，4）。

图四　出土遗物

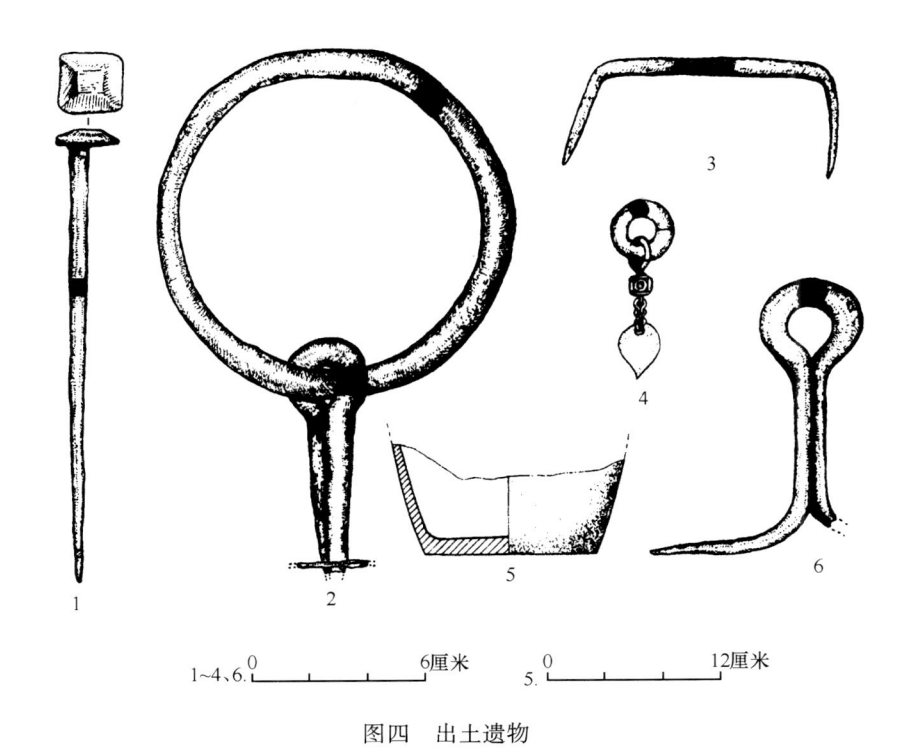

1. 铁棺钉（M401:2）　2. 铁棺环（M401:3）　3. 铁扒锯（M401:4）　4. 金耳饰（M401:1）　5. 陶罐器底（M402:1）　6. 铁分钩（M401:5）

四、小　结

此次调查发掘的墓葬均属高句丽时期的墓葬，但墓葬的形制及其年代存有一定的差异。

M401为阶坛石圹积石墓，其阶坛是采用阶墙式构筑方法，这种构筑形式在高句丽积石墓的演进过程中，年代应稍早些。从存有的3个石圹的现象来看，应是一座串墓。该墓的年代为4世纪前后。

M402为封土石室墓，过去通常称"封土洞室墓"。此类墓葬一般墓室低矮，多是穿插在积石墓的空隙中间，其年代较晚，大约在7世纪左右。

安子沟墓群分布有序，即从沟内向沟门依次排列，应是一处家族墓地。就墓葬的构筑方法与形制来看，其年代为4～7世纪。

这批高句丽时期的墓葬，虽然数量不多，但墓葬的形制和年代却有明显不同。值得提及的是这些墓葬地处洞沟古墓群的最西端，这对于研究高句丽时期墓葬的分布范围，以及墓葬的结构等问题具有一定的参考价值。

执　笔：孙仁杰　何　明　林世贤
绘　图：孙仁杰　郝海波

（原刊于《北方文物》2002年2期，47～50页）

集安下解放第 31 号高句丽壁画墓

方起东　刘萱堂

下解放原名下羊鱼头，是鸭绿江中游右岸的一片小盆地，西去集安市区 7 公里，南与朝鲜民主主义人民共和国满浦隔江相望。下解放沿江是一片宽敞的平地，今植水稻；北依龙山，为一平缓的山坡，坡地斜度不大，已垦为农田。下解放村东北 200 米许的山坡及平地上，是古墓分布比较集中地区，1962 年尚存 50 余座高句丽古墓，今仅存 25 座。在墓区中部自山腰至山麓，有一排瞩目的大封土墓，第 31 号墓即是这排大封土墓中位居最高者。环纹墓位于其东南山坡，相距 40 米；冉牟墓位于其西南远方的平地上。

1963 年，集安文物保管所根据群众反映发现此墓墓门已被打开，内有壁画，遂培土加以封闭。1966 年，吉林省博物馆和集安县文保所联合对洞沟古墓群进行测量时，将此墓编为下解放第 31 号，并于 6 月 12 日派方起东对此墓做了测绘和著录。

第 31 号墓是一座封土石室壁画墓。封土坟垄呈覆斗形，周长 50 多米，高约 6 米。砌筑石室所用石材，均为加工整齐的石条，石质系当地的石灰岩。墓的方向为南偏东 30°。

墓的结构除封土之外尚分墓道、前室、甬道、墓室等几个部分，构筑整齐。前室和墓室各筑藻井。墓道和甬道都从中轴线上通过（图一）。在墓道以内的前室、甬道和墓室的地面、壁面及顶部均抹白灰，白灰上绘有壁画。墓葬发现时灰皮已剥落殆尽，壁画残迹所剩无几。

31 号墓墓室呈正方形，每边长 3.6~3.8 米。四壁之上砌筑藻井，由下而上先作三层平行叠涩，其上再筑两层斗四式抹角叠涩，最后盖巨石封顶。四壁高 2.08 米，加上藻井部分总计墓室高为 3.46 米。

墓室与前室之间的甬道，辟于墓室南壁正中，长 0.84、宽 1、高 1.36 米。甬道南端与前室北壁相接的两个墙角，石材被凿作折尺形凹入；其上部盖石高出甬道盖石 0.24 米，使甬道南端的上方和左右两面形成凹槽，当是原来安装木质门楣和门框的部位。

前室明显比墓室矮小，略作横长方形，进深 2.15、宽 2.74 米。四壁下部略内倾，高约 1.4 米（正当甬道和墓道盖顶石的高度），由此往上，加剧内收，形成藻井。藻井顶部的做法是：在南北两面正中的近顶处（距地 2.2 米）各伸出一小替石，替石之上承一石枋，此石枋将藻井顶部分隔成东西两半，并分别置以盖顶石。从盖顶石到地面高 2.2 米。

墓道辟于前室南壁正中，通长 2.38 米，大致可分三段。第一段居北端，长 0.68、宽 1.13 米，壁面稍内倾，其上有盖顶石，高 1.40 米；第二段居中，长 0.53 米，其北端与第一段相接处宽度向东西增阔至1.26米，而且越向外越向两侧开拓，其上有盖顶石，高1.78米；第三段居南端，长1.17米，外口宽至1.44米时两侧石材砌作阶梯状，上无盖顶石。

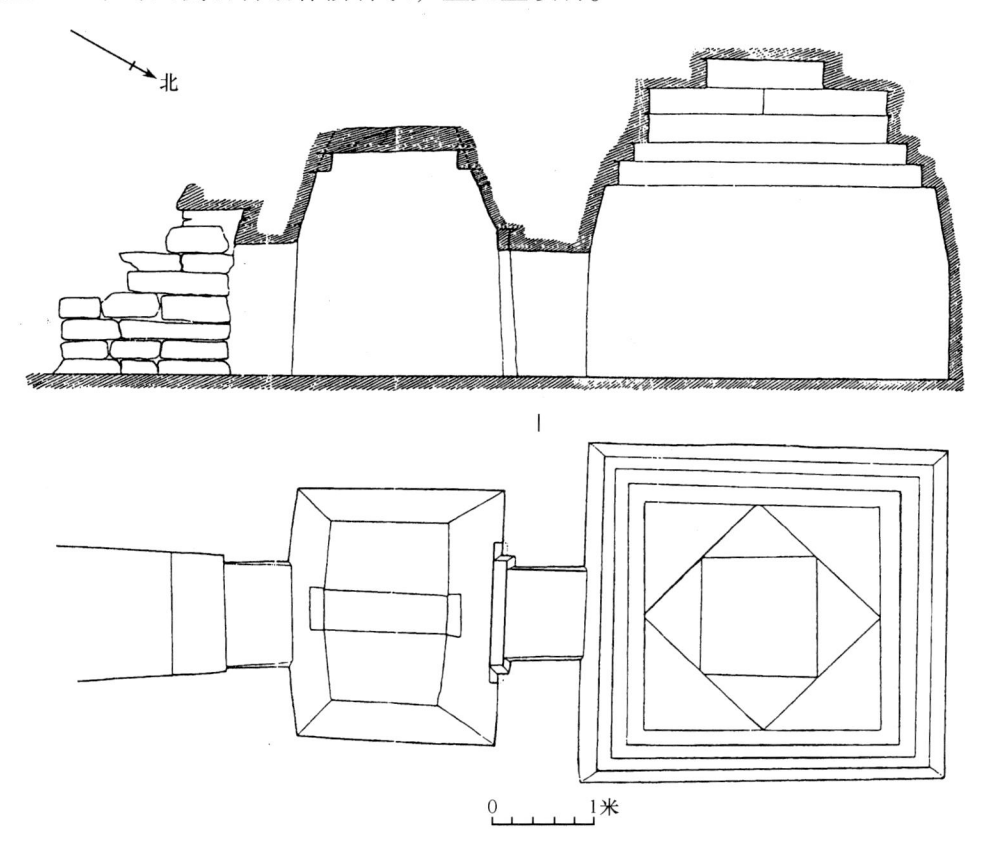

图一　下解放第31号墓平、剖面图

图二　残存壁画
1. 宝珠火焰纹　2. 莲花纹　3. 鸟　4. 星辰图　5. 月轮和蟾蜍

残存壁画均在墓室中。东壁北部上端紧挨着藻井叠涩处，有墨线绘的宝珠火焰纹（图二，1）。

在藻井下部三层平行叠涩部位侧面，均绘侧视莲花，皆作三瓣后衬两瓣，有的主红色，有的主黑色，相间错置。现存西壁南角上数第一层见 1 朵，第二层见 1 朵；南壁第二层见 1 残朵；北壁第二层东端见 1 朵，西端见 1 朵，第三层见 3 朵（图二，2）。

在藻井上部两层抹角叠涩石上，西北角上数第一层抹角石下侧绘有星象，星辰作黑线圆圈，散布有 6 颗，有的星辰之间尚有黑色双线相连，似示星座（图二，4）。在北面上数第二层抹角石侧面，见一灰色圆形，中有黑色图像，已不辨何物，可能是月轮和蟾蜍（图二，5），其东还有一灰白色的鸟（图二，3）。

关于下解放 31 号高句丽壁画墓所处的年代，应把它放到整个集安壁画墓分期的背景上去考察。

集安壁画墓现已发现 29 座，从发现和清理的时间看，大体可分三个阶段。第一阶段为 20 世纪初期到 20 世纪 30 年代，共发现清理墓葬 9 座。其中三室墓、角抵墓、舞踊墓、四神墓、环纹墓、冉牟墓等保存完好。散莲花墓发现之初尚好，后来塌毁。龟甲、美人两墓破损严重。第二阶段为 20 世纪 60 年代，共 8 座。其中五盔坟四号墓、五号墓保存完好。马槽墓、山城下 332 号墓、983 号墓、万宝汀 1368 号墓各有不同程度的损坏，麻线沟一号墓墓顶有漏洞，后来塌毁。下解放 31 号墓也是在这一阶段发现、著录的。第三阶段为 20 世纪 70 至 90 年代，共发现、清理和确认 12 座。其中长川一号墓、二号墓保存较好，禹山 1041 号墓壁画剥落严重，仅存部分残迹。其他 9 座墓壁面剥落殆尽，只能从残片中辨认确定壁画痕迹。它们是山城下 365 号墓，折天井墓，长川四号墓，万宝汀 645 号墓，山城下 1305 号墓、1405 号墓、1407 号墓和 798 号墓，还有禹山 3319 号墓。

集安壁画墓的年代与分期一直是中外学者致力研究的课题。经过多年不断深入地探索、研讨和修正，目前我们倾向于把集安高句丽壁画墓分为四期。

第一期，在结构上以单墓室、甬道两侧筑耳室为主要特点，墓室顶部为穹隆式、四阿式或多层叠涩四隅间或加小抹角的藻井。墓向朝西。壁画内容为两类：一是反映墓主人生前生活图景；二是由莲花或王字云纹组成的图案，墓室四隅影作木结构，多绘菱形云纹或螭云纹图案，藻井部分以莲花、云纹为主。属于这一时期的典型墓有麻线沟一号墓、马槽墓、山城下 332 号墓和长川二号墓。其年代为 4 世纪中叶至 4 世纪末。比较特殊的是禹山 3319 号和折天井墓。3319 号墓是一座阶坛积石砖室墓，墓室呈方形，从墓室中坍落的封顶砖材看，应为穹隆顶。墓道向西，左右有耳室。墓室西北隅在砖上抹有白灰，上有褐红色颜料，知有壁画。折天井墓于 1983 年和 1985 年清理时发现有耳室和大量壁画残片。这两座墓虽然壁画已荡然无存，但平面结构与第一期其他墓葬相同。另外万宝汀 645 号墓、山城下 1305 号墓、1407 号墓均属此类，因此亦应归属为该期。禹山 1041 号墓虽然平面结构与其他墓葬不同，但壁画内容布局与马槽墓十分相像，出土木芯铁马镫与朝阳袁台子墓相似，所以也当属于第一期。

第二期，在结构上以单墓室甬道连前半室为主要特点。墓向朝西。前半室是第一期两个耳室顶部连通起来的结果。前半室顶部为横长覆斗式。墓室顶部为穹隆或多层叠涩抹平间或加小抹角的藻井。壁画内容也分两类：一类是以墓主人生前生活为主要内容，但藻井上开始出现日月星辰、神仙和四神（青龙、白虎、朱雀、玄武）图像，但四神尚不完全；另一类还是以图案为主，布局更加整齐。这一时期墓葬有角抵墓、舞踊墓和散莲花墓，年代为 4 世纪末至 5 世纪初。

高1.1米。圹壁底部第一层石条略大，一般长为0.7、宽0.2、厚0.2米，以上石条层层内收叠砌。东部墙壁宽1.15米，与墓道连接转角处残存4层石条，高0.9米，石条砌筑方式与西部墙壁转角相同。

墓道筑于南壁中间，耳室开于墓道两侧。清理前，整个墓道和耳室全部用不规则石块填堵至墓葬顶部。这些填堵石块应是高句丽人在墓道和耳室建成后，不知出于何种原因重新用石块加以封堵，使墓葬最后形成一座无墓道和耳室，只有一个石圹的阶坛石圹墓。

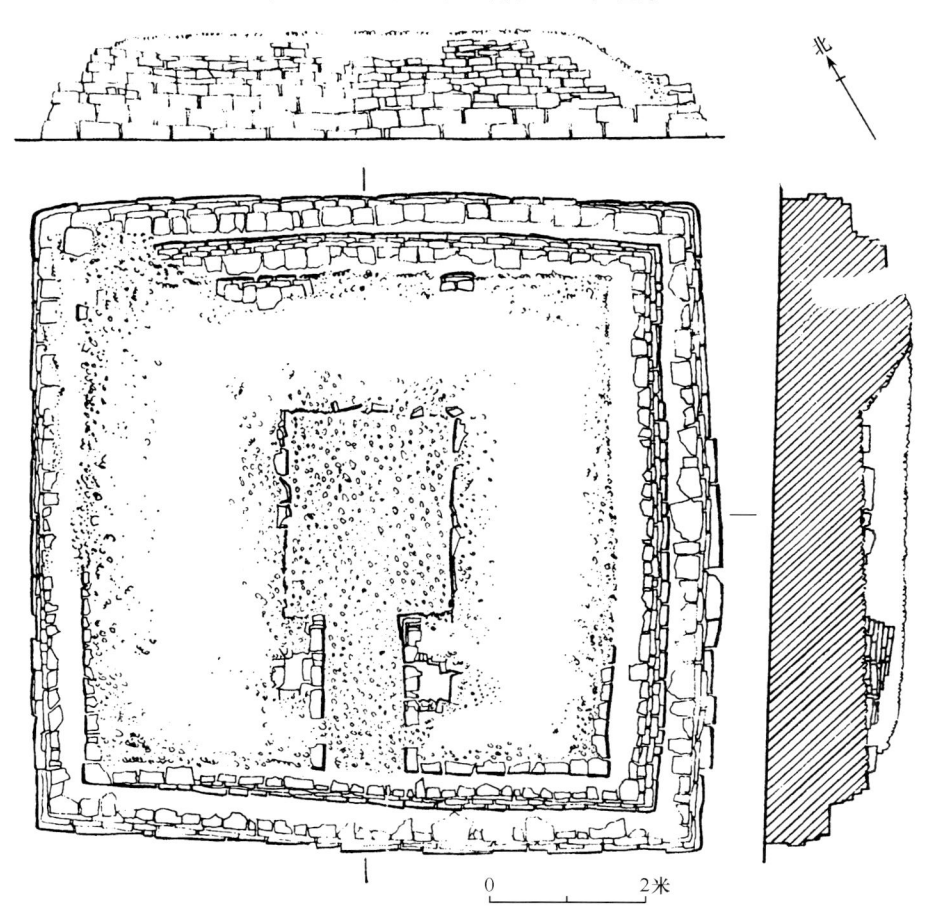

图一　YM2112号墓平、侧、剖面图

用于填堵墓道和耳室的石块由上至下渐大，石块空隙处以小河卵石搅拌石灰浆填充。

墓道方向为151°，长4.6、宽2.38米。墓道底面铺有直径为0.2米左右的河卵石，后用小河卵石填铺凹凸不平处。墓道两壁均以修琢工整的石灰岩条石错缝叠压砌筑，残存3~5层，高0.9~1.1米。

耳室2个，分别筑于墓道两侧，北距石圹南壁1.2米。两耳室底面铺有直径为0.15~0.2米的河卵石。

西耳室东西长1.5米，南北宽1.1米，残高0.9米。北壁底部残留三块长0.35~0.4、厚0.15米一面修琢工整的石条，错落叠压。西壁残留有一块长0.8、宽0.3、厚0.17米的石条。南壁不见人工修凿的石条，全部为大小不等河卵石。

东耳室的建筑结构与西耳室相同。东壁底部残存一块长0.7、宽0.5、厚0.18米的石条。南壁底部只见一块长0.4、宽0.3、厚0.15米的石条。北壁不见石条。

东、西耳室入口处均以石条叠砌封堵，靠墓道一侧的石条表面修琢工整，为墓道墙壁组成部分。靠耳室一侧的石条表面未加修整，参差不齐。封堵墙段与两侧墓道墙段之间的缝隙较大，补砌迹象明显。

二、出土器物

YM2112号墓出土器物共计350余件，包括铁器、鎏金器、金器、银器及瓦类建筑构件等。各类器物大多出土于石圹内西南角，只在东耳室出土1件环形挂钩和2件环形扒锔，西耳室出土1件环形挂钩。瓦类建筑构件多出土于石圹内西部及西面阶坛外部，其他部位相对较少。

1. 瓦类建筑构件

瓦当　共出土21件。均为莲纹瓦当，多有残缺，个别当面保存较好。可分二式。

Ⅰ式：八瓣莲纹瓦当。泥质灰陶，火候较高，质地坚硬。YM2112:1，当面直径20.5、厚3.5、边缘凸起2.2厘米。当面外缘为两周凸弦纹，内饰高浮雕八瓣莲花纹，瓣上三道凸弦纹由"V"字弦纹连接，莲瓣间饰两条凸弦纹和两个高0.5厘米的乳钉，中间为两周凸弦纹和圆形乳突，当面连接筒瓦，瓦残长23.5、厚2厘米（图二，1）。

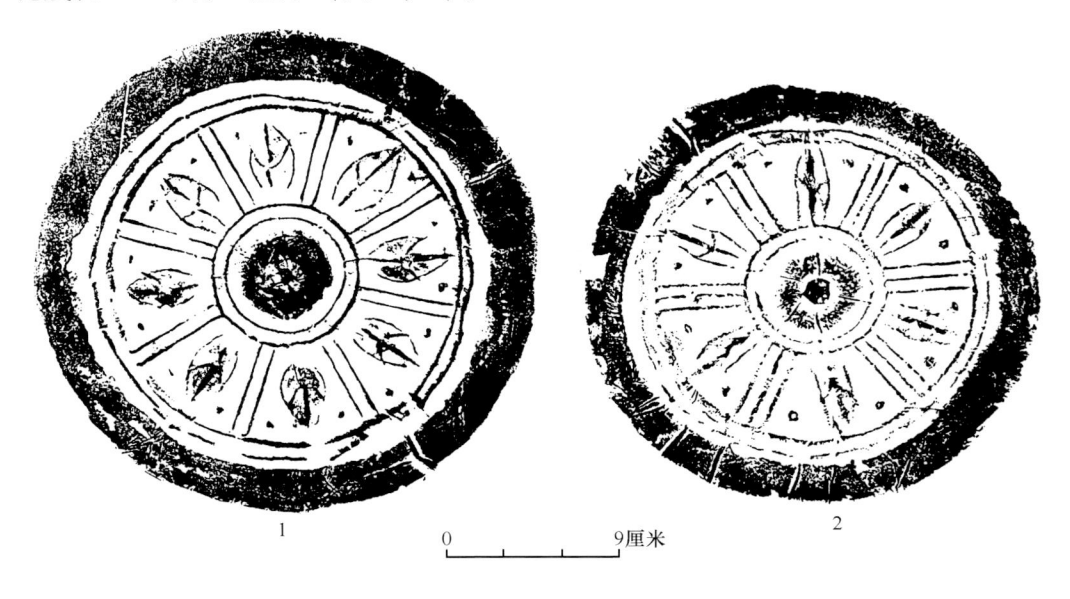

图二　出土瓦当
1. 八瓣莲纹瓦当　2. 六瓣莲纹瓦当

Ⅱ式：六瓣莲纹瓦当。泥质灰陶，火候较高，质地坚硬。YM2112:5，当面直径18.5、厚1.8、边缘凸起2.5厘米，当面纹饰与Ⅰ式基本相同，莲瓣之间饰三条凸弦纹（图二，2）。

板瓦、筒瓦　均残，残片一般厚2~2.5厘米，瓦表素面，背面均为布纹。从颜色来看，可分两种，一种为灰褐色，数量居多；一种为深红色，数量较少，只出土几块残片。

2. 铁器

共141件。器类有扒锔、挂钩、棺钉、环形挂钩、环形钉等。皆为锻制。

扒锔　45件。用途不同，形制不一，皆为四棱铁条锻制而成。分三式。

Ⅰ式：38件。YM2112:58，铁条两端内折成直角，锔身长短不一，长者5、短者3.5厘米，锔钉长4厘米（图三，1）。

Ⅱ式：3件。YM2112:60，铁条两端先内折45°，长约1厘米，再折曲与锔身呈直角。锔身通长6.5、锔钉长4.5厘米（图三，2）。

Ⅲ式：4件。YM2112:63，铁条一端内折成直角，另一端内折180°再外折，使之与另一端锔钉平行。锔身长5.9、锔钉长3厘米（图三，3）。

挂钩　出土6件。YM2112:69，一端弯折成半圆形，另一端锻制为四棱尖形。通长32厘米，断面直径1厘米（图三，8）。

棺钉　共出土34件。钉身皆为四棱形，钉帽形制不一，长短有别。

Ⅰ式：27件。YM2112:75，钉帽呈圆形，直径1.7、厚0.1、通长12.5厘米，钉身断面0.5厘米×0.5厘米（图三，4）。

Ⅱ式：2件。YM2112:103，钉帽呈蘑菇状，直径2.2、钉身通长10厘米，钉身形制与Ⅰ式相同（图三，5）。

Ⅲ式：1件。YM2112:105，折帽，帽面呈长方形，长2.5、宽1.4、厚0.8厘米。钉身长7、断面直径0.6厘米（图三，6）。

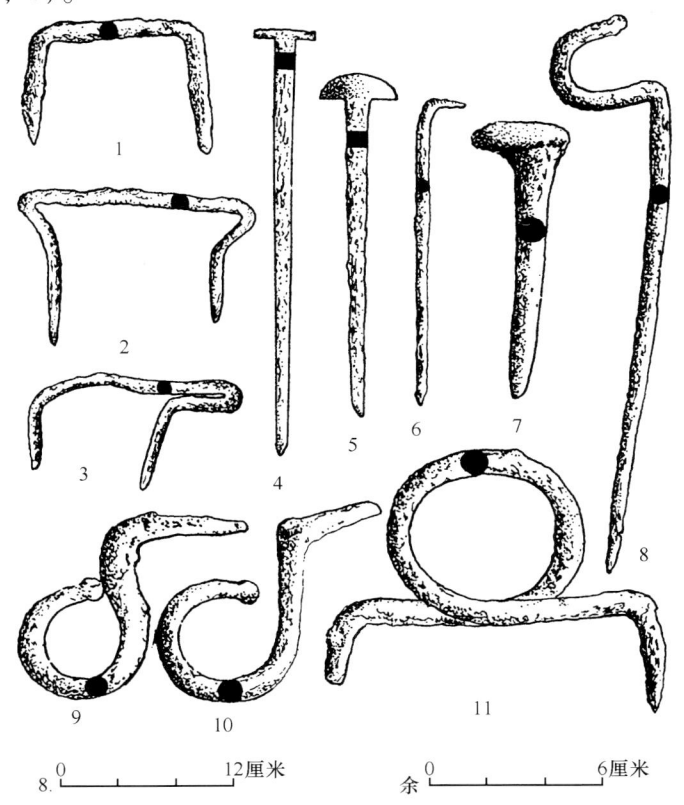

图三　铁器

1～3. 铁扒锔　4～7. 铁棺钉　8. 挂钩　9、10. 环形挂钩　11. 环形扒锔

Ⅳ式：4件。YM2112：106，折帽，通长8.5、钉身断面直径0.3厘米（图三，7）。

环形挂钩　共出土6件。一端弯折呈环形，另一端锻制成四棱锥形。通长0.8厘米。YM2112：111（图三，9），YM2112：113（图三，10）。

环形扒锔　出土5件。YM2112：118，圆形铁条相对弯折成直径4厘米圆环，两端再同向对折。锔钉长2.5～3、间距8、断面直径0.7厘米（图三，11）。

3. 鎏金器

共140件。从其用途可分8类。

鎏金叶形饰片　5件，其中2件完整。YM2112：125，呈杏叶形，边缘压折成宽0.2厘米的边，中间镂刻心形孔，孔边缘有锥点纹一周，直径2.6～2.4厘米（图四，4）。

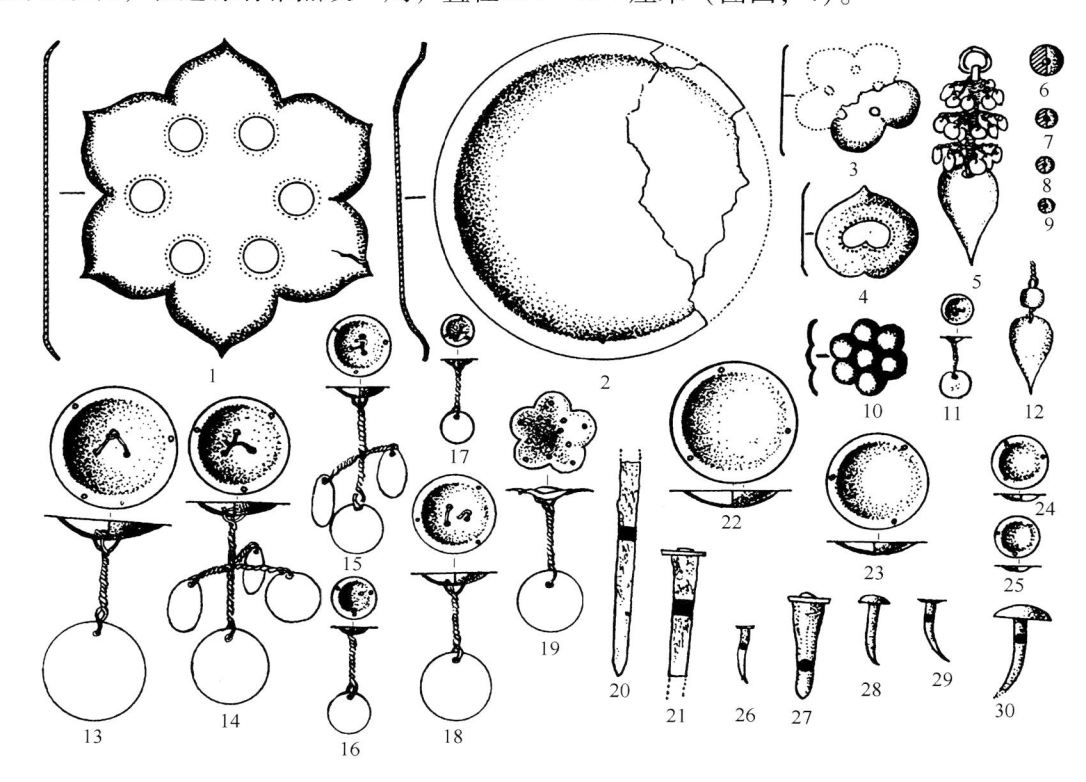

图四　鎏金器、金器、银器、玛瑙珠

1. 莲花形镂孔饰件　2. 圆形鎏金饰　3. 梅花形泡饰　4. 叶形饰片　5. 银坠饰　6～9. 玛瑙珠　10. 梅花形泡饰　11. 金泡饰　12. 金叶饰　13～19、22～25. 圆形泡饰　20、21、27. 鞋钉　26、28～30. 铆钉

圆形鎏金饰　1件。YM2112：130，饰片圆形，面微凸起，凸起面鎏金，周缘有0.3厘米宽的折边，直径8.8厘米（图四，2）。

六瓣莲花形镂孔饰件　4件，2件完整。YM2112：131，六瓣莲花形，周边有0.3厘米宽的折压边，面微凸起。凸起面鎏金，中间镂有直径1厘米的6个圆孔，孔边有锥点纹一周，直径8.3厘米（图四，1）。

六瓣梅花形泡饰　4件。YM2112：135，六瓣梅花形，中间一圆形花蕊，花蕊左右有2个穿孔，直径2厘米（图四，10）。

五瓣梅花形泡饰　1件。YM2112:140，残，五瓣梅花形，直径2厘米。叶片上有5个0.1厘米的穿孔，花蕊上有3个小穿孔，穿孔连有拧绕的长约1.5厘米铜丝，另一端坠有直径1.5厘米的圆形叶片（图四，3）。

圆形泡饰　111件，形状相同，大小有别。中部隆起，周缘压边，压边之上有等距离的3个小孔（个别为5个小孔）用于连线，起固定或连接作用。隆起的中间处，穿有3个小孔（少部分中间没有穿孔），孔与孔串接铜线，铜线一端连缀数量不等的圆形叶片。根据其直径大小，可分五种，大泡饰直径为3.3厘米，所连接叶片直径2.6厘米；小泡饰直径为0.8厘米，连接直径为0.9厘米的圆形叶片（图四，13~19、22~25）。

鎏金鞋钉　6件，均残。断面基本为方形。YM2112:252，钉身长3厘米，顶部铆接有宽1.1、厚约0.1厘米的鎏金残片（图四，21）；YM2112:255，无顶部铆接部分，只存通长为5.7厘米的钉身（图四，20）；YM2112:256，断面为圆形，上粗下细，顶部铆接鎏金残片，残长2.6厘米（图四，27）。

铆钉　共8件。从顶帽的形状可分为二式。

Ⅰ式：蘑菇形帽。YM2112:258，大者帽径1.5厘米，钉身长2.2厘米（图四，30）；YM2112:259，小者帽径为0.8厘米，钉身长1.6厘米（图四，28）。

Ⅱ式：圆平顶帽，钉身与Ⅰ式相同（图四，26、29）。

4. 金器

金线　共有4段。断面直径为0.07厘米，长短不一。

金泡饰　共4件。形制与鎏金圆形泡饰相同，由一直径为0.7厘米的泡饰连缀直径为0.7厘米的叶片组成（图四，11）。

金叶饰　5件。YM2112:269，杏叶形，一端较尖，中部微鼓，叶根部穿有一孔，连接铜丝，铜丝上穿有直径为0.4厘米的玛瑙珠（图四，12）。

5. 银器

坠饰　共3件，1件完整。YM1221:275，将0.2厘米宽的银片对折成2.8厘米长，两端弯折成圆环，一端连缀长2.5、宽1.4厘米的尖桃形叶片，另一端套接直径为0.7厘米的圆环，银片中间以银丝拧绕出三层数量不等的坠环，坠环上连缀直径为0.6厘米的圆形叶片，最多达10余片（图四，5）。

6. 玛瑙珠

5件。均为圆球形，中间有穿孔，大小不一。大者直径0.8厘米，乳白色透明；小者直径0.25厘米，呈绿色或淡黄色（图四，6~9）。

三、结　语

YM2112号阶坛积石石圹墓，在洞沟古墓群中属中型墓葬。从其墓葬位置、规模、建筑结构及出土遗物看，该墓墓主人身份比较高，可能是高句丽时期显赫的贵族。

1. 关于墓葬年代

考察洞沟古墓群分布情况的一般规律，高句丽墓葬多顺着山坡的走势成行的排列，即从山坡上排至山脚下，坡上的墓葬年代较早，一般多为积石串墓，而山脚下的墓葬多是独立的封土石室墓，其年代较晚。YM2112号地处禹山南坡的末端，其周围多分布着大型封土石室墓，著名的五盔坟、四盔坟、四神墓均在这里，其年代亦应与之相近。另外从以往的发掘资料表明，早期积石墓随葬遗物多实用器，约公元4世纪末前后，装饰性器物大量增加。公元5世纪以后，装饰性器物十分普遍。YM2112号中出土的大量金、银、鎏金饰件，皆为装饰性物品，为该墓的断代提供了佐证。再从YM2112号中出土的瓦当类型考察，瓦当中的莲纹饰"V"字形的突起，在莲瓣的尖部两侧各饰一乳钉；太王陵出土的瓦当，乳钉除装饰在尖部外，还饰于莲蕾之中；而将军坟出土的瓦当两乳钉装饰在莲蕾的尖部，不见"V"字形突起。从瓦当演进规律看，应是YM2112号→太王陵→将军坟（图五）。

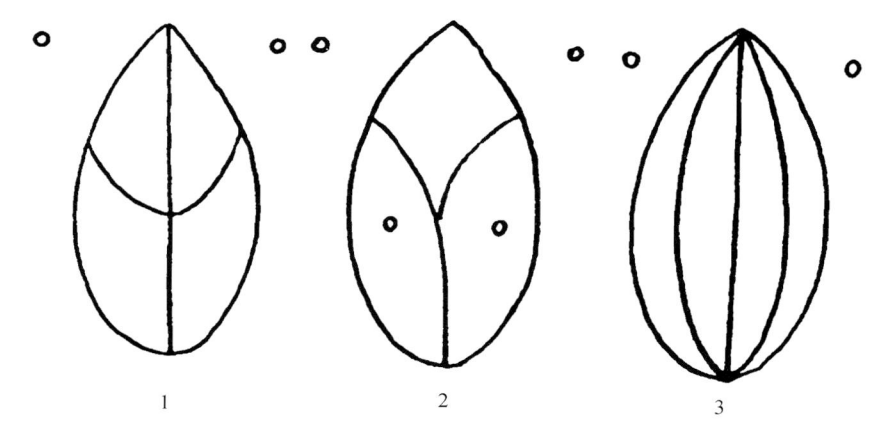

图五　瓦当莲瓣纹
1. YM2112墓出土　2. 太王陵出土　3. 将军坟出土

太王陵即好太王的陵墓，墓上曾出土"愿太王陵安如山固如岳"铭文砖，好太王公元392年即位，卒于公元412年，公元414年安葬于太王陵。YM2112号阶坛积石石圹墓应早于太王陵，其相对年代为4世纪末至5世纪初。

2. 关于墓葬葬具

文献资料中曾有高句丽"其死，有椁无棺"的记载[1]，在早期的积石墓中也没有发现木棺的构件，因此多认为高句丽积石墓只有木椁没有木棺。此次清理YM2112号墓，出土了不同形制棺钉34件，铁扒锔45件，棺钉为钉制木棺所用，铁扒锔为钉制木椁所用，说明木棺和木椁在此墓中同时使用。积石石圹墓中出土铁棺钉的现象在禹山墓区墓葬中也发现多处，墓葬年代在"公元4~5世纪前后"，与YM2112号年代接近。这说明至迟在公元4世纪，木棺与木椁在高句丽积石石圹墓中就已同时并用。

3. 关于墓葬结构

积石石圹墓是高句丽民族所固有的一种葬制，洞沟古墓群的积石墓多数为石圹结构，存在于无坛、有坛积石墓中。其中大部分为单一的石圹，平面呈长方形，以石块砌筑圹壁，还有一少部分在石圹的一侧筑有墓道、"石箱"和耳室。从墓葬年代来看，后一类墓葬年代相对较晚，其中筑有耳室的又比筑有"石箱"的墓葬年代相对较晚。其发展演变轨迹为：单一石圹—"石箱"—墓道—耳室。由此可知，筑有耳室的积石石圹墓是较晚的墓葬形制。YM2112号亦属此类。

筑有耳室的积石石圹墓在洞沟古墓群中并不多见，其年代一般在公元4~5世纪。从时间上来看，这种结构的墓葬只经历了较短暂的发展历程。代表高句丽传统葬制的积石单一石圹墓是如何演变为带有耳室的石圹墓，我们暂不做讨论，可以肯定的是高句丽人受外来文化影响或者本民族内部的重大变革后，葬制得以改变。YM2112始建墓道和耳室后又以石块封堵，而墓向由早期石圹墓的南向或西南向变为晚期封土石室墓普遍存在东南向，这一做法应体现出新旧葬制观念的共存性。

发　掘：张中国　董　峰
绘　画：张中国　董长富　董　峰
执　笔：董　峰

注　释

[1]　《梁书》卷五十四，《东夷传·高句丽》。

（原刊于《北方文物》2004年2期，29~35页）

洞沟古墓群禹山墓区 JYM 3319 号墓发掘报告

吉林省文物考古研究所　集安市博物馆

JYM3319 号墓是洞沟古墓群中重要墓葬之一。1997 年春，吉林省文物考古研究所、集安市博物馆，在对集安市区的洞沟古墓群及丸都山城进行大规模普查勘测工作的过程中，对禹山墓区 JYM3319 号墓进行了科学的发掘。

JYM3319 号墓历史上曾遭到严重破坏。之所以选定 JYM3319 号墓作为发掘对象，第一是因为该墓在洞沟古墓群中居显要位置，而且具有一定规模，学术界对其有种种猜测。第二是为了搞清其形制、结构，以便于进一步对其分期、排队。由于墓葬东南角巨石上有阴刻的人像，国内外学者们或将该墓视作"王陵"，或认为 JYM3319 号墓是高句丽墓葬由石圹墓转变为石室墓的标准。因此，科学细致地对这座墓葬进行发掘，亦是国内外许多研究高句丽历史及考古工作者的愿望（彩版八）。

此次对 JYM 3319 号墓的发掘，自 1997 年 5 月 1 日始至 5 月 20 日止，历时 20 天，出土遗物 60 余件及部分建筑构件，取得了很大的成果。发掘工作由吉林省文物考古研究所方起东所长主持，集安市博物馆孙仁杰担任工地发掘并主持测量、绘图工作，赵书勤、张玉春、王昭同志参加发掘，摄影谷德平，室内器物整理修复林世贤、林世香，器物清绘由王新胜、郝海波进行。

一、地理环境及墓葬情况

JYM 3319 号墓位于东经 126°10′43.4″，北纬 41°07′55.2″，海拔 252 米。距高句丽都城国内城（现集安市政府所在地）北约千米的山冈上，站在墓顶可俯瞰集安市区。发源于长白山系老岭山脉的一支——禹山，由东北向西南延伸至国内城的西北端。自老岭山脉中流出的通沟河，由东向西流经禹山北侧，再折向禹山西侧注入鸭绿江。禹山的南、北、西三面被水半包围着，形成较开阔的川谷。禹山的北坡是洞沟古墓群的山城下墓区，西坡隔通沟河是万宝汀墓区，南坡是一个较大的缓坡，在这个长约 4000、宽 1000 米的缓坡地带，密集分布着 3000 多座高句丽墓葬，这就是洞沟古墓群的禹山墓区。JYM3319 号墓就处在禹山西端的山冈上，山冈的南侧是悬崖，北面渐高接禹山的主峰，西侧是沟谷，沟里长满梨树，当地人称作梨园，梨园南面有一处高句丽时期的建筑址，即梨园南遗址。向东是一片坡地，坡地上遍布着高句丽墓葬。JYM3319 号墓的位置亦是禹山墓区的西部末端，一条上山的公路绕过墓葬的南、西两侧盘旋至禹山峰顶。由于历史上的盗掘和自然的破坏等原因，墓上长满树木杂草，砌墓的阶坛石多坍塌移位，墓顶的中部有一大凹陷坑，墓上及周边散布着许多砖石瓦砾。

1961 年 10 月吉林省文物普查队调查时，在该墓发现带有"丁巳□□□□岁□□□□□万世太岁在丁巳五月廿日"铭文的半个纪年瓦当[1]（图一，1；图二，1）。1979 年 10 月集安市博物馆在墓上发现盘口青瓷壶 1 件[2]。1983 年集安市博物馆组织文物复查时，在墓侧又发现半个"□□□□□四时兴诣□□□□万世太岁在丁巳五月廿日"纪年瓦当[3]（图一，2；图二，2）。1984 年集安市博物馆为 JYM3319 号墓侧的人像石刻修建了铁栅栏，又在墓侧发现四分之一大小的卷云纹瓦当，其上有"千谷民造"文字[4]（图三，1）。2003 年张福有先生发现了收藏在民间的半个铭文瓦当（图一，3；图二，3），识读为"日为中郎及夫人造盖墓瓦又作民四千"[5]。将陆续发现的 3 块瓦当加以斗合，张读瓦当上的完整铭文共 36 字："太岁在丁巳五月廿日，为中郎及夫人造盖墓瓦，又作民四千，餟盒权用，盈时兴诣，得享萬世。"但对其中及夫二字未确定，或可读为：为中郎将大人造盖墓瓦。

2003 年对该墓进行了环境整治，并被列入世界文化遗产名录。

图一　JYM3319 出土的 3 枚"丁巳"瓦当
1. 1961 年 10 月出土的"丁巳"瓦当　2. 1983 年出土的"丁巳"瓦当　3. 2003 年张福有在民间发现的"丁巳"瓦当

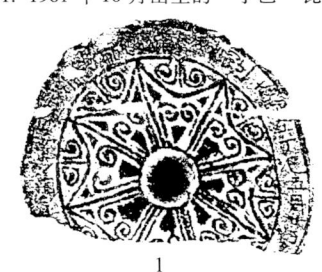

图二　JYM3319"丁巳"瓦当拓片
1. 1961 年出土的"丁巳"瓦当　2. 1983 年出土的"丁巳"瓦当　3. 2003 年民间征集的"丁巳"瓦当

图三　JYM3319 卷云纹铭文瓦当拓片
1. 1984 年采集"千谷民造"瓦当拓片　2. 97JYM3319:31"乙卯年癸酉"瓦当拓片

二、墓 葬 结 构

禹山墓区 JYM3319 号墓是一座阶坛积石砖室墓，平面呈方形，边长 21 米左右，残高 2.65 米，方向南偏西 75°。墓由内、外两部分组成：内部系用砖砌墓室，外部采用石材构筑阶坛，中间以碎石填充。经发掘后知该墓的结构及筑墓步骤（图四；彩版九，1）。

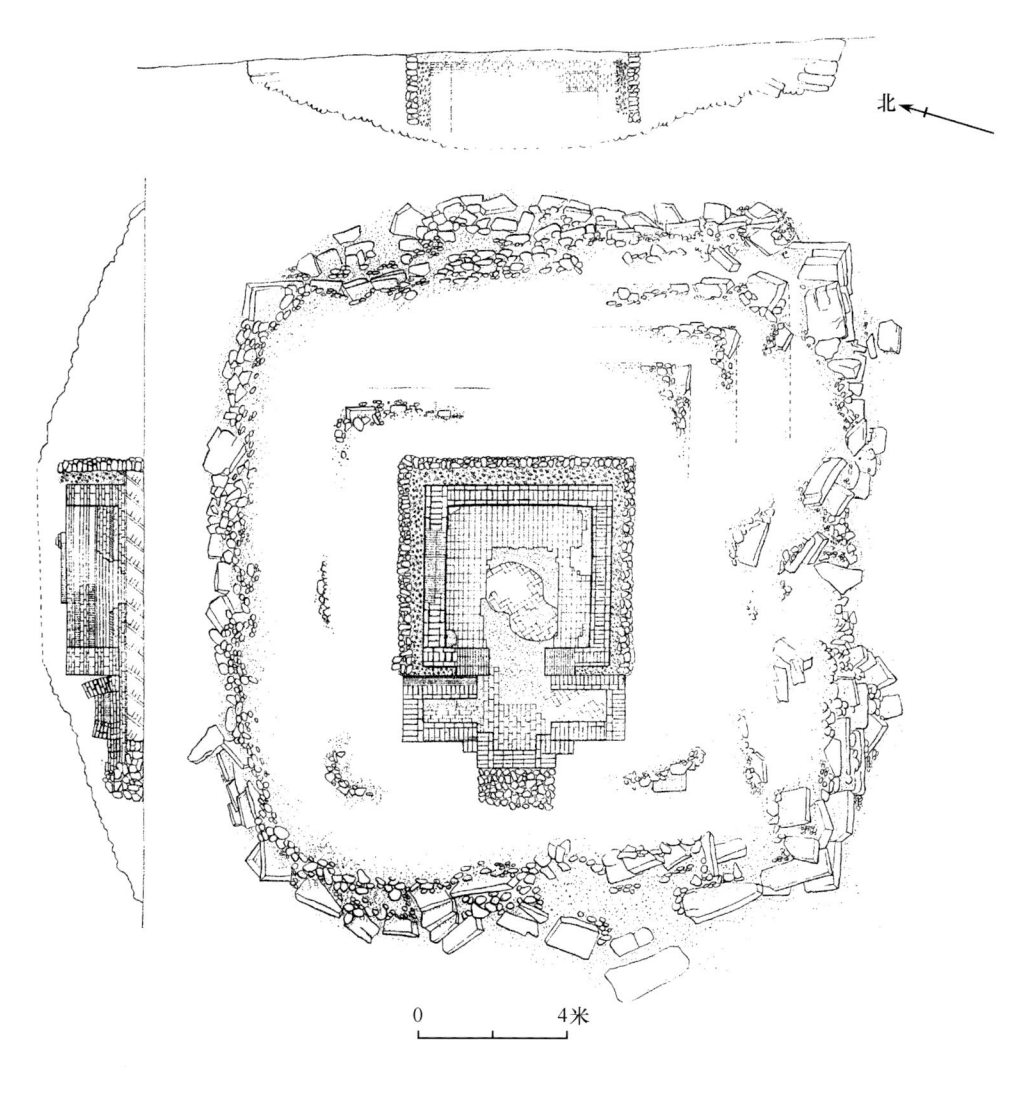

图四 JYM3319 平、剖面图

该墓建筑之前在结构上经过整体设计和精心施工，由内而外分步骤进行。首先从墓的内部筑起，然后再筑外部。

墓葬内部结构分为墓室、甬道、耳室、墓道四部分。

墓室 其筑法是先将山坡地面修平整，然后在墓室范围内平铺 0.5 米厚的青膏泥，膏泥的外侧围砌一周石墙。石墙从地表砌起，东、南、北三面石墙残高 2、墙厚 0.5 米。这道石墙砌筑在墓室外

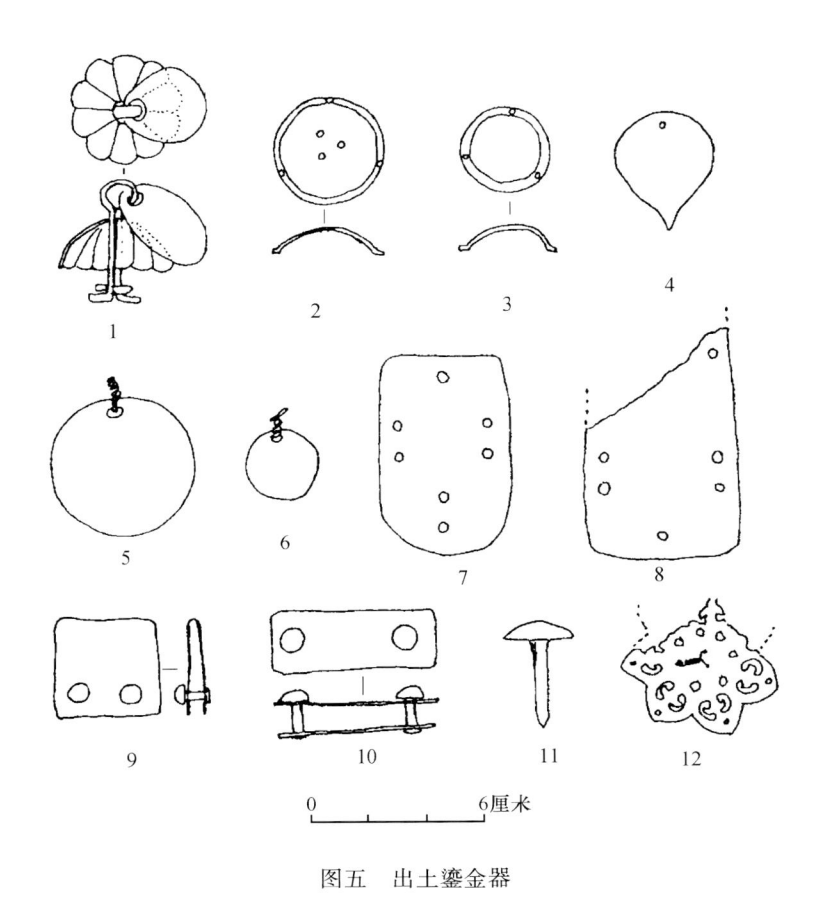

图五 出土鎏金器
1. 鎏金梅花泡饰（97JYM3319:17） 2、3. 鎏金泡饰（97JYM3319:27A、27B） 4. 鎏金步摇叶片（97JYM3319:18） 5、6. 鎏金步摇叶片（97JYM3319:26A、B） 7、8. 鎏金甲片（97JYM3319:19、97JYM3319:20） 9. 鎏金铊尾（97JYM3319:21） 10. 鎏金带夹子（97JYM3319:22） 11. 鎏金圆帽钉（97JYM3319:23） 12. 鎏金镂空梅花饰（97JYM3319:24）

侧，随着墓室的增高而筑。西侧石墙与青膏泥同高，石墙是采用0.4米大小的河卵石砌筑。在膏泥上面铺10厘米厚的白灰。白灰上面铺两层灰色砖作为墓室的底。铺地砖的砌法：下层平砖顺铺错缝，上层平砖铺成人字形。在铺地砖的上面开始砌筑墓室四壁。墓室平面呈正方形，边长为4.95米。墓室四壁均压在铺地砖上，墙体稍向外弧，砖的砌法是采用并排两行三顺一丁筑墙体，砌砖间的缝隙用白灰作黏合，墙厚0.65米，四面墙壁皆因破坏高度不一，北壁最高处1.59米，其余三壁在1.4米左右。在砖室的东、南、北三壁外侧和西壁南北两端的外侧，用0.4米厚的白灰掺鸡蛋大小的河卵石和成混合浆封固。混合浆外侧便是0.5米厚的河卵石墙。墓室顶部已被破坏坍塌不清，仅从墓室内堆积的部分楔形砖、弧形砖看，该墓的墓顶可能是四面内收的四阿式藻井。墓室的四壁墙面均用白灰抹光，白灰大部分已剥落。清理中发现的从墙壁上剥落的白灰残片见有朱红、绿、黑色彩。现墓室东北角墙面上还残留三处带有红、绿色彩的壁画画面。从其位置看，可能是墓室四角影作红色立柱中间饰以绿色的花纹图案（彩版一○，1）。

墓室内铺地砖上面，平铺6厘米厚的木炭，木炭上面再铺5厘米厚的白灰，在白灰上面墓室的南北两侧平砖顺铺三层砖，东侧平砖顺铺四层砖，作为棺床。北侧棺床通长4.95、宽1.65米，高出墓室底0.18米。南侧棺床通长4.95、宽1.2米，高出墓室底0.18米。东侧长2.1、宽1.65米，高

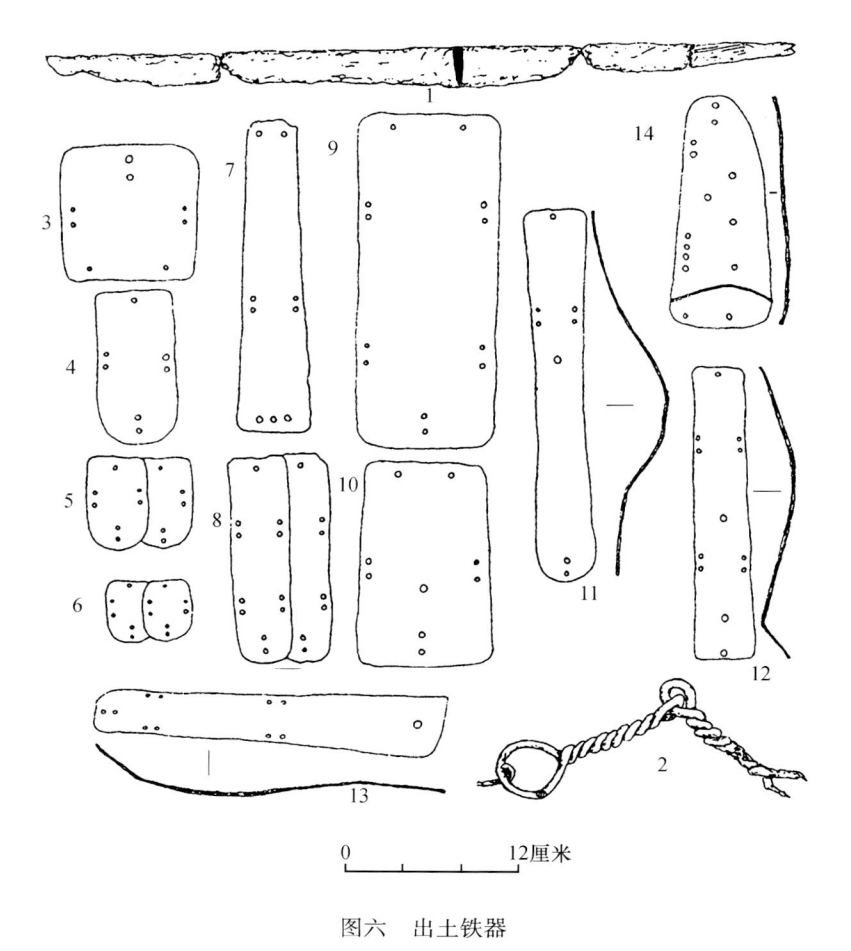

图六 出土铁器
1. 铁刀（97JYM3319：15） 2. 铁马衔（97JYM3319：16） 3~14. 铁甲片（97JYM3319：30）

出墓室底0.23米。墓室底的四角和中间均被盗掘出深坑，遗物及人骨皆散碎零乱。

甬道 在墓室的西侧，甬道开在墓室西壁的中部。甬道宽1.9、长1.05米。在甬道口原装置有石门槛、石门框、石门楣、石门扇的设施，可通向墓室，已被盗掘者砸碎，弃之于甬道和耳室之间。从拼接的石门槛的门窝距离测得门宽1.2米，高度不详。甬道西接南北二耳室。

耳室 构筑草率，且耳室砌砖不与墓室砌砖搭连，应是墓室筑完后再筑耳室。耳室亦采用三顺一丁方法砌筑，耳室顶部均坍塌，仅余三面残壁。南耳室进深2、宽1.2、西墙残高0.48、南墙残高0.5、东墙残高0.8米，耳室地面平砖铺席纹，在耳室内出土大量碎瓷、釉陶片及鎏金饰件（图五；彩版一〇，2）。北耳室进深2、宽1.1、西墙残高1、北墙残高1.3、东墙残高1.4米，地面平砖平铺，在耳室内出土铁甲片（图六；彩版一〇，3）。在二耳室之间出有棺木碎片、红色漆片及人的碎肢骨。耳室西接墓道。

墓道 宽1.4、长1.2、残高0.5米，墓道西端用砖砌封，封砖已失。

在墓的内部构造完成后，再构筑外部。外部是用经过修凿的花岗岩石材砌筑阶坛，现可见阶坛四级，阶坛石多已坍塌移位或被移用。

第一级阶坛筑于地表。由于墓处于南低北高的山坡，因此南面第一级阶坛砌石4层用以加高与北面取平，底层和四角石材较大，最大石材长 2.5、宽 0.8、高 1 米，向上和中部石材较小，一般长 1.5、宽 0.8、高 0.3 米左右。东西两端阶坛保存较完整，中部阶坛已坍塌，边长 22.5、高 2.4 米不等。东面阶坛北端砌石 2 层，中部已坍塌外侈，边长 20.05、北端高 0.7 米。北面阶坛边长 21、高 0.7 米不等。西面阶坛中部坍塌外侈，边长 20、南端高 2、北端高 0.6 米。在阶坛与墓室外侧石墙之间填加河卵石块，河卵石块大小在 0.4 米左右，填平后在其上面内收构筑第二级阶坛。

第二级阶坛筑于第一级阶坛上面，四面内收 1.5～2 米，砌石 2 层，残高 0.5 米左右，阶坛石多已破坏，只余东南角和西南角，阶坛内用石块填平后，上面构筑第三级阶坛。

第三、四级阶坛均在各自阶坛上面内收 1.5 米左右，阶坛石大多已丢失，仅可在残存的东南角见一层，残高 0.3 米。以墓葬现存高度看，还应有第五级阶坛，现已不存。在墓的上、下散落着大量板瓦、筒瓦，可能墓上原有建筑。

三、人像石刻

在距 JYM3319 号墓外部阶坛东南角 9 米外，有一青灰色沉积岩石，长 1.04、宽 0.54、厚 0.9 米。底宽于顶，因风化上部已断裂并有缺损。石面上用单刀阴刻正视人像，半裸身，头戴似菱形帻冠，帻冠的顶端饰有阴刻的"↑"形似鸟羽。脸作桃形，尖下颌，五官位置偏上，眉用双勾弧线刻出，枣核形双目上斜。鼻梁为笔直的双线，鼻翼肥厚，口亦枣核状，耳作弓形。长颈，颈部以下用简单的弧线刻画出肩臂、肥胸和细身。胸前以两个带圆心的圈表示乳头。颈部及胸部有一周 19 个凿刻的圆点，又以两乳头上部中间为中心，横、竖分别有两列呈十字形的圆点（图七；彩版九，2）。另外，在距 JYM3319 号墓西南角 4 米外，有一经过修凿的灰色花岗岩石材，原为墓南侧阶坛石，后被当地住户移动凿作 1 个小碾盘，余石现呈半月形。

四、出土器物

JYM3319 号墓曾多次遭到盗掘和破坏，出土器物均不在原位置。清理时皆破碎散布于墓室、耳室及墓上积土中。由于盗掘时的损坏，大部分遗物已残破。此次共清理出可辨识的器物 66 件、部分残建筑构件和部分器物碎片。

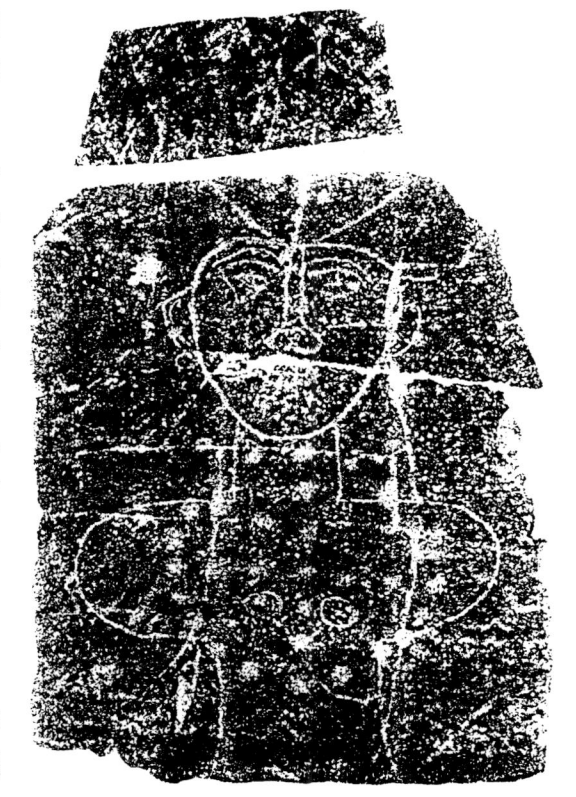

图七 JYM3319 东南角人像石刻（拓片）

1. 鎏金器

鎏金器多以装饰品为主，绝大多数出自被盗的耳室内，均为铜质鎏金，鎏金大部分脱落。

泡饰　24件。分二型。

A型　16件。97JYM3319:17，泡饰呈十瓣梅花形，器形相同，大小不一，泡中间有孔，孔内穿以分钉，分钉顶端作圆环连缀一卵形叶片。泡饰大者直径2、分钉高2.5、叶片直径1.8厘米，小泡饰直径1.8、分钉高2.5、叶片直径1.6厘米（图五，1）。

B型　8件。分大小两种。97JYM3319:27A，大圆形泡饰，中间有三个穿孔，边缘亦有三个穿孔用以连缀。直径19、高0.5厘米。97JYM3319:27B，小圆形泡饰，边缘有三个穿孔用以连缀。直径15、高0.5厘米（图五，2A、2B）。

步摇叶片　分二型。

A型　2件。97JYM3319:18，杏叶形薄片，上端有穿孔用以连缀。长2.1、宽1.7厘米（图五，3）。

B型　若干。97JYM3319:26，圆形薄片，一端有穿孔用以连缀，分大中小。大片直径25、小片直径10厘米（图五，4A、4B）。

甲片　2件。分二型。

A型　1件。97JYM3319:19，略呈长方形，上端方角，下端圆弧，上下和两侧均有穿孔。长3.5、宽2.2厘米（图五，5A）。

B型　1件，残。97JYM3319:20，略呈长方形，宽2.6、残4厘米（图五，5B）。

铊尾　1件。97JYM3319:21，正方形，是用长方形薄片折成，尾端有两铆钉用以连缀革带。直径1.8厘米（图五，6）。

带夹子　1件。97JYM3319:22，是用两个长方形薄片，两端各一铆钉，用以连接革带。长3.6、宽1.1、厚0.8厘米（图五，7）。

圆帽钉　2件。97JYM3319:23，圆帽直径1.2、圆钉身长1.5厘米（图五，8）。

镂空梅花坠饰　2件，均残。97JYM3319:24，呈七瓣梅花形，中间有穿孔用铜丝拧绕。直径2.7厘米（图五，9）。

冠饰残片　97JYM3319:25，为不规则的碎片，无法复原，碎片上多连缀有小叶片。

2. 铁器

铁刀　1件。97JYM3319:15，残作四段，直背，弧刃，长45、宽2.5、背厚0.6厘米（图六，1）。

马衔　1件。97JYM3319:16，稍残，系用直径0.7厘米的铁线拧绕而成。残长22厘米（图六，2）。

铁甲片　554片。属同一甲衣的甲片，给一个器物号。97JYM3319:30，大部分甲片完整，均锻作扁平体，边缘经过打磨，有用以连缀的穿孔，孔径一般在0.2厘米左右，甲片所装饰部位的差异，其形状有所不同，大致可分为六型。

A型　12件。呈圆角方形，四边皆有穿孔。直径5厘米左右（图六，3）。

B型　163件。略呈鳞片形，上端平齐，下端弧圆，据形制可分三亚型。

Ba型　甲片长5.5、宽2.8、厚0.1厘米（图六，4）。

Bb型　甲片长3.3、宽2.3、厚0.1厘米（图六，5）。

Bc型　甲片长2.3、宽1.7、厚0.1厘米（图六，6）。

C 型　89 件。略呈长条形。分二亚型。

Ca 型　甲片为长梯形，甲片长 11、宽 2.5、厚 0.1 厘米（图六，7）。

Cb 型　甲片上端平齐，下端弧圆长 7.5、宽 2、厚 0.1 厘米（图六，8）。

D 型　280 件。呈圆角长方形。分二亚型。

Da 型　甲片长 12、宽 5、厚 0.1 厘米（图六，9）。

Db 型　甲片长 7.5、宽 5、厚 0.1 厘米（图六，10）。

E 型　9 件。作弓长条形，一端翘起，分三亚型。

Ea 型　甲片长条束腰上端平，下端弧圆，甲片长 13.5、宽 2.2、厚 0.15 厘米（图六，11）。

Eb 型　甲片两端平的长条形，甲片长 10.5、宽 2.1、厚 0.15 厘米（图六，12）。

Ec 型　甲片上端弧圆，下端斜平，稍作梯形长条，甲片长 12、宽 2、厚 0.15 厘米（图六，13）。

F 型　1 件。鞋拔形。甲片长 8.2、下宽 3.6、厚 0.15 厘米（图六，14）。

3. 青瓷器

盘口壶　4 件。复原 3 件，1 件仅余壶底。分三型。

A 型　1 件。97JYM3319:1，浅盘口，口外有一道凹弦纹。长颈，肩腹部丰满圆鼓，底内凹。灰白色胎，青绿色釉不及底，有开冰裂纹。肩部有相对的双系并饰三道弦纹。通高 36、口径 18、最大腹径 28、底径 13 厘米（图八，1）。

B 型　1 件。97JYM3319:2，与 A 型比较不同在于，浅盘口外有两道弦纹，器腹圆鼓，肩部有两道弦纹和相对的双系，釉不及底。通高 33、口径 18、腹径 30、底径 14 厘米（图八，2）。

C 型　1 件。97JYM3319:3，与前两型器形稍差，盘口，束颈，肩部鼓圆，最大颈在腹中部偏上，凹底。肩部有相对的双系，胎质红色，表面粗糙，青釉无光不及底。通高 32、口径 17.5、腹径 27.5、底径 14 厘米（图八，3）。另外，1979 年出土的盘口青瓷壶，器形较小。通高 24.4、口径 14.5、腹径 22、底径 14 厘米。

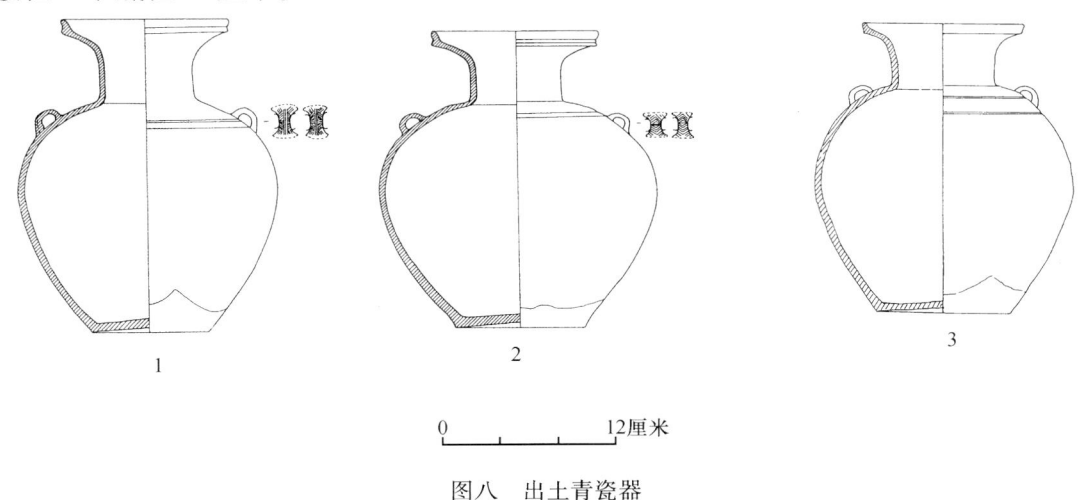

图八　出土青瓷器

1. A 型青瓷盘口壶（97JYM3319:1）　2. B 型青瓷盘口壶（97JYM3319:2）　3. C 型青瓷盘口壶（97JYM3319:3）

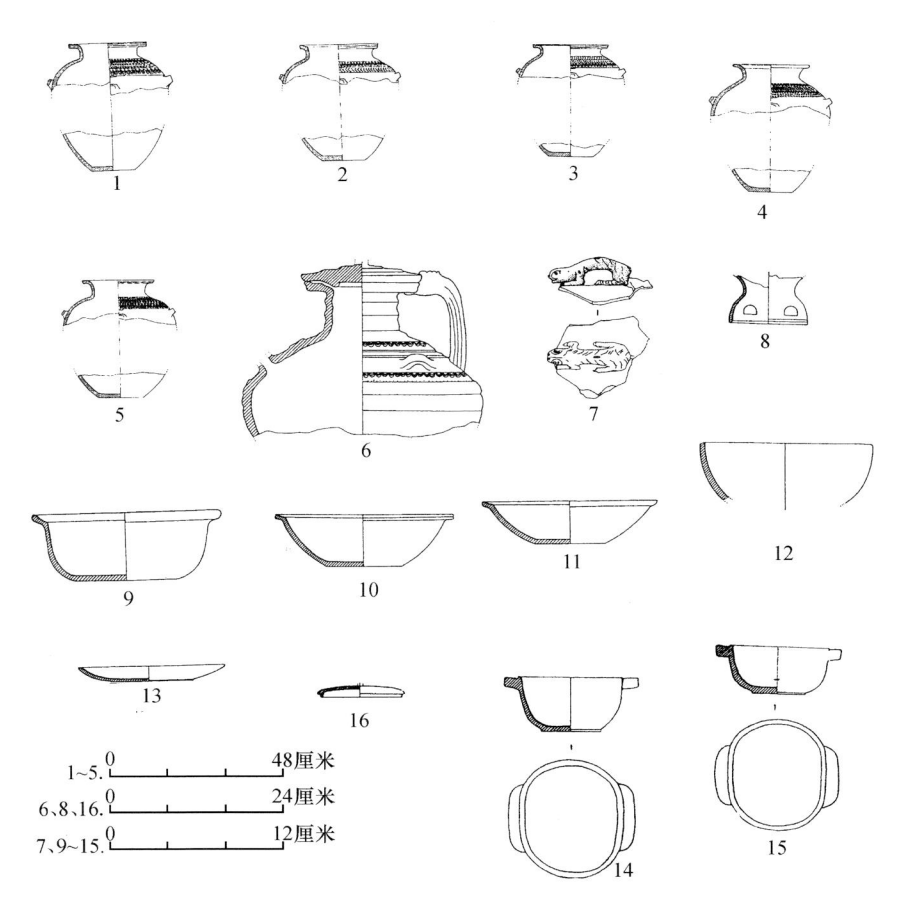

图九　出土釉陶器

1. A 型釉陶壶（97JYM3319:32）　2. B 型釉陶壶（97JYM3319:33）　3. C 型釉陶壶（97JYM3319:36）　4. D 型釉陶壶（97JYM3319:35）
5. E 型釉陶壶（97JYM3319:34）　6. 釉陶鸡首壶（97JYM3319:12）　7. 釉陶虎子（97JYM3319:14）　8. 釉陶薰炉（97JYM3319:29）
9. 釉陶盆（97JYM3319:7）　10. A 型釉陶钵（97JYM3319:6）　11. B 型釉陶钵（97JYM3319:5）　12. C 型釉陶钵（97JYM3319:9）
13. A 型釉陶盘（97JYM3319:4）　14. 釉陶耳杯（97JYM3319:10）　15. 釉陶耳杯（97JYM3319:11）　16. 器盖（97JYM3319:28）

4. 釉陶器

釉陶壶　从出土的陶片看，共6件，可复原5件。分五型。

A 型　1件。97JYM3319:32，折沿外展，沿面抹平，唇部饰三道凸弦纹，短颈，广肩，鼓腹，平底。肩部有四个对称桥状横耳，并饰两周垂帐纹中间夹蓖点组成的菱形纹。陶胎为泥质，施酱黄色釉。通高约60、口径36、腹径55、底径20厘米（图九，1）。

B 型　1件。97JYM3319:33，折沿，短颈，广肩，斜腹，平底。肩部饰有弦纹、垂帐纹和用蓖点组成的折尺纹，其下有四个对称的桥状横耳。酱黄色釉，釉色不均。通高57、口径36、腹径54、底径22厘米（图九，2）。

C 型　1件。97JYM3319:36，折沿，沿面抹平，尖唇，唇外部饰三道凸弦纹，短颈，鼓腹，平底。肩部饰有弦纹、垂帐纹和用蓖点组成的折尺纹，其下有四个对称的桥状横耳。釉色豆绿不均。通高56、口径32、腹径48、底径20厘米（图九，3）。

D 型　1件。97JYM3319:35，折沿，沿面抹平，圆唇，短颈，广肩，斜腹，平底。肩部饰有弦纹、垂帐纹和用蓖点组成的交叉网状纹，其下有四个对称的桥状横耳。通高60、口径36、腹径55、底径24厘米（图九，4）。

E 型　1件。97JYM3319:34，折沿，沿面抹平，尖唇，唇外部饰三道凸弦纹，短颈，广肩，鼓腹，平底。肩部饰有弦纹、垂帐纹和用蓖点组成的交叉网状纹，其下有四个对称的桥状横耳。通高58、口径34、腹径52、底径20.5厘米（图九，5）。

鸡首壶　1件。97JYM3319:12，残，浅盘口，束颈，颈部饰三道凸弦纹、广肩，斜腹，底残。肩部饰有弦纹、垂帐纹，和四个对称的桥状横耳，执柄自肩连至盘口，执柄顶端有鸡冠形饰，流已残。有一圆形器盖盖封盘口，盖纽残。壶通体施酱绿色釉。口径13、颈长9、肩部最大直径27厘米（图九，6）。

虎子　1件。97JYM3319:14，残，仅余虎形纽，虎视眈眈作弓身扑食状，古朴生动。虎身长9、高3.5厘米（图九，7）。

熏炉　2件，形制相同。97JYM3319:29，均残无法复原。圆形口，饰两道凸弦纹和四个半圆形镂空。中间亚腰，余皆残。施橘黄色釉。口径18厘米（图九，8）。

盆　2件，形制相同。97JYM3319:7，圆唇，折沿，直腹，小平底。橘红色胎施橘黄色釉。口径22、底径9、高8.3厘米（图九，9）。

钵　3件。分三型。

A 型　1件。97JYM3319:6，方唇，折沿，斜腹，小平底。施酱色釉。口径20.5、底径8.5、高6.3厘米（图九，10）。

B 型　1件。97JYM3319:5，圆唇，折沿，斜腹，小平底。酱色釉。口径20、底径8、高5厘米（图九，11）。

C 型　1件。97JYM3319:9，底残，圆唇，直口，斜腹。橘红色胎施橘黄色釉。口径20、残高7厘米（图九，12）。

盘　3件，复原2件。分二型。

A 型　1件。97JYM3319:4，胎酱红色，施茶绿色釉。口径16.8、底径10、高1.8厘米（图九，13）。

B 型　2件。残无法复原，97JYM3319:13，盘口呈八棱形，盘内饰垂帐纹和用蓖点组成的折尺纹。口径16.5、底径8.5、高3厘米。

耳杯　2件。器形相同，大小不一。97JYM3319:10，直口，斜腹，平底。口沿有相对二鋬耳。口径12~14、底径7~9、高7厘米（图九，14）。JYM3319:11，口径11.2~13、底径6~7、高5.5厘米（图九，15）。

器盖　1件，残。97JYM3319:28，圆形，有子母牙，胎薄，酱黄色釉。直径20厘米（图九，16）。

5. 建筑材料

石构件　5件。均残，系用花岗岩石材凿磨成。

石门槛　1件。97JYM3319标本（1），长160、宽35、厚10厘米，两端凿有可纳入门枢的圆形门窝，门窝直径6、深1.5、间距120厘米（图一〇，1）。

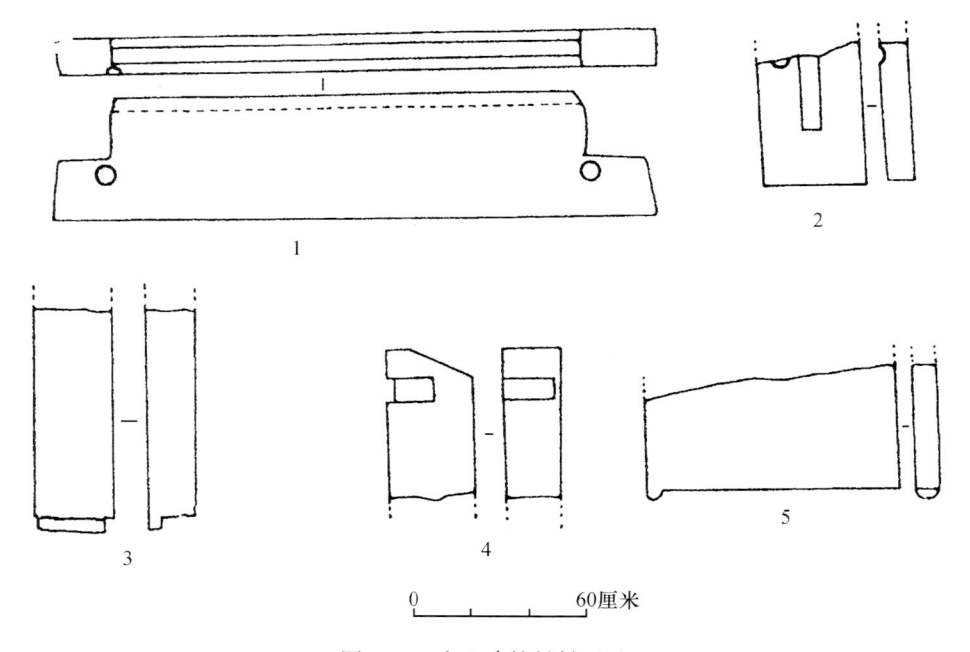

图一〇 出土建筑材料（1）

1. 石门槛（97JYM3319 标本（1）） 2. 石门楣（97JYM3319 标本（2）） 3. 石门框（97JYM3319 标本（3）） 4. 石门框（97JYM3319 标本（4）） 5. 石门扇（97JYM3319 标本（5））

石门楣 1残段。97JYM3319 标本（2），残长38、宽27、厚7厘米，并凿有凹槽和圆形门窝，与石门槛的门窝相同（图一〇，2）。

石门框 2残段。97JYM3319 标本（3），残长60、宽21、厚12厘米，一端凿有卯，卯偏于一侧长4、宽18、厚4厘米（图一〇，3）。97JYM3319 标本（4），残长40、宽21、厚14厘米。一端凿有榫槽，榫槽宽5、深1.5厘米（图一〇，4）。

石门扇 1残段，97JYM3319 标本（5），门宽65、厚7、残高22厘米，凿有门枢（图一〇，5）。

陶构件 在JYM3319号墓上下散布着大量的残砖、残筒瓦和板瓦，虽然收集不全，但大部分集中码放后计：砖11立方米余，板瓦3.5立方米，筒瓦1.2立方米。估计这些砖砌筑墓室及藻井缺失不多，收集到的瓦件扣除缝隙和搭接，推测可苫护35平方米左右的房屋，这个苫护面积只能盖住墓室范围。

卷云纹瓦当 1件。97JYM3319:31，泥质灰陶，直径15.5厘米，浅浮雕，中间有圆形乳突，乳突外饰一周凸环纹，环纹外饰四条对称的辐线，中间饰卷云纹。辐线以弧线连接，四面弧线内、外均有文字，惜外弧字迹不清，内弧三面字迹不清，另一面可辨认出"乙卯年癸酉"字样，外缘饰锯齿纹（图三，2；彩版一〇，4）。

砖 分六种，因用途不同，规格不一。

一种 为砌筑墓室用，泥质灰色绳纹砖，97JYM3319 标本（6），长33、宽15、厚6厘米（图一一，1）。

二种 铺墓室地面用，97JYM3319 标本（7），泥质灰色砖，长25、宽15、厚5厘米（图一一，2）。

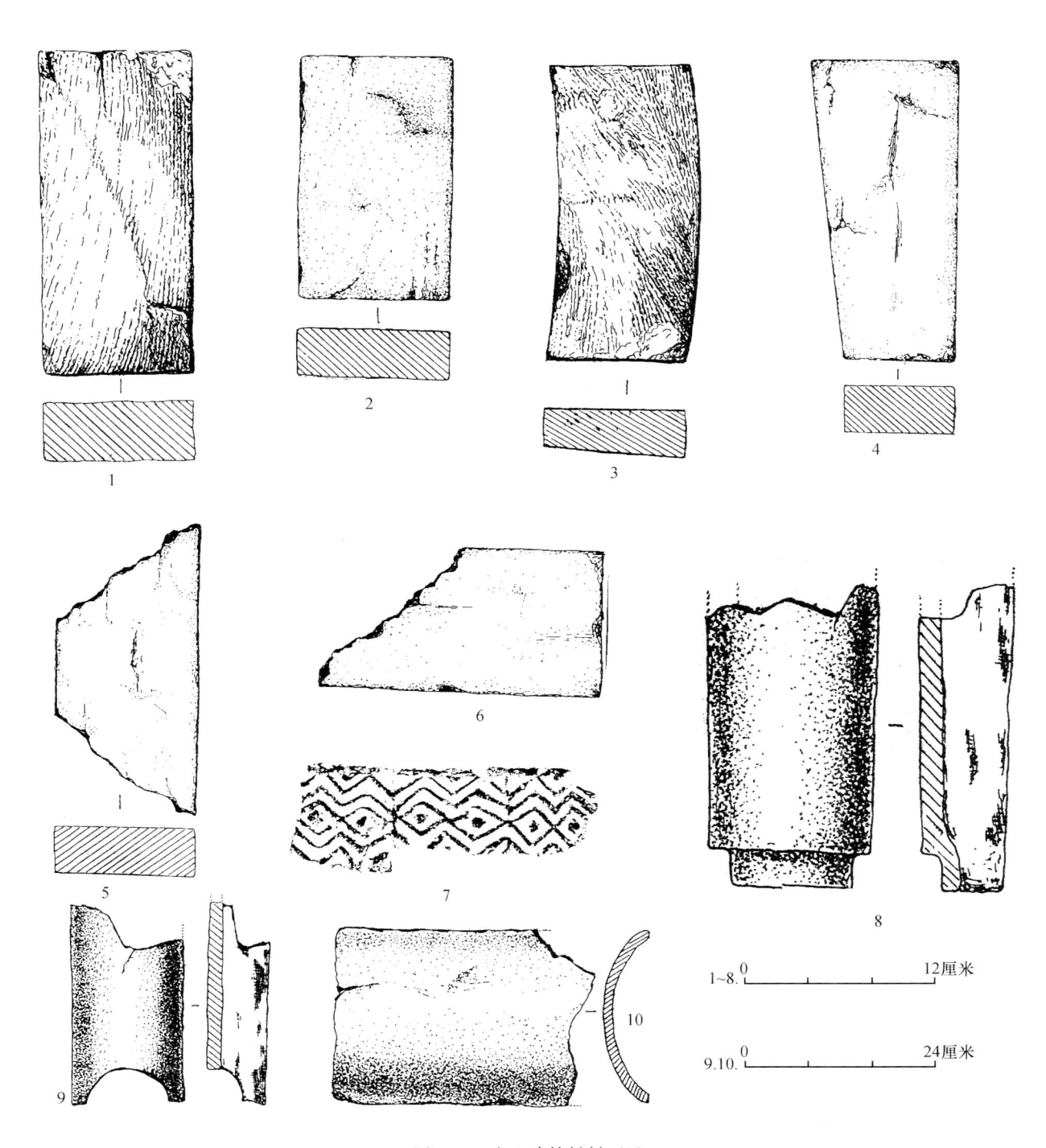

图一一 出土建筑材料（2）

1. 砖（97JYM3319 标本（6）） 2. 砖（97JYM3319 标本（7）） 3. 弧形砖（97JYM3319 标本（8））
4. 楔形砖（97JYM3319 标本（9）） 5. 打制插角砖（97JYM3319 标本（10）） 6. 打制插角砖
（97JYM3319 标本（11）） 7. 菱纹砖（97JYM3319 标本（12）） 8. 筒瓦（97JYM3319 标本（13））
9. 斜筒瓦（97JYM3319 标本（14）） 10. 板瓦（97JYM3319 标本（15））

三种　可能为顶部用，97JYM3319 标本（8），泥质灰色绳纹弧形砖，长 30、宽 14、上面厚 5、下面厚 4 厘米（图一一，3）。

四种　亦应是券顶用，97JYM3319 标本（9），泥质灰色绳纹楔形砖，长 30、上面宽 14、下面宽 10、厚 5 厘米（图一一，4）。

五种　打制插角砖，分二型。

A 型　近三角形。97JYM3319 标本（10），一面长 30、另一面长 10、宽 14、厚 6 厘米（图一一，5）。

B 型　为斜三角形。97JYM3319 标本（11），一面长 15、另一面长 8、宽 14、厚 6 厘米（图一一，6）。

六种　一面有菱纹砖。97JYM3319 标本（12），残长 15、宽 14、厚 5.5 厘米（图一一，7）。

瓦件　均泥质灰陶，多残。

筒瓦　素面。97JYM3319 标本（13），残长 30、宽 16、弧高 7.5，瓦头长 4 厘米，为直肩（图一一，8）。

插脊斜筒瓦　素面。97JYM3319 标本（14），残长 40、宽 22 厘米（图一一，9）。

板瓦　素面，97JYM3319 标本（15），残长 50、宽 35、瓦厚 3.5、弧高 9 厘米（图一一，10）。

指压纹檐板瓦　97JYM3319 标本（16），残长 16、宽 10、厚 3.5 厘米（图一二，1）。

拍印板瓦　印花似菊花形，97JYM3319 标本（17），残长 16、宽 7、厚 2 厘米（图一二，2）。97JYM3319 标本（18），残长 11、宽 8、厚 2 厘米（图一二，3）。

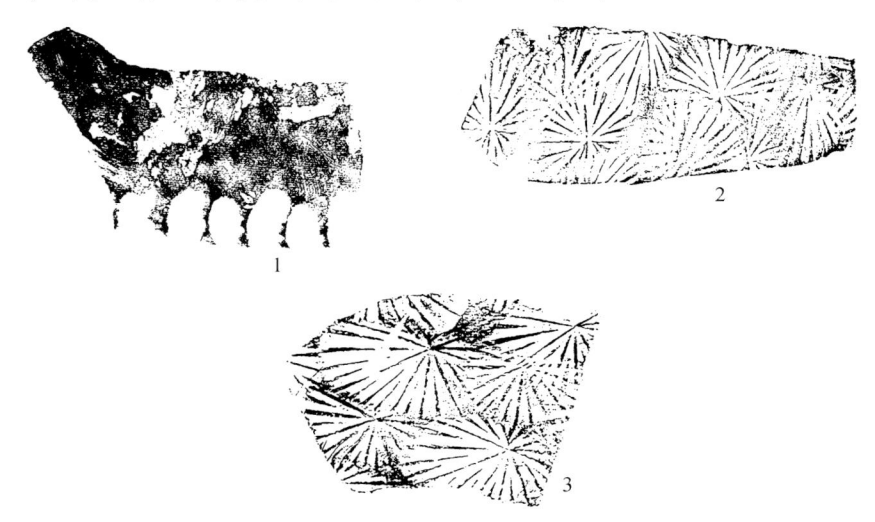

图一二　出土建筑材料（3）
1. 指压檐瓦（拓片）（97JYM3319 标本（16））　2. 拍印板瓦（拓片）（97JYM3319 标本（17））　3. 拍印板瓦（拓片）（97JYM3319 标本（18））

五、结　语

JYM3319 号墓为阶坛砖室墓。此种类型墓葬，在洞沟古墓群万余座古墓中，目前发现有两座。另一座是麻线墓区的 JMM 682 号墓，墓葬规模同属于中型类。通过此次发掘，弄清了 JYM3319 号墓的结构，这不仅为洞沟古墓群分类研究补充了新的类型，同时，对洞沟古墓群丰富的内涵，亦增加了新的认识。

1. 墓葬结构与年代

从目前对高句丽墓葬的研究成果可知，高句丽以积石墓作为自己固有的墓制。积石墓的外部结构经历了无坛—有坛—阶坛的演进过程。内部结构又分为石圹—圹室—石室三个阶段。至公元5世纪前后，积石墓逐步走向衰亡，取而代之的石室封土墓开始流行，直至高句丽灭亡。在积石墓与封土墓交替中，其墓葬内部产生了石室。这种葬制上的根本变化，不仅反映了高句丽的社会发展和意识形态领域的进步，同时说明了高句丽与周邻地区民族间的吸纳和融合关系。从JYM3319号墓的内部砖室结构看，与中原汉晋时期流行的砖室墓墓制结构基本一致。该墓所采用的青砖三顺一丁砌筑墓室，底铺青砖，四阿式藻井等作法，应是由西向东传播发展的。在高句丽墓葬内部还处在圹室阶段，JYM3319号墓已出现砖室结构，这为高句丽墓制的变革开了先河，同时对高句丽墓葬内部石室的产生和发展，起到引导和促进的作用。

JYM3319号墓的外部结构，是采用高句丽传统的阶坛积石墓方式。墓的阶坛石边缘，没有修凿牙槽，四边亦无护坟石。以往的研究得知，阶坛石边缘修凿牙槽，是4世纪末筑造大、中型独立墓葬在石造工艺上所采取的技术设置。千秋墓、太王陵均可见到这类牙槽，在早于这一时期的墓葬中基本不见。JYM3319号墓出土的这批青瓷器，是典型的东晋青瓷，器形与南京中央门外郭家山四号墓出土的青瓷盘口壶形制相同，相当于青瓷器分期的二期，绝对年代大致为东晋前期，即公元317~357年[6]。恰好与1961年和1983年出土的"丁巳"纪年瓦当年代相当，公元357年应是"丁巳"瓦当的年代。此次发掘出土的"乙卯年癸酉"瓦当，其年代应是公元355年，同时亦是JYM3319号墓的年代。

2. 墓主人身份及与中原王朝的关系

JYM3319号墓有人主张是王陵，被认为是高句丽第"十七代小兽林王的陵墓"[7]。从目前对洞沟古墓群调查已知的王陵情况看，JYM3319号墓的规模、条件均不足。首先，JYM3319号墓边长21米左右，在洞沟古墓群中此类中型墓数目百余座。在这一时期的高句丽王陵规模边长均在30米以上；其次，墓域狭小且周边分布有其他墓葬。而王陵墓域广阔，地势高爽，有祭祀址、陵墙及陪坟等。据此推断，JYM3319号墓不应是高句丽王陵。

研究JYM3319号墓主人身份，应以墓葬的内部结构为依据，结合外部结构及出土遗物，方可得出较准确的结论。从JYM3319号墓的形制、规模、出土遗物推测，墓主人应是来自中原，可能是晋时投奔高句丽，时任平州刺史东夷校尉崔毖的墓葬。其主要理由是：

（1）JYM3319号墓主人把中原砖室墓墓制，直接搬进高句丽传统的积石墓葬中。采用以中原墓制为主，与高句丽墓制相结合的埋葬方式。在墓室内出土的大量壁画残片和残存于墓壁上的壁画看，JYM3319号墓应是一座壁画墓。是目前已发现的高句丽壁画墓中年代最早的。

（2）从墓上出土的纪年瓦当，据张福有考证为："太岁在丁巳五月廿日为中郎及夫人造盖墓瓦又作民四千餟盦权用盈时興詣得享萬世。"[8] 该墓瓦当的完整识读，对墓主人身份推定具有重要意义。从瓦当字面残存笔画和文意分析看，"中郎及夫人"或可读作"中郎将大人"。晋时，高句丽不见"中郎"官职。至公元435年，北魏始封高句丽长寿王为"都督辽海诸军事、征东将军、领护东夷中郎将、辽东郡开国公高句丽王"[9]。崔毖是晋设在东北的最高官职，高句丽与晋王朝始终保持着密切联系，并不断向晋朝贡方物[10]，接受晋平州刺史东夷校尉崔毖的管辖。由晋平州刺史东夷校尉崔毖来封受高句丽的大小官员。集安曾出土"晋高句丽率善仟长"、"晋高句丽率善佰长"、"晋高句丽率善邑长"官印（图一三）[11]。由此可见，当时唯有崔毖具备"中郎将大人"的资格。

图一三　七枚晋高句丽率善仟长、佰长、邑长印模

晋元帝太兴二年（公元319年）十二月："鲜卑慕容廆袭辽东。东夷校尉平州刺史崔毖奔高句丽。"[12]《晋书·慕容廆载记》和《资治通鉴·晋纪·中宗中》对此段史实均有详细记载。东夷校尉崔毖利用高句丽和段氏、宇文氏鲜卑的力量消灭慕容鲜卑的计划失败后，促成慕容鲜卑获取了对高句丽宗主国的地位。"毖与数十骑弃家奔高句丽"。可见崔毖与高句丽关系十分密切，最后终老于高句丽，葬于高句丽王都是极可能的。关于崔毖的生平情况，尚未查找到文献记载。

（3）随葬器物多来自东晋。高句丽的釉陶器多出自墓葬，遗址中出土很少。此次发掘出土的釉陶均为实用器，鸡首壶、熏炉、耳杯、虎子均是晋时期的流行器，在高句丽墓葬中不多见，应是从中原输入的。四耳釉陶壶从器形看，具有高句丽陶器中同类器的特点，可能是高句丽烧造的，与麻线沟一号墓出土的釉陶壶比较，JYM3319号墓的釉陶壶颈短、口沿不外展，反映出较早的特征。

（4）JYM3319号墓上出土大量的板瓦、筒瓦和少量瓦当，均应为"盖墓瓦"，这种现象，此外仅在高句丽王陵中方可见到。以往的研究认为，高句丽有"冢上做屋"的习俗。墓上建筑的性质，应是承袭了秦汉时期的寝殿制度，高句丽在陵墓上建筑寝殿，供墓主人灵魂出入，亦供祭扫。祭祀、供奉的职责，应由"作民"担任。"作民"，意为役使民众，乃懂得祭祀规则的役民[13]。

火葬是高句丽传统的习俗，流传时间很长且火烧温度高，在积石石圹墓中常见烧熔卵石粘接在一起。大约公元5世纪前后，这种火烧的习俗有所改变。在JYM3319号墓的发掘过程中，没有发现火烧痕迹，从这一侧面，反映出墓主人不是高句丽人。

从墓上出土的纪年瓦当"乙卯年癸酉"是公元355年，"丁巳"是公元357年。JYM3319号墓主人可能死于公元355年，葬于公元357年。这种葬法与高句丽第十九位王好太王死于公元412年，葬于公元414年相一致，亦与史书记载的"死者，殡在屋内，经三年，择吉日而葬"[14]相吻合。

3. 关于人像石刻的性质

人像石刻是目前发现的唯一的高句丽石刻艺术。对该石刻的性质，众说不一。集中起来有以下几种观点：一认为"石刻人物属于JYM3319墓的护卫"[15]；二认为"人像石刻表现的内容与祭祀崇拜相关"[16]；三认为人像石刻"正是具有民族个性的高句丽母神像"[17]；四是张文彬先生视察JYM3319号墓时认为"人像石刻与JYM3319号墓年代不同，人像石刻年代应早"。上述的几种意见，反映出各自对人像石刻的观察角度与研究基点不同。第四种意见，从人像石刻的石质观察，属青灰色沉积砂岩，与JYM3319号墓用的石材不同，刻划的人物形象线条简拙、古朴。反映出年代较早的原始特征，可能属于鸭绿江流域具有地方特色的早期文化遗存。目前，鸭绿江流域早期的工作，做得不多，尚未发现可比资料。

人像石刻位于JYM3319号墓的东南侧，与之相比将军坟的东南角筑有陪坟，太王陵的东北角有太王碑、祭台等，JYM992号墓东西两侧均有祭祀址，JYM3319号墓设置人像石刻，用以祭祀守墓亦是可能的。人像石刻的人物突出表现丰胸、束腰的女性形象。头戴帻冠，冠上插鸟羽，据史书记载高句丽："人皆皮冠，使人加插鸟羽。"[18]另见长川一号墓壁画中的守门卫士图，亦头戴帻冠，与人像石刻头戴的帻冠有相似之处。JYM3319号墓主人若是晋朝一个流亡的官吏，那么在高句丽严格的守墓制度下，刻石画像为己守墓是可能的。至于石刻人像胸前的圆点，有人说是花环，亦有人说是天象，还需进一步研究。

报告中的瓦当复原图初稿、瓦当照片、拓片、7枚印模和人像石刻图片，由张福有先生提供，深表谢意。

执 笔：孙仁杰

附记：我与方起东先生是1979年相识的。那时我刚刚踏入文物部门，是方先生的教导使我开始学习文物考古知识。1982年，我参加集安上、下活龙墓葬发掘，是方先生教我田野工作方法和编写简报。1984年，集锡公路墓葬发掘，是方先生亲自指导发掘和编写报告。1990年，方先生组织发掘太王陵墓室，放手让我们工作。1997年，在方先生的指导下，我发掘了JYM3319号墓。发掘结束后，方先生很满意，也得到国家有关领导及专家张文彬、黄景略、徐苹芳、张忠培等先生的视察和肯定。然而，在《报告》写就时，方先生却不在了。方先生去世时，我不知道消息，未能送别，非常遗憾。我十分怀念方起东先生。谨用向方先生学习的知识写成的这篇报告，悼念方起东先生。

注 释

[1] 李殿福《集安高句丽墓研究》，《考古学报》1984年2期。
[2] 《集安县文物志》1984年。
[3] 林至德、耿铁华《集安出土的高句丽瓦当及其年代》，《考古》1985年7期。
[4] 馆内资料。
[5] 张福有：《集安禹山3319号墓卷云纹瓦当铭文识读》，《东北史地》2004年1期；《集安禹山3319号墓卷云纹瓦当铭文考证与初步研究》，《社会科学战线》2004年4期；《集安禹山3319号墓卷云纹瓦当铭文识读与考证》，《中国历史文物》2005年3期。
[6] 魏正瑾、易家胜《南京出土六朝青瓷分期探讨》，《考古》1983年4期。
[7] 耿铁华《高句丽墓上建筑及其性质》，《高句丽研究文集》，延边大学出版社，1993年。
[8] 同[5]。
[9] 《魏书·列传》。
[10] 《晋书·成帝记·康帝记·安帝记·元帝记》。
[11] 同[5]。

[12]　同[10]。

[13]　同[5]。

[14]　《北史·高句丽传》。

[15]　魏存成《高句丽考古》，吉林大学出版社，1994年。

[16]　同[2]。

[17]　王纯信《高句丽民族艺术遗存中的生殖崇拜》，《社会科学战线》1996年4期。

[18]　《隋书·东夷·高句丽传》。

集安 JSZM0001 号墓清理报告

吉林省文物考古研究所　集安市博物馆

JSZM0001 号墓是洞沟古墓群山城下墓区城后砖厂片的一座大型古墓葬，1966 年，吉林省博物馆、集安文物保管所对该墓调查测绘时编为 JSZM0001 号墓后因有重号现象，1997 年重新著录时，改编为 JYZ0001 号。

此墓位于集安国内城北 1 公里的禹山坡地上，北依禹山，南隔城后村红砖厂与国内城相望，通沟河在其东侧坡下由北向南流过。该墓相对独立，东侧距离禹山公园内的 JYM3319 号墓约 700 米，西侧 200 米有 JSM36 号墓（图一）。

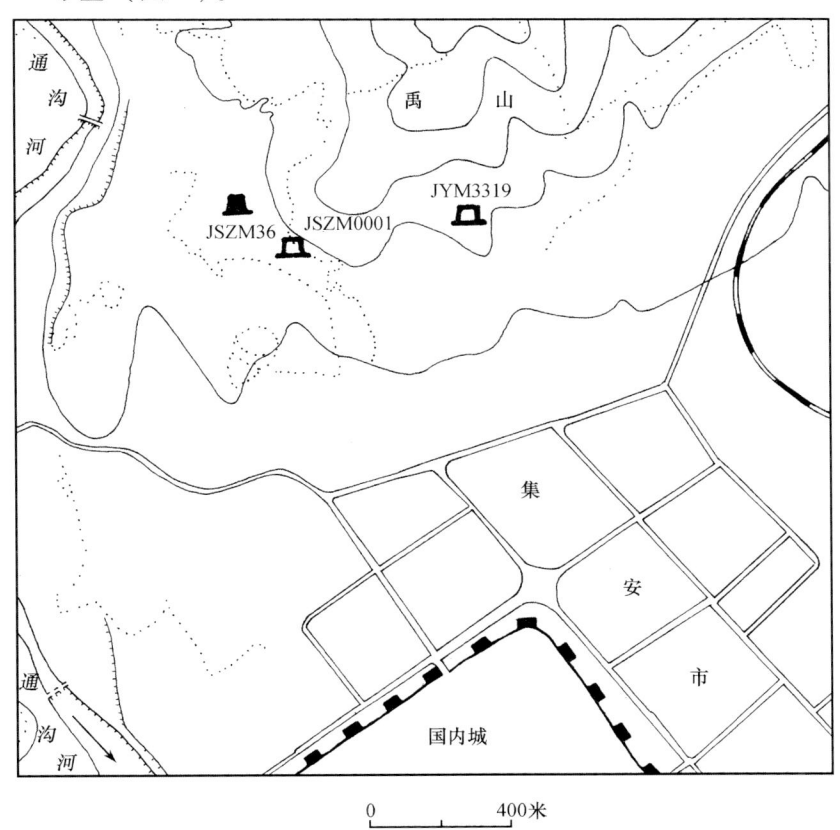

图一　山城下墓区砖厂片 JSZM0001 号墓位置图

20世纪80年代，集安市文物保管所曾多次对该墓进行过调查，做了详细注录和测绘工作，对墓葬的结构、年代有所了解和认识，并收集到一些实物资料。2003年10月至11月初，吉林省文物考古研究所、集安市博物馆对JSZM0001号墓进行了重新复查，参加工作的有集安市博物馆迟勇、孙仁杰等同志。此次复查中先后清理了墓葬四边的局部基坛，并对墓室位置的盗坑做了清理，以确认该墓的型制、结构、规模及年代。此次复查和清理，丰富了以往的认识，圹室中出土的陶器、铜质鎏金器、铁甲片及少量的绳纹瓦片等遗物，也使我们对于该墓的年代判断有了进一步依据。

一、墓葬结构

JSZM0001号墓坐落在山坡地上，北高南低，高差8米。墓葬为阶坛积石圹室墓，东西长29、南北长35、中间高约3米。墓葬除北侧、西侧稍有被破坏外，余下基本保存完整（图二）。该墓采用的构筑方法是在四周用不规整的长方形石块围筑第一级阶坛，然后在阶坛内封底填充河卵石，填平后再筑阶坛，逐层内收的做法，圹室建于中部。

阶坛在东侧还保存有3级，北侧有2级，西、南两侧未做全面清理，情况未详。

东侧的第一级阶坛筑于地表，北部为2层石条垒砌，而南段垒砌有4层，石条均为花岗岩石质，加工不甚精细，最大的石条长1.45、宽1、高0.8米，小的石条长0.5、宽0.4、高0.2米。最高处现存1.3米。第一级阶坛之上，内收1.1米后修筑第二级阶坛。二级阶坛砌石2层，高0.6~0.4米。石质为花岗岩，只在表面上做简单的加工，石条大者长0.9、宽0.4、高0.3米。第三级阶坛尚存一层阶坛石，花岗岩石质，较第二级阶坛内收1.5米，高度多不足30厘米，最大的石条长0.8、宽0.5、高0.3米。

北侧阶坛多被现代坟所破坏，第一级阶坛目前在东段还保存着9米余，石质亦为简单加工的花岗岩，石条长1.1~0.6、宽0.5~0.3、高0.3~0.2米，上下垒砌2层，高约0.6米。二级阶坛较第一级阶坛内收1米，与东侧第二级阶相接。砌石只见一层，高0.3~0.5米，石材皆花岗岩质，大者长约1.1、宽0.5、高0.5米。

西侧的阶坛大部分已被破坏，仅存在南段有些部位还保存有花岗岩块石垒砌的第二级阶坛，阶坛高0.6~0.4米，为2层石条砌筑。南侧的阶坛，由于外面包有一个形如"舌头"的石堆设施，故只清理了西南角部一级阶坛的一小段，见有花岗岩砌石3层，高1.2、宽0.7、高0.4米。

南侧阶坛之外的舌形石堆设施，平面呈半圆形，把该墓的南侧几乎全部包封，外缘用石块垒砌成一道弧形墙。石墙高1.3米，是从地表开始垒砌，石质有花岗岩和碎山石两种，部分石块经过简单加工。石块大小一般长0.6~0.4、宽0.4~0.3、高0.3~0.2米。类似的石堆设施以往在麻线墓区M2378、M626等墓亦曾见过，大抵是建于较陡坡地诸多积石墓的一种加固设施，用以防止墓葬积石或阶坛向坡下的过早垮塌。

该墓的中部的盗坑，清理后发现筑有两个南北排列的圹室，编为JSZM0001K_1和JSZM0001K_2号，各出有一些遗物。两圹室间隔3米，平面皆做长方形，两室大小相若，东西长4、南北宽3.8、深

0.5~0.6米。圹室四壁多用块石垒砌，石材一般平面向内使用，只K_2的东壁立砌有一块长1.5、厚0.5、高0.7米的大石板，其中K_1的东壁、西壁以及K_2的南壁、西壁均遭早年破坏，现局部只存一层砌石。

另外，在墓东相距25米处，有一与该墓东边平行的建筑址遗迹，南北长20、东西宽8米，平面大致呈长方形。遗迹四边采用长条形石块砌筑，现有部分缺损和移位。石块为加工过的花岗岩质，一般厚30厘米左右，最大的块石长1、宽50厘米。遗迹南部条形石间堆积有碎山石块，范围长5、宽3、高约1米，堆石石块大小0.2米×0.3米左右，石堆边缘分布有许多红色菱格纹板瓦。

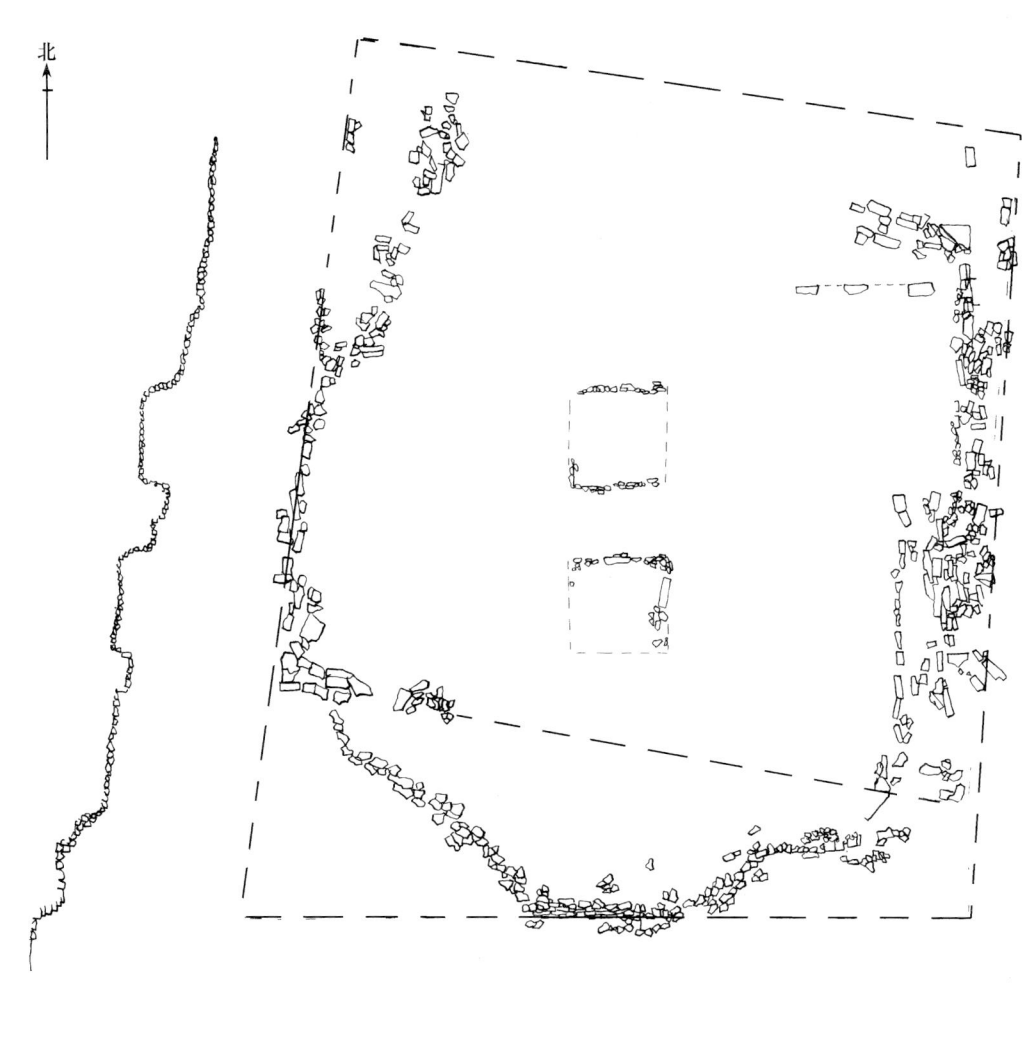

图二 JSZM0001号墓平、剖面图

二、遗　　物

此次清理共出土陶器、铜质鎏金器、铁器等遗物件，全部出自两圹室中，此外还出土了少量的绳纹板瓦。分述如下。

1. 陶器

口沿　1件。JSZM0001K₂:25-4，手制泥质灰褐陶残片，圆唇，敞口，形似壶口，壁厚0.5、口径14厘米（图三，1）。

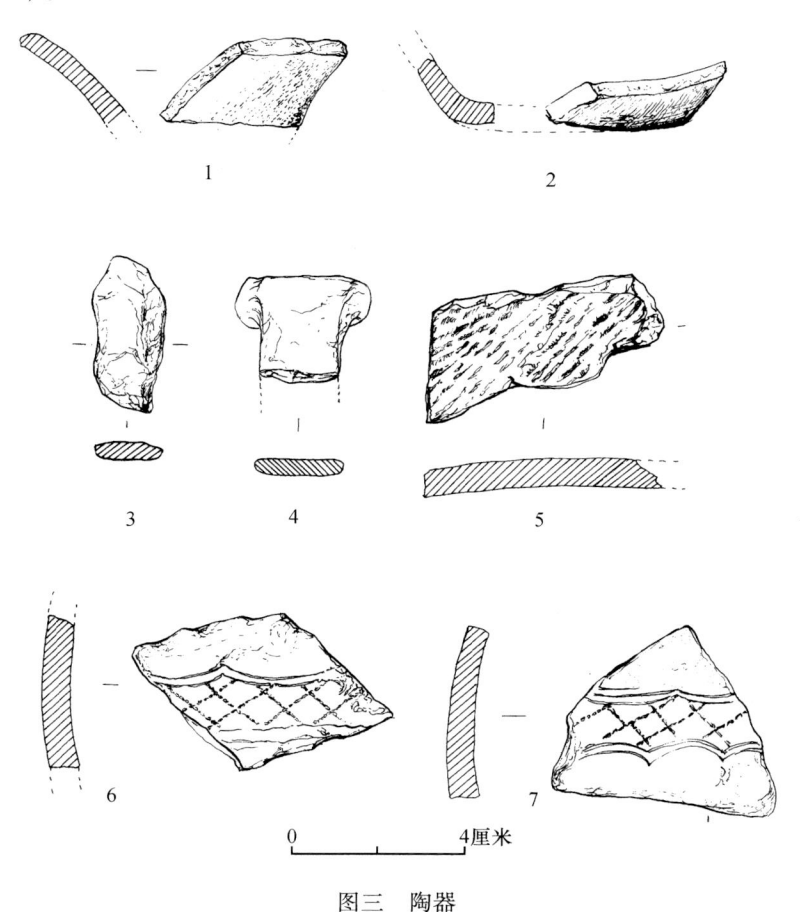

图三　陶器
1. 口沿（JSZM0001K₂:25-4）　2. 器底（JSZM0001K₂:25-3）　3、4. 器耳（JSZM0001K₂:25-6，K₂:25-5）　5. 板瓦（JSZM0001K₂:26）
6、7. 陶片（JSZM0001K₂:25-1，K₂:25-2）

器底　1件。JSZM0001K₂:25-3，手制泥质灰褐陶，平底，壁厚0.6厘米，已残，底径约10厘米（图三，2）。

器耳　2件，均为桥状残耳。JSZM0001K₂:25-5，泥质灰褐陶，手制，残长4.5、耳宽3.4厘米（图三，4）。JSZM0001K₂:25-6，器耳上厚下薄，宽3.6厘米（图三，3）。

纹饰陶片　2件，似为同一器物残片。JSZM0001K₂:25-2，手制泥质灰褐陶，壁厚0.5厘米，表面刻划双阴线垂帐弦纹两条，弦纹带中压印有篦点组成的菱形网格（图三，6、7）。

板瓦　1件。JSZM0001K₂:26，残，夹细砂灰陶，火候不高，表面拍印斜向绳纹。残长10、厚1.2厘米（图三，5）。

2. 铜质鎏金器

步摇饰　8件，均不完整。分三型。

A型　4件。饰座为空心半球状，顶端有孔，孔中穿悬枝。悬枝为铜片对折而成的分脚销钉状，顶端成环，可挂摇叶，钉脚加垫片末端外折，可固定于革带或木件之上。JSZM0001K₂:21，摇叶已失，鎏金尚好，饰座稍变形，直径2.5、高1.2厘米，铜片悬枝长2.7、宽0.3厘米（图四，1）。JSZM0001K₂:20-1，摇叶亦失，余件完好，通体鎏金。饰座直径2、高1厘米，悬枝长2.2、铜片宽0.2厘米（图四，2）。另两件钉脚皆残，JSZM0001K₂:11仅存悬枝一段。

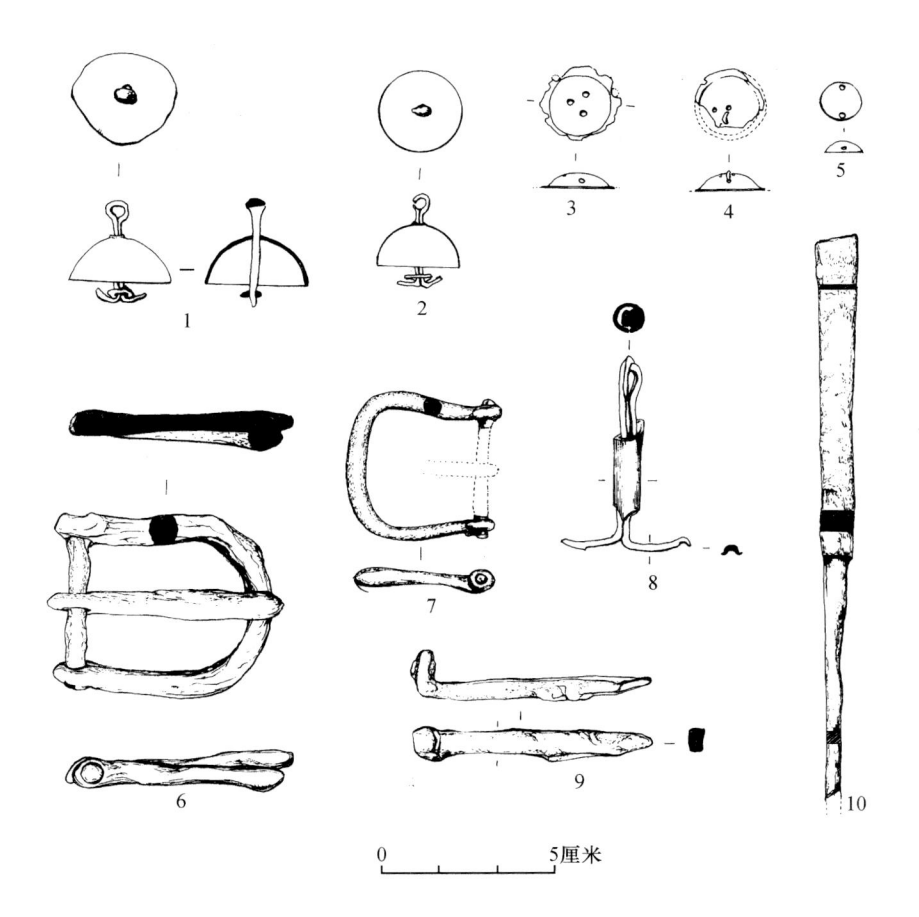

图四　JSZM0001墓中出土的铜、铁器
1、2. A型步摇饰（JSZM0001K₂:21、JSZM0001K₂:20-1）　3、4. C型步摇饰（JSZM0001K₂:22-1、JSZM0001K₂:22-2）
5. 铜泡饰（JSZM0001K₂:19）　6. 铁带卡（JSZM0001K₂:13）　7. 铜带卡（JSZM0001K₂:20）
8. B型步摇饰（JSZM0001K₂:17）　9. 铁帐钩（JSZM0001K₂:15）　10. 铁镞（JSZM0001K₂:12）

B 型　1件。残甚，饰座、摇叶均失。悬枝较长，外包筒形长箍。JSZM0001K$_2$:17，悬枝长4.7厘米，制作同前，但折脚很长，枝外长箍系铜片卷成，鎏金，两端皆残，整体形制不明（图四，8）。

C 型　3件，均残。饰座圆形窄边，中心凸起如帽状，边缘有孔可缝缀，顶部三孔穿悬枝。JSZM0001K$_2$:22-1，边残，锻制、鎏金，直径2厘米，高0.4厘米（图四，3）。JSZM0001K$_2$:22-2，半边尚好，可见边缘小孔和铜丝悬枝残迹，直径1.8厘米（图四，4）。

泡饰　1件。JSZM0001K$_2$:19，铜质鎏金，锻制，圆形泡状，两侧各有一圆形穿孔。直径0.8、高0.3厘米（图四，5）。

带卡　2件，均残，形制略同。JSZM0001K$_2$:20，锻制，鎏金尚存，平面呈"U"字形，截面圆形，扣环后端的横轴和扣针残缺。长、宽皆3.5厘米，截面直径0.4厘米（图四，7）。

3. 铁器

带卡　2件。JSZM0001K$_2$:13，完整。扣环呈半圆形，后端铆有横轴，扣针套连在轴上，长5.6、宽4.3厘米（图四，6）。

帐钩　5件，1件较完整。JSZM0001K$_2$:15，锻制，钩呈直角，钩身扁方形，尾部尖利。通长5.7、宽0.6厘米（图四，9）。

铁镞　1件。JSZM0001K$_2$:12，略残，镞身扁方，镞尖铲形，方锥形长铤。长13.8、宽0.8~1厘米（图四，10）。

甲片　数量较多，按形状可分五型，分别出自两个墓圹。

A 型　鱼鳞短甲，28件。甲片长约3.5厘米，上端平齐，下端呈弧形，周边一般有四组9个圆形穿孔。JSZM0001K$_1$:2-1，长3.4、宽2.3厘米，上部两角磨出斜边（图五，1）。JSZM0001K$_1$:1-1，长3.6、宽2.5厘米，上部两角不磨斜边（图五，2）。JSZM0001K$_2$:7-2，长3.5、宽2.4厘米，上部只穿一孔（图五，3）。

B 型　鱼鳞长甲，50件。甲片长7厘米以上，上端平齐，下端呈弧形，周边圆孔八至六组不等。依缀孔差别分二亚型。

Ba 型　8件。边孔八组，每组2孔，中部偏下另有一个稍大圆孔。JSZM0001K$_1$:5-1，稍残，长8.5、宽2.5厘米（图五，4）。JSZM0001K$_2$:5，完整，长9.3、宽2.5厘米，其下缘外折，形制比较独特（图五，5）。

Bb 型　42件。边孔六组，每组2孔。JSZM0001K$_2$:9-1，完整，长7.4、宽2.7厘米（图五，6）。JSZM0001K$_1$:7，共7件，甲片下部略有束腰。JSZM0001K$_1$:7-1基本完整，长7.2、宽3厘米（图五，7）。

C 型　弓形甲，残片6件，侧视皆有弧曲。JSZM0001K$_1$:4，为上段残片，残长4厘米，甲身向内弧曲较大，顶部穿三孔，两侧各残存一孔（图五，8）。JSZM0001K$_2$:4，亦为上段残片，残长2.8厘米，甲身上缘作弧形，穿孔略同前件（图五，9）。JSZM0001K$_2$:6-1，为残甲下段，底缘弧形，侧边向上渐收。残长7.3、宽2.5厘米，上部弧折，底和两侧各有一组圆形双孔（图五，10）。JSZM0001K$_2$:2，为中段残片，残长7厘米，上下不等宽，两组侧孔不严格对称（图五，11）。

D 型　长方形甲，共15件，均残。甲片大小不一，形状亦有差别。JSZM0001K$_1$:9，五块残片均不能对合。JSZM0001K$_1$:9-1，为下半部，JSZM0001K$_1$:9-2，为上半部，按侧边两组缀孔复原，应为长7.6、宽4.5~5厘米左右的梯形（图五，12、13）。JSZM0001K$_2$:10-2，残存三边，弧角长方形，

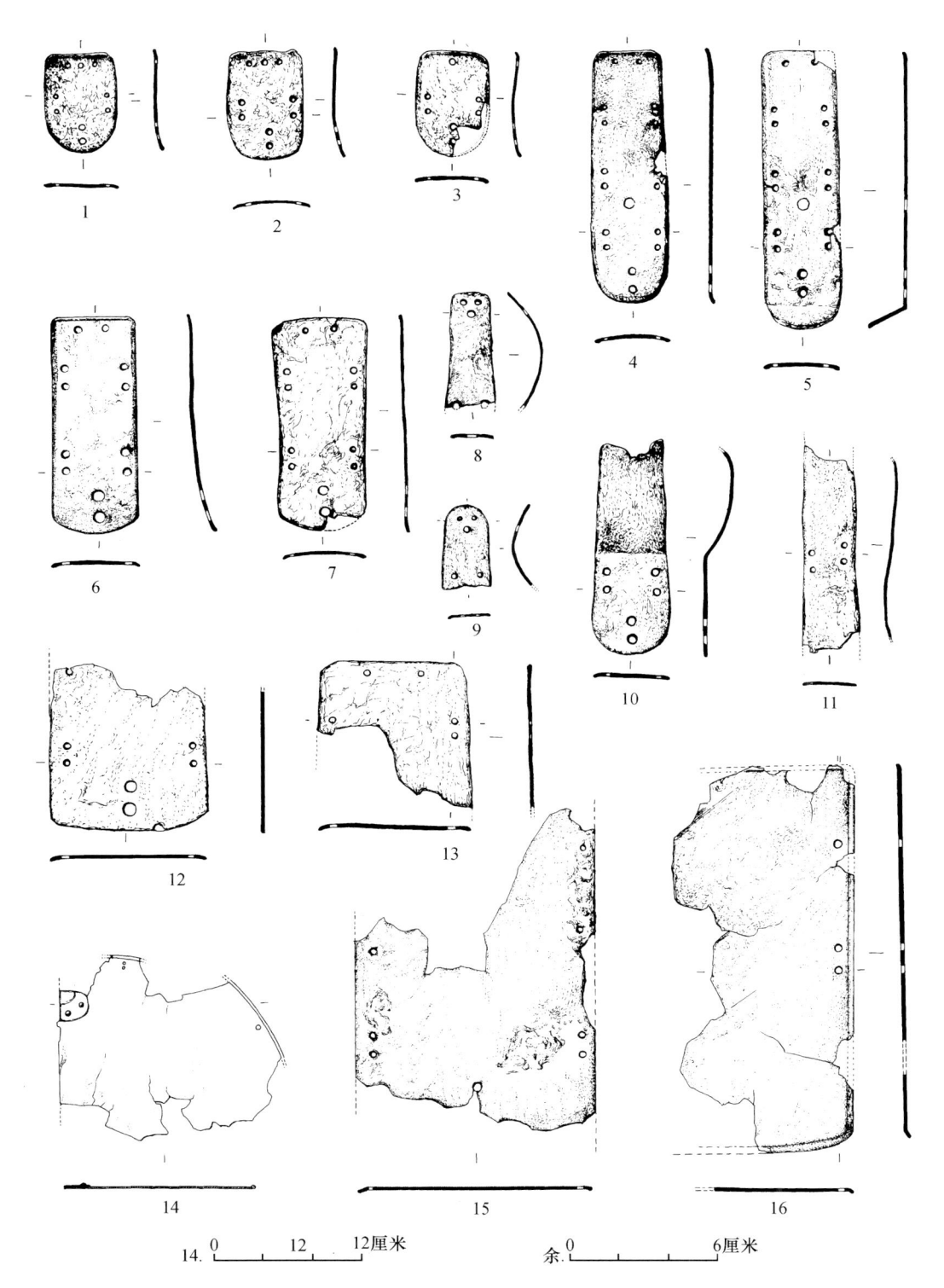

图五　JSZM0001 墓中出土的铁甲片

1～3. A 型甲（JSZM0001K₁:2-1、JSZM0001K₁:1-1、JSZM0001K₂:7-2）　4、5. Ba 型甲（JSZM0001K₁:5-1、JSZM0001K₂:5）
6、7. Bb 型甲（JSZM0001K₂:9-1、JSZM0001K₁:7）　8～11. C 型甲（JSZM0001K₁:4、JSZM0001K₂:4、JSZM0001K₂:6-1、
JSZM0001K₂:2）　12、13、15、16. D 型甲（JSZM0001K₁:9-1、JSZM0001K₁:9-2、
JSZM0001K₂:8-1、JSZM0001K₂:10-2）14. E 型甲（JSZM0001K₁:11）

甲片的周边缀孔布局不详,长13厘米,残宽6厘米(图五,16)。JSZM0001K$_2$:8-1,残存中段,残长10.8、宽7.5厘米,两侧边平行,亦为长方形(图五,16)。

E型　半圆甲,1件。JSZM0001K$_1$:11,残片一侧圆弧,一侧平直,残长7.2厘米。直侧一端铆有半圆形铁片,弧边近缘处有两组圆孔,上边一组双孔,下边一组单孔(图五,14)。

三、结　语

通过此次对JSZM0001号墓的清理,已可确认该墓为阶坛圹室积石墓,阶坛至少三级,圹室南北并列。就墓葬的结构而言,这种先筑基坛,内部填石后再筑圹室的构筑方法是比较先进的,结合圹室中出土的遗物分析,该墓的年代应在4世纪前后。

此次于墓葬南侧发现的红色菱格纹板瓦和建筑遗迹,十分重要。以往的工作特别是2003年的高句丽王陵调查证实,类似的遗迹在太王陵、千秋墓等一些王陵级墓侧都曾发现,而不见于中小型墓葬,是和墓祭相关的遗迹。另外,此墓规模较大,边长已达30米,墓上发现有灰色的绳纹板瓦。尽管盗掘后该墓所剩遗物品级不高,遗物也有一些扰乱易位的可能,但从其独独踞高处的特殊位置考虑,有可能也是一座高句丽王陵。

执　笔:迟　勇
绘　图:王新胜　郝海波　王　昭

集安 JSZM145 号墓调查报告

吉林省文物考古研究所　集安市博物馆

JSZM145 号墓位于禹山西端的狍圈沟沟掌山顶，地属城后村四组，狍圈沟南与国内城北门遥对，相距不到 2 公里。墓之东北渐接禹山的主峰，西北为断崖，通沟河经崖下蜿蜒曲折南汇鸭绿江。这里地势高耸，北眺丸都，南望国内，山城下墓区、万定汀墓区历历在目（图一）。

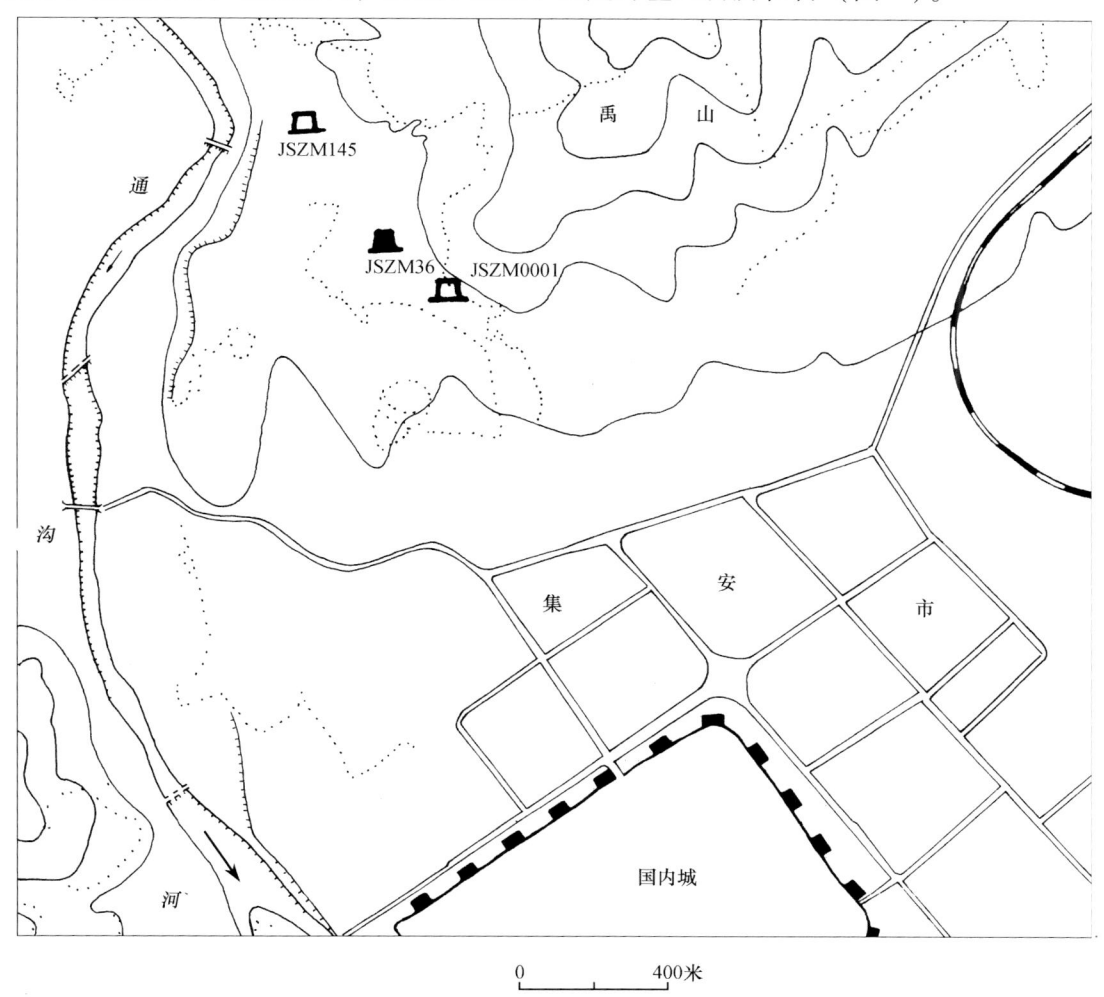

图一　山城下墓区砖厂片 JSZM145 号墓位置图

JSZM145 号墓是山城下墓区中重要的大型墓葬之一，其北 50 米外，有基坛积石墓一座（JSZM244 号），西南 20 米处，有阶坛积石墓一座（JSZM147 号）。该墓的调查工作自 60 年代即已开始，1966 年洞沟古墓群调查测绘编为 JSM145 号墓，1997 年吉林省大遗址普查队复查时发现重号，遂改编号为 JSZM145，著录为长宽 42 米×36 米，高 3.5 米的特大型阶坛积石石圹墓。墓葬曾经盗掘，顶部见有凹坑，近年因开辟上山道路，东侧墓边稍损，北边为房舍围墙叠压。

此次对该墓的复查，主要是因其规模巨大，地位显赫，疑是高句丽王陵，有意核实。工作自 2003 年 10 月 20 日至同年 11 月 6 日，历时 18 天，在清理墓圹的同时，还采用探沟法对墓边做了解剖，出土遗物 80 余件。参加本次调查清理的有集安市文物局孙仁杰、迟勇等。

一、墓葬形制

JSZM145 号墓是一座阶墙式阶坛石圹墓，以自然风化山石砌筑，平面略呈方形。该墓四面边长不一致，墓东边长约 31.5、西边长约 36、北边长约 37、南边长约 37 米。墓高 3.8 米，因处北高南低坡地，墓葬两端约有 2 米高差。该墓南侧建阶坛 14 级，东面现存 9 级，西面见有 10 级，北面未做清理，级数不清。墓顶部凹坑部位即为该墓石圹的所在，墓上封石较少（图二）。

经清理考察，该墓的筑法与 JQM871 号墓筑法基本相同，先于地表用自然碎山石块堆起一个长宽约 28、高约 2.5 米的丘形石堆，再于石堆四周由内而外，自上而下砌筑阶墙式阶坛，最后于墓顶中部构筑墓圹。阶墙用石稍规整，大小不一，大的 0.7 米×0.5 米×0.3 米，小者约 0.2 米×0.2 米×0.1 米。

石堆的内部结构因未作解剖，不甚清楚。阶墙以南面为例，依砌筑顺序，自内而外加以叙述。

第 14 级阶墙筑于北距墓中心约 6 米处，东南至西北向，阶墙高约 0.9 米，筑于石堆之上。砌墙石材为不加修整的自然山石，石块大小不均，多数长 0.6～0.4、宽 0.4～0.2 米。此墙东端可能与东面第 9 级阶墙接，西端接于西面的第 10 级阶墙。

第 13 级阶墙筑于第 14 级阶墙外约 1 米。方向相同，石材与砌法墙亦同。阶墙高约 0.7 米，两端相接处不详，顶面与第 14 级阶墙有 0.2 米左右的高差。

第 12 级阶墙北距第 13 级阶墙约 1 米，阶墙高约 0.7 米，砌法用石与上级相同，阶墙两端连接不详。

第 11 级阶墙北距第 12 级阶墙约 0.7 米，阶墙高约 0.8 米。西段墙体已下滑外移，构筑方法与上级相同，两端连接不详。

第 10 级阶墙北距第 11 级阶墙约 1.3 米，阶墙高约 0.7 米，两段墙面多坍塌，筑法与上级相同。

第 9 级阶墙北距第 10 级阶墙约 1.6 米，阶墙高约 0.7 米，筑法与上级相同，两端连接不详。

第 8 级阶墙北距第 9 级阶墙约 0.8 米，该墙为一斜墙，几乎正东西向，阶墙高 0.8 米，筑法石材与上级相同，该墙的东西两端可能不连接。

第 7 级阶墙北距第 8 级阶墙约 1 米，阶墙高 0.8 米，墙体保存较好，筑法与上同。

第 6 级阶墙北距第 7 级阶墙约 0.6 米，阶墙高 0.6 米，筑法亦无变化。

第 5 级阶墙北距第 6 级阶墙约 0.7 米，阶墙高约 0.6 米，该墙筑于石堆之上，所用石材较小。

图二　JSZM145 平、剖面图

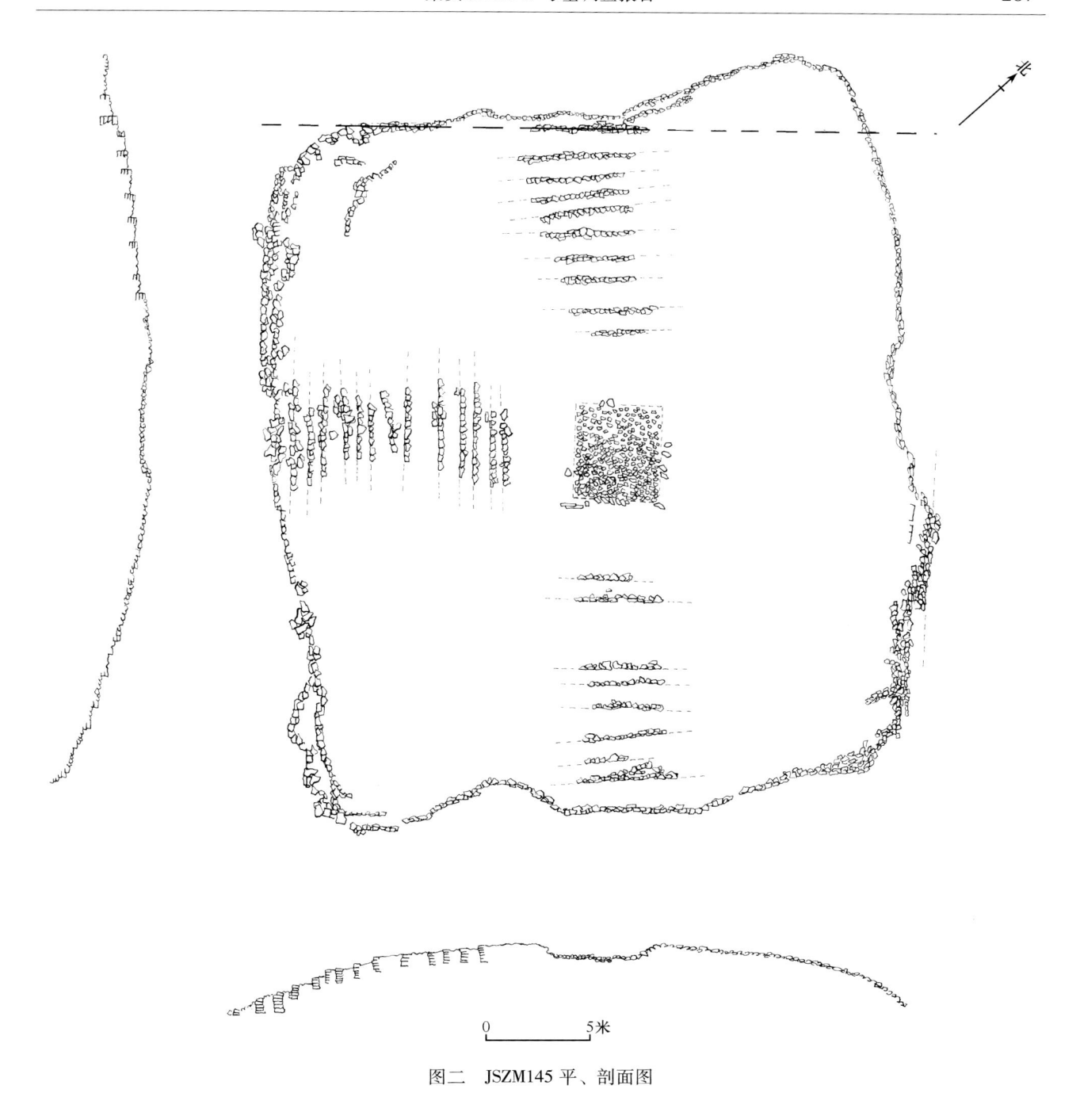

　　第 4 级阶墙北距第 5 级阶墙约 1.2 米，阶墙高 0.6 米，亦筑于石堆之上，石材和筑法与上级相同。

　　第 3 级阶墙北距第 4 级阶墙约 0.8 米，阶墙高 1.1 米，直接筑于地表。砌墙所用石块较大，一般在 0.6 米 × 0.5 米 × 0.2 米左右，为不经修整的自然碎山石。阶墙两端连接不详。

　　第 2 级阶墙北距第 3 级阶墙约 0.9 米，墙高 0.8 米，起砌于地表，砌墙所用石块第 3 级相同。

　　第 1 级阶墙北距第 2 级阶墙约 1 米，砌石因破坏所致，仅存 1~2 层，直接砌于地表。此墙外侧见有依护阶墙的板状石，石板大者 0.8 米许，多已外张倒塌。

阶墙与阶墙之间用自然的碎山石块填充，这部分石块均小，普遍在 0.4 米×0.3 米×0.2 米左右。东、西两侧阶坛筑法用材均与南面一致，只在阶坛级数上不同，故不赘述。

墓葬顶部即南面的第 14 级、东面的第 9 级、西面的第 10 级阶墙之内，是一个长宽约 13 米的方形平台，石圹构筑在平台中部。石圹已被盗掘扰乱，砌圹石材多已不存，仅东、北两边可见一层，石材为相对工整的山石，大者亦不超过 0.5 米。石圹深 0.4 米许，圹底铺河卵石，并掺杂有砸碎的小块碎山石。铺石厚约 0.2 米，山石、卵石大小相若，均约 8 厘米上下。依据铺底石的范围，知石圹呈长方形，东西长 5，南北宽 4.5 米左右。

二、出 土 遗 物

遗物均出自石圹内，由于墓曾经盗掘出土遗物皆小件或残碎，依据其器形质地不同分述于后。

1. 铜器

铜钉　1 件。03JSZM145:21，锻制，球形圆帽，直径 0.5、钉长 1.6 厘米（图三，6）。

2. 铁器

带卡　1 件。03JSZM145:24，前圆后方，中间 T 字形卡针嵌于透孔之中。扣环长 3.1、宽 2.5、卡针长 3.2 厘米（图三，12）。

铁匕　1 件。03JSZM145:25，残，锻制。弧背弧刃，残长 7.5、宽 1.2、厚 0.15 厘米（图三，13）。

马衔　1 件。残作 2 段。03JSZM145:16，系以铁线拧绕套接而成，两段残长 6~7 厘米不等（图三，8、9）。

马镳　2 件。03JSZM145:22，锻制，残作 3 段。03JSZM145:22-1 半环形，宽 3.8、厚 0.3 厘米（图三，10）。03JSZM145:22-2 残件"十"字形，长、宽各约 3.5 厘米（图三，11）。

牛掌　1 件。03JSZM145:26，锻制，呈新月形，中间有 3 个长条形钉孔，留有钉掌 1 个。牛掌曾经使用，磨损严重，长 11、宽 1.4~2.2、厚 0.3 厘米（图三，7）。

铁镞　5 件，分三型。

A 型　2 件，镞身蛇头形，中间起脊。03JSZM145:20-1，镞身长 4.5 厘米，连有圆形长铤，铤长 7、直径 0.4 厘米（图三，3）。03JSZM145:20-2，铤残，通长 6.3 厘米（图三，4）。

B 型　2 件，镞身扁扇形，锋刃平直。03JSZM145:8-2，略残，镞身长 5、宽 3、厚 0.2 厘米，方形长铤，铤长 7、径 0.4 厘米（图三，1）。03JSZM145:8-1，镞身长 6、宽 3.6、厚 0.2 厘米，方形铤，残长 4.8、径 0.5 厘米（图三，2）。

C 型　1 件，镞身三翼形。03JSZM145:23，残，一翼较完整，镞身长 5.6、翼宽 1.6 厘米，前锋较钝，圆挺残长 1.5、直径 0.4 厘米（图三，5）。

甲片　均为锻制，依形状可分为五型。

A 型　甲片近长方形，根据大小和细微差别分二亚型。

Aa 型　长方形，3 件，均残。03JSZM145:5-2，上端平直两边有抹角，下端微弧，四边各有两穿孔，长 6.8、宽 4、厚 0.1 厘米（图四，1）。

图三 铜铁器

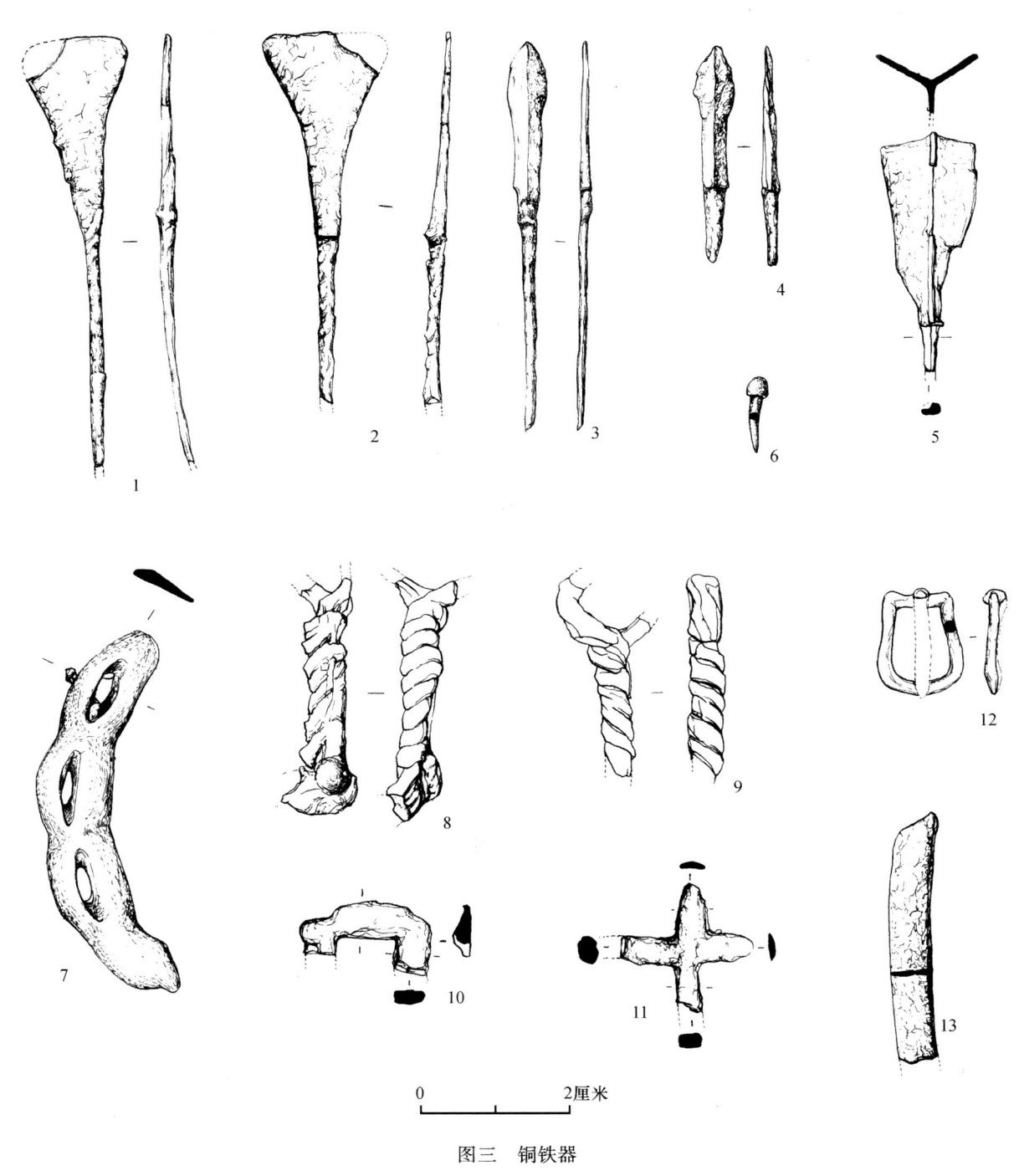

1、2. B 型铁镞（03JSZM145：8-2、M145：8-1） 3、4. A 型铁镞（03JSZM145：20-1、M145：20-2） 5. C 型铁镞（03JSZM145：23） 6. 铜钉（03JSZM145：21） 7. 铁牛掌（03JSZM145：26） 8、9. 铁马衔（03JSZM145：16-1、M145：16-2） 10、11. 铁马镳（03JSZM145：22-1、M145：22-2） 12. 铁带卡（03JSZM145：24） 13. 铁匕（03JSZM145：25）

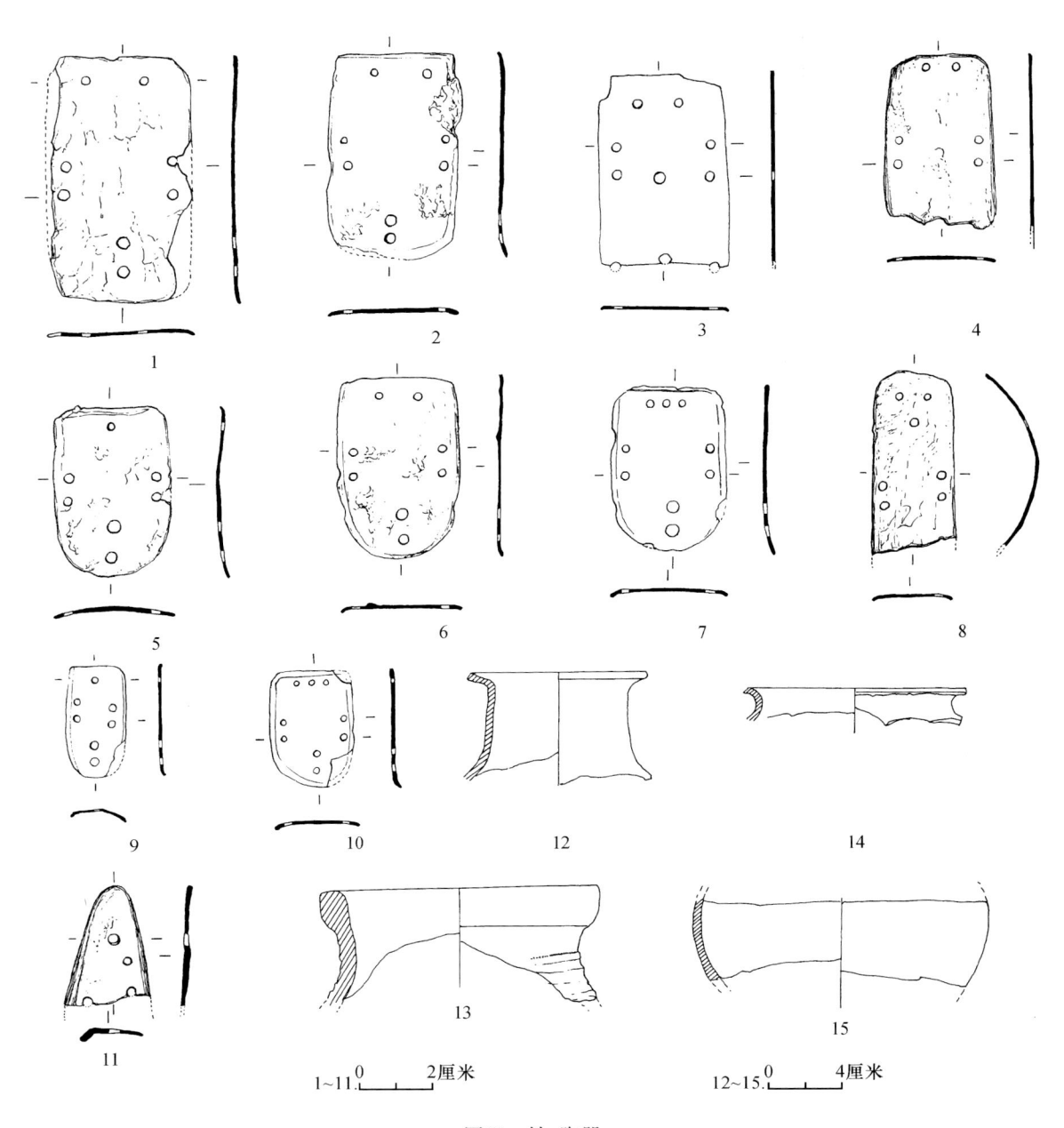

图四 铁、陶器

1. Aa 型（03JSZM145：5-2） 2、3. Ab 型（03JSZM145：1-1、M145：9） 4. B 型（03JSZM145：6） 5~7. Ca 型（03JSZM145：2-1、M145：3-1、M145：4） 8. D 型（03JSZM145：17-2） 9、10. Cb 型（03JSZM145：14-2、M145：15） 11. E 型（03JSZM145：13） 12. B 型陶壶（03JSZM145：27） 13. A 型陶壶（03JSZM145：29） 14、15. 陶罐（03JSZM145：28）

Ab 型　圆角长方形，21 件，多不完整。03JSZM145：1-1，甲片上端平直，一角圆抹，下端圆弧，四边各有 2 穿孔，长 5.9、宽 3.6、厚 0.1 厘米（图四，2）。03JSZM145：9，下端残，甲片中部多一圆孔，残长 5.5、宽 3.5、厚 0.1 厘米（图四，3）。

B 型　甲片近梯形，1 件。03JSZM145：6，下端已残，上端平直有抹角，三边各有两孔，残长 4.8、宽 2.5~3、厚 0.1 厘米（图四，4）。

C型　甲片作鱼鳞形，完整者较多。依大小可分二亚型。

Ca型　36件。身长5厘米许，上平下圆，四边有穿孔。03JSZM145：2-1，上端穿单孔，身长5厘米许，上平下圆，四边穿孔。两侧及底缘各穿2孔，长4.8、宽3.2、厚0.1厘米（图四，5）。03JSZM145：3-1，上端穿双孔，余同前件，长5.1、宽3.4、厚0.1厘米（图四，6）。03JSZM145：4，形同前件，唯上端穿三孔，长4.7、宽3.2厘米（图四，7）。

Cb型　4件。身长3厘米许，上平下圆，四边皆有穿孔。03JSZM145：15，形体较大，两边稍抹角，上缘穿3孔，下端和侧边各有2孔，长3.3、宽2.3、厚0.1厘米（图四，10）。03JSZM145：14-2，上端穿单孔，其边均有2孔。长3.1、宽1.6、厚0.1厘米（图四，9）。

D型　甲片侧视作弓形，2件，均不完整。03JSZM145：17-2，残片圆角长方形，侧视内弧，上端穿3孔，两侧各穿2孔，残长5、宽2.4、厚0.1厘米（图四，8）。

E型　整体形状不明，仅见一残片。03JSZM145：13，平面呈三角形，上端圆弧，下端残。甲片上有4孔，右侧一孔不占中线亦不近边缘，或为锈蚀所致。残长3.5、厚0.1、孔径2~0.25厘米（图四，11）。

3. 陶器

陶壶　2件，均只残存口沿。分二型。

A型壶　圆唇侈口。03JSZM145：29，轮制，夹细砂灰白陶，圆唇较厚，弧颈，颈外饰有四道凸弦纹，口径15、颈高4厘米（图四，13）。

B型壶　方唇侈口折沿。03JSZM145：27，夹细砂陶，灰白色，手制。薄胎长颈，烧造火候较高，口径10、颈长5厘米（图四，12）。

陶罐　1件。03JSZM145：28，残存口、腹，手制夹砂灰褐陶，火候不高。方唇侈口，束颈鼓腹，口径12、腹径16.5厘米（图四，14、15）。

三、结　　语

JSZM145号墓规模宏大，处国内城与丸都山城之间的山崖上，地势高爽，视野开阔，足见其墓主人身份地位之高。但是由于墓上没有发现瓦件和足以说明墓主人身份的文字资料，尚不能确认为王陵。

该墓阶墙式阶坛的构筑方式，与七星山M871号，麻线M626号墓相同，JSZM145号墓高约4米，阶墙每级高仅0.8米左右，较之墓高约7米、阶墙高近2米的JQM871结构矮的多。以往研究认为，高句丽墓葬是由低矮向高大发展的，故其年代应早于后者。再从筑墓用石上看，JSZM145号墓所用石材均为自然的碎山石块，未有加工痕迹，也反映了高句丽早期积石墓的特点。另外，墓圹中出土的B型陶壶折沿敛口长颈，具有高句丽早期陶壶的特征，A型壶陶色灰白，是典型的汉代陶壶风格。综上分析，该墓年代应早于JQM871号，属于公元1世纪前后的高句丽重要墓葬。

执　笔：孙仁杰

绘　图：王新胜　郝海波　王　昭

集安禹山 M2112 墓室清理报告

吉林省文物考古研究所　集安市博物馆

禹山 M2112 号墓位于集安洞沟古墓群禹山墓区中段，是缓坡与平野的交界处一座较大墓葬。该墓背风朝阳，周围平坦，其西侧 80 米有一座编号 JYM2110 的王陵，东南 60～100 米范围内分布着四神墓和五盔坟等大型壁画墓（图一）。

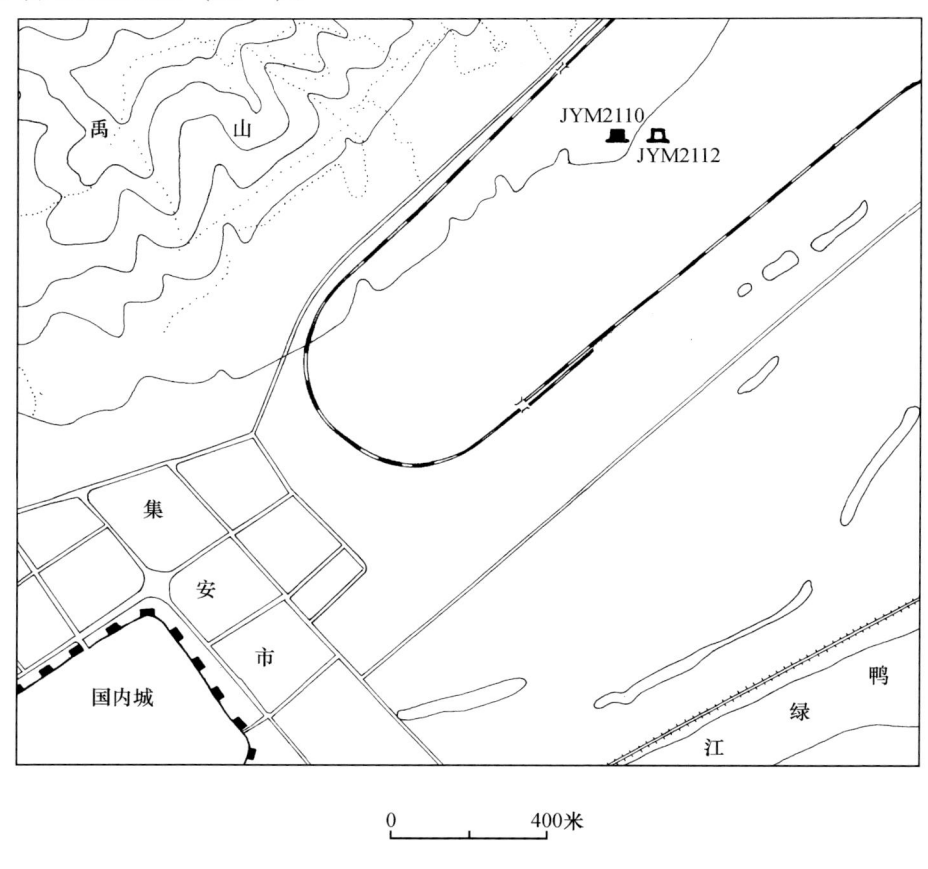

图一　禹山墓区 JYM2112 号墓位置图

该墓早年被盗，20 世纪 60 年代进行过测绘著录。1994 年洞沟墓群维修时，为搞清其基本形制，集安市文物保管所进行过局部清理，报告于《北方文物》2004 年 2 期发表。2003 年洞沟墓群进一步维修，原建于该墓北侧的高句丽壁画模拟展室拆除。自 7 月 1 日至 7 月 30 日，吉林省文物考古研究所又委派集安市博物馆张雪岩同志，以墓室为重点进行了维修前的清理。现将这次清理结果报告如下。

一、墓葬形制结构

JYM2112 是一座建有墓道和耳室的阶坛圹室墓，墓道方向 151°。墓高 3.2～3.3 米，平面基本呈方形，东、南边略长，现存阶坛三级，第三级阶坛残缺严重。2003 年墓室清理的同时，曾在东南角部开掘一条宽 0.5 米探沟，得知该角阶坛石下另置一块厚达 0.56 米的基石，底部坐于黄土之上。据此分析，JYM2112 建造时很可能是设有基础的。

墓室建于第二级阶坛之上，高 1.1 米。平面呈长方形，南北长 6、东西宽 5 米，墓室四壁的砌石所剩无几。北壁残留石材 4 块，中部两块为上下两层砌筑，两角各一。东侧砌石尚存两块，西侧仅余三块，其中一块为立砌的板状石材，长 0.8、高 0.45、厚 0.15 米，今上部已向东倾斜。南壁因墓道封堵关系保存尚好，现存石材四、五层，高 0.9～1.1 米，砌筑整齐。由于两次清理中于墓上、墓下都没发现堪做盖石的材料及其碎块，我们认为 JYM2112 的墓室，是不加封盖的圹室结构。

圹室内堆积上面见有较多火烧熔石，下面是夹杂大块河卵石的白灰和砂层，白灰有的呈碎块，有的成粉粒状与砂子掺合在一起，下部含大量黑灰。其下为小河卵石层，河卵石直径 0.8 厘米左右，经过白灰灌浆，保存好的地方依然很平，表面已被烧过熏黑。小河卵石面较圹室四壁砌石的底缘深 38～40 厘米，应是墓底。遗物均出土于墓底上面的黑灰中，周边还发现一些未被烧透的树皮和木质遗物。在东侧南北向一排出土 7 件扒锔，其中有一残扒锔与树皮同出，可能是木椁遗迹。

兽骨出土于墓室北部两角，西北角见一羊的左下颌骨，东北角有多件猪骨碎块，与白灰粘连在一起。鎏金饰件多出自西部和西南角一带，墓室的北侧中部也有发现，环纽扒锔在南侧比较集中，瓦当主要见于墓室东侧和其他部位。除瓦当和瓦之外，所有遗物均出土于黑灰层中，多数鎏金器已被烧的毫无光泽，上面残留星点鎏金和斑驳的绿锈。

墓道位于墓室南壁正中，长 4.55、宽 2.3、高 0.9 米。用四层石块砌筑，外表面比较整齐，底面与圹底相平。距圹室南壁 1.2 米处，墓道两侧各筑有一个被砌封的耳室。

西耳室高 1.1 米，西侧壁残留两块略有移位的条石，北侧三石似未经扰动，耳室底部铺有卵石地面，可知其南北长 1.4、东西宽 0.9 米。东耳室大小与之相若，亦铺有小河卵石地面。两耳室都曾出有帐钩、扒锔等遗物，但两次清理时，均未见盖顶石，内里已被卵石和泥土填满，耳室入口亦为修制较好的块石顺着墓道边墙封堵严密。

二、出土遗物

此次共清理出遗物 200 余件，绝大多数出土于圹室熔石层下，小河卵石层上的黑灰层中，少量出自耳室。计有扒锔、帐钩、棺钉等铁器。帽形或梅花步摇饰、桃形花形饰、镂空心形饰等鎏金饰件。此外还发现了一些瓦当、板瓦、筒瓦、兽骨等。兹分类叙述如下。

1. 铁器

铁器58件，包括扒锔、环纽扒锔、帐钩和棺钉四类。

扒锔 37件，均锻制。为两端略尖，中间扁方的铁条折成，有些因使用关系造成了锔钉弯曲。保存较好的21件，大者长6、高3.4厘米，小的长3.6、高3.1厘米。

03JYM2112:44，较完整，锔身长3.7、厚0.3、钉高3.9厘米（图二，1）。03JYM2112:42，形体较大，锔身长6、厚0.4厘米，钉脚略残，残高3.4厘米（图二，2）。03JYM2112:1-1，锔身长4.5、厚0.3、宽0.7厘米，两钉脚均已内斜，高3.6~3.9厘米（图二，3）。03JYM2112:1-4，锔身和一侧钉脚已弯曲，长5.4、高3.9厘米（图二，4）。

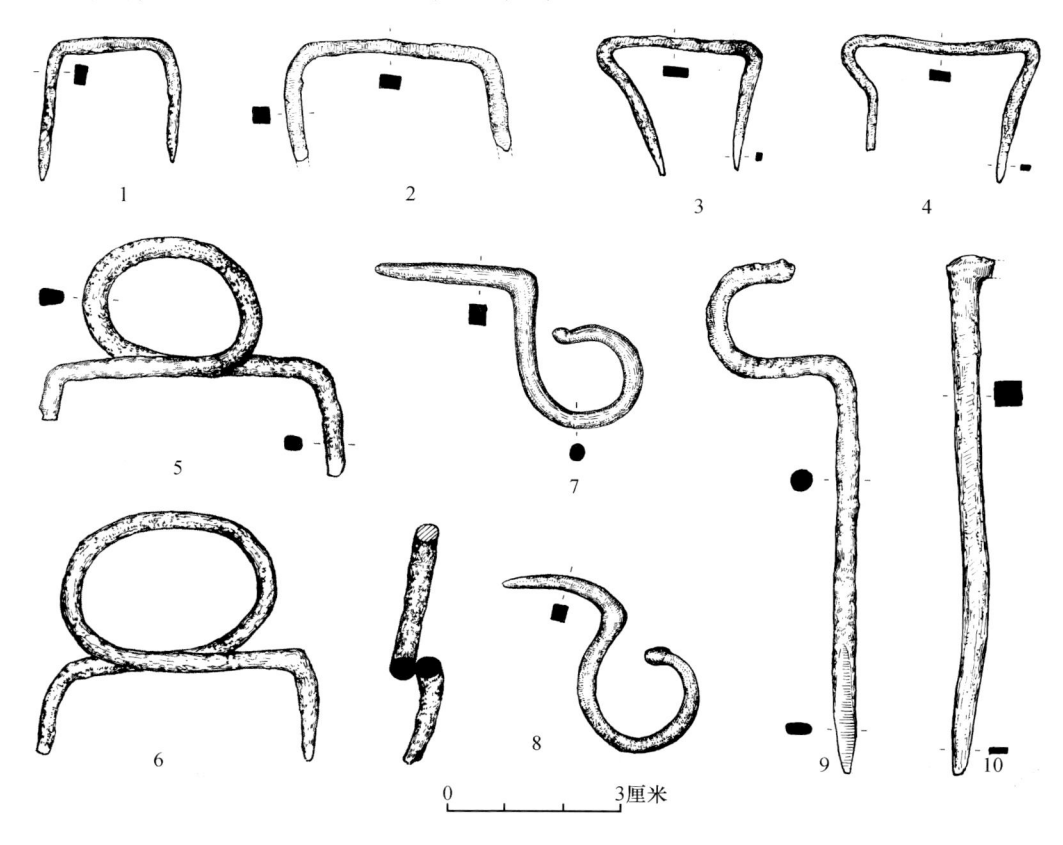

图二 YSM2112出土铁器

1~4. 扒锔（03JYM2112:44、03JYM2112:42、03JYM2112:1-1、03JYM2112:1-4） 5、6. 环纽扒锔（03JYM2112:41-4、03JYM2112:41-5）
7~9. 帐钩（03JYM2112:46、03JYM2112:3-6、03JYM2112:2） 10. 棺钉（03JYM2112:39-2）

环纽扒锔 9件，其中7件完好。均锻制，整体近似扒锔，唯锔身中间扭成圆形，长度7.4~9.8厘米，大小颇有差异。03JYM2112:41-4，长8.4、钉脚高3.3厘米，一侧已残，锔身环纽较大，截面椭圆形，直径0.5厘米许（图二，5）。03JYM2112:41-5，长7.4、钉高2.7厘米，一钉脚稍残，截面亦作椭圆形，直径0.5厘米（图二，6）。

帐钩 10件，均锻制，个体大小颇有差异。03JYM2112:46，前钩卷成圆形，截面椭圆，后端平折，为四棱形锥体，长7.4厘米（图二，7）。03JYM2112:3-6，长6厘米，形体稍小，后折部分略向上弧曲（图二，8）。03JYM2112:2，前钩作半圆形，后部平直，尾端有扁尖。长14.7厘米（图二，9）。

棺钉 2件，一件稍完整。03JYM2112:39-2，锻制，四棱方锥体，横断面宽0.7、厚0.2厘米，上端折出短帽，全长14.7厘米（图二，10）。03JYM2112:39-1，仅存钉体下段，残长9.7厘米。

2. 铜器

铜器皆为饰件，原器大都鎏金，由于火烧原因，鎏金多已失落。内中数量最多的为步摇饰件，此外还有一些钉、圈、泡等其他饰件。

步摇饰 122件，铜质鎏金。整体由饰座、悬枝、摇叶三部分组成。悬枝为铜丝拧绕而成，末端有环可挂摇叶。摇叶为圆形薄片，穿挂于悬枝环内。座饰冲压制成，依形制可分二型。

A型 1件，梅花饰座。03JYM2112:33，摇叶缺失。饰座花分五瓣，瓣尖各有小孔，用以缝缀。中心鼓起呈泡状，上有三个等距小孔，穿挂悬枝。饰座直径2、悬枝残长3.2厘米（图三，1）。

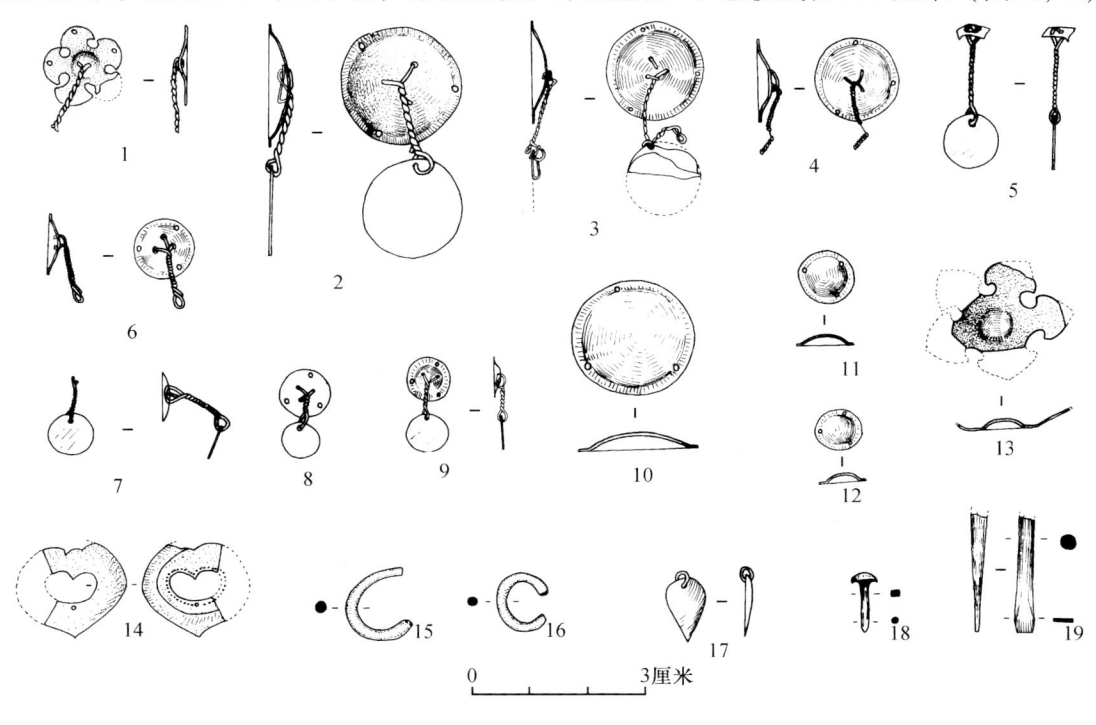

图三 JYM2112出土的铜鎏金器

1. A型步摇饰（03JYM2112:33） 2. Ba型步摇饰（03JYM2112:5） 3. Bb型步摇饰（03JYM2112:10） 4、5. Bc型步摇饰（03JYM2112:15、03JYM2112:190） 6、7. Bb型步摇饰（03JYM2112:21-2、03JYM2112:28） 8、9. Be型步摇饰（03JYM2112:23-2、03JYM2112:26） 10～12. 泡形饰（03JYM2112:20、03JYM2112:22、03JYM2112:25） 13. 花形饰（03JYM2112:47） 14. 心形饰（03JYM2112:34） 15、16. 环形饰（03JYM2112:48-1、03JYM2112:48-2） 17. 桃形摇叶（03JYM2112:31） 18. 铜钉（03JYM2112:36） 19. 钉形器（03JYM2112:37）

B型 121件，帽形饰座。圆形窄边，中心凸起如帽状，边缘有等距三孔供缝缀，顶部有三孔穿悬枝。此型饰数量较多，但完整者鲜见，出土时悬枝多已残断，圆形摇叶与饰座两相分离，饰座略多于叶片。若叶、座大小相匹，以0.5厘米为直径差，可将其大致分出五亚型。

Ba型 10件。饰座直径3~3.1、摇叶直径2.5厘米。03JYM2112:5，完整，表面鎏金大部脱落，悬枝长2.9厘米，但已被压弯倒向一侧（图三，2）。

Bb型　12件。饰座直径2.4~2.5、摇叶直径1.9~2厘米。03JYM2112:10，摇叶稍残且被压弯对折，鎏金已脱，悬枝长3.9厘米，摇叶挂于其后部，末端仍可再挂一枚悬叶（图三，3）。

Bc型　20件。饰座直径2.1、摇叶直径1.4~1.5厘米。03JYM2112:15，悬枝折断，残长2.5厘米，摇叶已失，鎏金全部脱落（图三，4）。03JYM2112:190，饰座残缺，悬枝、摇叶完整，枝长2.4厘米，摇叶直径1.4厘米（图三，5）。

Bd型　47件。饰座直径1.4~1.6、摇叶直径1.2厘米。03JYM2112:21-2，饰座、悬枝完整，鎏金保存尚好，悬枝长1.9、饰座直径1.5厘米（图三，6）。03JYM2112:28，悬枝残，摇叶完整，直径1.1厘米（图三，7）。

Be型　32件。饰座直径均在1.3厘米以下，摇叶直径0.9厘米。03JYM2112:23-2，完整，鎏金较好，悬枝长1.8厘米（图三，8）。03JYM2112:26，亦完整，鎏金缺失，悬枝长1.2厘米（图三，9）。

泡形饰　3件。圆形中凸呈帽状，边缘有三个等距小孔，近乎B型步摇饰座，唯顶部无穿系悬枝之孔。03JYM2112:20，直径3.1、高0.4厘米，鎏金未失（图三，10）。03JYM2112:22，直径1.4、高0.3厘米（图三，11）。03JYM2112:25，形体最小，直径1、高0.2厘米（图三，12）。

花形饰　4件。03JYM2112:47，残，五瓣花形薄片，中心有一圆形凸起，花瓣仅存其二，一瓣稍好。残长2.8厘米，鎏金全无（图三，13）。

心形饰　1件。03JYM2112:34，残，整体为中间透空的心形薄片。中间透孔亦成心形，周边錾有一圈细密连点纹，心下有一圆形小孔，铜质鎏金，长、宽各2.4、厚0.05厘米（图三，14）。

环形饰　2件，皆残。03JYM2112:48-1，系直径0.3厘米铜丝弯成的椭圆形，残存大半，通体鎏金，铜环直径1.6~1.9厘米。03JYM2112:48-2，制法同前，铜丝直径0.2厘米，形体略小，环径1.2~1.6厘米（图三，15、16）。

桃形摇叶　5件。03JYM2112:31，铜片冲压，鎏金仅存斑点。叶片中鼓，长1.3厘米，上有小孔系一铜丝小环（图三，17）。

铜钉　1件。03JYM2112:36，完整，钉身四棱锥形，圆帽，通体鎏金，高1.7、帽径0.6厘米（图三，18）。

钉状器　1件。03JYM2112:37，残，上为圆柱状，下为小扁铲形，残长3.1、宽0.5、厚0.4厘米（图三，19）。

3. 瓦件

此次清理所出瓦件较多，板瓦、筒瓦均有所见，同时还出土莲纹瓦当12件，只是皆为残片。其板瓦有灰、红两种，表面拍细绳纹，凹面印有布纹，瓦胎中有的掺少量蚌壳粉末。筒瓦亦有灰红两种，素面，有的内侧也见布纹。由于墓上大火的原因，瓦片有的已被烧得扭曲变形，有的甚至和卵石粘连在一起。

瓦当　7件保存较好。当面均为高浮雕六瓣莲花图案，图案为内外两重，以两组双道凸弦纹分开。中间是乳状凸起的莲心，外围有六个筋脉凸起的莲瓣，两侧饰表现花蕊的凸点，瓣间加三条凸线界格，构图写实，简洁明快。整体看来，这些瓦当所用模具不同，大小、薄厚不很一致，边轮高矮、宽窄也有差异。

03JYM2112:55，略残，直径18.4、厚6厘米，边轮宽1.6、高2厘米，留有少部分白灰（图四，1；图五，4）。03JYM2112:56，直径17.2、厚3.2厘米，瓦当边轮残，残破处可见半干时划出的深痕，以便与筒瓦粘接更加牢固（图四，2）。03JYM2112:59，当面完好，直径16.8、厚2.8厘米，背面与筒瓦粘接处留有多条小圆棍压出的凹沟，这同样是为增加与瓦体接触面积，在湿胎时的刻意制作（图四，6，图五，5）。

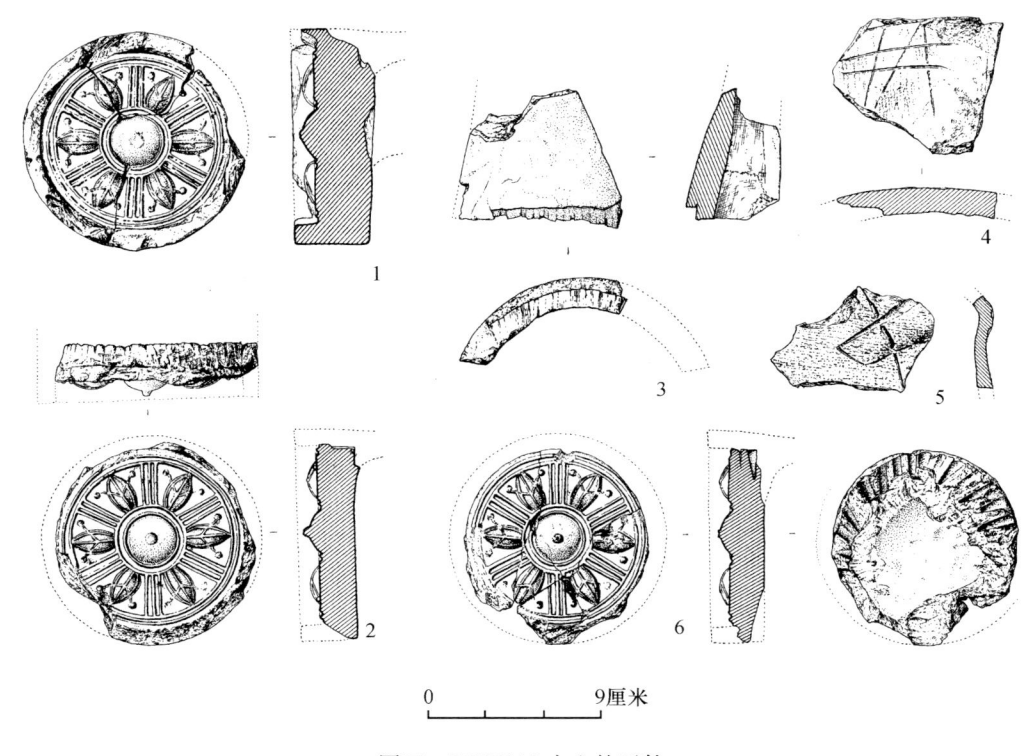

图四 JYM2112 出土的瓦件
1、2、6. 瓦当（03JYM2112:55、03JYM2112:56、03JYM2112:59） 3. 筒瓦（03JYM2112:68） 4、5. 刻符板瓦（03JYM2112:53、03JYM2112:52）

瓦片　大多碎小，数量无法确计。03JYM2112:67，筒瓦尾部残片，红褐色，素面，内印布纹，厚1.1厘米。烧制火候较高，瓦胎较细，敲击音声清脆（图四，3）。03JYM2112:53，板瓦残片，灰色，厚1.8厘米，表面有不太清晰的细绳纹，并划有"#"字形方格（图四，4，图五，3）。03JYM2112:52，灰色板瓦残片，厚1.2厘米，已被火烧过变形。瓦面拍细绳纹，里侧印有布纹，绳纹上刻有"廿"字样（图四，5）。03JYM2112:63，红色细绳纹板瓦，厚1.5厘米，绳纹顺畅，很少交错（图五，1）。03JYM2112:64，灰色绳纹板瓦，绳纹重叠交错较多，瓦底抹有白灰，厚2.2厘米（图五，2）。

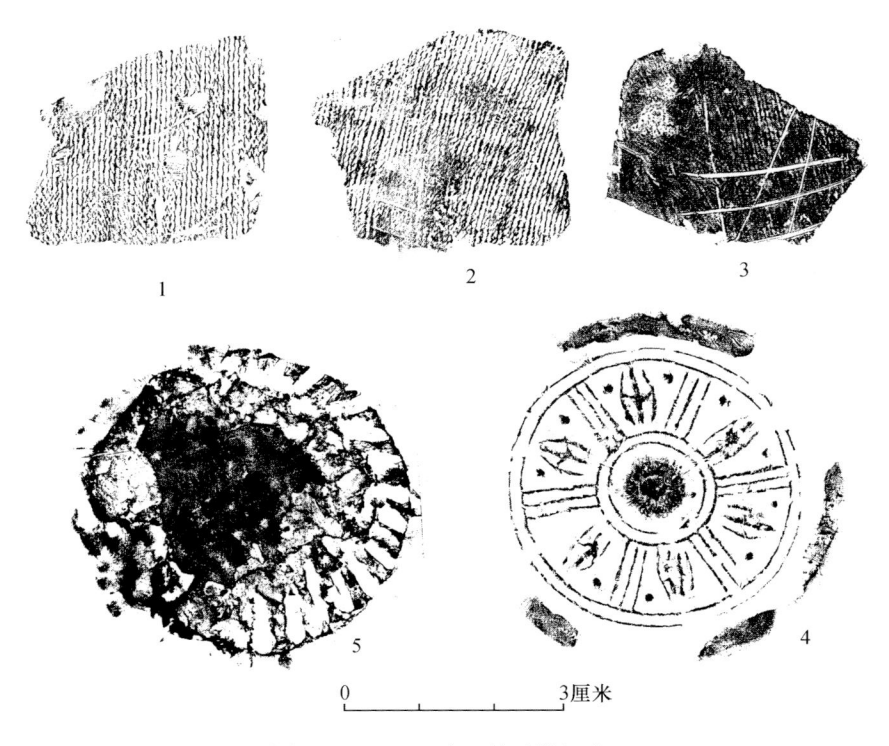

图五 JYM2112 出土的瓦件拓片

1～3. 瓦片（03JYM2112:63、03JYM2112:64、03JYM2112:53） 4、5. 瓦当（03JYM2112:55、03JYM2112:59）

三、结　　语

禹山 M2112 边长 19 米许，从规模上看不是王陵级墓葬，但墓上用瓦，随葬有金银器和大量鎏金器，级别很高，至少应是贵族甚至王族墓葬。墓中出土的遗物，以步摇和各种饰件为主，而不见甲片、箭镞、刀剑等武器装备一类遗物，可能是一女性或文职官员之墓。

从墓葬形制看，禹山 M2112 墓室宽大，盖顶石材独石需长于 6 米，宽过 4.8 米，抹角迭砌亦须相当硕大才行。但是，今墓室四壁的砌石单薄，有的立砌石材仅厚 15 厘米，其外虽有卵石，也很难承受盖顶石的重量，清理中亦未见大块残石。故我们推测，墓上原来就是无盖顶石的圹室，葬毕封以砂石。

禹山 M2112 墓底的卵石层灌白灰浆，建好的墓道、耳室又进行了封堵，使原本带墓道的铲形墓室变成了圹室，做法很有特色。该墓耳室在两次清理中均只见扒锔而无其他随葬品，可能并未真正使用。这种情形所表明的，或许是一个观念问题，即当时社会可能开始流行带耳室、墓道的石室墓，而墓主人的思想比较守旧，不希望自己归天之所失去先祖旧的东西，因而做了改建。这也给了我们一个启示，该墓年代正处在石室墓出现之前这样一个墓葬形制变革之际，即公元 4 世纪晋魏时期。

从遗物上看，该墓出土较多的扒锔、环纽扒锔、棺钉、帐钩等，说明墓室中是设有棺椁的，并且使用帷帐。该墓圹边出土的树皮有一小扒锔伴出，说明木椁用材加工粗略。从出土的棺钉长度看，棺椁的木质应该很厚。

禹山 M2112 墓中发现大量的火烧熔石，有些烧毁的瓦和卵石等粘在一起，类似情况在山城下墓区的 M242 号积石墓，东大坡墓地的 M356 中也曾发现，并且都限于石圹之中。YM2112 的墓底和墓壁周围留下大量的灰烬和烟炱，遗物中鎏金多已脱落，说明该墓也采用火葬。这种迹象表明，高句丽人的火葬习俗，直至魏晋时期的圹室墓中依然延续，很多仍在墓室内进行。

该墓出土了大量的绳纹瓦和素面筒瓦的残片，颜色、厚度不一，莲纹瓦当也有六瓣和八瓣两种，不像是一个时期和一个窑场制作的，可能后来做过维修。其所出的瓦当和瓦片上面，许多都沾有或抹有白灰，而西侧早于该墓的 YM2110，墓上的瓦却均无白灰。这说明盖墓瓦的使用方法有所不同，早期墓上的瓦直接覆于墓顶，后来一些墓葬则使用了白灰。如果墓葬是火葬，瓦在墓上也一同焚烧，禹山 M2112 号就是如此。

执　笔：张雪岩
拓　片：林世香
绘　图：朴润武　郝海波　王　昭

黄泥岗大墓调查报告

吉林省文物考古研究所　集安市博物馆

黄泥岗是集安市城东果树村南的一个小土岗，地属太王镇果树村9组。土岗踞将军坟与好太王碑之间，南北延伸较长。在土岗南边最高处，曾有一座高句丽大型墓葬，不知何年被严重破坏。1966年吉林省博物馆、集安县文管所对洞沟古墓群实测时，因残毁甚重而未记录其中。后因该墓北侧小路上发现有瓦，而于20世纪80年代被列入高句丽王陵的重点调查对象，定名黄泥岗大墓。2003年秋季，吉林省文物考古研究所、集安市文物保管所对该墓进行了详细调查，并对周边做了简单清淤试掘，现场工作由迟勇负责。

黄泥岗大墓所在的土岗北接龙山，南眺鸭绿江，与将军坟所踞的龙山麓坡隔沟相邻，西面是平敞的通沟平地。墓葬周围开阔，地形高爽，地理坐标为东经126°11′18″，北纬41°8′38″，海拔214米。2005年5月古洞沟墓群再次测绘时，将其编入禹山墓区，编号JYM0030号。其东北距将军坟约1.2千米，西南距好太王碑不到500米，东南600米是临江墓，此外，附近再无其他墓葬和遗迹（图一）。

一、墓葬形制

此墓保存状况极差，墓上部分已遭破坏，仅东、南、西三面残余部分砌筑阶坛的条石，且多因破石取材被毁，很多石材都留有金属楔痕。阶坛之内，西、北大部分已经垦为耕地，墓内填石只东部保留有宽2~4米的一条，残高1.4米。其早年即遭毁坏的主要原因，可能是墓葬紧邻土（口）青（石）公路的缘故。此路辟于上世纪初，直至1984年间一直是集安通往外界的唯一通道。集（安）锡（林浩特）公路修成后，此路才成为支路。

据现状观察，黄泥岗大墓原为方型阶坛积石墓，阶坛内以黄土夹大块山皮石及少量河卵石混填，阶坛石下未做基础，墓室结构无证（图二）。现存阶坛石材及其残块以南侧边跨度最长、石材最大，东侧边数量最多，西侧只留有四块，北边则皆为残块，没有大块。2003年调查清理前，西、南两侧石材部分裸露，东侧的几乎全都埋在土中。

南侧存石9块，自西向东成排，轴线方位角130°，朝向西南而偏南略大。此面石材较大，材质以浅灰和浅粉色花岗岩占绝大多数，只西端一块条石为黄色石英灰岩。石材规格不一，长宽差别较大，厚度亦不均匀，形状一般作长方体，多数经过六面加工，各别保留有部分自然面。从位置看，只两端的大块条石可能尚在原位，其他的多已移动外凸。由于人为的劈石取材，已造成阶坛砌石的

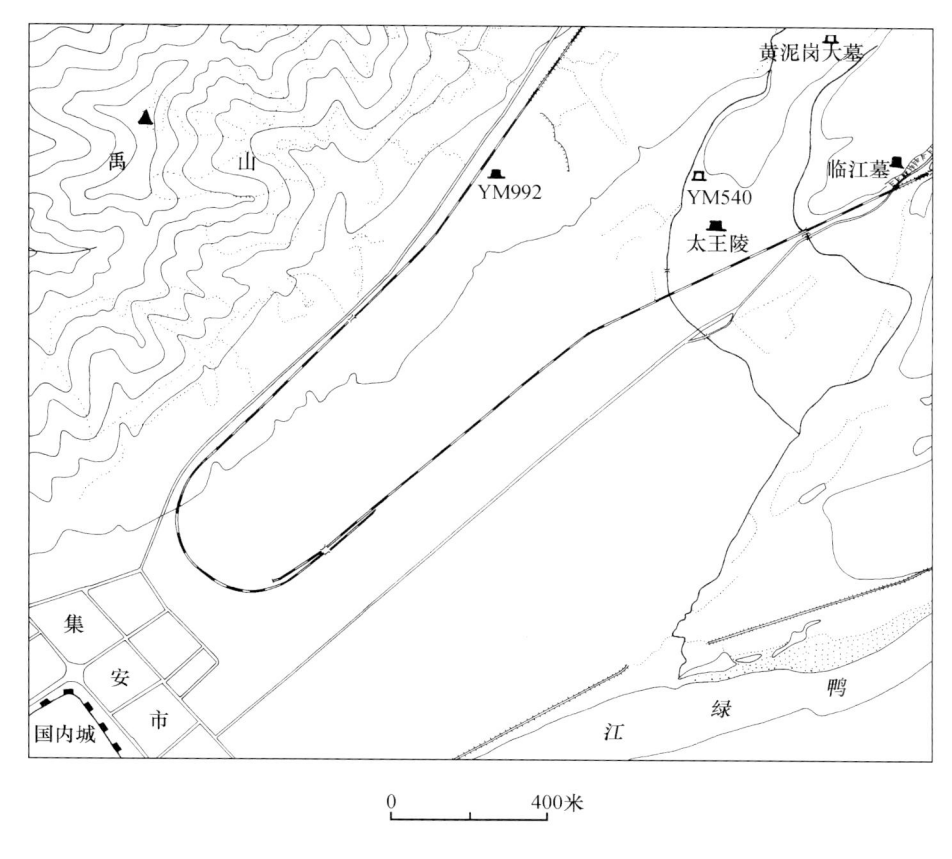

图一　黄泥岗大墓位置图

不相连贯,缺失甚多,幸存者也多有破损,完整者无几。分述如下。

西起第一块,浅灰色花岗岩,长宽各2米,呈方形,北侧已被劈断,劈断部分向北面侧倒。此石上半部被取走一层,现留有多处铁楔錾痕,存厚0.7米,外侧面之南面剥蚀较甚,西侧面留有竖向平行的加工凿痕。石下为生土,可能原址未动,从形状、大小看,应为此墓西南角石。

西起第二块为浅粉色花岗岩,与之间距3米,长1.3、宽1.2、厚0.6米,基本完整。该石已向外翻倒,外侧面朝下,顶、底皆为自然面,顶面边缘留有加工凿痕,底面一角残缺,呈斜边,但留有自然平面。

第三块,粉红色,长2.1、宽0.6~1米,厚0.7米,与前石有3.5米间隙。此石尚完整,两端未残,外侧面为自然面,保留自然曲线,顶面加工较平,外侧留有一条宽9厘米许的凸棱。

第四块,距前石约1米,浅粉色花岗岩,保存完好。石长3.6、宽1.6、厚0.76米,内侧保留有大面积自然面,两端和外侧面经过加工凿錾,但未见凿沟。顶面靠外的一侧有一条宽10厘米的凸棱。

第五块,在其东1米处,长1.8、宽0.6、厚0.45米,其顶面向上,外侧面已残。此石顶面与第四块石底面高度相若,下部埋在土中,可能是阶坛的底层垫石。

第六块,石质与前石同,均为浅粉色花岗岩,距离前石0.6米,移位呈斜向,石长1.5、宽0.75、厚0.6米,外侧面向下,两端未损,顶、底面均已被劈取毁坏。

第七块,浅灰色花岗岩,亦呈斜向,位置较第六块更向外凸。石材长2米,宽0.6、厚0.7米,

图二　墓葬平面图

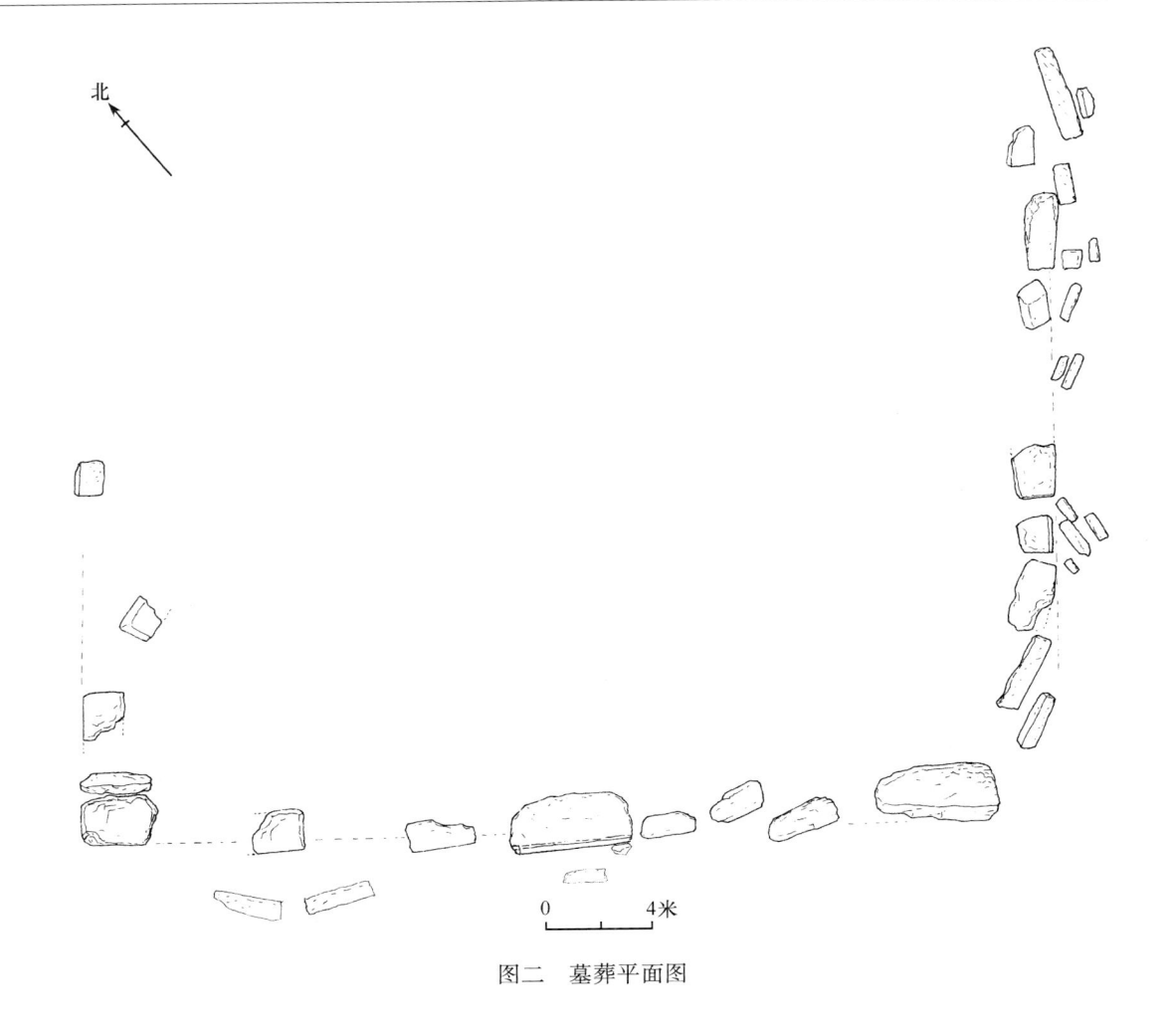

顶面向外，边缘有宽10厘米的边棱。从放置看，此石东高西低，东侧石下堆有被击碎的块石三块，可能是被外翻后的底层砌石。

第八块是唯一的一块石英灰岩，长3.7、宽1.2、厚0.8米，石材加工较好，长边均有较直的圆滑棱线。该石放置不平整，明显呈外高内低状，且东端略高于西端，石下为夹河卵石的黄黏土。此石东端与西南角石间距26.7米，但此石未为方形，应该不是角石。该石下的夹卵石黄土，也可能是因其高度不足而有意填加的垫土层。

西侧除前述转角大石外，还有三块残石。南起第一块为浅灰色花岗岩，距角石约1米，其外侧面与转角石的西面成直线，似在原位。此石南半部分被劈掉，顶面亦有破损，北端面和外侧加工平整，但未留凿沟。残长1.2、宽1.15、厚0.35~0.54米。依此石西边和角石之外边连线，测得方位角为220°，和南侧边恰成90°。

南起第二块为橘红色花岗岩，位置偏于墓内且已被树立起来，原外表面今已向正北侧转，而顶面向西。石材长宽各约1.2、厚0.9米，加工较细，平整但无沟痕，外缘有一条宽7~10厘米的凸起宽棱。

第三石位于第二块石材北约6米处，已残。浅粉色花岗岩，长0.8、宽1.1、厚0.7米。此石已被推倒并侧转90°，外侧面向下，而顶底暴露于南北两侧，北端可见錾楔痕迹。

东面现存大小条石20块，但多非原来位置。形体较大的一排有八块，南北成大致直线，但彼此间隔不一。其中南起第四、五、六块条石，厚度都均在0.7米左右，第六和第四块石留有顶面外侧凸棱，应该都是一级阶坛的底层石。第四、五、八块石材的外侧边缘连线较齐，其下均为生土，估计位移不大。此连线方向与西侧缘方向相一致，沿此线向南和南侧面的延长线相交，大致超出今存南侧面长度约2米，正是转角石应占位置。据此推测，此墓原来的边长可能为28.5～29米。

东面的条石均为花岗岩，颜色以浅粉色居多，灰色者只两块，橘红色者为三块。位于轴线上形体较大的八块中。

南起第一块，长1.8、宽0.5、厚0.48米，较完好。其位置斜扭，外侧面向外，表面有平行凿沟20余条，估计是整平石材表面时所留下的。

第二块，放置方向同前者，长2.4、宽0.6、厚0.56米。石材基本完整，两端和外侧面也有加工时留下的平行凿沟。

第三块，长2、宽0.7、厚0.8～1米，呈内低外高放置，上部劈毁严重，但两端未受损伤。

第四块，两端皆残，残长1.1、宽0.6、厚0.56米，向外略倾，顶面转朝斜上方。外侧边缘有宽10厘米的凸起棱线。

第五块，石长1.6、宽1.2、厚0.74米，保存基本完整。顶面外侧有10厘米的凸棱，放置平稳，石下为黄色生土，可能仍在原位，其内侧一角原缺，保留有自然平面。

第六块，距离第五块3.5米，石条长1.2、宽0.6、厚0.7米，斜向放置，北高南低，显然经过人为的撬动。从厚度看，此石应为一级阶坛的底层石，其外侧缘有凸棱，棱的宽度亦为10厘米，与其他底层石一致。

第七块，条石长2.3、宽0.9米，其北端略向东斜出，有可能是自然的位移，而南端移动不大。此石顶面已被劈去，存厚0.6米。

第八块，石长1.15、宽0.8、厚0.68米，两端未损，外侧面被撬起向上，顶面略转向墓内。今向上的外侧面尚留整平加工造成的平行凿沟，其与顶面相交的侧边已被劈掉，故顶面有无边棱已难断定。从石材厚度推测，该石应为一级阶坛底部石材。

除了以上19块较大石材之外，在墓东、墓南还发现一些稍小的或已被劈斩破碎的残石。

东侧面第四、五石之间的东边，留有散乱的阶坛残石六块，偏北的三块稍大，其中两块见有顶面外缘的凸棱，但二石厚度一为0.3、一为0.4米，显然是两个规格。第六石外侧的一橘红色条石长0.6、宽0.3、厚0.36米，顶面有7厘米宽的边棱，其与第五石之间偏东位置的两石中，也有一块凿有边棱，其棱宽10、厚0.38米，二者厚度接近，但棱宽有异。第七块条石北端外侧，紧贴该石有一长1.2、宽0.5、厚0.46的规整石材，粉红色花岗岩，可能是上层或二级阶坛砌石。东侧第八石的北面，外侧并置有两块粉红色石材，放置也呈斜向。偏于内侧者长2.8、宽0.7、厚0.3米，偏于外侧的长0.5、厚0.6米，外侧面翻向墓内，顶面朝下，两端可见宽约8厘米的边缘凸棱。

南侧在西起第二石之南，距离1.3米处，其左右两侧各有一块条石，与一级阶坛石材相近同。二石大致与南侧轴线平行放置，可能是移开的阶坛砌石。其偏西的一块，外侧面向内，石材长1.95米，宽、厚各约0.6米，内侧一角有较大残缺，平面呈梯形。东侧的一块长1.6、宽0.8、厚0.7米，外侧面向下，凿有边棱，棱宽约10厘米。此石为灰白色，风化起层，石质显不如他。第四石外侧相距 0.8 米处，与第四石平行放置着一块长 1.2、宽 0.45、厚 0.3 米的粉色花岗岩条石，其顶面边缘留有 10 厘米的凸棱。又，西起第三至第五石间，距墓边 3~5 米范围内，还发现有 7 块散乱石材，质地有花岗岩和灰岩两种，多不完整，调查中也没有全部清理，兹不赘述。

综观黄泥岗大墓内外存石，从石材的加工方面可分出有边棱和无边棱的两类。顶面外侧边有凸棱的，按照将军坟、太王陵各墓的砌法，应该是用于阶坛下层的。其作用有二：一是可以有效地避免上层石条外涨；二是使收分整齐，外视更加壮观。而顶面无凸棱的通常都砌筑在阶坛的上部，除了保持阶坛顶面平整外，还可以减少不必要的用工。

去除已残损严重者，黄泥岗大墓现存有边棱石材的已知厚度为 0.3~0.9 米，无边棱者也有 0.3~0.8 米的种种差异。以 10 厘米一个等级，如表一所示，前者可以大致分出 0.3、0.4、0.6、0.7 和 0.7 米以上五种规格，后者能分出 0.3、0.5、0.6、0.7 和 0.7 米以上四种规格。若其和太王陵一级阶坛砌石三层，向上逐渐减为两层的做法相同，则依目前所见，此墓至少应有四级阶坛，或者五级。边长如前所述，大致在 29 米上下。

表一　石材规格统计表

位置	边棱宽（厘米）	厚度（米）
西二	7	0.9
南四	10	0.76
东五	10	0.74
东六	10	0.7
南七	8	0.7
东四	10	0.56
东四外	10	0.4
东八北	6	0.4
东六南	10	0.38
东六外	7	0.36
南四外	10	0.3
南八	无	0.8
南二外左	无	0.7
西三	无	0.7
南二	无	0.6
南二外右	无	0.6
东二	无	0.56
西一	无	0.5
东一	无	0.48
东八外	无	0.3
东四外	无	0.3

二、遗　物

以往调查和 2003 年的清理中，都没有发现陶瓷器和金属器，仅见少量瓦片。瓦有筒瓦和板瓦两种，颜色见有灰、红两色，然均残碎，罕见大片。其中灰色者多为筒瓦残片，内有布纹，外表抹光。红褐瓦为细砂陶质，全为板瓦，表面饰细绳纹，厚 1.5 厘米许。唯标:1、标:2 两件呈红褐色，后者饰粗绳纹，纹上有抹断印痕，厚 1.8 厘米（图三）。

图三 板瓦拓片

1. JY黄泥岗大墓标：1　2. 禹山黄泥岗大墓标：2　3. 禹山黄泥岗大墓标：3　4. 禹山黄泥岗大墓标：4　5. 禹山黄泥岗大墓标：5

三、结　语

黄泥岗大墓独踞一山，视野开阔，墓葬规模较大，墓上用瓦，有多个方面与高句丽王陵的埋葬方式相近。黄泥岗大墓位于将军坟与太王陵之间的直线上，与二陵间距也相差不多，说明墓主人身份地位特殊，决非普通官吏。该墓大部分使用了王陵之规格，则其至少应是王族墓葬。

如前所述，黄泥岗大墓边长近30米，阶坛至少三级，下层阶坛石普遍制作出突起的宽棱，在形制、砌筑方式甚至规模上，都与将军坟的构筑有些相似。但是，其所用石材较杂，取材并非全部为同色花岗岩，间或也使用灰岩。石材规格不够整齐划一，加工修琢也不甚精细和工整。另外，此墓周边不见墓域铺石，未使用护坟石，也没有附属的陪坟、祭台和其他遗迹现象，可能还不够王陵规格。

值得注意的是，该墓的阶坛石上表面外缘刻作凸棱，相同的加工形式，在王陵中仅见于千秋墓、太王陵、将军坟等年代最晚的少数几墓，处在积石墓的最高发展阶段。而各级阶坛的底层条石全部采用凸棱技法的，目前还仅见于将军坟。由此推测，黄泥岗大墓年代应与将军坟相当或前后稍错，我们把它定位在5世纪中期。

执　笔：洪　峰　迟　勇
绘　图：王新胜　马　洪

集安禹山 540 号墓清理报告

　　JYM0540 号墓是洞沟古墓群禹山墓区东南部一座大型阶坛积石墓。墓葬位于吉林省集安市东 4 公里的太王乡大碑村，与太王陵处于同一岗地之上，自然地势略低于太王陵。此墓东隔通集公路有临江墓，北望将军坟，西南距太王陵约 200 米，东侧 150 米许为太王碑，西北约 500 米有角抵、舞踊两座壁封土画墓，此外，附近再无其他遗迹（图一）。

　　此墓于 1966 年由吉林省文物管理委员会、吉林省博物馆和集安县文管所对洞沟古墓群调查、测绘时发现，编号为禹山墓区 540 号墓，简记为 JYM0540。1997 年吉林省文物考古研究所会同集安市博物馆在吉林省物探大队测绘技术人员配合下，对洞沟古墓群复查、测绘时，确定 JYM0540 为特大型阶坛积石石室墓，测得边长 39、通高 9 米。

　　2003 年秋，在集安市高句丽遗迹申报世界文化遗产过程中，作为疑似王陵之一，吉林省文物考古研究所对该墓进行了清理发掘。此次工作自 2003 年 9 月 15 日开始，11 月 16 日结束，发掘负责人为吉林省文物考古研究所王志刚，吉林省文物考古研究所王昭、长白县文物管理所郜炳坤参加了部分发掘工作。发掘最先以墓表和外缘为重点，后对墓道、耳室、圹室进行了清理。通过这次工作，不仅使我们对于该墓的修筑方法，耳室和圹室结构、葬具葬法有了全面了解，同时还出土了鎏金器及铜、铁、陶器 439 件。现将清理的结果报告如下。

一、墓 葬 形 制

　　JYM0540 地处现代村落之中，保存状况很差。墓葬南部、东北角已被现代民居占据，西北角有现代村路穿过，东、西、北侧也不同程度堆放了现代生活垃圾。

　　墓葬破坏严重，发掘前墓表面鲜见石块，墓上存在多个凹坑，仅在墓顶四周发现一定数量塌落的圹室四壁石。据当地村民介绍，此墓表面原本遍布形体巨大的块石，20 世纪 70 年代前后被劈碎后移作它用。现存的花岗岩长方块石，仅在墓葬西侧面上保存 2 块，南侧面墓道口处保存 1 块，应为被劈碎且已位移的阶坛石残块。

　　清理后认定，墓葬四边均已残缺，平面呈不规则形，东南及西南转角已破坏不存，东北、西北转角皆呈圆角。墓葬现存部分最宽处南北约 34.5、东西约 31.5、墓顶中心残高约 5.2 米（图二；彩版一一，1）。

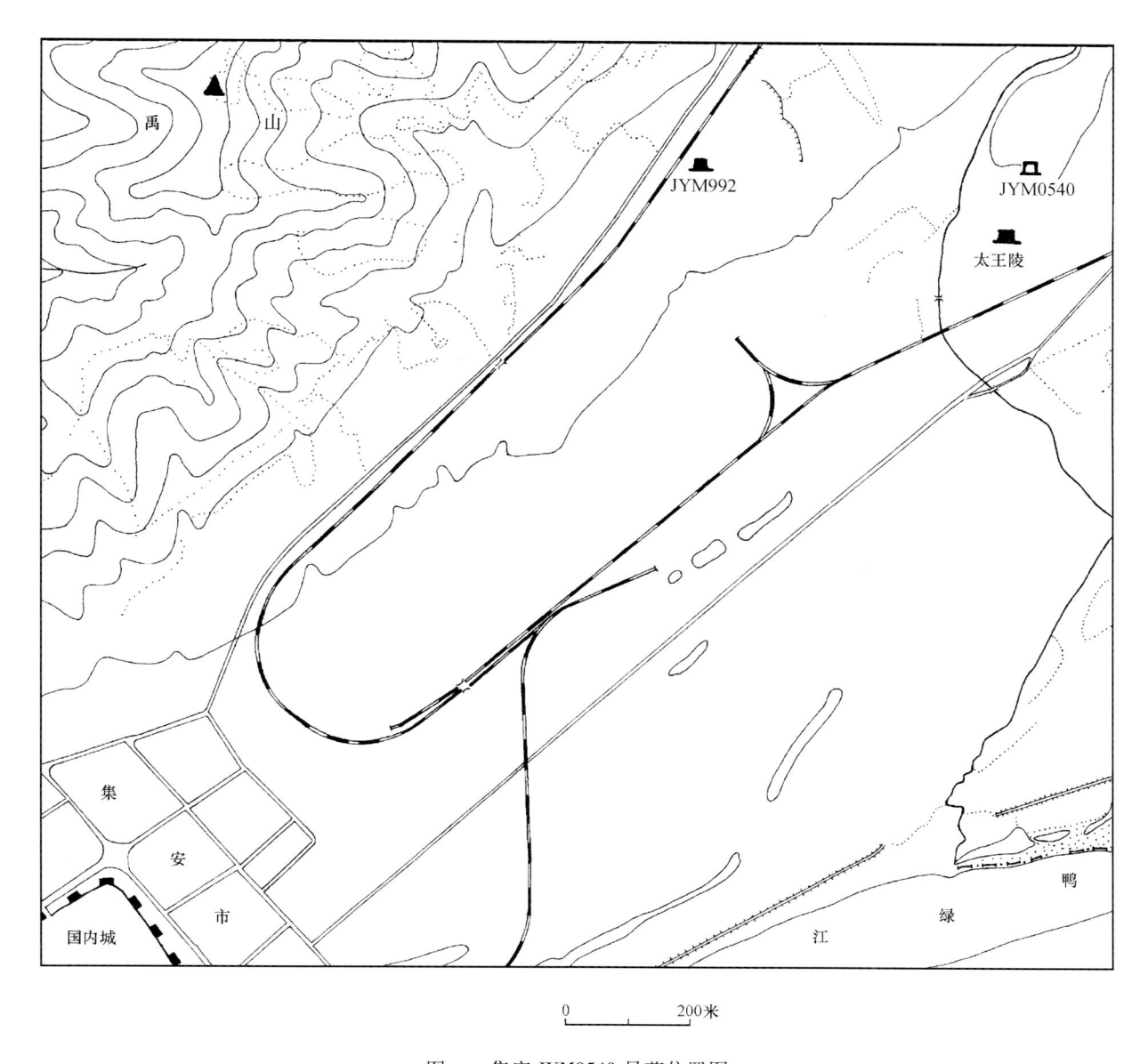

图一 集安JYM0540号墓位置图

墓葬周边的地层堆积简单，表土层下即为黄褐色生土，生土质地坚硬，其中包含较多碎石。墓葬直接起建于生土层上，经解剖，未见地下基础。

由于墓葬阶坛石已缺失，墓上的表土层下直接暴露出内部的墓葬主体。从解剖情况看，JYM0540墓内填充主体是以黄黏土掺杂小河卵石夯筑的，质地较为坚硬。夯筑填土的中上部，分布有一些较大块石，部分块石的顶面暴露于表土之外。块石多为表面较圆缓的河卵石，少量为未经修制的自然山石。此类块石大者长度超过1米，小者亦不低于0.4米，大部分长径0.6~0.8米。现存的大块石排列比较规则，可能多在原位，只少部分略有外颓和位移。从平面看，这些大块石多数成排分布，同排的相邻块石间距接近，相邻各排块石间有较为固定的间距和高差，可能为构筑于阶坛石底部或内部的阶坛基石。邻排的大石之间局部存在以密集小河卵石垒砌填塞，用以增强墓葬的稳固性。

1. 阶坛

如前所述，墓表阶坛石仅存3块，墓葬阶坛只能依据现存的阶坛基石推测复原。

墓葬四个侧面阶坛基石保存情况各异，若依高度基本一致、外缘比较整齐并且连贯的原则做整体考察，四面的阶坛基石均可分为5层。由下至上，第1~3层的层间距约2.5米，3~5层的层间距2米，层间高差皆在0.5米左右。其中3、4、5层阶坛基石在墓葬四个侧面均有留存，可信性较强。1、2层阶坛基石仅发现于墓葬西侧和北侧，留存阶坛基石数量较少，推测出的阶坛位置未见十分准确。根据3、4、5层阶坛基石的间距、高差数据和排布规律推测，以墓葬现存规模，至少应存在5层阶坛。

另在西南角处，目前推定的1层阶坛之外，生土上仍见有与墓内填土相同的黄黏土夹河卵石层，唯密度不及墓内夯层紧密。此层中现存一块绝大部分露于地表，底部位于此层内的大石，此石与其他阶坛基石规格、材质相同，故此，也不排除原有6层阶坛的可能。但由于此石位置过于孤立，其下的黄土夹河卵石层面积过小，无法确定其是否存在位移，而在保存阶坛基石数量较多，墓葬内部填土保存范围与墓葬西侧相近的北侧面，1层阶坛基石之外已无墓葬填土，因此暂不将其作为墓葬的1层阶坛。

2. 圹室

圹室起建于4级阶坛之上，整体凸出于墓顶，平面近正方形，上部已残，清理前圹室内堆积大量黑土和碎石。圹室外壁东、西、北侧壁残高1.5~1.7米，南侧残高约1.3米。在圹室内、外清理出十余块坍塌的圹室侧壁砌石，推测原来高度不低于应1.7米（图二）。

圹室平面略呈长方形，用石多为未经修理的天然花岗岩石块，石块规格不一，大者长2.6、宽约1.5、厚约1米，小者长约0.4、高0.2米。东、西、北三壁以内外两层块石垒砌而成，南壁以单层侧壁石修砌，局部使用较大的河卵石或小块石补齐不平处，石缝间以白灰掺小河卵石灌浆勾缝，圹室内壁涂抹厚5~10厘米的白灰面。圹室外壁暴露自然石面，现保存较差，圹室西、北壁的外侧墙石已向外倾倒，内外墙石间缝隙达0.5~0.8米，内外墙石间填充黑褐土，为防止侧壁坍塌，内外壁间填土未清理。东壁外侧墙石保存略好，外侧墙石较大，南部两块外壁石厚逾1.5米，内壁用石较小，圹室侧壁厚约2.5米，内外壁砌石以自然形态相互咬合，较为稳固，外侧壁上下垂直，砌筑工整，内外墙石间亦见白灰河卵石的灌浆勾缝。

东壁内侧墙石边长5.2、残高约1.1米，仅存一层墙石，以三块形体较大的块石修砌，块石未加修整，形体不甚规整，最小的一块长约1米，大的一块长约2.6、宽近1.5、厚1米有余，墙石仅简单摆砌，邻石石缝很大，均以白灰掺河卵石填充找平。

西壁内侧墙石长约5.25、残高1米，存石两层，底层墙石以3块形体较大的花岗岩块石修砌，北端剩余一较小的空隙以一小型块石填充石缝，上层存石4块，形状皆不规整，石缝间填充以小块石。

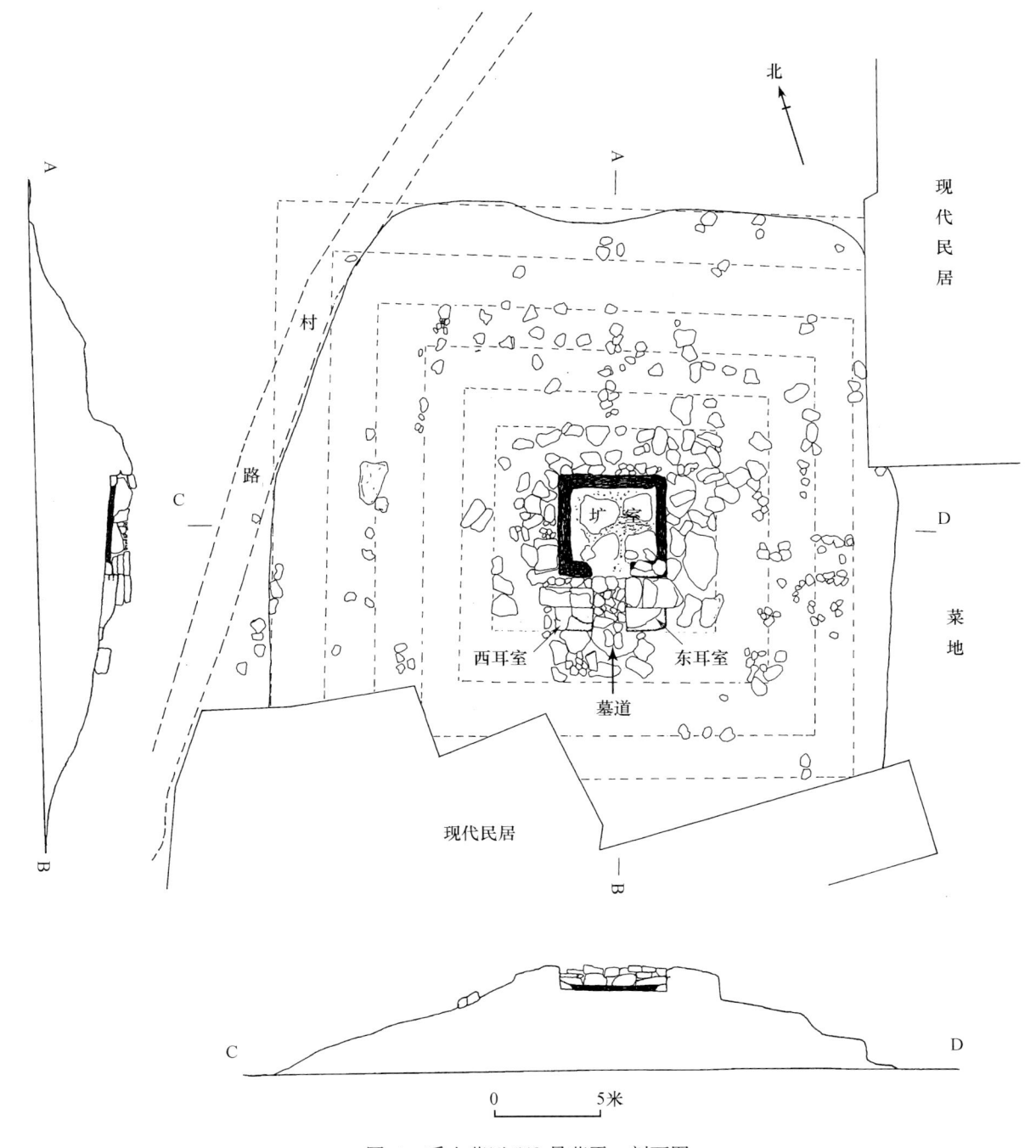

图二　禹山墓区 540 号墓平、剖面图

　　北壁内侧墙石长 5.4 米，用石较小，残存最高处约 1.05 米，石材高低错落，修砌无规律。现存墙石三层，底层砌石形体较大，长度 0.95~1.3 米，高度、厚度不一，上层以形近长方形的小块石找平，小块石长 0.4~0.7 米。

　　圹室南壁长约 5.4 米，被墓道分为东西两部分。墓道东侧的南壁长约 1.9、厚 1.5 米，现存石两层，残高 1~1.3 米，下层石长 2.4、厚 1.5、高 1 米，内外侧及墓道一侧均修琢平整。上层于西端存石两块，石缝间以白灰掺河卵石勾缝。墓道西侧的南壁长约1.7、内侧残高约0.9、外侧残高0.9～1.05米，外侧边使用一整块大石，石长约2.6米，石下以白灰和小河卵石勾缝垫平，内侧以大小不一的块石和形体较大的河卵石修砌，用石长度0.25～1.05米，内侧残存最上一层块石有3块以长条形河卵石切平内侧短边修砌，修砌侧壁的块石间以白灰掺小河卵石灌浆勾缝，并以白灰抹平内壁，现今表面白灰多已脱落，只从石壁底部的残存白灰可见白灰壁厚0.05～0.1米。

圹室底部以形体巨大的块石铺垫，之上抹有白灰面。由于圹室四周为保留木椁遗迹未做清理，全室底面铺石块数未详。已清理的圹室中心可见铺底石4块，规格均在2米见方左右，形体不规整，顶面可能略经修理，大体呈一平面，彼此相接处可能由于石材本身表面有斜度，之间留下了一个近十字形的空隙，空隙处以白灰掺河卵石勾缝，之上再以白灰抹平。

圹室内填土可分两层：上层填土黑褐色，厚约0.3米，质地疏松，包含一些植物根茎、瓷片、铁钉、动物骨骼等遗物；下层填土红褐色，厚约0.4米，质地疏松，填土内包含大量红色木屑、木炭碎屑和白灰块，圹室内出土遗物除动物骨骼外皆出土于此层。

墓道起建于4级阶坛之上，辟于圹室南壁正中略偏西的位置，宽1.6、长5.1米，方向南偏西18°（彩版一二，1）。墓道北端与圹室底面同高，略呈北高南低的斜坡，坡度约2°，墓道底铺大石，石顶面较为平整，铺石间缝隙以白灰掺河卵石灌浆勾缝，石顶面以白灰抹平。墓道侧壁砌石仅存圹室南壁处，余已缺失，砌筑方式不明。墓道以形体扁薄的块石封堵，间隙以河卵石和白灰灌浆，圹室南壁内侧可见墓道封石现存四层，残高约0.75米（彩版一一，2、3）。

耳室辟于墓道两侧，平面呈长方形，大小相同，东西长约1.8、南北宽约1.1米。耳室皆已残毁，除北壁外其他两侧壁均已破坏不存（彩版一二，2）。北壁利用了圹室南壁的外壁，表面涂抹较厚的白灰层，现多已脱落。耳室地面以较为平整的块石铺垫，石间以白灰掺小河卵石勾缝，顶面以白灰涂抹平整。耳室底面与墓道底面一平，为一体修建，从破坏严重的西耳室底面可见耳室底面铺石与墓道底面铺石共用同一块石。在耳室地面之上残存一周白灰带，白灰带厚5～10厘米，东耳室东北角保存最好，残高约5厘米，据此可知耳室除北壁和墓道一侧外，其余两面原本砌有石壁。在西耳室东侧墓道封石底部，残存有高约2厘米，形似耳室侧壁表面白灰层的白灰残痕。另在墓道底面之上，墓道封石与东耳室北壁下层砌石的西侧面之间，夹有一段木板，木板侧立放于二者之间，高约20、厚约3.5厘米。在东耳室朝向墓道封石一侧，紧贴墓道封石发现与耳室同宽的一道木痕，腐朽严重，不辨原形，仅存红色痕迹，朽痕宽约5厘米，很可能和墓道封石与东耳室北壁下层砌石西侧面之间夹的木板为同一块木板。据以上迹象推测，耳室在墓道一侧很可能存在木质封门。

耳室内堆积以表面沾满白灰的河卵石、块石和白灰碎块为主，几乎不见淤积土，亦未见腐木和木炭。东耳室出土随葬品较多，随葬品以鎏金车马具为主，均经扰动，原位已失，多数器物表面沾有白灰，有的甚至完全包裹于白灰之中。

3. 棺椁

圹室的下层堆积内包含较多棕红色腐木和黑色炭屑，越接近圹室底部，腐木和炭屑渐多，填土清理至距圹室底约0.4米处，在圹室四壁之下，发现宽约0.5米的木炭痕迹。之中夹杂少量白灰碎块。木炭与圹室四壁之间，夹有一条宽5～10厘米的纯净白灰，白灰质地疏松，多呈片状。将上层厚0.05～0.2米，质地疏松木炭清理后，底部木炭质地较硬且纯净，经圹室西壁南部解剖发现纯净的木炭下还有夹杂白灰的木炭，只在最底层有厚 3~5 厘米的木炭纯净无杂质，在圹室西壁中部解剖发现，纯净的炭层厚 0.3~0.35 米，纯净炭层宽度亦在 0.5 米左右。

在圹室底部除木炭遗迹外，在圹室南部，墓道两侧发现数处腐木遗迹，腐木质地极为松软，现原形难辨。较大的一处腐木遗迹位于圹室东南角，两块腐木在拐角处相互交叉，形成一个直角，而且这两块腐木的纹理亦呈直角相交，与圹室内壁间距 0.2~0.3 米，宽度均为 0.5 米左右。东侧壁的腐木叠西部直接叠压于圹室底面之上，长度约 0.8 米，东部压于圹室东壁下木炭层之上，厚约 0.05 米，南壁腐木较厚约 0.1 米，长度近 1 米，经过对西端的解剖，发现腐木叠压于木炭的白灰层之上。此外，在南壁中部开墓道处与墓道口西侧各有一块腐朽木板，紧贴于圹室底面之上，形状均不规则，在西侧壁中部略偏北处木炭带之外还留存一小块腐木，长约 30 厘米，木纹方向为南北走向。

圹室填土内出土较多的扒锔应为连接和固定木椁之用，规则分布于圹室四壁下的大量木炭应该就是木椁烧毁后留下的遗迹。圹室内壁涂抹白灰面，之内直接放置木椁，木椁规格约 5 米见方。圹室中南部紧贴于圹室底面之上的腐木极可能为木棺残迹，由于此墓已经盗掘，棺钉原本位置已不可考，仅从现存木痕，难以确定圹室内棺的数量。

二、出土遗物

对圹室、耳室及墓葬表面的清理，共出土遗物 439 件，其中圹室出土遗物数量最多，共 386 件，东耳室出土遗物 50 件，墓上填土中出土遗物 3 件，墓道和西耳室只出土少量泥质灰陶片。由于圹室、耳室和墓表填土中出土遗物的功用有明显区别，下面便以出土位置分述之。

（一）东耳室出土遗物

东耳室出土遗物 50 件，除 1 件铁錾子、2 件铜铃外，其余 47 件均为鎏金铜车马具。

1. 铁器

铁錾子　03JYM0540:18 残，圆形帽，现已残缺一部分，錾体平面呈长方形，侧视为三角形，直刃较钝，通长约 5.7 厘米。由于墓葬石材多被当地村民劈碎移用，现今西耳室北壁和东耳室南侧的两块大石之上仍保留有成排的錾子眼，此件器物可能为晚期混入（图三，1）。

2. 铜器

铜铃　03JYM0540:4，2 件，形制、大小相同，铃身呈六棱柱形，上细下粗，平顶，上设一半圆形纽，纽上套接三个由小至大相互套接的铁环。纽侧有一圆孔，可能是挂铃锤用的，铃下部较大，铃口六边均向内弧凹，铃身侧视颇似一花蕾。铃锤铁制，圆柱形，形似棒槌，一件铃锤缺失，另一件铃锤已残断，残存部分锈结于铃内壁。铃身外表面残存些许红彩，铃身原本可能通体涂朱，通长约 4.4 厘米（图三，2）。

3. 鎏金器

伞状泡饰　12 件。03JYM0540:1，六整六残，形制、大小一致，只有顶部摇叶可分大小两种。大摇叶 4 件，其中完整、残缺的各 2 件，数量略少于小摇叶。底部为一伞状泡饰，底视似一花朵，泡饰之上为一鎏金铜管，两者间以一对折两端的铜条相连，铜条底端略出于泡饰底约0.3厘米，铜条两头折向两侧上设一中心圆孔的铜片，应是固定皮带之用。铜杆的另一端出于铜管，弯成一圆圈，上接摇叶片。大摇叶泡饰，通长6.1厘米，小摇叶泡饰，通长5.5厘米，泡饰直径约2.5厘米（图三，3、4）。

泡饰　2件。03JYM0540:2，皆残，一大一小，形制相近。大泡饰形似一帽，平面呈圆形，外缘有一圈宽边，外边缘现存三处缺口，缺口间距相近，有一缺口内侧近半圆形，可能此三处缺口处原本为圆孔。泡饰中部凸向一面，正中设三圆孔，两孔间存一金丝，金丝位于凸面一侧，通体鎏金。直径约2.2厘米（图三，5）。小泡饰平面亦圆形，外缘有边，已残，边缘等距分布三个已残的圆孔，中部凸向一侧，凸面鎏金，直径约0.9厘米（图三，6）。

摇叶　1件。03JYM0540:3，完整，为一圆形薄片，外缘设一圆孔，上系金丝，金丝以双线拧成，一端系叶片，另一端拧出一圆套，以系它物，通体鎏金，摇叶直径约1.4厘米（图三，8）。

铜帽　1件。03JYM0540:5，完整，由两部分组成，第一部分为1件贯通圆筒，以铜片卷成，用三颗圆帽铆钉固定，一端筒口略内敛。另一部分出土时位于圆筒之中，为一圆形单面鎏金铜片，其大小刚好放于筒中，被内收一端挡住。圆形铜片中央对称分布3个铆钉，管内同时伴出残木，此物应是圆杆状木具一端的铜帽。通长4.5，筒径2.5厘米（图三，7）。

带扣　8件。前端带扣形制一致，整体近长方形，前端略宽，两角圆缓，后部两侧边砸扁，前设一活梁，上接带针，后端为一横贯铁梁，以其后接装饰的不同分三型。

A型　4件，3件完整。03JYM0540:6，铁梁上套接三叶形饰，形为底部一根基，正中和两侧各一叶状饰，中部有一三角形镂空，三叶之上以及三叶饰基部，共设五个铆钉，铆钉圆帽，长约0.3厘米，末端略砸出一堵头，上套一中心有圆孔的圆片，以防止铆钉脱扣，应是固定皮带和带扣的铆钉。三叶饰正面鎏金，通长7.8厘米，带扣长2.6厘米（图三，9）。

B型　1件，完整。03JYM0540:10在带针所在的铜梁和连接皮带的铁梁之间套了一圆形泡饰，泡饰凸面朝向带扣前端，泡饰周边有一周窄边，泡饰底平面几乎与带扣末平齐，泡饰凸面鎏金，通长3.2厘米，泡饰底径3.8厘米（图三，13）。

C型　3件，末端无任何饰物，大小不一。03JYM0540:7，通长5.2、头宽3.6厘米，完整。铁梁上可见经纬交织的皮革纹理（图三，10）。

03JYM0540:8，通长4.3、头宽3.5厘米，铁梁残缺（图三，11）。

03JYM0540:9，通长4.3、头宽3厘米，完整（图三，12）。

带铐　2件，完整。03JYM0540:11形制一致，以一横截面近椭圆形的铜条别成，前端弯成一椭圆形，后部为一长方形，长方形两短边后部较扁，末端横贯一铁梁，铁梁之上还可见经纬交织的皮革纹理，通长约3.2厘米（图三，14、15）。

铊尾　4件。03JYM0540:12，完整，分二型。

A型　1件。03JYM0540:12-1，完整，仅缺铆钉，外表面鎏金，为相对的两片，每片厚约1毫米，平面近半圆形，外侧面周边有宽1毫米有余打磨成一小斜坡，斜坡内缘等距分布三个铆钉孔，以铆钉连接两片，铆钉圆帽，两片间距约0.4厘米，铆钉末端弯折以固定，两片的内侧保存有皮革腐烂后残存的纹理，长1.8厘米，直边宽2.4厘米（图三，16）。

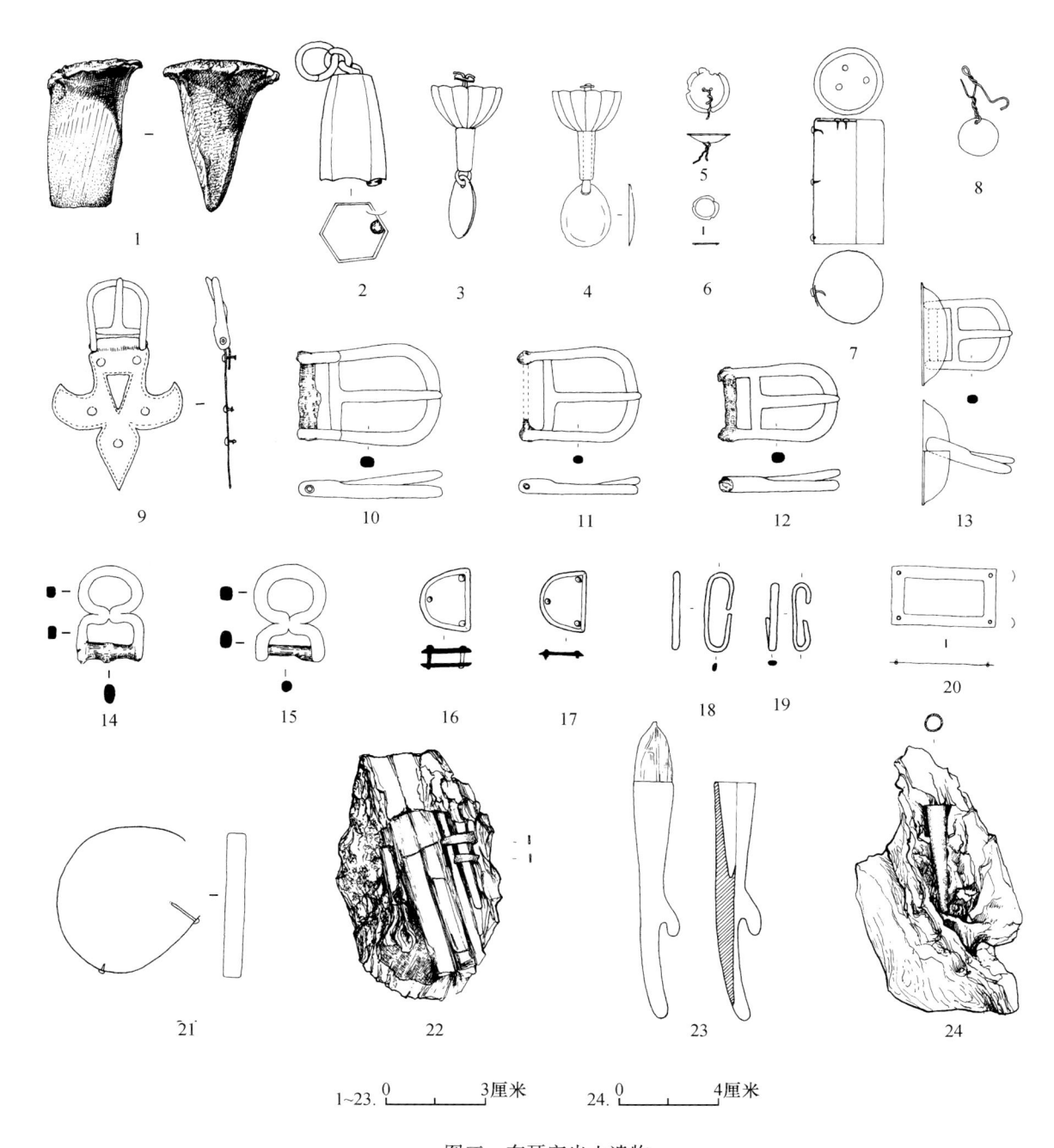

图三 东耳室出土遗物

1. 铁錾子（03JYM0540:18） 2. 铜铃（03JYM0540:4） 3、4. 伞状泡饰（03JYM0540:1） 5、6. 泡饰（03JYM0540:2） 7. 铜帽（03JYM0540:5） 8. 摇叶（03JYM0540:3） 9. A型带扣（03JYM0540:6） 10～12. C型带扣（03JYM0540:7、03JYM0540:8、03JYM0540:9） 13. B型带扣（03JYM0540:10） 14、15. 带铸（03JYM0540:11） 16. A型铊尾（03JYM0540:12-1） 17. B型铊尾（03JYM0540:12-2） 18、19. 带卡（03JYM0540:14-1、03JYM0540:14-2） 20. 方形饰（03JYM0540:15） 21、22. 杆箍（03JYM0540:16-1、03JYM0540:20） 23、24. 盖弓帽（03JYM0540:17、03JYM0540:19）

B 型　3 件。

03JYM0540:12-2，完整，仅一件缺一铆钉，外侧面鎏金，基本形制与 A 型同，仅为单片，正面设圆帽铆钉，钉末略大，内设一单面鎏金的圆形薄片，以固定于皮革之上，一件钉末与铊尾间夹了一块厚约 0.1 厘米的皮革，完整的一件长 1.7、直边宽 2.3 厘米。

03JYM0540:13，1 件。完整，形体略小，长 1.5，直边宽 1.9 厘米（图三，17）。

带卡　2 件。03JYM0540:14，完整，形制相同，大小略异，以内侧平直，外侧面缓圆的铜条弯折而成，平面呈圆角长方形，外侧缓圆面鎏金，内侧直面不鎏金，应是用于带具之上穿扣皮带的部件。03JYM0540:14-1，通长 3 厘米（图三，18）。03JYM0540:14-2，通长 2.6 厘米（图三，19）。

方形饰　3 件。03JYM0540:15，大小形制相同，一件完整，为一长方形薄片，单面鎏金，鎏金面略外鼓，四角各有一小圆孔，内穿四枚圆帽铆钉，应是固定于皮或木上的装饰件，完整的一件长约 3.8、宽 2.2、厚不足 0.1 厘米（图三，20）。

杆箍　7 件。2 件完整，5 件为残片，形制大小相同。03JYM0540:16-1，以一极薄的宽窄均匀的铜片弯成圆圈，两端各穿一圆孔，以铆钉连接，现已断，此钉两侧间距相近的位置各有一等大圆孔，其中一孔中尚存一残断铆钉，外侧面鎏金，此物应是木杆上的装饰品，直径 4.6～4.8、宽 0.7 厘米（图三，21）。03JYM0540:20，形制同上，箍内残存一段木头，残存近大半圆柱，因包裹于白灰之中得以保存（图三，22）。

盖弓帽　4 件，均完整，大小形制相同，通长约 8.3 厘米。03JYM0540:17，3 件。呈前细后粗的柱形，器身略弯，内凹的一侧器身中部略靠前的位置上设一朝前的小枝杈，器表通体流金，后部中空，其中现存伞弓的弓木残段（图三，23）。

03JYM0540:19，1 件。形制同上，包裹于白灰块中（图三，24）。

4. 陶器

除了以上器物外，耳室还出土为数不少的泥质灰陶片，可辨器形为四耳展沿陶壶，至少为三个个体，其中一个几乎复原，与圹室中所出陶片可互相拼对成形，编号于圹室之内。

（二）圹室出土器物

圹室内出土器物 386 件，其中铁器 37 件，铜器 1 件，铜鎏金器 61 件，陶器 285 件，釉陶器 1 件，瓷器 1 件。

1. 铁器

出土 37 件，多为铁钉和扒锔。

铁钉　共 17 件，多残，均为锻造，按形制区别可分四型。

A 型　03JYM0540K:31，1 件。完整，尖端略残，形制规正，钉身横截面正方形，尖端锻成方尖，上端砸扁弯向一侧作为钉帽，残长 12.3、钉身宽 0.6 厘米（图四，1）。

B 型　2 件。形制相同，顶端弯成一个半封闭的圆圈，横截面近方形。03JYM0540K:32，钉体有两处微折，尖部略残，残长 12.2、身宽 0.4～0.5 厘米（图四，2）。

C 型　03JYM0540K:33，1 件。残，钉身整体呈"丁"字形，钉上端弯折成一个与钉身垂直的长方形钉帽。残长 4.3，体宽 0.3～0.4 厘米（图四，3）。

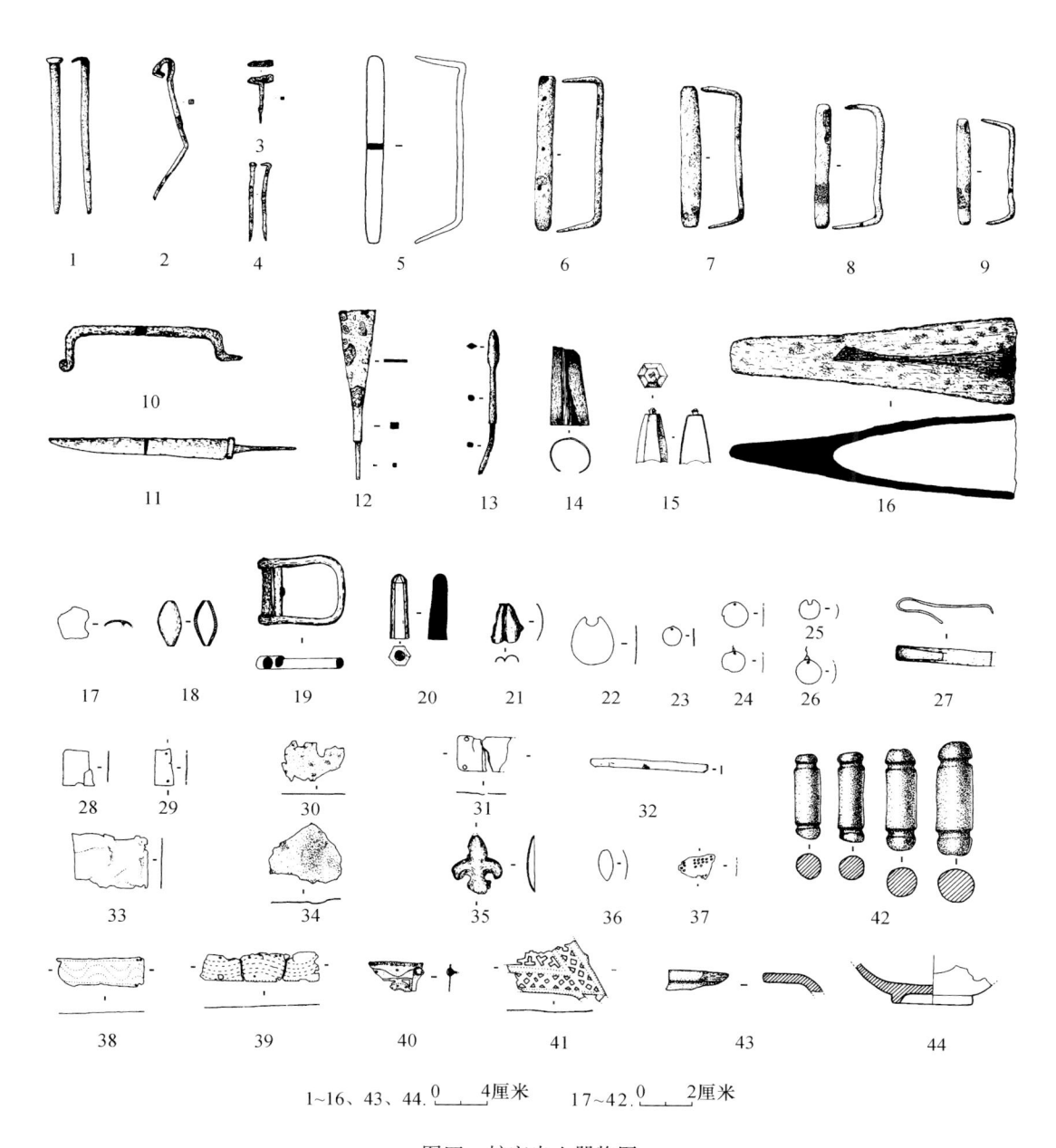

图四 圹室出土器物图

1. A 型铁钉（031YM0540K:31） 2. B 型铁钉（031YM0540K:32） 3. C 型铁钉（031YM0540K:33） 4. D 型铁钉（03JYM0540K:34）
5. A 型矴1锔（03JYM0540K:21） 6. B 型矴1锔（03JYM0540K:22-3） 7. C 型矴调（031YM0540K:23） 8. D 型扣1锔（03JYM0540K:24-1） 9. E 型矴调（0311YM0540K:25） 10. 帐钩（03，YM0540K:26） 11. 铁刀（03，YM0540K:27） 12. A 型铁镞（031YM0540K:28） 13. B 型铁镞（03TYM0540K:29） 14. 鍪（031YM0540K:35） 15. 铜铃（031YM0549K:37） 16. 铁凿（031YM0540K:36） 17. 鎏金铜泡钉（031YM0540K:62-1） 18. 鎏金铜珠（03JYM0540K:59） 19. 鎏金带扣（03JYM0540K:61） 20. 鎏金鞋钉（03JYM0540K:50） 21. 伞状泡饰（03JYM0540K:55） 22. 椭圆形摇叶（03ⅣM0540K:58） 23、24. A 型圆形摇叶（031YM0540K:45）（031YM0540K:42） 25、26. B 型圆形摇叶（03JYM0540K:41、03JYM0540K:54-1） 27～36. 素面鎏金残片 37～41. 纹饰鎏金残片 42. 陶网坠（03JYM0540K:64） 43. 釉陶壶口沿（JYM0540K 标:4） 44. 瓷碗底（03JYM0540 标:3）

D 型　03JYM0540K:34，7 件。均残，03JYM0540K:34-1，顶端砸扁后弯折成与钉身 90°为钉帽，钉身横截面呈方形，尖端残存横向木纹，残长 6.4、体宽 0.3~0.4 厘米（图四，4）。

另有 3 件均为钉身中段，形制不辨。

扒锔　12 件。形制相同，均锻制，以横截面为长方形的铁条同向弯折两端制成，弯折的两端较薄，两端尖部锻打成刃，略窄于器身，现今刃部较圆钝，以形体大小分为五型。

A 型　03JYM0540K:21，1 件。完整，器身沾了少许白灰，器身内侧面两转角处残存横向木纹，通长 15、体宽 1.3、体厚约 0.4 厘米（图四，5）。

B 型　03JYM0540K:22，4 件。均完整，大小相近，有的器身沾了白灰，且在内侧面上不同程度的保存了木腐后残存的横向木纹。03JYM0540K:22-3，通长 12.4、体宽 1.3、体厚 0.5~0.6 厘米（图四，6）。

C 型　03JYM0540K:23，4 件。大小相近，3 件完整，器身上均沾了少许白灰，在器身内侧及弯折插入木头的部分上残存些许横向木纹。03JYM0540K:23-3，通长 11、体宽 1.3~1.6、体厚约 0.5 厘米（图四，7）。

D 型　03JYM0540K:24，2 件。大小相近，一件略残，器身上沾少许白灰，在器身内侧面及插入木头的弯折部分内外侧残存有横向木纹。03JYM0540K:24-1，通长 10、体宽 1.4~1.5、体厚约 0.5 厘米（图四，8）。

E 型　03JYM0540K:25，1 件。完整，器身内侧面和两端插入木头的弯折部分残存横向木纹，通长 8.4、体宽 1.2、体厚约 0.5 厘米（图四，9）。

帐钩　1 件。03JYM0540K:26，完整，整体呈凹字形，横截面圆形，一端弯成一个挂绳的圆圈，另一端砸扁并向外折，器身沾了不少白灰，器身中部略靠下的位置上残存了一块经纬交织的痕迹，很可能为皮革残痕，通长 14 厘米，身径 0.7 厘米（图四，10）。

铁刀　1 件。03JYM0540K:27，完整，锻制，刀柄近扁平锥形，与刀身相接处有一铁片弯制的椭圆形圈，与刀身为分体，应是箍套木柄之用，刀身窄长，直背，刃中部略内凹。刃部锻打后，可能经磨制，现今仍较锋利，使用痕迹不明显，器表沾了少许白灰。通长 19.3、刀身长 13.9、刀背厚约 0.3 厘米（图四，11）。

铁镞　4 件。均为锻制，以形制不同分为二型。

A 型　1 件。03JYM0540K:28，镞尖呈扁平的平头铲形，刃部平直、圆钝，似乎尚未开刃，方截面镞身，尖身无明显界限，方铤，铤残。残长 13.5、尖刃宽 2.9、厚 0.2 厘米（图四，12）。

B 型　3 件。柳叶形尖，直刃微弧，尖部正中起单脊，菱形截面，镞身圆柱形，前细后粗，方铤。03JYM0540K:29，1 件。局部沾了少许白灰，铤残。残长 11.9、铤宽 0.4 厘米（图四，13）。

镦形器（錞）　1 件。03JYM0540K:35，以薄铁片卷成前细后粗的圆筒形，前端已残，不辨器形。残长 6.2、末端直径约 3.2 厘米（图四，14）。

铁凿　1 件。03JYM0540K:36，锻制，前部平面近长方形，纵截面为三角形，刃极钝，磨损严重，后半部为一很长的圆銎，形体极为厚重，制作粗糙，器身遍布斑驳的白灰，可能为后期混入。通长 22、銎长 14 厘米（图四，16）。

2. 铜器

铜铃　仅 1 件，形制、大小与东耳室所出铜铃相同，器表也涂朱彩。03JYM0540K:37，铃锤已缺失，器表的朱彩几乎全部脱落，器表沾了少许白灰。通长4.4厘米，其功用与圹室中所出其他器物明显有别，可能为耳室内器物，后期混入圹室之中（图四，15）。

3. 鎏金器

出土61件，多为各种饰品的残片及小型鎏金器。

鎏金铜泡钉　03JYM0540K:62，19件。4件完整，15件不同程度的残缺，形制大小一致，均为圆泡形钉帽，长圆形钉身，仅钉帽顶鎏金，钉身不少都呈红色，应是腐木痕迹。03JYM0540K:62-1，通长2.3、帽直径1.7厘米（图四，17）。

鎏金铜珠　1件。03JYM0540K:59，完整，为中空的橄榄形，纵向有一贯通圆孔，外表面鎏金，鎏金面局部脱落呈绿色。长1.8、最大径0.8厘米（图四，18）。

鎏金带扣　1件。03JYM0540K:61，带针残缺，与耳室所出第三型带扣同，近长方形，前端较宽，两角圆缓，后部两侧边较扁，上设带针铜梁，之后为横贯铁梁。通长3.3、前端宽2.4厘米（图四，19）。

鎏金鞋钉　1件。03JYM0540K:50，完整，器身呈一六棱柱体，末端较粗，前部略细，尖端为一棱角较圆缓的六棱锥体，末端底视有一圆形残痕，应是与鞋底相接的部分，通体鎏金，通长2.7厘米（图四，20）。

伞状泡饰　1件。03JYM0540K:55，为伞状泡局部残片，形制与东耳室所出伞状泡饰相同，可能是从东耳室混入，残片长1.7厘米（图四，21）。

摇叶　16件。通体鎏金，形体极薄，不足0.1厘米，可分椭圆形、圆形两种。

椭圆形　03JYM0540K:58，1件。呈椭圆形的薄片状，器身向一侧面略凸，小的一端有一横向椭圆形孔，孔外缘已残断，长2厘米（图四，22）。

圆形的摇叶片形体较小，分二型。

A型　8件，形体平直的圆形薄片，外缘设一小圆孔以系金丝，大小略有不同。03JYM0540K:45，4件。形体略小，均残，较完整的一件直径0.75厘米（图四，23）。03JYM0540K:42，4件。形体较大，一件之上残存金丝，直径0.9~1厘米（图四，24）。

B型　7件，圆形薄片，向一侧面略凸，外缘设一系金丝的圆孔，大小略有不同。03JYM0540K:41，3件。系金丝的孔均残，直径0.8厘米（图四，25）。03JYM0540K:54，4件。一件完整，03JYM0540K:54-1，孔内残存一段金丝（图四，26）。

其余22件鎏金器为各类器物的残片，形制难辨，均形体轻薄，单面鎏金，多素面，少量有镂空和敲砸的纹饰。

19件素面鎏金残片，残损严重，形制难辨，可能为装饰品局部残片（图四，27~36）。

带纹饰的饰片5件，均残，2件以镂空为主周边加刻划直线，3件以刻划波浪和砸圆点纹为主，均残损严重，形制、功用不清（图四，37~41）。

4. 陶器

出土陶器285件，其中282件为陶网坠，3件为四耳陶壶。

网坠　03JYM0540K:64，282件。其中252件完整，余者略残。泥质，陶色以灰褐为主，黄褐、黑褐次之。均手制，形制一致，均为圆柱体，两端各有一周凹槽，大小、粗细略有差别，有的外形较规整，有的制作较粗糙，大体长度3~4.6厘米，体径0.9~1.45厘米（图四，42）。

四耳陶壶 3件。复原2件，1件残存陶壶下部。大小相近，均为泥质灰陶，轮制，总体形制相同，仅颈部有所区别。均为敞口、平折沿、方唇、圆肩，肩上对称附4个桥状横耳，平底。肩上饰一周菱形纹带，菱形纹带下方饰一周垂帐纹。03JYM0540K:65，无颈，口径32、通高38.1、底径14.9厘米（图五，1）。03JYM0540K:66，有颈，口径29.5、通高38、底径14.5厘米（图五，2）。

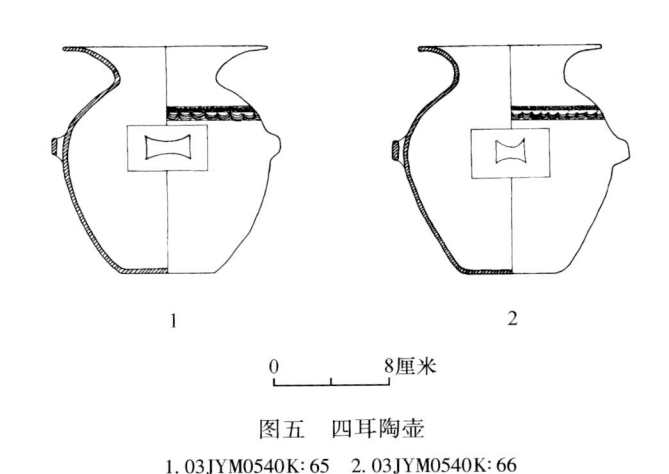

图五 四耳陶壶
1. 03JYM0540K:65 2. 03JYM0540K:66

5. 釉陶器

1件。03JYM0540K 标:4，为一口沿残片，敞口，平折沿，方唇，泥质灰陶胎，胎质坚硬，外施黄釉，釉色较亮，残长、宽均约4.6厘米，应为四耳陶壶的口沿残片（图四，43）。

6. 瓷器

1件。03JYM0540 标:3，残存碗器，白胎细腻，外施灰白釉，外底不施釉，假圈足，内底见轮痕，内壁有细小开片，制作工艺较差，釉施不均，器形不甚规正，底径约6厘米（图四，44）。

7. 动物骨骼

详见本书《03JYM0540出土的动物骨骼遗存研究》一文。

（三）墓上填土出土遗物

填土中出土遗物3件，均出于墓葬东侧面北部，为1件铁马掌，2片板瓦。

马掌 1件。03JYM0540:63，锻制，完整，形体宽扁，近半椭圆形，之上基本等距分布三个外缘椭圆形正中长方形的钉孔，钉孔处掌身略外膨，现今之中仍保留有五个横截面呈长方形的残断铁钉，已与马掌锈为一体。长9.8、最宽处宽9.4厘米（图六，1）。

板瓦 2件。皆为残片。泥质灰陶，模制，凹面遍施布纹。03JYM0540 标:1，原形不辨，残存板瓦一侧端头，端头处凸面施一些小压痕，凸面素面，残长6.3、残宽12.6厘米（图六，2）。

03JYM0540 标:2，凸面残损，残长8.6、残宽6.8厘米（图六，3）。

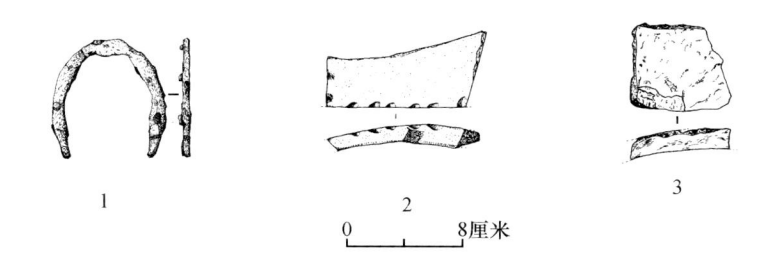

图六 墓表出土遗物图
1. 马掌（03JYM0540:63） 2、3. 板瓦（03JYM0540 标:1）（03JYM0540 标:2）

三、结　　语

1. 随葬品分析

JYM0540 随葬品的出土相当散乱，动物骨骼残碎严重，明显经过盗掘。圹室内出土铁凿笨拙厚重，形制迥异于高句丽墓葬和遗址中出土的同类器物，应非随葬品，而是混入的晚期遗物，甚至可能为盗墓者使用的盗墓工具，用来撬开墓道封石或木椁。鉴于其出土于圹室底面，推测此墓的盗掘年代可能较早。圹室内的四耳陶壶残片，出土于距圹室底面 40 厘米的填土之中，动物骨骼亦多出土于圹室上层填土，据此推测，墓葬在墓顶塌陷后可能经过二次盗发。

圹室内出土的动物骨骼绝大多数为野生动物，种类较为丰富，包括鱼、蚌、鸟、哺乳动物等，应为墓内随葬品。另在圹室内随葬有铁镞、网坠等渔猎工具。据此推测，墓主人生前应好渔猎。

2. 墓葬的构筑方式

以往清理的高句丽积石墓中，墓葬内部土石混填者甚为少见，JYM0540 墓葬内部以黄黏土与河卵石混合填充，且以黄黏土为主，这种墓葬结构前所未有。从结构力学角度看，这种构筑方式无疑可以增加墓葬的稳固性，虽然墓葬未筑有地下基础，墓表阶坛石又早已全部缺失或位移，但墓葬至今仍极为稳固。JYM0540 的清理，为进一步探寻高句丽墓葬构筑方法和构筑理念，以及高句丽积石墓向封土墓的演变都具有极为重要的研究价值。

3. 墓葬年代

JYM0540 残存的 2 块阶坛石表面无加工痕迹，外缘亦不见防止上层阶坛石外移的凸棱，其阶坛石形制较"太王陵"和"将军坟"原始，而更接近于"千秋墓"。JYM0540 的墓室为圹室，而"太王陵"和"将军坟"的墓室已演变为石室，"千秋墓"的墓室虽已不存，但墓西发现石椁残件，墓顶保存可能为盖石或门楣的巨石，发掘者据此推测"千秋墓"的墓室为石室[1]，如此推测无误，从墓室形制上看，JYM0540 的年代应略早于"千秋墓"。圹室内出土的 2 件四耳陶壶器身矮圆，最大腹径位于器身中上部。除喇叭口较矮外，形制与麻线 1 号墓出土的四耳釉陶壶接近，仅质地为泥质灰陶，其年代应不晚于麻线 1 号墓出土的四耳釉陶壶。麻线 1 号墓的年代在 5 世纪前后[2]，JYM0540 的年代应大体与之相当。

4. 墓主身份

在墓葬形制上，JYM0540 墓葬规模较大，残存边长 34.5 米，在洞沟古墓群高句丽积石墓中规模大于 JYM0540 的不过 10 余座。JYM0540 圹室边长 5 米有余，与其圹室规模相当的高句丽积石墓亦不多见，足见 JYM0540 的墓主人身份较高。从出土的随葬品看，墓葬虽经盗掘，仍出土为数不少的随葬品，其中东耳室出土大量鎏金车马具，圹室内亦见较多鎏金饰件残片，并出土有釉陶器和瓷器，亦可见墓主人身份非比寻常。有研究认为，JYM0540周边地势较为开阔，除"太王陵"外不见大型墓葬，墓上用瓦，级别规格与王陵相符，应为高句丽第十八代王"故国壤王"陵墓[3]。但从上文圹室形制的比对上，得出的结论是其年代应该略早于"千秋墓"，若此墓为王陵的意见可信，JYM0540的墓主人，似乎为第十七代"小兽林王"的可能性更大一些。

另外，此次发掘中，仅在墓葬东北两侧面的填土中发现两块极小的布纹瓦残片，难以证明墓上用瓦，这一点与其他高句丽王陵也有所不同。

5. 葬俗葬法

以往学术界普遍认为，高句丽积石石圹墓或圹室墓均为火葬，以往对此类墓葬的清理中也多在墓顶或墓周发现熔石和烧骨。对JYM0540圹室的清理过程中虽出土了大量木炭和一些烧骨，但从JYM0540现存迹象判断，JYM0540并非火葬。其理由有三。

第一，在墓葬圹室底部和填土中虽然发现大量木炭，但也同样发现较多腐木，说明圹室内的木椁燃烧相当不充分，无法依据圹室内大量的木炭说明墓葬一定为火葬。建造木椁使用了大量木材，存在后天自然力使其燃烧的可能，也存在盗墓者放火烧毁的可能。

第二，圹室中发现了大量兽骨，但其中有火烧痕迹的仅占约四分之一。

第三，圹室和耳室中出土的四耳陶壶残片中有少部分外表面有火烧痕迹，经修复，陶壶外表烧痕并不连接，可见陶器表面烧痕是器物破碎后形成。而且，同一件器物的陶片在耳室、圹室和墓道中均有发现，明显经过盗墓者的盗掘和扰动。因此，木椁的焚毁很可能是墓葬盗掘之后的事情。

综合以上几点，木椁燃烧不充分，烧骨的比例较小，陶器表面烧痕不连接，可见JYM0540并非火葬。这种情形似乎表明，公元五世纪前后，高句丽积石墓的葬俗葬法已有了重大改变。葬俗的这一变化可能与高句丽积石墓由圹室向墓室的演变存在一定的联系。

执　　笔：王志刚
器物绘图：郝海波
遗迹绘图：马　洪　王　昭
摄　　影：赵　昕
修　　复：林世香　苏作威

注　释

[1] 吉林省文物考古研究所、集安市博物馆：《集安高句丽王陵——1990～2003年集安高句丽王陵调查报告》，文物出版社，2004年，168～212页。
[2] 吉林省博物馆辑安考古队：《吉林辑安麻线沟一号壁画墓》，《考古》1964年10期。
[3] 张福有、孙仁杰、池勇：《高句丽王陵通考》，香港亚洲出版社，2007年，138～140页。

（原刊于《北方文物》2009年1期）

03JYM0540出土的动物骨骼遗存研究

陈全家

该墓内的堆积分成M0540上和M0540下,现将各单位内出土的动物骨骼遗存研究如下。

一、03JYM0540上出土的动物骨骼

共发现动物骨骼261件。其中碎骨102件,鱼骨1件,鸟骨69件,哺乳动物骨骼89件。

1. 碎骨

共计102件。可以分为长骨骨片、头骨碎片和肋骨。

长骨碎片 72件。均为骨干的管壁破碎骨片,大部分是鹿类的炮骨和桡骨。骨片一般长而直,长是宽的3~4倍。从骨片两端不见关节面的特征分析,应该是加工骨器的骨料。因为截取骨料时,先将长骨两端的膨大部分去掉,然后将骨管劈裂成若干份。

头骨碎片 20件。因破碎严重无法鉴定种属。

肋骨断块 10件。该类骨骼也无法鉴定种属。

2. 鱼类（Pisces）

仅发现乌鳢（*Ophiocephalus argus*）的右上颌骨1件。03JYM0540:26（图版二六,11）。

3. 鸟类（Aves） 发现该类骨骼69件,可鉴定的种类有以下三种。

（1）环颈雉（*Phasianus colchicus*）

发现该类骨骼31件。其中有乌喙骨、肩胛骨、肱骨、龙骨、髋骨、股骨、胫跗骨和跗跖骨。可代表的最小个体数为3。

乌喙骨 5件。其中左侧3件、右侧2件。均保存完整。测量数据见表一。03JYM0540上:2,右侧。保存基本完整（图版二一,6）。

表一 乌喙骨的测量

标本编号	03JYM0540:2	03JYM0540:3	03JYM0540:4	03JYM0540:5	03JYM0540:6
最大长（毫米）	51.7	52.2	54.6	51.7	56
基部宽（毫米）	14.8	13.1	13	14.6	14.7
基部关节面宽（毫米）	10.4	10	10.5	10.5	12

肩胛骨 3件。左侧2件、右侧1件。保存完整。03JYM0540上:7，左侧。全长76.7毫米、颅侧关节面长13.5毫米（图版二一，7）。

肱骨 5件。左侧3件、右侧2件。其中3件保存完整。测量数据见表二。03JYM0540上:8，左侧。保存完整（图版二一，2）。

表二 肱骨的测量

标本编号	03JYM0540:8	03JYM0540:9	03JYM0540:10	03JYM0540:11
全长（毫米）	75.4	68.9	76.8	77
近端宽（毫米）	20.4	18.4		19.9
远端宽（毫米）	14.9	13.5	14.8	14.7
骨干前后最小径（毫米）	6.8	6.4	6.9	7.6

尺骨 1件。左侧。保存完整。03JYM0540上:31，最大长66.4毫米、近端关节面宽9毫米、远端对角线距离10.15毫米（图版二一，11）。

龙骨 2件。由于残破无法测量。

髋骨 2件。左右各1件。均残，都保留有完整的髋臼和闭孔。03JYM0540上:12，髋臼外径7.6毫米（图版二一，5）。

股骨 9件。其中左侧5件、右侧4件。除一件保存完整外，其余均为近端。03JYM0540上:13，右侧。保存完整。内侧长82.7毫米、远端宽15.2毫米、骨管内外侧最小径7毫米（图版二一，1）。

胫跗骨 4件。右侧3件、左侧1件。03JYM0540上:15，远端宽分别为8.78、9毫米（图版二一，3）。其中2件有距，应为雄性。

（2）金雕（*Aquila chrysaetos*）

发现的该类骨骼共计36件。骨骼部位有乌喙骨、龙骨、肩胛骨、肱骨、尺骨、股骨、髋骨和胫跗骨。可代表的最小个体数为5。

乌喙骨 3件。左侧2件、右侧1件（图版二三，10、11）。

龙骨 2件。边缘残无法测量。

肩胛骨 共4件，左右各2件。03JYM0540上:17，残长53.6毫米、颅侧关节面长20.48毫米（图版二一，10）。03JYM0540上:8，左侧。完整。全长90.6毫米、颅侧关节面长25.4毫米（图版二三，8）。

尺骨 4件。右侧3件、左侧1件，除1件完整外，其余均残。03JYM0540上:16，左侧完整。全长217毫米、近端宽22.8毫米、远端最大对角距离16毫米（图版二三，1）。

肱骨 8件。除两件保存较完整外，其余破碎较严重。左侧3件、右侧5件。03JYM0540上:34，左侧（图版二三，3）。03JYM0540上:35，右侧（图版二三，4）。测量数据见表三。

表三 肱骨的测量

标本编号	03JYM0540上:34	03JYM0540上:35	03JYM0540上:36	03JYM0540上:37
全长（毫米）	195	197		
近端宽（毫米）	42			
远端宽（毫米）		34.8	32.7	33.2

髋骨 3件。左侧2件、右侧1件。残损严重，仅剩髋臼部分。

股骨 4件。左侧3件、右侧1件。其中2件保存完整，另外2件近端残。03JYM0540 上：18，左侧（图版二三，5）。测量数据见表四。

表四 股骨的测量

标本编号	03JYM0540 上：18	03JYM0540 上：19	03JYM0540 上：20	03JYM0540 上：21
全长（毫米）	128.4	131.7		
内侧长（毫米）	124.3	128.3		
近端宽（毫米）	29.5	29.2		
近端厚（毫米）	16.9	16.9		
远端宽（毫米）	29.7	31	30.8	29.6
远端厚（毫米）	20.4	21.7	22.1	22.4

胫跗骨 8件。左侧5件，其中完整1件、远端2件、骨管1件；右侧3件，完整1件、近端1件、骨管1件。03JYM0540 上：22，右侧（图版二三，2）。测量数据见表五。

表五 胫跗骨的测量

标本编号	03JYM0540 上：22	03JYM0540 上：23	03JYM0540 上：24	03JYM0540 上：25
全长（毫米）	180	175		
纵轴长（毫米）	175	170		
近端宽（毫米）	30.4	29.5		
远端宽（毫米）	23.5	21.1	22	22
远端厚（毫米）	14.3	14.7	14.4	15

（3）鹭（*Ardea* sp.）

该类骨骼共发现2件。均为桡骨近端。03JYM0540 上：30，左侧（图版三，6）。03JYM0540 上：31，右侧（图版二三，7）

4. 哺乳类（Mammalia）

发现该类动物骨骼89件，经鉴定的动物有四种。

（1）梅花鹿（*Cervus nippon*）

该类动物的骨骼数量最多，共计55件。骨骼种类有头骨、牙齿上颌骨、下颌骨（牙齿）、肩胛骨、桡骨、尺骨、掌骨、胫骨、蹠骨、距骨、跟骨和髋骨。可代表的个体数为2。

头骨 残块37件。从头骨碎片分析，最小个体数为2。骨缝尚未愈合是未成年的小鹿。

牙齿 1件。03JYM0540 上：38，左上第一臼齿，牙齿尚未使用，是个未成年的小鹿。

上颌骨 有左右上颌骨各1件，分别保留有 M^{2-3}。从齿冠的磨耗情况分析，其年龄分别为成年和壮年。03JYM0540 上：39，左上颌骨。M^{2-3} 已有一定程度的磨蚀，其年龄应该在壮年时期。M^{2-3} 长35.1毫米（图版二二，4）。

下颌骨（牙齿） 2件。03JYM0540 上：40，左下颌骨残破。保留有牙齿为 M_{1-2}。从牙齿磨耗的程度分析，其年龄应该在青年时期。M_{1-2}长为35.1毫米（图版二二，2）。03JYM0540:41，右下M_3。完整。从牙齿磨耗看，其年龄应该在壮年时期。M_3长25.6、宽11.9毫米（图版二二，7）。03JYM0540上:50，右上颌骨。牙齿保留有M^{1-3}，M^3刚开始使用，为成年个体（图版二二，12）。

肩胛骨 仅1件。03JYM0540上:42，残。仅保存了左侧肩臼窝部分。肩臼窝长37、宽36.1毫米（图版二四，4）。

桡骨 仅发现右侧近、远端各1件。03JYM0540上:43，远端宽35.5毫米（图版二四，11）。03JYM0504上:51，近端，残长51.1、宽46毫米（图版二二，16）。

尺骨 发现右侧近端1件。03JYM0540上:52（图版二四，7）。

掌骨 1件。03JYM0540上:53，为左侧掌骨的骨骺部分，也是未成年的小鹿（图版二二，15）。

胫骨 2件。均为左侧。03JYM0540上:54，近端。残长86.8、近端宽66.2毫米（图版二五，3）。03JYM0540上:55，左侧。远端。残长286、远端宽41.5、厚33.6毫米（图版二五，2）。

蹠骨 仅右侧远端1件。03JYM0540上:56，残长119.8、远端宽36.6毫米（图版二五，4）。

距骨 2件，左右各1件，均保存完整。从尺寸大小分析，二者应属同一个体。03JYM0540上:57，右侧。内侧最大长39.4、外侧最大长43.2、远端最大宽28.4、内侧厚24.5、外侧厚23.8毫米（图版二四，12）。

跟骨 2件。均为右侧，保存完整。从尺寸的大小分析，代表两个个体。03JYM0540上:58，全长94、宽27.3毫米（图版二四，14）。

髌骨 仅发现1件。03JYM0540上:59，左侧。保存完整。最大长43.9、最大宽32.7毫米（图版二二，10）。

（2）野猪（*Sus scrofa ferus*）

该类标本仅发现左上颌骨1件。03JYM0540上:28，在上颌骨上附带有M^{1-3}。M^{1-3}长98毫米。03JYM0540上:74，M^3的长宽分别为长43、宽25毫米（图版二二，5）。03JYM0540上:75，M^1完整（图版二二，6）。

（3）东北狍（*Capreolus manchuricus*）

发现该类动物骨骼17件。骨骼种类有上颌骨、下颌骨、寰椎、肩胛骨、掌骨、跗骨、蹠骨。可代表的最小体数为3。

头骨 仅发现残破头骨1具。03JYM0540上:60。

上颌骨 仅发现右侧上颌骨1件。03JYM0540上:33，牙齿保存有M^{2-3}。M^{2-3}长24毫米（图版二二，8）。

下颌骨 共6件。上升枝部分4件，其中左3件、右1件；水平枝2件，左右各1件，均保留M_{1-3}。从材料鉴定分析，最小个体数3。03JYM0540上:32，左侧下颌骨。残长71.22毫米，M_{1-3}长42.1毫米；M_1前位颌体高18.4、后位颌体高24.7；M_3长17.3、厚8.5毫米（图版二二，1）。

寰椎 仅1件。03JYM0540上:34，两翼部分残。最大长49、最大宽58.3、背弓高33、颅侧关节面宽39.9、尾侧关节面宽37.8毫米（图版二四，3）。

肩胛骨 仅发现右侧肩胛骨1件。03JYM0540上:44，残长129.9、肩臼宽24.6、颈部最小长20.5毫米（图版二四，1）。

肱骨 仅1件，为左侧骨管部分。

掌骨 仅发现左侧近端1件。03JYM0540上：45，残长53.2、近端宽28.2、厚21.4毫米（图版二四，8）。

股骨 仅1件，为左侧骨管部分。

跗骨 仅发现中央跗骨1件。03JYM0540上：46，保存完整。宽23.6毫米（图版二六，16）。

蹠骨 2件。均为左侧近端。03JYM0540上：47，残长106、近端宽19.2、厚22.4毫米（图版二四，10）。

角 发现左侧角1件。03JYM0540上：50，是第一次长出的锥形角，表面有瘤状突起，其死亡年龄为一岁左右（图版二四，13）。

（4）黑熊（*Selenarctos thibetanus*）

发现该动物骨骼8件。其骨骼有枢椎、股骨、胫骨、腓骨、跟骨、膑骨。可代表的最小个体数为1。

枢椎 1件。03JYM0540上：61，部分残。颅侧关节面宽60.4、锥体最大长66.5毫米（图版二四，6）。

股骨 共2件。03JYM0540上：62，保存完整。右侧。全长350、近端宽84.5、股骨头厚32.8毫米（图版二五，6）。

胫骨 1件。03JYM0540上：63，右侧。保存完整。全长250.2、近端宽75.5、远端宽57.9、远端厚32.8毫米（图版二五，1）。

腓骨 2件。03JYM0540上：64，右侧。保存完整。全长227，近端有骨质增生。与03JYM0540上：65是同一个个体。03JYM0540上：66，左侧远端，表面留有烧烤痕迹。

跟骨 1件。03JYM0540上：67，左侧。保存完整。全长78.6、最大长53.8毫米（图版二四，5）。

膑骨 1件。03JYM0540上：68，左侧。保存完整。长50.9、宽38.9毫米（图版二二，11）。

（5）野兔（*Lepus europaeus*）

发现该类标本2件。分别为下颌骨和股骨，最小个体数为1。

下颌骨 仅发现左下颌骨1件。03JYM0540上：69，保存基本完整。颊齿齿列长15.5、齿隙长17.8、下颌枝垂直高41.8毫米（图版二二，3）。

股骨 右侧近端1件。03JYM0540上：1，残长47.7、近端最大宽15.5、第三转子的最大宽12.5、股骨头厚2.4、骨干最小宽2.6毫米（图版二一，9）。

（6）北豺（*Cuon alpinus*）

该类动物骨骼共发现2件。分别为尺骨和桡骨。可代表的最小个体数为1。

尺骨 仅发现1件。03JYM0540上：70，右侧。近、远端均残。残长125.6毫米（图版二四，2）。

桡骨 发现1件。03JYM0540上：71，左侧近端。残长92、近端宽16.9毫米（图版二四，9）。

（7）家猪（*Sus scrofa domesticus*）

发现该类骨骼材料4件。其中头骨残块3件，股骨中段1件。03JYM0540上：29，顶骨。位于正中有纵向砍痕一处。

（8）牛（*Bos Taurus*）

仅发现肩胛骨1件。JYM0540上：72，左侧，保留肩胛骨的远端部分，肩胛冈被人为打掉（图版二五，9）。

二、03JYM0540下出的动物骨骼

发现的动物骨骼101件。按种类可以分为软体动物类6件、鸟类2件和哺乳类93件。

1. 软体动物类（Mollusca）

仅发现瓣鳃类（Lamellibranchiata）的两个种。

（1）背角无齿蚌（*Anodonta woodiana woodiana*）

该类标本共4件。均为残片。蚌壳大而厚。

（2）圆顶珠蚌（*Unio douglaside*）

发现该类标本2件。保存完整。为同一个体。03JYM0540下：8，可见有清楚的生长线（图版二六，14）。

2. 鸟类（Aves）

仅发现该类骨骼2件。有以下两类种属。

（1）环颈雉（*Phasianus colchicus*）

乌喙骨1件。03JYM0540下：7，右侧。残（图版二一，4）。

（2）鹭（*Ardea* sp.）

仅发现右侧桡骨近端1件。03JYM0540下：1（图版二一，8）。

3. 哺乳类（Mammalia）

发现的该类骨骼数量最多，共计92件。可鉴定种属的骨骼30件，有种属五种。而无法鉴定种属的碎骨62件。从骨片特征分析，均为骨干的破碎骨片，大部分是鹿类的炮骨部分，骨片长而直，推测是加工的骨料部分。从碎骨特征分析，绝大部分是鹿类的骨骼。03JYM540下：4，掌骨骨片（图版二六，10）。

（1）猪獾（*Arctonyx collaris*）

发现该类骨骼2件。分别为左右侧股骨。保存完整。03JYM0540下：16，右侧。全长99.2、近端宽24.4、股骨头厚10.56、远端宽19.7毫米（图版二六，13）。

（2）黑熊（*Selenarctos thibetanus*）

仅发现右侧第三掌骨1件。03JYM0540下：15，完整。全长57.8、近端宽15.2、远端宽18.6毫米（图版二六，2）。

（3）猪（*Sus* sp.）

发现该类骨骼3件。骨骼种类有掌骨、距骨、蹄骨。可代表的最小个体数为1。

掌骨　仅发现左侧第二掌骨1件。

距骨　1件。03JYM0540下：9，右侧。保存完整。内侧长47.1、外侧长50、内侧厚27.9、外侧

厚26.5、远端宽31.6毫米（图版二六，1）。

蹄骨 1件。03JYM0540下：10，全长23.19、关节面宽11.6毫米（图版二六，9）。

（4）东北狍（*Capreolus manchuricus*）

发现该类骨骼4件。骨骼种类有胫骨、指骨。最小个体数为1。

胫骨 1件。03JYM0540下：22，右侧近端。残长163、近端宽26毫米（图版二五，5）。

指骨 3件。分别为系、冠、蹄骨。03JYM540下：11，蹄骨（图版二六，7）。03JYM540下：13，系骨（图版二六，12）。

（5）梅花鹿（*Cervus nippon*）

发现该类骨骼21件。骨骼种类有上颌骨、下颌骨、寰椎、肩胛骨、桡骨、掌骨、股骨、胫骨、蹠骨、跟骨。可代表的最小个体数2。

上颌骨 2件。左右各1件。03JYM0540下：17，左上颌骨带有 M^{1-3}。M^{1-3} 长46.8毫米。从牙齿的磨耗程度分析，其死亡年龄属于青年个体（图版二二，9）。03JYM0540下：18，右上颌骨附带牙齿有 P^4-M^2。从牙齿磨耗程度分析，其死亡年龄为壮年个体。

下颌骨 碎片8件。无法分出个体数。

寰椎 1件。由于破损较重无法测量。

肩胛骨 1件。仅发现肩臼部分。

桡骨 2件。均为中间骨管部分。03JYM0540下：2，右侧（图版二六，3）。其余一件为左侧。

掌骨 2件。均为右侧近端。03JYM0540下：19，残长77.8、近端宽33.3毫米（图版二六，15）。

股骨 2件。03JYM0540下：1，骨体两端的膨大部分被砸掉仅剩骨管部分，是获取骨料的第二阶段（图版二二，13）。03JYM540下：25，左侧。仅保留骨管部分（图版二五，7）。

胫骨 1件。03JYM0540下：3，仅保留中间骨管部分。两端部分被砸掉（图版二六，4）。

蹠骨 1件。03JYM0540下：22，左侧远端。残长116.5、远端宽34.8毫米。在骨干的中部长有一骨瘤，是骨体变粗（图版二五，8）。

跟骨 1件。03JYM0540下：21，左侧完整。全长93.2、宽26.8毫米。在跟骨体的后下侧有一深的砍痕（图版二六，17）。

肱骨 1件。03JYM0540下：23，左侧（图版二二，14）。

蹄骨 1件。03JYM540下：24，指骨左Ⅲ蹄骨（图版二六，6）。

系骨 1件。03JYM540下：12，指骨，左Ⅳ系骨（图版二六，8）

三、结语与讨论

从上述各单位出土的动物骨骼遗存的研究分析，可以得出以下几点认识。

（1）墓内出土的动物骨骼比较破碎，从部分碎骨的形状特征观察，具有骨料的特征。

（2）在可鉴定种属的骨骼中，有部分骨骼也是比较破碎，但熊和鸟的骨骼相对比较完整，是否与动物的殉葬有关。

（3）发现的动物种类有鱼类 Pisces（乌鳢 *Ophiocephalus argus*），鳃瓣类 Lamellibranchiata（背角无齿蚌 *Anodonta woodiana woodiana*、圆顶珠蚌 *Unio douglaside*），鸟类 Aves（环颈雉 *Phasianus colchicus*、鹭 *Ardea* sp.、金雕 *Aquila chrysaetos*），哺乳类 Mammalia（梅花鹿 *Cervus nippon*、东北狍 *Capreolus manchuricus*、黑熊 *Selenarctos thibetanus*、猪獾 *Arctonyx collaris*、野兔 *Lepus europaeus*、家猪 *Sus scrofa domesticus*、野猪 *Sus scrofa ferus*、北豺 *Cuon alpinus*）等。种类还是比较丰富的。当时的主要狩猎对象是梅花鹿和东北狍。

（4）从现有材料分析，野生动物占95%左右，而畜养动物占的比例较少。当时的肉食来源主要是狩猎和捕捞。

（5）从动物的生活习性来看，当时的气候和环境与现在当地的气候和环境大体相当。

（6）由于墓葬被多次盗掘，墓内出土的动物骨骼遗存很难说哪些是殉葬部分或者不是殉葬。如果是殉葬的话，这种葬俗是不见的。既有种类较多的野生动物，又与碎骨共生，此种现象可能与盗墓有关。

彩版、图版

彩版一

吉林集安五盔坟四号墓西壁白虎图

彩版二

1. 第一室东壁壁画

2. 第二室藻井壁画

集安洞沟三室墓壁画

1. 第一室南壁出行图

2. 第二室过道东壁卫士

3. 第二室过道西壁卫士

集安洞沟三室墓壁画

彩版四

1. 洞沟三室墓藻井鹭鹚啄鱼图

2. 长川一号墓前室南壁壁画（歌对局部）

3. 长川一号墓前室北壁壁画

集安洞沟三室墓和长川一号墓壁画

彩版五

1. 墓室东壁壁画

2. 墓室西壁壁画

3. 墓室北壁壁画

集安五盔坟四号墓壁画

彩版六

1. 墓室南壁壁画　　　　　　2. 墓室东北隅壁画

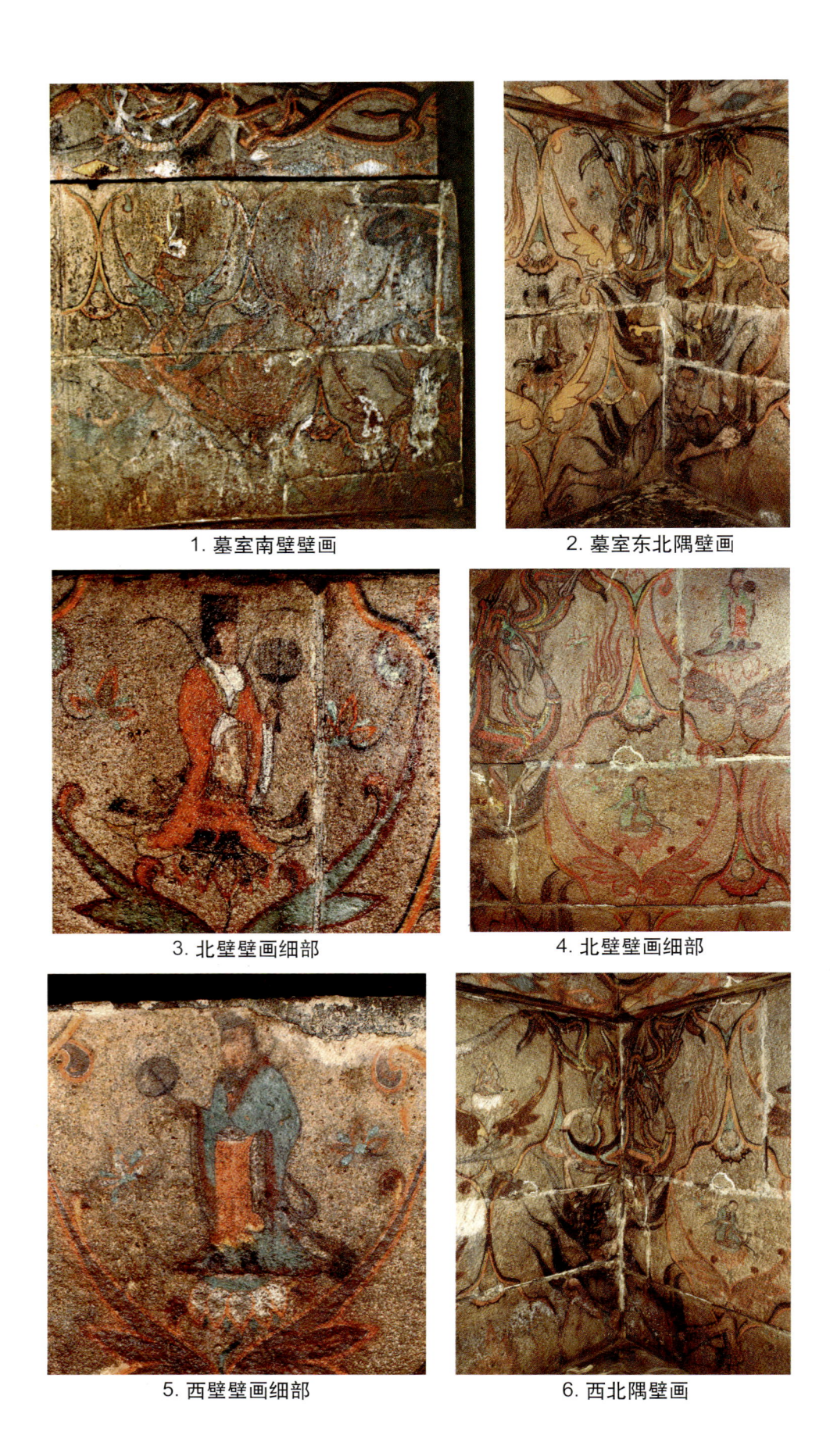

3. 北壁壁画细部　　　　　　4. 北壁壁画细部

5. 西壁壁画细部　　　　　　6. 西北隅壁画

集安五盔坟四号墓壁画

彩版七

1. 西南隅壁画
2. 墓顶北角抹角石侧壁画 
3. 墓顶东角抹角石侧壁画 
4. 墓顶南角抹角石侧壁画 
5. 墓顶第二重抹角石侧面壁画 
6. 墓顶正中顶石壁画 

集安五盔坟四号墓壁画

彩版八

1. JYM3319外貌（西南角向东）

2. JYM3319外貌（东南角向西）

洞沟古墓群禹山墓区JYM3319号墓

彩版九

1. JYM3319墓室（西—东）

2. JYM3319东南角人像石刻

洞沟古墓群禹山墓区JYM3319号墓

彩版一〇

1. JYM3319东北角壁画残余

2. JYM3319南耳室

3. JYM3319北耳室

4. JYM3319乙卯年癸酉瓦当

洞沟古墓群禹山墓区JYM3319号墓

彩版一一

1. 圹室全景（南—北）

2. 墓道（南—北）

3. 墓道封石（北—南）

集安JYM0540号墓

1. 墓道、耳室（南—北）

2. 东耳室（北—南）

集安JYM0540号墓

图版一

1. 大禹山麓石刻像

2. 五盔坟五号墓北壁玄武图

3. 五盔坟五号墓东北第一重抹角石侧壁画

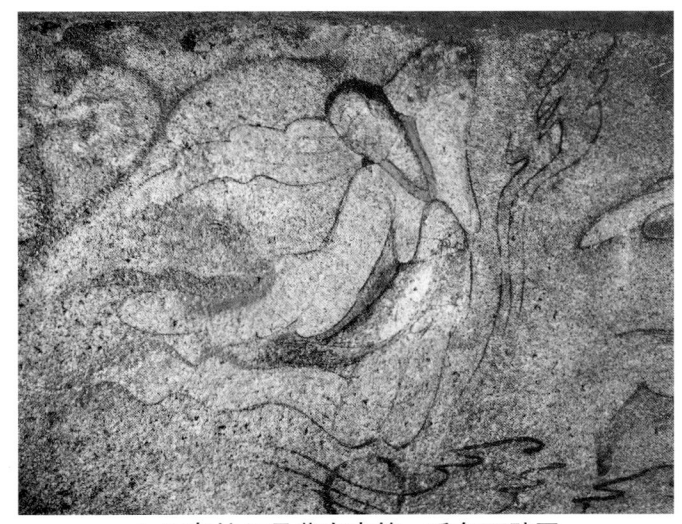

4. 五盔坟五号墓东南第一重角石壁画

5. 大高力墓子第31号高句丽墓

集安大禹山南麓人像刻石、五盔坟五号墓及大高力墓子第31号高句丽墓

图版二

1. 南壁朱雀图

2. 东壁青龙图

3. 北壁藻井壁画

4. 藻井东南角壁画

5. 藻井西北角壁画

6. 藻井南角壁画

集安五盔坟四号墓壁画

图版三

1. 四号墓东北角怪兽托龙顶梁图

2. 四号墓藻井顶部龙图

3. 五号墓东南第一重抹角石壁画

4. 五号墓东北第一重抹角石壁画

集安五盔坟四号墓、五号墓壁画

图版四

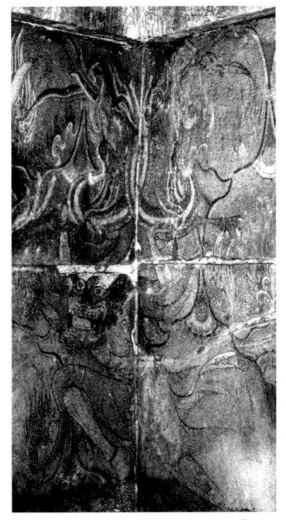

1. 五盔坟五号墓西北角怪兽图

2. 五盔坟五号墓东壁青龙图

3. 通沟第十二号墓墓门和甬道

4. 通沟第十二号墓穹隆式藻井结构

5. 通沟第十二号墓四阿式藻井结构

6. 通沟第十二号墓狩猎图

集安五盔坟五号墓和通沟第十二号墓

图版五

1. 通沟第十二号墓战斗图
2. 通沟第十二号墓藻井之上莲花莲叶图案 
3. 麻线沟一号墓南侧室藻井仰视 
4. 麻线沟一号墓北侧室藻井仰视 
5. 麻线沟一号墓墓室中心圆柱及棺座（西东） 
6. 麻线沟一号墓墓室南壁壁画对舞图之一部分 

集安通沟第十二号墓和麻线沟一号墓

图版六

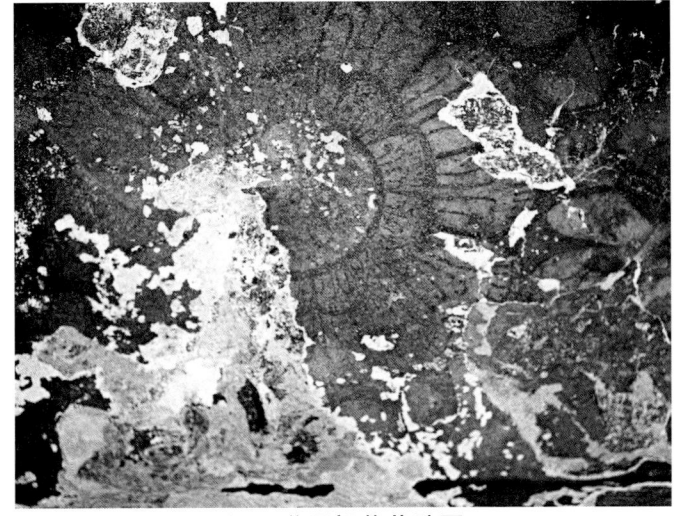

1. 甬道顶部莲花壁画

2. 南侧室南壁壁画

3. 北侧室北壁壁画

4. 北侧室西壁壁画

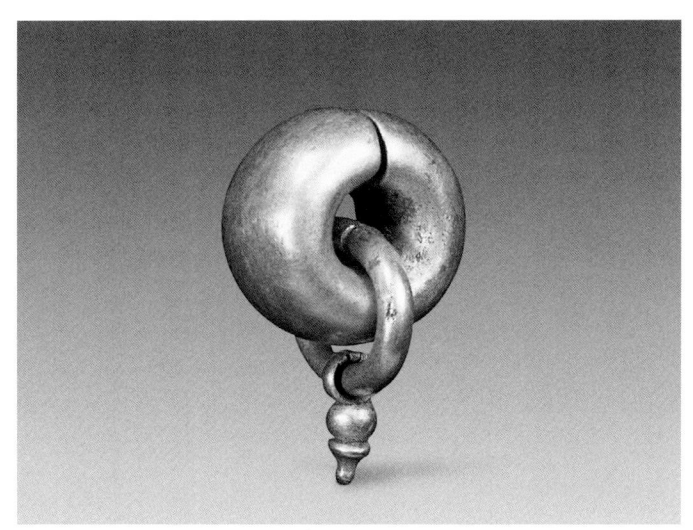

5. 金游环耳饰

集安麻线沟一号壁画墓壁画及出土遗物

图版七

1. 万宝汀78号墓外观（南—北）

2. 禹山下41号墓西南角墓基

3. 禹山下41号墓木门外观（南—北）

4. 禹山下41号墓墓室外檐北侧局部

集安万宝汀78号墓和禹山下41号墓

图版八

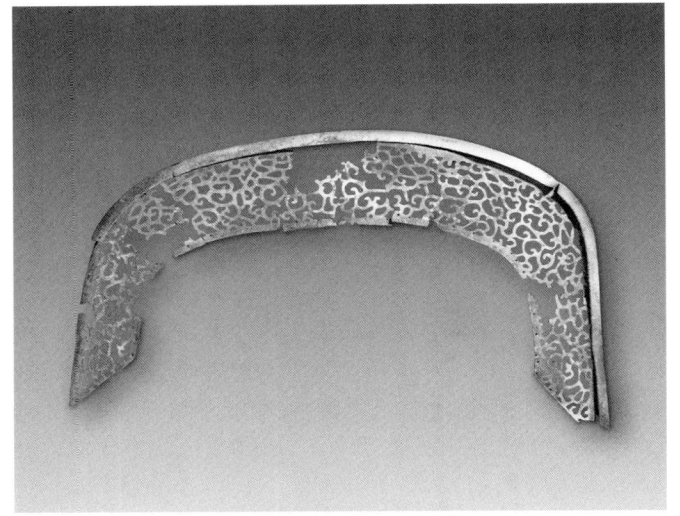

1. 鞍桥（万宝汀78号墓）

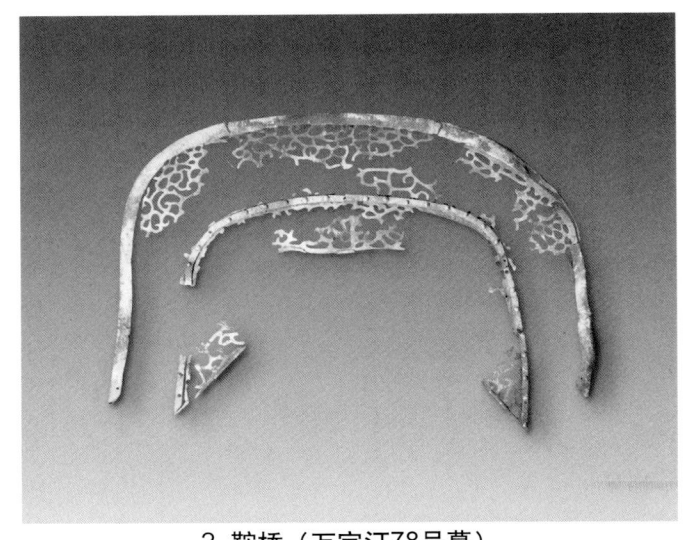

2. 鞍桥（万宝汀78号墓）

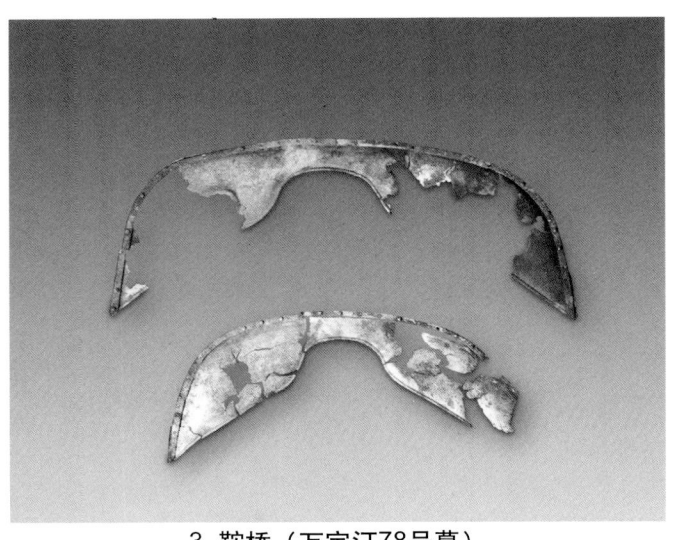

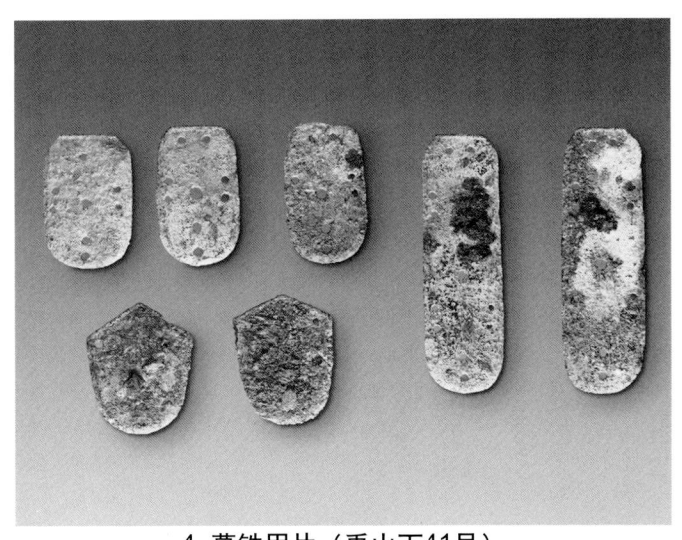

3. 鞍桥（万宝汀78号墓）

4. 墓铁甲片（禹山下41号）

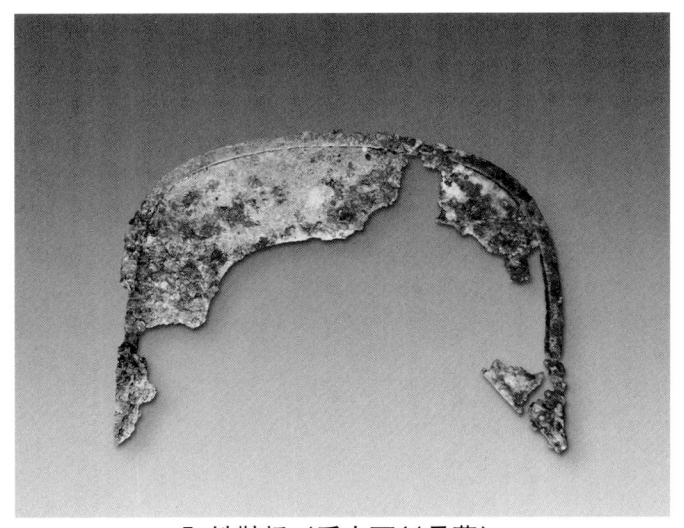

5. 铁鞍桥（禹山下41号墓）

6. 铁镰（M191:2）

集安万宝汀78号墓、禹山下41号墓和M191墓出土遗物

图版九

1. 木芯铁马镫（禹山下41号墓）
2. 鎏金圆泡十字形带具（禹山下41号墓） 
3. 铁矛（禹山下41号墓） 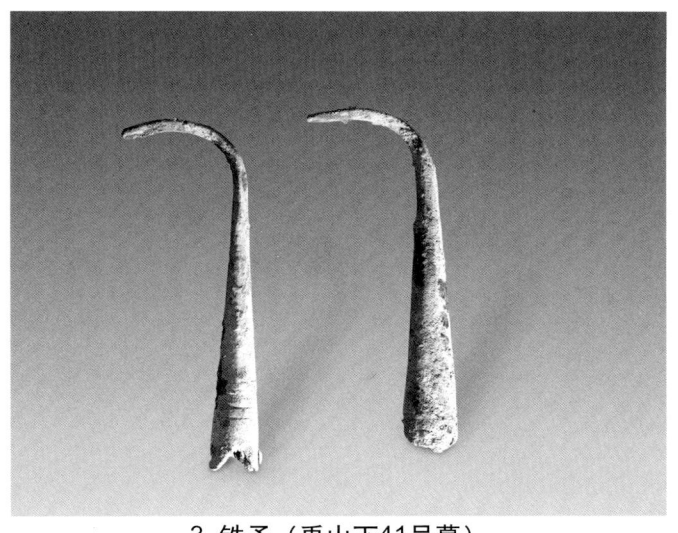
4. 鎏金马镫（七星山96号墓） 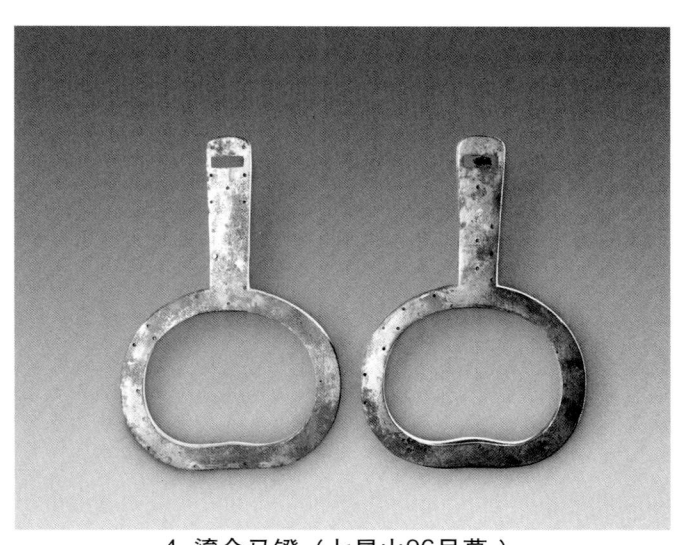
5. 鎏金马饰（七星山96号墓） 
6. 鎏金鞍桥（七星山96号墓） 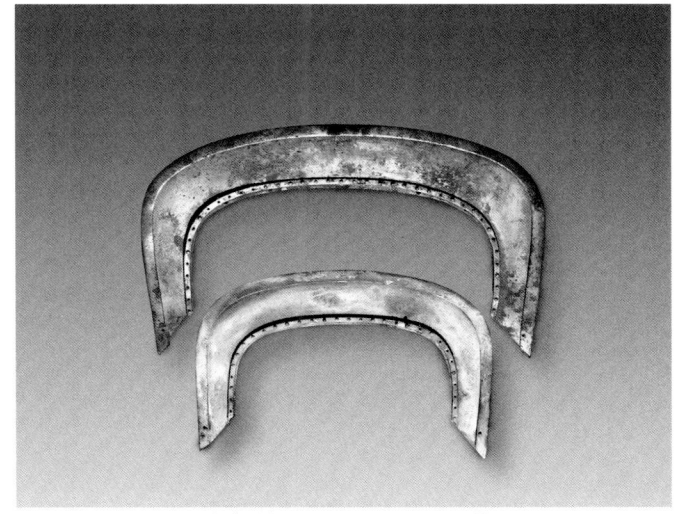

集安禹山下41号墓和七星山96号墓出土遗物

图版一〇

1. 鎏金马衔（七星山96号墓）

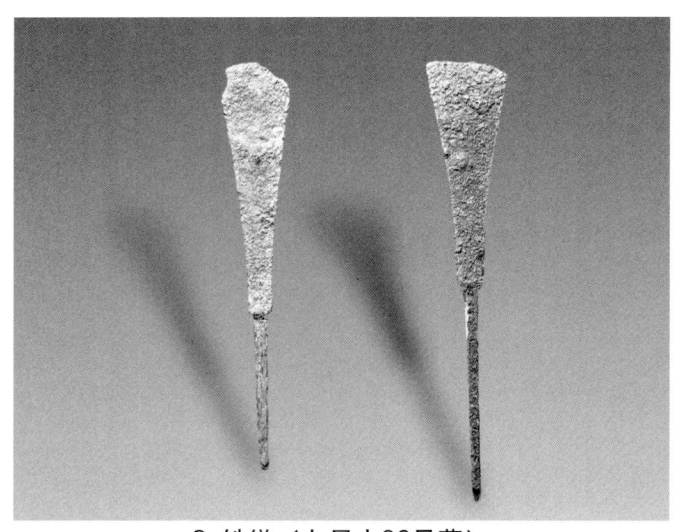

2. 铁镞（七星山96号墓）

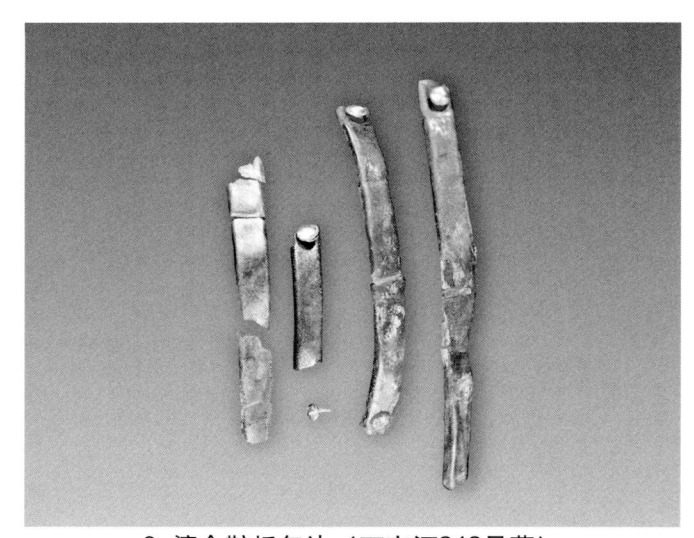

3. 鎏金鞍桥包边（万宝汀242号墓）

4. 盒（七星山96号墓）

5. 陶灶（洞沟三室墓）

集安七星山96号墓、洞沟三室墓和万宝汀242号墓出土遗物

图版一一

1. 耳杯（洞沟三室墓）

2. 钵（洞沟三室墓）

3. 四耳壶（洞沟三室墓）

4. 陶罐（万宝汀242号墓）

5. 鼎（七星山96号墓）

6. 黄釉陶壶（禹山下41号墓）

集安禹山下41号墓、七星山96号墓、洞沟三室墓和万宝汀242号墓出土遗物

图版一二

1. 长川一号墓前室藻井东北隅

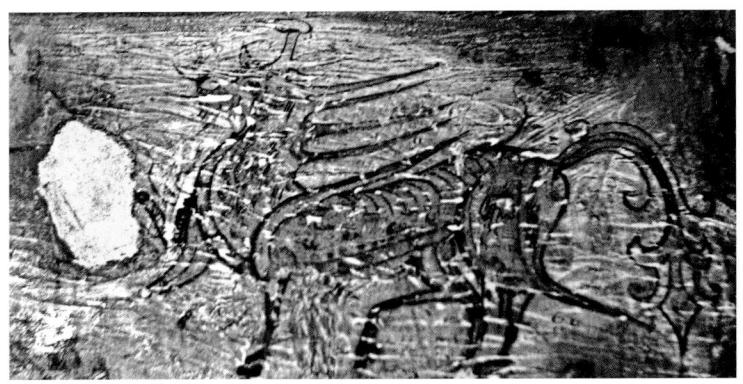

2. 洞沟三室墓、第三室藻井独角兽

3. 洞沟三室墓、前室藻井东部

4. 长川一号墓前室东壁及甬道、后室石门

5. 长川一号墓前室藻井南部的菩萨和飞天

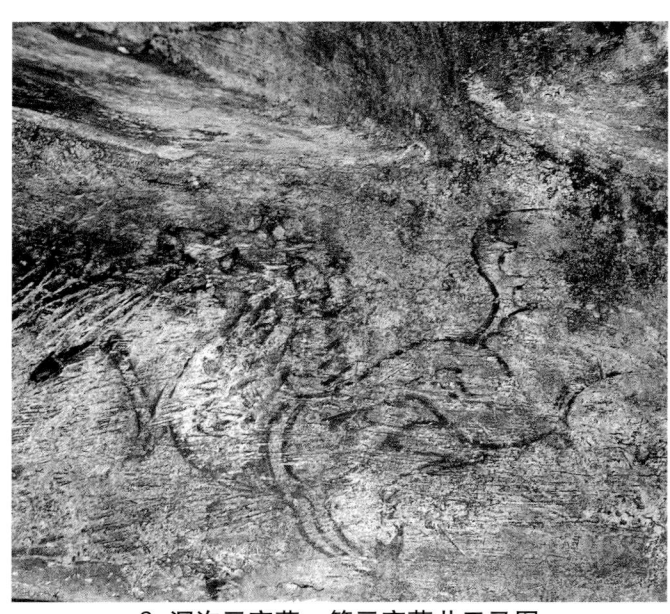

6. 洞沟三室墓、第三室藻井天马图

7. 长川一号墓前室藻井北部第二、三重顶石上的供养菩萨

集安洞沟三室墓、长川一号壁画墓

图版一三

1. 万宝汀242号墓全景

2. 万宝汀242号墓S3双室圹坑及S2南阶墙撑石

3. 下活龙村M8墓圹

4. 上活龙村M4墓圹

5. 下活龙村M24墓圹

集安万宝汀242号墓和上、下活龙村高句丽古墓

图版一四

1. Ⅰ式陶罐（M195：33）

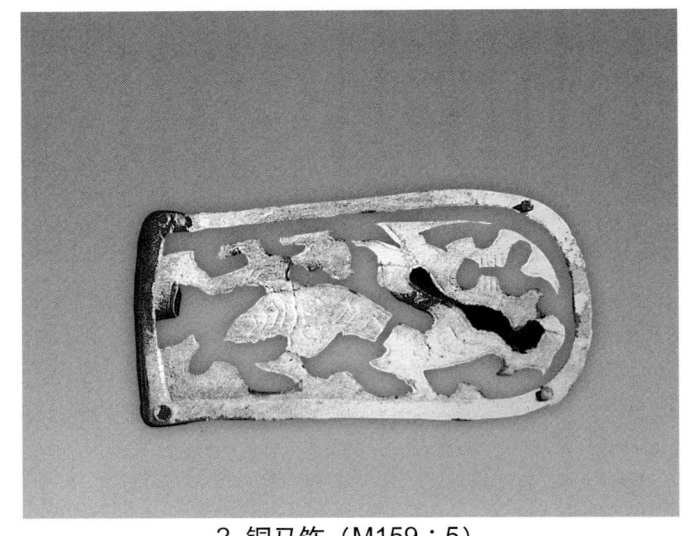

2. 铜马饰（M159：5）

3. 铜带环（M152：10）

4. 铜桃形饰件（M160：8）

5. 铜鸟形饰件（M195：13）

6. 铁锛（M191：5）

集安M195、159、152、160、191墓出土遗物

图版一五

1. 已清理出的通道前面的挡土墙

2. 清理前的外貌

3. 封闭墓门的巨石

4. 墓顶第二重抹角石侧东北隅壁画

5. 墓顶第二重抹角石侧西面壁画

集安五盔坟四号墓

图版一六

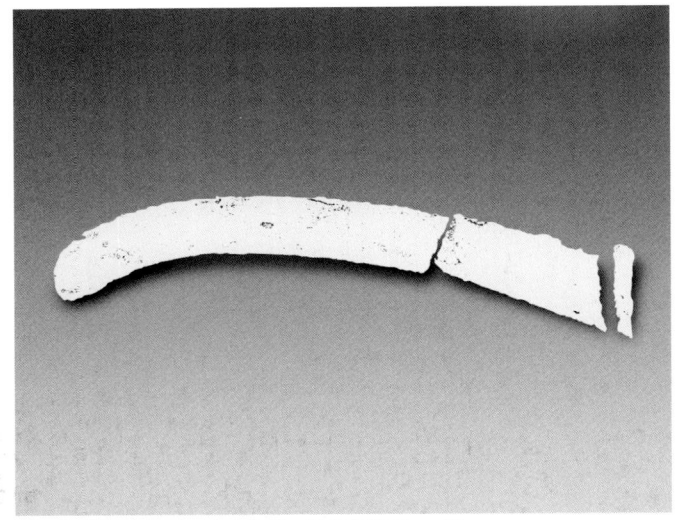

1. 铁镰（82JXM8：4）

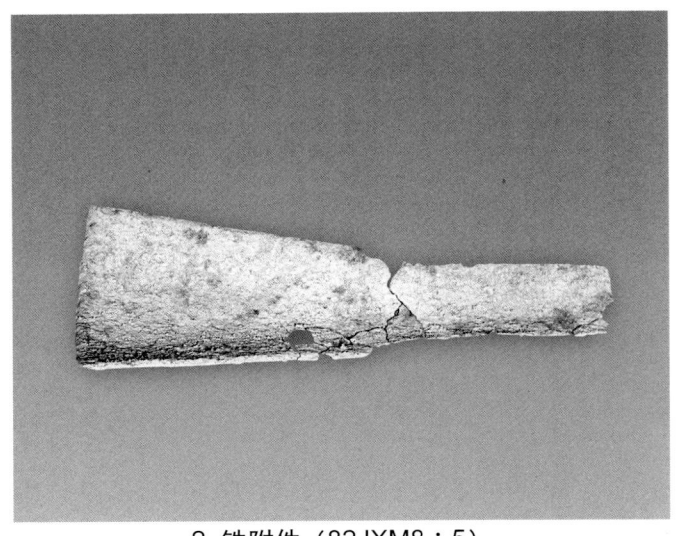

2. 铁附件（82JXM8：5）

3. 玛瑙饰珠（82JXM20：6）

4. 铁锛（82JXM8：3）

5. 上：Ⅱ式环首铁刀（82JXM8：1）　下：Ⅰ式环首铁刀（82JXM20：1）

集安上、下活龙村高句丽古墓出土遗物

图版一七

1. M356①第四、五层阶坛

2. M356①外三层阶墙

3. M356①、②中间的间隔

4. M356②的西墙与M356③的相接处（北—南）

集安东大坡高句丽墓葬

图版一八

1. Ⅰ式筒形罐（JYM3241∶2）

2. Ⅰ式釉陶罐（JYM1340∶3）

3. Ⅱ式四耳罐（JYM3105∶四∶1）

4. Ⅲ式大直口罐（JYM3296∶13）

5. 铜质鎏金桃形饰（JYM2891∶5）

6. 莲花形金叶（JYM3105∶40）

集安洞沟古墓群禹山墓区集锡公路墓葬出土遗物

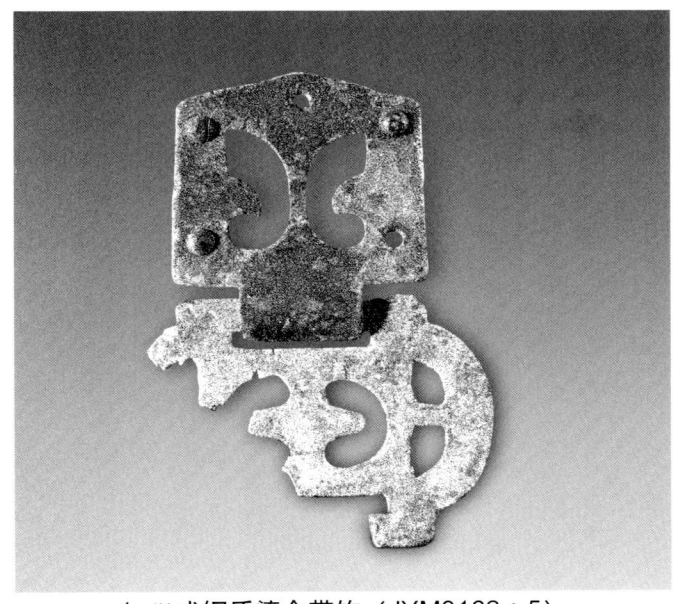

图版一九

1. Ⅳ式铜质鎏金带饰（JYM3162:5）

2. Ⅱ式铜质鎏金带饰（JYM3560:13B）

3. Ⅰ式铜质鎏金带卡（JYM2891:6）

4. 铁马衔（JYM3241:2）

5. 铜带銙（JYM3560:14）

6. Ⅲ式铜质鎏金带饰（JYM3560:13C）

集安洞沟古墓群禹山墓区集锡公路墓葬出土遗物

图版二〇

1. 铜质鎏金钉鞋底（JYM3109：1）

4. 铜质鎏金镂空方格纹饰片（JYM3560：21B）

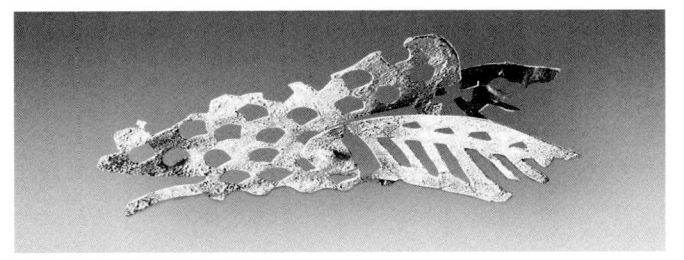

3. 铜质鎏金冠饰残片（JYM3560：15A）

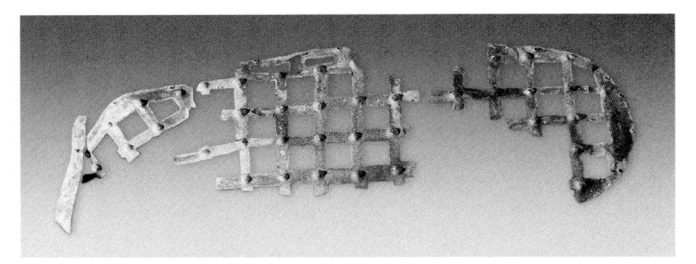

2. 铜质鎏金鞍桥压条（JYM3560：21A）

5. 铜质鎏冠（JYM3105：6）

6. 金耳饰（JYM3283：5）

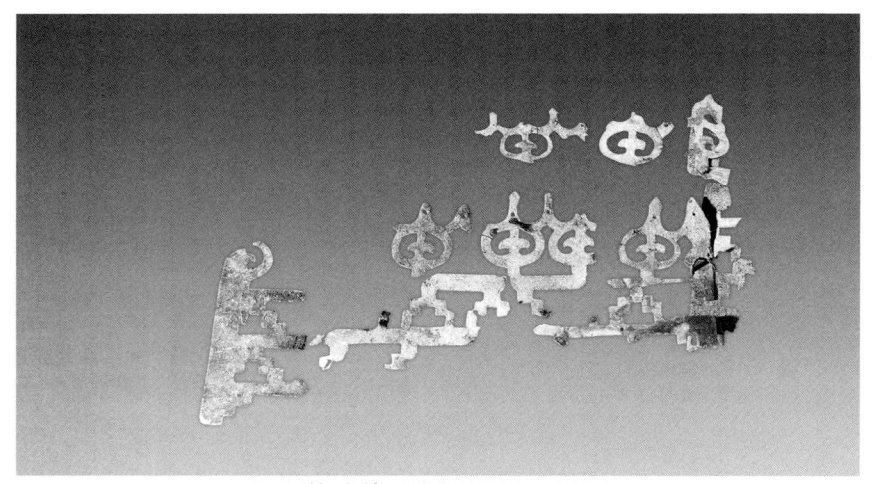

7. 冠饰残片（JYM3560：15B）

8. I式铜质鎏金带饰（JYM3560：13A）

集安洞沟古墓群禹山墓区集锡公路墓葬出土遗物

图版二一

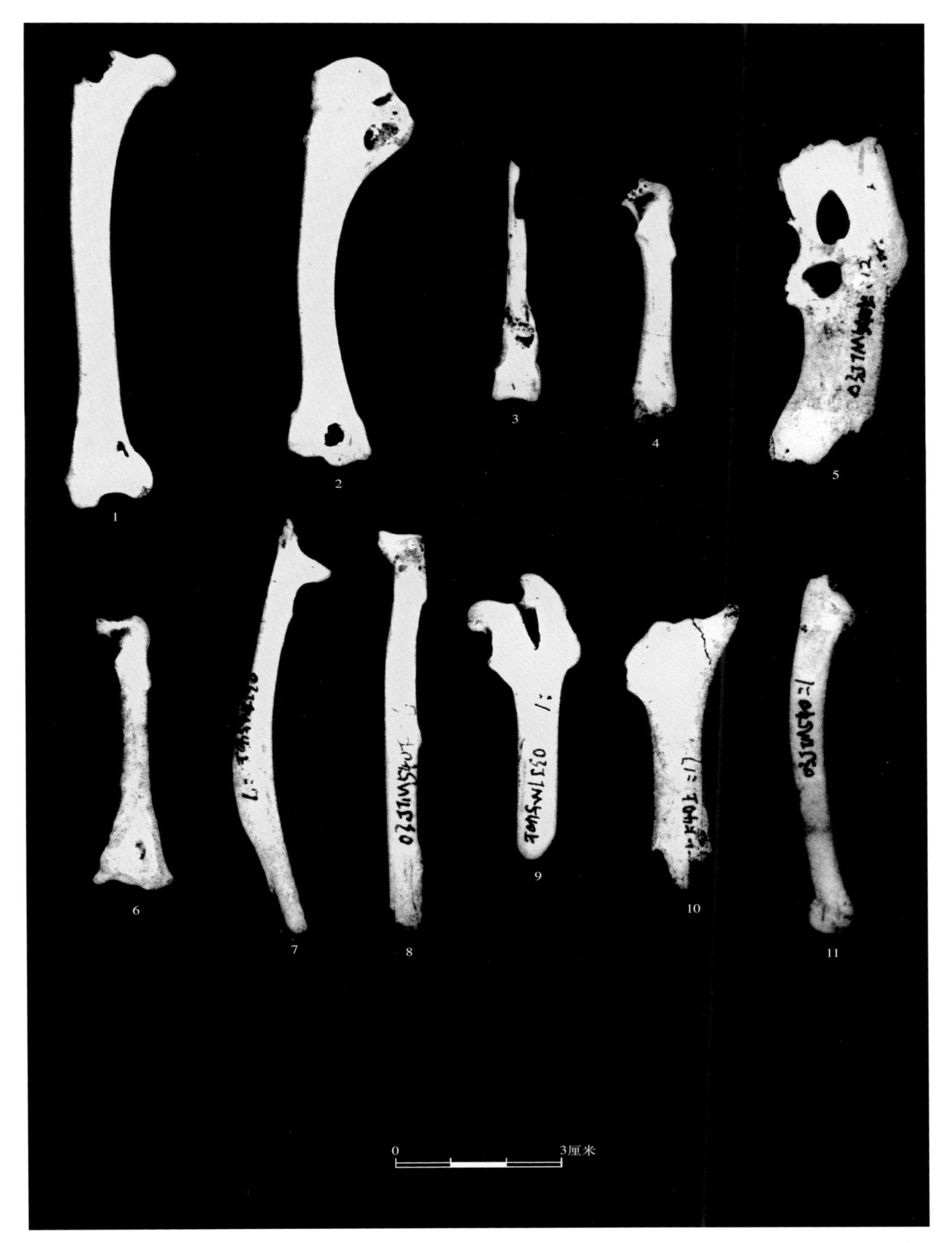

1～7、11. 环颈雉 [1. 右股骨（M0540 上：13，前视） 2. 左侧肱骨（M0540 上：8，肘面视） 3. 右侧胫跗骨（M0540 上：15，前视） 4. 右侧乌喙骨（M0540 下：7，背视） 5. 右髋骨（M0540 上：12，外视） 6. 右侧乌喙骨（M0540 上：2，背视） 7. 右肩胛骨（M0540 上：7，背视） 11. 右尺骨（M0540 上：31，肘面视）] 8. 鹭（右侧尺骨 M0540 下：1，外视） 9. 野兔（右侧股骨 M0540 上：1，后视） 10. 金雕（右侧肩胛骨 M0540 上：17，背侧视）

集安03JYM0540出土的动物骨骼标本

图版二二

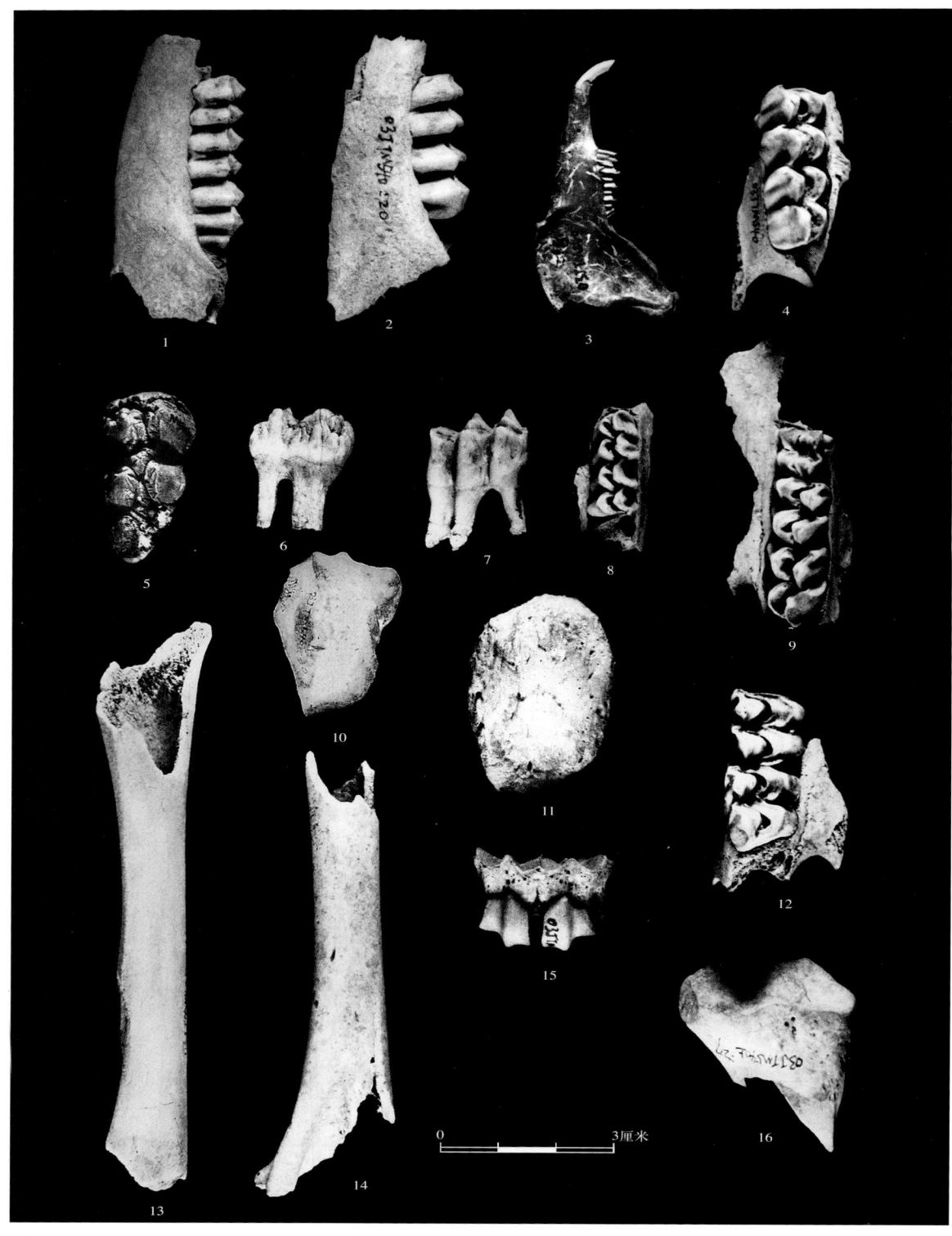

1. 东北狍（左下颌骨 M0540 上：32，颊视）2. 梅花鹿（左下颌骨 M0540 上：40，颊视）3. 野兔（左下颌骨 M0540 上：69，颊视）4. 梅花鹿（左上颌骨 M0540 上：39，腭面视）5、6. 野猪（左M^3和M^1 M0540 下：74、75，腭面视）7. 梅花鹿（右 M_3 M0540 上：41，颊视）8. 东北狍（右上颌骨 M0540 上：33，腭面视）9. 梅花鹿（左上颌骨 M0540 下：17，腭面视）10. 梅花鹿（左髌骨 M0540 上：59，前视）11. 黑熊（左髌骨 M0540 上：68，前视）12. 梅花鹿（右上颌骨 M0540 上：50，腭面视）13～16. 梅花鹿 [13. 左股骨（M0540 下：1，后视） 14. 左肱骨（M0540 下：23，后视） 15. 左掌骨（M0540 上：53） 16. 右侧桡骨近端（M0540 上：51，前视）]

集安03JYM0540出土的动物骨骼标本

图版二三

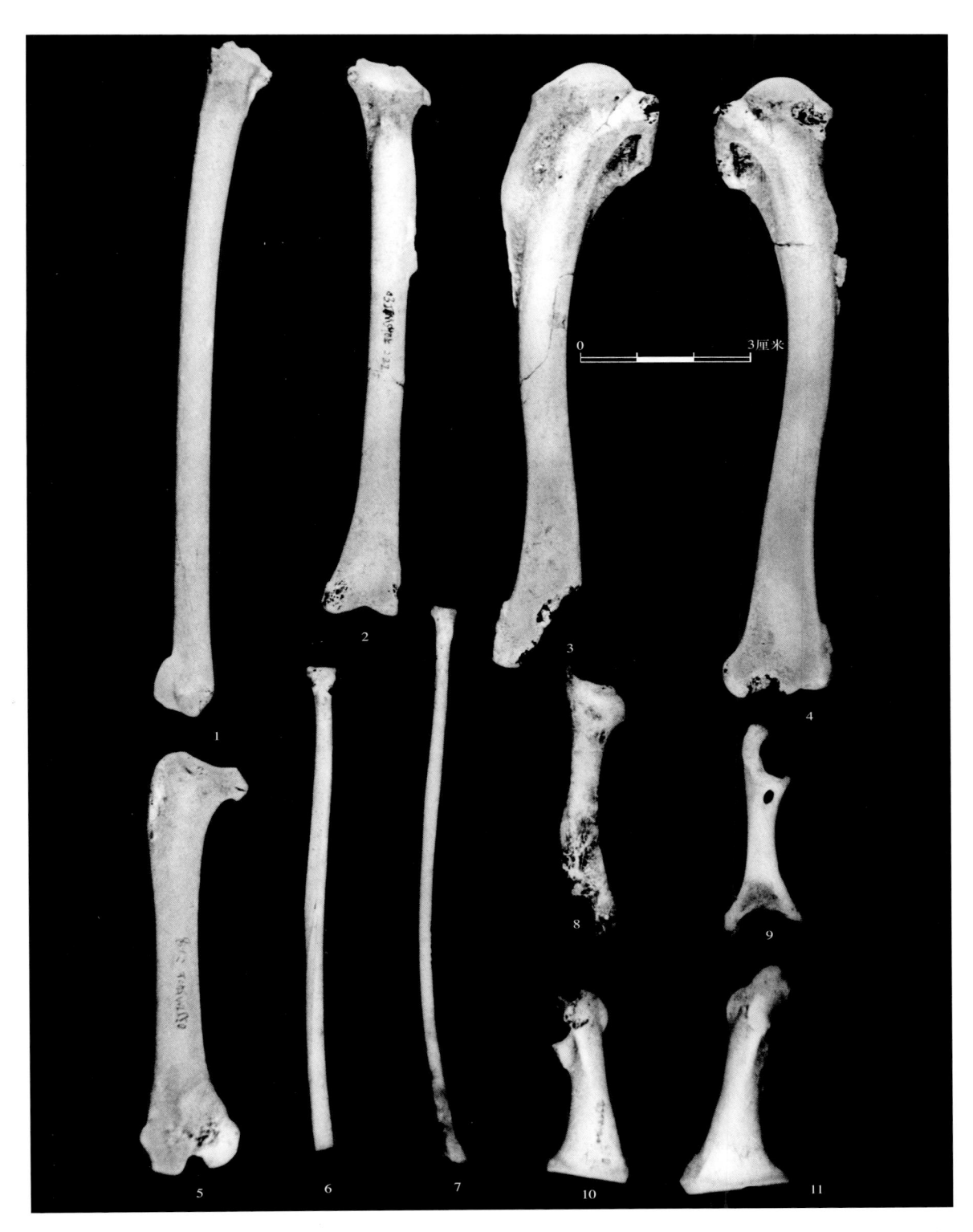

1～5、8、10、11. 金雕 [1. 左侧尺骨（M0540 上：16，肘面视） 2. 右侧胫跗骨（M0540 上：22，后视） 3. 左侧肱骨（M0540 上：34，肘面视） 4. 右侧肱骨（M0540 上：35，肘面视） 5. 左侧股骨（M0540 上：18，后视） 8. 右侧肩胛骨（M0540 上：8，背视） 10. 左侧乌喙骨（M0540 上：10，腹视） 11. 右侧乌喙骨（M0540 上：72，腹视）] 6、7. 鹭 [6. 左侧桡骨近端（M0540 上：30，肘面视） 7. 右侧桡骨近端（M0540 上：31，外侧视）] 9. 鸟（乌喙骨 M0540 上：73，背视）

集安03JYM0540出土的动物骨骼标本

图版二四

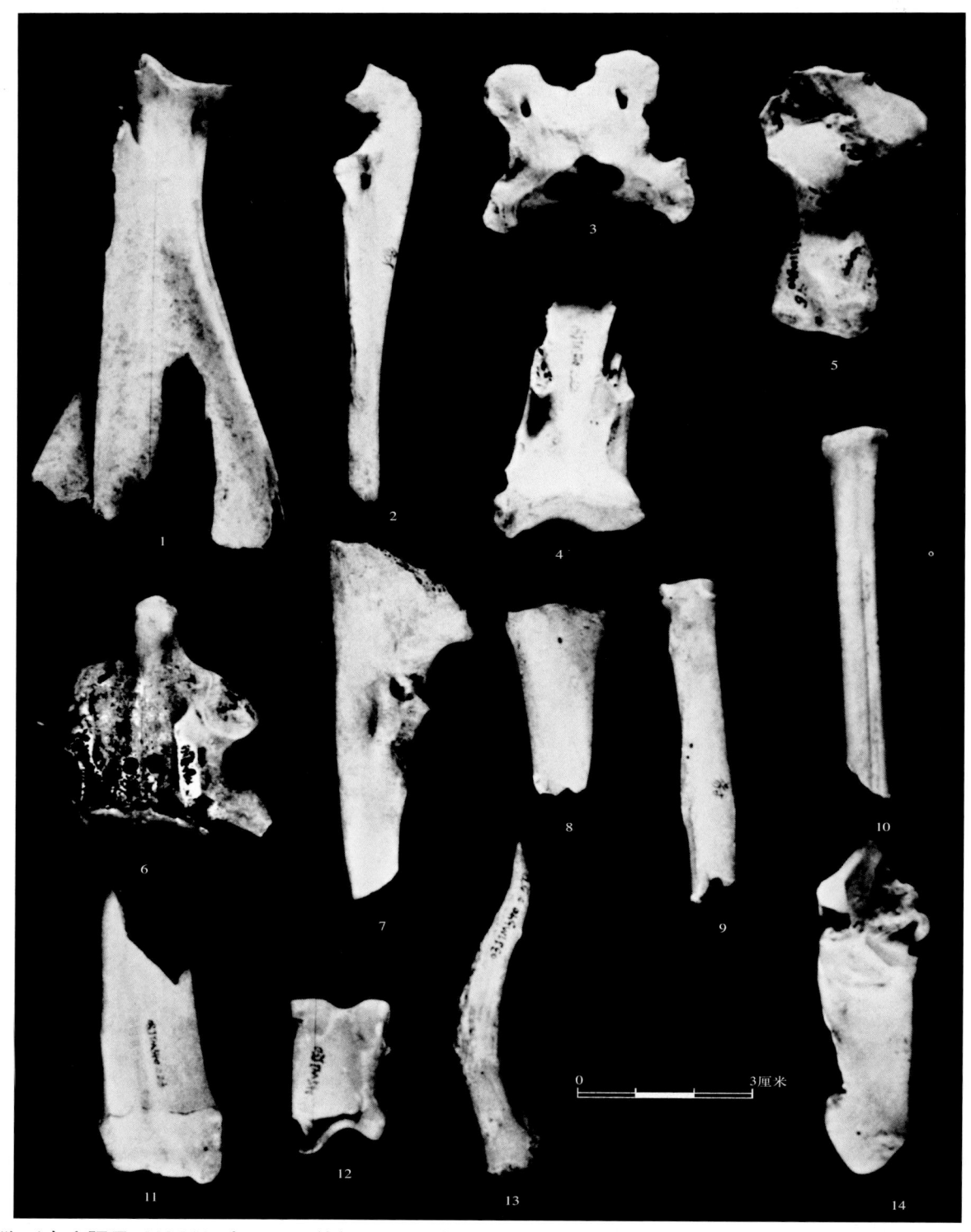

1. 东北狍（右肩胛骨 M0540 上：44，外视）2. 北豺（右尺骨 M0540 上：70，右侧视）3. 东北狍（寰椎 M0540 上：34，背视）4. 梅花鹿（左肩胛骨 M0540 上：42，外视）5. 黑熊（左跟骨 M0540 上：67，背视）6. 黑熊（枢椎 M0540 上：61，背视）7. 梅花鹿（右桡骨 M0540 上：52，外视）8. 东北狍（右掌骨 M0540 上：45，背视）9. 北豺（左桡骨 M0540 上：71，前视）10. 东北狍（左跖骨 M0540 上：47，背视）11. 梅花鹿（右桡骨 M0540 上：43，前视）12. 梅花鹿（右距骨 M0540 上：57，蹠面视）13. 东北狍（角 M0540 上：50，侧视）14. 梅花鹿（右侧跟骨 M0540 上：58，内视）

集安03JYM0540出土的动物骨骼标本

图版二五

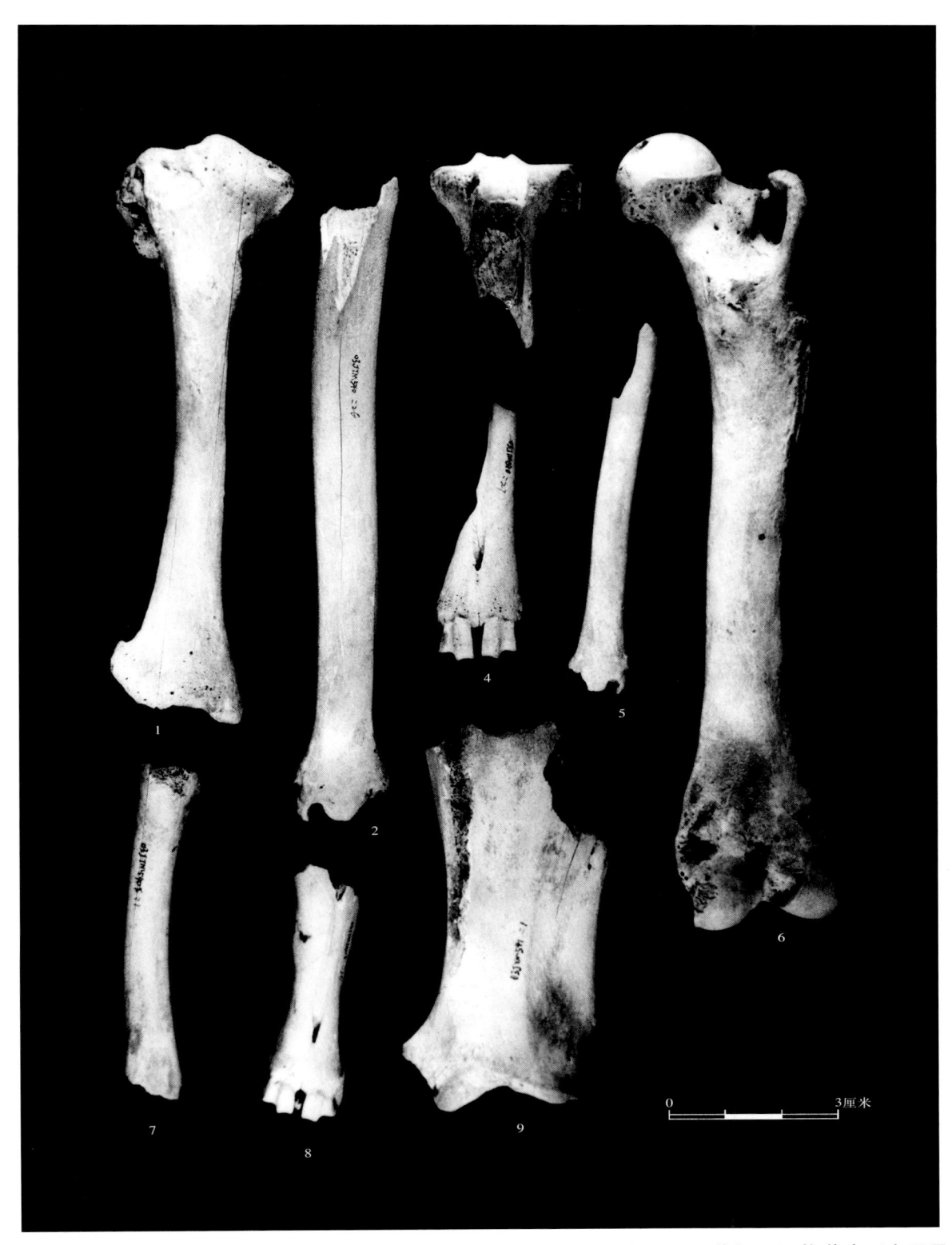

1. 黑熊（右胫骨 M0540 上：63，前视）2. 梅花鹿（左胫骨 M0540 上：55，前视）3. 梅花鹿（左胫骨 M0540 上：54，前视）4. 梅花鹿（右跖骨 M0540 上：56，背视）5. 东北狍（右胫骨 M0540 下：22，前视）6. 黑熊（右股骨 M0540 上：62，后视）7. 梅花鹿（左股骨 M0540 下：25，后视）8. 梅花鹿（左跖骨 M0540 下：22，背视）9. 牛（左肩胛骨 M0540 上：72，外视）

集安03JYM0540出土的动物骨骼标本

图版二六

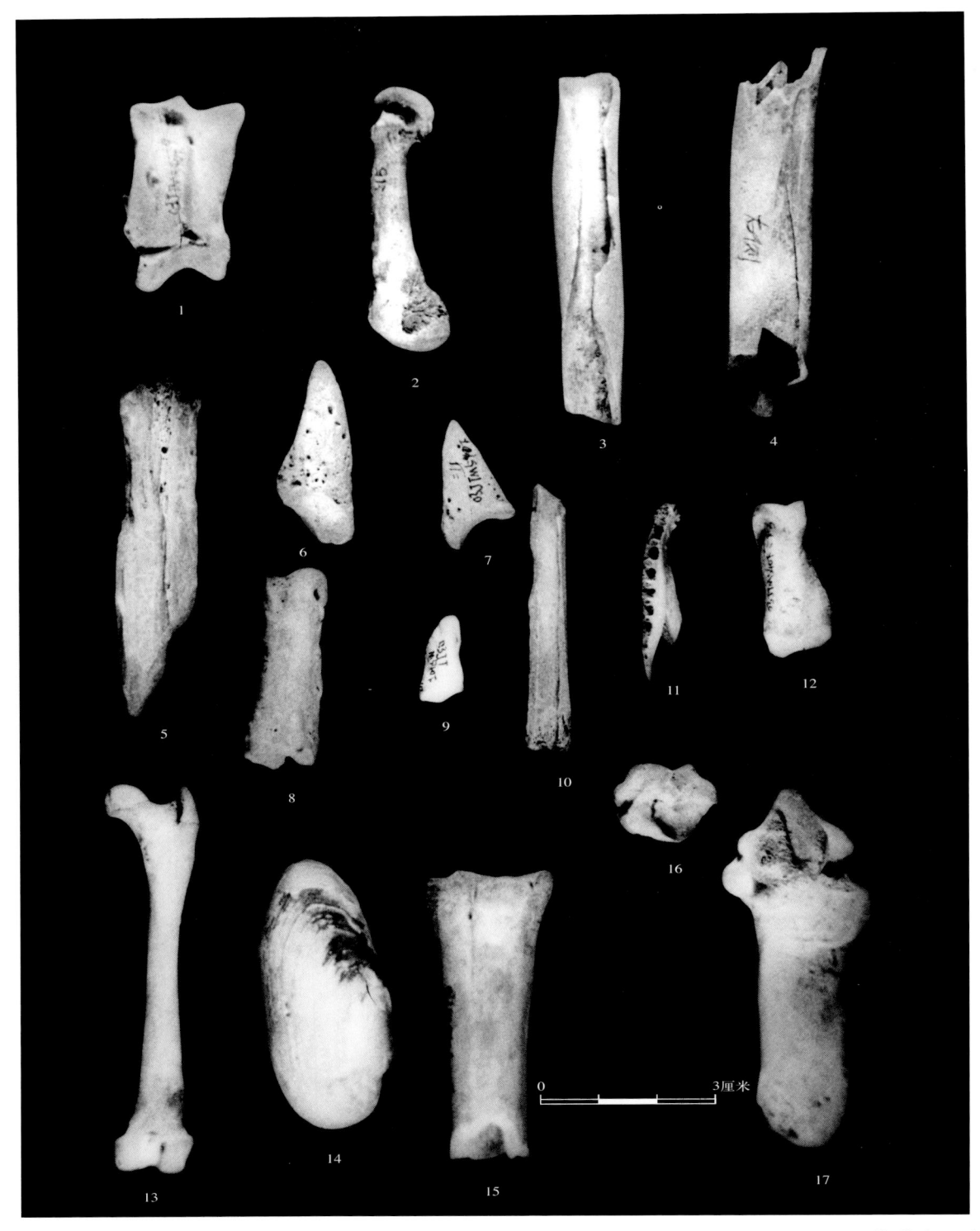

1. 猪（右距骨 M0540 下：9，跖面视）2. 黑熊（右第三掌骨 M0540 下：15，外视）3. 梅花鹿（右桡骨骨管 M0540 下：2，前视）4. 梅花鹿（骨管 M0540 下：3）5. 骨片（M0540 下：23）6. 梅花鹿（左指骨Ⅲ蹄骨 M0540 下：24，内视）7. 东北狍（蹄骨 M0540 下：11，外视）8. 梅花鹿（指骨左Ⅳ系骨 M0540 下：12，背视）9. 猪（蹄骨 M0540 下：10，背视）10. 鹿类（掌骨骨片 M0540 下：4，背视）11. 乌鳢（右上颌骨 M0540 上：26，腭面视）12. 东北狍（系骨 M0540 下：13，背视）13. 猪獾（右股骨 M0540 下：16，后视）14. 圆顶珍珠蚌（M0540 下：8，外视）15. 梅花鹿（右掌骨 M0540 下：19，背视）16. 东北狍（中央跗骨 M0540 上：46，腹视）17. 梅花鹿（左跟骨 M0540 下：21，内视）

集安03JYM0540出土的动物骨骼标本